21 世纪法学系列教材

民法总论

General Introduction To Civil Law

| 第四版 |

韩　松 | 编著

法律出版社
始创于1954年
www.lawpress.com.cn
好书,同好老师和好学生分享

出版说明

法律出版社作为中国历史最悠久、品牌积淀最深厚的法律专业出版社，素来重视法学教育图书之出版。

原“21 世纪法学规划教材”系列作为本社法学教育出版的重心，延续至今已有十余年。该系列一直以打造新世纪新经典教材为己任，遍揽名家新秀，因其卓越品质而颇受瞩目并广受肯定。当前，根据法学教育发展变化的客观需要，本社将原有教材系列调整重组，形成新编“21 世纪法学系列教材”，以便更好地为法学师生服务。

中国的法学教育正面临深刻变革，未来的法学教育势必以培养高素质法律人才为目标，以知识教育与应用教育相结合、职业教育与素质教育相结合、精英教育与大众教育相结合为导向，法学教育图书的编写与出版也将由此进入变革与创新的时代。

为顺应未来法学教育的改革方向和发展趋势，本社将应时而动，为不同学科、不同层次、不同阶段、不同需求的法学师生量身打造法学教材及教学辅助用书。在教材方面，将推出课堂教学系列、实训课程系列、通识课程系列、简明本系列、双语教学系列等；在教学辅助用书方面，将推出案例教程系列、法规教程系列、练习与测验系列、法学讲座系列、专业培训系列等。或革新，或全新，以厚基础、宽口径、多元化、开放性为基调，力求从品种、内容和形式上呈现崭新风采，为法学师生提供更好教本与读本，同享规划教材之盛。

“好书，同好老师和好学生分享”。本社在法学教育图书出版上必将继往开来，以精益求精的专业态度，打造全新“21 世纪法学系列教材”，传播法学知识，传承法学理念，辅拂法律教育事业，积累法律教育财富，服务于万千法学师生和明日法治英才。

法律出版社

作 者 简 介

韩 松

男,1962 年 6 月生,陕西省凤翔县人,西北政法大学民商法学院学科首席专家、博士研究生导师,二级法学研究员,法学博士,西北政法大学学术委员会主任,新世纪百千万人才工程国家级人选,入选“文化名家暨四个一批”人才、国家高层次人才特殊支持万人计划哲学社会科学领军人才,教育部长江学者特聘教授。

第四版修订说明

2020 年 5 月 28 日第十三届全国人民代表大会第三次会议通过了《中华人民共和国民法典》,并将于 2021 年 1 月 1 日实施,《中华人民共和国婚姻法》《中华人民共和国继承法》《中华人民共和国民法通则》《中华人民共和国收养法》《中华人民共和国担保法》《中华人民共和国合同法》《中华人民共和国物权法》《中华人民共和国侵权责任法》《中华人民共和国民法总则》同时废止。本次修订删除了《民法总则》和有关民法单行法的条文规定,依据《中华人民共和国民法典》对教材内容做了全面更新。

韩　松

2020 年 6 月 30 日

第三版修订说明

2017 年 3 月 15 日第十二届全国人民代表大会第五次会议通过了《中华人民共和国民法总则》。本次修订依据《民法总则》对教材内容作了全面更新，删除了旧的法条和与《民法总则》不一致的内容，补充了《民法总则》条文和新内容。焦和平副教授参与了民事法律行为、代理、诉讼时效有关章节的修订；程淑娟教授参与了民事权利和民事责任章的修订，特此致谢！

韩　松

2017 年 6 月 18 日

第二版说明

本教材编写出版于2006年，考虑到教材不仅是教师教的材料，更是学生学习的材料即学材，所以在体例方面做了一些尝试，每章都设导读、每节有内容提要，有知识讲解、重点提示、案例分析、法律链接、观点评注、问题探讨、阅读参考、应用指南、思考题等，企图将理论知识和法律条文、司法解释结合起来，学以致用，知行统一；企图将知识学习与问题意识、方法结合起来，着重对学生分析问题和解决问题能力的培养。教材出版后，有多部民事法律颁布或者修改，如《合伙企业法》的修改、《物权法》和《侵权责任法》的颁布等，还有最高人民法院的多个司法解释发布，如《关于审理民事案件适用诉讼时效制度若干问题的规定》《关于适用〈中华人民共和国合同法〉若干问题的解释（二）》《关于审理买卖合同纠纷案件适用法律若干问题的解释》等；同时民法理论研究也在不断产生新的成果，因此，就有必要对教材内容加以更新，以适应教学的需要。本次修订对有关内容做了更新。

韩　松

2013年10月

司法解释缩略语表

最高人民法院《关于贯彻执行〈中华人民共和国民法通则〉若干问题的意见(试行)》	《民法通则意见》
最高人民法院《关于适用〈中华人民共和国民事诉讼法〉的解释》	《民事诉讼法解释》
最高人民法院《关于适用〈中华人民共和国担保法〉若干问题的解释》	《担保法解释》
最高人民法院《关于贯彻执行〈中华人民共和国继承法〉若干问题的意见》	《继承法意见》
最高人民法院《关于审理人身损害赔偿案件适用法律若干问题的解释》	《人身损害赔偿解释》
最高人民法院《关于确定民事侵权精神损害赔偿责任若干问题的解释》	《精神损害赔偿解释》
最高人民法院《关于审理名誉权案件若干问题的解释》	《名誉权解释》
最高人民法院《关于适用〈中华人民共和国合同法〉若干问题的解释(一)》	《合同法解释(一)》
最高人民法院《关于适用〈中华人民共和国合同法〉若干问题的解释(二)》	《合同法解释(二)》
最高人民法院《关于审理买卖合同纠纷案件适用法律问题的解释》	《买卖合同解释》
最高人民法院《关于审理商品房买卖合同纠纷案件适用法律若干问题的解释》	《商品房买卖合同解释》
最高人民法院《关于审理民间借贷案件适用法律若干问题的规定》	《民间借贷案件规定》
最高人民法院《关于审理民事案件适用诉讼时效制度若干问题的规定》	《诉讼时效规定》

目　　录

第一编　绪　　论

第二编　民事法律关系

第三编　民事法律事实

第四编 民 事 责 任

单 元 目 录

第一编　绪　　论

第一章 民法概述

本章是关于民法部门的入门知识，内容涉及民法的概念、民法的调整对象、民法的体系、民法与其他法律部门特别是邻近法律部门的区别、民法的渊源、民法的适用范围、民法的解释、民法的历史发展等。学习本章内容应着重从最基础的方面认识民法部门，建立对民法的基本概念，把握民法这一法律部门的本质。学习民法与其他法律部门的区别，应着重从法律体系中认识民法的调整范围，把握民法的特点、地位和作用。民法的渊源即民法的表现形式，是民法规范借以存在的法律文件或习惯，它告诉人们民法规范存在于哪些法律文件之中，当适用民法时在哪里寻找民法规范。学习民法的体系，则要从构成民法的各个部分的具体制度及其联系上融会贯通地掌握民法的基本知识和原理。学习民法的适用范围以及对民法的解释方法，则是为了更好地理解和应用民法。民法部门博大精深，学习民法不仅要学习民法的知识和具体规定，而且要掌握民法精神，更要学习民法的历史发展和文化传承。为此，本章设置了九节内容。

第一节 民法的概念

| 内容提要 |

民法的概念揭示了民法的本质，回答了什么是民法。民法最本质的特征在于它的私法性。

一、“民法”的词源

我国古代典籍《尚书·孔传》中有文：“咎单，臣名，主土地之官，作《明居民法》一篇，亡。”但这里的“民法”一词，通说认为并非部门法意义上的“民法”一词的语源。我国古代"中华法系的民法即服制、名例、户役、田宅、婚姻、犯奸、斗殴、钱债、户口等制度,没有受到欧陆民法发展的影响,自成体系,一统天下"。[1] 我国古代诸法合体,虽然有其自成体系的实质民法,但没有公私法分立的以个人为本位的"民法"。我国具有私法意义的"民法"一词从法律文化传承上源于罗马法的市民法(jus civile)。在罗马法上"市民法"相对于"万民法"而言,它是调整罗马公民之间的关系的,而万民法则是调整罗马人与外国人之间的关系的。由于罗马在历史上是城邦国家结构,罗马人都是生活在这个城邦国家的人,即罗马市民。因此,罗马市民就是罗马人,市民法也就是适用于全体罗马人的法,即罗马国家人的法。公元212年,卡拉卡拉皇帝把罗马市民权赋予罗马帝国境内的所有居民,市民法与万民法的属人色彩便告终结,市民法与万民法合为一体。市民法与万民法合一后,后世法学家仍然将市民法称为罗马私法,"市民法"一词后来就成为罗马私法的同义词。罗马法在其体例上虽属诸法合体,但罗马法学家在学理上已将法律分为公法与私法。认为公法是造福于公共利益的法,见之于宗教事务、宗教机构和国家管理机构之中;私法则是造福于私人利益的法。[2] 公私法划分的理论,表明罗马法中私法的内容相当发达,是罗马法的主要内容。后世大陆法系国家沿用罗马法学家公私法划分的理论,继受罗马私法的内容制定各自国家的民法典。各国关于"市民法"的术语,法语为 Driot Civil,英语为 Civil Law,德语为 Büregrliches Recht,荷兰语为 Buregerly Regt,日本学者津田真道于 1863 年,将荷兰语"Buregerly Regt"(市民法)采用汉语翻译成"民法",并在 1890 年制定《日本帝国民法典》中为立法正式采用。[3] 日本学者将西方各国普遍采用的"市民法"一词不直译为"市民法",而翻译为"民法","充分考虑了东方幅员辽阔的乡村社会与欧洲以城市为中心的城邦社会的差别,以及由此决定的对'市民'这一术语的不同理解"。[4] 在古罗马及古代欧洲的城邦国家,市民即为一国所有的人,而在以乡村社会为基础的东方社会,市民则是区别于乡民而言的,并不具有一国所有公民的含义,唯有"民"才能概括"城市人"与"乡村人"而具有一国所有人的含义。[5] 我国清朝末年,清政府欲行变法修律,任命沈家本等为修律大臣,曾聘请日本学者松冈义正起草民法,"民法"一词开始由日本传入我国。但受传统法律用语的影响,清末 1911 年制定的《大清民律草案》、民

---

〔1〕 杨立新:《中国百年民法典汇编》,中国法制出版社 2011 年版,第 12 页。

〔2〕 参见[意]彼德罗·彭梵得:《罗马法教科书》,黄风译,中国政法大学出版社 1992 年版,第 9 页。

〔3〕 参见龙卫球:《民法总论》,中国法制出版社 2001 年版,第 14 页。

〔4〕 参见江平主编:《民法学》,中国政法大学出版社 2000 年版,第 2 页。

〔5〕 参见江平主编:《民法学》,中国政法大学出版社 2000 年版,第 2 页。

国初年制定的《中华民国民律草案》，均称“民律”而不称“民法”。直至南京国民政府成立后，于1929年公布的《中华民国民法·总则》才正式使用“民法”一词。因此，在我国部门法意义上的“民法”一词源自日本，是学习以罗马私法制度为传统的法律文化的产物。

重点提示

“民法”一词来源于罗马市民法，“民”指一国所有的人。

二、民法的概念

明确概念的基本方法是定义法。定义应揭示事物的本质属性，明确其概念的内涵和外延。民法定义是对民法的本质属性的揭示。从“民法”一词的来源可以看出，民法最本质的含义在于民法是市民法、民间法，市民法、民间法都是私法。在我们所看到的我国台湾地区的民法著作中一般不对民法下定义，只是指明民法的私法性质，认为民法即私法，是规律私人之间关系的法律。我国学者关于民法的定义，自1986年《民法通则》公布后，一般直接依据《民法通则》第2条的规定表述为：民法是调整平等主体的公民之间、法人之间、公民与法人之间的财产关系和人身关系的法律规范的总称。1998年《合同法》颁布后，有学者又根据《合同法》第2条的规定，将民法的定义表述为：民法是调整平等主体的自然人、法人、其他组织之间的财产关系和人身关系的法律规范。[6]《民法典》第2条规定：“民法调整平等主体的自然人、法人和非法人组织之间的人身关系和财产关系。”这里的平等主体实质上是私人主体或者公共、公益组织基于私人之地位，包括自然人、法人、非法人组织。这里所说基于私人之地位，就是说机关、事业单位、社会团体等公共、公益组织在民事关系中像一个私人一样追求独立自我利益，各自以私人对待。例如，国家机关是公权力机关，但在民事关系中并不以公权力地位与其他民事主体交往，而是基于私人地位，像一个私人一样与其他主体平等交往。公权力机关、公共、公益组织在民事关系中正是基于私人地位才成为平等主体。平等主体、法人等都是民法的调整方法、内容或结果的表现。民法最本质的属性应在于其私法性质，即它所调整的私人或者基于私人地位的主体之间的社会关系及其依调整规律所要求的适合的调整方法。对概念的定义应揭示事物的本质属性。因此，民法概念应定义为：以确立主体地位平等为基本方法，调整私人或者基于私人地位的自然人、法人、非法人组织之间的人身关系和财产关系的法律规范的总称。

---

〔6〕 参见魏振瀛主编：《民法》，北京大学出版社、高等教育出版社2000年版，第1页。

重点提示

民法是以确立主体地位平等为基本方法调整私人或者基于私人地位的自然人、法人、非法人组织之间的人身关系和财产关系的法律规范的总称。

三、民法概念的区分

民法概念可以区分为实质民法与形式民法、广义民法与狭义民法。

(一)实质民法与形式民法

实质民法,是指以确立主体地位平等为基本方法,调整私人之间的人身关系和财产关系的法律规范的总称,是一国法律体系中一个独立的法律部门。“凡属私法,均称民法,此实质意义也。”[7]形式民法则是指以民法典或民法命名的系统编纂的规范性民事立法文件。前者揭示的是民法在本质上是什么,后者是指民法的特定表现形式。

(二)广义民法与狭义民法

广义民法是指所有调整私人之间财产关系、人身关系的法律规范,是指全体私法而言的。狭义民法是指调整一定范围的私人关系的法律规范,仅指私法中的一部分。民法广义、狭义之分受一国民事立法政策和体例的影响而有所不同。在采民商一元体例的国家,其民法是广义的民法。例如,《意大利民法典》序编规定了关于私法的一般原则;第一编人与家庭;第二编继承;第三编所有权,其中也规定了地上权、永佃权、用益权、使用权和居住权、地役权等用益物权的内容;第四编债,其中包括债的总论、契约总论、各类契约等内容;第五编劳动,其中包括了企业劳动关系、公司(合伙)、合作社,商号、商标、智力作品权和工业发明权,竞争规则和康采恩等内容;第六编权利保护,其中包括了先取特权、质权、抵押权等担保物权的内容。我国《民法典》表明我国采取民商合一的体例。在采取民商分立体例的国家,其民法则是狭义的,是指除商法以外的私法。各国立法政策不同,其民法广义与狭义的范围也不同。比如有的国家的民法包括了婚姻家庭和财产继承关系,甚至知识产权关系,但有的国家则将婚姻家庭法、著作权法、专利法、商标法等另行制定单行法律,作为独立的法律部门。

---

〔7〕 胡长清:《中国民法总论》,中国政法大学出版社 1997 年版,第 9 页。

重点提示

采民商一元体例的国家，其民法是广义的民法，也是全部的私法；采民商分立体例的国家，其民法则是狭义的，是指除商法以外的私法。

（三）民法与民法学

民法与民法学是两个密切联系而又有区别的概念。由于其联系密切，有时人们使用的“民法”一词就是指“民法学”。民法与民法学的区别在于：民法是法律体系中的一个独立部门，而民法学则是法学体系中的一门学科。民法的表现形式是由国家制定或认可的各种民事法律规范或习惯，包括基本民事法律、单行民事法律、法规，存在于其他相关法律文件中的民事法律规范等；民法学则是关于研究民事法律规范及其学理的学科，包括民法解释学、民法哲学、民法社会学、民法史学、比较民法学等，其表现形式是关于民法的学问和知识，作为其成果形式有教科书、论著等。民法作为法律规范能对民事社会关系起到调整作用，它是由国家强制力保证实施的；民法学则一般不对社会关系发挥直接调整作用，不具有国家强制力。民法学与民法密切联系，相互影响。民法为民法学研究提供了对象和研究的资料，民法学为民法的立法和实施，提供了理论依据，指导和促进了民事立法和司法实践；民事立法和司法实践也丰富了民法学的研究内容，促进了民法学的发展。

重点提示

民法是法律体系中的一个独立部门，而民法学则是法学体系中的一门学科。

第二节 民法的调整对象

内容提要

各个法律部门最本质特征在于各自的调整对象的不同。因此，民法的概念是依据民法的调整对象来定义的。民法的调整对象是民法所调整的特定的社会关系，回答民法是干什么的，是民法成为法律体系中一个独立法律部门的决定性因素，反映着民法的调整领域和范围，是民法与其他法律部门区别的根本标准。

一、民法调整对象概说

民法的调整对象,是指民法所调整的社会关系。民法的调整对象既是决定民法作为独立法律部门存在的依据,也是民法与其他法律部门相区别的标志。同时,它也是划定民法调整范围、确定民法调整方法、建立民法制度体系的依据。因此,关于民法的调整对象问题既是民法学的基本理论问题,也是民事立法和民事司法实践必须解决的重要课题。

关于民法的调整对象,自古罗马法学家起就认为民法属于私法。而关于公私法的划分则有多种观点。其中,主体说通过参与主体界定民法的调整对象。根据主体说,凡规定私人或私团体之间相互关系的法律,为私法,由此推论,民法的调整对象,是私人(包括私团体)之间的相互关系。主体说是德国学者的通说。性质说则通过性质考察来界定民法的调整对象,具体又分为权利关系说、统治关系说和生活关系说。权利关系说认为,规定平等关系即权利义务关系的法律,为私法,换言之,民法的调整对象为平等关系。统治关系说则认为规定非统治权关系的法律,为私法,因此,民法的调整对象是非统治关系。生活关系说认为私法是规定私生活关系的法律,所以民法的调整对象是私生活关系。所谓私生活关系,该学说的解释是作为国民自身的一分子资格而产生的国民的生活关系,如买卖、雇佣、婚姻、继承等关系,与作为社会一分子立场发生的社会的生活关系加以区别,后者为"公"的生活关系,如任官、纳税、服兵役以及因犯罪受刑等,属于公法的调整对象。生活关系说目前是日本学者的通说。〔8〕 这些学说都在一定程度上说明了民法调整对象是自然人、法人、非法人组织之间"平等的""非统治权的""私生活的"社会关系。

重点提示

民法调整的社会关系性质是私人、私团体或者基于私人地位的组织之间的相互关系、平等关系、私生活关系。

我国学者关于民法的调整对象的论述,在1986年《民法通则》颁布以前,受苏联社会主义民法学理论的影响,否定民法的私法性质,通说观点认为:民法调整一定范围的财产关系和人身关系。〔9〕 1986年《民法通则》颁布后,通说观点依据《民法通则》第2条将我国民法的调整对象表述为:平等主体的公民(自然人)之间、法人之间以及公民与法人之间的财产关系和人身关系;1998年《合同法》颁布后,通说

〔8〕 参见龙卫球:《民法总论》,中国法制出版社2001年版,第20页。

〔9〕 参见佟柔主编:《民法原理》,法律出版社1986年版,第11页。

观点又将民法调整对象表述为：平等主体的自然人、法人、其他组织之间的财产关系和人身关系。这些表述都以平等主体作为民法所调整的社会关系的本质特征，模糊了民法所调整的社会关系的私的性质。德国民法学家拉伦茨在《德国民法通论》一书中指出："在某项法律关系中，当事人之间是平等关系还是隶属关系的事实，对于确定该项法律关系属于公法还是私法范围，充其量只能作为标志之一，而不能把它作为一个可靠的标准。"〔10〕因此，以平等主体作为民法定义的最核心含义是不准确的。该概念所反映的只不过是私人之间的社会关系表现为主体地位的平等性。张俊浩教授主编的《民法学原理》将民法调整对象明确表述为："私人之间相互关系，包括人身关系和财产关系。"〔11〕在关于我国民法典起草的讨论中，关于民法的调整对象，梁慧星教授认为，"民法调整民事生活关系，或者说民法是调整民事生活关系的基本法。此所谓'民事关系'相当于马克思在其著作中讲的'市民社会'。民事生活可分为两个领域，一个是经济生活，另一个是家庭生活。如果讲关系，一个是经济生活关系，另一个是家庭生活关系"。〔12〕徐国栋教授则认为："民法调整平等主体间的法律地位、人身关系和财产关系以及由此产生的法律关系。"〔13〕

本书认为，民法的调整对象是自然人、法人、非法人组织以主体私人利益或独立自我利益为内容的社会关系，包括人身关系和财产关系。这种社会关系的本质属性在于要实现主体的私人利益或独立自我利益，既包括以自然人或私人团体的私利为内容的社会关系，也包括公共团体为实现其职能作用基于私人地位而发生的以其独立自我利益为内容的社会关系。《民法典》总则编中规定的自然人、营利法人、个人独资企业、合伙企业显然属于私人或者私团体，非营利法人虽然是为了公益目的或者其他非营利目的设立，但为了实现其目的，在与其他民事主体的交往中必须追求独立的自我利益，相互基于私人地位。《民法典》总则编规定的特别法人包括为实现公共管理职能的机关法人、为实现集体利益的集体经济组织法人、为实现社员互助共益目的的合作经济组织法人和为实现基层群众自治为目的的自治组织法人，为了实现各自的目的，其在民事生活交往中也必须追求独立的自我利益，立于私人地位与其他民事主体相互交往。我国民法不同于西方国家的民法，西方国家的民法只规定私法人，不规定公法人，而我国民法规定了国家机关法人、事业单位法人、社会团体法人等在西方国家民法中不规定的公法人，因此我们不能简

〔10〕［德］卡尔·拉伦茨：《德国民法通论》，王晓晔等译，法律出版社2003年版，第5页。

〔11〕张俊浩：《民法学原理》，中国政法大学出版社1997年版，第6页。

〔12〕徐国栋：《中国民法典起草思路论战》，中国政法大学出版社2001年版，第8页。

〔13〕同上书，第91页。

单地将我国民法的调整对象表达为私人之间的关系,也不因为我国民法规定实质上的公法人而模糊其本质的私法属性,因为这些公法人并不基于其公共地位而是基于私人地位进入民事社会关系,也如同私人一样与其他民事主体一律平等,因此,本书用“基于私人地位”表述我国民法调整对象的本质属性。

重点提示

民法的调整对象是自然人、法人、非法人组织之间基于私人地位发生的以其私人利益或独立自我利益为内容的社会关系。平等主体是基于私人地位的表现,基于私人地位决定了主体地位是平等的。

二、民法调整的财产关系

民法调整的财产关系是自然人、法人、非法人组织之间发生的,以财产利益为内容的社会关系。

(一)财产及财产关系

财产是指人体以外对人具有经济价值、能够为人支配的事物。在民法上财产主要包括有体财产和无体财产。有体财产是指具有经济价值的物质实体,如土地、房屋、汽车、服装、机器等;无体财产是指没有物质形体而具有经济价值的精神产品或权利,如著作、专利、商标、商号、商业秘密等。《民法典》还规定了对数据信息、网络虚拟财产的保护。

财产关系是指人们之间以财产为客体、以具体的经济利益为内容的社会关系。一定社会的经济关系是人们在物质资料生产、交换、分配、消费过程中结成的相互关系,也叫生产关系。生产关系的总和构成社会经济基础。这种抽象性、总和性的社会经济关系,是不以人的意志为转移的社会经济规律的体现,是受一定社会生产力发展水平决定的,属于政治经济学研究的内容。部门经济学和法学所研究的是人们在具体经济活动中发生的具体经济关系,如财政税收经济关系、财产买卖关系等。由于具体社会经济活动的复杂性、多样性,决定了财产关系是广泛而且复杂多样的,有国家在其职能运作中发生的具体财产关系,也有私人在其私人生活领域为实现其利益而发生的财产关系,也有国家机关、公共团体基于私人地位在民事生活中发生的财产关系。

重点提示

财产关系是指人们之间以财产为客体、以具体的经济利益为内容的社会关系。

（二）民法调整的财产关系

民法并不调整所有的财产关系，只调整自然人、法人、非法人组织之间基于私人地位、为实现私人利益或者独立自我利益而发生的财产关系。这种财产关系具有如下特点：

1. 主体地位平等。这种财产关系依自然法理要求主体相互之间以平等对待，任何一个自然人都是生而平等的，在实现自己财产利益时，都要尊重他人的财产利益。私人之团体，都有团体的私人利益，都要相互尊重，平等对待。国家机关等公共团体，在追求其团体独立自我利益，即区别于私人、私人团体、其他团体的利益时，也应立足于私人地位，平等地与对方主体相互对待。例如，国家机关发生的买卖关系、租赁关系等就是以机关法人身份立足于私人地位与对方主体平等对待的。

2. 这种财产关系的发生应体现主体的自主自愿。自然人、法人、非法人组织基于私人地位，即平等地位发生财产关系，必须依主体的意志自由为原则，是否发生、与谁发生、何时发生、如何发生财产关系都由主体自愿决定，不受他人强制与干涉。主体相互之间发生这种财产关系时，必须自愿协商达成一致，任何一方不得将其意志强加于对方。国家机关等公共团体与私人之间发生这种财产关系时，也是基于私人地位即平等地位，在尊重对方意愿的基础上发生的。虽然国家机关的这种财产利益服务于其公共职能作用的发挥，但它并非公共职能作用的范围，国家机关只能以法人身份以其私权利与其他民事主体发生这种财产关系，而不得以其公权力介入这种财产关系。

3. 以直接实现主体之私利或者独立自我利益为目的。这种财产关系中的财产利益，是发生这种财产关系的自然人、法人、非法人组织的利益，是其独立的私利。国家机关等公共团体发生这种财产关系所追求的财产利益，虽然与其实现公共管理职能的公共利益有关，如服务于公共管理职能的运作，但并不直接体现为公共利益，只能将这种财产利益看作国家机关法人的“私利”，即区别于私人的、私团体的、其他公共团体的独立自我利益。它完全不同于国家机关在财政税收等经济活动中以其公权力发生的以公共利益为目的的财产关系。

总之，民法所调整的财产关系是要求主体地位平等、自主自愿和实现主体私人利益或独立自我利益为目的的财产关系。民法以确立主体地位平等和实行自愿等原则、保护主体合法权益不受侵犯等方法调整这种财产关系，形成平等主体间的财产关系，即民事财产关系。

民法所调整的财产关系，主要包括两大类，即财产归属关系和财产流转关系。

财产归属关系,即财产支配关系或静态财产关系,是指财产归属于特定主体的权利直接支配范围,其他任何人不得妨害其支配的财产关系,如财产所有权关系、他物权关系、知识产权关系等。财产流转关系,即动态财产关系,是指财产的归属或利用由一主体向另一主体转移而发生的财产关系,如财产买卖关系、借贷借用关系、租赁关系、加工承揽关系、运输关系、保管关系、保险关系、损害赔偿关系、财产交付或登记关系、继承关系、扶养关系等。

三、民法调整的人身关系

(一)人身及人身关系

人身是指作为人的人格和身份。人格是作为人应具备的基本利益要素,包括生命安全、身体健康、肖像、名誉、隐私等利益要素。其中的生命、身体、健康、肖像为物质性人格要素,姓名、名誉、荣誉、隐私等为精神性人格要素;身份则是人在家庭或团体等相对稳定的社会关系中所处的地位和拥有的名分。人身关系是指主体之间以人格要素和身份为客体而发生的以人身利益为内容的相互关系,包括人格关系和身份关系。人格关系是主体以人格利益为内容而形成的相互关系,例如,关于人格的拥有、尊重、肯定、否定、剥夺等发生的相互关系。身份关系则是主体以身份利益为内容而发生的相互关系,如亲属关系、团体的成员关系等。人身关系是基于主体的人身而发生的利益关系,与主体的人身不可分离。

重点提示

人身关系是指主体之间以人格要素和身份为客体而发生的以人身利益为内容的相互关系,包括人格关系和身份关系。

(二)民法调整的人身关系

民法并不调整所有的人身关系,它只调整自然人、法人、非法人组织之间的以私人利益为目的的人身关系。这类人身关系的特点是:

1. 主体地位的平等性。基于主体地位平等性要求,民法调整的人格关系是主体基于人格平等而形成的相互关系。对于自然人来讲,任何一个自然人都平等地拥有生命、身体、健康、肖像、姓名、自由、名誉、隐私等人格利益,其人格相互尊重,不得贬损、不得相互转让、不得抛弃、不受非法剥夺;其他任何自然人、法人不得妨害其人格利益。对于法人来讲,任何一个法人都平等地拥有名称、名誉、荣誉、活动自由等人格利益,其人格利益应受尊重,不得抛弃、不得转让、不受非法剥夺等。其他任何法人、自然人不得妨害法人的人格利益。民法调整的身份关系也是平等主体间的身份关系,如亲属关系、监护关系等。非平等主体间的人身关系不属于民法的调整对象,如依法限制人身自由或剥夺人格利益而发生的社会关系、因行政职务任免发生的身份关系等,它们不是平等主体间的关系,而是权力强制型的社会关系。

2. 以实现主体私人人身利益为目的。对私人的、私团体的人身利益的尊重和保护是民法调整的人身关系的内容和目的。因而虽然在其内容上并不直接表现为财产利益,但间接地会与财产利益有联系。依法剥夺某个自然人的生命、限制其人身自由是为了实现公共利益,因而不属于民法调整的人身关系。行政职务的任免引起的职务身份关系,是为了公共管理利益,因而也不属于民法调整的身份关系。

总之,民法调整的人身关系是自然人、法人、非法人组织之间基于人格要素和身份而发生的平等的、以人身利益为内容的社会关系。

思考题:如何认识民法所调整的社会关系的特点及其范围?

案例 1－1

甲酒后驾车将人行道上路人乙撞伤致残,被交管部门吊销驾驶执照,并被移送司法机关追究刑事责任,乙有 80 岁老母丙需要赡养,请问该案涉及几方面社会关系? 其中哪些关系是民法调整的对象?

第三节　民法的调整方法

| 内容提要 |

民法的调整对象是民法所调整的特定的社会关系,回答民法是调整什么的。民法的调整方法则是民法调整它所调整的社会关系采取的方法,回答民法是如何调整的。

民法调整的社会关系的性质决定了民法必须采用与之相适应的调整方法。民法所调整的社会关系的本质属性在于它的私人性,由此决定了民法以确立主体地位平等和尊重当事人意思自治为基本的调整方法。民法调整私人之间的社会关系,首先确立和维护主体地位的平等性,在此基础上有选择地规定主体的一定行为或自然的事件为引起主体相互关系变动的法律事实,并将由法律事实引起变动的主体之间的相互关系规定为法律关系,赋予主体一定的权利和义务,同时规定主体滥用权利或者违反义务的法律责任,从而将主体之间的相互关系纳入以权利义务为内容的法律关系轨道,确保义务主体忠实地履行义务、权利主体正确行使权利,这样就将私人之间的社会关系就调整好了。一旦一方主体滥用权利或者违反义务,另一方主体就可以要求其承担民事责任,以救济其受侵害的权利,以使其相互关系恢复到民事法律关系的完好状态。

重点提示

民法调整的社会关系的性质决定了民法的调整方法。

具体而言,民法的调整方法有以下五个方面的特点:

第一,确立和维护主体的平等地位。确立和维护主体的平等地位是民法调整私人之间社会关系的首要方法。私人之间的社会关系天然地要求主体地位的平等性,民法反映这一体现客观规律的法律调整要求,首先就要确立主体地位的平等性。确立主体地位的平等,是指民法宣告民事主体在民事活动中的法律地位一律平等,我国《民法典》第 4 条明确规定:“民事主体在民事活动中的法律地位一律平等。”自然人生而平等,法人自其设立一律平等,自然人、法人、非法人组织之间一律平等。民法力戒任何事实上的不平等因素介入民事法律关系影响当事人权利义务的平等。

重点提示

主体方面,确立和维护主体法律地位的平等。

第二,尊重民事主体的意志自由,以当事人意思自治为民事社会关系发生和变动的基本法律事实和赋予当事人民事权利义务的基本依据。民法所调整的社会关系是私人或者基于私人地位的自然人、法人、非法人组织之间的社会关系,是否具体发生这种社会关系,其内容如何确定,应主要以民事主体的自由意志决定,一般无须国家权力的强制。因此,民法以意思自治为最根本的原理,在民事生活领域充分尊重民事主体的自主意志。在民事法律事实的确定上,主要以当事人意思表示为特征的民事法律行为作为引起民事法律关系变动的主要法律事实,将当事人的民事法律行为后果规定为民事法律关系,引导当事人以其自由意志有选择地实施民事法律行为,将其相互关系纳入民事法律关系的调整轨道,实现民事社会生活的有序进行。民法主要以当事人实施的民事法律行为中的意思确定民事法律关系的内容。只有在当事人对有关内容无约定或约定不明确可能影响其相互关系的正常进行时，民法才以法律规定作为对当事人意思的补救，以公平处理其相互关系。

重点提示

法律事实方面，主要实行民事主体意思自治，以民事法律行为作为民事法律关系变动的基本法律事实。

第三，以保障主体的民事权利为本位，运用民事法律关系规范民事社会关系。民法以保障民事主体的民事权利为本位，即民法调整民事社会关系的出发点是保障主体的民事权利。因此，民法调整民事社会关系是以民事法律关系模式进行调整的，即针对一定的民事法律事实，民法赋予与此法律事实有关的特定当事人之间一定的权利义务关系。其中一方当事人享有的权利就是对方当事人负有的义务，一般情况下，双方当事人互享权利，互负义务，权利义务密切联系，相互对应。一方当事人义务履行之时，就是对方当事人权利实现之时。义务履行、权利实现即是民事主体民事生活目的利益的实现。而在民事法律关系的权利义务这一矛盾统一体中，权利是主导的方面，义务是为实现权利而存在的。因此，民法以确认并保障民事主体的权利为重心。它多以授权性法律规范赋予民事主体民事权利，民法规定民事主体的权利能力和行为能力，规定民事权利发生和变动的法律事实，规定民事权利的具体内容及其对应的义务。其作用主要在于指引主体可以为何种行为或不可为何种行为。因此，民法不像行政法那样多以强制性规范规定主体必须为或不为一定行为，也不像刑法那样以禁止性规范规定某种行为为犯罪行为并处以刑罚制裁，以禁止主体为一定行为。

重点提示

在主体相互关系方面，运用民事法律关系。

第四，民法主要以补偿性和可协商性的民事责任救济民事权利。民法以民事法律关系模式规范民事社会关系。如果主体不履行义务、滥用权利或者侵犯他人权利，其行为就越出了民事法律关系的轨道，民法规范就要以民事责任规制越轨行为，救济受侵害的民事权利，使民事关系恢复到民事法律关系的完好状态。由于民法所调整的民事关系的“私人性”，决定了民事责任的私法性质。在民事责任关系中，不履行义务或侵犯对方当事人权利的一方当事人应向受害一方承担能够补偿受害一方因此所受的利益损失的责任，使其权利恢复到未受损害的状态。可见民事责任是由违法当事人直接对受害一方当事人承担的具有补偿性的民事责任，它以救济和恢复受害人的权利为原则。正因为该原则，法律允许当事人以自愿协商方式确定责任的承担和纠纷的解决。它不像刑事责任和行政责任那样具有强烈的公法性质。刑事责任和行政责任是违法行为人直接对国家、对社会承担的责任，它以对违法行为人的惩罚为原则，具有严格的强制性，不允许当事人协商确定责任承担或纠纷的解决方式。

重点提示

在违法后果方面，用民事责任救济民事权利。

第五，民法以民事行为模式和民事责任救济手段调整民事社会关系，为法律对社会关系的调整提供了最为完整的逻辑范式。民法规范在确立民事主体地位平等的基础上，针对一定民事事实状态赋予相应的民事主体相互之间确定的民事法律关系，并以民事责任保障其正常运作。从法律规范的逻辑构成要素分析：民法规范中关于民事法律事实的规定正是民法规范的假定部分，即关于民法规范适用的前提和条件。民法规范中关于民事法律关系的规定正是民事法律规范的处理部分，它以权利义务具体指明主体可以做什么、不可以做什么、应该做什么、必须做什么。民法规范中的“假定”和“处理”即民事法律事实和民事法律关系密切结合，二者为民事主体提供了行为模式，指引民事主体在法律允许的范围内，在民事法律关系的轨道上实现民事生活目的。民法规范中关于民事责任的规定则是民事法律规范的保障部分，即通常所说的法律规范的制裁部分。其保障功能体现在：一方面，针对民事主体可能发生的违反民事法律关系的越轨行为作出否定性评价，规定对其不利的法律后果，以督促当事人依照法律规定的行为模式行为，从而预防民事越轨行为的发生，以保障民事关系在民事法律关系的轨道上运行。另一方面，当民事主体违反民事法律的越轨行为发生时，责令越轨行为者承担不利法律后果，以制止民事越轨行为，救济受损害的民事权利，使当事人的关系回复到民事法律关系的轨道上。民法规范以其完整的逻辑构成，给民事主体从事活动以明确的指引，使民事主体预先知道法律对其行为的评价及其法律后果，从而理性地选择有利于实现其民事生活目的的行为，避免与其民事生活目的相违背的法律后果。当其行为违反民事义务或侵害了他人权利时，则应主动承担民事责任。当自己的权利受到侵害时，则可以通过与对方协商或依民事诉讼程序，追究侵权人或不履行义务人的民事责任，救济民事权利。这样，民法的调整功能得以实现。同刑法、行政法相比较，民法规范对民事社会关系的调整的要素结构最为完整，包括假定、处理、保障等全部要素。而刑法只有刑事制裁，行政法多为行政赋权、行政许可和行政处罚。

重点提示

在民法调整模式方面，主要是民事行为模式和民事责任救济。

以上主要是从民法调整方法的自身特点展开,民法对民事社会关系的调整作为法律调整也当然具有法律调整的一般特征,如法律的强制性和制裁。民法以尊重当事人的意思自治为原则,但也实行国家对民事社会生活的必要干预,强制民事主体为或者不得为一定的民事行为;民法以保障民事权利为本位,但同时也禁止权利滥用,兼顾他人和社会利益;民法充分规定当事人的民事法律行为,但同时也大量规定事实行为、侵权违法行为和事件等法律事实及其引起变动的民事关系。在民事法律关系中民法主要以当事人意思确定民事法律关系的内容,但也以民事法律规范解释、限制或补充当事人意思,完善民事法律关系的内容。民法关于民事责任的规定主要体现了赔偿、补偿性和可协商性及其权利救济的特点,但也规定有惩罚性民事责任和民事制裁措施。

思考题:如何认识民法调整方法的特点?

第四节　民法的性质

内容提要

明确民法的概念,就要揭示民法的内涵,即其本质属性。民法的本质属性是由民法所调整的社会关系即其调整对象的性质以及由调整对象性质决定的民法调整方法决定的。本节的学习就是要在明确民法概念的基础上,从民法的调整对象和调整方法的性质和特点着眼,认识民法的法律属性及其重要意义。

民法的性质是民法区别于其他法律的特性。民法教科书的表述一般认为,民法的性质体现在三个方面:民法是权利法、民法是私法、民法是市民法。有的还指出民法是市场经济的基本法,有的还指出民法是实体法。的确,对民法的性质可以从多个角度去认识,以掌握民法区别于其他法律的特点。比如说民法是私法,是就民法区别于公法而言的;民法是实体法则是从民法区别于程序法而言的。民法的根本性质在于它的私法性质,民法是权利法、市民法、市场经济的基本法等都是由民法的私法性质决定的,是民法的特点或作用的体现。

一、民法是私法

第一,在公私法观念的区分中,民法天然地属于私法。公私法观念的区分始于古罗马法学家乌尔比安。乌尔比安以法律所保护的利益的不同将罗马帝国的法律区分为公法和私法。他认为公法“有关罗马国家的稳定”,私法“涉及个人的福利”。[14] 当时无论是有关罗马国家稳定的法律,还是涉及个人福利的法律都统称罗马市民法。直至优士丁尼皇帝编纂《市民法大全》,其中私法十分发达,占有重要地位,以至于人们以《市民法大全》为罗马私法的同义语。随着人类社会进入资本主义社会,公私法的划分不仅具有观念上的意义,而且在立法上公私法分立。欧洲大陆各国普遍继承了罗马市民法中的私法内容制定了法典,并以市民法典命名,即后来为日本和我国所称之民法典。而民法正是来自罗马市民法的术语。因此,随着公私法观念划分,市民法、民法天然地就属于私法,或者说,私法指的就是民法。

第二,民法的私法性质是由民法所调整的社会关系的主体私利性所决定的。民法调整的社会关系是指主体基于私人之地位,为实现自身利益而发生的社会关系,如主体之人格关系、家庭生活关系和经济关系,现代民法将其概括为民事人身关系和民事财产关系,或平等主体之间的人身关系和财产关系。私人生活关系依据市民社会与政治国家区分的理论,是指市民社会关系,区别于政治国家的生活关系。公法调整政治国家生活关系,私法调整市民社会的私人生活关系。例如,国家机关法人为实现其公权力机关职能立于私人地位进入民事社会关系,其所追求的利益就是该机关法人的私利,如对办公设备物品的所有权、办公经费的所有权、购买办公物品的债权、机关法人对其名称、名誉享有的人身权,都是机关法人的私利。

重点提示

民法调整的社会关系的主体私利性决定了民法的私法性。

第三,民法的私法性质集中体现在民法的调整方法。民法以确立和维护主体地位平等、实行意思自治为基本方法,这是民法私法性质的集中体现。主体立于私人之地位在市民社会即私人生活关系中彼此平等、自由;而在政治国家生活中主体作为国家的公民或机构组织,必须服从国家的统治,其相互关系具有隶属性和命令服从的特征。因此,私法规范多为任意性规范,而公法规范多为强制性规范。例如,《民法典》规定的民事法律行为就是民事主体通过意思表示设立、变更、终止民事法律关系的行为,是民法调整民事关系和民事主体行使民事权利、进行民事生活的基本制度。《民法典》规定的民事责任制度也是民事主体依照法律规定或者约定承担的民事责任,是允许民事主体自主处分和以和解方式处理的责任。

---

〔14〕［意］彼德罗·彭梵得:《罗马法教科书》,黄风译,中国政法大学出版社1992年版,第9页。

重点提示

民法的私法性体现于它的调整方法：当事人地位平等、意思自治。

第四，民法的私法性质体现在民法的内容上。民法是私法，私法以保护私人利益为目的，这就决定了民法必以权利为本位，是以规定主体权利为主要内容的权利法性质的法。传统民法贯彻主体地位平等（人格权平等）、私有财产神圣不可侵犯、意思自治等基本原则，是民法权利法特性和私权神圣理念的体现。民法规定的民事权利是民事主体的基本人权，民法是保障人权实现的具体法律制度。民法保护私人利益，主要以授权性规范赋予民事主体民事权利，以民事权利为核心构筑民法制度，主要规定了民事权利主体，民事权利客体，民事权利的产生、变更与消灭，民事权利的行使，民事权利的种类，民事权利的保护等内容，形成了以民事权利为核心的民法制度体系。依据我国《民法典》民事主体都平等地享有民事权利，各个民事主体的民事权利平等地、充分地受到尊重和保护，不受任何他人或公共权力的不法干涉，非依法定理由和程序不受限制或剥夺。《民法典》总则编与分则各编内在规范的主线是民事权利，《民法典》总则编提纲挈领，抽取公因式，规定了民事领域的共通性问题，例如，民事权利的主体、民事权利的种类、民事权利取得的法律事实和民事权利行使的方式、保护和救济民事权利的民事责任，为分则各编的规定奠定了基础。《民法典》总则编第五章专章规定了民事权利，宣示民事主体享有人格权、身份权、物权、债权、知识产权、财产继承权、股权和其他投资性权利等广泛的民事权利，并兜底性规定民事主体的其他民事权利和利益受法律保护。《民法典》分则各编分别规定物权、合同债权、人格权、婚姻家庭中的权利、继承权等各项民事权利，分别形成了物权编、合同编、人格权编、婚姻家庭编、继承编，并以侵权责任编对民事权利的保护和救济作为民法典的结尾，确认和建立了总分结合、以总统分、内容全面、体系周延、规范合理的民事权利的主体、客体、变动、行使、保护和救济体系。不仅广泛确认了各类主体的财产权，规定对国家、集体、私人的物权和其他权利人的物权平等保护，而且广泛确认了主体的人身权。在财产权方面不仅详细规定了传统意义上的财产权利，而且对现代社会互联网、高科技、大数据发展带来的新兴财产权利和利益也纳入合法权益保护范围，如知识产权、虚拟财产、数据财产利益等。《民法典》不仅广泛确认和保护自然人婚姻家庭领域的人身权，而且创造性地规定了人格权编，详细规定民事主体依法享有生命权、身体权、健康权、姓名权、名称权、肖像权、名誉权、荣誉权、隐私权等权利，同时顺应现代社会的发展需要赋予了人格权许多新内容。例如，第一次引入生活安宁权的概念，并对侵害私生活安宁的各种行为作出禁止性规定，禁止行为人实施发送垃圾短信、垃圾邮件，禁止非法进入、窥视、拍摄他人住宅、宾馆房间等私密空间，禁止非法拍摄、录制、公开、窥视、窃听他人的私密活动，禁止非法拍摄、窥视他人身体的私密部位。承认自然人声音的人格利益，详细规定了个人信息的种类，丰富个人信息的内涵，确立保护个人信息的保护规则。而且确认了一般人格权制度，保持人格权保护范围的开放性。这充分表明《民法典》以民事权利为核心，是民事权利保障的宣言书，《民法典》的颁布标志着民事权利保障新时代的到来。

重点提示

民法的私法性质体现于民法的内容：权利法。

第五，民法私法性质不因其公法化现象而改变。民法本为调整私人之间民事关系的，属于私法性质，奉行私法自治的原则，排斥公权力对私人生活的干涉。但是随着现代社会关系的发展，出现了为了维护社会秩序，国家公权力对民事领域的干预，即私法的社会化或公法化现象，但这并不是对私法的彻底改造，仅是对私法过度自治的矫正，并不改变民法的私法性质，只是对私人本位与社会利益的兼顾。我国《民法典》的立法目的首先是保护民事主体的合法民事权益，调整民事关系，这是民法私法性质的体现，同时又明确规定，维护社会和经济秩序，适应中国特色社会主义发展要求，弘扬社会主义核心价值观，体现了对社会利益的兼顾。例如，《民法典》第 34 条第 3 款规定："因突发事件等紧急情况，监护人暂时无法履行监护职责，被监护人的生活处于无人照料状态的，被监护人住所地的居民委员会、村民委员会或者民政部门应当为被监护人安排必要的临时生活照料措施。"第 277 条第 2 款规定："地方人民政府有关部门、居民委员会应当对设立业主大会和选举业主委员会给予指导和协助。"第 285 条第 2 款规定："物业服务企业或者其他管理人应当执行政府依法实施的应急处置措施和其他管理措施，积极配合开展相关工作。"第 502 条第 2 款规定："依照法律、行政法规的规定，合同应当办理批准等手续的，依照其规定……"第 534 条规定："对当事人利用合同实施危害国家利益、社会公共利益行为的，市场监督管理和其他有关行政主管部门依照法律、行政法规的规定负责监督处理。"第 1010 条第 2 款规定："机关、企业、学校等单位应当采取合理的预防、受理投诉、调查处置等措施，防止和制止利用职权、从属关系等实施性骚扰。"这些条款都体现了对民事关系的国家干预和社会干预，但并不改变民法的私法性质。

二、认识民法的私法性质的重要意义

对民法的私法性质的认识来自公私法划分的理论。它体现了不同性质的社会关系需要与之相适应的法律手段来调整的法律调整规律。由此也决定了民法作为一个区别于公法的基本法律部门存在的意义。民法作为私法，以保护私人利益为主要目的，以私人之社会生活关系为调整对象，以确定并维护主体地位平等和实行当事人意思自治为基本的调整方法，以规定当事人的民事权利为内容并以民事责任作为对当事人民事权利的救济手段，因而与公法相区分。认识民法的私法性质其意义主要体现在三个方面：

第一，有助于将私人生活领域的社会关系纳入民法的调整范围，正确选择法律调整部门。民法的私法性质表明民法调整社会关系中属于私人生活关系的部分，包括私人的经济生活和家庭生活关系。在立法中，应尽可能地将私人生活领域的关系纳入民法的规定；在司法活动中，对私人生活领域的社会关系应首先适用民法调整，在调整方法上在私人生活领域适用私法方法，确立主体地位平等、实行当事人意思自治和民事责任的国家救济。在规范民事社会关系上，虽然国家的立法政策起主导作用，立法者从国家的角度出发，规范哪些社会关系纳入民法的调整领域、民事主体应该怎样行为、不应该怎样行为，但公私法划分的理论对于国家的立法政策取向有重大的影响，促使国家将私人之间的社会关系尽可能纳入民法调整，尽可能实行当事人意思自治，减少国家的干预。

重点提示

立法应尽可能地将私人生活领域的关系纳入民法调整。

第二，有助于强化民法对民事权利的保护功能。民法是私法，其基本职能在于规定和保护民事权利，以强调对私权的充分保护为基本的价值取向。强调民法的私法属性有助于我们在民事立法和司法实践中将民法的职能的重心放在对民事主体私人利益的鼓励和尊重上，放在对民事主体权利的确认和保护上，系统全面地规定民事权利体系，尽可能详尽完备地规定民事权利的行使规则和保护机制，规定对民事权利的合理限制和干预程序，排除各个方面特别是公权力对民事权利的不当干预。这样就不至于将民法仅仅看作统治阶级规范民事社会关系的工具，从而防止在民事立法和司法实践中的以统治阶级意志决定的国家公权力对私人利益和私人权利的不当干涉。

第三，有助于明确民法在法律体系中的地位作用，处理好民法与其他法律部门的分工与协调。民法是私法，是规范主体基于私人地位的社会关系，确认和保护民事权利的基本法律部门。它以贯彻民事主体的意思自治为基本的调整方法，通过赋予当事人意志自由鼓励民事主体实现其私人利益的最大化，但民事主体的私人利益又无时不处在同国家利益、社会公共利益和他人利益的联系之中，民事主体对私人利益的追求和实现以不损害国家利益、社会公共利益和公众利益为限度。因此,民法在贯彻意思自治的同时,又要对民事活动辅之以必要的国家干预,而这种国家干预往往以公法介入的方式进行。公法介入的条件、程度和程序是在尊重民法私法属性和意思自治原则基础上由法律严格限定的。它必须有法律依据或其他相关的法律依据。它体现的是私法与公法的分工与配合,而不得由公权力擅越私权领域,破坏私法原则,践踏私权。比如,依民法规定,农民集体所有的农用地,不得用于非农业建设。需要将农用地转为建设用地的,应当依照法律规定办理农用地转用审批手续。在这里,国家公权力以审批方式干预农用地流转民事关系就有法律依据,同时有关管理法律法规(公法规范)对审批的权限、条件、程序、责任都作出规定,这便是体现私法与公法分工与配合的适例。相反,一些公权力机关没有法律依据,而擅自出台一些行政规章或"土政策",破坏市场的统一性,限制本地经营者将产品外销或拒绝销售外地产品则是公权力对私法自治领域的擅自逾越和对私权利的践踏。

思考题:为什么说民法的本质属性属于私法?认识民法的私法性质有何重大意义?

第五节 民法在法律体系中的地位及其与相关法律部门的区别

内容提要

前四节从民法的概念、民法的调整对象、民法的调整方法、民法的性质等几个方面来认识民法,本节则是从民法在整个法律体系中的地位及其与其他法律部门的区别方面进一步认识民法,着重划清民法与相关法律部门的界限。民法与相关法律部门的区别主要表现在概念、调整对象、调整方法、本质属性等方面。正确区分民法与相关法律部门,是正确适用民法的前提。

一、民法在法律体系中的地位

法律体系通常是指一个国家全部现行法律规范分门别类组合为不同的法律部门而又有机联系的统一整体。法律体系就是部门法有机联系的整体系统。部门法,又称法律部门，就是调整某一特定方面社会关系和具有相同调整方法的法律规范体系门类。由宪法及宪法相关法、民法、行政法、经济法、社会法、刑法、诉讼与非诉讼程序法等法律部门组成我国的法律体系。法律体系的规范性文件体系是以宪法为统帅，法律为主干，包括行政法规、地方性法规、自治条例和单行条例等规范性文件体系。依据我国《立法法》第8条的规定，民事基本制度只能制定法律。因此，民法是整个法律体系中的主干法律。宪法是国家的根本大法，是整个法律体系的统帅。民法是仅次于宪法的基本大法。基本法是由全国人民代表大会制定和修改的、规定和调整国家和社会生活中某一方面带有基本性和全面性的社会关系的法律。民法调整的平等主体的自然人、法人、非法人组织之间的人身关系和财产关系是最基本的社会关系，涉及最基本的民事生活关系和国家基本经济制度、市场经济关系。《民法典》是由第十三届全国人民代表大会第三次会议通过的新中国第一部以法典命名的基本法律，是新中国法治建设的重大成果，它系统整合了新中国70多年来长期实践形成的民事法律规范，汲取了中华民族5000多年优秀法律文化，借鉴了人类法治文明建设有益成果，是一部体现我国社会主义性质、符合人民利益愿望、顺应时代发展要求的民法典，是一部体现对生命健康、财产安全、交易便利、生活幸福、人格尊严等各方面权利平等保护的民法典，是一部具有鲜明中国特色、实践特色、时代特色的民法典，是一部固根本、稳预期、利长远的基础性法律，对推进全面依法治国、加快建设社会主义法治国家，对发展社会主义市场经济、巩固社会主义基本经济制度，对坚持以人民为中心的发展思想、依法维护人民权益、推动我国人权事业发展，对推进国家治理体系和治理能力现代化，都具有重大的意义。[15]《民法典》是人民权利的宣言书，是人民生活的百科全书，在中国特色社会主义法律体系中具有重要的地位。

二、民法与相关法律部门的区别

民法与刑法、行政法、诉讼法等传统的公法部门的区别主要体现在公法与私法的区别上，其区别是明显的。民法与商法的区别只是在民商分立的国家存在，在民商合一的立法体制下，民法包括商法，商法只是民法之特别部分。本节论述的民法与相关法律部门的区别，主要是指在民法的演进发展过程中产生的新的法律部门，如劳动法、经济法、社会保障法等法律部门与民法的区别。

---

〔15〕　参见习近平：《充分认识颁布实施民法典重大意义，依法更好保障人民合法权益》，载《人民日报》2020年5月30日，第01版。

(一)民法与经济法的区别

在西方国家,经济法的产生与民法的发展有密切关系。民法作为私法,自近代以来贯彻私法自治原则,在资本主义自由竞争阶段,国家对民事关系很少干预。随着资本主义发展到垄断阶段,国家不断加强对经济生活的干预,民法中限制合同自由和私法自治的条款增多,但这种干预仍然作为私法自治原则的例外,以不动摇私法自治的基础为原则。因此,这种干预性条款仍未超出民法的范畴。只能看作民法由近代民法向现代民法发展中出现的现象。随着垄断的发展,经济危机的周期性爆发,国际经济竞争的加剧,爆发了两次世界大战,各参战国家为了战争的需要,加强了对经济生活的干预,制定了许多干预私人经济的法规,这些法规当时被称为战争经济法。第二次世界大战结束后,资本主义国家废除了以战争为目的的经济统治法,但同时又制定了一系列国家干预经济的法律,对经济生活进一步实行干预。由此制定的法律就是经济法。而其中最为突出的经济问题就是资本主义由自由竞争发展到垄断阶段,垄断严重阻碍了经济的发展,因而反垄断法在西方经济法中处于核心地位。

社会主义国家经济法的产生和存在基础是社会主义国家的计划经济体制和国家组织经济建设的职能,其认为经济法是国家组织国民经济管理和企业进行经济活动的法律手段。经济法调整纵横统一经济的关系,因此,在计划经济体制下,民法对经济关系的调整作用受到极大的限制。随着社会主义国家经济体制改革,市场经济体制得以确立,民法调整市场经济关系的基础性地位得以确立,民法调整平等主体之间的财产关系和人身关系,经济法则被认为是国家对市场经济关系干预的法律手段,是调整国家干预经济关系的法律部门。

从对商品经济、市场经济关系的法律调整而言,无论是在资本主义国家还是在社会主义国家,民法和经济法都是密切联系的,都是调整市场经济关系的法律部门(另外,民法还调整人身关系包括婚姻家庭关系),但二者在此联系点之外又存在明显的区别。

1. 调整对象不同。虽然民法和经济法都调整一定社会的市场经济关系,但二者分别调整市场经济关系的不同部分。民法调整平等主体之间的经济关系,即私人的经济关系,是市场经济主体间的内在关系,是平等主体相互之间的利益利害关系;而经济法调整的是市场经济关系中,主体之内在关系对社会公共经济秩序的影响关系,如作为平等的私人主体的两个企业之间的垄断性联合关系对公平竞争的公共经济秩序的影响关系,私人企业经济活动与国家产业政策、区域经济政策、可持续发展政策之间的影响关系等。国家正是通过对私人经济活动(本来由民法调整)的干预,使之符合公平竞争的市场秩序,符合国家产业政策,符合区域经济协调发展,符合国民经济可持续发展的目标要求。可见,国家干预的经济关系即经济法调整的经济关系仍然是市场经济关系,是与民法所调整的私人之间的经济关系密切联系的经济关系,而不是离开民法所调整的私人经济关系产生的新的经济关系。由于国家干预经济关系的价值目标不再着眼于经济个体之间利益的实现,而是为了社会公共的、整体的经济利益,所以说,经济法是国家干预经济关系的法律。国家干预经济关系,也就是国家运用经济法调整经济关系。如果说,经济法的调整对象是国家干预经济关系或者宏观调控关系,这就等于将经济法自身说成经济法的调整对象,无异于同义重复或者循环定义。说经济法是国家干预经济关系的法并没有错误,但如果将其作为定义却并未揭示经济法的本质特征。经济法的本质特征在于它的价值取向,即它为什么要干预经济关系,民法调整市场经济关系,经济法对市场经济关系进行干预(调整),同一社会的市场经济关系是同一的,单纯地从调整对象划分往往分不清,于是就出现了许多关于经济法调整对象的含糊不清的观点。例如,认为经济法的调整对象是“需要由国家干预的具有全局性和公共性的经济关系”“因国家经济调节而引起的一种国家经济管理关系”“国民经济运行过程中形成的经济关系”等。[16] 但通过法律价值分析就能较为清楚地划分经济法调整的市场经济关系与民法调整的经济关系。经济法干预市场经济关系的价值取向就是为了社会公共利益而实现社会经济和市场经济整体秩序的平衡、协调、稳定和可持续发展,它主要是解决市场调节失灵的问题。因此,经济法的调整对象就是国家干预的对象(经济关系),应当是市场经济主体(个体)间的经济关系(由民法调整的)与市场经济整体秩序之间的协调性经济关系。例如,市场经济主体个体间的垄断与整体的公平竞争秩序的不协调,主体间经济活动在某个产业的发展过热与产业整体发展的不协调,主体间经济活动在某个地区或区域的过快发展与国家整体区域经济协调发展的不协调,主体间经济竞争对资源的过度利用与国民经济可持续发展的不协调等经济关系,都需要经济法调整(国家干预)达到协调。经济法正是通过对市场主体的经济关系的外部干预来达到整体平衡和协调的。这种市场主体个体与市场整体间的依经济发展规律需要协调的经济关系就是经济法的调整对象。中共中央国务院《关于新时代加快完善社会主义市场经济体制的意见》提出:“坚持正确处理政府和市场关系。坚持社会主义市场经济改革方向,更加尊重市场

---

〔16〕 转引自黄河主编:《经济法》,中国人民大学出版社 2003 年版,第 7 页。

经济一般规律,最大限度减少政府对市场资源的直接配置和对微观经济活动的直接干预,充分发挥市场在资源配置中的决定性作用,更好发挥政府作用,有效弥补市场失灵。”这在一定意义上也正是认识民法和经济法关系的指导原则。民法是使市场在资源配置中发挥决定作用的法,经济法是更好发挥政府作用,有效弥补市场失灵的法,二者都是调整市场经济关系的重要法律部门。

重点提示

民法和经济法都调整一定社会的市场经济关系,但二者分别调整市场经济关系的不同部分。经济法调整市场经济主体个体间的经济关系与市场经济整体秩序之间的协调性经济关系。

2. 调整方法不同。民法调整平等主体之间经济关系,其调整方法主要是运用确认主体平等地位和实行主体意思自治的原则;经济法调整平等主体之间的经济关系即私人经济关系对公共经济秩序的相互影响关系,采取对私人经济关系从外部进行国家干预的方法,如运用经济政策和调控措施对私人经济关系限制、促导、监督等。

重点提示

民法的调整方法是确认主体平等地位和实行主体意思自治;经济法则采取国家干预的方法。

3. 法律本位不同。民法以个人权利为本位,其根本宗旨在于保障民事主体的个人权利,实现个人利益;经济法则以社会公共利益为本位,其宗旨在于协调私人的经济关系和社会公共经济秩序,确保公共利益的实现。虽然民法在实现个人利益时也兼顾社会公共利益,经济法在实现社会公共利益的同时也兼顾个人利益,但其重心各有不同。

思考题:以个人权利为本位和以社会公共利益为本位有哪些区别?

(二)民法和劳动法的区别

民法调整普通社会成员之间的关系。资本家、劳动者之间本来是普通社会成员之间的关系,他们都是平等主体。但是随着资本主义经济的发展,作为社会普通成员的资本家从事以营利为目的的商业活动,转化为社会普通成员之中的“富人”,而劳动者则转化为普通成员中主要靠出卖劳动力为生的“穷人”。事实上,他们已经不再是平等主体。本来他们之间的劳动关系作为平等关系由民法中的雇佣合同关系调整,但资本家以其经济上的优势地位,凭借雇佣合同压迫经济上处于弱势的劳动者。在资本主义工厂化生产的联合劳动中,劳动者为了争取自身的权利成立工会团体与资本家斗争。由此,他们不再以单个人身份与资本家订立劳动合同,而是以工会团体作为一方与资本家订立劳动合同,资本家也组织成资本家团体与劳动者团体订立劳动合同,这种合同就是团体合同,它与民法中的雇佣合同不同,其条款具有团体性的约束力,对团体内的每一个劳动者成员具有强制的约束力,使其个人的自由意志受到了限制,因而这种劳动合同关系就超越了民法的调整范围,而由劳动法调整。〔17〕“根据现行法律制度,劳资协定对所有适用这些协定的劳动关系而言都是具有拘束力的规范。在单个的劳动合同中对这些规范所作的变更,必须在有利于雇工利益的情况下才有效,否则,无效。”〔18〕通过国家对劳动关系的干预和限制,达到对处于弱势地位的劳动者利益的保护。由此可见,劳动法是由民法发展而来的,最初劳动法体现在工厂法中,与民法中商法部分的内容密切相关,而在其演进过程中,民法的商法部分侧重于对商人营利目的的实现,与劳动法的以实现对劳动者利益保护的目的有很大不同,所以劳动法逐渐与之分离而成为独立的法律部门。虽然劳动法与民法有如此密切的联系,但就其密切联系的方面,二者又有明显的区别。

1. 二者的调整对象不同。民法调整平等主体之间的财产关系和人身关系;而劳动法调整社会化大生产条件下的联合劳动关系。这种联合劳动者具有团体性,团体中的劳动者个人对劳动者团体具有身份上的从属性、意志上的服从性。团体劳动的合同条款对个别劳动者具有约束力。对此国家予以认可,“这就是劳动法所具有的公法性”。〔19〕围绕对联合劳动关系的调整,劳动法不仅调整劳动合同关系,还规定劳动者团体——工会的组织,规定劳动纪律、劳动保护、劳动福利、保险等问题。在这样的劳动关系中,劳动者个人与供职方的企业(资方)难以形成平等的关系,劳动者在联合劳动中必须接受劳动过程中资方管理者的指挥。

2. 调整的方法不同。民法调整民事社会关系采用确认主体地位平等和实行当事人意思自治的方法,而劳动法调整联合劳动关系则采取劳动纪律服从,认可劳动用人单位对违纪劳动者的惩戒,认可劳动者团体对劳动者个人的约束,以国家干预保护弱势劳动者利益等方法。由此形成民法多为任意性法律规范,而劳动法多为强制性规范的不同特点。【劳动法调整方法多有强制性】

---

〔17〕 参见谢怀栻:《外国民商法精要》,法律出版社 2002 年版,第 42 页。

〔18〕 [德]卡尔·拉伦茨:《德国民法通论》,王晓晔等译,法律出版社 2003 年版,第 73 页。

〔19〕 谢怀栻:《外国民商法精要》,法律出版社 2002 年版,第 43 页。

(三)民法与社会保障法

社会保障法“是从民法发展中延伸出来的一个法律部门”,“凡是为了一个人的安全与生活而建立的法律都叫社会保障法”。[20] 天有不测风云,人有旦夕祸福。生活在民事社会中的人们,其生命健康和财产也会面临各种不测之风险,一旦风险发生,其本人或其供养的亲属的生活就会陷入困境。理性的人们就有了防备不测、获得安全保障的需要。于是,在民法上保险制度应运而生。它是由民事主体依保险合同关系获得保险保障的制度。这种依自愿原则建立保险合同关系而取得的保障并不是每个民事主体都能够在事实上获得的。由于民事主体事实地位的差别和客观情况的变化,有一部分社会成员可能演化成社会中的贫困群体、弱势群体。为了使这一部分人能够获得社会提供的安全和生活保障,国家就强制借助民法上的保险制度,用社会成员的投保费建立的保险基金为社会成员中需要救助的人提供赔偿。社会保险法是社会保障法的核心部分。可见社会保障法是由社会群体力量对社会成员中的弱势群体的个体提供生活安全保障的法律制度。它与民法的联系在于它是由民法中的保险制度发展而来,同时仍然关心民事主体的个人的福利和安全。它与民法的区别主要在于:

1. 民法调整的是一般的平等主体之间的人身关系和财产关系;而社会保障法调整民事主体之间因事实地位差别而引起的利益平衡关系,即由社会对处于弱势群体中的成员个体给予利益保障的关系,因此,它仍然关心的是普通的成员个体的利益,只不过这种利益是特定的利益,即弱势的、贫困的、需救助的利益,是处于弱势群体中的个体利益,最终受到社会保障利益的都是具体的个人。例如,每一个坐飞机的人都应被看作一个面临航空运送高度危险的弱者,因而必须强制其参加保险,其机票价中含有保险费,由此集中起来的就是一笔社会的保障基金,一旦发生事故,就由这笔社会基金赔付给受益人,使其获得保障救助。只不过民法直接着眼于民事主体个体,而社会保障法直接着眼于社会对于社会中的弱势群体的保障,不是某个具体的人。受保障者的个体通过群体关系获得保障利益,其个人意志和行为往往受到群体关系的影响和约束。

重点提示

社会保障法的立法目的是由社会对处于弱势群体中的成员个体给予利益保障。

---

〔20〕 谢怀栻:《外国民商法精要》,法律出版社2002年版,第48页。

2. 民法以自愿原则调整民事社会关系；社会保障法则以国家干预的强制方法调整社会保障关系。例如，社会保险的强制参加，社会保险基金的强制缴纳等。

3. 民法在财产关系领域贯彻的是平等主体之间的对价支付关系；社会保障法是社会向受保障者的单方支付。

4. 民事主体是平等主体，但其财产关系内容上各自具有差别性；社会保障法中受社会保障者的待遇在同一群体中按同一政策标准公平分配。

5. 民事法律关系主体是平等的自然人或法人。社会保障法律关系的主体是社会保障机构，负有社会保障义务的国家机关、企事业单位、受保障的社会群体成员，其法律地位是不平等的。

思考题：

1. 如何区分民法与经济法部门？

2. 如何认识民法与劳动法的关系？

3. 社会保障法与民法是什么关系？

第六节　民法的渊源

| 内容提要 |

在认识了民法的本质属性后，还要认识民法的表现形式。本节民法的渊源就是关于民法规范表现形式的基本知识。民法的概念表明民法是以贯彻主体地位平等和意思自治原则调整民事社会关系的法律规范的总称，那么这样的法律规范以何种形式表现和存在，有哪些种类，各部分之间的关系如何，便是民法渊源的理论和知识所要揭示的内容。

一、民法的渊源的意义

民法的渊源，也称民法的表现形式，是指民事法律规范借以表现的形式。

在这种意义上理解的民法渊源主要是指国家机关在其权力范围内制定的各种具有法律效力的规范性文件。民法的渊源通俗地讲就是民法的来源、根据。因此，学者对民法渊源的阐述有各种不同意义。但我们这里将民法的渊源确定为民法规范的表现形式,就是指民法规范以何种形式表现和存在、有哪些种类。正如法国民法学家雅克·盖斯旦和吉勒·古博在《法国民法总论》一书中指出:“虽然学者们对法的渊源在理论上的定义有分歧,在事实上,当实践中涉及探究从哪里找到对一个法律问题的解决方法时,所有的学者的认识其实都是一致的,他们都会毫不犹豫地去查阅法律、判例、学说,或者还有习惯法。”〔21〕因此,学习民法的渊源理论,有助于从民法的现实存在和外延范围上加深对民法的理解,为人们在应用民法调整民事关系、指导民事行为、解决民事纠纷中寻找民法规范依据提供理论指导。民法规范在哪里?民法渊源理论直接告诉人们,它通常表现或存在于各个国家机关依据其权限范围所制定的各种法律规范性文件之中。形式民法指民法典,实质民法指调整民事关系的法律规范的总和。在大陆法系国家,民法的渊源主要包括制定法、习惯法以及法理等,而在英美法系国家其民法渊源主要是判例法。

评 注 对民法渊源的理解

通俗地讲,民法的渊源就是民法的来源、根据。因此,学者对民法渊源的阐述有各种不同意义。一是从立法意义理解,即立法的原因,制定民法规范的根据。德国法学家拉伦茨教授指出,“法律渊源”一方面是指法律原则的产生原因,另一方面是指适用全体人民的法本身的表现形式;法的表现形式是通过其产生原因体现出来的。通说认为,法只有两种表现形式,即国家法律和习惯法。国家法律是通过有意识的立法行为形成的;习惯法的渊源是通过法律成员对在法律共同体中占主导地位的法律信念的实际贯彻形成的;在大多数情况下法院也在实际贯彻这些信念。〔22〕二是从司法上来看,凡是成为裁判依据的规则,无论其是否为法律规范,只要能够作为法官判案的依据的都应当成为民法的渊源。三是从行为规则来看,只有不仅能够作为裁判规则而且能够成为行为规范的规则才能成为民法的渊源。王利明教授指出:“民法的渊源是指民事法律规范借以表现的形式,它主要表现在各国家机关根据其权限所制定的各种规范性文件之中。”“作为民法的渊源主要应体现在立法、司法裁判和行为规则方面,它包括了裁判规则和行为规则两个方面。”〔23〕因此,对法律渊源可以作多种意义上的理解。它的最基本意义就是法律的来源,因而对于不同的法律工作,由于追寻法律来源所面临的问题不同,所以法律渊源所指不

---

〔21〕 [法]雅克·盖斯旦、[法]吉勒·古博:《法国民法总论》,陈鹏等译,法律出版社 2004 年版,第 187 页。

〔22〕 参见[德]卡尔·拉伦茨:《德国民法通论》,王晓晔等译,法律出版社 2003 年版,第 10 ~ 11 页。

〔23〕 王利明:《民法总则研究》,中国人民大学出版社 2003 年版,第 55 页。

同。对于立法工作,法律渊源是指制定法律的根据;对于司法工作,法律渊源就是查找可供裁判的规则依据;对于依法进行的民事生活行为,民法渊源就是民事行为规则。作为裁判规则和行为规则的民法就是以一定形式表现或存在的民法规范。立法工作或立法行为所遵循的作为立法依据的规则,是作为法律规范基础的社会生活规律和立法价值取向,它并不是反映这种规律和价值的形式的法律规范本身,它是立法的依据,法律规范则是立法的成果。因而,当定义的民法渊源是指民法规范的表现形式时,指的就是作为裁判规则和行为规则的民法规范的存在形式,而不是立法的依据。法国民法学家雅克·盖斯旦和吉勒·古博在《法国民法总论》一书中针对学者关于法律渊源定义的争论指出:"从某些方面来说,这种争论是没有结果的,因为法的渊源这个术语可以有很多含义,重要的是要明确所采用的含义和所追求的目标。在这方面我们认为最有意义的,当然是采用最广义的渊源概念,同时在研究时区分出各个阶段。"〔24〕因此,我们应当将广义的民法渊源概念与我们所特别定义的民法渊源概念加以区分。

重点提示

区分广义的民法渊源概念与我们所特别定义的民法渊源概念。

二、民法渊源的具体种类

(一)制定法

依据我国《立法法》的规定,在我国作为制定法的规范性文件主要有以下几种:

1. 宪法中的民法规范

宪法是国家的根本大法,具有最高的法律效力,是民事立法的依据。宪法中关于生产资料所有制和财产所有权的规定,关于公民基本权利和义务的规定,既是制定具体民事法律的依据,其本身也是调整民事社会关系的法律规范。在处理具体民事案件时,如果对该项民事关系缺少具体民法规定,则可以依据宪法中的有关规范的精神处理。

2. 民事法律

民事法律是由全国人民代表大会及其常委会制定和颁布的民事立法文件,是我国民法的主要表现形式。依据我国《立法法》第8条的规定,基本民事法律制度只能由全国人民代表大会或者全国人民代表大会常务委员会制定。基本民事法律

〔24〕 [法]雅克·盖斯旦、[法]吉勒·古博:《法国民法总论》,陈鹏等译,法律出版社2004年版,第188页。

主要是民法典,它是一个国家调整民事关系的法律规范及其各项制度按照一定的体例,经系统编纂而成的规范性立法文件。我国《民法典》于2020年5月28日第十三届全国人民代表大会第三次会议通过,于2021年1月1日生效。单行民事法律是指调整某一方面的民事关系的民事法律。单行民事法律中调整某一方面的一般民事关系的普通民事法律,如《物权法》《合同法》《婚姻法》《继承法》《收养法》《侵权责任法》等随着《民法典》的编纂完成,这些单行法律的内容被编纂入《民法典》的分则编,随着《民法典》的颁布和实施,这些单行民事法律同时被废止。调整特定的商事关系的单行商事法律,则按照民商合一体制作为民事法律的特别法继续存在,如《公司法》《票据法》《保险法》《海商法》《证券法》《合伙企业法》等单行商事法律。另外,《著作权法》《专利法》《商标法》等知识产权法律,《未成年人保护法》《妇女权益保障法》《老年人权益保障法》《消费者权益保护法》等社会法方面的单行民事法律,以及将来制定的个人信息保护法,数据、网络虚拟财产等新型财产权益保护的法律也成为民法的渊源。

3. 其他法律中的民法规范

其他法律中的民法规范,是指由全国人民代表大会或者其常务委员会制定的民事基本法或单行法以外的其他法律中的民法规范。依据《民法典》第11条的规定,其他法律对民事关系有特别规定的,依照其规定。例如,《野生动物保护法》中关于野生动物资源属于国家所有的规定,因保护国家和地方重点保护野生动物,造成农作物或者其他损失的,由当地政府给予补偿的规定等都属于民事法律规范。

4. 行政法规

国务院根据宪法和法律,制定行政法规。国务院制定的行政法规其内容是调整平等主体间的人身关系和财产关系的,就是民事性行政法规,是民法的渊源之一。这包括三种情况:一是对基本民事法律制度尚未制定法律的,全国人民代表大会及其常务委员会有权作出决定,授权国务院可以根据实际需要,对其中的部分事项先制定行政法规;二是为了执行法律而制定的行政法规,如为了执行有关民事法律制定的实施细则或条例;三是为了履行国务院的行政管理职权事项而制定的行政法规,如《道路交通事故处理办法》《医疗事故处理条例》《物业管理条例》等。

要注意规章不同于行政法规,它不具有全社会一体遵循的效力,仅在本部门或本地方辖区内的各自权限范围内具有效力,而且不得与法律、行政法规相抵触,地方性规章不得与地方性法规相抵触,人民法院处理民事案件时可以参照适用规章处理受规章约束的当事人之间的民事关系,而且它仅对受规章约束的当事人有参照适用的作用。

（二）对民法规范的解释性文件

在我国，法律、行政法规对其制定的有关规范性文件中的民事法律规范在其权限内所作的解释，虽然并非民法规范，但对执行有关民法规范具有法律上的约束力，因此，可以视为我国民法的渊源之一。最高人民法院在民事审判实践中所作的司法解释，对各级人民法院处理民事案件具有法律上拘束力，也可视为民法的渊源之一。

（三）习惯

从理论上讲，经国家认可的习惯，具有民法渊源的意义。外国民法中常规定，无法律规定时，依习惯。我国《民法典》第10条首次明确了习惯在我国的民法渊源地位。该条明确规定："处理民事纠纷，应当依照法律；法律没有规定的，可以适用习惯，但是不得违背公序良俗。"由此可见，习惯在我国是法律的补充渊源，适用习惯的前提是不与公序良俗相违背。

（四）判例

判例即法院的判决先例。判例在英美法系国家是法律的主要渊源，而在大陆法系国家，传统上以制定法为法律的主要渊源，不承认判例法的地位。近年来，关于判例能否成为我国民法的渊源存在截然不同的观点：一种观点认为，在我国建立判例制度不仅使我国历史上重视判例的做法得以保持和发展，而且也完全符合当今世界各国法律发展的趋势。[25] 但法学界占主导地位的观点认为，我国不应实行判例法制度。本书赞同后一种观点。"判例法是法官在职业实践中，依经验和才智，而不是依逻辑创制和培育而成；判例法的适用和演进，也是法官依经验和才智在很大的自由裁量空间进行。所以，判例法反映了立法的经验色彩，具有实践专家（法官）立法的优势"。[26] 我国立法权由立法机关统一行使，司法机关并无立法权，我国法官队伍的素质也不具备判例法制度的要求。因此，我国《民法典》第10条表明我国不采纳判例为民法的渊源，判例在我国并无法律拘束力。至于在司法实践中发挥判例对司法实践的指导作用则是另一回事。最高人民法院以判例形式作出司法解释，将该判例发布的，应属司法解释的一种形式。最高人民法院发布的指导性案例对各级人民法院的法官适用法律仅仅具有参照适用的指导作用，并不能作为法律渊源加以引用。

---

〔25〕　参见王利明主编：《民法学》，中国人民大学出版社2000年版，第22页。

〔26〕　龙卫球：《民法总论》，中国法制出版社2001年版，第37页。

(五)法理

法理,是指法律的原理或一致接受的学说,也称关于法律的自然道理。作为民法渊源的法理,就是依据民法的立法精神经法学家阐发而成的处理民事关系的原理。它往往存在于民法教科书、学术著作、外国立法例和判例等。法理作为民法渊源在罗马法上早已有之。作为罗马法重要组成部分的《学说汇纂》,就是罗马法学家的著述。《瑞士民法典》第1条规定,民法典没有相应规定时,以经实践确定的惯例(习惯法)为补充,如无习惯时,则法官可依实践确定的学理自己作为立法人提出规则,适用于裁判的案件。《意大利民法典》第3条也规定:"法律未规定者,应类推其他规定以为适用,其他规定亦无者,应适用由法律精神所得之原则。"我国《民法典》第10条并未将法理作为民法的渊源。[27]

思考题:

1. 行政法规为什么是民法的渊源之一?

2. 判例在我国应否成为法的渊源?

第七节　民法体系与民法学体系

| 内容提要 |

民法体系,是指民法规范以概念表示的各个部分的划分及其整体组合。它一方面揭示了民法从整体上可以划分为哪些部分,是以怎样的逻辑关系划分的;另一方面揭示了各个部分之间以怎样的逻辑关系有机构成民法的整体。学习民法体系,有助于体系化地理解民法问题,训练对民法的法理逻辑思维,将民法规则正确地适用于具体民事案件。学习以上各节都是从各个方面认识民法的,学习本节则是从总体上认识民法,获得对民法体系化的认识。

---

〔27〕 依照梁慧星教授的解释,我国之所以不规定法理为民法渊源,是因为我国最高人民法院具有司法解释的权力,最高人民法院发布的司法解释是对现行法条文怎么适用的解释,在这个理解与解释当中难免有扩张、限缩、补充,但是我们还有的解释完全是凭空立法。参见2017年3月21日梁慧星教授在暨南大学珠海校区所作的《〈民法总则〉若干重要问题解答》的学术讲座。

一、民法的立法规范文件体系(民法的渊源体系)

(一)民法典

民法的立法规范文件最完备的形式就是民法典。民法典是按照一定的体例,将民法规范的各部分和制度系统编纂而成的体系化的立法文件。各国民法典有其各自的构成体系。一般有总则和分则之分,总则、分则又由编、章、节构成。除民法典自身体系以外,又有一般法与特别法之分。民法典为一般法,规定特定领域民事关系或适用于特定的人或地方的民法规范则为民事特别法。《民法典》第11条规定:"其他法律对民事关系有特别规定的,依照其规定。"

重点提示

民法典是按照一定的体例,将民法规范的各部分和制度系统编纂而成的体系化的立法文件。

(二)民事特别法

民事特别法是适用于特定民事领域的特定民事关系的法律规范。

1. 商事法

相对于政治国家的公法关系,对于市民社会的民事关系,区分一般民事生活关系与私人以营利为目的的营业性的商事关系。由于历史的原因,世界各国在对私人关系的法律调整上形成了民商分立与民商合一的不同立法体制。民商分立,就是对一般的私人生活关系制定民法典调整,对私人的商事关系另外制定商法典调整的私法立法体制。私法包括民法典和商法典。民商合一的私法调整体制就是制定民法典统一调整私人关系,不仅调整一般的私人生活关系,也调整商事关系,对于商事关系的特殊问题可以另行制定商事法规调整,除商事法规调整的特殊商事问题外,商事关系也由民法典调整。在民商合一的体制下,民法典是关于整个私法关系的法典,统一调整民事关系,商事关系包括在民事关系之中,属于民事关系的一部分;单行商事法规只是作为民法的特别法对商事关系的特殊问题作出规定和调整,对商事关系有单行商事法规规定的优先适用特别规定,一般商事关系则适用民法典。在民法典之外,不再制定商法典,但可以有单行的商事法律法规。在我国采民商合一体制下,适用于商事关系的法律为特别民法,如《公司法》《票据法》《海商法》《保险法》《证券法》《企业破产法》等。

我国民事法律制度建设一直秉持"民商合一"的传统,把许多商事法律规范纳入民法之中,把私法关系作为统一的社会经济关系加以调整,对于私人关系中的商事特别关系另行制定单行商事法规定,寓特殊于一般之中,保持了私法立法体制的统一,不仅符合我国自"民国"以来制定民法典采用民商合一的传统,也符合自19世纪末以来,许多国家开始推行民商合一的当代法律发展趋势,更符合我国社会主义市场经济的发展要求,进一步完善了我国民商事领域基本法律制度和行为规则,为各类民商事活动提供基本遵循,有利于充分调动民事主体的积极性和创造性、维护交易安全、维护市场秩序,有利于营造各种所有制主体依法平等使用资源要素、公开公平公正参与竞争、同等受到法律保护的市场环境,推动经济高质量发展。因而具有明显的科学性。

2. 知识产权法

《民法典》总则编第五章民事权利中的第123条规定了民事主体享有知识产权,并列举了知识产权的客体,包括:作品;发明、实用新型、外观设计;商标;地理标志;商业秘密;集成电路布图设计;植物新品种;法律规定的其他客体。因为知识产权的客体各不相同,由此决定了著作权、专利权、商标权等各不相同,其可供提取的法律关系的公因子很少,因而不便于在《民法典》的分则设置知识产权编,因此,不将知识产权纳入《民法典》,而是在《民法典》总则编第五章民事权利中规定知识产权概念和客体的基础上,在《民法典》之外由《著作权法》《专利法》《商标法》等单行法特别调整。

3. 社会性民事法律

《民法典》第128条规定:"法律对未成年人、老年人、残疾人、妇女、消费者等的民事权利保护有特别规定的,依照其规定。"由此,《未成年人保护法》《老年人权益保障法》《残疾人权益保护法》《妇女权益保障法》《消费者权益保护法》等社会性的单行民事法律也是民法的特别法。

4. 新型民事财产保护的法律

《民法典》第127条规定:"法律对数据、网络虚拟财产的保护有特别规定的,依照其规定。"据此,将来制定的有关数据、网络虚拟财产保护的法律,也属于民法的特别法。

二、民法的内容体系

民法渊源体系是民法的表现形式体系,民法是形式与内容的统一。因此,在学习了民法的渊源体系、明确了民法表现于哪些规范性文件及其相互关系后,还应明确这些规范性文件都要规定哪些民法问题,由此形成哪些民法制度,以及各部分之间的内在联系。民法的内容体系就是指民法规范所规定的各项具体民事法律制度有机联系的整体构成。

在德国的潘德克吞法学创立的民法典编制体例下,民法典的结构分为总则编和分则编,总则编是对民法典其他各分则编进行“提取公因式”,将各分则编中最常用的、一般性的法律原则、法律规范抽取出来,置于民法典之首,将总则编的规定通用于各分则编;各分则编则对各个民事权利的不同法律规范作出分别的规定。从而形成统分结合的体系结构。

(一)民法典总则内容

民法典总则是关于普遍适用于民事关系的一般法律规定,它以提取“公因式”的办法,将民事关系中共同性要素的法律制度或者普遍适用的规则提取出来,规定在民法典的总则部分。我国《民法典》总则编规定了关于民法的制定依据和目的、民法调整对象、基本原则、法律渊源、适用规则、效力范围等基本规定,关于民事主体的自然人、法人、非法人组织的规定,关于民事权利的种类和权利行使原则、民事权利客体的规定,关于民事法律行为和代理的规定,关于民事责任的规定,关于诉讼时效和期间的规定等内容。这些规定都可以通用于分则各编中。例如,民事法律关系中的主体要素是任何民事法律关系都具有的共同性要素,由此关于主体制度就规定于民法典总则,而民事权利则各不相同,各个民事权利的规定则形成民法典的分则内容,总则中规定的自然人、法人、非法人组织可以成为物权的主体、合同主体、人格权主体、侵权损害赔偿请求权主体、侵权责任主体,或自然人还可以成为婚姻家庭权利主体、继承权主体。再如,总则规定的民事法律行为制度,因民事主体可以在物权取得和行使、订立合同、许可他人使用人格利益、结婚、协议离婚、收养、扶养、立遗嘱、纠纷和解等方面实施民事法律行为,就可以适用于分则各编。这样就起到了总则对分则的统领作用,没有必要在分则各编对主体问题、法律行为等再作重复规定。这种立法技术的优点是:一方面保持了民法体系和结构的简约、明晰和统一;另一方面又能够通过对民法典的体系性解释使民法典适应社会生活发展提出的法律适用需要。这就是体系化的优点,因而具有科学性。

(二)民法典分则内容

分则是各项具体民事权利制度的规定。分则各编也采取了法典编纂提取“公因式”的立法技术,将本编规定的民事法律关系的共同规则、一般规定提取出来规定在一起,置于编首,再分别规定各个具体权利的不同规则、特别规定。由此不仅民法典的总则和分则形成了统分结合的体例,而且在各编内部也形成由一般到特殊、由总到分,总分结合的结构体例,实现了民法典对民法的体系化、系统化。

1. 物权编

《民法典》第二编物权,调整因物的归属和利用产生的民事关系。共有五个分编二十章258条。第一分编通则,包括一般规定、物权变动、物权保护三章,接着依次规定了各类物权:第二分编所有权、第三分编用益物权、第四分编担保物权、第五分编占有。在每一分编的内部也是先作一般规定,再分类依次规定各类具体物权。例如,第二分编所有权,首章是所有权的一般规定,再依次规定国家、集体、私人所有权的类型、相邻关系、建筑物区分所有权、共有、所有权取得的特别规定等各章。第三分编用益物权,首章用益物权的一般规定,包括用益物权的概念、用益物权与所有权的关系、自然资源有偿使用制度、用益物权的行使原则、对用益物权的征收补偿、特别法上规定的用益物权等。接着分五章分别规定了土地承包经营权、建设用地使用权、宅基地使用权、居住权、地役权等各类用益物权。第四分编担保物权,其首章规定了担保物权的一般规定,包括了担保物权的概念、担保物权的适用范围、担保物权的设立、担保物权担保的债权范围、担保物权的代位实现、未经第三人同意允许债务人转移债务对担保权的影响、担保权的实现顺位、担保物权的消灭等。接着分三章分别规定了抵押权、质权、留置权三类担保物权。第五分编占有,规定了权利人对占有人的权利、占有人对权利人负有的责任、对占有的保护。

2. 合同编

民法关于债权制度的规定主要是关于财产流转过程发生在特定的当事人之间的权利义务关系规则。它规定债的概念和效力,规定各种债的发生根据,债的变更和消灭,债的履行和债不履行的责任等通则性问题,还规定合同之债、侵权之债和其他原因之债等各种债的关系,是民法中内容比重最大的部分。我国《民法典》不设债编,而设合同编,将原《合同法》规定的基本原则、合同的订立、合同的效力、合同的履行、合同的变更和转让、合同的权利义务终止、违约责任、各种典型的有名合同都纳入《民法典》合同编予以规定,将无因管理和不当得利作为准合同也规定在合同编,而有关债的其他制度则在总则编的民事权利、民事责任,以及分则的侵权责任编予以规定。

《民法典》第三编合同,调整因合同产生的民事关系。共有三个分编二十九章526条。第一分编通则,包括了一般规定、合同的订立、合同的效力、合同的履行、合同的保全、合同的变更和转让、合同的权利义务终止、违约责任等八章。第二分编典型合同，包括买卖合同，供用电、水、气、热力合同，赠与合同，借款合同，保证合同，租赁合同，融资租赁合同，保理合同，承揽合同，建设工程合同，运输合同，技术合同，保管合同，仓储合同，委托合同，物业服务合同，行纪合同，中介合同，合伙合同19个有名的典型合同。第三分编准合同，包括无因管理和不当得利2个准合同。

3. 人格权编

《民法典》第四编人格权，调整因人格权的享有和保护产生的民事关系。共有六章51条。第一章一般规定，规定了人格权的概念，人格权的种类，一般人格权，人格权不得放弃、转让和继承，人格利益的许可使用，死者人格利益的保护，人格权的侵权责任形式，恢复人格利益的侵权责任请求权不受诉讼时效限制，追究侵权人的违约责任不影响精神损害赔偿，人格权保护令的申请，对侵害生命权、身体权、健康权以外的人格权的侵权责任认定，民事主体人格利益的合理使用，消除影响、恢复名誉、赔礼道歉民事责任的承担和执行，对自然人身份权保护的法律适用等多个方面的问题。第二章规定了生命权、身体权、健康。第三章规定了姓名权和名称权。第四章规定了肖像权。第五章规定了名誉权和荣誉权。第六章规定了隐私权和个人信息的保护。

4. 婚姻家庭编

《民法典》第五编婚姻家庭，调整因婚姻家庭产生的民事关系。共有五章79条。第一章一般规定，第二章结婚，第三章家庭关系，第四章离婚，第五章收养。

5. 继承编

《民法典》第六编继承，调整因继承产生的民事关系。共四章45条。第一章一般规定，第二章法定继承，第三章遗嘱继承和遗赠，第四章遗产的处理。

6. 侵权责任编

民事责任制度是关于民事主体违反民事义务或侵犯他人民事权利所承担的法律责任。主要包括合同责任和侵权行为责任。传统民法上将合同责任归于债编的合同部分，将侵权行为的法律后果归入债编当中按侵权之债处理，不另设民事责任编。我国《民法典》设侵权责任编，将原《侵权责任法》的内容纳入侵权责任编予以规定，以加强对民事权利的保护。

《民法典》第七编侵权责任，调整因侵害民事权益产生的民事关系。共十章95条。第一章一般规定，第二章损害赔偿，第三章责任主体的特殊规定，第四章产品责任，第五章机动车交通事故责任，第六章医疗损害责任，第七章环境污染和生态破坏责任，第八章高度危险责任，第九章饲养动物损害责任，第十章建筑物和物件损害责任。

以上内容是关于一般民事关系的法律制度内容的主要方面。在民商合一体例下,民法内容还应包括关于特别民事关系——商事关系的法律制度,即商事法,主要包括《公司法》《票据法》《保险法》《证券法》《海商法》《破产法》等。关于知识产权制度的《著作权法》《专利法》《商标法》等单行民事特别法对著作权制度、专利权制度、商标权制度的特别规定,也是民法内容的构成部分。

由此可见,民法的确是内容浩繁的法律,被誉为生活的百科全书。由此决定了以民法现象及其发展规律为研究内容的民法学也是内容极为丰富的学科。就民法学的本体学科已形成了多个分支学科。按照教育部审定的法学核心主干课程设置方案主要包括民法学、商法学、知识产权法学,另外各院校还开设婚姻家庭法学。

三、民法的法理逻辑结构体系[28]

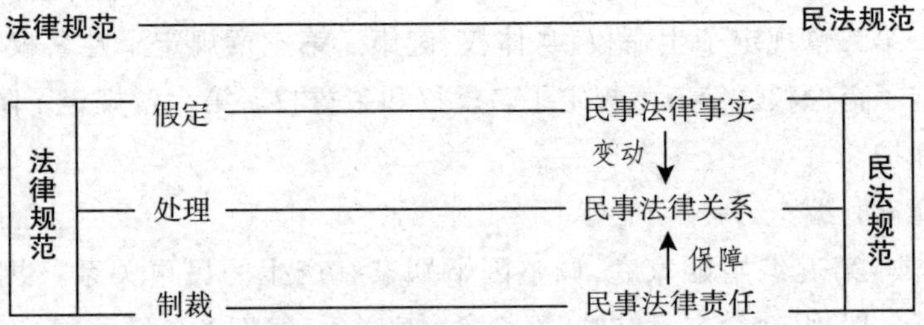

图 1－1　法律规范与民法规范的关系

从法理角度分析,法律规范都是由假定、处理、制裁三部分组成。假定是指适用法律规范的条件,即一定的法律事实的出现。处理是对人的行为的指引,指明认可人们做什么、怎样做、必须怎样做或禁止怎样做,实际上就是对人与人相互之间权利和义务的规定。制裁则是指违反了法律规定导致的法律后果。任何一个部门法的法律规范都包含这三个构成要素(尽管其构成内容不同),并具有这样的逻辑关系。在一个具体部门法中假定就表现为该特定部门法所规定的法律事实,处理则表现为该部门法规范的法律关系,制裁则表现为该部门法的法律责任。另外,一个部门法的法律规范还要从总体上对该部门法的精神和有关法律规范的总括性问题作出规定。我们以此法理逻辑结构来分析民法的内容体系,民法就包括四大部分:

〔28〕　参见寇志新:《论民法理论的法理逻辑结构——民事模式论和民事救济论》,载《法律科学》1991 年第 6 期。

一是关于民事法律规范精神与总体性问题的规定;二是关于民事法律事实的规定;三是关于民事法律关系的规定;四是关于民事法律责任的规定。

民法规范的总体规定,包括关于民法的调整对象、调整方法、制定依据和目的、民法基本原则、民法的适用、民法的解释、颁布与生效等问题的规定。它是确定民事法律事实、建立和履行民事法律关系、确定和追究民事法律责任时都应遵守的规定,特别是其中关于民法基本原则的规定对民法的其他部分具有指导作用。

民事法律事实,是适用民事法律规范调整民事关系的原因和条件,即当民事法律规范规定的一定的法律事实(条件)出现时,法律规范就调整当事人之间的民事关系,它实质上起着发动民法对民事关系调整的作用。其中主要包括行为法律事实和事件法律事实。行为法律事实主要包括民事法律行为、事实行为、侵权行为等;事件法律事实主要包括人的出生与死亡、自然灾害、时间的经过(如取得时效和诉讼时效)等。除了关于民事法律事实的一般规定外,民法的各个部分都有其各自的法律事实,例如物权变动法律事实、债权变动法律事实。不同法律事实引起不同的法律关系。

民事法律关系,是依据民法规范由一定的民事法律事实引起的当事人之间的具体的民事权利义务关系。民法规范规定关于民事法律关系的一般构成要素,包括民事法律关系主体、内容、客体。主体包括自然人、法人及其他组织;客体包括物、行为、智力成果、人格要素和身份等;内容,即主体在具体民事关系中针对客体享有的权利和承担的义务。具体民事法律关系主要包括:物权关系、债权关系(包括合同关系)、人格权关系、亲属关系、继承权关系等。

民事法律责任,是民事法律关系主体违反民事法律关系所确定的权利义务状态所导致的法律后果,即对民事违法行为的制裁和对受害人民事权利的救济,其目的在于恢复和确保民事权利义务关系的正常状态的实现。主要包括合同责任和侵权责任。

通过上述分析,可以将民法的法理逻辑体系概括为:民法是以确认主体地位平等和实行当事人意思自治原则,调整民事社会关系即私人之间的人身关系和财产关系的总体性规定,当民法规范所确认的原因和条件(民事法律事实)出现时,就在特定的民事主体之间形成一定的民事权利义务关系(民事法律关系),民法规范要求民事主体正确行使权利(不得滥用权利),义务主体切实履行义务(不得违反义务);如果权利主体滥用权利或义务主体违反义务则要受到民事法律责任的制裁(民事法律责任),从而使受到破坏的民事法律关系得以调整和恢复,使民事关系得以在民事法制轨道上运转。因此,民法就是关于民法规范总体问题的规定,就是关于民事法律事实、民事法律关系、民事法律责任的规定及其相互逻辑关系构成的有机整体。

四、民法学体系

对民法体系的不同认识形成关于民法学的不同体系。

(一)以民法规范性文件内容为基础的民法学体系

以民法规范性文件内容为基础主要是以民法典的体例结构为基础的民法学体系,包括民法总论和民法分论。

重点提示

民法学体系以民法体系为基础构筑,对民法体系的不同认识形成关于民法学的不同体系。

民法总论主要论述民法总则的内容,包括:(1)民法概述,论述关于民法的调整对象、历史发展、渊源、民法的适用范围等。(2)民法的基本原则。(3)民事法律关系概述。(4)民事主体,包括自然人、法人、非法人组织。(5)民事权利。(6)民事法律行为和代理。(7)民事责任。(8)诉讼时效与期间。

民法分论,主要论述各项民事权利制度,主要包括物权论、债权论、知识产权论、人格权论、亲属论、继承权论、侵权责任论等。

这种以法律规范性文件构造的民法学体系侧重于以立法文件规定的具体制度和法条内容阐述民法内容,但对民法各部分之间的有机联系的内在逻辑表述不够充分,不便于人们高度体系化地去把握民法内容并顺理成章地加以运用。

(二)以民法主要制度构筑民法学体系

该体系认为,民法学体系主要以民事主体制度、物权制度、债和合同制度、人格权制度、知识产权制度、侵权责任制度、财产继承制度、亲属制度为内容构成,反映了民法调整社会关系的民事法律制度的基本方面,但未全面揭示各制度之间联系的法理逻辑。

(三)民法学的法理逻辑结构体系

- 民法学
  - 总论
    - 民法部门论:民法概念、民法调整对象、民法调整方法、民法的性质、民法与相关法律部门的区别、民法的渊源、民法的体系、民法的适用范围、民法的历史沿革
    - 民事法律关系论
      - 民事法律关系概述
      - 民事法律关系主体论
        - 自然人
        - 法人
        - 非法人组织
      - 民事法律关系客体论
    - 民事法律事实论
      - 民事法律事实概述
      - 民事法律行为论
      - 诉讼时效、期间
      - 代理论
    - 民事法律责任论:民事责任的一般理论、民事责任的分类
  - 分论
    - 人格权法论
      - 人格权法概论
      - 人格权法律关系
      - 人格权法律事实
      - 人格权保护(法律责任论)
    - 物权法论
      - 物权法概述
      - 物权法律关系
      - 物权法律事实(物权变动)
      - 物权保护
    - 债权论
      - 债权概述
      - 债权法律关系
      - 债权法律事实
      - 债权保护(债的民事责任)
    - 亲属法论……
    - 继承权论……

图 1-2　民法学的法理逻辑结构体系

民法学的法理逻辑结构是以对民法规范的法理逻辑分析为基础构筑的体系,它包括民法部门论、民事法律关系论、民事法律事实论、民事法律责任论。[29]

---

〔29〕　参见寇志新:《民法理论的法理逻辑结构——民事模式论和民事救济论》,载《法律科学》1991 年第 6 期。

民法部门论,是关于民法作为部门法的总括性理论,主要论述关于民法规范的总括性问题。包括民法的概念、调整对象和方法、本质、特征、基本原则、渊源、适用范围等内容。其理论的基本功能在于揭示民法是法律体系当中怎样的一个法律部门,它与其他法律部门的联系与区别是什么,回答民法是干什么的问题。

民事法律关系论,以民法规范中关于民事法律关系的内容为论述对象,包括民事法律关系概述、民事法律关系的主体、民事法律关系的客体、民事法律关系的内容。其理论功能在于揭示民法是如何调整民事关系的,即它是关于民法如何发挥调整功能的理论。简单地讲,民法就是以民事法律关系模式调整民事社会关系的。因此,民事法律关系理论在民法学理论中居于核心的地位。

民事法律事实论是关于民法规范中民事事实的理论阐述,即关于民事法律关系产生、变更和消灭的理论概括,主要包括关于民事法律事实的概述、民事法律行为和代理、诉讼时效等。其理论功能在于揭示民法规范调整民事社会关系的法律原因,回答民法在什么情况下适用民事法律关系模式去调整民事社会关系,或者说民事社会关系依据何种法律原因形成民事法律关系。

民事责任论,是关于民法规范中对违反民事法律关系的行为予以处置的理论,即对违反民事关系的行为予以制裁,对受损害的民事权利予以救济的理论。其主要内容包括民事责任的概述、民事责任的类别及其构成要件、民事责任的承担方式等。其理论功能在于揭示民法如何处置越出民事法律关系调整模式的行为,从而将受损害的民事关系重新纳入民事法律关系的状态。简单地讲,民法正是通过强制民事主体履行民事义务、承担民事责任、救济受损害的民事权利的方法,来恢复民事法律关系。

以上民法部门论、民事法律关系论、民事法律事实论、民事法律责任论的法理逻辑结构体现于民法总论中,形成关于民法部门的总体理论、民事法律关系的总体性理论、民事法律事实总体性理论和民事法律责任的总体性理论。对应民法分论的各部分形成民法物权制度论、物权法律关系论、物权法律事实论、物权法律责任论。同样对应债权、人格权、继承权、亲属权等民法具体制度分别形成这四个方面的逻辑结构理论。民法就是这四个方面的法理逻辑结构理论的有机统一体。

(四)本书的民法学体系

本书民法总论论述民法的总体性理论、基本原则和一般规则制度理论,以《民法典》总则编体系与民法规范法理逻辑结构结合建构本书的民法学总论体系。为此,以民法规范的法理逻辑结构理论,设置四编体系。

第一编绪论，论述民法规范作为一个法律部门的总体性理论，分为两章：第一章论述民法的概念、调整对象、调整方法、民法的性质、民法在法律体系中的地位及其与相关法律部门的区别、民法的渊源、民法的体系、民法的适用范围和适用顺序、民法的历史沿革等。对《民法典》总则编第一章规定的民法调整对象、民法适用以及民法基本原则的精神在本章相关部分论述，但本章的理论阐述又不限于对《民法典》条文的解释。第二章民法的立法目的和基本原则，以我国《民法典》总则编第一章规定的立法目的和基本原则为阐述对象，论述民法基本原则理论，解释条文含义及其应用。

第二编民事法律关系论，论述民事法律关系的总体理论和作为"公因式"被抽取规定于《民法典》总则编的民事法律关系要素。包括以下各章：第三章民事法律关系概述，论述民事法律关系的概念特征、民事法律关系的构成要素等理论问题。第四章自然人，论述《民法典》总则编第二章规定的自然人制度，包括自然人的民事权利能力和行为能力、监护、宣告失踪和宣告死亡、个体工商户和农村承包经营户。第五章法人，论述《民法典》总则编第三章规定的法人制度，包括法人的一般规定、营利法人、非营利法人、特别法人。第六章非法人组织，论述《民法典》总则编第四章规定的非法人组织制度，包括非法人组织概述、合伙、个人独资企业、不具有法人资格的专业服务机构等。第七章民事法律关系的客体，论述民事法律关系客体的概念意义及各类客体。第八章民事权利，论述民事权利的基本理论和《民法典》总则编第五章民事权利的规定。

第三编民事法律事实论，论述民事法律事实的总体理论和作为"公因式"被抽取规定在《民法典》总则编的各类法律事实（民事法律行为、代理、诉讼时效、期间）等，包括：第九章民事法律事实概述，论述民事法律事实的概念、分类、意义。第十章民事法律行为，依据《民法典》总则编第六章的规定，论述民事法律行为的概念、分类、构成与成立、有效和生效、附条件和附期限、效力等。第十一章代理概述，依据《民法典》总则编第七章的规定论述代理的概念和特征、代理的适用范围、代理的分类和种类，以及代理的产生、发展和意义。第十二章代理法律关系，依据《民法典》总则编第七章的规定论述代理法律关系。第十三章无权代理和表见代理，依据《民法典》总则编第七章的规定论述无权代理和表见代理的后果。对代理之所以设三章论述，是因为代理具有复杂性，既是代为法律行为的法律事实，又同时具有代理人、被代理人、相对人之间的法律关系。第十四章时效和期间期日，论述时间法律事实的时效、期日期间，依据《民法典》总则编第九章的规定论述诉讼时效制度和第十章的规定论述期间的计算。

第四编民事责任论，论述民事责任的总体性理论，第十五章依据《民法典》总则编

第八章民事责任的规定论述民事责任的概念和特征、民事责任的分类和责任承担等。

这样的体系安排将《民法典》总则编的法条规定置于民法学的法理逻辑结构体系中,把对民法学的理论论述与《民法典》总则编的法条解释紧密结合,引导学生建立对民法规范的理论思维和体系化思维,认识民法规范的法理逻辑结构的假定、处理、制裁是由民事法律事实、民事法律关系和民事责任构成的;民法规范对民事社会关系的调整就是规定当一定的民事法律事实出现时,在特定的民事主体之间引起相应的民事法律关系的产生、变更和终止,民事主体依据相应的民事法律关系享有权利、履行义务,或者变更其权利义务、终止其权利义务,民事关系就在民事法律关系的行为模式中调整好了;如果民事主体的行为逾越法律关系模式。违反义务、侵害权利,则需要适用民事责任制裁违反义务、侵害权利的行为,救济被侵害的民事权利,使民事关系重新回归法律关系模式,从而引导学生把学习民法规范调整民事关系的民事法律事实、民事法律关系、民事法律责任的法律规定状态与民法因现实民事法律事实的出现引起现实民事法律关系的发生、变更、终止,以及现实法律责任适用的动态调整状态对应起来,建立对民法的立体性认识,把学和用、知与行统一起来,收到事半功倍的学习效果。

思考题:

1. 民法的体系与民法学体系有何关系?
2. 民法有哪些主要内容和主要制度?
3. 学习民法的法理逻辑结构体系和民法学的法理逻辑结构体系有何重要意义?

第八节　民法的适用范围和适用的顺序

内容提要

民法的适用是指民法对民事社会关系的实际调整作用的实现活动。民法的适用,包括社会生活中人们对民事法律的自动适用,即守法,也包括法官或司法者对系争案件运用民法加以裁判的活动。民法的适用范围,则是指民法的效力范围,即民法规范在何时、何地、对何人何事发生法律效力。正确理解民法的适用范围,是正确适用民法的前提。

一、民法适用的时间效力范围

民法适用的时间效力范围,是指民法规范对何时发生的民事关系具有适用效力。一般地讲,民法自实施之日起生效,至废止之日失效。就某一具体民事法律规范文件于何时开始实施,可以由该民事法律规范文件本身规定,也可以由制定和颁布该民事法律规范性文件的机关以决议或命令予以规定。例如,《民法典》第1260条规定:"本法自2021年1月1日起施行。《中华人民共和国婚姻法》、《中华人民共和国继承法》、《中华人民共和国民法通则》、《中华人民共和国收养法》、《中华人民共和国担保法》、《中华人民共和国合同法》、《中华人民共和国物权法》、《中华人民共和国侵权责任法》、《中华人民共和国民法总则》同时废止。"法律规范的失效一般在法律明文宣布废止之日失效。如果有的民事法律规范性文件自身规定了施行期限的,则自期限届满之日当然失效。在新法颁布时往往同时规定旧法的废止之日。如果没有这样的明文规定的,依一般原理新法生效之日起,就同一事项应以新法优于旧法的原则,适用新法,旧法视同失效。而对于适用特别事项的特别法,新颁布的普通法则不具有使其失效的作用,而仍然可适用该特别法。但对于特别规定的内容新颁布的普通法明确予以修改的,则应当按照新法优于旧法适用新颁布的普通法。例如,《公司法》第22条规定,公司股东会或者股东大会、董事会的决议内容违反法律、行政法规的无效。股东会或者股东大会、董事会的会议召集程序、表决方式违反法律、行政法规或者公司章程,或者决议内容违反公司章程的,股东可以自决议作出之日起60日内,请求人民法院撤销。对此,《民法典》第85条规定为可撤销,但是撤销不影响依据该协议与善意相对人形成的民事法律关系。因此,对这一问题的法律适用要按照新法优于旧法的原则适用《民法典》的规定。

民事法律规范对其实施前发生的民事社会关系,原则上无溯及适用的效力,但在法律有明文规定的某些特殊情况下,民事法律规范也可以溯及适用于既往民事关系。

重点提示

民法的时间效力:自实施之日起生效,至废止之日失效,原则上无溯及适用的效力。

二、民法适用的空间效力范围

民法适用的空间效力范围,是指民法规范在何地域范围内有效,即民法规范在地域范围上所具有的效力。一般来讲,民法规范的地域效力范围及于制定该民事法律规范性文件的机关权力所管辖的地域范围。中央一级国家机关制定的民事法律规范性文件适用于全国范围,地方国家机关制定的民事法律规范性文件适用于其权力管辖的地方区域,如地方民事性法规、民族自治地方的民事法规、经济特区民事法规、特别行政区民事法规等。我国《民法典》第12条规定:"中华人民共和国领域内的民事活动,适用中华人民共和国法律。法律另有规定的,依照其规定。"我国领域内是指我国国家主权所及的领土、领空、领海以及根据国际法、国际惯例应当视为我国领域的驻外使馆、我国航行或停泊于国境外的船舶、飞机等。有的只涉及特定事项的法律,仅仅适用于特定事项涉及的区域,如《城市房地产管理法》只适用于城市,而不及于农村。

重点提示

民法规范的地域效力范围及于制定该民事法律规范性文件的机关权力所管辖的地域范围。

三、民法对人的适用范围

民法对人的适用范围,即民法规范对哪些人具有效力。其中包括对中国人、外国人、无国籍人的适用。这里的人包括自然人、法人及非法人组织。民法规范对人的适用范围的确定有属人主义、属地主义等标准。属人主义,即以当事人国籍确定法律的适用,凡具有一国国籍的人不问其在何处,均适用国籍所在国法律;属地主义,凡居住于该国或在该领域内发生的民事行为均适用该国法律。我国《民法典》第12条规定:"中华人民共和国领域内的民事活动,适用中华人民共和国法律。法律另有规定的,依照其规定。"可见依属地原则,凡在我国境内的本国人、外国人和无国籍人(这里的人均包括法人或非法人组织)均适用我国民法;不在我国境内的则不适用我国民法,但有例外。例外情况有以下几种:(1)我国民法中某些专门规定由中国自然人、法人或者其他组织进行的民事活动的内容,对外国人、无国籍人或外国法人和其他组织不适用;(2)对于虽然在我国境内,但依据我国缔结或参加的国际条约、双边协定或经我国认可的国际惯例,享有司法豁免权的外国人(如来访的国家元首、政府首脑及其随从人员,外国使节及其家属等)不适用我国民法;(3)对于不在我国境内的我国公民,其民事关系原则上适用所在地国民法,但依据我国缔结或参加的国际条约、双边协定或我国认可的国际惯例,应该适用我国民法的,则应适用我国民法。对于涉外民事法律关系依据《涉外民事关系法律适用法》确定我国《民法典》的适用。

四、民法的适用顺序

法律链接

《立法法》第92条

民法的渊源是各类民法的存在形式构成的体系，其相互之间有严密的内在逻辑，在具体适用时有其适用的顺序。我国台湾地区“民法”第1条规定：“民事，法律所未规定者，依习惯，无习惯者，依法理。”《瑞士民法典》第1条关于法律适用问题规定：“(1)凡依本法文字或释义有相应规定的任何法律问题，一律适用本法。(2)无法从本法得出相应规定时，法官应依据习惯法裁判；如无习惯法时，依据自己如作为立法者应提出的规则裁判。(3)在前一款的情况下，法官应依据公认的学理和惯例。”这些规定对民法的制定法渊源和习惯法、学理等渊源之间的适用顺序作了规定。我国《民法典》第10条规定：处理民事纠纷，应当依照法律；法律没有规定的，可以适用习惯，但是不得违背公序良俗。可见《民法典》明确确立了习惯为民法的渊源，其适用顺序在法律之后，法律没有规定的，才可以适用。民法的制定法渊源也因其有多种形式在适用上也有一定的顺序。依据我国《立法法》的规定及学者的解释，对民法的不同制定法渊源主要依以下原则确定适用顺序。

第一，上位法优于下位法。在法律位阶、制定机关、立法等级效力等方面位阶、地位、效力较高的规范性文件与较低的规范性文件相冲突的，应适用位阶较高的规范性文件。例如，我国《立法法》第87条规定：“宪法具有最高的法律效力，一切法律、行政法规、地方性法规、自治条例和单行条例、规章都不得同宪法相抵触。”第88条规定：“法律的效力高于行政法规、地方性法规、规章。行政法规的效力高于地方性法规、规章。”

第二，新法优于旧法。级别相同的规范性文件发生冲突的，新颁布生效的规范性文件优先于旧的规范性文件，但同时要注意民事法律法规一般无溯及既往的效力，如果适用于它颁布生效以前的民事问题需要有明确的特别规定。

第三，特别法优于普通法。特别民事法律、法规适用于特殊领域的民事关系；普通民法规范则适用于一般的民事法律关系。在法律适用时特别法优先适用。

第四，强行法优于任意法。对某一事项，凡有强行性规范规定的，任意性规范不得再发挥作用，应适用强行规范。[30]

第五，例外规定排除一般规定。适用于民事问题的一般情形的一般规定与适

〔30〕 参见郭明瑞等：《民商法原理》，中国人民大学出版社1999年版，第79页；王利明：《民法总则研究》，中国人民大学出版社2003年版，第145页。

用于一般情形之外的例外规定之间,对于例外情形应适用例外规定,不适用一般规定;在不属于例外规定之情形,则适用一般规定。[31]

第六,具体规定优于一般原则。在原则性规定与具体规定之间,应当优先适用具体规定,在无具体规定时,适用一般原则性规定。[32]

思考题:

1. 简述对民法适用的时间效力和地域效力的确定原则。

2. 简述对人的适用效力。

3. 对民法不同渊源的适用顺序如何确定?

第九节　民法的历史沿革

|内容提要|

学习民法的历史演进就是要在民法的产生和历史发展中认识民法,深刻领会民法的精神实质。

作为部门法意义上的民法是在法律演进中产生的。在西方大陆法系国家,随着人们对法律调整规律的逐步认识,法律的演进经历了由诸法混体状态向体系化的部门法划分转变的过程。其突出的特点就是依据不同社会关系要由与之相适应的不同法律手段调整的法律调整规律,针对法律调整的不同的社会关系特点,人们对法律作体系化的认识和部门划分,并以法典编纂使之逻辑体系化。首先是罗马法学家所进行的公法和私法的划分,到后来在罗马私法的基础上西方大陆法系国家进行民法典的编纂,并以此为传统形成大陆国家民法突出的法系特点。因此,民法的历史沿革指作为部门法形成的民法沿革,实质是指以罗马法为基础的西方大陆法系国家民法典的制定、继受和演进过程。

[31]　参见梁慧星:《民法总论》,法律出版社1996年版,第276页。

[32]　参见梁慧星:《民法总论》,法律出版社1996年版,第276页;姚辉主编:《民法教学参考书》(上册),中国人民大学出版社2005年版,第34页。

一、罗马法是民法演进的基础

罗马法,是公元前6世纪至公元7世纪古罗马奴隶制社会法律的总称。最早的罗马成文法是公元前451～公元前450年制定的《十二铜表法》。公元6世纪东罗马皇帝优士丁尼组织进行了大规模的罗马法编纂,对先前的罗马法进行了系统综述,为后世法律的发展奠定了基础。优士丁尼的法典编纂著作包括三个部分:《法学阶梯》或称《原理》、《学说汇纂》或称《潘得克吞》、《优士丁尼修正法典》。在这三部分之外,还包括在私人所作汇集基础上完成的《新律》。[33] 优士丁尼完成的法典编纂及《新律》,自十二三世纪起被称为《国法大全》(也译为《民法大全》或《罗马法大全》)。这些法律仍是诸法合体,依罗马法学家公法私法划分的理论,它既包括公法也包括私法,其中私法是民法的基础。

罗马私法以优士丁尼的《法学阶梯》为代表,体系包括人、物、诉讼三大部分。其中人法和物法为实体私法。人法包括人格、家庭、婚姻、监护等内容。

罗马法上的人格即人的法律资格,是法律上的权利义务主体资格。"在罗马古时,只有贵族家长是权利义务主体,市民中的家属以及平民则都不是。以后由于战争需要,参军作战的家属和平民可以取得部分公权和私权,在一定程度上成为权利义务主体。到《十二铜表法》时,罗马法至少在私法上已经承认平民是权利义务主体。随着社会的进步,商品经济的发展,到共和国末期和帝政初年,家长的男性子孙开始普遍地享有公权和财产权,妇女、拉丁人和外国人也逐渐取得了部分公私权利。公元212年,卡拉卡拉皇帝准予居住在罗马帝国境内的居民或臣民一般都可取得市民权。甚至奴隶也逐渐享有限制的私权,如部分财产权。因此,随着社会的发展,权利义务主体的范围从贵族家长逐渐扩展到几乎全体自由人。"[34] 自由人就是享有自由权的人,不享有自由的人就是奴隶。只有自由人才享有人格,奴隶一般不具有人格。

重点提示

罗马法上的人格即人的法律资格,是法律上的权利义务主体资格。

罗马法不仅规定了人格,而且规定了人身关系。在家庭关系中,"家父是唯一为法律所承认的完人。他的子女,无论年龄怎样,即使是罗马市民并且在公法上享

〔33〕 参见[意]阿尔多·贝特鲁奇:《〈巴西尔法律全书〉的特色和在拜占庭法和欧洲法中的地位》,载徐国栋主编:《罗马法与现代民法》(第1卷),中国法制出版社2000年版,第10、11页。

〔34〕 周枏:《罗马法原论》(上册),商务印书馆1994年版,第97、98页。

有权利,皆受制于家父那不受约束的生杀权。只有家父能够拥有财产,一切由其子女取得的东西均归他所有”。[35] 罗马法根据人所在家庭中的地位不同,把人分为自权人和他权人。他权人是处于其他市民权支配之下的市民,他权包括家长权、夫权和买主权三种。家长权是男性市民中自权人在法律上对其家属所享有的支配权,也是家庭中最高和最完全的权力,家属无论年龄大小、结婚与否、社会政治地位高低,都处于男性尊长的权力之下。夫权,则是古罗马的适婚男女,按市民法结婚以后,丈夫对妻子的支配权。买主权则是买主对其购买的劳动者的支配权,或者因家属侵害他人权益而被家长交付经受害人任意处置,受害人对其享有买主权力。[36]

自权人则是不受家长权、夫权、买主权支配的人。只要不受这三种权力支配,一个人即使受其他私权的支配,如妇女、未适婚人受监护支配等,也算自由人。从共和国末期开始,家长权、夫权、买主权受到限制和削减,至优帝时,他权人地位获得改进,几乎能享有完全的权利能力了。[37] 可见,罗马法上确立的人格和人身关系,尚不是平等主体及其相互关系。在家长与家属、丈夫与妻子、买主与出卖劳力者之间的关系都不是平等的人身关系,而是人身支配关系,但它们都属于私法关系。罗马法的人格制度确立了私人格,以使之与公法主体相区别,强调了个体的独立,虽然其人格难以做到普遍的平等,但在享有同一等人格的主体间是相互作为独立和平等主体看待的。这具有重大意义,它奠定了民事主体制度的基础。除了这些特点外,罗马法对家庭关系、婚姻关系、收养关系、监护关系都有详细的规定。

重点提示

罗马法上的人格不是平等人格;罗马法的人格制度确立了私人格,以使之与公法主体相区别。

罗马法上的物法,即财产关系法。这部分法所调整的是经济财产(最广泛意义上的财物)的设立、转移和享用。

物法包括所有可用货币加以估算的权利。依盖尤斯的划分方式分为:财物(或狭义的物)法、继承法和债法。财物法包括:(1)物的分类;(2)所有权与占有、有形物的取得方式,包括传来取得方式转让,依市民法上的原始取得方式:时效取得,善意拥有和善意占有;依自然方式的原始取得:先占、河流造成的扩张、合并、加工、孳

---

〔35〕 [英]巴里·尼古拉斯:《罗马法概论》,黄风译,法律出版社2000年版,第65页。

〔36〕 参见周枏:《罗马法原论》(上册),商务印书馆1994年版,第107页。

〔37〕 参见[英]巴里·尼古拉斯:《罗马法概论》,黄风译,法律出版社2000年版,第108页。

息取得、取得埋藏物等;(3)地役权、人役权、永佃权、地上权、信托、质押、抵押等他物权。

重点提示

罗马法上的物法,即财产关系法是民法中财产法的基础。

债法,依盖尤斯的划分包括两大范畴,即产生于契约或者产生于私犯。优士丁尼的《法学阶梯》又增加了准契约与准私犯两个范畴。包括了买卖、消费借贷、使用借贷、租赁、劳务租赁、寄存、合伙、委任、互易、代销等契约,不当得利、无因管理等准契约,私犯则包括盗窃、抢劫、非法损害、侵辱等,以及裁判方法上的欺诈和胁迫等。准私犯包括审判员错判致当事人受损害,从建筑物中发出的投掷物和倾倒物致损害,建筑物上的悬挂物脱落所造成损害,船舶所有人、旅店或客栈所有人因其奴隶或者雇员的盗窃或侵害而对他人承担的责任等。

继承法则包括无遗嘱继承、遗嘱继承、继承外赠与、遗嘱信托等。

罗马法中的物是对奴隶制时期商品经济关系的详细规定。正如恩格斯指出的,“罗马法是简单商品生产即资本主义前的商品生产的完善的立法”。[38] 虽然由于寺院法的盛行和封建行会制度的阻碍,优帝以后,东罗马帝国的法律曾一度失去了旧时的光彩,但西欧封建社会中期以后,欧洲开始了罗马法的复兴。“在15~16世纪的欧洲各国出现普遍采用罗马法的热潮,并最终使罗马法成为现代各国制定调整商品经济关系的法律的基础。”[39]

恩格斯指出:“当工业商业进一步发展了私有制(起初在意大利,随后在其他国家)的时候,详细拟定的罗马私法便立即得到恢复并重新取得威信。后来资产阶级强大起来,国王开始保护它的利益,以便依靠它的帮助来摧毁封建贵族,这时候便在一切国家里(法国是在16世纪)开始真正地发展起来了,除了英国以外,这种发展到处都是以罗马法典为基础的。但是即使在英国,为了私法(特别其中关于动产的那一部分)的进一步发展,也不得不参照罗马法的诸原则。”[40]

二、《法国民法典》是近代意义上的民法形成的标志

在罗马法时期,奴隶主支配着奴隶,家长支配着家属,丈夫支配着妻子;在封建社会,人与人的关系也是以对土地占有为基础的人身依附关系和以宗亲、家族为核

---

〔38〕《马克思恩格斯全集》(第36卷),人民出版社1974年版,第169页。

〔39〕周枏:《罗马法原论》(上册),商务印书馆1994年版,第74页。

〔40〕《马克思恩格斯全集》(第3卷),人民出版社1974年版,第71页。

心的宗法等级制度为基础的,因而都不可能有真正意义上具有普遍性的民法。"私的关系是在资产阶级革命后形成的。一旦形成以后,国家需要用法律对这种新的关系加以保护。规定这样的关系的法律,起初称为市民法,后来演变为民法。"〔41〕1804年公布施行的《法国民法典》是第一部资本主义国家的民法典,是近代民法形成的标志。它确立了立法与司法分离、民事权利与政治权利的相互独立等近代法律原则;确立法国人普遍平等的民事权利能力,奠定了近代民法主体权利能力制度的基础;确定了契约自由和所有权绝对原则,奠定了近代民法中财产法律制度的基础;确立了婚姻世俗化,同时否定了家父对子女结婚的同意权,奠定了婚姻自由的基础;确立了财产继承和男女平等的继承制度,否定了身份继承、男性继承与长子继承,奠定了近代民法法定继承制度的基础;确立了个人责任原则,奠定了近代民法中侵权责任归责原则的基础。〔42〕

《法国民法典》的体系以罗马法的《法学阶梯》为基础,将诉讼分离出去,除序编外,由人、财产及对于所有权的各种变更、取得财产的各种方法等三编构成,共2283条。序编(第1~6条)规定了法律的公布、效力及其适用。第一编(第7~515条)人,规定了人的民事权利的享有及丧失、身份证书、住所、失踪、结婚离婚、血缘关系、收养关系、亲权、监护等内容。第二编(第516~710条)财产及对于所有权的各种变更,包括财产的分类,所有权、用益权、使用权及居住权、地役权等。第三编(第711~2283条)取得财产的各种方法,包括继承、生前赠与及遗嘱、契约之债的一般规定、非因合意而发生的债、夫妻财产契约及夫妻财产制、买卖、租赁、合伙、借贷、寄托及对讼争物的寄托、射幸契约、委托、保证、和解、仲裁、质押、优先权及抵押权、强制执行权及债权人之间的顺位、时效及占有等内容。

《法国民法典》是以罗马法为基础创造的第一部资本主义社会的典型民法典,是近代民法典的代表,它反映了资本主义社会的商品经济关系,改变了罗马法诸法合体的混杂状态,开创了民法部门体例,奠定了近代民法各项主要制度的基础,对后世民法产生了极其重大的影响。"欧洲大陆许多国家都受到它的影响,或者直接采用它作为自己的民法典,或者以它为模式制定自己的民法典。在几乎一百年的长时间里,欧洲竟没有出现一部足以与《法国民法典》相匹敌的民法典。这种情况,直到《德国民法典》的出现才得以改变。"〔43〕

---

〔41〕 谢怀栻:《外国民商法精要》,法律出版社2002年版,第7页。

〔42〕 参见谢怀栻:《外国民商法精要》,法律出版社2002年版,第62~71页。

〔43〕 谢怀栻:《外国民商法精要》,法律出版社2002年版,第72页。

三、20世纪各国民法典的制定与近代民法到现代民法的发展

“现在我们以法国民法(原始的法国民法典)为近代民法的代表,现代民法则是指德国民法典及其以后的各国民法。”[44]

(一)《德国民法典》

《德国民法典》颁布于1896年,1900年施行。《德国民法典》以罗马法《学说汇纂》体系为基础,分为五编,共2385条。第一编总则,第二编债的关系法,第三编物权法,第四编亲属法,第五编继承法。其五编制结构的突出特点在于总则编的设置和在总则编统领下的分则各编的清晰划分和结构设置。例如,将物权与债权严格区分;将继承独立成编。其总则编规定了主体制度(包括自然人和法人)、民事权利客体——物、法律行为(包括代理关系)、消灭时效等内容。第二编债的关系法主要规定合同、侵权行为、不当得利、无因管理等内容。第三编物权法主要规定了所有权、各种用益物权、担保物权、占有等内容。第四编亲属法,规定了婚姻关系、亲属关系、父母子女之间的财产关系、监护制度等内容。第五编继承法,规定了继承、遗嘱、遗赠等问题。《德国民法典》以其体系合理、逻辑严谨、用语精确和概括方法的运用等立法技术上的优点著称于世,是继《法国民法典》之后影响最大的一部民法典。

(二)《瑞士民法典》

《瑞士民法典》于1907年12月颁布,1912年1月1日起施行。与该法典同时施行的还有议会于1911年5月通过修改《瑞士债务法典》并公布的《关于补充瑞士民法典的联邦法律(第五编:债务法)》,即通常所称《瑞士债务法》。因此一般认为包括《瑞士债务法》在内的《瑞士民法典》共有五编。《瑞士民法典》的开首是未列入编的序言,共有10个条文规定了法律的适用、法律关系的内容、与各州法律的关系等内容。第一编人法,包括自然人和法人两章;第二编亲属法,包括婚姻、亲属关系、成年人的保护,共三个分编;第三编继承法,包括继承人、继承两个分编;第四编物权法,包括所有权、限制物权、占有和土地登记三个分编;最后是不列入编的尾章,是关于法典适用规定与施行规定。《瑞士债务法》作为法典的第五编,共分为五个部分。第一分编通则,包括债的发生、债的效力、债的消灭、债的特别关系、债权让与和债务承担等。第二分编各种契约。第三分编商事组织与合作社,包括普通合伙、有限合

---

〔44〕 谢怀栻:《外国民商法精要》,法律出版社2002年版,第15页。

伙、股份有限公司、股份有限合伙、有限责任公司、合作社。第四分编商业登记簿、商号名称和商业会计。第五分编有价证券,包括第一章记名证券、无记名证券和指定式证券,其中包括了一般规定、记名证券、无记名证券、票据(汇票、本票)、支票、类似票据的其他的指定式证券、货物证券(仓单与提单),以及第二章债券。[45] 从以上体例结构和内容可以看出《瑞士民法典》的突出特色是没有设总则编,同时开创了民商合一的立法体例,对20世纪以后的各国民法典制定产生了重要影响。1942年《意大利民法典》也采取了民商合一体例,在民法典中对有关公司、合伙、合作社、有价证券、票据、保险等方面的内容作了规定。自1947年至1992年完成修改的《荷兰民法典》也采民商合一的体例。

(三)《日本民法典》

日本自明治维新后开始学习继受西方法制。于1890年颁布、1893年施行了《日本民法》,史称日本"旧民法"。1898年又颁布并施行了日本新民法,废除了"旧民法"。新民法即今天所称《日本民法典》,于2004年进行了大规模修订。该法典分为五编:第一编总则,分为通则、人、法人、物、法律行为、期间的计算、时效七章;第二编物权,分为总则、占有权、所有权、地上权、永佃权、地役权、留置权、先取特权、质权、抵押权十章;第三编债权,分为总则、契约、无因管理、不当得利、侵权行为五章;第四编亲属,分为总则、婚姻、父母子女、亲权、监护、保佐及辅助、扶养七章;第五编继承,分为继承的承认及放弃、财产的分离、继承人的不存在、遗嘱、特留份额八章内容。日本实行民商分立体例,在民法典之外另制定《日本商法典》。

(四)《苏俄民法典》和《俄罗斯联邦民法典》

1922年苏联制定了《苏俄民法典》,该法典是世界上第一部社会主义国家的民法典。该法典分为总则、物权、债和继承四编,共426条。其在体系上的突出特点是将婚姻家庭关系、劳动关系、土地关系等内容不作为民法典的内容规定,而另制定单行法规定。1961年苏联制定了《苏联各加盟共和国民事立法纲要》,除序言外,共有八章129条,包括总则、所有权、债权、著作权、发现权、发明权、继承权;外国人和无国籍人的权利能力、外国民事法律、国际条约和国际协定的适用。1964年颁布的《苏俄民法典》,共八章569条,章名与上列纲要章名一致。1992年苏联解体后,苏联所属各加盟共和国独立,纷纷制定各自的民法典。俄罗斯联邦于1994年10月通

---

〔45〕 参见戴永盛译:《瑞士民法典》《瑞士债务法》,中国政法大学出版社2016年版。

过了《俄罗斯联邦民法典》第一部分,包括三编:第一编,总则;第二编,所有权和其他物权;第三编,债法总则。1995 年 12 月通过了第二部分即第四编债的种类。2001 年 11 月通过了第三部分,包括第五编继承法,第六编国际私法,第七编智力活动成果和个别化手段的权利。

《德国民法典》及 20 世纪后各国民法典是民法由近代向现代演化过程中制定的民法典。以《法国民法典》为代表的近代民法以个人本位、权利本位为其突出特点,贯彻主体人格平等、私人所有权神圣不可侵犯、契约自由、自己责任原则。而《德国民法典》及其以后制定的各国民法,则对个人本位和权利本位给予限制,兼顾了社会本位,对传统民法私法自治原则给予限制,禁止权利滥用、限制合同自由,确立无过错责任原则,在婚姻家庭领域实行男女实质平等,对人格权给予充分的重视。[46] 这些现象是民法由近代民法向现代民法演进的标志。

思考题:民法由近代民法向现代民法演进的标志有哪些?

四、我国的民事立法

我国古代奴隶社会、封建社会,长期实行宗法等级制度,不可能有平等和意思自治为特征的民事生活和调整民事生活的民法。奴隶制法和封建法中有关于户婚、田宅、买卖、债务等方面的规定,但都与近现代意义上的民法相去甚远。例如,谢怀栻先生认为:"中国几千年不存在什么'私法'或'民法'。像婚姻、买卖这些现在认为是属于私法范围的事,也是一部分归于刑律之中,一部分归之于'礼'。"[47] 梁慧星先生认为:"中国历代封建统治者虽重视法典编纂,产生过唐律、明律、清律等杰出法律,其中涉及民事生活关系的条文,如户、婚、钱债等,不符合近现代民法的主体平等、意思自治、权利义务结构和民事责任等特征,实质上仍属于刑法规范。至于一般民事生活关系,则有类似习惯法的'礼'调整,因此应当肯定中国历史上不存在民法。"[48] 可见,在民法界通说认为我国自古没有民法,即没有平等和意思自治为内容的民法。我国自 1908 年开始历史上的首次民法编纂,1911 年完成《大清民律草案》,未及颁行而清朝灭亡。北洋政府于 1926 年完成"中华民国民律草案",但最终未能成为法律。直到 1929 年 1 月南京国民政府立法院组成民法起草委员会开始起草民法。历时 3 年相继完成"中华民国民法"各编并颁布施行。1929 年 5 月 23 日,

---

〔46〕 参见谢怀栻:《外国民商法精要》,法律出版社 2002 年版,第 15 ~33 页。

〔47〕 参见谢怀栻:《谢怀栻法学文选》,中国法制出版社 2002 年版,第 369 页。

〔48〕 梁慧星:《中国民事立法评说》,法律出版社 2010 年版,第 30 页。

公布总则编,于同年10月10日施行。1929年11月22日公布债编,并于1930年5月5日施行。1930年12月26日公布亲属编和继承编,并于1931年5月5日施行。该法典共五编1225条,采民商合一体制。在民法债编规定了代理商和商事买卖、交互计算、居间、行纪、仓储、运送营业、承揽运送、隐名合伙等商行为。以后又分别制定了公司法、票据法、海商法、保险法等单行商事法,后来这四种法被通称为特别民法。在我国大陆这部民法典于1949年中华人民共和国成立后被废除,在我国台湾地区至今仍在施行。它作为中国历史上第一部民法典"在改革中国数千年的法制方面,在中国开创私法制度与私法文化方面,较之法国民法(拿破仑法典)犹有过之。这是中华民族可以引以为自豪的一部民法典"。[49]【中国历史上第一部民法典】

1949年中华人民共和国成立后,全国人民代表大会及其常委会颁布了一系列民事立法。1950年颁布了《婚姻法》,并于1980年、2001年两次对该法进行了修改。1982年颁布了《经济合同法》,1984年颁布了《涉外经济合同法》,1984年颁布了《技术经济合同法》。1999年3月15日颁布了统一的《合同法》,并于1999年10月1日施行,同时废除了上列三个合同法。1982年颁布了《商标法》,1984年颁布了《专利法》,1985年颁布了《继承法》,1986年颁布了《民法通则》,1991年颁布了《著作权法》,2007年3月颁布了《物权法》,2009年12月颁布了《侵权责任法》。起草民法典的工作早在1954年全国人大常委会就开始进行。1956年全国人大常委会完成民法草案,分为总则、所有权、债和继承四编,共525条。1962年全国人大常委会又组织了第二次民法典的起草,至1964年7月完成《民法(试拟稿)》,包括总则、所有权、财产流转三编,共262条。十一届三中全会后,1979年全国人大常委会又组织了第三次民法典的起草工作,1982年5月完成了《民法草案(第四稿)》。由于当时我国政治上的极"左"路线和经济上高度集权的计划经济体制以及法学研究的不发达,我国社会尚缺乏民法产生和存在的社会政治经济文化环境,所以这些民法草案都未能颁布施行。自十一届三中全会以来,我国实行改革开放政策,经过改革,我国的政治、经济和文化等社会生活各方面都发生了深刻的变化,民主政治的发展、社会主义市场经济体制的确立和深入发展,社会主义法制建设的不断加强,特别是民事立法的不断完善和发展,以及法学教育和法学研究的发展,都为民法典的产生准备了条件。自1998年起,全国人大常委会又组织第四次民法典的起草工作。但2002年以后停止了民法典的起草,采取制定单行法的办法,先后颁布了《物权

---

〔49〕 谢怀栻:《大陆法国家民法典研究》,载易继明主编:《私法》(第1辑第1卷),北京大学出版社2001年版,第13页。

法》《侵权责任法》。直到2014年11月《中共中央关于全面推进依法治国若干重大问题的决定》中明确提出了制定民法典的重大立法任务，立法机关积极推进民法典的制定工作，按照分步走的办法，于2017年3月第十二届全国人民代表大会第五次会议通过《民法总则》，于2017年10月1日实施。按照全国人大常委会的立法规划，将在2020年完成民法典分则的制定。2020年5月28日第十三届全国人民代表大会第三次会议通过了《民法典》，采用总则和分则的法典结构，包括总则编、物权编、合同编、人格权编、婚姻家庭编、继承编、侵权责任编七编和附则，共1260条，不设债编，设合同编和侵权责任编，首创人格权编。这是新中国历史上第一个以法典命名的立法文件，具有划时代的意义。2020年5月29日，习近平总书记在主持中央政治局第二十次集体学习时强调指出："民法典系统整合了新中国70多年来长期实践形成的民事法律规范，汲取了中华民族5000多年优秀法律文化，借鉴了人类法治文明建设有益成果，是一部体现我国社会主义性质、符合人民利益和愿望、顺应时代发展要求的民法典，是一部体现对生命健康、财产安全、交易便利、生活幸福、人格尊严等各方面权利平等保护的民法典，是一部具有鲜明中国特色、实践特色、时代特色的民法典。"【我国社会主义的民事立法成就及其发展】

应用指南

本章民法概述是关于民法的入门知识，具有重要的应用价值。这一部分知识是最基础的，要善于运用民法的概念，调整对象，民法的本质、特征，民法的渊源，民法的适用等知识去理解具体的民法问题，又要随着学习的深化和对民法具体知识的积累反过来再对这些最抽象、最概括的民法知识做进一步的深化理解。就民法的实践而言，这一部分知识的应用价值体现在：

1. 指导人们分清哪些社会关系属于民事社会关系，由民法调整，从而指导人们自觉地遵守民法，将其行为纳入民事法律关系轨道，或者正确地适用民法解决其民事纠纷。在人们的社会生活或司法实践中，分清社会关系的部门法归属、明确社会关系或案件性质是正确适用法律的关键。民法概述一章的知识从理论上告诉人们，平等主体的自然人、法人或非法人组织之间的，即私人的、非权力介入的人身关系和财产关系，属民法调整的民事社会关系，不允许权力因素的介入；否则一方凭借其权力与对方当事人形成的非平等关系则不属于民法调整的民事社会关系。

2. 指导人们具体地查找民法规范。民法内容浩繁，在具体应用民法，特别是处理具体民事案件中，都要引经据典依民法具体条文处理具体的民事关系。民法的渊源知识告诉人们，民法不是高度抽象的理论原理，而是由具体形式表现的法条，告诉人们民法以何种法律文件形式表现和存在,让人们知道去哪些规范性文件中查找民法;民法的体系理论告诉人们构成民法的各部分之间的相互关系,指导人们从庞杂的民法条文中找到适用于本案的具体条文,并能协调综合应用,从而使人们有逻辑、有条理地掌握和运用民法,不至于在浩繁庞杂的民法内容面前束手无策。

3. 指导民法的具体适用。民法的适用范围的理论,指导人们在具体适用民事法律文件时,要注意它在时间、空间和对人的适用范围,只有在时间、空间上和对人的适用范围上有效的民事法律规范才能具体地适用民事关系,从而正确适用民法。

第二章　民法立法目的和民法的基本原则

民法部门是主要运用确认主体地位平等和实行当事人意思自治方法调整民事社会关系的法律部门。构成民法部门的基本要素是民法的基本原则和民法规则。民法基本原则和民法规则都是实现民法的立法目的工具。民法的立法目的可以说是制定民法的根本指导思想。民法基本原则与民法规则对民事社会关系的调整功能不同。调整民事社会关系的民法规则是由国家立法机关制定的具体的民法规范,是民事主体进行民事活动的行为规则和法官裁判民事案件的裁判规则。它将一定的法律事实与相应的法律后果结合规定,包括了假定、处理、制裁等具体要素。民法基本原则正是民法所调整的民事社会关系对法律调整的根本要求的反映,它是民法调整民事社会关系的基本规律的反映,是民事法律规则的法理源泉。虽然民法基本原则也往往由民法条文所规定,但它只不过是立法者对民事社会关系的法律调整规律认识选择后的确认和宣示,是为制定具体的民法规则和指导民事司法服务的。民法基本原则是贯穿于民事立法、司法始终的指导思想和基本准则。学习民法的基本原则要着重理解民法基本原则与民法具体规则的相互关系,掌握各项民法基本原则的含义及其在民法体系中的地位作用,从而掌握民法部门的基本精神和价值理念。

第一节　民法的立法目的和依据

| 内容提要 |

民法的立法目的是制定民法的根本目标和宗旨。《民法典》第 1 条开宗明义,明确了民事立法的目的和依据:为了保护民事主体的合法权益,调整民事关系,维护社会和经济秩序,适应中国特色社会主义发展要求,弘扬社会主义核心价值观,根据宪法,制定本法。

一、保护民事主体的合法权益

民事主体的合法权益是民事主体的依法实现的民事生活目的利益和民事主体实现民事生活目的的法律手段。保护民事主体的合法权益就是保障民事主体民事生活目的的实现,民事主体的合法权益是民事主体最根本的利益。民法典坚持以人民为中心,以保护民事主体的合法权益为根本目的。制定和实施《民法典》是保障人民权益实现和发展的必然要求。为了实现这一根本目的,《民法典》第3条将民事主体合法权益不受侵犯确立为民法的首要原则,明确规定:民事主体的人身权利、财产权利以及其他合法权益受法律保护,任何组织或者个人不得侵犯。依据这一目的和原则,《民法典》以民事权利作为民法规范体系的核心和主线,在总则编规定了民法基本原则、民事主体、民事法律行为、代理、诉讼时效和期间等民事主体享有和行使民事权利的共通问题,专章规定了民事主体的各类民事权利和合法利益,将民事主体的合法权利和利益尽可能地纳入民法的保护范围。在分则各编依次规定了民事主体的物权、合同权利、人格权、婚姻家庭中的人身权利、继承权等广泛的民事权利和利益,并以侵权责任编作为对民事权利和利益保护的救济,充分体现了保护民事主体合法权益的根本立法目的。《民法典》的制定仅仅是这一立法目的的立法实现,关键还是要通过《民法典》的有效实施,才能最终实现保护民事主体合法权益的目的。为此,习近平在主持中央政治局第二十次集体学习时强调指出:"民法典实施水平和效果,是衡量各级党政机关履行为人民服务宗旨的重要尺度。国家机关履行职责、行使职权必须清楚自身行为和活动的范围和界限。各级党和国家开展工作要考虑民法典规定,不能侵犯人民群众享有的合法民事权利,包括人身权利和财产权利。有关政府机关、监察机关、司法机关要依法履行职能、行使职权,保护民事权利不受侵犯、促进民事关系和谐有序。"[1]

二、调整民事关系

民事关系是民事主体之间的社会关系,也就是自然人、法人、非法人组织之间的社会关系,包括人身关系和财产关系,构成民事主体的民事生活关系,民事主体的民事生活目的就是在特定的民事社会关系中实现的。《民法典》第2条明确规定了民法的调整对象就是平等主体的自然人、法人和非法人组织之间的人身关系和财产关系。民法通过对民事关系的调整将当事人之间的民事生活关系纳入法治的

---

〔1〕 习近平:《充分认识颁布实施民法典重大意义,依法更好保障人民合法权益》,载《人民日报》2020年5月30日,第01版。

轨道，赋予民事主体的民事关系权利义务关系的内容，使民事主体在民事关系中依法享有民事权利和利益，保护民事权利的实现。因此，调整民事关系是保护民事主体合法权利和利益的基本法治手段，当然调整民事关系除了保护民事主体合法权利和利益外，也具有维护社会和经济秩序的目的。调整民事关系运用民法规范，建立民事法律关系，将民事主体的民事关系纳入民事法律关系轨道调整，在民事法律关系中民事权利主体享有权利，义务主体履行义务，从而就能保障民事主体合法民事权利和利益的实现。如果民事主体不履行义务致使民事权利不能实现，或者民事主体的合法权益受到他人的侵害，就要通过民事责任的追究来救济和保护民事权利和利益，使民事关系恢复法律关系的权利义务状态。为此，就必须制定民法规范。民法规范是民事法律关系和民事责任制度的依据。

三、维护社会和经济秩序

民法调整民事关系，保护各个民事主体的合法权益，由此建立起的是整个社会的民事生活秩序和经济秩序。民法调整婚姻、家庭生活关系，建立和维护了婚姻、家庭社会秩序，成为社会最基本的社会生活秩序。民法调整财产关系，建立起基本的社会经济关系。民法虽然属于私法，直接保护的是各个民事主体的民事权益，实现其生活目的，但民事社会生活关系无论家庭生活关系，还是经济生活关系，都是社会关系。例如，对自然人的生命权的确立和维护，就是人类生存的基本社会秩序，离开了对自然人个体生命权的确立和保护，就不会有人类生存的社会秩序。对个人财产所有权的保护是生产、交换等经济关系进行的基础，财产归属秩序、交易秩序构成了社会的基本经济秩序。因此，民法以个人为本位，同时也兼顾社会本位，注重对社会和经济秩序的维护。因此，制定民法典是发展社会主义市场经济，巩固社会主义基本经济制度的必然要求，也是促进国家治理能力和治理体系现代化的必然要求。

四、适应中国特色社会主义的发展要求

中国特色社会主义的发展为我国民事立法提出了更高的立法要求，制定民法典就是为了适应中国特色社会主义的发展要求。民法典的制定反映了中国特色社会主义的发展要求，适应了我国国情和实际，体现了时代特点。首先，民法典体现了我国公有制为主体、多种所有制经济共同发展，按劳分配为主体、多种分配方式并存，社会主义市场经济体制等社会主义基本经济制度的要求；其次，体现了中国特色社会主义以人民为中心的发展要求。编纂民法典是增进人民福祉、维护最广大

人民根本利益的必然要求。民法典的科学体系坚持以人民为中心,以保护民事权利为出发点和落脚点,切实回应人民的法治需求,更好地满足人民日益增长的美好生活需要,充分实现好、维护好、发展好最广大人民的根本利益,使民法典成为新时代保护人民民事权利的法宝。最后,体现了"创新、协调、绿色、开放、共享"的新发展理念。民法典将绿色原则确立为民法的基本原则,规定民事主体从事民事活动,应当有利于节约资源、保护生态环境,在物权、合同、侵权责任等各个分则编中也都贯彻了绿色原则,体现了新的发展理念。民法典编纂立足我国现实国情,总结了改革开放以来我国民事立法和司法实践的经验和成果,顺应时代要求,勇于创新,回应了科技新时代和现代社会的民事新问题,民法典的科学体系,既符合我国国情和具体实际,又符合未来发展需要。

五、弘扬社会主义核心价值观

社会主义核心价值观体现社会主义意识形态的本质要求,体现社会主义制度在思想和精神层面的质的规定性,凝结着社会主义先进文化的精髓,民法典将"弘扬社会主义核心价值观"作为一项重要的立法目的,体现了坚持依法治国与以德治国相结合的鲜明中国特色。民法典编纂本着这一立法目的对社会主义核心价值观在民法典的体系构成中从总则到分则的各个章节全面贯彻落实,体现和表达了"富强、民主、文明、和谐,自由、平等、公正、法治,爱国、敬业、诚信、友善"的社会主义核心价值观。《民法典》总则编第一章规定的平等、自愿、公平、诚信、公序良俗、绿色等民法基本原则,民事责任一章规定的为保护他人私益受损时的责任承担和补偿办法、见义勇为免责、侵害英烈权利的民事责任等都体现了对社会主义核心价值观的弘扬。《民法典》分则人格权编对于死者的姓名、肖像、名誉、荣誉、隐私、遗体等给予特别保护的条款,对于因故意或者重大过失侵害自然人具有人身意义的特定物造成严重精神损害的给予特殊保护的条款,对因违约行为损害他人人格权承担赔偿责任的条款,新闻报道不合理地使用民事主体的姓名、肖像、个人信息应当承担民事责任的条款,对人体基因、人体胚胎的人格利益予以尊重和保护的条款,对实施性骚扰行为人科以民事责任的条款,非法限制他人自由、非法搜查他人身体的行为人的民事责任的条款,将生活安宁界定为隐私权的重要内容,对民事主体个人信息进行保护的条款等,都表达了对人格尊严、人格自由前所未有的更高关怀。物权编关于相邻关系的条款、关于善意取得的条款、拾得遗失物返还条款、合同编关于当事人解释合同条款含义遵守诚信原则的条款、当事人诚信履行合同的条款、无因管理条款、不当得利的条款都体现了社会主义的核心价值观。婚姻家庭编第

1043条规定："家庭应当树立优良家风，弘扬家庭美德，重视家庭文明建设。夫妻应当互相忠实，互相尊重，互相关爱；家庭成员应当敬老爱幼，互相帮助，维护平等、和睦、文明的婚姻家庭关系。"《民法典》以社会主义核心价值观为重要立法目的，对于建设社会主义法治国家、推进国家治理体系和治理能力现代化具有重大而深远的意义。

六、根据宪法

宪法是国家的根本大法，规定了国家的根本社会制度、政治制度、基本经济制度、人民基本权利。我国《立法法》第87条明确规定："宪法具有最高的法律效力，一切法律、行政法规、地方性法规、自治条例和单行条例、规章都不得同宪法相抵触。"根据宪法，制定民法典，表明宪法是制定民法的根本依据，民法的规定必须体现和落实宪法的原则和要求，不得与宪法的规定相抵触。我国《民法典》的内容是依据宪法的规定制定的。例如，宪法关于国家基本经济制度的规定、关于全民所有制、集体所有制的规定，关于公民的合法的私有财产不受侵犯，国家依照法律规定保护公民的私有财产权和继承权的规定，就是《民法典》规定国家所有权、农民集体所有权、城镇集体经济组织所有权、私人所有权、继承权的依据。宪法关于实行市场经济的规定，就是《民法典》规定合同制度的依据。宪法关于公民基本权利的规定，婚姻、家庭、母亲和儿童受国家的保护等规定，就是《民法典》规定人格权、婚姻家庭中的人身权等人身权利和利益，规定侵权责任等制度的依据。

第二节　民法基本原则概述

内容提要

本节学习民法基本原则的概念、特征和功能，要着重认识民法基本原则对于民法规范体系和具体的民法规则的关系。

一、民法基本原则的概念和特征

民法的基本原则，是体现民事社会关系的法律调整要求的，贯穿于民事立法、司法始终，对各项具体民法制度和规则体系具有统领作用的指导思想和根本准则，

是民法的基本精神和价值理念的集中反映。同具体的民法规范相比较,民法基本原则具有三个特征:

第一,民法的基本原则是对民法规范的基本精神和内在价值的抽象概括,而不是具体的民法规范。

民法基本原则抽象于民法的各项具体规范,民法的具体规范都包含假定、处理、制裁三个要素,即具体规定该规范的适用条件,对当事人关系的处理及其违反处理所招致的法律后果。而民法基本原则并不涉及具体的民法规范要素,并不直接规定当事人的行为及其关系和后果。例如,一个具体关于合同关系的法律规范包含法律规范的全部具体要素,如果双方当事人就合同主要条款意思表示一致,就在他们之间成立合同关系,依法成立的合同具有法律效力,当事人可依据合同的约定行使权利和履行义务,如果义务人违反义务要承担违约责任。但作为民法基本原则的平等原则,只抽象地表明民事活动中当事人地位平等这一理念,并不含有法律规范的具体要素。

重点提示

> 民法的基本原则是民法的基本精神和价值理念的集中反映。

第二,民法基本原则对民事社会关系的调整作用是指导性的,而不是具体的、模式性的。

民法基本原则是民事社会关系对法律要求的反映,是民事社会的客观规律的反映,它是通过科学研究揭示和概括的原理或者公理,是制定民法规范、理解和适用民法规范的出发点和依据,对全部民事关系的调整都具有指导作用,无论是民事立法、司法,还是当事人进行民事活动都要遵守民法基本原则的指导,但由于民法基本原则的抽象性,它不能像具体民法规范那样为具体民事行为和民事关系提供法律调整模式,为当事人指明应当怎样行为、其行为会引起怎样的权利义务关系或招致怎样的责任后果。因而民法基本原则往往不能直接适用于具体的民事案件的处理,只能为具体的裁判规则的创设提供指导作用。

第三,民法基本原则贯穿于民法的始终,对民法的各项制度和规则体系具有统领作用,对全部民事活动和民事关系具有普遍效力。

民法基本原则是民法所调整的民事社会关系对其法律调整的根本要求和基本规律的反映,只有在民法基本原则的指导下才能制定出合乎规律的适于调整民事社会关系的规则体系,民法规范才能发挥其应有的规范功能和作用;各项民法基本原则只有完全地贯彻于民法的始终,才能保证民法规则体系在统一的价值导向下达到和谐。这是民法基本原则同仅仅适用于某一具体民事关系和制度的具体原则的区别,如仅仅适用物权关系的物权法定原则,仅仅适用于民事责任制度的归责原则等就不是民法的基本原则。

二、民法基本原则的功能

民法基本原则的功能是指民法基本原则对于民事立法、司法和民事活动所能发挥的效能。民法基本原则具有三个功能。

(一)立法指导功能

民法基本原则是民事立法的根本指导思想,是立法机关制定民法规范的根本出发点和价值导向,各项民法制度及其体系的确立,各项民法规范的条文表述及其体系的价值和谐,都必须以民法基本原则为指导。坚持以民法基本原则为指导,才可能制定出合乎民事社会客观规律的、适于调整民事社会关系的民法规范,才可能确保民法各项制度、各项规范及其体系的价值取向的和谐统一。这就是民法基本原则立法指导功能所发挥的作用。

(二)指导民事行为准则的功能

依据民法基本原则制定的民法规范是民事主体进行民事活动的直接行为准则,它具体规定了各种具体民事行为及其法律后果,以特定民事行为引起相应的民事权利义务关系,并以相应民事责任为保障的调整模式提供了民事主体进行民事活动的行为模式。当事人所要进行的民事活动有相应的具体民事法律规范时,当事人自当遵守该具体民事法律规范。但由于民事社会生活的复杂性和发展变化性,如果当事人所欲进行的民事活动尚无具体民事法律规范,当事人则应以民法基本原则为行为准则,使其行为符合民法基本原则体现的民法的价值取向。

(三)审判中法律适用的指导准则功能

民法基本原则是法官进行民事审判必须遵守的指导性准则。法官在民事审判中将民法具体条文正确适用于民事案件离不开民法基本原则的指导。首先,法官要以民法基本原则为指导,分析当事人之间的具体民事关系,评价当事人的民事行为,判断其是非争执。其次,法官要以基本原则为指导,理解和选择适用于案件的具体法律条文。在民法对某些民事社会关系尚未作出明确规定的情况下,法官则要以民法基本原则为指导,在符合民法基本原则要求的范围内,行使自由裁量权,创造出适用于具体案件的法律规则,解决当事人的民事纠纷,从而起到克服成文法局限和弥补法律漏洞的作用。

评　注　民法基本原则能否直接适用于裁判民事案件?

关于民法基本原则能否直接适用于裁判民事案件,学者之间有不同的观点。龙卫球指出:“民法基本原则正是民法最上位的法律原则,所以,它根本不区分构成要件和法效果,即使被法条明确宣示,也不能直接适用于裁判个案。”〔2〕郭明瑞教授则认为:“民法基本原则的约束力决定了法院可依基本原则裁判案件。”〔3〕实际上直接适用民法基本原则裁判民事案件的情形,是在没有直接可供依据的具体民法规则时才发生。如果有具体的民法规则应当适用民法规则而不能直接适用民法基本原则判案。由于民法基本原则不具体规定行为的构成要件及其法效果,所以在适用时,法官都要依据基本原则结合具体个案事实研究其行为构成及其法效果,即将基本原则进行规则性转化。所谓基本原则不能直接适用于裁判民事案件就是这个意思,而不是不能适用。所谓能直接适用的观点,也并没有否认法官需要结合案件事实研究具体行为构成及其法效果。事实上,法官在弥补法律漏洞适用民法基本原则判案时都要结合具体案件事实研究其行为构成及其法效果。基本原则结合具体案件适用的结果就会创造出一个新的法律规则。龙卫球指出,“可以作为个案裁判根据的法律原则,必须具体化到了具有可适用规范特质的程度,拉伦茨称‘法条形式的原则’或‘准则’。这些具有可以直接适用的法条形式的原则,与其称为原则,不如称为体现法律原则的具体规定”。〔4〕郭明瑞教授也指出:“民法基本原则虽然也为立法的指导思想,但它须具体化,由法律条文固定下来。不是以法律条文规定下来的内容,不能为基本原则。”“民法的基本原则既然是由法律规定的,当然也就具有法律的约束力,即具有法律效力。”“因此,基本原则的约束力决定了法院可依基本原则裁判案件。”“规定有关基本原则的法律条文完全可以作为下判的依据。”〔5〕从这一点来讲,在没有法条明确规定的适用于个案的规则的情况下,法条明确规定的基本原则是可以适用于民事案件的裁判的。

思考题:民法基本原则具有什么功能?

---

〔2〕　龙卫球:《民法总论》,中国法制出版社 2001 年版,第 72 页。
〔3〕　王利明主编:《中国民法案例与学理研究》(总则篇),法律出版社 2003 年版,第 5 页。
〔4〕　龙卫球:《民法总论》,中国法制出版社 2001 年版,第 57 页。
〔5〕　王利明主编:《中国民法案例与学理研究》(总则篇),法律出版社 2003 年版,第 4 ~6 页。

第三节　民法的各项基本原则

| 内容提要 |

本节在上一节学习和认识民法基本原则的概念、特征和功能的基础上,进一步学习民法的各项基本原则。认识这些基本原则的含义、作用及其在民法规范中的具体体现。

一、民事主体合法权益受法律保护的原则

我国《民法典》第3条规定:"民事主体的人身权利、财产权利以及其他合法权益受法律保护,任何组织或者个人不得侵犯。"本条就是《民法典》对民事主体合法权益受法律保护原则的确认。保护民事主体的合法权益是民事立法的首要目的,确立民事主体合法权益受法律保护,任何组织和个人不得侵犯也就是民法的首要的基本原则。表明民事主体的合法民事权利及其他合法利益受法律保护是民法的最基本的精神,是整个民法体系的核心,是民事立法的出发点和落脚点,统领整个民法典体系和商事法及其他民事特别法,充分彰显民法的权利法本位和私法性质。

民事主体的合法民事权利,包括了民事主体的人身权利、财产权利,《民法典》总则编第五章全面规定了民事主体的各项民事权利和利益。第八章规定了民事责任。在分则各编则分别规定了各类民事权利,设有物权编、合同编、人格权编、婚姻家庭编、继承编,最后规定了侵权责任编作为对民事权利和利益的保障和救济。《民法典》把民事主体合法民事权利和利益受法律保护不得侵犯的原则贯彻始终,成为民事权利的宣言书和基本保障法。

二、平等原则

平等原则,也称民事主体地位平等原则,其含义是指民事主体在民事活动中都具有独立的人格、平等地享有主体资格、平等地参与民事活动、平等地受法律约束和保护。

民事主体在民事活动中具有独立的人格是指民事主体相互之间各自独立、互

不隶属,都是各自权利的享有者和义务的承担者。即使在公法关系中具有隶属关系的当事人,在民事关系中也不受隶属因素的影响而各自独立。任何民事主体都为其自身独立而存在。主体的人格独立是平等的前提和基础,是平等原则的首要含义。各自独立的民事主体都具有平等的人格或者权利能力,依法平等地享有权利和承担义务,在法律上其参与民事活动的机会是均等的。无论是自然人还是法人,自然人无论其身份、民族、性别、文化程度、宗教信仰、财产状况、职务职称等因素差别,法人无论是机关法人、企业法人,也不论是上级单位、下级单位,大单位、小单位,以及经济实力强弱,都是各自独立的民事主体,其主体地位一律平等,完全以其独立自由的意志参与民事法律关系,通过自愿协商建立、变更、终止相互之间的民事关系,任何一方不得将其意志强加于对方。民事主体平等地受法律约束,平等地遵守民事法律规范,平等地受法律保护。任何民事主体的民事权利受他人侵犯者可依据民法获得救济;任何侵犯他人民事权利的行为或违反民事义务的行为都同样地受法律责任追究。

重点提示

> 主体的人格独立是平等的前提和基础,是平等原则的首要含义。

平等原则的实质在于强调主体资格和法律地位的平等,强调主体从事民事活动的机会平等,排斥民事活动和民事关系中任何一方当事人对他方当事人的特权地位。平等原则并不意味着民事主体权利的实际享有没有差别。这种差别一方面来自法律规定上的限制,即基于合理的原因,法律对不同民事主体能够享有民事权利的范围作出限制。例如,虽然自然人与法人的民事主体地位平等,但基于自然人与法人的性质不同,自然人专属享有的婚姻、亲属、继承、扶养等方面的民事权利就不能为法人享有;又如,同为自然人但因其生理状态不同而在取得婚姻权的条件上有不同规定。另一方面,权利实际享有上的差别来自当事人事实能力上的差别。例如,人人依其权利能力都可以取得房屋所有权,而个别当事人因其无力购买房屋而没有实际取得具体的房屋所有权,但并不因此认为其法律地位不平等。在近代民法中个人被作为抽象掉各种实质差别因素的完全平等的民事主体对待,从而确立了主体地位平等这一民法的根本原则,但各个人自身的实质差别因素是客观存在的,其个体自身因素差别的过分悬殊会导致民事主体地位实质上的不平等。在近代民法向现代民法的发展过程中,一方面,为了实现对弱势群体的特殊保护,形成了劳动法、社会保障法等新的法律部门;另一方面,现代民法也对民事主体在特殊情况下的弱势一方规定一些特殊的权利,以确保主体地位的真正平等。例如,在租赁关系中,为保护处于弱势地位的承租人,规定“买卖不破租赁”;为了保护消费者,对格式合同作出限制。这些规定都是为了贯彻当事人主体地位平等原则而作出的规定。

重点提示

平等原则并不意味着民事主体权利的实际享有没有差别。

平等原则是民法调整的民事社会关系特别是商品经济和市场经济关系根本要求的反映,是民法最基础、最根本的原则,它是贯彻民法其他各项基本原则的前提和基础,当事人民事主体地位不平等,就不可能自愿地进行民事活动,公平、诚信等原则就无从谈起。因此,平等原则是民法最为重要的原则。它贯穿于民法的始终,民法以确立主体地位平等为首要的民事调整方法,在民法的各个领域都以当事人地位平等为原则。我国《民法典》第 4 条规定了"民事主体在民事活动中的法律地位一律平等"这一原则。

三、自愿原则

自愿原则,即传统民法中的意思自治原则,是指民事主体依法以其意志自由进行民事活动的基本准则。我国《民法典》第 5 条规定:"民事主体从事民事活动,应当遵循自愿原则,按照自己的意思设立、变更、终止民事法律关系。"自愿原则的实质就是民事法律尊重和保障民事主体对其民事生活的自主设计、自主参与、自由选择。自愿原则贯彻民法的始终,它以平等原则的存在为基础,又是平等原则的实现和体现,它同平等原则一样都是民法调整的民事社会生活对民法调整的根本要求。它体现于物权领域,虽然物权法贯彻物权法定原则,但物权人对其物的直接支配是以其自由意志进行的,对物的处分及物权变动的发生都是以物权人自愿为原则的。自愿原则在合同法领域则体现为合同自由。合同自由的内容包括:(1)是否缔约自由;(2)选择缔约相对人的自由;(3)选择合同内容的自由;(4)依法变更或者解除合同的自由;(5)选择合同形式的自由;(6)自由协商和解或者通过调解自愿达成调解协议解决合同纠纷或者协商决定是否通过仲裁方式解决纠纷。自愿原则体现于婚姻关系则表现为婚姻自由原则。体现于财产继承关系,财产所有人有权决定在其死后以法定继承还是以遗嘱继承、遗赠或遗赠扶养协议方式处分其财产所有权;继承人有权自由决定是否接受继承、放弃继承权;受遗赠人有权自由决定是否接受遗赠或放弃遗赠。可见,自愿原则是贯彻民事活动全部领域的民法基本原则。

重点提示

自愿原则以平等原则的存在为基础,又是平等原则的实现和体现。

虽然自愿原则的实质在于尊重和保障当事人的意志自由,反对国家公权力对民事活动领域的擅自干涉,反对一方当事人对另一方当事人的强制、胁迫和欺诈;但是,当事人的意志自由都不是绝对的、无限制的自由。国家对民事社会关系调整过程中,为了维护国家利益、社会公共利益和整体的民事社会秩序对当事人的意思自由是有所限制的。例如,物权领域当事人对物权的行使及物权变动要受物权法定原则的限制、受相邻关系的限制;合同法领域对涉及公用事业领域的有些合同关系强制缔约的限制,在知识产权领域对专利权有强制实施的限制等。

四、公平原则

公平原则,是指民法以社会公平观念平衡当事人之间的利害关系,规范其权利义务及责任的基本准则。依公平原则,民事主体在与他人有相对利益关系的民事活动中,应按照对双方公平、平衡的观念行事,而不得显失公平。依公平原则,民事立法规定因欺诈、胁迫、乘人之危导致民事行为结果显失公平的,对方当事人有权请求撤销该民事行为,即使非因对方的上述恶意行为引起而是由于利益受损方当事人的重大误解引起的,利益受损一方当事人也有权请求撤销该民事行为。依公平原则,民事责任归责应当公平,一般侵权损害应以当事人主观上有过错为原则,但对于某些特殊的损害如果按照过错归责会对受害人造成明显不公平的结果,因此应实行无过错归责原则。如果对损害的发生双方均无过错,也不属于民法规定的适用无过错归责的情况的,则应当由双方当事人合理分担损失。对于违约责任的承担双方当事人可以约定违约金的比例或损失的计算方法,当事人有约定的应当从其约定,如果依照当事人约定的计算方法计算的违约金或损害赔偿金明显高于或低于当事人所受损失的,对其不利的一方当事人可以申请人民法院适当降低或增加。依公平原则,人民法院或仲裁机构处理民事纠纷,应以公平观念为指导,对合同条款内容的解释应当符合公平正义的要求。例如,《德国民法典》第 315 条规定:“由契约当事人一方确定给付者,在有疑义时,应依公平的方法确定之。依公平的方法确定给付者,其确定只于适合公平时始得对他方当事人发生拘束力。”第 317 条规定:“给付由第三人确定的,在有疑义时,第三人应依公平方法确定之。”第 319 条规定:“给付由第三人依公平方法确定的,如其确定显系不公平时,对于契约当事人不发生效力。”

公平原则的实质在于以公平正义的道德观念平衡当事人之间的利益关系。我国《民法典》第 6 条规定:“民事主体从事民事活动,应当遵循公平原则,合理确定各方的权利和义务。”第 496 条第 2 款规定:“采用格式条款订立合同的,提供格式条款的一方应当遵循公平原则确定当事人之间的权利和义务，并采取合理的方式提示对方注意免除或者减轻其责任等与对方有重大利害关系的条款，按照对方的要求，对该条款予以说明。提供格式条款的一方未履行提示或者说明义务，致使对方没有注意或者理解与其有重大利害关系的条款的，对方可以主张该条款不成为合同的内容。”公平原则在合同关系中体现最为明显，但公平原则作为民法的基本原则，不局限于合同法领域，在物权法、侵权行为法、继承法等领域也有体现。例如，《民法典》第288条规定：“不动产的相邻权利人应当按照有利生产、方便生活、团结互助、公平合理的原则，正确处理相邻关系。”第1186条规定：“受害人和行为人对损害的发生都没有过错的，依照法律的规定由双方分担损失。”第1130条第1款规定：“同一顺序继承人继承遗产的份额，一般应当均等。”第1130条第3～5款规定，“对被继承人尽了主要扶养义务或者与被继承人共同生活的继承人，分配遗产时，可以多分。有扶养能力和有扶养条件的继承人，不尽扶养义务的，分配遗产时，应当不分或者少分。继承人协商同意的，也可以不均等”。

五、诚信原则

诚信原则即诚实信用原则，是指民法适用以诚实信用为内容的市场伦理道德准则规范民事主体行为，调整当事人利益冲突，平衡当事人相互之间及其与社会利益关系的基本准则。其含义是指民事主体在民事社会生活中应以“互惠、善意、诚实、信用”的道德准则行事。所谓互惠，是指民事主体在民事活动中追求自己利益的同时也要兼顾他人和社会利益，以对己对人都有利的方式行事。所谓善意，即要与人为善而不损人利己。例如，《法国民法典》第1134条规定：“契约应善意履行之。”所谓诚实，即指民事主体在民事交往中要以诚相待，不得欺诈。所谓信用，是指民事主体在民事活动中要讲究信誉，信守诺言，自觉履行义务，不得失信于人。《日本民法典》第1条规定：“行使权利及履行义务，应恪守信义，诚实进行。”《瑞士民法典》第2条规定：“任何人都必须以诚实信用的方式行使其权利和履行其义务。”

重点提示

> 民事主体在民事社会生活中应以“互惠、善意、诚实、信用”的道德准则行事。

诚实信用原则是针对民事社会生活，特别是商品经济生活中，一切唯利是图、尔虞我诈、欺行霸市、损人利己等不正当行为提出的矫正原则，是民事社会生活中欺诈、胁迫、乘人之危、恶意通谋、权利滥用等损害他人利益和社会利益的行为的对立物。诚实信用原则其功能首先在于指引当事人具有诚实信用的民事行为道德观念,同时确立具体规则以规范当事人的具体行为符合诚实信用要求,以平衡当事人之间利益及其与社会利益的矛盾冲突。另外,诚实信用原则也为人民法院和仲裁机构在司法实践中具体解释法律,应用法律于具体民事案件或者创造性地运用自由裁量权以弥补法律漏洞,解决民事纠纷提供了指导性准则。具有使法条具体化机能、正义衡平机能、法修正机能、法创设机能。[6] 其内容丰富,适用位阶极高,因此诚实信用原则被誉为民法的"帝王"条款。

重点提示

诚实信用原则被誉为民法的"帝王"条款。

我国《民法典》第 7 条规定:"民事主体从事民事活动,应当遵循诚信原则,秉持诚实,恪守承诺。"这一原则主要体现于合同法领域,我国《民法典》第 509 条第 2 款规定:"当事人应当遵循诚信原则,根据合同的性质、目的和交易习惯履行通知、协助、保密等义务。"《民法典》第 466 条第 2 款规定:"合同文本采用两种以上文字订立并约定具有同等效力的,对各文本使用词语推定具有相同含义。各文本使用词句不一致的,应当依据合同的相关条款、性质、目的以及诚信原则等予以解释。"《民法典》合同编关于合同依法成立具有法律效力,任何一方都必须全面严格履行合同义务,不得违反合同,不得擅自变更或解除合同的规定,关于缔约过失责任的规定,关于违约责任的规定,关于欺诈、胁迫、乘人之危、恶意串通等民事行为无效或可撤销的规定,关于标的物瑕疵告知义务的规定等无不体现着诚信原则。但诚信原则作为民法的基本原则,其含义绝不限于上述法条之具体规定,也不限于合同领域,而是具有高度抽象性和不确定性。"诚信原则,系以同一时空下人类社会中多数众人,超乎条文规范之秩序,所共同认同,期相遵循之社会生活规范。"[7] 在大陆法系民法采成文法典形式的体制下,成文法典对丰富的和发展着的民事生活实践的规定难免留有漏洞,因此,在司法中法官则以诚实信用原则为处理依据,以多数人所认同的社会生活规范处理具体民事案件,弥补法律的漏洞。

权利不得滥用原则实质上是权利人行使权利违背诚实信用原则的结果。它是指民事主体行使民事权利时必须正确行使,不得损害国家、集体和社会利益及第三人利益。其具体内容见第三章"民事权利的行使"一节。

六、守法原则

《民法典》第 8 条"民事主体从事民事活动,不得违反法律,不得违背公序良俗"

---

〔6〕 参见林诚二:《民法理论与问题研究》,中国政法大学出版社 2000 年版,第 8、9 页。

〔7〕 曾世雄:《民法总则之现在与未来》,中国政法大学出版社 2001 年版,第 40 页。

就是对守法原则的规定,这一原则是指民法确认的民事主体的民事活动应当遵守法律和行政法规的基本准则。依据这一基本原则,民法和有关法律、行政法规要对当事人的民事活动作出规范,为民事活动提供法律行为模式,使当事人的民事活动有法可依、有法可守。民法和其他有关民事关系的法律和行政法规,着重于对私人的或者平等主体的民事社会关系的法律调整,在规范属性上多为任意性规范,当事人可以依其意思适用任意性规范,也可以排除任意性规范的适用,凡是当事人以明确意思排除任意性规范适用的,任何一方当事人不得强制适用任意性规范,法院在处理民事案件中也不得对当事人强制性适用任意性规范。只有在当事人对有关民事行为内容的具体事项没有约定或约定不明的情况下,才可以适用任意性规范的法律规定的内容予以解释或补充。但法律和行政法规对民事社会关系的调整也规定有强行性的规范,即民事主体在民事活动中必须遵守,不得违反的规范;民事主体一旦违反强行性规范,当事人就不能实现其所预期的民事行为目的,而且还可能遭受对其不利的法律责任后果。因此,民法基本原则的所谓守法原则,应是指民事立法应对民事活动提供法律调整,当事人的民事活动可以以其意思自治遵守任意性法律和行政法规规范,但对强行性的法律和行政法规范必须遵守。不仅要遵守民法中的强行性规定,而且要遵守其他法律和行政法规中的强行性规定。

七、公序良俗原则

公序良俗原则指民法确认的民事活动应当遵守公共秩序和善良风俗原则。公序即公共秩序,是指政治的、经济的和社会生活的一般秩序。如国家安全、社会稳定、经济上的弱者之保护、环境保护等。良俗即善良风俗,是指为社会众多人所尊崇的、为维护社会存在所必需的一般的伦理道德。它与诚实信用不同之处在于诚实信用原则是以互惠为基础的市场交易道德范围的原则,而善良风俗概念则限定在非交易道德范围内。[8] 公序良俗原则为各国民法普遍规定。《法国民法典》第6条规定:"个人不得以特别约定违反有关公共秩序和善良风俗的法律。"《德国民法典》第138条规定:"违反善良风俗的行为,无效。"《日本民法典》第90条规定:"以违反公共秩序或善良风俗的事项为标的的法律行为为无效。"我国台湾地区"民法"第72条规定:"法律行为,有悖于公共秩序或善良风俗者,无效。"我国《民法典》第8条规定:"民事主体从事民事活动,不得违反法律,不得违背公序良俗。"该条文明确

---

〔8〕 参见王利明主编:《民法》,中国人民大学出版社2000年版,第36页。

对公序良俗原则作出了规定。公序良俗原则作为民法的基本原则具有高度的抽象性。其作用在于维护公共秩序和公共道德,其功能在于当发生有损于国家利益、破坏公共秩序和违背公共道德秩序的民事行为时,在无直接的法律强制性和禁止性规定的情况下,授权法官以社会公共秩序和公共道德准则判决该民事行为无效。我国《民法典》第10条规定:“处理民事纠纷,应当依照法律;法律没有规定的,可以适用习惯,但是不得违背公序良俗。”

在司法实践中,法官直接援用公序良俗原则判决某个民事行为无效,必须以法律确认的公共秩序和社会公众普遍尊崇的社会公共道德为依据,而不得随意援用。例如,某甲向某乙购买刀具本为正当的民事买卖行为,但若某甲购买刀具的目的是杀死某丙,某乙知而仍予出售,则其民事行为违背公序良俗原则。

八、绿色原则

《民法典》第9条规定:“民事主体从事民事活动,应当有利于节约资源、保护生态环境。”这条原则是《民法典》适应中国特色社会主义发展要求,对中央提出的加强生态文明建设、实现可持续发展的发展理念在民事立法中的回应,是《民法典》对民法基本原则的创新规定,具有重大的意义。绿色是人民对生态和环境的美好向往,因此,把这条原则称作绿色原则。绿色原则的基本含义就是要求民事主体,在从事民事活动中要有保护环境和生态的法律意识,从有利于节约资源、保护生态环境安排民事生活,严格约束民事活动,不得滥用权利,浪费资源,破坏生态环境。这就为民事主体从事民事活动提供了基本的义务遵循,要求民事主体以生态人的理性与自然和谐共生,承担起保护生态环境的责任,体现了现代环境价值观。《民法典》将绿色原则贯彻于民事活动的各个方面,从总则到分则各编做了体系化的条款规定。例如,在物权领域,物权人行使物权,特别是土地、水流、矿产等资源型物权,应当节约资源、保护生态环境。《民法典》第326条规定:“用益物权人行使权利,应当遵守法律有关保护和合理开发利用资源、保护生态环境的规定……”据此,土地承包经营权人应当对土地精耕细作,不得荒芜承包地;探矿权人、采矿权人进行探矿、采矿活动,应当遵循地质矿体规律,不得乱采乱挖造成矿山和生态破坏;林木所有权人应当积极植树营林,不得滥伐林木,造成生态破坏。《民法典》第346条规定:“设立建设用地使用权,应当符合节约资源、保护生态环境的要求,遵守法律、行政法规关于土地用途的规定,不得损害已经设立的用益物权。”《民法典》第286条第2款规定:“业主大会或者业主委员会,对任意处置垃圾、排放污染物或者噪声、违反规定饲养动物、违章搭建、侵占通道、拒付物业费等损害他人合法权益的行为,有权依照法律、法规以及管理规约，请求行为人停止侵害、排除妨碍、消除危险、恢复原状、赔偿损失。”《民法典》第290条、第293条、第294条等条款也规定了相邻权人也要按照绿色原则处理好环境相邻关系的规则，从而把绿色原则贯彻于日常民事生活。在合同领域对资源合作开发、资源产品供应购销、新技术的开发利用等都要贯彻绿色原则。例如，《民法典》第509条第3款规定：“当事人在履行合同过程中，应当避免浪费资源、污染环境和破坏生态。”在人格权编规定，自然人享有健康权，就包括自然人享有环境利益，任何组织、个人不得污染环境和破坏生态损害自然人的健康。在知识产权领域，要鼓励开发和推广有利于节约资源、保护生态环境的新能源、新技术、新产品、新工艺，淘汰落后的产能工艺、产品，避免落后产能工艺浪费资源或者因技术开发或者产品制造对生态环境的破坏。在婚姻家庭生活中也要倡导节约资源、保护生态的风尚，例如，居民在家庭生活中不得以自己付得起水电费，就不节约使用水电。在继承法领域处理遗产分配，也要考虑有利于节约资源。在侵权责任领域要贯彻绿色原则，严肃处理环境污染侵权行为。《民法典》侵权责任编第七章专章规定了“环境污染和生态破坏责任”，明确规定了环境民事权益的保护范围，规定了对污染环境和破坏生态的惩罚性赔偿、规定了责任人治理修复环境和生态的责任、规定了责任人承担的多项费用和损失赔偿范围，体现了对污染环境和破坏生态的行为严格追责的导向，对于环境和生态领域的国家治理能力和治理体系现代化建设具有重要的意义。

思考题：

1. 民法的基本原则和民法规则有什么不同？
2. 平等原则和自愿原则是什么关系？
3. 为什么说诚信原则是民法的“帝王”条款？
4. 公序良俗的含义如何理解？
5. 什么是绿色原则？

案例2－1

在2017年4月的一天凌晨1时许，徐某发现家中的摩托车被盗，在向公安机关报案后，便驾驶着一辆小客车沿路寻找。行驶了一段距离，徐某发现前方路中奔驰的摩托车正是自己所丢失的那辆，便加速往前追赶。徐某逼停摩托车，造成两车受损、付某受伤，付某住院花费医疗费为19429.38元。事故发生后，交警部门按照一般交通事故出具了道路交通事故认定书，认定徐某负事故主要责任，付某负次要责任。公安机关对付某盗窃摩托车案进行了调查,并发现付某在这之前的两个月时间里,还伙同他人实施了另外3起盗窃。2017年8月,付某被公安机关逮捕,同年10月,因犯盗窃罪被法院判处有期徒刑一年九个月并处罚金。付某刑满释放后,又到岳阳和长沙的医院进行了后续门诊治疗,并做了伤情鉴定。尔后,他向法院提起诉讼,要求徐某和徐某所购买交强险的保险公司,赔偿其各项损失共计17万余元。一审法院按一般机动车交通事故责任纠纷对该案进行了开庭审理,认定付某医疗费、误工费、营养费等损失共为12万余元,徐某为保护自己合法财产而对付某进行追赶导致事故发生,付某具有明显的重大过错,酌定在交强险赔付外的损失由付某承担90%的责任,徐某承担10%的责任。因此,一审法院判决,保险公司赔偿付某损失11.5万元,徐某赔偿付某1255元。付某对一审判决的损失认定金额和责任划分比例不服,保险公司对损失认定项目不服,均向岳阳市中级人民法院提起了上诉。

2020年6月11日上午,岳阳市中级人民法院对该案公开开庭审理,法院认为,徐某发现自己的摩托车被盗后驾车追赶,系为了制止不法侵害并追回自己的合法财产;而付某驾车逃离的过程,其对徐某合法财产的不法侵害正在进行,尚未结束。故徐某的行为应认定为正当防卫,徐某因正当防卫造成付某人身损害,该案应认定为健康权纠纷。徐某为保护自身合法财产制止付某的盗窃侵害行为,具有正当性,应当给予肯定和支持。徐某正当防卫的行为未超过必要限度,不构成防卫过当,不具有过错,不应对付某的损害后果承担民事责任。该保险公司同样不应对付某的损害后果承担保险赔偿责任。该案中,即使徐某未上诉,保险公司上诉仅要求减少赔偿,但付某的行为已构成犯罪,对自身的损害后果应自行承担,其要求正当防卫人赔偿违背了社会传统的是非认知和公正理念,损害了社会公共利益和正当防卫人的合法利益。岳阳市中级人民法院遂判决,撤销一审民事判决,驳回付某的诉讼请求。该案审判长邵莉茜表示,人民法院审理案件应体现价值导向,引领遵纪守法、见义勇为的社会风气,弘扬社会主义核心价值观,体现法院忠实于法律、维护公平正义、恪守公序良俗的职责担当。(摘引自:李艳、韩爽:《行窃者遭失主追逐并受伤出狱后要求赔偿损失,法院:违背公序良俗和社会主义核心价值观驳回诉讼请求》,岳阳中级人民法院网,发布时间:2020-06-11)

案例2-2

原告甲男与被告乙女同居,甲男将其所有的一套单元楼房赠与乙女,并办理了房屋过户手续。后来甲男和乙女又达成协议约定:一旦乙女与其他男人结婚,甲男有权收回该房屋，乙女应无条件返还。后来乙女与丙男结婚，甲男则依据协议将乙女起诉法院要求返还房屋。请运用有关民法基本原则对该案予以分析。

应用指南

民法基本原则的应用价值体现在：(1)对民法各项具体制度和规则的理解和解释要符合民法的基本原则。(2)民事主体进行民事活动要符合民法基本原则确认的基本价值取向。(3)民事审判实践中将民法条文适用于具体民事案件应以民法基本原则为指导，对具体法条适用的结果要符合民法基本原则；在缺少具体的条文规定时，法官应依据民法基本原则对案件事实作出解释，提出适用于该案件的规则。

《合同法解释(二)》第26条规定："合同成立后客观情况发生了当事人在订立合同时无法预见的、非不可抗力造成的不属于商业风险的重大变化，继续履行合同对于一方当事人明显不公平或者不能实现合同目的，当事人请求人民法院变更或者解除合同的，人民法院应当根据公平原则，并结合案件的实际情况确定是否变更或者解除。"第29条第1款规定："当事人主张约定的违约金过高请求予以适当减少的，人民法院应当以实际损失为基础，兼顾合同的履行情况，当事人的过错程度以及预期利益等综合因素，根据公平原则和诚实信用原则予以衡量，并作出裁决。"这就是民法基本原则在司法实践中适用的具体例证。这一司法解释的内容已经被《民法典》吸收，规定了第533条情势变更制度。

前引案例2－1中的一审法院的判决就是拘泥于就事论事直接依据交通事故责任认定书将案件定性为交通肇事纠纷，二审的岳阳市中级人民法院民事审判第三庭法官正是在民法立法目的和基本原则的指导下，注意到这不是一起简单的机动车交通事故责任纠纷，从案情实际、法律精神、公序良俗及社会主流价值观等社会公共利益角度出发，对案件重新进行审查。合议庭认为该案系徐某在保护自身合法财产、制止违法犯罪行为过程中，导致付某受伤所产生的纠纷。如判决徐某对付某承担民事赔偿责任，无异于鼓励犯罪，并使公民在需要制止违法犯罪行为时顾虑重重、畏缩不前。该案中，即使徐某未上诉，保险公司上诉仅要求减少赔偿，但付某的行为已构成犯罪，对自身的损害后果应自行承担，其要求正当防卫人赔偿违背了社会传统的是非认知和公正理念，损害了社会公共利益和正当防卫人的合法利益。岳阳市中级人民法院遂判决，撤销一审民事判决，驳回付某的诉讼请求。表明法律不仅惩戒违法犯罪，更为公民制止违法犯罪的正当防卫和见义勇为行为撑腰。体现了人民法院审理案件应体现价值导向，引领遵纪守法、见义勇为的社会风气，弘扬社会主义核心价值观,体现法院忠实于法律、维护公平正义、恪守公序良俗的职责担当。

这一案例的典型意义就在于说明民法立法目的和基本原则对法官正确适用民法的指导作用,以及对民事主体民事行为的指导作用。

第二编　民事法律关系

第三章　民事法律关系概述

民法是运用确认主体地位平等和主要认可当事人意思自治的方法调整民事人身关系和民事财产关系的法律部门。民法是运用民事法律关系调整民事人身关系和财产关系的。民事法律关系是民法调整民事人身关系和财产关系的法律模式或者工具。民事法律规范对民事人身关系和财产关系的调整就表现为民事法律关系。民事法律关系是民事社会关系经民法调整所表现的法律状态或秩序。因此,民法学中关于民事法律关系的理论就是回答民法规范如何具体调整民事社会关系的理论,它是整个民法理论的核心。民法典的编纂都是以民事法律关系为线索的,民法学理论的建立也都是以民事法律关系理论为基础的。民事法律关系的一般理论构成民法学总论的核心内容,各项基本民事法律关系理论构成民法学分论的基本内容。民法学总论关于民事法律关系的概念、民事法律关系的构成要素(主体、内容、客体)是关于各种具体民事法律关系的共通性理论,民法分论则是各项基本民事法律关系的理论。因此,民事法律关系理论是打开民法知识宝库的金钥匙。学习本章民事法律关系理论概述应掌握民事法律关系的概念、特征、构成要素、功能作用,重在理解民法规范、民事社会关系、民事法律关系三者之间的内在联系,理解民事法律关系理论对整个民法理论体系和制度的统领作用,掌握民事法律关系理论的应用价值及其对民法学习研究和应用的方法论意义。为此本章设两节:第一节阐述民事法律关系的概念、特征和意义;第二节介绍民事法律关系的构成要素。

重点提示

民事法律关系理论是回答民法规范如何具体调整民事社会关系的理论,是整个民法理论的核心。

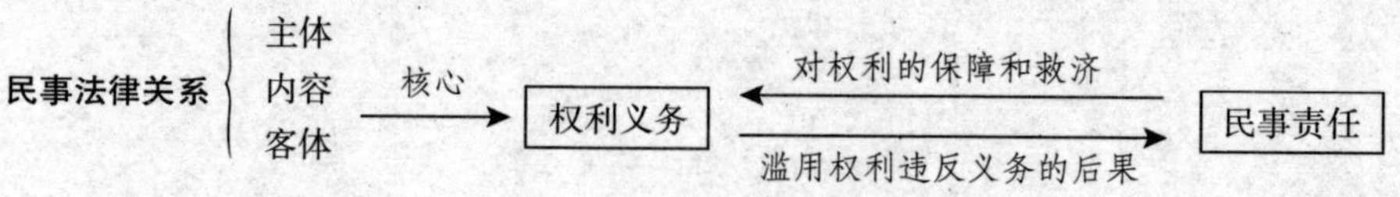

图3－1　民事法律关系的构成

第一节　民事法律关系的概念、特征和意义

内容提要

本节学习民事法律关系的概念、特征和意义就是明确什么是民事法律关系,民事法律关系与民法所调整的民事社会关系的联系与区别,以及民事法律关系与其他法律关系的区别,学习民事法律关系有何意义。

在民事法治社会,民事社会关系表现为民事法律关系,民事法律关系是民法调整民事社会关系的法律模式。民事社会关系的动态过程是围绕民事法律关系的产生、变更和消灭展开的。因此,民事法律关系概念是民法的最基本概念之一。理解民事法律关系的概念和特征,就是要明确民事法律关系作为社会关系中的法律关系所具有的一般特征以及它作为法律关系中的民事法律关系所具有的独有特征。要理解民事法律关系与前边讲述的作为民法调整对象的民事人身关系和民事财产关系的联系。在获得民事法律关系概念的基础上,再认识民事法律关系是由哪些要素构成的以及作为其核心构成要素的民事权利和民事义务,进而认识民事责任产生的依据及其适用的功能作用。因而本节内容是本章和其他各章内容的基础。

重点提示

民事法律关系是民法调整民事社会关系的法律模式,民事社会关系的动态过程是围绕民事法律关系产生、变更、消灭展开的。

一、民事法律关系的概念

(一)引述

人作为客观的存在实体,是一个个独立的实体,同时又是相互联系的实体。相互联系的独立人或独立人的相互联系都表现为人与人之间的社会关系。社会关系广泛而复杂。第一,人因自然的血缘关系和出生事实而有亲属关系,在成长过程中受父母的养育而有亲情,与同伴交往而有友情。第二,人为了维持生命而必须从社会获取物质资料,而物质资料的获取则必须通过与他人的协作和交换实现,这必然与他人发生关系。亲情、友谊和物质资料都是人的物质的或精神的利益。人们的社会关系无非是物质利益或精神利益关系。在社会关系中人们奋斗和争取的一切都是为了一定的利益。人们在相互的利益实现中应当和谐相处才能维持社会的存在。但个体趋利避害的本性决定了人们相互之间不可能总是和谐的,利益冲突的发生是不可避免的,所以就需要人们结成各种社会组织,运用各种规则来调整人与人之间的利益关系。由此就形成了调整人们之间社会关系的各种社会规范。国家作为社会管理的中心组织,运用法律规范调整一定范围的人们之间的社会关系,由此而形成了法律关系。法律关系是社会关系的一部分,它是社会关系中受法律规范所调整的部分。

重点提示

法律关系是社会关系的一部分,它是社会关系中受法律规范所调整的部分。

社会是相互联系的独立个体与其结合之整体的矛盾统一,人们之间的利益关系也是个体的利益与公共利益的对立统一。由此社会关系围绕利益侧重的不同区分为公共利益关系、私人利益关系及其二者之间的协调关系。依据不同性质的社会关系应当由不同的法律手段调整的客观规律,法律在其对社会关系调整的发展过程中也区分为不同的法律制度。不同的法律制度调整不同的社会关系就必然形成不同的法律关系。自罗马法学家区分公法和私法,实际上法律关系也被区分为公法关系和私法关系。公法关系就是关于公共利益的法律关系,私法关系则是关于私人利益的法律关系,这是近代法学和法律发展过程中对法律和法律关系的基本区分。在当代法学和法律发展中则出现了公法和私法相互融合的趋势,即公法的私法化或私法的公法化,在立法上也出现诸如社会法、经济法等第三法域,这些法律则是关于私人利益与公共利益的协调关系的法律。私法关系是关于私人利益的法律关系,私人利益是私人之事、民间之事,区别于国家之事、公共之事而被称为民事,私人之间的社会关系也就是民事社会关系,民事法律关系也就是关于民事社会的法律关系,民事法律关系就是法律关系中的私法关系。

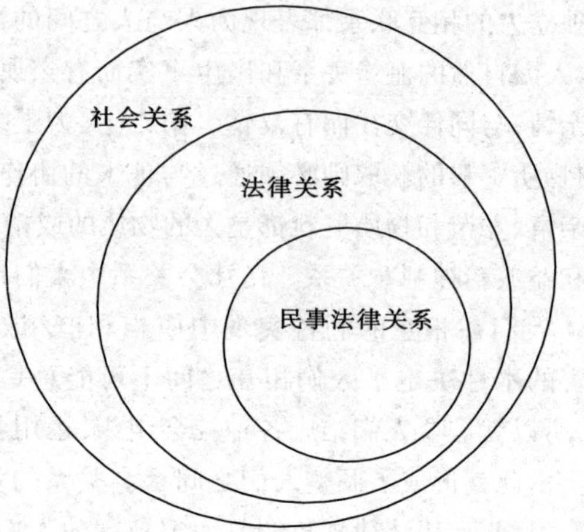

图3-2 社会关系、法律关系、民事法律关系的关系

(二)民事法律关系的概念

民法调整对象理论告诉我们,民法的功能是调整民事社会关系,即调整民事人身关系和民事财产关系。所谓法律调整就是立法者根据一定的法律价值取向,运用法律规范有选择地概括民事社会关系中的各种客观事实的法律效果,使之符合法律追求的秩序目标。人与人之间的社会关系经由法律调整就形成法律所规范的社会关系。由此法律关系就是法律调整社会关系的手段,它表现为具有法律规范的属性的社会关系,也是法律社会关系受法律调整的一种状态。现实社会关系由于受法律调整,从而取得法律关系的形式,处于法律关系状态。简单地讲,法律关系就是由法律进行规范的人与人之间的社会关系。民事法律关系就是民法调整民事社会关系而以民法规范确立的民事权利义务关系和依据民法规范形成的现实民事生活权利义务关系。可见,民事法律关系的概念可区分为两个层次,即规范属性的民事法律关系和现实的民事生活法律关系。

1. 具有民事法律规范属性的民事法律关系。法律的规范性是指法律所具有的规范人们行为的统一标准,明确人们可以为什么行为,应当为什么行为,不得为什么行为,以及相应法律后果的属性。规范属性的民事法律关系是指民法对民事社会关系的法律规定,它是民法调整民事社会关系的法律模式。民法调整民事社会关系,即私人和私团体以及立于私人地位的公共团体相互之间的人身关系和财产关系。为此,立法者制定民法规范,针对一定的民事法律事实规定相应的法律效果,即民事法律关系。这种由民法规范规定的民事法律关系是对现实的民事社会关系的抽象概括,具有法律规范的属性,区别于现实生活的民事社会关系。它是规范意义上的或者说具有规范属性的民事法律关系，是法律对民事社会关系调整所追求的理想的效果状态，是法律为人们的民事社会关系给定的一种模式，即民事生活领域人们的行为标准，人们据此明确民事生活中可以为怎样行为、应当怎样行为，不得怎样行为及其相应的法律后果。其作用在于通过民法规范的指引功能使人们明确民事法律规范所确认的民事社会关系状态，依法按照法律关系的规范状态去行事，以和谐有序地进行正常的民事社会生活。例如，我国《民法典》合同编就是关于合同法律关系的规范，它所确立的合同法律关系就是民事主体进行合同民事活动的法律模式。

重点提示

具有规范属性的民事法律关系是指由民法规范所规定的具有民事权利义务内容的社会关系，是关于民事社会关系的法律模式。

2. 现实的民事法律关系。现实的民事法律关系是民法规范运用它所确认的民事法律关系的规范模式调整民事社会关系，而在特定的民事主体之间形成的有关具体民事生活的权利义务关系。它是民法规范所确认的民事社会关系的法律规范模式——规范属性的民事法律关系对现实的特定民事社会生活关系的摄取，是现实的民事生活关系对应于规范性的民事法律关系而发生的，是民法规范运用的结果，其作用在于将现实民事社会关系纳入民事法律关系即权利义务关系的范围。因而，依据规范属性的民事法律关系发生的具体民事社会关系，即具体的民事法律关系，是具体民事社会关系的合法状态。规范性民事法律关系是具体民事法律关系遵照的法律模式，现实的民事法律关系是规范性民事法律关系运用的结果。因而，民事法律关系都是合法的民事社会关系。现实的具体民事社会关系由规范性民事法律关系涵摄，纳入民事法律关系的轨道，民事社会关系就依照民事法律关系规范、有序地进行。如果具体的民事社会关系不依民事法律关系进行，就构成违法的民事社会关系，就需要民事法律关系予以矫正或者用民事法律责任予以治理，使之回复到民事法律关系的正常状态。例如，我国《民法典》合同编规定的合同民事法律关系是规范性民事法律关系。甲与乙订立买卖合同，约定甲将一台电脑以5000元的价格卖给乙，甲乙之间发生的电脑买卖合同关系就是具体的、现实的民事法律关系。合同法律规范的合同民事法律关系将甲乙之间的具体的现实民事生活关系纳入民事法律关系的轨道。

重点提示

规范属性的民事法律关系是具体民事法律关系遵照的法律模式，具体现实的民事法律关系是规范民事法律关系运用的结果。

3. 规范属性的民事法律关系到现实的具体民事法律关系需要民法规范所规范的民事法律事实的中介。规范属性的民事法律关系是民法规范调整民事社会关系的模式,在没有民事法律规范确认的能够引起这种民事法律关系的法律事实出现的情况下,它只表现为抽象的法律规定,只表明了法律对人们之间民事社会生活关系的态度——法律保护怎样的民事社会关系。当民法规范所确认的一定的具体民事法律事实现实地发生时,就引起民事法律规范对现实民事社会关系的调整,在特定的民事主体之间引起具体的民事法律关系的产生、变更和消灭。

符合民法规范所规定的民事法律事实现实地发生,就引起民法的现实运作,与该特定法律事实相联系的规范意义的民事法律关系就现实地发生,引起现实的具体民事法律关系(见图3-3)。

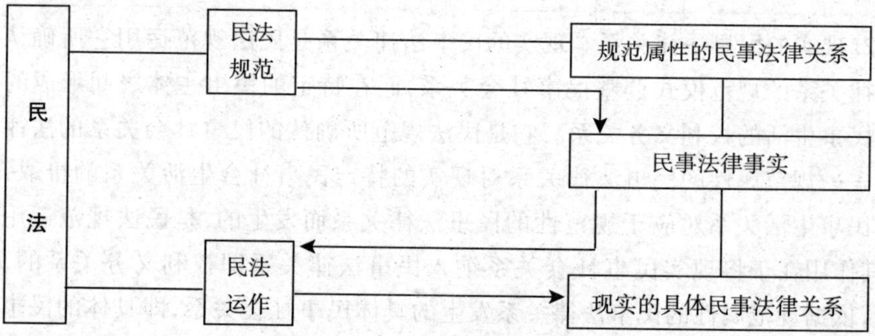

图3-3 民法的现实运作

4. 民事法律关系的核心是权利义务关系。民事法律关系是民法对民事社会关系的规范关系,民事法律关系依据一定的法律关系,相应地赋予人与人之间的民事关系以权利义务关系的属性。权利是保障主体为实现其民事生活目的利益而享有的法律自由,义务则是为实现权利主体权利必须承担的负担。在一个民事法律关系中,一方享有权利为权利主体,另一方则负有相应的义务为义务主体。权利义务相互对应联系,以法律关系要求权利主体正确行使权利,不得滥用权利;义务主体必须忠实履行义务,不得违反义务,损害权利人的权利,这样就将当事人的民事社会关系纳入法律关系规范状态。由此可见,法律关系的实质在于为民事主体实现其民事生活目的利益,提供自由的活动空间,并依法保障其活动自由和利益实现。义务主体承受义务的约束,权利主体承受权利不得滥用的限制,但这都是为民事主体公平正义的利益实现而服务的。

重点提示

民事法律关系的实质在于为民事主体实现其利益提供法律保障的自由活动空间。

5. 民事法律关系是合法的民事社会关系。民事法律关系是民法规范调整民事社会关系的模式，即民事社会关系的法律标准。民事社会的人们依据这种法律模式去运行他们相互之间的关系，民事社会关系就依法运行在民事法律关系的轨道上，规范、和谐、有序。在民事社会关系的运行过程中，一旦有民事主体行为越出民事法律关系的轨道，就是对既有民事法律关系秩序的破坏。例如，有的民事主体不依照法律规定建立民事关系，或者滥用权利，或者违反民事义务、侵犯他人民事权利，由此产生的民事关系就是违法的民事社会关系。因此，就要依据这些法律事实建立新的民事法律关系予以矫正或者以民事法律责任予以治理，使之又恢复到民事法律关系状态。例如，对于所有权法律关系中滥用权利者，往往以相邻法律关系予以矫正，侵犯他人所有权往往辅以侵权之债的法律关系予以补救，再以侵权民事责任予以制裁。因此，民事法律关系始终是合法的，是民事社会关系的法律标准或模式。有可能发生的是违法民事关系，但不存在违法的民事法律关系。违反民事法律关系是适用民事责任的基础；恢复民事法律关系是民事责任的目的。

重点提示

民事法律关系是合法的社会关系，任何民事违法行为都是对民事法律关系的违反。

综上所述，民事法律关系的概念应定义为：民事法律关系是民法为调整民事社会关系而规范的，或者依据规范形成的具有民事权利义务内容的社会关系。它包括民事法律规范属性的民事权利义务关系和依据规范发生的现实的具体民事生活的权利义务关系两层含义。

民事法律关系的理论为民法制度的构建提供理论依据。民法中的人格权法律制度就是关于人格权民事法律关系的规定，物权法律制度就是关于物权法律关系的规定，债的法律制度是关于债的民事法律关系的规定，合同法律制度是关于合同民事法律关系的规定，侵权行为法是关于侵权行为之债的法律关系的规定，婚姻家庭法是关于婚姻关系、亲属关系的规定，继承法是关于财产继承民事法律关系的规定。依据这些法律规定相应地就有人格权民事法律关系、债权民事法律关系（包括合同民事法律关系、侵权之债民事法律关系、无因管理之债民事法律关系、不当得利之债的民事法律关系等）、婚姻民事法律关系、亲属民事法律关系、财产继承民事法律关系等各种规范意义的民事法律关系。我国《民法典》分则编包括物权编、合同编、人格权编、婚姻家庭编、继承编和侵权责任编,分别规定了物权法律关系规范、合同法律关系规范、人格权法律关系规范、婚姻家庭法律关系规范、继承法律关系规范、侵权责任法律关系规范,对应于各种规范意义的民事法律关系,有法律规范规定的特定的民事法律事实的发生就会在特定的民事主体之间产生各种具体的现实民事生活的法律关系。例如,依据人格权民事法律关系规范,自然人甲的出生就会使甲成为权利主体,享有生命、健康、身体、肖像、名誉等人格权;其他任何人为义务主体,都负有不得侵害甲的人格权的义务,这就是具体的人格权民事权利义务关系。依据物权民事法律关系规范,自然人乙依法建造房屋取得房屋所有权,依法对其房屋享有占有、使用、收益和处分的权利,而乙以外的其他任何人都是义务主体,都负有不得妨害乙行使房屋所有权的义务,乙与不特定的其他任何人之间发生的就是现实的具体的民事法律关系。依据合同法律规范,张三和李四之间订立房屋买卖合同的法律事实,就会在张三与李四之间发生现实的房屋买卖合同民事法律关系,张三作为出卖人有权利向李四请求给付并受领价款,有义务向李四过户移转房屋所有权;李四作为买受人有权请求张三过户移转房屋所有权,有义务向张三支付房屋价款。

评 注 法律关系的定义

法律关系概念是由德国法学家萨维尼首次使用并作系统阐述的。萨维尼将法律关系定义为:“是由法律规定的人与人之间的关系。”萨维尼将法律关系概念限定在私法领域并作为民法制度体系的核心概念使用,后世学者使用的法律关系概念也都是作为民法概念使用,但对法律关系概念的性质在解释上有分歧。一些学者认为“法律关系概念应该是指一种规范世界的关系,而不是现实世界的事实上的东西”。德国法学家拉伦茨就坚持认为法律关系概念在使用上体现的是一种规范属性。德国民法学家梅迪库斯认为萨维尼所谓的法律关系是“由法律规定的生活关系”,同时他赞成拉伦茨法律关系具有规范属性的观点,但又同时指出法律关系还具有对应于现实生活关系的属性。[1] 在1949年以前学者使用的法律关系概念直接来自德国或日本,作为民法概念使用。例如,梅仲协在其《民法要义》一书中指出,“因权利之存在,权利人对他人或财产所取得之法律上联系,此项联系,谓之法

〔1〕 参见龙卫球:《民法总论》,中国法制出版社2001年版,第120~122页。

律关系”。[2] 我国台湾地区民法学者对法律关系概念也是直接作为民法概念使用的。例如，王泽鉴教授在其著作《民法总则》中定义为“法律关系指由法所规范，以权利义务为内容的关系”。[3] 新中国成立以后我国法学界关于法律关系的概念直接接受了来自苏联的定义和对法律关系的分类。通说观点认为法律关系是法律在调整人们行为的过程中形成的社会关系，即法律上的权利义务关系，并把法律关系按照不同的法律部门划分若干种类。我国法学基础理论接受了法律关系概念和分类，各个部门法学也接受了法律关系概念，就有了民事法律关系、刑事法律关系、行政法律关系、民事诉讼法律关系、刑事诉讼法律关系。因此，民法上关于法律关系概念的使用就加上了“民事”二字的限定词，以区别于其他法律部门所使用的法律关系概念。因此，民事法律关系概念仅仅是法律关系的一部分。关于法律关系的意义仅仅是规范属性的法律关系还是现实生活的关系，中外学者持不同的观点。前文已提到拉伦茨将法律关系看作规范属性的关系，梅迪库斯既承认法律关系的规范属性，同时又认为它对应于现实生活关系。意大利罗马法学家彼德罗·彭梵得在罗马法教科书中指出，法律关系是法律事实在人们之间创立的关系。[4] 我国台湾地区民法学家郑玉波在其《民法总则》一书中论述形成权时指出：“形成权者依自己之行为，使自己或与人共同之法律关系发生变动之权利也。”[5] 可见他们是把法律关系看作人与人之间的现实关系对待的。我国民法学家张俊浩在其《民法学原理》一书中则指出：“为要把握民事法律关系的确切意义，应当区分作为规范的民事法律关系和作为事实的民事法律关系。”[6] 笔者认为，民事法律关系首先具有规范属性，作为法律规范存在。法律的规范性就是它具有的告诉人们应该做或不应该做、允许做或不允许做的行为及其相应后果的属性。法律关系正是在人与人的相互联系中规定人有什么权利，有什么义务，权利即为许可人们做的，义务则为要求人们做的或不应该做、不许可做的。因而它具有法律的规范属性。法律正是以法律关系模式来规范人们之间的民事社会关系。但法律关系具有规范属性，只有将其规范运用于现实的民事生活关系，规范具体的现实民事生活关系，才能将其规范作用实际发挥出来。如果认为法律关系仅仅存在于法律的规范状态，而区别于现实世界民事生活关系，法律关系就成为空洞无物的抽象观念，就不能发挥其应有的规范作

---

[2] 梅仲协：《民法要义》，中国政法大学出版社 1998 年版，第 33 页。

[3] 王泽鉴：《民法总则》，中国政法大学出版社 2001 年版，第 80 页。

[4] 参见[意]彼德罗·彭梵得：《罗马法教科书》，黄风译，中国政法大学出版社 1992 年版，第 26 页。

[5] 郑玉波：《民法总则》，中国政法大学出版社 2003 年版，第 67 页。

[6] 张俊浩：《民法学原理》，中国政法大学出版社 1997 年版，第 69 页。

用。现实民事生活关系依据规范的民事法律关系进行,当事人具体享有的权利义务正是现实的民事法律关系,因此本书关于民事法律关系是民法调整民事社会关系形成的以权利义务为内容的社会关系的定义,具有规范意义和现实意义。

思考题:

1. 什么是法律关系? 如何理解民事法律关系的概念?

2. 为什么民事法律关系都是合法的?

二、民事法律关系的特征

民事法律关系作为法律关系之一,应具有法律关系的一般特征,即法律关系是人与人之间的社会关系,是受法律规范调整的,以权利义务内容为主的并由法律保障其实现的社会关系。但民事法律关系作为法律关系之一,也有区别于其他法律关系的特征,主要体现在:

第一,民事法律关系中主体地位一律平等。民事法律关系是民法调整的民事社会关系在法律上的体现,而民事社会关系是私人的、私团体以及立于私人之地位的团体相互之间的人身关系和财产关系,这种社会关系体现为民事法律关系必然要求主体地位的平等性。在民事法律关系中主体地位一律平等而在公法关系中主体地位是不平等的。

第二,民事法律关系以民事权利义务为内容,民事权利义务具有相互性和公平对应性。英国法学家沃克认为法律关系可以有四类:权利义务、特权或特惠与无权利或无能力的关系、权力与责任关系、豁免与无资格豁免的关系。[7] 按照法律部门划分的宪法法律关系、行政法律关系、国际法律关系等法律关系中主要以权力关系为内容。权力与义务或责任相对,权力主体与义务主体并不是相互享有权力和负有义务,其间不具有公平的对应关系。在一个具体的行政法律关系中,权力主体行使权力,义务主体只负有义务,而不能向对方对应地行使权力。而民事法律关系以民事权利义务为内容,权利是法律关系许可当事人实现其利益的自由,义务是法律关系为实现主体的权利而对对方主体给予的负担约束。权利义务密切联系,相互对应。在绝对性的民事法律关系中特定的权利主体以其自己以外的其他任何人为义务主体,任何人都负有不得侵犯他人权利的义务,而任何人为权利主体时也同样以其他任何人为自己权利的义务人,从绝对性民事法律关系的整体秩序上体现了

〔7〕 参见[英]戴维·M. 沃克:《牛津法律大辞典》,邓正来译,光明日报出版社 1988 年版,第488 页。

权利义务的相互性；在相对性的民事法律关系中其内容直接表现为双方当事人之间的权利义务的公平对应性，一方当事人享有的权利正好是对方当事人负担的义务，一方的义务正是对方的权利，相互公平负有权利义务。

重点提示

民事法律关系中主体的权利义务相互公平对应。

第三，民事法律关系的形成以当事人意思自治为原则，即主要是当事人意思自治的结果。民法调整私人之间的社会关系实现私人利益，以贯彻民事主体意思自治为基本原则，因而民事法律关系的形成主要体现了当事人的意思自治，大量的民事法律关系都是在当事人自主自愿基础上形成的，是否发生、变更或消灭一定的民事法律关系，如何具体确定民事法律关系的内容，都主要取决于当事人的意思自治，具有较大的任意性。只要当事人的意思自治不违反法律的强制性规定，民事法律关系便受法律的保护。而公法性法律关系以法律的强制规定而产生，以权力的强制行使而运作，不以当事人的意思自治和自愿为原则。例如，税收法律关系是依税法的强制性规定在国家与纳税人之间产生的，依税务机关的税收征收权力的强制行使运作，并不以纳税人是否自愿为转移。

重点提示

意思自治是民法的根本原理。民事法律关系的形成主要体现了当事人的意思自治。

三、民事法律关系理论的意义

（一）民事法律关系理论对民事法律规范的意义

民事法律关系理论揭示了民法规范对民事社会关系的调整是以民事法律关系模式将人们之间的民事社会关系纳入法律轨道的，因此，国家制定各种民事法律规范应以明确规定各种民事法律关系为核心内容，规定完备的、符合民事社会客观规律要求的民事法律关系规范，才能满足民法对民事社会关系的调整要求。

民事法律关系理论成果使民事法律规范具有了科学的逻辑体系。这种体系的典型就是德国民法典体系的建立。在德国民法典制定中，潘德克顿学派运用法律关系理论将各种民事法律关系的共同性问题抽象出来在民法典总则中加以规定，而将各种具体民事法律关系规定在分则中。在总则中他们依民事法律关系的要素确立了主体制度、客体制度以及作为民事法律关系变动原因的法律事实制度，主要是民事法律行为制度；在分则中则围绕各民事权利分别规定了债权、物权、亲属权、继承权等各种具体民事法律关系。总则规定与分则规定的结合构成完整的民法调整民事社会关系的民事法律关系体系，总则围绕民事法律关系共同要素的规定，统率分则中各类具体民事权利的具体规定，总分结合，严谨科学，构筑了民法规范的体系化模式。

重点提示

民事法律规范的逻辑体系以民事法律关系理论为基础。

(二)民事法律关系理论对民法学学科的意义

民法学是以民法规范及其学理为研究对象的法学学科，其研究的目的就是要认识民法调整民事社会关系的科学规律，为建立民法规范的科学体系提供理论指导。民事法律关系作为民法调整民事社会关系的法律表现，就是民法学研究的核心内容，民法学通过对民事法律关系的研究建立的关于民事法律关系的科学理论，就成为民法学的核心理论。正是以民事法律关系理论为核心而将民法学理论的各部分整合为有机联系的统一整体。例如，以民事法律关系理论为主线，将民事法律关系各要素构成民事法律关系理论各个部分，分为民事主体制度论(自然人制度和法人制度论、非法人组织制度论等)、客体论(物、行为、智力成果、人身利益等)、民事权利制度论(民事权利的概念、特征、分类、保护等)。以民事法律关系的变动原因构筑民事法律事实论(事件、行为)，主要分为民事法律行为制度、诉讼时效制度。综合体现民事法律关系和民事法律事实的代理制度的理论。以对民事法律关系的保障和民事权利的救济为内容构筑民事责任的理论。以民事法律关系的一般理论及与其相联系的法律事实理论构筑民法总论的内容，以作为民事法律关系内容的主导方面的各类民事权利及其救济的民事责任理论为主线构筑民法分则的内容，主要包括了物权法论、债权法论(包括合同法论)、人格权法论、婚姻家庭(亲属)法论、继承法论、侵权责任法论。总之，民法学的理论体系是以民事法律关系理论为核心，在民事法律关系各项要素及各类民事权利理论的基础上科学构筑的逻辑严谨的理论体系。

重点提示

民法学以民事法律关系理论为核心将民法学理论的各部分整合为有机联系的统一整体。

（三）民事法律关系理论对民法学的学习研究和民法规范应用的方法论意义

民法规范的逻辑体系、民法学的学理体系都是以民事法律关系理论为基础构筑的。因此，学习民法、研究民法、应用民法都必须掌握民事法律关系的方法。民事法律关系的方法就是将民法问题纳入民事法律关系思考并获得体系化认识的方法。运用民事法律关系逻辑的方法学习民法就能从组成民法内容的各部分的内在联系的有机构成上融会贯通地获得对民法的体系化知识，收到事半功倍的效果，避免面对浩繁庞杂的民法内容而不得要领。研究民事法律关系是研究民法问题的基本范式。以民事法律关系理论为指导进行民法学研究，就是对各个民法问题都要善于从它与民事法律关系的联系上，从主体、客体、权利义务、责任等方面去论证、解决，以便得出研究结论，各项具体制度的设计符合民法适用民事法律关系模式调整民事社会关系的规律性要求，从而具有科学性。在司法实践中运用民事法律关系分析法分析民事案例，就是从当事人的诉讼请求事项着手，将双方当事人准确地纳入具体的民事法律关系之中，分析该具体民事法律关系的主体、客体、权利义务，查明法律关系产生、变更、消灭的法律事实，对其争执的民事权利义务关系状态作出公正判断，正确地引用法律规范，作出裁判。

重点提示

研究民事法律关系是民法学研究的基本范式。民事法律关系分析法是分析民事案例的重要方法。

思考题：怎样深刻理解民事法律关系理论的意义？

第二节　民事法律关系的要素

内容提要

本节学习就是要认识民事法律关系在内在结构上由哪些必要事项构成，各个要素是如何构成民事法律关系的，即各要素在构成民事法律关系中的意义。

民事法律关系的要素是指构成民事法律关系的必要因素，即构成一个具体民事法律关系必不可少的事项。缺少其中任何一项则不能构成具体民事法律关系；

变更其中一项,则引起该民事法律关系的变更。任何民事法律关系都是由主体、内容、客体三要素构成的。掌握民事法律关系的构成要素是研究民事法律问题和确定具体民事法律关系产生、变更、消灭及其效力状态的着眼点。

一、民事法律关系的主体

民事法律关系的主体,即民事主体,是参加民事法律关系、享有权利和承担义务的人。凡是法律允许参与民事法律关系从中享有权利承担义务的自然人和社会组织都可以是民事法律关系主体。民事法律关系主体主要是指自然人和法人,在特定关系中国家也可以是民事法律关系的主体。不具备法人资格的其他组织即非法人组织虽不是享有独立民事权利能力和行为能力的民事主体,但能以自己名义参加民事活动,只不过其民事责任最终由与其有组织关系的自然人或法人承担。

民事法律关系是民法调整的民事社会关系的法律反映,是人与人之间的关系,因此,主体是构成民事法律关系的首要要素,离开了主体要素民事法律关系无从产生。在任何一个民事法律关系中,至少有两方主体才能构成,一个主体不可能和自己构成法律关系,只能与其他主体发生民事法律关系。在一个民事法律关系中,享有权利的一方主体称为权利主体;负有义务的一方主体称为义务主体。由于民事法律关系主体的平等性,其权利义务具有相互对应性,因而在许多具体民事法律关系或者在具体民事法律关系的联系中,双方当事人互为权利义务主体。例如,在一个双务合同关系中,双方当事人互享权利、互负义务。在两个相互联系的所有权关系中互为权利义务主体。当然,在一些单务性质的民事法律关系中,一方只享有权利,另一方只负有义务。作为民事法律关系主体的一方可以是一个人,也可以是两个人以上。主体一方为两个人以上的,该方主体内部又有民事法律关系。

二、民事法律关系的客体

民事法律关系的客体,是指民事法律关系主体享有的权利和承担的义务共同指向的对象。如果没有客体,民事权利义务便无所依存,因而民事法律关系也就无从产生,所以客体也是民事法律关系的构成要素。

重点提示

客体是民事权利义务共同指向的对象。

客体作为主体权利义务的对象,既可以是民事法律关系产生时就存在的事物,也可以是民事法律关系产生后才发生的事物。作为客体的担当者有四大类:物、行为、智力成果和人格要素、身份,在某些民事法律关系中,有些权利也可以成为客体。

例如，物就是物权法律关系的客体，行为就是债权法律关系的客体，智力成果就是知识产权法律关系的客体，人格要素或身份是人身权法律关系的客体，在权利质押法律关系中被质押的权利就是客体。

重点提示

客体的种类：物、行为、智力成果和人格要素、身份。

三、民事法律关系的内容

民事法律关系的内容是指民事主体所享有的权利和承担的义务。民法对民事社会关系的调整就是通过赋予民事主体权利义务而将他们之间的社会关系纳入民事法律关系的轨道，因而民事主体享有的权利和承担的义务是民事法律关系最实质之处，是民事法律关系区别于非法律关系和其他法律关系的标志，是各个具体民事法律关系之间相互区别的依据。因此，民事权利义务是民事法律关系的核心，是构成民事法律关系必不可少的因素。

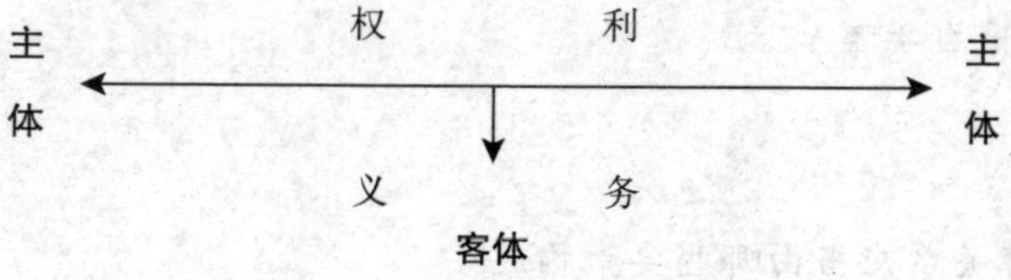

图3－4　民事法律关系的要素

民事法律关系是主体、客体、内容三要素密切联系的有机整体，主体针对客体享有权利和承担义务，客体承载和体现着由主体享有的权利和承担的义务，权利义务联结主体与客体，将客体所承载之权利和负担之义务归属于主体，而归属于主体之权利义务又是附着于客体上的。

评　注　关于民事法律关系的要素

关于民事法律关系由主体、客体、内容三要素构成的理论来自苏联。在苏联还存在三要素说：主体、权利、义务，该说认为客体是法律关系的前提，而不是法律关系的本身，因而将客体排除在法律关系构成要素之外。另外，在苏联还有二要素说：权利、义务，认为人是法律关系的担当者而不能成为法律关系的组成部分。[8] 这两种

〔8〕　参见周永坤：《法理学——全球视野》，法律出版社2010年版，第122页。

观点实际上都没有否认客体、主体在构成法律关系中的作用,它们还都承认主体是法律关系的担当者,客体是法律关系的前提。在我国法学界是普遍承认法律关系的主体、客体和内容三要素的。但对民事法律事实和民事责任是不是民事法律关系的要素在学者之间有争议。有学者认为民事法律关系的要素包括主体、客体、内容、变动、原因(民事法律事实);民事责任为民事法律关系的构成要素。[9] 也有学者认为民事责任不是民事法律关系的要素,因为其本身就是法律关系的一种;民事法律事实是外在于法律关系的,其本身不是法律关系的内容。[10] 还有学者认为民事法律关系内容构成上应当包括权利、权能、权限、取得期待等积极要素,以及法律上的拘束或屈从、职责、负担等消极要素。[11] 本书赞成民事法律关系构成三要素说,即主体、内容、客体,认为变动是法律关系要素的变化,不应是要素的本身;原因(民事法律事实)是引起民事法律关系变动的外在因素,不是民事法律关系本身的构成要素。民事法律责任是民事法律关系的保障,是由法律规范结构将它与民事法律关系紧密联系在一起的,其本身也是一种法律关系,但对于作为它发生基础的法律关系,并不是该基础法律关系的构成要素,而是基础法律关系被违反而产生的后果法律关系(责任关系)。

思考题:

1. 民事法律关系应当由哪些要素构成?

2. 怎样理解民事权利和民事义务是民事法律关系的核心?

案例3-1

甲与乙订立房屋买卖合同约定甲将其所有的五间房屋卖给乙,乙向甲支付50万元价款。随后,乙依约向甲支付了房屋价款,甲将房屋所有权移转过户给了乙。请问由此发生了哪些民事法律关系?它们各自的构成要素是什么?

法律链接

《民法典》第595条

依据我国《民法典》第595条的规定,买卖合同是出卖人转移标的物的所有权于买受人,买受人支付价款的合同。甲与乙订立房屋买卖合同,即在甲与乙之间发生了房屋买卖合同民事法律关系。在这一法

〔9〕 参见梁慧星:《民法总论》,法律出版社1996年版,第49、77页。

〔10〕 参见王利明:《民法总则研究》,中国人民大学出版社2003年版,第176页。

〔11〕 参见申卫星:《对民事法律关系内容构成的反思》,载《比较法研究》2004年第1期。

律关系中,甲和乙是法律关系的主体,他们所买卖的房屋及房屋价款是客体,其内容是:甲享有要求乙支付房屋价款的权利,甲负有向乙转移房屋所有权的义务;乙享有要求甲转移房屋所有权的权利,乙负有向甲支付房屋价款的义务。依据这一法律关系,甲乙相互履行了各自的义务,也相互实现了各自的权利。甲对乙交付给他的50万元取得了所有权,与其他任何人之间发生了所有权民事法律关系,甲和其他任何人是这一所有权民事法律关系的主体,其中甲为权利主体,其他任何人为义务主体;50万元货币为客体;甲对这50万元货币的支配权和其他任何人不得妨害甲的支配的义务为内容。同样,乙也取得了房屋的所有权,与其他任何人之间发生了房屋所有权民事法律关系,乙和其他任何人是主体,房屋为客体,乙对房屋的占有、使用、收益和处分的支配权利和其他任何人不得妨害其支配的义务为该法律关系的内容。

应用指南

民事司法实践中所审理的民事案件,即当事人之间的民事权益争执,实际上是当事人之间的民事法律关系发生了纠纷,审理民事案件就是审理当事人之间发生纠纷的民事法律关系,解决当事人之间的民事权益争执,因此,在民事司法实践中要善于运用民事法律关系理论,采取分析民事法律关系的方法去处理各类民事案件。

以民事法律关系理论为指导查明案件事实。民事案件事实主要是民事法律事实,它是引起民事法律关系产生、变更和消灭的原因,作为民事案件的民事法律关系状态都是由相应的民事案件法律事实引起的。查明案件事实与判明民事法律关系是相辅相成的。审理民事案件,就要寻找能引起当事人发生争执的民事法律关系产生、变更、消灭的法律事实,收集审查判断证据都要紧紧围绕能否证明案件争执的民事法律关系的产生及变化状态进行,而不是与法律关系无关的事实。

以民事法律关系分析法正确分析民事案件。审理民事案件首先要通过考察民事法律关系的三要素,对当事人争执的民事法律关系加以确定,即首先弄清我们所审理的民事案件当事人、原被告争执的民事权利义务的具体内容及其针对的客体。在一个民事案件当事人之间往往会涉及多个民事法律关系,甚至非法律关系、其他法律关系。因此,就要分析法律关系与非法律关系、民事法律关系与其他法律关系,民事法律关系的具体种类;具体民事案件中哪些是当事人权益争执的直接法律关系、哪些是基础的法律关系、哪些是相关的法律关系;在相关的法律关系中,哪些是需要合并审理的、哪些是可以合并审理的、哪些又是需要另案处理的。对民事案件以法律关系的分析法进行分析就能判明当事人所诉法律关系是否属于民事法律关系,排除非法律关系和非民事法律关系;在案件审理阶段,分清案件审理的层次,将疑难复杂的民事案件化解为简单的民事案件。

运用民事法律关系分析法分析民事案件,是从分析其构成要素入手的,民事案件表现为民事权益争执,因而分析权利要素在民事法律关系分析中居于核心的地位。这就要求我们必须善于运用关于民事权利分类的理论,针对各类民事权利的特点分析。比如民事权利分类中有财产权和人身权,支配权、请求权、抗辩权、形成权,基础权和救济权等分类,以这些不同特点的权利为内容的民事法律关系也表现出不同的特点。

民事案件就是原告和被告之间的民事法律关系发生了纠纷,原告通过法院向被告提出诉讼请求,以救济其基础性民事权利的实现;被告则以其抗辩权对抗原告的请求权,以使原告对自己的请求权失去作用。请求权与抗辩权都是为了救济各自的基础性民事权利的救济权。因此,民事案件审理的基本方法就是从原告的请求权和被告的抗辩权入手查明实体的基础性民事权利,而查明基础性民事权利的产生、变更和消灭的基本方法就是收集和运用能够证明这样的民事权利产生、变更和消灭的法律事实的证据。依据法律事实确定原告请求保护的民事权利是否存在和被告抗辩权是否成立,然后再适用法律作出保护原告权利的判决或作出驳回原告诉讼请求的判决。德国法学家梅迪库斯就指出:"实体法上的请求权,对未经严格训练的初学者来说,是其分析案例的一种不可缺少的思维辅助手段。用请求权及抗辩权来思维,可以使法律关系内的问题的分析,集中在一些重要的问题上;解决了这些问题,案例中提出的问题就迎刃而解了。"〔12〕

以民事法律关系理论为指导正确适用法律。不同性质的法律关系适用不同的法律规范调整。正确判断和区分法律关系的性质是正确适用法律规范和引用法律条文的依据。在司法实践中,一定要在民事法律关系理论的指导下,区分案件所涉及的不同民事法律关系,正确地适用法律规范。例如,对物权关系就应适用《民法典》物权编规定的物权法律规范,对合同关系就应适用《民法典》合同编规定的合同法律规范,侵权行为民事责任关系就应适用《民法典》侵权责任编规定的侵权责任法律规范。对一般民事法律关系就应适用一般民事法律,特别民事法律关系就应适用民事特别法。在合同关系中还应区分不同的具体合同法律关系。例如,借用关系就不同于租赁、买卖,也不同于承揽,其所适用的具体条文各不相同。正如德国法

---

〔12〕［德］迪特尔·梅迪库斯:《德国民法总论》,邵建东译,法律出版社2000年版,第72页。

学家梅迪库斯指出:“把问题分解为各类法律关系,再把法律关系分解为各项请求权,正是为了指明通向那些主导性法律思想的道路;而待决案件的处理,则取决于这些主导性的法律思想。”〔13〕

例如,原告张某依据被告王某给他写的一张欠条向法院起诉请求被告返还欠款和利息。欠条的内容是:今欠张某木材款一万元整,在10日内归还;若不能归还按每日5%支付利息。一审法院将该案的案由就确定为借贷纠纷,认为本金一万元应当归还,但依据司法解释民间借贷利率不得超过银行存款利息的4倍,超过4倍的部分无效。因此,判决支持原告请求归还一万元的请求,而对利息部分不予支付。在这里就有一个正确认定法律事实,分析法律关系,正确选择法律适用的问题。本案的证据是一张欠条,该欠条的内容证明的法律事实是被告王某欠原告张某木材款一万元,并非欠借款一万元,因此,张某与王某之间发生的民事法律关系是木材买卖合同法律关系,而非借贷法律关系,因此适用的法律应是合同法律规范中关于买卖合同的规定,而不是民间借贷的法律规定及其相关司法解释,其民事责任的确定应按照合同法关于违约责任的规定确定。依据合同法的规定,木材买卖合同的买受人王某取得了出卖人张某的木材理应向张某支付木材款,其拖欠张某木材款构成违约,应按照其约定的金额支付违约金,其约定的利息在实质上是违约金性质。如果王某认为违约金的约定过分高于造成损失的,可以依据《民法典》第585条第2款请求人民法院或仲裁机构予以适当减少;法院也只能根据当事人的申请作出是否适当减少的裁决,而不能直接认定其无效。本案一审法院显然没有正确判断欠条证据的内容,误判欠货款为欠借款,以致错误认定法律事实和民事法律关系,将木材买卖合同法律事实及由此引起的买卖合同法律关系和民间借贷款追索纠纷相混淆,将买卖法律关系和货款纠纷错误认定为借款法律关系和借款纠纷,因而导致法律适用错误,没有适用合同法律规定而错误地适用了民间借贷的司法解释,对当事人的民事责任也就作了错误的认定。可见正确认定法律事实,依据法律事实,正确分析和区分法律关系,才能正确选择法律适用、正确确定民事责任。掌握这样的法律适用逻辑思维方法对于民事司法实践是多么的重要。

〔13〕 [德]迪特尔·梅迪库斯:《德国民法总论》,邵建东译,法律出版社2000年版,第71页。

第四章　自　然　人

民法是私法，调整私人以及基于私人之地位的组织之间的社会关系，其主体包括自然人、法人、非法人组织。从民事法律关系的构成要素角度来认识民法，首先要了解作为其主体要素的自然人，着重理解自然人作为依自然规律出生的人何以取得法律人格而成为民事法律关系的主体，理解民法关于自然人的民事权利能力和民事行为能力的规定以及二者之间的联系与区别。在此基础上，理解死亡宣告与失踪宣告，以及监护制度的意义，了解自然人户籍、身份证、住所的法律意义。

第一节　自然人的民事权利能力和民事行为能力

内容提要

自然人的民事权利能力是行为能力的基础。本节内容包括自然人的概念，权利能力的意义、特征，权利能力与权利的联系与区别、权利能力的开始与终止以及与此相关的胎儿利益保护和宣告死亡。自然人的民事权利能力解决自然人成为民事主体、依法享有权利和承担义务的资格问题，自然人的行为能力则是在权利能力的基础上解决自然人以自己行为取得权利和承担义务的资格，是指权利能力的实现问题。学习本节要着重理解行为能力的依据、行为能力的法律意义、行为能力的种类以及对成年人无民事行为能力或限制行为能力的认定。自然人住所问题就是如何确定自然人与法律事实、法律关系在空间上的联系，以正确地确定法律事实、履行义务、选择法律适用和案件管辖。学习住所重点理解住所的法律意义和法律效果，同时掌握住所的确定标准和种类。

一、自然人的民事权利能力

（一）自然人的概念

生物自然人，即依自然规律出生的人，是指被称为人的、区别于其他动物的生命体的存在。生物自然人概念只强调具有人的自然生命体这一唯一的属性，而不考虑其他任何因素。例如，自然人无论有无国籍，也不区分国籍，一律是自然人。因此，自然人不同于公民，公民是指具有一国国籍而且依据宪法和法律享有权利和承担义务的自然人，这是公法概念，而自然人还包括外国人和无国籍人。在古代社会，生物自然人并不一定都具有民事主体资格，例如，古罗马奴隶社会的奴隶，在法律上就被视为会说话的工具而成为奴隶主所有权的客体，而不是主体，只有自由民自然人才具有民事主体资格。而以个人主义思想为指导的近现代民法中则普遍赋予自然人民事主体资格，强调自然人的权利能力始于出生，自然人不分国籍一律平等，从而使生物学意义上的自然人因法律的确认而普遍地、平等地取得法律人格。自然人成为私法上关于“人”的概念。【自然人概念不同于公民】

（二）民事主体的民事权利能力的概念和特点

民事主体的民事权利能力是法律赋予民事主体得依法享有民事权利和承担民事义务的资格。

在民事法律关系中能够享有权利和承担民事义务者谓之民事主体。而得依法享有权利和承担义务的资格谓之权利能力，因而民事主体的权利能力在实质上就是指民事主体的资格，即具有法律上的人格，也就是人在法律上的地位。主体之所以成为主体就是能够在法律上享有权利和承担义务，离开对权利义务的享有，主体就不能成为主体，因此，主体必须有权利能力，有权利能力是主体资格的标志，是具有人格的内容。因而这里所谓的权利能力，是主体资格、人格或地位的意义，而不是一般意义上的人们做事的能力大小或强弱问题。

重点提示

权利能力，是主体资格、人格或地位。

主体权利能力问题是民法的核心问题。民法的核心问题在于赋予怎样的社会实体以权利能力，使其具有主体资格，从而能够享有权利和承担义务。以民法调整的利益归属而言，就是民法将利益归属于谁。因此，主体权利能力问题是民法作为人法和权利法属性的集中反映。民法作为人法首先塑造一定社会实体以法律人格,即赋予其权利能力;民法作为以权利为本位的法就是要规定并保障民事主体享有民事权利,同时为权利的实现要规定相对主体的义务,为此,规定主体义务也以赋予主体以权利能力为前提。民法关于民事主体的确立和民事权利与义务归属都统一于民事权利能力。因此,民事权利能力就是民法赋予民事主体得依法享有民事权利和承担民事义务的资格。

民事权利能力具有如下特点:

1. 平等性。权利能力平等性的含义是指民法赋予社会实体参与民事社会活动的资格平等和机会平等。例如,对于生物意义上作为生命实体存在的人,民法普遍地、平等地赋予其自然人的民事主体资格,规定其民事权利能力始于出生,一律平等,不因先天缺陷或后天优势而有差别,没有身份尊卑、等级上下之分,其民事权利平等地受法律保护。我国《民法典》第 14 条规定:“自然人的民事权利能力一律平等。”【权利能力平等即主体资格平等】

2. 抽象性。权利能力的抽象性是指民法赋予民事社会实体以民事权利能力,只是抽象地赋予其民事主体的资格,而不涉及具体的从事某一项民事活动的具体资格,它只涉及“有”和“无”的问题,只要“有”就是同质的,都是指具有民事主体资格,而不涉及具体民事活动;如“无”则指不具有民事主体资格。虽然民事主体依法不能从事某些具体民事活动,但不能因为这一点而否认其权利能力。这只是民事主体从事民事活动要遵守法律的行为合法性要求,而不涉及民事主体资格的丧失。【权利能力是抽象的主体资格】

3. 完整性。民事主体的权利能力是民事主体的资格、人格、法律地位问题,任何一个民事主体都具有一个独立完整的人格,即具有完整的民事权利能力,有这样的权利能力,就可以享有民事权利和承担民事义务。作为完整的主体资格的权利能力只有质的规定性,即都是平等的民事主体,没有量上的差别,不存在量的分割和限制,不存在量的多少和大小。[1]【权利能力的完整性即主体人格的独立完整】

4. 与主体的不可分离性。权利能力是法律赋予主体的依法享有权利和承担义务的资格,作为社会实体的人,因有了权利能力才成为法律关系主体,主体也必须依权利能力的保有来维持其主体的资格。权利主体身份不得与其权利能力相分离,权利能力不可放弃,不可剥夺。

(三)民事权利能力与民事权利的区别

民事主体的民事权利能力同民事权利是密切联系的两个概念,其联系和区别

〔1〕 参见梅夏鹰:《民事权利能力、人格与人格权》,载《法律科学》1999 年第 1 期。

表现为：

1. 民事权利能力是民事主体依法享有民事权利和承担民事义务的资格，是主体取得权利的前提，权利则是主体实际依法享有的能够依法保障实现的利益。在权利能力到权利享有之间必须有法律事实的中介。

重点提示

民事权利能力是主体取得权利的前提。

2. 权利能力是由法律赋予主体的资格，权利能力始于人的出生或法人的设立，终于自然人的死亡或法人的终止，只要主体存在权利能力就存在；权利能力具有抽象性、平等性、完整性和与主体人身的不可分离性，不受限制和剥夺，主体也不可放弃或转让；权利则是在具体民事法律关系中，由一定的具体民事法律事实引起的，是实现主体的具体目的利益的法律手段，其产生往往和主体的意志有关。权利是具体的，在主体之间是有差别的，是可以转让或抛弃的。【与主体的关系不同】

3. 权利能力是构成法律关系主体要素的法律资格，而权利是构成民事法律关系的内容要素。【法律关系的不同要素】

4. 权利能力不仅指主体享有权利的能力，而且包括承担民事义务的能力，民事权利则不同于民事义务，是与民事义务相对应的概念。【权利能力包括义务能力】

（四）自然人的民事权利能力特点

自然人的民事权利能力，是指法律赋予自然人得依法享有民事权利和承担民事义务的能力。

自然人的民事权利能力来自法律的赋予，是法律的意志针对自然人实体进行选择的结果。在罗马法中，只有自然人才可能是权利主体，当时没有法人的概念。但生物意义自然人并不都是具有法律意义的自然人，奴隶就不是法律上的人。“在法律上，奴隶是物，那些富有理性并且受过良好教育的奴隶无疑是一种特殊的物，并且他能为主人获得权利，但是，他本身没有任何权利，他只是权利的标的，就像牲畜一样。”[2]非罗马市民，即异邦人也不能依罗马市民法享有权利，处于无权利能力的状态。在罗马家庭中家父是“唯一为法律所承认的完全人。他的子女无论年龄怎样，即使是罗马市民并且在公法上享有权利，皆受制于家父那不受约束的生杀权。只有家父能够拥有财产，一切由其子女取得的东西皆归他所有”。[3] 奴隶只是

---

〔2〕［英］巴里·尼古拉斯：《罗马法概论》，黄风译，法律出版社 2000 年版，第 69 页。
〔3〕同上书，第 65 页。

有可能获得解放成为自由人而改变其无权利能力的地位。后来罗马万民法的发展,缓解了非罗马市民即异邦人无权利能力的状态,异邦人可以有限度地享有与罗马市民贸易、通婚、遗嘱等方面的权利。直到公元212年大批在罗马的异邦人被授予市民籍,万民法与市民法走向融合。总之,在罗马法中的人是自然人,是以人格等级和不平等为特点的。

在封建的中世纪,在封建宗法制度和土地依附关系的条件下,自然人的法律地位也是以等级制为特点的。直到18世纪以来的近代民法才逐渐确立了自然人平等的法律地位。1804年《法国民法典》也没有规定法人制度,其所规定的民事主体只是自然人,但它将权利主体资格赋予所有的法国人,其第8条明文规定:"所有法国人都享有民事权利。"《奥地利民法典》第16条规定,"在法律上规定的要件之下,每个人皆能取得权利",且该法典在平等对待本国人和外国人的基础上,最先提出和承认一般性的权利能力。[4] 1900年《德国民法典》在普遍承认自然人主体资格的同时,也承认了法人的主体资格,规定了"法人制度",第一次明确规定了权利能力的概念。该法典第1条规定:"人的权利能力始于出生的完成。"从而将权利能力赋予了所有的人,而且平等地、无差别地自出生时完成,这样就"将法国民法典的一个国内人扩充到人,这是私法关系中一个很大的进步"。[5] 由此可见,自然人的权利能力是由法律赋予的,平等地、没有国别地、没有差别地赋予自然人以民事权利能力是近代民法的最大特点,从这一点上讲,也只有自近代以来才有真正的民法。

自然人的民事权利能力具有民事主体权利能力的典型特点,即具有平等性、抽象性、完整性和与主体不可分离性等特点。

重点提示

自然人的民事权利能力的平等是法律逐步确立的。

(五)自然人的民事权利能力的开始和终止

1. 自然人民事权利的开始

自然人的民事权利能力从出生时开始,是大多数国家民法的普遍规定,我国《民法典》第13条也明确规定自然人从出生时起到死亡时止,具有民事权利能力。自然人的民事权利能力从出生时开始,即意味着自然人一旦出生,就可以成为民事权利的主体,可以依法享有民事权利,其民事权利受法律保护。例如,自然人一出

〔4〕 参见梅夏鹰:《民事权利能力、人格与人格权》,载《法律科学》1999年第1期。

〔5〕 谢怀栻:《外国民商法精要》,法律出版社2002年版,第10页。

生，就立即享有人身权利，也可以因接受赠与或继承而享有财产权利。

出生为自然人享有民事权利能力的法律事实，是以自然规律发生的自然事件。出生，就是指自然人脱离母体而具有生命的生物状态。它由“出”和“生”两个方面要件构成。出者，指自然人出自母体，与母体分离而独立存在；生者，指自然人与母体分离后有生命，能够独立呼吸。可见出生就是指自然人脱离母体而有独立呼吸。

关于自然人出生时间的确定，我国《民法典》第 15 条规定，自然人的出生时间以出生证明记载的时间为准；没有出生证明的，以户籍登记或者其他有效身份登记记载的时间为准。有其他证据足以推翻以上记载时间的，以该证据证明的时间为准。出生证是自然人出生时由医院当时开具的，因此，其证明效力最强。其他有效身份登记例如外国人的护照等有效身份登记、出生证、户籍登记或者其他有效身份登记都有可能出错，作为书证其证据力具有推定性，因此，规定如果有其他充分的证据足以推翻这些书证证明的，以该证据为准。

2. 胎儿利益的保护

按照一般原则自然人的民事权利能力始于出生，胎儿尚未出生，即不具有权利能力，不能享有权利，但胎儿是在母体中孕育的生命体，是将来要依自然规律出生的，因而胎儿也有其利益。例如，胎儿对其父亲的遗产利益，胎儿在其母体内的健康利益。如果因胎儿不具有民事权利能力而不保护胎儿的这些特殊利益，对胎儿则有重大不利。例如，在处理其父遗产时对胎儿不予考虑，对胎儿出生后的生活可能造成困难；胎儿健康受损害可能对其出生后的健康仍有影响。因而各国民法对胎儿利益普遍给予保护，基本上有三种保护模式：第一种为总括保护模式。例如，《瑞士民法典》依罗马法所确立的原则，即只要胎儿出生时生存，就和婴儿一样具有民事权利能力。第二种为个别保护模式。例如，法国、德国、日本等国民法典虽然坚持自然人民事权利能力始于出生，不承认胎儿具有民事权利能力，但在某些事项上视胎儿具有民事权利能力，对胎儿利益给予保护。《法国民法典》第 906 条规定：“胎儿在赠与时已存在者，即有承受生前赠与的能力。胎儿在遗嘱人死亡时已存在者，即有受遗赠的能力，但赠与或遗赠仅对婴儿出生时能生存者发生效力。”《德国民法典》第 884 条规定：“在受害人被害当时第三人虽为尚未出生的胎儿，亦发生损害赔偿义务。”《日本民法典》第 721 条规定：“胎儿，损害赔偿请求权，视为已出生。”该法典还在第 886 条与第 965 条承认了胎儿的继承权和受赠的权利。第三种则为绝对不承认胎儿具有民事权利能力，仅保护其特定利益的模式。我国原《民法通则》坚持自然人的民事权利能力始于出生，认为胎儿在任何情况下都不具有民事权利能力,但对胎儿的特定利益给予保护。例如,原《继承法》第 28 条规定:“遗产分割时,应当保留胎儿的继承份额。胎儿出生时是死体的,保留的份额按照法定继承办理。”[6]在这三种保护模式中,我国民法严格以出生作为自然人权利能力的开始,胎儿未出生即不具有权利能力,从而保持制度的协调性。而保护胎儿的特定的利益主要是基于对胎儿将来出生后的利益影响考虑的,但从各国民法对胎儿利益保护范围看,主要涉及三个方面:一是遗产利益保护,对此,我国原《民法通则》和原《继承法》已有明确规定;二是受赠或受遗赠;三是胎儿健康的损害赔偿。对后两种利益的保护,我国民法尚未规定,因而对胎儿利益的保护很不充分。在对胎儿利益的保护问题上,我国《民法总则》第 16 条做出了重大的改变,并已经成为《民法典》第 16 条。

我国《民法典》第 16 条规定:“涉及遗产继承、接受赠与等胎儿利益保护的,胎儿视为具有民事权利能力。但是,胎儿娩出时为死体的,其民事权利能力自始不存在。”可见,我国采用了法国、德国、日本等国民法典对胎儿利益的保护模式。虽然坚持自然人民事权利能力始于出生,不承认胎儿具有民事权利能力,但在某些事项上视胎儿具有民事权利能力,对胎儿利益给予保护。原《继承法》第 28 条虽然保留胎儿的继承份额但并未承认胎儿具有继承权。这就造成一个问题,从继承开始保留的遗产到胎儿出生这一段时间,胎儿不能取得所有权,该份遗产在权利归属上处于无主的状态,不利于对胎儿利益的保护。《民法典》第 16 条的规定把胎儿视为具有权利能力,他就能够享有继承权利,从继承一开始就能够取得遗产的所有权,不仅涉及继承,而且还有接受赠与等,这里的“等”主要是损害赔偿,如母亲在怀孕期间胎儿受伤害,胎儿有损害赔偿请求权,其法定代理人可直接向法院起诉,不必等到胎儿出生。继承、受遗赠、损害赔偿都是保护胎儿利益的。因此,视为胎儿具有权利能力,并不涉及义务。胎儿权利的行使,参照未成年人的监护制度,由监护人以法定代理人的身份,代理胎儿行使。

重点提示

我国《民法典》坚持自然人民事权利能力始于出生,不承认胎儿具有民事权利能力,但在某些事项上视胎儿具有民事权利能力,对胎儿利益给予保护。

3. 自然人民事权利能力的终止

自然人的权利能力终于死亡。死亡是自然人民事权利能力消灭的唯一法律事

---

〔6〕 参见胡平:《精神损害赔偿若干特殊问题研究》,载北京市朝阳区人民法院编:《民商法学说与审判实践》,中国政法大学出版社 2003 年版,第 2 页;王利明主编:《民法》,中国人民大学出版社 2000 年版,第 53 页。

实。民法上的死亡包括自然死亡和宣告死亡。

(1)自然死亡,是指自然人生命依自然规律确定地终结。例如,因年老寿终正寝,因疾病死亡,因事故死亡等都是自然死亡。无论何种原因,只要客观地导致自然人生命终止的事实发生都是自然死亡,因而自然死亡是事件法律事实。死亡的医学标准有脉搏停止搏动说、心脏停止搏动说、呼吸停止说、脑死亡说等。我国民法对此无明确规定,但依我国目前的医学发展水平和医学实践,一般以呼吸和心脏跳动均告停止为判断自然死亡的标准和确定死亡的时间。在我国的司法实践中,自然人死亡的标准和时间也以医学上一般认为的呼吸和心脏均告停止的时间为准。《民法典》第 15 条规定,自然人的死亡时间以死亡证明记载的时间为准;没有死亡证明的,以户籍登记或者其他有效身份登记记载的时间为准。有其他证据足以推翻以上记载时间的,以该证据证明的时间为准。

(2)宣告死亡,是指由法院通过法定程序对失踪自然人死亡的一种推定。由法院以法定程序宣告自然人死亡的,一般视为同自然死亡一样,引起该自然人民事权利能力的终止。但宣告死亡毕竟不同于自然死亡,它仅仅是对自然人死亡的一种法律推定,被宣告死亡的人也可能实际上还活着。在这种情况下,他的权利能力实际上仍然存在,为此,《民法典》第 49 条规定:“自然人被宣告死亡但是并未死亡的,不影响该自然人在被宣告死亡期间实施的民事法律行为的效力。”

死亡引起自然人民事权利能力的终止,即其民事主体资格的消灭,其生前享有的民事权利和参与的民事法律关系就会发生消灭或更替。例如,婚姻关系终止,财产所有权消灭,财产继承法律关系发生。自然人的民事权利能力终止后,他再也不是民事主体,也不再享有民事权利,也无所谓死者的民事权利。死者的人格遗留利益则是对死者亲属或人类社会生活秩序的利益。因此,对死者人格遗留利益的侵害实质是对其亲属利益和社会利益的损害。在司法实践中,对不法侵害死者人格遗留利益的行为,可由其亲属或社会有关机构予以追究。《民法典》第 185 条规定:“侵害英雄烈士等的姓名、肖像、名誉、荣誉,损害社会公共利益的,应当承担民事责任。”本条规定的内容说明对英雄烈士遗留的人格利益的损害是对社会公共利益的损害。

重点提示

死者的人格遗留利益是对死者亲属或人类社会生活秩序的利益。

评　注　民事权利能力与民事主体资格、人格的关系

通说观点认为民事权利能力与民事主体资格、人格是同一意义。例如,德国民法学家卡尔·拉伦茨在其《德国民法通论》一书中指出:“在法律上,权利能力是指一个人作为法律关系主体的能力,也即权利的享有者和法律义务的承担者的能力。”[7]我国民国时期的民法学家李宜琛指出:“可以享有权利之资格(法律上之地位)谓之权利能力,亦曰人格。其权利能力者,即曰权利主体,亦曰法律之人格者。”[8]梁慧星教授也指出:“民事权利能力,是指据以充当民事主体,享受民事权利和承担民事义务的法律地位或法律资格。又称法人格,或人格。”[9]但也有学者认为权利能力,不同于主体的资格和人格。例如,徐国栋教授就指出自《德国民法典》把权利能力作为人格的替代物规定进法典后,“权利能力概念基本结束了人格的社会组织功能,承担起确定法律行为主体的功能。这样的权利能力概念力图脱去公法的色彩”。但“它顶多把作为政治活动条件的那部分人格驱逐掉了,却没有驱逐掉作为私的活动的前提条件的那一部分人格。而且作为人格概念替代物的权利能力只是基本结束了人格的社会组织功能,并未完全取消这一功能,因为不是任何人都能作为特定法域的民事主体,这是不争的事实,此乃因为现代国家仍面临资源稀缺的现实,所以不能让外国人与本国人得到同样的分配”。同时他认为民法上的人格问题是一个公法问题。[10]　对此,我们认为,从民事主体制度的发展来看,罗马法以人格表示主体资格,具有人格者才能成为法律关系的主体,奴隶没有人格便处于客体的地位。而罗马法上的人格是不平等的。在罗马法上实行“人格减等”制度,其中最大人格减等会丧失自由权、市民籍、家庭权利从而丧失主体资格,沦为奴隶。中人格减等丧失市民籍和家庭权利。最小人格减等丧失是最常见的,它只因收养、归顺夫权的婚姻或者脱离父权而丧失有关的家庭权利。[11]　直到《法国民法典》初期,仍然承认类似罗马法中的人格大减等制度的民事死亡或民事剥夺制度,即法国人因丧失国籍或受司法剥夺而丧失主体资格,这一制度到后来才废除。直到《德国民法典》才创制完全的权利能力制度,以天赋人权的思想赋予自然人平等的权利能力。用权利能力概念替代了罗马法上法律人格概念,表述这种得享有权利或承

---

[7]　[德]卡尔·拉伦茨:《德国民法通论》,王晓晔等译,法律出版社2003年版,第120页。

[8]　李宜琛:《民法总则》,中国方正出版社2004年版,第46页。

[9]　梁慧星:《民法总论》,法律出版社1996年版,第56页。

[10]　参见徐国栋:《寻找丢失的人格——从罗马、德国、拉丁法族国家、前苏联、俄罗斯到中国》,载《法律科学》2004年第6期。

[11]　参见[英]巴里·尼古拉斯:《罗马法概论》,黄风译,法律出版社2002年版,第99页。

受法律关系的主体资格。[12] 所以，权利能力是法律赋予主体的资格，从历史发展的过去看，权利能力的确不同于人格，但在现代民法上主体的权利能力平等，人格也平等，再要区分权利能力不同于人格，意义不大。权利能力、主体资格、人格、主体地位应是指同一意义的，只是称谓不同。正如日本学者大村敦志所言："所谓法律人格，是指是否具有权利主体的资格。虽然我们将之与权利能力作为同义词来使用，但是法律人格更着眼于'是否具有'的用语，而权利能力则是与作为具有权利行使之资格的行为能力相对比的概念，在论及其范围时使用得比较多。二者有这样的微妙差别。"[13] 主体是区别于客体而言；人格是区别于物而言的，人格是指主体，物则是客体；权利能力则是人具有主体资格的证明，或者内容，或者表现，即依法能够享有权利或承担义务才算是具有主体的资格，所以，权利能力是法律赋予主体享有权利承担义务的资格，是对主体资格的解释。另外，关于权利能力问题，现代民法以抽象的方式使用这一概念，在解释上不涉及具体能力问题，只有"有"和"无"的问题。德国民法学家法布里求斯最早提出，传统理论赋予主体资格过于追求平等抽象，没有体现应有的差别，并简单排除其他形体得为主体，难说合理。于是他提出了相对权利能力的理论，并得到一些法学家的响应和发展，成为当代德国法学的一股重要潮流。相对权利能力理论的核心是：应承认更多的主体设计，使用更具体的权利能力概念，使不同主体享有不同程度的权利能力。[14] 笔者认为对于自然人而言，其权利能力是一律平等的，是抽象的主体人格，不再区分具体的权利能力的不同。权利能力应是抽象的主体资格问题，具有权利能力的主体取得具体的民事权利，应当遵守法律的规定，法律规定对一些具体民事活动的限制，并不导致主体资格的丧失。民事权利能力只是依法取得民事权利的前提，并不是民事权利本身，而且它也是主体承担义务的资格。如果把它看作客观权利的总和，也是对客观权利抽象而言的，并不是具体客观权利的简单相加。对此，马俊驹教授、张翔博士指出："我们不能忘记的是，对于抽象人格的否定，是以否定民法的平等原则这一基石为代价的。"[15]

在我国《民法典》第16条规定"涉及遗产继承、接受赠与等胎儿利益保护的，胎儿视为具有民事权利能力"之后，有的学者认为我国民法规定了部分权利能力。例

---

〔12〕 参见龙卫球：《民法总论》，中国法制出版社2001年版，第187、230页。

〔13〕 [日]大村敦志：《民法总论》，江溯、张立艳译，北京大学出版社2004年版，第46页。

〔14〕 参见黄立：《民法总则》，中国政法大学出版社2002年版，第66、70页；龙卫球：《民法总论》，中国法制出版社2001年版，第191页。

〔15〕 马俊驹、张翔：《论民法个人人格构造中的伦理与技术》，载《法律科学》2005年第2期。

如,杨立新教授就认为我国原《民法总则》对胎儿权利能力的规定承认了部分权利能力。[16] 但也有学者认为,"权利能力是一种概括性权利表述,且具有广泛性意义,更是一种抽象范畴,并不指具体的权利内容或者权能方式"。"不能把胎儿享有某些权利就直接认为胎儿具有民事权利能力,认为胎儿或胚胎就是完全民事主体……一般认为,胎儿的准民事权利能力只在涉及胎儿利益保护方面才具有法律意义,同时胎儿的准民事权利能力仅指其享受利益,并不承担民事义务。"[17] 关于权利能力与人格的关系、权利能力是抽象的主体资格还是具体资格,是一个复杂的理论问题,这里仅作简单介绍,对此问题需要作深入了解和研究的,可参阅有关资料。

思考题:谈谈对民事权利能力意义和特点的理解。

二、自然人的民事行为能力

(一)自然人民事行为能力的概念

自然人的民事行为能力,是指自然人能以自己的独立行为取得民事权利和承担民事义务的资格。

自然人的民事行为能力与自然人的权利能力一样都是指一定的资格,权利能力是自然人实体能否成为民事主体的资格,即能否享有权利和承担义务的资格,它解决的是自然人享有民事权利和承担民事义务的前提。自近代民法以来,自然人一律从其出生时取得权利能力,但自然人具有了权利能力并不意味着自然人就已经实际享有了民事权利或承担了民事义务。自然人要实际享有民事权利还必须有法律事实的中介,而引起民事主体民事权利发生、变更、消灭的民事法律事实最主要的、最大量的是民事法律行为法律事实。民事法律行为是以当事人的意思表示为要素发生当事人意思表示所欲求的民事法律效果的行为,因而自然人实施民事法律行为必须具有意思能力,即能够独立判断自己行为的性质及其利害后果从而审慎行事的能力。在自然人具备了客观的意思能力的基础上,法律对自然人具有的这种能力加以确认,赋予主体独立地以自己的行为设定权利和承担义务的资格,这就是行为能力。其法律意义在于自然人为民事法律行为时具有相应的民事行为能力,其行为方为有效,否则,其行为无效力或效力待定。可见,行为能力是以自然

〔16〕 参见杨立新:《〈民法总则〉中部分民事权利能力的概念界定及理论基础》,载《法学》2017 年第 5 期。

〔17〕 中国审判理论研究会民商事专业委员会编著:《〈民法总则〉条文理解与司法适用》,法律出版社 2017 年版,第 38、39 页。

人的意思能力为前提的。只有当自然人行为时具有意思能力,才可以具有行为能力。意思能力的具备是同自然人的智力、精神相关的,一般情况下,自然人的智力发育和完善是同年龄相适应的,即达到一定年龄人的智力和精神就具备了判断其具体行为的意思能力。但存在例外情况,某自然人虽未达到特定的年龄但已具有了判断某具体行为的能力,或者某自然人虽已达到特定的年龄,但因精神障碍而又不具备与其年龄相适应的意思能力。正是因为这样复杂的情况,在法律上不可能依每个自然人的每次具体民事法律行为判断其意思能力是否具备而认定其有无行为能力,而只能依一般标准确认自然人行为能力,即以达到一定的年龄且无精神障碍、智力障碍等意思能力障碍作为判断其行为能力的标准。因此,行为能力是在意思能力基础上,以法律标准确认的自然人以自己的行为取得民事权利和承担民事义务的资格。

重点提示

意思能力,即能够独立判断自己行为的性质及其利害后果从而审慎行事的能力。行为能力以意思能力为基础。

评　注　行为能力与责任能力

关于行为能力与责任能力的关系以及责任能力的性质,学说上有很大的分歧。有的学者认为,行为能力包括责任能力。例如,孙宪忠教授就认为,民事行为能力包括两个要素:一个是意思能力;另一个是责任能力。“意思能力是指自然人实施合法行为的能力,责任能力是指自然人实施非法行为(侵权行为)的能力。”[18] 佟柔教授认为,“广义的行为能力不仅包括民事主体实施合法的民事行为的能力,也包括民事主体因实施违法行为而承担相应民事责任的能力”。[19] 但对行为能力与责任能力的判断标准没有作论述。而另有学者认为行为能力与责任能力是有区别的不同制度。例如,郑玉波认为,责任能力,是指民事主体因不法行为而受法律制裁的能力。责任能力的有无,须以当事人行为时有无识别其行为的意思能力为具体判断。责任能力与行为能力的共同点在于都以行为人的意思能力为基础,不同的是责任能力不像行为能力那样,由法律规定以达到一定年龄且无精神障碍这样统一的抽象标准判断,而是要以行为当时的具体情形进行具体判断,因为责任能力是不法行为应受法律制裁的问题,理应就具体情形决定,不适于抽象标准判断。因而,责任能

〔18〕 孙宪忠:《民法总论》,社会科学文献出版社 2004 年版,第 102 页。

〔19〕 佟柔主编:《民法总则》,中国人民公安大学出版社 1990 年版,第 99 页。

力与行为能力虽均以意思能力为前提,但二者在性质上毕竟不同。[20] 曾世雄认为,“权利能力之设计适用于正态反态两面。行为能力之设计,乃针对正态面,亦仅适用于正态一面。至反态面之部分,则另有责任能力之设计,以兹匹配”。责任能力有别于正态面之行为能力,自成一种专为反态面所作之设计。将行为人行为时有无判断利害之能力的衡量标准回归个案之实际,以行为人确实有无判断利害关系之能力为准。[21] 王泽鉴教授指出,责任能力属侵权行为人负损害赔偿责任的资格,亦称侵权行为能力,属归责能力。“在思考逻辑上应先肯定加害人有责任能力,再进而认定其有无故意或过失。”侵权行为能力,属于广义的行为能力,与法律行为能力(狭义行为能力)原则上均以识别能力(意思能力)为判断标准。唯在法律行为,为免举证的困难及保护交易的安全,民法设有行为能力制度,基本上以年龄为标准,采取划一的标准,将自然人分为无行为能力人、限制行为能力人、完全行为能力人。但“侵权行为责任能力系就个别行为而判断,因其涉及对个人行为的非难,而非如行为能力制度之须顾及交易安全”。[22] 可见对于责任能力属于不法行为能力、侵权行为能力,而且都以意思能力为判断基础等方面多数学者的观点是一致的。但我国台湾地区学者明确论述了责任能力的判断是行为当时的个别判断,而行为能力则采取统一标准的抽象判断。德国法学家拉伦茨指出,依《德国民法典》不法行为一章关于不法行为能力的规定,完全不法行为能力是无限制的行为能力人,即随着年满 18 周岁而同时发生的,不足 7 周岁的儿童无不法行为能力。“满 7 周岁,不满 18 周岁的儿童和青少年的不法行为能力,取决于他们在具体情况下进行有赔偿义务的行为时,是否已具备‘认识其责任所必要的理解力’。‘理解力’在这里是指认识这种行为的不法性及由此所产生的责任的一般的精神能力,要把是否具备这种能力的问题与具体情况下是否有责任的问题区别开来。在存在过失时,对第二个问题的回答取决于行为人在行为时是否尽了必要的且就其同龄人来说通常应有的注意。如其不具备不法行为能力,就无须再审查其在具体情况下是否尽了应有的注意。”[23] 可见他与王泽鉴教授都强调责任能力是考虑故意或过失规则的前提,都强调对责任能力的具体判定。根据他们的论述,无民事行为能力人无责任能力(笔者认为这实际上是一般判定);完全民事行为能力人则有完全责任能力,只有在一时处于无意识状态,或因精神错乱处于不能自由决定意志的状态,则无责任能

〔20〕 参见郑玉波:《民法总则》,中国政法大学出版社 2003 年版,第 122 页。

〔21〕 参见曾世雄:《民法总则之现在与未来》,中国政法大学出版社 2001 年版,第 141、207 页。

〔22〕 王泽鉴:《侵权行为法》,中国政法大学出版社 2001 年版,第 275、276 页。

〔23〕 [德]卡尔·拉伦茨:《德国民法通论》,王晓晔等译,法律出版社 2003 年版,第 156 页。

力(可见,对完全行为能力依一般判断具有完全行为能力,只在特殊情况下个别判断无不法行为能力,即责任能力。——笔者注)。对限制行为能力人的不法行为能力依据具体情况下对其不法行为的责任性质的理解力进行判定,实际上只有在这种情况下才是个别判断。对未成年人行为能力的确定,虽然采统一的年龄标准,但对于到底哪些民事活动属于与其年龄智力相适应的民事活动,也要进行具体判断。因而,这种区分意义不大。没有责任能力的人对他人造成损害后果依据《德国民法典》第827、828条的规定,不负责任,但依据该法典第832条,根据法律对未成年人或者因精神或者身体状态而需要监督的人负有监督义务的人,对受监督人非法施加于第三人的损害,负有赔偿义务。王泽鉴教授也指出,"行为时无识别能力时,由其法定代理人负损害赔偿责任,但行为人无识别能力,且法定代理人举证免责时,则由行为人负衡平责任"。〔24〕可见,民事主体对他人造成的损害后果最终都要承担责任。民事主体具有权利能力,能够依法享有权利承担义务。那么,违反义务损害他人也就有义务(责任)消除损害的后果。这种责任是权利能力中应有之义。如果责任能力是指这样的一种能力,就包括在权利能力之中。从这一意义理解责任能力,民事主体都有责任能力,与其行为能力无关,无行为能力、限制行为能力人造成他人损害的民事责任由其监护人代为承担。按照这一简单的逻辑,与上述关于责任能力的观点最终要解决的问题有殊途同归的作用。对这一问题,也有学者认为民事责任能力是民事主体独立承担责任的资格,与行为能力无关。〔25〕有的观点更明确地认为"民事责任能力是民事权利能力的一个方面,或者说具有民事权利能力的人当然具有民事责任能力"。"民事责任能力不以识别能力为基础,所有民事主体都抽象地具有民事责任能力。"〔26〕但上述关于责任能力的概念显然不是在权利能力意义上适用的,而是作为行为能力或者不同于行为能力要求对行为人对其具体行为的理解力作具体判断,以决定对其行为后果是否负责任的一种能力。它是侵权责任归责的一种能力,有责任能力就要考虑他是否在行为时尽到应有的注意以决定其有无过错,有过错则负责任;无责任能力便不用考虑其有无过错,行为人不负责任。这就是责任能力的意义。无责任能力者对他人的不法损害后果的责任最终是由其监护人承担。因此,这种意义上的责任能力与行为能力作用的区别在于:无行为能力人实施的民事法律行为和法律意义的行为,由监护人作为法定代理人代理;无责任能力,其不法行为

---

〔24〕 王泽鉴:《侵权行为法》,中国政法大学出版社2001年版,第277页。

〔25〕 参见匡爱国、魏盛礼:《自然人民事责任能力理论的重新检讨——兼论被监护人致人损害民事责任归属的立法选择》,载《河北法学》2004年第12期。

〔26〕 任清:《民事责任能力本质反思》,载《侵权法评论》2004年第1辑。

后果则由监护人负责任。这同我国《民法典》第 1189 条依据行为能力设计的监护人责任是一致的。梁慧星教授认为我国现行法已经实质性地规定了自然人的侵权责任能力。[27] 从我国《民法典》的规定看,并没有采用责任能力的概念。

(二)自然人民事行为能力的种类

法律赋予自然人民事行为能力是以其意思能力为前提的,其具体标准就是一定的年龄和精神健康状况。我国《民法典》按照自然人不同年龄阶段和精神健康的不同状况,将自然人民事行为能力划分为三种:完全民事行为能力、限制民事行为能力、无民事行为能力,各自赋予其不同的法律意义。

1. 完全民事行为能力

完全民事行为能力,是指自然人可以通过自己的独立行为进行民事活动,享有民事权利和承担民事义务的能力。自然人具有完全民事行为能力的标准是年龄在 18 周岁以上且无精神、智力等健康障碍,但年龄在 16 周岁以上未满 18 周岁的自然人,以自己的劳动收入为主要生活来源的,视为完全民事行为能力人。《民法典》第 17 条规定:"十八周岁以上的自然人为成年人。不满十八周岁的自然人为未成年人。"第 18 条规定:"成年人为完全民事行为能力人,可以独立实施民事法律行为。十六周岁以上的未成年人,以自己的劳动收入为主要生活来源的,视为完全民事行为能力人。"

完全民事行为能力的法律意义在于,行为人可以依自己的独立行为进行法律所允许的任何民事活动,其所依法进行的民事法律行为在行为能力条件上均为有效。因此,赋予 18 周岁以上且无精神障碍的成年自然人以完全民事行为能力,或者将 16 周岁以上不满 18 周岁,以自己的劳动收入为主要生活来源的未成年自然人视为完全民事行为能力人,有利于这些自然人自主从事生产经营和各种民事活动,有利于对其合法行为及利益进行法律保护,以实现其民事生活目的利益。

2. 限制民事行为能力

限制民事行为能力也称不完全民事行为能力,是指法律确认自然人在与其年龄、智力和精神健康状况相应的意思能力范围内,具有相应的民事行为能力,超出这一范围便不具有民事行为能力。限制民事行为能力的范围是以意思能力为基础的,限制民事行为能力的不完全,是意思能力的不完全决定的。对意思能力的影响因素主要有两个:一是自然人一定年龄阶段的智力发育;二是智力、精神健康状况。限制民事行为能力人就是不能完全辨认自己行为的性质及其法律后果利害的人。

---

〔27〕 参见梁慧星:《民法总论》,法律出版社 2007 年版,第 68 页。

依据我国《民法典》第19、22条规定，限制民事行为能力人有两类：一类是8周岁以上的未成年人；另一类是不能完全辨认自己行为的成年人。

8周岁以上的未成年人，其智力发育程度能够理解和判断自己社会生活中的一定方面的行为性质及其利害，在与他人的社会交往中具有相应的意思能力，因此，法律赋予其与年龄智力状态相适应的民事行为能力，允许其以自己的独立意志实施纯获利益的民事法律行为，或者与其年龄、智力状况相应的民事法律行为，为自己设定权利和承担义务。但8周岁以上的未成年人处在生长发育阶段，还不能完全充分地理解社会生活各方面民事法律行为的性质及其法律上的利害后果，因此，法律从维护未成年人利益和民事社会生活关系安全出发，对8周岁以上的未成年人的民事行为能力又给予必要的限制，除纯获利益和与其年龄智力状况相适应的民事法律行为外，不认为其有民事行为能力，对其他民事法律行为，由法定代理人代为实施或者须经法定代理人同意、追认方可实施。

不能完全辨认自己行为的成年人，是指因患有精神疾病或者智力障碍，不能完全正确认识和判断自己实施的民事法律行为的性质及其利害后果，但又没有完全丧失意思能力，只是其意思能力存在障碍的人。因此，法律为了保护这些患有精神疾病和智力障碍成年人的利益，维护民事社会生活秩序，对其行为能力给予限制，原则上其实施民事法律行为由其法定代理人代理或者经其法定代理人同意、追认，但是法律认可其具有独立实施纯获利益或者与其智力、精神健康状况相适应的民事法律行为的能力，即对其可以辨认的自己行为部分具有民事行为能力，因精神疾病障碍或者其他原因的智力障碍而不能辨认的行为部分则不具有行为能力。至于行为是否是与行为人的智力、精神健康状况相适应的民事法律行为，是否是行为人能够辨认的行为，则要依据行为内容与行为人生活的相关程度、行为人的智力、精神健康状态能否理解并预见其后果，以及行为标的数额等因素具体认定，法律不可能作出抽象规定。哪些人属不能完全辨认自己行为的成年人而为限制民事行为能力人，也应依利害关系人或者有关组织的申请，由人民法院依据医学鉴定的结论认定。

限制民事行为能力制度的法律意义在于，限制民事行为能力人只能独立实施与其年龄、智力发育程度和精神健康状态相适应的民事法律行为，其他民事法律行为须经法定代理人同意、追认或由法定代理人代理实施，否则，不发生法律效力。但限制民事行为能力人实施的接受赠与、奖励、报酬等纯获利益的行为，他人不得以行为人是限制行为能力人主张无效。从而，既方便限制民事行为能力人从事日常必要民事生活，又有效保护他们的利益，防止因其意思能力的不完全在民事活动中遭受不利，同时也有利于整个民事生活秩序的安全。

3. 无民事行为能力

无民事行为能力是指依照法律规定自然人不具有以自己的独立行为取得民事权利和承担民事义务的能力。

不具有民事行为能力的自然人,首先是因为他不具有从事民事活动的意思能力,即其年龄智力和精神健康状况尚不能理解自己的行为,并预见其行为的利害后果,因而,法律不赋予这类自然人以自己的独立行为进行民事活动的能力。依照《民法典》第20、21条的规定,无民事行为能力人有三类:一类是不满8周岁的未成年人;另一类是不能辨认自己行为的成年人;还有一类是不能辨认自己行为的8周岁以上的未成年人。《民法典》第20条规定:"不满八周岁的未成年人为无民事行为能力人,由其法定代理人代理实施民事法律行为。"不满8周岁的未成年人正处于生长发育阶段,智力水平普遍较低,一般不具有独立进行民事行为的能力。

《民法典》第21条规定:"不能辨认自己行为的成年人为无民事行为能力人,由其法定代理人代理实施民事法律行为。八周岁以上的未成年不能辨认自己行为的,适用前款规定。"不能辨认自己行为的成年人,是指因患精神病或者其他原因智力障碍,完全不具有或者完全丧失了意思能力,不能理解自己行为的性质和预见自己行为的利害后果,法律否定其民事行为能力,规定其为无民事行为能力人。8周岁以上的未成年人本应为限制民事行为能力人,但因其智力障碍或者精神健康障碍不能辨认自己行为,因此,其应为无民事行为能力人,不能独立实施任何民事法律行为,其民事法律行为由其法定代理人代理实施。至于成年人是否不能辨认自己的行为而成为无民事行为能力人,应经利害关系人或者有关组织申请,由人民法院依法宣告其为无民事行为能力人。

无民事行为能力制度的法律意义在于,无民事行为能力人不能以自己的独立行为进行民事活动,其民事活动由法定代理人代理,否则其实施的民事法律行为不发生效力。但是,无民事行为能力人接受奖励、赠与、报酬等纯获利益的民事法律行为,他人不得以行为人无民事行为能力为由主张无效,因为这些行为是对无民事行为能力人纯获利益的行为,不会损害其权益。这样,既保护了无民事行为能力人的利益,又维护了民事生活秩序的安定。

(三)对不能辨认或者不能完全辨认自己行为的成年人民事行为能力变更或恢复的认定

1. 对不能辨认或者不能完全辨认自己行为的成年人民事行为能力变更

成年人在一般情况下是完全民事行为能力人,如果其因智力障碍或者精神健康障碍而不能辨认或者不能完全辨认自己行为将其变更为无民事行为能力或者限制民事行为能力人,依我国《民法典》规定,需经利害关系人或者有关组织申请,由人民法院认定。这对于保护不能辨认或者不能完全辨认自己行为的成年人的利益具有重大的意义。《民法典》第 24 条第 1 款规定:"不能辨认或者不能完全辨认自己行为的成年人,其利害关系人或者有关组织,可以向人民法院申请认定该成年人为无民事行为能力人或者限制民事行为能力人。"可见确定成年人为无民事行为能力人或者限制民事行为能力人,必须具备以下条件:(1)该自然人不能辨认或者不能完全辨认自己的行为,也就是不能或者不能完全理解自己行为的性质及其利害后果。(2)须经利害关系人或者有关组织申请,没有利害关系人的或者有关组织的申请,人民法院不得宣告。利害关系人是指精神病人的配偶、父母、成年子女及其他亲属,也可以是同其有民事权利利害关系的当事人。有关组织是《民法典》第 24 条第 3 款规定的居民委员会、村民委员会、学校、医疗机构、妇女联合会、残疾人联合会、依法设立的老年人组织、民政部门等。(3)须经人民法院认定。依据《民法通则意见》第 5、7、8 条的规定,当事人是否患有精神病,人民法院应当根据司法精神病学的鉴定或者参照医院的诊断、鉴定确认。在不具备诊断、鉴定条件的情况下也可以参照群众公认的当事人的精神状态认定,但应以利害关系人没有异议为限。精神病人(包括痴呆症人)如果没有判断能力和自我保护能力,不知其行为后果的,可以认定为不能辨认自己行为的人;对于比较复杂的事物或者比较重大的行为缺乏判断能力的和自我保护能力,并且不能预见其行为后果的,可以认定为不能完全辨认自己行为的人。在诉讼中,当事人及利害关系人提出一方当事人患有精神病(包括痴呆症),人民法院认为确有必要认定的,应当按照民事诉讼法规定的特别程序,先作出当事人有无民事行为能力的判决,确认精神病人(包括痴呆症人)为限制民事行为能力人的,应当比照民事诉讼法规定的特别程序审理。

2. 对不能辨认或者不能完全辨认自己行为的成年人民事行为能力的恢复

《民法典》第 24 条第 2 款规定:"被人民法院认定为无民事行为能力人或者限制民事行为能力人的,经本人、利害关系人或者有关组织申请,人民法院可以根据其智力、精神健康恢复的状况,认定该成年人恢复为限制民事行为能力人或者完全民事行为能力人。"例如,成年人因患有精神病被宣告为无民事行为能力人或限制民事行为能力人的,其行为能力只是因精神障碍而被否定或限制,但随着精神病的治疗,精神健康的恢复,而逐渐恢复其意思能力,对其行为有部分或全部辨认能力的,可以经本人或利害关系人申请,由人民法院宣告其为限制民事行为能力或完全民事行为能力人。

(四)无民事行为能力人和限制民事行为能力人的法定代理人

无民事行为能力的未成年人、无民事行为能力的成年人不能以自己的独立意思实施民事法律行为,需要由其法定代理人代理实施法律行为。限制民事行为能力人除了可以独立实施纯获利益的民事法律行为或者与其年龄、智力、精神健康状况相适应的民事法律行为外,其实施民事法律行为由其法定代理人代理实施或者经其法定代理人同意、追认。因此,法律必须为无民事行为能力人和限制民事行为能力人设定其代理人。设定法定代理人才能补充无民事行为能力人和限制民事行为能力人行为能力的缺失和不足,代理或者辅助其实施民事法律行为,享有民事权利,承担民事义务,正常地实现其民事生活目的。《民法典》第34条规定,监护人的职责就是代理被监护人实施民事法律行为,保护被监护人的人身权利、财产权利以及其他合法权益等。因此《民法典》第23条规定:"无民事行为能力人、限制民事行为能力人的监护人是其法定代理人。"该条就是无民事行为能力人、限制民事行为能力人的监护人成为被其监护的无民事行为能力人、限制民事行为能力人的法定代理人的法律依据,是其法定代理权产生的依据。

三、自然人的住所

(一)自然人的住所的概念和意义

自然人的住所,是指法律认可的自然人民事生活的中心处所和经常居住所在的地方。

简言之,住所指人的居住所在,人的居住所在因人身自由流动在事实上可能变化不定,在事实上人所居住的地方都是其在当时的"住所"。处在民事社会生活关系中的人,作为具有民事权利能力的主体相互之间不断处在民事法律关系的联系之中,权利的享有、义务的履行都要追至主体之所在而为,除有特别约定外,在主体居住变动不定的情况下要求权利主体追至义务主体之所在向其主张权利,要求义务主体至权利主体之所在向其履行义务,甚为困难。主体在民事生活中以与其民事生活联系之空间因素选择法律的适用和法律事实的认定也甚为困难。为了稳定民事社会关系秩序,简化民事权利义务履行上的困难,便于法律的选择适用和法律事实的认定,在法律设计上则撇开事实人可能随时都有的居住所在,而仅仅以人的久居意思和久居事实确定的经常居住所在的地方和民事生活关系主要进行的地方为住所。这样,住所就具有了法律认可的性质,它是一个人经常的、长久的确定居住的地方,而不是临时的、随意的、不定的居住所在。同时住所被赋予了法律意义,不仅是以久住的事实确定的居住所在，而且是在法律关系中具有法律意义的所在地。"拟定'住所'的意义在于，通过法律固定住所的技术，简化法律事实、法律关系在法律上的空间变化因素，使法律事实、法律关系得以在空间问题上作稳定处理。住所规则的简化意义，可以通过民法及有关法律对住所效果的直接规定体现出来。典型的法律效果，例如对确定宣告失踪、宣告死亡、债务履行地、诉讼管辖地、涉外法律关系准据法适用等的影响或决定作用。"[28]

重点提示

以人的久居意思和久居事实确定的经常居住所在的地方和民事生活关系主要进行的地方为住所。

(二)住所确定的标准

在大陆法系各国民法中关于住所认定的标准并不统一，主要有两种立法例：一是以当事人久住的意思结合居住的事实确定住所。例如，《瑞士民法典》第23条第1款规定："人之住所，为以久住之意思而居住之处所。"在这里首先是久住之意思，其次是居住的事实。我国台湾地区"民法"第20条的规定更为明确："依一定之事实，足认以久住之意思，住于一定之地域者，即设定其住所于该地。"二是以当事人长久居住的事实确定其住所。例如，《德国民法典》第7条规定："常居住于一地者，即为设定其住所于该地。"《日本民法典》第21条规定："住所以个人生活所在地为其住所。"关于一个自然人能否有多个住所，各国民法也规定不一。依《德国民法典》第7条规定，一人同时可以有两个以上的住所；依《瑞士民法典》第23条，任何人则不得同时有多个住所。我国《民法典》第25条规定："自然人以户籍登记或者其他有效身份登记记载的居所为住所；经常居所与住所不一致的，经常居所视为住所。"可见，我国《民法典》是以自然人户籍所在地的居住地的客观事实为准，户籍所在地与经常居住地不一致的，则以经常居住地的客观事实确定公民住所的，并不强调当事人是否有久住的意思。

户籍是我国行政法上以户为单位对户内各个自然人的有关人身或身份事项进行登记和管理的行政性法律文件。我国的户籍登记以公民的经常居住地为常住人口登记。《民法典》之所以以户籍所在的居住地为住所，就是因为户籍登记所在地就是经常居住地，但是当经常居住地与户籍所在地不一致时，仍以经常居住地为住所，可见事实上的经常居住地才是确定住所的根本标准。因此，《民法通则意见》第

---

〔28〕 龙卫球：《民法总论》，中国法制出版社2001年版，第343页。

9 条规定:“公民离开住所地最后连续居住一年以上的地方,为经常居住地。但住院治病的除外。公民由其户籍所在地迁出后到迁入另一地之前,无经常居住地的,仍以原户籍所在地为住所。”【经常居住地的确定】

(三)住所的种类

依法律规定的住所确定法律事实的不同,住所分为意定住所、法定住所和拟制住所。

意定住所,指依当事人意思为要素构成的法律事实设定的住所。其事实构成有两个要件:一是主观要件,即必须依一定的事实足以认定自然人有久住的意思,并不是单纯的时间长短。久住的意思的有无无须当事人表示,而是依客观上的事实来认定。例如,依主要财产的所在和常年活动所在的事实来认定。二是客观要件,必须有居住于该地的事实。这两个方面的结合,即构成设定住所的法律事实。其中含有当事人久住于该地的意思,因此为意定住所。【久住的意思和居住事实】

法定住所,指直接依法律规定的住所,它不由当事人的意思设定,而由法律直接规定。例如,我国台湾地区“民法”第 21 条规定:无行为能力人或者限制行为能力人以其法定代理人之住所为住所。第 1002 条规定:妻以夫之住所为住所;赘夫以妻之住所为住所,但约定夫以妻之住所为住所,或妻以赘夫之住所为住所者,从其约定。我国《民法典》第 25 条规定:“自然人以户籍登记或者其他有效身份登记记载的居所为住所;经常居所与住所不一致的,经常居所视为住所。”【法律直接规定】

拟制住所,指依据法律规定的特定情况推定的住所。例如,我国《民法典》规定的经常居住地与住所不一致的(与户籍登记地不一致的),经常居住地视为住所;《民法通则意见》第 9 条第 2 款规定:“公民由其户籍所在地迁出后至另一地之前,无经常居住地的,仍以原户籍所在地为住所。”【依据法律规定的特定情况推定】

(四)住所的法律效果

自然人的住所确定后在法律上引起以下效果:

1. 为确定自然人下落不明的前提,自然人最后离开住所,处于下落不明的状态达到法定的期限,才可以对他进行失踪宣告或者死亡宣告。

2. 为确定债务履行地的标准。例如,根据《民法典》第 511 条的规定,当事人就履行地点约定不明的,依照第 510 条的规定仍不能确定的,“给付货币的,在接受货币一方所在地履行;交付不动产的,在不动产所在地履行;其他标的,在履行义务一方所在地履行”。在这里所谓的一方所在地就是指当事人的住所地。

3. 为确定诉讼管辖法院和司法文书送达地的标准。

4. 为合同订立等法律行为成立地。例如,要约到达受要约人时生效,承诺到达要约人时合同成立。除非当事人有特定的要约承诺地点,一般以其住所为意思到达的地点。

5. 为法律意义的登记行为管辖地。例如,婚姻登记、收养登记等在当事人的住所地。

6. 为单位监护人或监护指定单位的确定依据。《民法典》第 31 条规定,对监护人的确定有争议的,由被监护人住所地的居民委员会、村民委员会或者民政部门指定监护人。第 32 条规定:“没有依法具有监护资格的人的,监护人由民政部门担任,也可以由具备履行监护资格条件的被监护人住所地的居民委员会、村民委员担任。”

7. 为涉外民事法律关系中确定法律适用的准据法的依据。例如,我国《涉外民事关系法律适用法》第 31 条规定:“法定继承,适用被继承人死亡时经常居所地法律,但不动产法定继承,适用不动产所在地法律。”经常居所地是被推定为住所的。

思考题:

1. 自然人行为能力与权利能力的关系如何?二者有何不同?

2. 自然人民事行为能力在我国民法中分为哪几种?其划分的依据和意义是什么?

3. 自然人住所有何法律意义?

案例 4-1

原告刘某,男,17 岁,系某公司职工,工作已一年多。被告马某,男,16 岁,在高一上学。被告以 240 元的价格将其父给他上学用的自行车卖与原告,原告按照约定分两次将 240 元车款付清后,被告不给原告交付自行车,原告随将被告起诉至法院,要求被告交付自行车。请问,如何认定他们之间民事行为的效力?如何处理这一纠纷?

第二节 监 护

| 内容提要 |

无民事行为能力人或者限制民事行为能力人,虽然都具有民事权利能力,但因为无行为能力或者行为能力受到限制,其人身和财产利益就会受到损害,监护制度正是为保护无民事行为能力人或者限制民事行为能力人的人身和财产权益不受侵害,同时维护社会利益设置的制度。本节内容包括:监护的概念与监护制度的目的和监护的性质,监护人的职责,监护的设立,监护的开始、变更和终止。

一、监护的概念与监护制度的目的和监护的性质

(一)监护的概念

监护,是指对未成年人和无民事行为能力或者限制民事行为能力的成年人(精神病人、智力障碍者)的人身、财产及其他合法权益由监护人监督和保护的民事法律制度。监护人就是对未成年人和无民事行为能力或者限制民事行为能力的成年人(精神病人、智力障碍者)的人身、财产及其他合法权益负有监督保护职责的人。受监护人监督保护的未成年人和无民事行为能力或者限制民事行为能力的成年人(精神病人、智力障碍者)是被监护人。被监护人是无民事行为能力或限制民事行为能力人。

(二)监护制度的目的

监护制度的目的在于直接保护被监护人的人身、财产和其他合法权益,进而维护社会利益。

被监护人是未成年人和无民事行为能力或者限制民事行为能力的成年人(精神病人、智力障碍者),其人身、财产和其他权益很难以自己的独立行为去实现和维护。监护制度为他们设置监护人,对其人身、财产和其他合法权益进行监督和保护,这就弥补了被监护人行为能力的欠缺,可以充分有效地保护其合法权益。

被监护人由于意思能力的欠缺或障碍,不仅不能审慎地处理自己的事务,而且

由于不能分辨自己行为的性质和法律后果,往往实施不法行为,给他人的合法权益造成损害,从而影响社会利益和公共秩序。监护人对被监护人履行监督保护职责,对其行为加以教育和管束,并对其违法行为后果承担责任,就能有效预防和制止被监护人实施不法行为,损害他人利益和社会利益。

(三)监护的性质

监护作为一种民事法律制度,其实质内容在于监护人为被监护人利益和社会利益依法律的规定负有的监护职责,而不是监护人为实现自己的私人利益而享有的民事权利。【职责性】

父母对未成年子女的监护职责,在传统民法中就属于亲权的内容。亲权是父母对未成年子女的人身和财产管理、教育和保护的权利义务的统一,而监护则是针对亲权以外的未成年人和无民事行为能力的精神病患者等即被宣告为禁治产的人设置的监督保护制度,它纯粹为监护人的职责,而非权利。《民法典》第 26 条规定父母对未成年子女负有抚养、教育和保护的义务,这是对父母亲权的规定,属于身份权范围。《民法典》第 27 条规定父母是未成年子女的监护人,实质上将亲权内容纳入了监护。但监护又不限于亲权,就未成年人而言,其监护人的范围不限于父母,父母已经死亡或者父母没有监护能力的,由其祖父母、外祖父母、兄姐依顺序担任监护人,这仍然在亲属关系范围,但不属于亲权;没有这些近亲属范围的人担任监护人的,则可以由其他愿意担任监护人的个人或者组织经未成年人住所地的居民委员会、村民委员会同意后担任监护人。这些人和组织显然已经不再属于亲属范围,对无民事行为能力和限制民事行为能力的成年人的监护显然不属于亲权范围,其他愿意担任监护人的人经被监护人住所地居民委员会或者村民委员会同意担任监护人的,也已经超出近亲属范围。《民法典》第 32 条规定:没有依法具有监护资格的人的,监护人由民政部门担任,也可以由具备履行监护职责条件的被监护人住所地的居民委员会、村民委员会担任监护人。可见,监护是不同于亲权、亲属关系的独立的对被监护人监督保护制度,是以亲属关系为基础,社会参与、国家补充的监督保护制度,监护人负有的是监督保护职责和责任。这也正是监护制度规定在《民法典》第一编总则部分,而不规定在《民法典》第五编婚姻家庭的原因。《民法典》第 31 条第 4 款规定:监护人被指定后不得擅自变更;擅自变更的,不免除被指定的监护人的责任。第 34 条规定了监护人的职责,以及监护人不履行监护职责或者侵害被监护人合法权益的,应当承担法律责任。虽然第 34 条第 2 款规定“监护人依法履行监护职责产生的权利,受法律保护”,但对此应当理解为其依法履行监护职责受法律保护,为实现被监护人的权利和利益,监护人依法履行监护职责是有权而为,必须给予应有的支持和便利。

根据《精神损害赔偿解释》第2条的规定,非法使被监护人脱离监护,导致亲子关系或者近亲属间的亲属关系遭受严重损害,监护人向人民法院请求赔偿精神损害的,人民法院应当依法予以受理。这条规定实质上应当是对亲属关系的侵权或者是对亲权监护的侵害。【监护与亲权】

二、监护的设立

各国民法关于监护的设立方式的规定不尽相同,但主要有三种方式,即法定监护、指定监护和遗嘱监护。法定监护是指依据法律的直接规定产生监护人;遗嘱监护,是指依据父母所立遗嘱指定监护人;指定监护,则指没有法定监护人和遗嘱监护人的情况下,由法院或有权指定的机关指定监护人。我国《民法典》规定了法定监护和指定监护,还规定了遗嘱监护。

(一)法定监护

法定监护,是指依据法律直接规定而成为无民事行为能力人或限制民事行为能力人的监护人。

1. 对未成年人的法定监护人的规定

我国《民法典》第27条关于未成年人的法定监护人的设立作出以下规定:

(1)未成年人的父母是未成年的子女的监护人。基于未成年子女出生的法律事实,其父母依据法律规定直接成为未成年子女的监护人。《民法典》第26条规定:"父母对未成年子女负有抚养、教育和保护的义务。成年子女对父母负有赡养、扶助和保护的义务。"这是第27条规定父母是未成年人的监护人的法律依据,即父母对未成年子女的监护权来自其亲权。父母对未成年子女享有亲权,当然应是未成年子女的监护人。父母是未成年子女的最近的直系血亲,养儿育女是父母之基本人身需求,从情感上,父母担任未成年子女的监护人最有利于对未成年子女利益的保护。父母的监护人资格从子女出生开始直至子女成年取得民事行为能力都存在。父母分居、离异都不受影响。父母离异后,由人民法院判决未成年子女随一方共同生活由其直接抚养,但父母双方仍为未成年子女的监护人,不与未成年子女共同生活的一方仍对未成年子女有监护的义务和责任。父母因正当原因不能亲自履行监护职责可以委托他人代为履行一部分或全部监护职责,但父母仍为法定监护人。未成年子女因上学处在幼儿园、学校管照教育之下的,父母仍为法定监护人。

学校对未成年学生除法律有规定的或者学校依法接受委托承担相应监护职责的情形外，不承担监护职责。

重点提示

父母的监护人资格从子女出生开始直至子女成年取得民事行为能力都存在。

(2)未成年人的父母死亡或丧失监护能力时，由下列有监护能力的人按照顺序担任监护人：未成年人的祖父母、外祖父母；由未成年人的兄姐当中有监护能力的人担任监护人。其他愿意担任监护人的个人或者组织，但是须经未成年人住所地的居民委员会、村民委员会或者民政部门同意。

所谓按照顺序担任监护人就是监护顺序，是指法律规定的担任监护人的先后顺序，有前一顺序的监护人的，由顺序在前的具有监护能力的人担任监护人，顺序在后的人不能担任监护人；没有前一顺序范围的人或者前一顺序范围的人没有监护能力的，则依次由后一顺序范围的人担任监护人。例如，未成年人的父母死亡或丧失监护能力时，首先由祖父母、外祖父母担任监护人；如果祖父母、外祖父母也已经死亡或者丧失监护能力的，则由未成年人的兄姐担任监护人。祖父母、外祖父母中只要还有人健在具有监护能力，其兄姐就不能担任监护人。未成年人的父母死亡或丧失监护能力时，如果祖父母、外祖父母也已经死亡或者丧失监护能力，且没有兄姐或者兄姐都丧失监护能力的情况下，才由其他愿意担任监护人的个人或者组织，经未成年人住所地的居民委员会、村民委员会或者民政部门同意担任监护人。

2. 对无民事行为能力或者行为能力受限制的成年人的法定监护人的规定

依据《民法典》第 28 条规定，无民事行为能力或者限制民事行为能力的成年人，由下列有监护能力的人按顺序担任监护人：(1)配偶；(2)父母、子女；(3)其他近亲属；(4)其他愿意担任监护人的个人或者组织，但是须经被监护人住所地的居民委员会、村民委员会或者民政部门同意。

本条规定在其他愿意担任监护人的范围中增加了有关组织，原《民法通则》规定的是关系密切的其他亲属、朋友，这里增加的有关组织主要指公益组织，体现了监护的社会化。有关组织是否适合做监护人要经被监护人住所地的居民委员会、村民委员会或者民政部门同意，能否同意主要从社会组织设立的宗旨、财产或者经费、社会信誉、工作人员等方面判断其担任监护人是否有利于维护被监护人利益。

3. 对没有依法具有监护资格的人的监护人的规定

《民法典》第 32 条规定："没有依法具有监护资格的人的，监护人由民政部门担任，也可以由具备履行监护职责条件的被监护人住所地的居民委员会、村民委员会担任。"这里所说的没有依法具有监护资格的人，就是指不存在《民法典》第 27 条所规定的未成年人的监护人范围的人或者不存在第28条所规定的无民事行为能力或者限制民事行为能力的成年人监护人范围的人。在这种没有依法具有监护资格的人的情况下,由民政部门或者具备履行监护职责条件的居民委员会、村民委员会担任监护人。这一条规定体现了国家和社会对监护的责任。监护以亲属为基础,以国家和社会为补充,把民政部门提到了担任监护人的首位,特别强调政府在监护中的职责,明确了政府监护的兜底性作用,即没有依法具有监护资格的人的,监护人由民政部门担任,也可以由具备履行监护职责条件的被监护人住所地的居民委员会、村民委员会担任。

(二)遗嘱指定监护

《民法典》第29条规定:"被监护人的父母担任监护人的,可以通过遗嘱指定监护人。"遗嘱指定监护,是指担任其未成年子女或者无民事行为能力和限制民事行为能力的成年子女的监护人的父母,通过立遗嘱给被监护的子女指定监护人的监护设定方式。只有正在担任监护人的父母才能通过立遗嘱为其被监护的子女指定监护人,如果父母因某种原因没有担任监护人的,不能为被监护的子女指定监护人。遗嘱指定监护优先于法定监护,指定监护人的范围也不限于《民法典》第27条和第28条所规定的监护人的范围,但必须具有监护能力,能够履行监护职责。遗嘱是立遗嘱人生前以意思表示处置、安排其民事事务,于立遗嘱人死后生效的单方民事法律行为。因此,遗嘱指定的监护在立遗嘱人死亡时生效,受遗嘱指定的监护人应当履行其监护职责。如果遗嘱指定的监护人因病丧失监护能力或者客观上不能履行监护职责,就要依法另行指定监护人。

(三)协议确定监护

《民法典》第30条规定:"依法具有监护资格的人之间可以协议确定监护人。协议确定监护人应当尊重被监护人的真实意愿。"可见,协议指定监护是指两个或者多个依法具有监护资格的人,为了被监护人的利益以意思表示一致的协议方式为被监护人确定监护人。协议是双方或者多方的民事法律行为,意思表示一致就成立,依法成立发生法律效力。依据协议约定确定的监护人在协议生效时生效或者协议具体约定的生效日期生效。被协议确定的监护人在协议确定的监护生效之日,开始履行监护职责。依法具有监护资格的人就是依据《民法典》第27条和第28条具有监护资格的人,在以协议方式确定监护人的时候可以不按照这两条规定的监护人顺序,而主要考虑谁更有利于维护被监护人的利益,从各个具有监护资格的人的经济条件、与被监护人的生活联系状态、教育条件、情感程度等因素考虑,协商选择对被监护人最有利的监护人。在协商过程中对于有一定的意愿表达能力的被监护人应当听取和尊重被监护人的意见,选择被监护人感情上最愿意接受的监护人,以利于被监护人的身心健康和各项权益的维护。

(四)指定监护

指定监护,是指对监护人的确定有争议的,由有权机关或组织指定监护人或由人民法院指定监护人。

1. 指定监护的适用

指定监护适用于对监护人的确定有争议的情形。对监护人的确定有争议是指《民法典》第27条和第28条规定的具有监护资格的人,对于由谁担任监护人发生争议不能确定的情况。例如,几个具有监护资格的人互相推诿都不愿意担任监护人。

2. 指定监护的主体和程序

指定监护的主体是指法律规定的有权指定监护的机关或者组织。《民法典》第31条第1款规定:“对监护人的确定有争议的,由被监护人住所地的居民委员会、村民委员会或者民政部门指定监护人,有关当事人对指定不服的,可以向人民法院申请指定监护人;有关当事人也可以直接向人民法院申请指定监护人。”指定监护的主体可以是被监护人住所地的居民委员会、村民委员会或者民政部门和人民法院。居民委员会、村民委员会和民政部门的指定与人民法院指定都是有权指定,但指定的效力不同,表现在居民委员会、村民委员会和民政部门的指定当事人对指定不服的,可以申请人民法院指定;有关当事人也可以直接申请人民法院指定监护人。人民法院的指定为终局指定。在指定程序上居民委员会、村民委员会和民政部门的指定不是申请法院指定的前置程序。对监护人的确定有争议的,当事人可以申请居民委员会、村民委员会或者民政部门指定,居民委员会、村民委员会和民政部门也可以主动指定,指定者以书面或者口头形式通知了被指定人的,指定就成立。被指定人不服的,应当在接到通知的次日起30日内向人民法院起诉。逾期起诉的按照变更监护关系处理。人民法院的指定是依据有关当事人的申请指定的。

3. 指定的原则

《民法典》第31条第2款规定:“居民委员会、村民委员会、民政部门或者人民法院应当尊重被监护人的真实意愿,按照最有利于被监护人的原则在依法具有监护资格的人中指定监护人。”可见,指定监护有三条原则:尊重被监护人真实意愿的原则、最有利于被监护人的原则、不受监护人顺序限制的原则。

4. 指定临时监护人

临时监护人是指在指定监护人之前,对被监护人承担暂时性的监护职责直至监护人正式指定的人。《民法典》第31条第3款规定:“依照本条第一款规定指定监护人前,被监护人的人身权利、财产权利以及其他合法权益处于无人保护状态的,由被监护人住所地的居民委员会、村民委员会、法律规定的有关组织或者民政部门担任临时监护人。”

5. 指定监护人的效力

《民法典》第31条第4款规定:“监护人被指定后,不得擅自变更;擅自变更的,不免除被指定的监护人的责任。”无论是居民委员会、村民委员会、民政部门指定监护后,还是人民法院指定监护后,当事人都不得擅自变更;如果当事人对居民委员会、村民委员会、民政部门指定监护不服的,也只能在规定时间内申请人民法院指定,不得擅自变更。擅自变更的,不免除被指定的监护人的责任。

(五)事先协商确定监护

事先协商确定的监护,也称意定监护,是指具有完全民事行为能力的人,对其将来被监护需要与其近亲属、其他愿意担任监护人的个人或者组织事先协商,以书面形式确定自己的监护人。实质上是成年人在协商的基础上为自己委任监护人而对方予以接受的意定监护,是当事人以意思表示一致的法律行为确定的监护。为将来监护需要而设立,是附生效条件的民事法律行为,条件就是该成年人将来丧失或者部分丧失民事行为能力,条件成就时协商确定的监护人开始履行监护职责。《民法典》第33条规定:“具有完全民事行为能力的成年人,可以与其近亲属、其他愿意担任监护人的个人或者组织事先协商,以书面形式确定自己的监护人,在自己丧失或者部分丧失民事行为能力时,由该监护人履行监护职责。”本条规定,来自《老年人权益保障法》第26条的规定内容,主要是适应人口老龄化趋势,允许成年人在自己具有完全民事行为能力的情况下,对自己将来的监护事务按照自己意愿与其近亲属、其他愿意担任监护的个人或者组织协商作出妥善安排,以备将来丧失或者部分丧失民事行为能力时,及时确定监护人,监护人能够及时履行监护职责。

法律链接

《老年人权益保障法》第26条

三、监护人的职责和监护能力

(一)监护人职责的内容

监护是监护人对被监护人的监督与保护。监护人的职责构成监护法律关系的基本内容。监护人的职责是包括监护人的监护义务和责任及由此产生的权利的总称。根据我国《民法典》第34条规定，监护人的具体职责主要有：

法律链接
《民法典》第34条

1. 担任被监护人的法定代理人，代理实施民事法律行为或者辅助其实施的民事法律行为效力，或者代理民事诉讼。《民法典》第23条规定："无民事行为能力人、限制民事行为能力人的监护人是其法定代理人。"可见，担任被监护人的法定代理人是监护人的一项职责。法定代理主要发生在被监护人对外民事活动和民事诉讼中。例如，被监护人与他人进行与其年龄、智力和精神健康状况不相适应的民事活动时，须由监护人作为法定代理人代理进行，或征得他的法定代理人的同意、追认。当被监护人的人身、财产及其他合法权益受到非法侵害时，监护人作为法定代理人代理被监护人向人民法院起诉请求给予保护，代为参加诉讼活动。在被监护人被起诉时，也要代为应诉参加民事诉讼活动。【法定代理】

2. 保护被监护人的人身、财产及其他合法权益。监护人应保护被监护人的人身权益，保护其生命、身体健康的安全，使其人身安全不受侵害，同时保护其姓名权、肖像权、名誉权、荣誉权等合法权益不受侵犯。监护人对被监护人的财产要尽善良管理人之注意进行管理和保护，除为了被监护人的利益外，不得处理被监护人的财产。当被监护的人身权益、财产权益及其他权益遭受不法侵害时，要采取切实措施加以保护，其保护职责受法律保护。【权益保护】

3. 照顾、管理、教育被监护人。监护人应照顾被监护人的日常生活，给其衣食温饱、疾病疗养和精神关怀，不得虐待和遗弃被监护人。对未成年的被监护人应当关心其身心健康的成长，教育其品德，对其行为进行监督和管理，防止其受到侵害或者侵害他人。对于适学年龄的未成年人应让其按时入学，接受国家规定年限的义务教育。【照顾、管理、教育】

4. 承担应当由监护人承担的民事责任。依据《民法典》第1188条、第1189条规定，被监护人造成他人损害的，如果监护人未尽到监护职责的，由监护人承担民事责任；如果监护人尽到监护职责的，可以适当减轻其民事责任。在监护人将其监护职责部分或全部委托给他人监护期间，被监护人给他人造成的损害需要承担民事责任的，除另有约定的外，由监护人承担，但受托监护的人确有过错的应负连带责任。【承担民事责任】

法律链接
《民法典》第1188、1189条

(二)监护人因履行监护职责产生的权利

《民法典》第 34 条第 2 款规定:“监护人依法履行监护职责产生的权利,受法律保护。”这里因履行监护职责所产生的权利,表明不是指监护人的固有权利,而是指监护人为了履行监护职责所应具有的权利,保护这些权利实质是保护监护人对监护职责的履行,使其能够尽职尽责,维护被监护人的利益,并不是在监护职责和被监护人利益之外追求监护人的自身利益。例如,为了对被监护人财产的保护,规定了监护人对被监护人财产的占有权利,以及为了监护人利益的处分权利;为了对被监护人人身的保护,规定了对其必要的管束权利,甚至对其身体自由的限制的权利;为了防止精神病患者的被监护人走失、侵害他人身体或者财产,规定了对其身体自由的限制;为了关心未成年人的身心健康成长,规定了对其进行思想教育,了解其思想、心理状况,对其隐私知悉的权利;等等。这些权利的行使都是为履行监护职责所必需的权利。监护人为了维护被监护人利益在为履行监护职责所需要的范围行使的这些权利,是受法律保护的,不能认为是对被监护人的财产或者人身权利的侵害,其他人也不得干涉。

(三)监护人的法律责任

我国《民法典》第 34 条第 3 款规定:“监护人不履行监护职责或者侵害被监护人合法权益的,应当承担法律责任。”监护制度是为了保护被监护人的人身权利、财产权利和其他合法权益设置的强制性的法律制度,监护人的职责就是保护被监护人的人身权利、财产权利和其他合法权益,这是法定职责,如果监护人不履行职责或者侵害被监护人的合法权益,就违反了监护法律规定,构成侵权责任。

(四)监护人职责的履行

依据《民法典》第 35 条的规定,监护人履行监护职责应当遵循如下原则:

法律链接

《民法典》第35条

1. 最有利于被监护人的原则。最有利于被监护人的原则是监护制度的基本原则,贯彻于监护制度的始终,从监护人的确定、指定、撤销、恢复,到监护人职责的履行都必须贯彻这一基本原则。其核心含义就是监护人在履行监护职责中要尽可能地维护被监护人利益,追求被监护人利益最大化。例如,对被监护人财产的保护要最大限度实现财产的增值、避免毁损、减少,对其人身权利的保护应选择最有利于其身心健康的方式,对未成年人的管教应采取最有利于其心理健康的教育方式，而不宜粗暴训斥、打骂，尽可能避免伤害其自尊。要尽可能采取预防措施防止被监护人受到伤害。

2. 除为维护被监护人利益外，不得处分被监护人的财产。保护被监护人的财产权利，主要是保护被监护人的财产所有权，因此监护人原则上不得处分被监护人的财产，而应主要为财产的保持行为，尽善良管理人之注意管理被监护人的财产。以最有利于被监护人利益考虑，监护人也可以处分被监护人的财产，但对此应当严格掌握，否则就可能出现监护人以维护被监护人利益为名不当处分被监护人财产的行为。一方面，处分被监护人财产为被监护人的生存生活所必需，如为救治其生命所作的处分；或者是为了避免被监护人财产遭受重大损失而作的处分。另一方面，对被监护人财产的处分从长远看要有利于其财产稳定，不能使被监护人财产遭受损失，不能满足于一时的利益增加。另外，履行被监护人依法承担的财产责任处分被监护人财产的，应当认为是为了被监护人利益。监护人不当处分被监护人财产的，应当承担法律责任。

3. 应当根据被监护人的年龄和智力状况，尊重被监护人的真实意愿。未成年人的监护人履行监护职责，在作出与被监护人利益有关的决定时，应当根据被监护人的年龄和智力状况，尊重被监护人的真实意愿。成年人的监护人履行监护职责，应当最大限度地尊重被监护人的真实意愿，保障并协助被监护人实施与其智力、精神健康状况相适应的民事法律行为。对被监护人有能力独立处理的事务，监护人不得干涉。

（五）监护人的监护能力

监护人必须具有监护能力，监护能力是指监护人履行监护职责所应具备的能力或条件，也就是监护人为监督和保护无民事行为能力人或者限制民事行为能力人的人身、财产和其他合法权益，实现被监护人的利益所应当具备的能力。《民法典》第27条、第28条都规定监护人要具有监护能力。第32条规定居民委员会、村民委员会担任监护人应当具备履行监护职责的条件。从《民法典》第34条所规定的监护职责的实现要求来看，监护能力应当包括以下内容：

1. 监护人具有完全民事行为能力。监护人的基本职责就是担任被监护人的法定代理人，代理被监护人实施民事法律行为或者对被监护人实施民事法律行为同意、追认，因此，监护人必须具有完全的民事行为能力。

2. 保护被监护人的人身权利的能力。保护被监护人的人身权利包括保护其生命、健康、身体、肖像、名誉、隐私、姓名等各项人身权利和利益不受损害，能够对其身体照护,避免损害;能够制止他人对被监护人的侵害;能够对被监护人进行管教约束,防止其侵害他人,例如,对精神病人能够看管、约束,防止侵害他人。如果品行不端,如有吸毒、嫖娼等恶行,就不能对被监护人进行良好管教;或者虐待被监护人,也就不具备保护被监护人的能力。

3. 保护被监护人的财产权利的能力。能够保护被监护人的财产所有权,为被监护人的利益管理、维修被监护人的财产,甚至必要时处分被监护人的财产。

4. 具备履行监护职责的条件。具备履行监护职责的条件就是在客观上能够履行监护职责,例如,身处外地或者国外就在地理空间上不具备监护条件;长期患病,就不具备监护的身体健康条件。

(六)监护人暂时无法履行监护职责时对被监护人的临时照料

《民法典》第 34 条第 3 款规定:"因发生突发事件等紧急情况,监护人暂时无法履行监护职责,被监护人的生活处于无人照料状态的,被监护人住所地的居民委员会、村民委员会或者民政部门应当为被监护人安排必要的临时生活照料措施。"本条是根据 2020 年春季新冠肺炎疫情期间的现实问题在《民法典》中补充的新规定。例如,由于新冠肺炎疫情爆发这一紧急情况,监护人被强制隔离期间,暂时无法履行监护职责,被监护人的生活就处在无人照料的状态,被监护人住所地的居民委员会、村民委员会或者民政部门就应当为被监护人安排必要的临时生活照料措施。

四、监护的开始、变更、撤销和终止

(一)监护人监护职责的开始

监护关系的内容是监护人的监护职责,因此,所谓监护的开始,就是指监护人监护职责开始的时间。监护人监护职责的开始是由一定的法律事实引起的。父母作为未成年人的监护人始于未成年子女的出生。从成年人患有精神病时起,他的配偶或父母,或成年子女,或其他近亲属依法定顺序作为监护人的,其监护职责开始。由于原监护人死亡或丧失监护能力,而引起新的监护人职责的开始,例如,从未成年子女的父母均死亡时起,其祖父母或外祖父母或兄姐即作为新的监护人开始其监护职责。因指定方式产生监护人的,从指定单位的指定决定作出时开始监护职责。

(二)监护人的变更

监护人的变更是指在监护过程中原监护人丧失监护能力或者其监护对被监护

人不利时，或者法定监护人范围的人协定变更时，依监护人的原产生方式或更有效的方式更换新的监护人。主要包括以下几种情况：

1. 原监护人死亡或丧失监护能力的，法定监护人范围的人依据法律规定顺序直接成为新的监护人，或者法定监护范围的人协议确定新的监护人。

2. 原由法定监护人范围的人协议确定的监护人，又经其协议予以更换。

3. 因情况变化由有权指定的单位为被监护人重新指定监护人。

4. 因监护人不履行监护职责或侵害被监护人的合法权益，人民法院根据有关人员或有关组织的申请撤销其监护人的资格，重新指定监护人。

5. 被监护人的父母或者子女被撤销监护人资格后，又依法恢复监护资格的，人民法院作出恢复监护人资格的判决生效后自动恢复监护资格，指定的监护终止。

在监护人职责履行过程中，监护人将监护职责的一部分或全部委托他人代为监护的，不发生监护人的变更，原监护人仍为被监护人的监护人。

（三）监护人资格的撤销

监护人资格的撤销是指因监护人损害被监护人利益，而由人民法院取消其资格。依据《民法典》第36条的规定，监护撤销制度包括以下内容：

法律链接

《民法典》第36条

1. 撤销监护人资格的事由

监护人有下列情形之一的，可以撤销其监护人资格：（1）实施严重损害被监护人身心健康行为；（2）怠于履行监护职责，或者无法履行监护职责且拒绝将监护职责部分或者全部委托给他人，导致被监护人处于危困状态；（3）实施严重侵害被监护人合法权益的其他行为。

2. 撤销监护的申请人

撤销监护由有关个人和组织向人民法院提出申请，有关个人和组织包括：其他依法具有监护资格的人、居民委员会、村民委员会、学校、医疗机构、妇女联合会、残疾人联合会、未成年人保护组织、依法设立的老年人组织、民政部门等。这些个人和民政部门以外的组织未及时向人民法院申请撤销监护人资格的，民政部门应当向人民法院申请。

3. 安排必要的临时措施

安排必要的临时措施，是指人民法院根据有关个人或者组织的申请，在撤销监护人资格时，为了保护被监护人利益采取的临时保护被监护人的必要措施。例如，对身心健康遭受严重损害的被监护人进行救治和心理安慰；解救处于危急、困难状态的被监护人;防止原监护人再伤害被监护人等。

4. 指定监护人

人民法院撤销监护人后,应按照最有利于被监护人的原则依法在具有监护人资格的人当中为被监护人指定新的监护人。在撤销程序中,一并指定新的监护人,有利于及时确定监护人,保护被监护人的利益,同时也节约司法资源。

5. 被撤销监护人资格的监护人负担义务的履行

《民法典》第37条规定:“依法负担被监护人抚养费、赡养费、扶养费的父母、子女、配偶等,被人民法院撤销监护人资格后,应当继续履行负担的义务。”父母对未成年子女负担生活费、教育费、医疗费等抚养费用的义务;成年的子女对无劳动能力或生活困难的父母负担其生活费、医疗费等正常生存所必需的赡养费的义务;配偶相互之间在一方生活困难时负担给付扶养费的义务。这些义务是依据婚姻法的父母子女关系、婚姻关系等亲属身份关系确定的义务,与义务人是否担任被抚养、被赡养、被扶养人的监护人没有关系,监护资格的撤销不影响其负担义务的履行。

6. 监护人资格的恢复

《民法典》第38条规定:“被监护人的父母或者子女被人民法院撤销监护人资格后,除对被监护人实施故意犯罪的外,确有悔改表现的,经其申请,人民法院可以在尊重被监护人真实意愿的前提下,视情况恢复其监护人资格,人民法院指定的监护人与被监护人的监护关系同时终止。”可见恢复监护人资格有以下条件:

(1)适用于被监护人的父母或者子女被人民法院撤销监护人资格的情形。父母和子女是最近的直系血亲,担任监护人最有利于被监护人利益,法律鼓励其对亲人知错改错,宽恕其过错,继续担任监护人。

(2)撤销监护人资格的事由不是因为对被监护人实施故意犯罪。因对被监护人实施故意犯罪而被撤销监护的,不得恢复监护,如虐待、遗弃犯罪,性侵害、出卖犯罪,严重的伤害犯罪,杀人未遂等。

(3)被撤销监护资格的被监护人的父母或者子女确有悔改表现。确有悔改表现就是对自己曾经侵害被监护人利益或者怠于履行监护职责的行为有真诚的悔改意愿,客观上有悔改的积极表现。例如,积极地关心爱护未成年人子女和父母的身心健康、照护日常生活、保护其人身权益和财产权利。

(4)本人申请。被撤销监护资格的被监护人的父母或者子女愿意恢复其监护资格的,应当主动向人民法院提出申请。

(5)尊重被监护人的真实意愿。恢复监护的目的是更好地维护被监护人的利益，如果被监护人认为恢复监护对自己不利，不愿意恢复父母或者子女对自己的监护则不能恢复；只有被监护人在完全自主的情况下表达的真实意愿，同意恢复父母或者子女监护的才可以恢复。

(6)人民法院就具体情况作出判决。恢复监护对被监护人利益关系甚大，是十分慎重的事情，人民法院对被撤销监护资格人是否确有悔改表现、被监护人的具体生活状态和人身、财产状况都应严格审查，综合判断，从有利于被监护人利益维护出发作出是否准予恢复监护的判决。人民法院判决恢复被监护人的父母或者子女的监护人资格的，自判决生效后被监护人的父母或者子女自动恢复监护人资格，人民法院在撤销监护资格时指定的监护人与被监护人的监护关系同时终止。

(四)监护的终止

依据《民法典》第39条的规定，监护关系因下列原因而终止：

1. 被监护人取得或者恢复完全民事行为能力。未成年人已经成年、精神病人已经康复，他们就具有了完全民事行为能力，为其设置的监护随即终止。

法律链接

《民法典》第39条

2. 监护人丧失了监护能力。监护人丧失监护能力，无法再履行监护职责，因而以其为监护人的监护关系终止，但应为被监护人更换新的监护人。

3. 监护人或被监护人一方死亡。被监护人死亡的，监护关系就再无存在必要因而绝对消灭。监护人死亡，则原监护关系终止，但应由新的监护人对被监护人发生监护关系。

4. 人民法院认定监护关系终止的其他情形。例如，人民法院依法撤销监护人的监护资格，监护关系终止。人民法院判决恢复被监护人的父母或者子女的监护人资格的，人民法院在撤销监护资格时指定的监护人与被监护人的监护关系同时终止。

《民法典》第39条第2款规定："监护关系中止后，被监护人仍然需要监护的，应当依法另行确定监护人。"就是按照本法关于监护设立的规定，另行确定监护人。

思考题：

1. 如何理解监护权的性质？

2. 监护人与法定代理人是什么关系？

3. 简述未成年人和无民事行为能力或者限制民事行为能力的成年人的法定监

护人范围。

4. 如何给未成年人和无民事行为能力或者限制民事行为能力的成年人确定监护人?

5. 什么是遗嘱指定监护? 什么是协议确定监护? 什么是事先协商监护? 什么是指定监护?

6. 简述监护人的职责及其履行职责应当遵循的原则。

7. 简述监护人资格撤销制度和监护人资格的恢复制度。

8. 简述监护关系变更和终止的原因。

案例 4-2

张力民与肖欣迟系夫妻。1995 年婚生一子张小成。2000 年 10 月,二人经法院判决离婚,其子张小成随其母生活。2003 年元月,肖欣迟将张力民杀死。某省高级人民法院判处肖欣迟死刑,缓期两年执行。张小成在其母被判刑后随其伯父张强民、姑母张民侠生活。其祖父母、外祖父母均已死亡。2004 年 4 月,张家兄妹商量将侄儿张小成交由其伯父张强民抚养并担任其监护人。2004 年 6 月,在监狱服刑的肖欣迟与其妹妹肖欣兰、妹夫常春明签订监护抚养协议,委托其对张小成行使监护权。由于事实上张小成一直随其伯父生活,其伯父坚持其监护权,其所在村委会也同意由其伯父行使监护权。为此,张强民与肖欣兰之间为争夺对张小成的监护权发生争议。请问该案应如何处理?

第三节　宣告失踪与宣告死亡

内容提要

宣告失踪是解决自然人长期处于下落不明状态导致的财产关系的不稳定状态,维护失踪人利益和相对人利益的制度。宣告死亡则是解决长期处于生死不明状态的自然人的权利能力的终止问题,以结束以其为一方的民事生活关系的长期不稳定状态,保护利害关系人的利益。学习本节要着重理解这两种宣告制度各自不同的意义、条件和程序以及后果。

一、宣告失踪

（一）宣告失踪的概念

宣告失踪，是指自然人离开自己的住所，处于下落不明的状态持续达到法定期限，经利害关系人申请，由人民法院依法定程序宣告其为失踪人，并引起其财产管理和财产义务清偿效力的法律制度。

在现实社会生活中，经常因一定的重大事件或者其他原因，会导致自然人离开自己的住所，长期处于下落不明的状态，从而使以其为一方的民事社会生活关系长期处于不稳定状态，产生不利影响。例如，其财产长期无人管理；其所负有的财产义务长期不能清偿，债权人的权利长期得不到实现等。宣告失踪制度就是为了保护失踪人的利益和利害关系人的利益，通过对自然人失踪的事实的法律确认，宣告其为失踪人，由他人对失踪人财产进行管理，并对其所负的财产义务进行清偿，以结束失踪人财产关系长期处于不稳定状态的法律制度。

（二）宣告失踪的条件和程序

1. 自然人失踪的事实的发生。自然人失踪的事实的发生是宣告自然人失踪的前提条件。所谓自然人失踪的事实，是自然人离开自己的住所或居所下落不明的状态持续达到法定的期限。可见，这一事实包括两方面：其一，自然人最后离开自己的住所或居所处于下落不明状态。所谓下落不明也就是没有任何音讯，不知去向。其二，自然人下落不明的状态持续达到法定的期限。我国《民法典》第 40 条规定："自然人下落不明满二年的，利害关系人可以向人民法院申请宣告该自然人为失踪人。"关于下落不明时间的起算，依《民法典》第 41 条规定：自然人下落不明的时间从其失去音讯之日起计算。战争期间下落不明的，下落不明的时间自战争结束之日或者有关机关确定的下落不明之日起计算。

2. 利害关系人的申请。利害关系人的申请是引起失踪宣告程序的条件。没有利害关系人的申请，即使发生了自然人失踪的事实，人民法院也不得进行失踪宣告。只有当利害关系人申请的，人民法院才可以进行失踪宣告。所谓利害关系人，是指下落不明的自然人的近亲属或监护人以及与其有债权债务关系的人。申请宣告失踪的利害关系人应当具有完全民事行为能力。根据《民法通则意见》第 24 条规定：有权申请宣告自然人失踪的被申请人的近亲属包括：配偶、父母、子女、兄弟姐妹、祖父母、外祖父母、孙子女、外孙子女。有权申请宣告自然人为失踪人的利害关系人的申请资格没有先后顺序，只要是上述范围的近亲属或其他利害关系人都有权申请宣告。其他近亲属或利害关系人不申请或不同意宣告,均不影响人民法院对提出申请的受理与宣告。

3. 人民法院的受理与宣告。宣告失踪关系到被宣告失踪的自然人的财产关系状态的变化,对其有重大利害关系,因此只能由人民法院作出判决,这是失踪宣告的条件和程序。根据《民事诉讼法》的规定宣告失踪适用特别程序审理。《民事诉讼法》第183条规定,公民下落不明满2年,利害关系人申请宣告其失踪的,向下落不明人住所地基层人民法院提出。申请书应当写明失踪的事实、时间和请求,并附有公安机关或者其他有关机关关于该公民下落不明的书面证明。第185条规定,人民法院受理宣告失踪案件后,应当发出寻找下落不明人的公告。宣告失踪的公告期间为3个月。公告期间届满,人民法院应当根据被宣告失踪的事实是否得到确认,作出宣告失踪的判决或者驳回申请的判决。公告期满,被宣告失踪的人仍无音讯,其失踪事实得以确认的,人民法院作出宣告失踪的判决,被宣告的失踪人即为失踪人。

重点提示

人民法院依照民事诉讼法规定的特别程序审理宣告失踪案件,以判决宣告。

(三)宣告失踪的法律后果

自然人被宣告失踪,只是对其下落不明即失踪事实的确认,并不影响其主体资格的存在,因而,其法律后果不同于宣告死亡,不发生其婚姻关系终止和对其财产继承等法律后果,只是引起对失踪人财产的管理和财产义务的履行等法律后果,主要包括两方面:一是为失踪人的财产设定财产代管人;二是失踪人所欠的税款、债务和应付的其他费用,由代管人从失踪人财产中支付。

1. 失踪人财产的管理

《民法典》第42条规定:"失踪人的财产由其配偶、成年子女、父母或者其他愿意担任财产代管人的人代管。代管有争议,没有前款规定的人,或者前款规定的人无代管能力的,由人民法院指定的人代管。"可以作为代管人的人对失踪人财产代管没有先后顺序,也不存在谁申请宣告失踪由谁代管的问题。而是从有利于维护失踪人财产利益和利害关系人利益以及方便财产管理考虑,确定财产代管人。【财产代管人的确定】

《民法典》第43条第1款规定:"财产代管人应当妥善管理失踪人的财产,维护其财产权益。"这里的妥善管理是指以善良管理人的注意义务,勤谨地采取必要措施管理好失踪人的财产。保管好失踪人的财产,或者作为代理人处理好财产事务,在支付有关费用及时受领到期债权中避免失踪人财产损失。失踪人所欠税款、债务和应付的其他费用,由财产代管人从失踪人的财产中支付。失踪人到期债权应当由代管人代理受偿。在失踪人失踪期间,失踪人的财产代管人向失踪人的债务人要求偿还债务的,可以作为原告提起诉讼。由于代管人一般都是无偿管理,因此该条第3款规定:"财产代管人因故意或者重大过失造成失踪人财产损失的,应当承担赔偿责任。"也就是说,财产代管人对一般过失造成的损失无须赔偿。如果代管人有偿代管则应尽到善良管理人的注意义务。"财产管理人没有尽到善良管理人的注意义务致使失踪人财产遭受损失的,应当承担赔偿责任。"[29]【财产代管职责和责任】

《民法典》第44条规定:"财产代管人不履行代管职责、侵害失踪人财产权益或者丧失代管能力的,失踪人的利害关系人可以向人民法院申请变更财产代管人。财产代管人有正当理由的,可以向人民法院申请变更财产代管人。人民法院变更财产代管人的,变更后的财产代管人有权要求原财产代管人及时移交有关财产并报告财产代管情况。"宣告失踪制度的意义就是为了解决失踪人财产的代管问题,维护失踪人的财产权利和利益。如果财产代管人不履行职责或者其因故不能履行职责就可能造成失踪人财产利益损失,因此就有必要变更财产代管人。变更财产代管人就是依据法律规定的理由,经利害关系人申请或者财产代管人本人申请,由人民法院更换财产代管人。有两种情况:一是财产代管人不履行代管职责、侵害失踪人财产权益或者丧失代管能力的,失踪人的利害关系人申请更换。代管人不履行代管职责,就是不履行妥善保管失踪人财产的义务、不对财产采取保管措施、不收取到期债权、不支付其到期债务等。侵害失踪人财产权益就是实施对失踪人财产的侵害行为,例如,不当处分其财产、侵占失踪人财产、将收回的债权财产据为己有。代管人失去代管能力就是指代管人完全或部分失去行为能力,或者失去对财产的保管保护能力。可以提出变更申请的利害关系人就是指失踪人的近亲属和债权人、合伙人等。二是代管人基于正当理由申请人民法院变更。所谓正当理由就是指不适宜代管财产的合理合法的理由,如身体患病无力代管、长期在外地工作不便管理等。对前一种情况人民法院适用普通程序予以审理,作出是否更换代管人的判决;对后一种情况则适用特别程序审理作出是否更换代管人的判决。人民法院变更财产代管人的,变更后的财产代管人有权要求原财产代管人及时移交有关财产并报告财产代管情况。【财产代管人的变更】

2. 失踪人财产义务的履行

失踪人对他人承担的财产义务因失踪人长期下落不明不能得到清偿,给他人

---

〔29〕 张新宝:《〈中华人民共和国民法总则〉释义》,中国人民大学出版社2017年版,第84页。

造成极大不利。宣告失踪后,就要求失踪人财产代管人从失踪人财产中以支付财产的方式及时履行失踪人的财产义务。失踪人的财产义务包括失踪人失踪前应缴纳的税款、所欠债务以及失踪期间应支付的其他费用,包括赡养费、扶养费用、抚育费用和因代管财产所需的管理费用等必要费用,以及履行其失踪前所签订的合同义务的费用等。失踪人的财产代管人如果拒绝支付失踪人所欠税款、债务和其他费用,债权人提起诉讼,人民法院将代管人列为被告。【失踪人的财产义务范围】

(四)失踪宣告的撤销

失踪宣告是依据自然人失踪的事实对自然人失踪状态依法作出的确认。如果自然人重现即其失踪的事实消除时,在法律上继续认定自然人为失踪人就失去了事实依据。因此,当失踪自然人重现时,应依法撤销对其失踪宣告。《民法典》第45条规定:"失踪人重新出现,经本人或者利害关系人申请,人民法院应当撤销失踪宣告。失踪人重新出现,有权请求财产代管人及时移交有关财产并报告财产代管情况。"

撤销失踪宣告的基本事实条件是失踪人重现或者确知其下落。所谓重现,即失踪人重新出现在其住所、居所或工作场所,为人们所看到或者有其音讯出现知其所在。所谓确知其下落是指确定地知道他的所在。撤销失踪宣告的程序条件就是由失踪人本人或者利害关系人向人民法院提出撤销失踪宣告的申请。这里所谓利害关系人的范围同于前述申请宣告失踪人的范围。但不一定要由原申请人申请,各个利害关系人都有权申请。依据《民事诉讼法》第186条规定,被宣告失踪的公民重新出现,经本人或者利害关系人申请,人民法院应当作出新判决,撤销原判决。人民法院对撤销失踪宣告的申请进行审核,确认了失踪人失踪事实状态的消除后,依法作出撤销失踪宣告的判决。

重点提示

撤销失踪宣告的基本事实条件是失踪人重现或者确知其下落。

撤销失踪宣告的法律后果,就是引起原失踪人财产代管关系的终止,代管人应当将其代管的财产及其收益交还本人,并告知其财产代管的具体情况。

二、宣告死亡

(一)宣告死亡的概念

宣告死亡,是指自然人下落不明的状态持续达到法定期限,经利害关系人申请，人民法院宣告其死亡，引起类似于自然人死亡后果的法律制度。

宣告死亡是与自然死亡或生理死亡相对的概念。生理死亡，是人的生命的自然终结，是自然的客观事实；宣告死亡，则是法律对自然人死亡的一种推定，即依据自然人下落不明已满法定期限的客观事实，推定出该自然人已经死亡的事实，这种推定只是一种可能，也许宣告死亡的自然人还在某个地方生存着，他还有生还的可能。【宣告死亡与自然死亡的区别】

宣告死亡作为法律制度，其宗旨在于结束因自然人长期处于下落不明、生死不知状态而导致的以其为一方的民事生活关系的长期不稳定状态，保护利害关系人的利益。因此，它必然要引起相应的法律后果，这种法律后果类似于自然人死亡的法律后果。即自然人民事主体资格的丧失，权利能力和行为能力终止，其所参加的民事法律关系归于消灭，婚姻关系解除，其财产作为遗产开始继承等。只是这种法律后果不像自然人生理死亡那样绝对，而是相对的，因为有可能被宣告死亡的自然人仍在某处生存，还有生还的可能，因此说发生类似自然人死亡的法律后果。

重点提示

宣告死亡类似于自然死亡的法律后果：权利能力和行为能力终止。

（二）宣告死亡的条件和程序

1. 自然人下落不明的事实状态持续达到法定期限。申请宣告死亡的前提条件是自然人处于失踪即下落不明的事实状态，而且这种事实状态须持续达到法定期限。依《民法典》第46条的规定，通常情况下，自然人离开自己的住所下落不明从其失去音讯之日起计算满4年；战争期间下落不明的，下落不明的时间从战争结束之日或者有关机关确定的下落不明之日起计算；因意外事件下落不明，从意外事件发生之日起计算满2年的，但因意外事件下落不明，经有关机关证明该自然人不可能生存的，利害关系人申请宣告其死亡不受2年时间的限制。【期限的起算和期间有四种不同情况】

2. 利害关系人的申请。宣告自然人死亡须由利害关系人申请。利害关系人包括被宣告死亡的人的配偶、父母、子女、兄弟姐妹、祖父母、外祖父母、孙子女、外孙子女；其他有民事权利义务关系的人。其他有民事权利义务关系的人主要包括受遗赠人、债权人、债务人、人寿保险合同的受益人等。

3. 由人民法院依法定程序宣告。人民法院受理利害关系人提出的关于宣告自然人死亡的申请后，依照《民事诉讼法》规定的特别程序审理。《民事诉讼法》第184条规定，公民下落不明满4年，或者因意外事故下落不明满2年，或者因意外事故下落不明,经有关机关证明该公民不可能生存,利害关系人申请宣告其死亡的,向下落不明人住所地基层人民法院提出。申请书应当写明下落不明的事实、时间和请求,并附有公安机关或者其他有关机关关于该公民下落不明的书面证明。依据第185条规定,人民法院受理宣告死亡案件后,应当发出寻找下落不明人的公告。公告期间为1年。因意外事故下落不明,经有关机关证明该公民不可能生存的,宣告死亡的公告期间为3个月。公告期间届满,人民法院应当根据被宣告死亡的事实是否得到确认,作出宣告死亡的判决或者驳回申请的判决。公告期间届满,被申请宣告的下落不明的人出现或者有音讯的,应当驳回申请;人民法院仍不能确定失踪人尚生存的,即作出判决宣告其死亡。《民法典》第48条规定,被宣告死亡的人,人民法院宣告死亡的判决作出之日视为其死亡的日期;因意外事件下落不明宣告死亡的,意外事件发生之日视为其死亡的日期。依《民法通则意见》判决书除发给申请人外,还应当在被宣告死亡人住所地和人民法院所在地公告。

重点提示

受理—公告—判决—公告

(三)宣告死亡与宣告失踪的选择

宣告死亡制度不同于宣告失踪制度。第一,这两种制度设计的目的宗旨不同。宣告失踪制度旨在解决失踪人财产处于无人管理的状态以及财产债务的不能及时履行状态,以代管失踪人财产维护失踪人的财产利益,以使履行其财产义务,维护利害关系人的利益而并不涉及失踪人的民事主体资格和行为能力,并不从根本上解决自然人长期下落不明、生死不知而引起的民事社会关系的不稳定状态,从而不能从根本上维护利害关系人的利益。而宣告死亡制度则要从根本上解决自然人长期下落不明、生死未知引起的民事社会关系的不稳定状态,以维护利害关系人的利益,它引起被宣告死亡的自然人民事主体资格的丧失。第二,宣告死亡和宣告失踪的条件、程序及其法律后果不同。在同时设定宣告失踪和宣告死亡制度的国家,这两种制度是并行的两种不同制度,应特别注意自然人下落不明的事实状态符合宣告失踪条件的,申请人可以申请宣告失踪;符合宣告死亡条件的,申请人也可以申请宣告死亡,两种程序之间没有条件关联关系,宣告失踪不是宣告死亡的必经程序。《民法典》第47条规定:"对同一自然人,有的利害关系人申请宣告死亡,有的利害关系人申请宣告失踪,符合本法规定的宣告死亡条件的,人民法院应当宣告死亡。"【宣告死亡制度与宣告失踪制度的不同】

（四）宣告死亡的后果

自然人被宣告死亡发生类似于自然死亡的法律后果，即同自然死亡一样宣告死亡人的民事主体资格丧失，权利能力和行为能力终止其所参加的民事法律关系消灭，其婚姻关系自然解除、财产作为遗产开始继承。但宣告死亡又不完全等同于自然死亡，它只是对失踪自然人死亡的一种推定，有可能在事实上该失踪自然人还在某地生存，还在实施民事法律行为，依《民法典》第49条规定："自然人被宣告死亡但是并未死亡的，不影响该自然人在被宣告死亡期间实施的民事法律行为的效力。"即其实施的民事法律行为仍然有效。被宣告死亡人仍有生还和被撤销死亡宣告的可能。因此，宣告死亡所引起的自然人民事主体资格的消灭不像自然死亡那样绝对。

重点提示

宣告死亡所引起的自然人民事主体资格的消灭不像自然死亡那样绝对。

（五）死亡宣告的撤销

宣告死亡，只是法律上对失踪自然人死亡的一种推定。《民法典》第50条规定："被宣告死亡的人重新出现，经本人或者利害关系人申请，人民法院应当撤销死亡宣告。"依据《民事诉讼法》第186条规定，被宣告死亡的公民重新出现，经本人或者利害关系人申请，人民法院应当作出新判决，撤销原判决。死亡宣告被撤销的，当事人民事权利能力即被确认。引发如下法律后果：

1. 婚姻关系变化

《民法典》第51条规定："被宣告死亡的人的婚姻关系，自死亡宣告之日起消灭。死亡宣告被撤销的，婚姻关系自撤销死亡宣告之日起自行恢复，但是，其配偶再婚或者向婚姻登记机关书面声明不愿意恢复的除外。"婚姻关系自行恢复就是不需要再经过登记程序其效力就自动恢复，恢复的内容就是夫妻之间的身份地位及其权利义务关系的法律效力。自行恢复不能存在其配偶再婚或者向婚姻登记机关书面声明不愿意恢复的障碍，如果存在这些障碍，则阻断了自行恢复。因为再婚的婚姻关系和配偶一方的婚姻自主权利都是受法律保护的，但配偶一方不愿意恢复婚姻的意愿应当向婚姻登记机关书面声明。

2. 对子女被他人收养的影响

《民法典》第52条规定："被宣告死亡的人在被宣告死亡期间，其子女被他人依法收养的，在死亡宣告被撤销后，不得以未经本人同意为由主张收养关系无效。"因为收养关系依法成立，就在收养人和被收养人之间形成新的拟制血亲关系，这是受到法律保护的,而且其未成年子女被他人收养,收养人作为自己的子女一样尽了抚养义务,在当时有利于子女生活和成长,因此,应当维护收养的效力,被撤销死亡宣告的人不得以未经本人同意为由主张收养关系无效,但是如果收养人和被收养人同意的除外。

3. 财产关系的变化

《民法典》第53条规定:“被撤销死亡宣告的人有权请求依照本法第六编取得其财产的民事主体返还财产;无法返还的,应当给予适当补偿。利害关系人隐瞒真实情况,致使他人被宣告死亡取得其财产的,除应当返还财产外,还应当对由此造成的损失承担赔偿责任。”返还财产原物在的才能返还原物,不能返还的就只能补偿损失。例如,原物财产毁损灭失,或者原物已经转让被第三人合法取得的,第三人可不予返还,只能由原取得人补偿损失。这里的补偿损失不同于赔偿损失,补偿是对已经造成的损失以金钱给付方式适当的予以分担。赔偿损失是按照实际损失的等量填充。由于继承人依法取得被宣告死亡的人的财产,如果财产被正常消费,其本身没有恶意,对不能返还的财产,给予适当的补偿。如果利害关系人隐瞒真实情况,致使他人被宣告死亡取得其财产的,除应当返还财产外,还应当对由此造成的损失承担赔偿责任。因为利害关系人隐瞒真实情况具有了恶意,属于侵权行为,因此,应当赔偿损失。

思考题:宣告失踪和宣告死亡制度有何不同?

案例4-3

张某自幼父母双亡,由其哥嫂抚养成人并学会工匠手艺。张某婚后生有一子。1990年春节过后张某出外打工。1991年春节从广州给家里寄来5000元。此后长达4年再无音信。1995年其妻刘某向法院申请宣告张某死亡。法院受理后在全国性报刊公告1年后仍无张某消息,1996年5月20日遂以判决宣告张某死亡。刘某与儿子继承了张某的房屋6间,存款5000元。随后带子改嫁,并将房屋出租给他人。1年后同村人李某回村说张某与他在新疆相见并一块打工,这几年身体有病也没有挣到多少钱,在1996年9月已在医院病故。在临终前1996年8月25日写了一份自书遗嘱,将其财产的一半死后给哥哥继承,其余财产留给儿子和妻子。托他将遗嘱带回交给张某的哥哥。张某的哥哥拿到弟弟的遗嘱后找到已改嫁的弟媳刘某要求继承弟弟的3间房屋。刘某则认为张某在写这个遗嘱时已被法院宣告死亡了,财产也早已被她和儿子继承了,所以遗嘱无效。请问对该案纠纷如何认识和处理?

第四节　个体工商户和农村承包经营户

一、个体工商户

(一)个体工商户的概念和特征

《民法典》第54条规定:“自然人从事工商业经营,经依法登记,为个体工商户。个体工商户可以起字号。”可见,个体工商户仍然是自然人,是指经依法登记,以自然人名义或者以其字号名义,从事工商业活动的自然人。

1. 个体工商户是从事工商业经营的自然人个人或者家庭。

2. 个体工商户从事的是工商业经营活动,属于商自然人,所谓工商业经营,是指从事产品生产、销售和提供商业服务,并获取利润的营利性经济活动。

3. 个体工商户的从事工商业经营活动须经依法登记,也就是经过工商业登记,取得营业执照,在法律法规允许并经核准登记的范围从事经营活动,其经营就是合法经营,其经营活动就受到法律的保护。

4. 个体工商户可以起字号。个体工商户起字号的就可以以字号名义进行经营活动。字号就是从事工商业经营的区别性、标志性的符号,是构成企业名称中的特质性要素。个体工商户为了将其所生产或者销售的产品或者提供的服务与其他主体的经营活动相区别就需要以自己的字号加以表示,从而使字号具有识别性,其识别性就是能够与其他经营者加以区别的独特的辨识作用,不能与同行业的其他经营者字号相同、相似,为了便于公众知悉,字号还应具有显著性。字号是工商业经营者产品和服务的良好声誉的凝结,具有品牌作用,具有经济价值,从而形成经营者商誉性财产。经核准登记的字号为经营者独占使用,也可以依法转让。

(二)个体工商户的债务承担

《民法典》第56条第1款规定:“个体工商户的债务,个人经营的,以个人财产承担;家庭经营的,以家庭财产承担;无法区分的,以家庭财产承担。”自然人可以个人从事工商业经营活动,也可以家庭经营,关键是如何区分个人经营与家庭经营,就是看经营的财产投入是个人财产还是家庭成员的财产,以及经营收入归个人还是主要归家庭成员享有。以个人财产经营的,以个人财产承担财产责任;以家庭财产经营的,以家庭财产承担财产责任。虽然以个人名义经营,但以家庭财产进行投资经营或其收益主要供家庭成员享有的,应以家庭财产承担财产责任。但区分不清楚的,就以家庭财产承担责任。

二、农村承包经营户

《民法典》第55条规定:"农村集体经济组织的成员,依法取得农村土地承包经营权,从事家庭承包经营的,为农村承包经营户。"农村承包经营户,是指农村集体经济组织的成员,在法律允许的范围内,按照承包合同的规定从事农业生产商品经营的形式,其特征是:

1. 农村承包经营户是以户为单位的农村集体经济组织成员,它可以是一个人,也可以是一个家庭的成员或者部分成员。农村承包经营户是作为农村集体经济组织成员的自然人主体从事土地经营的一种形式,是其具有从事承包经营行为的资格的表现。在这里,"户"并没有作为独立民事主体的组织体意义,权利义务的承担者直接就是作为集体组织成员的自然人。

2. 以承包合同的约定在承包的集体所有的土地或其他生产资料基础上从事农业生产、经营活动,其权利义务关系由承包合同约定。

3. 承包经营户对其承包的土地和其他生产资料享有承包经营权,依法自主经营,他人不得干涉。

4. 承包人以个人或家庭财产对承包经营活动承担财产责任。

《民法典》第56条第2款规定:"农村承包经营户的债务,以从事农村土地承包经营的农户财产承担;事实上由农户部分成员经营的,以该部分成员的财产承担。"农村承包经营户从事的是农业生产,不同于工商业经营,多以家庭成员共同经营,所以本条规定首先以户的财产承担财产责任。只有在事实上是家庭部分成员经营的,才以该部分成员的财产承担责任。

应用指南

1. 自然人的权利能力始于出生,那么对胎儿的不法侵害,其出生后能否请求损害赔偿?对此,实务上通常将加害人对胎儿的侵害视为对母体的侵害。这样就会造成在胎儿出生后,其身体健康因出生前的加害而受损害的结果得不到救济,因而成为立法上和实务上值得研究的问题。根据有关研究成果,德国、英国、美国的法律及判例学说都体现出这样的观点:"胎儿无损害赔偿请求权,对胎儿的侵害,不是胎儿所受损害之赔偿,而是一个健康受到损害的已出生者所受损害之赔偿。"依这一观点，也已有先进的立法例。例如，《英国生而残疾民事责任法》规定：“任何对被害人父母的侵权行为肇致被害人于出生前遭受侵害，不论其为故意、过失抑或被害人父母是否受有可请求损害赔偿之损害，加害人均应承担损害赔偿责任；此项侵权行为究竟发生于被害人受胎前，或于其母怀孕期间及实际生产过程中在所不问。”这些具有相当合理性的观点和先进的立法经验，非常值得我国立法机关制定有关保护胎儿利益的法律及实务界在处理有关侵害胎儿案件时借鉴。[30] 可见，胎儿受侵害，在其出生后作为健康受损的出生者，请求损害赔偿与自然人民事权利能力始于出生的基本原理没有矛盾，而且正是这一原理的应用。《民法典》第16条规定：涉及遗产继承、接受赠与等胎儿利益保护的，胎儿视为具有民事权利能力。这里并未将胎儿请求侵权损害赔偿予以明确，但这里的“等”是否可解释为胎儿请求侵权损害赔偿，有待司法解释。

2. 自然人的民事权利能力终于死亡。但在实务中应注意，对于死者的名誉、肖像、姓名等人格利益及死者遗体，法律仍然禁止侵害，因为虽然以这些要素为内容的死者的人身权因权利能力的终止已经消灭，其继承人亦不能继承，因而其人格权已彻底消亡。但对死者生前享有的利益及遗体的侵害会给其近亲属的人身利益造成损害，也会危害社会善良公序。因此，法律仍然保护死者的这些人格利益及遗体不受侵害，在这里保护的是具有权利能力的死者近亲属的权利。我国最高人民法院1993年8月7日《关于审理名誉权案件若干问题的解答》第5条指出：“死者名誉受到损害的，其近亲属有权向人民法院起诉。近亲属包括：配偶、父母、子女、兄弟姐妹、祖父母、外祖父母、孙子女、外孙子女。”《精神损害赔偿解释》第3条规定：“自然人死亡后，其近亲属因下列侵权行为遭受精神痛苦，向人民法院起诉请求赔偿精神损害的，人民法院应当依法予以受理……”第7条规定：“自然人因侵权行为致死，或者自然死亡后其人格或者遗体遭受侵害，死者的配偶、父母和子女向人民法院起诉请求赔偿精神损害的，列其配偶、父母和子女为原告；没有配偶、父母和子女的，可以由其他近亲属提起诉讼，列其他近亲属为原告。”《民法典》第1181条也规定：“被侵权人死亡的，其近亲属有权请求侵权人承担侵权责任……”《民事诉讼法司法解释》第69条规定：“对侵害死者遗体、遗骨以及姓名、肖像、名誉、荣誉、隐私等行为提起诉讼的，死者的近亲属为当事人。”在实务中还会碰到与此有关的另一个问题，即受害人生前具有权利能力而享有精神损害赔偿请求权，在其死亡后能否由其继承人继承？对此，我国立法未有明确规定，在各国民法学研究和立法中有不同的观

---

〔30〕 参见胡平：《精神损害赔偿若干特殊问题研究》，载北京市朝阳区人民法院编：《民商法学说与审判实践》（第1卷），中国政法大学出版社2003年版，第9页。

点和立法例。例如,《德国民法典》第847条第1款规定:“侵害人的身体或健康,或侵夺人的自由者,被害人亦得基于非财产上的损害请求相当的金钱赔偿。此项请求不得让与或继承之;但以契约承认其请求权或已就该请求权提诉讼者不在此限。”可见这一规定的依据是认为精神损害赔偿请求权专属于受害人,权利是否行使取决于权利人,在未决之前不得让与或继承,但权利人一旦行使了该项权利,则与普通财产权无异,可以继承和让与。也有观点认为精神损害赔偿请求权当然可以继承。[31] 因此,对这一问题是理论与实务均须进一步研究的。

3. 依据《民事诉讼法司法解释》认定自然人行为能力、宣告失踪、宣告死亡适用民事诉讼特别程序审理。《民法通则意见》第24条规定的有权申请宣告自然人为失踪人的利害关系人的申请资格没有先后顺序,只要是上述范围的近亲属或其他利害关系人都有权申请宣告,而第21条规定的申请宣告自然人死亡的利害关系人则有先后顺序。《民法典》第一编总则对申请死亡宣告的利害关系人并没有规定先后顺序。

4. 监护主要是监护人的职责。依《民法典》第34条的规定,如果监护人不履行职责,或者侵害了被监护人的合法权益,应当承担法律责任。依据《民法典》第36条的规定,监护人实施严重损害被监护人身心健康行为,或者怠于履行监护职责或者无法履行监护职责并且拒绝将监护职责部分或者全部委托给他人,导致被监护人处于危困状态等情形,人民法院依据有关个人和组织的申请,撤销其监护资格。这两种不同的诉讼请求,依何种程序审理?依据《民法通则意见》第20条的规定:“……要求监护人承担民事责任的,按照普通程序审理,要求变更监护关系的,按照特别程序审理;既要求承担民事责任,又要求变更监护关系的,分别审理。”依据《民事诉讼法司法解释》不服指定监护异议或者变更监护关系适用民事诉讼特别程序。该解释第10条规定:“不服指定监护或者变更监护关系的案件,可以由被监护人住所地人民法院管辖。”该解释第351条规定:“被指定的监护人不服指定,应当自接到通知之日起三十日内向人民法院提出异议。经审理,认为指定并无不当的,裁定驳回异议;指定不当的,判决撤销指定,同时另行指定监护人。判决书应当送达异议人、原指定单位及判决指定的监护人。”

监护主要是监护人的职责,但在我国民法中未区分亲权与监护,因而监护也具有监护人监护权的性质,实质上是亲权利益的体现。为此有两条司法解释在实务中需要注意:一是《民法通则意见》第21条规定:“夫妻离婚后,与子女共同生活的

---

〔31〕 以上内容引述自胡平:《精神损害赔偿若干特殊问题研究》,载北京市朝阳区人民法院编:《民商法学说与审判实践》(第1卷),中国政法大学出版社2003年版,第23~25页。

一方无权取消对方对该子女的监护权。但是未与该子女共同生活的一方，对该子女有犯罪行为、虐待行为或者对该子女明显不利的，人民法院认为可以取消的除外。"二是《精神损害赔偿解释》第2条规定："非法使被监护人脱离监护，导致亲子关系或者近亲属间的亲属关系遭受严重损害，监护人向人民法院起诉请求赔偿精神损害的，人民法院应当依法予以受理。"

5.《民事诉讼法司法解释》第59条规定："在诉讼中，个体工商户以营业执照上登记的经营者为当事人。有字号的，以营业执照上登记的字号为当事人，但应同时注明该字号经营者的基本信息。营业执照上登记的经营者与实际经营者不一致的，以登记的经营者和实际经营者为共同诉讼人。"

第五章 法 人

民法是私法，是调整私人之间或者基于私人地位的组织之间的社会关系的法律部门，私人包括自然人和私团体。私团体则主要是私法人，法人也有基于私人地位的机关、事业单位、社会团体法人。法人是与自然人和非法人组织相区别的民事主体。学习本章内容就要重点理解法人的概念，弄清法人制度的本质和作用，着重理解法人何以同自然人一样能够成为民事主体，法人从何而来，它作为民事主体是怎样运作的。本章关于法人概念、特征和分类，关于法人的权利能力、行为能力，关于法人的设立、成立，法人的机关，法人的变更和终止，就是关于这些问题的基本理论知识。民事法律规范有关法人的规定是关于法人制度的一般原理，特定法人的具体问题还要依据《公司法》《企业破产法》《农民专业合作社法》《中外合资经营企业法》等民事特别法的规定。

第一节 法人制度概述

| 内容提要 |

本节主要通过对法人概念的释义和法人产生、发展历史的回顾，认识法人的本质，理解法人作为民事主体的制度机理。

一、法人的概念和特征

《民法典》第57条规定："法人是具有民事权利能力和民事行为能力，依法独立享有民事权利和承担民事义务的组织。"这一条文规定了法人的概念，揭示了法人具有如下特征：

1. 法人是社会组织。法人是社会组织，与自然人相区分。法人和自然人都是实体，都被赋予民事主体资格，但法人是社会组织实体，自然人是自然出生的个人实体。法人社会组织体可以是个人的集合体，也可以是财产的集合体。但无论是人的集合体，还是财产组合体，作为社会组织体的标志就是它有章程或组织法依据，有机构。[1] 章程是法人成为社会组织体的根本的规范性文件，包括法人的名称、法人活动的宗旨、法人的财产、组织机构、议事规则、管理制度、变更和终止程序等内容。有章程的规定才将人或财产组织成为有机的社会组织体，成为法人。章程是法人组织的基本依据，是一个法人与另一法人区别的标志，将一个法人特定化，以区别于其他法人时，就要看章程是怎样规定的。机关法人、事业单位法人是依据宪法、法律（组织法）及行政命令设立的，这些法律规定是其成为有机的社会组织的法律依据。法人有它的组织机构是法人作为社会组织体的又一体现。组织机构包括法人机关、内部工作机构、分支机构等，这些机构都是法人有机组织体的构成部分。法人有章程和组织机构是法人作为组织体的标志，自然人实体就是自身，是没有章程和机构的。

2. 法人是具有民事权利能力和民事行为能力的社会组织。法人是社会组织，但并不是任何社会组织都是法人，其区别就在于法人是具有民事权利能力和民事行为能力的社会组织。所谓法人具有民事权利能力，是指法人能够以自己的名义依法独立享有民事权利和承担民事义务。法人具有行为能力则指法人能够以自己的行为享有民事权利和承担民事义务。法人区别于非法人组织就在于法人是独立的社会组织，即与组成法人的自然人的主体资格彼此独立，同时不隶属于其他任何组织。

所谓法人具有独立性，是指法人独立于作为其成员或工作人员的自然人，其活动是以一个完整的有机组织体的整体名义活动和对外的，不是以组成它的自然人个人或集体名义活动和对外的；法人组织体不隶属于任何组织，包括不隶属于它的股东，不隶属于主管机关，在人格上完全独立，与其他组织平等。这一特点使法人组织同合伙组织、隶属于其他组织的内部组织相区别。

法人组织的独立性也决定了法人组织的稳定性。所谓法人具有稳定性，是指法人一旦设立，就要为实现其宗旨目的和任务而稳定存在，它不会因为组成法人的自然人的变动影响法人本身的存在。例如，作为法人成员或工作人员的自然人的死亡或退出，对法人本身的存在没有影响，因为法人是有机社会组织体。

因此，法人具有民事权利能力和行为能力是以法人作为社会组织的独立性和稳定性为前提的，而赋予法人民事权利能力和行为能力，又是民法对法人组织独立性和稳定性的确认。

---

[1] 参见佟柔：《中华人民共和国民法原理》（上册），1983 年 7 月全国第三期法律专业师资进修班讲议，西南政法学院民法教研室编，第 126 页。

重点提示

法人组织的独立性决定了法人组织的稳定性。

3. 法人依法独立享有民事权利和承担民事义务。法人具有民事权利能力和行为能力,在具体民事法律关系中法人便以自己的名义独立享有民事权利和承担民事义务,其权利的享有和义务的承担与组成法人的自然人的权利义务是分开的,与其他法人或组织的权利义务是分开的。

法人独立享有民事权利,首先法人有独立的财产权。法人具有独立财产是法人作为独立社会组织的物质基础。凡法人都会进行民事活动,发生民事法律关系,因此,就必须要有自己的财产,在财产的物质基础上才能组织成社会组织体。所以,法人本质是人和财产要素的组合。社团法人是先有成员,成员联合设立法人的最基本行为就是共同出资,将成员共同出资的财产作为法人的独立财产,由法人机构去运营这些财产。财团法人本身就是先有一定的财产的集合即财团。机关法人、事业单位法人设立时,也有属于它的独立经费和财产。因此,独立的财产是法人成为独立社会组织取得法人资格的基本条件。法人享有独立财产权,是对法人独立财产的确认和保护,也是法人依法取得其他民事权利和承担民事义务和民事责任的基础。所谓法人的独立的财产,是指由法人依法享有财产权的财产,即由法人机关依法人意志独立支配的财产。它独立于法人出资者或开办者的其他财产。例如,公司法人的财产同公司股东个人的财产是彼此独立的,集体企业法人与开办该集体企业法人的集体组织的其他财产是彼此区分和独立的。国有企业法人的财产、国家机关法人的财产都与国库的财产和国家的其他财产是彼此区分和独立的。各个法人相互之间其财产也是各自独立的。法人有独立财产,享有财产权利,就可以以法人名义进行民事活动,享有民事权利和承担民事义务。

重点提示

法人有独立的财产是法人能够成为独立社会组织并取得法人资格的基本条件。

4. 法人是最终独立承担民事责任的主体。《民法典》第60条规定:"法人以其全部财产独立承担民事责任。"法人独立承担民事责任,是指法人以自己独立拥有的全部财产为信用基础,承担自己在民事活动中产生的民事责任,除非法律另有规定,国家、法人成员个人对法人的债务不承担民事责任。这是法人具有民事权利能力和行为能力,依法独立享有民事权利和承担民事义务以及拥有独立财产的必然结果。而且法人承担的独立责任是最终责任,不再有其他主体对其债务负责。这是法人与合伙组织、法人分支机构组织的重要区别。合伙组织的对外责任,以合伙组织的财产承担责任，但合伙组织财产不足以清偿的，由合伙人负无限连带责任。再如，不具有法人资格的分公司，也以自己的名义进行经营活动享有权利和承担义务，但对外发生责任时，先以分公司经营的财产对外清偿；不能清偿的，则由其所属的法人公司对外承担责任。可见，法人是完全的、最终的承担责任的主体。分公司不是法人，虽可以以自己的名义进行民事活动，但不是最终责任主体。所以作为最终责任主体是法人与其他非法人组织的重要区别。

重点提示

法人承担的独立责任是最终责任。它是最终责任主体，不再有其他主体对其债务负责。

二、法人的本质

法人的本质，是对法人的根本看法，是关于法人何以取得法律人格，即何以能具有权利能力和行为能力的问题。在18、19世纪，西方法学者对这一问题给予了极大的关注，主要形成了三种学说。[2]

（一）法人拟制说

法人拟制说认为法人之所以取得法律人格，是由于法律规定将其拟制为自然人，而赋予其人格。也就是说，法人无非是法律拟制的“自然人”。这一观点认为只有自然人才能成为法律关系主体，因为只有自然人有自由意思，法人本无自由意思，由法律规定将某种团体类比自然人，拟制为人，这种被拟制的人像自然人一样具有人格，是权利主体，其人格、财产、责任都与其成员的人格、财产、责任相区别。代表人物是德国法学家萨维尼。该说顺应了近代个人主义的立法思想，曾一度成为19世纪占主流地位的学说，但该说否认法人是社会实在体，否认法人的意思属性，否定法人的行为能力，将法人的机构看作法人的代理人，与现代法制观念甚为不合。

（二）法人否认说

法人否认说，即不承认法人人格存在的学说。此说分为三派：一是无主财产说，认为法人只不过是为一定目的而存在的无主财产，没有什么人格存在。二是受益

〔2〕　参见郑玉波：《民法总则》，中国政法大学出版社2003年版，第169～173页；王利明：《民法》，中国人民大学出版社2000年版，第76～78页；魏振瀛：《民法》，北京大学出版社、高等教育出版社2000年版，第71～72页。

者主体说。认为法人的人格应是享受法人财产利益的人,社团法人的权利主体,是其成员;财团法人的权利主体是享受财团利益的人。三是管理者主体说,认为法人财产的主体是担任法人财产管理的人,即管理法人财产的自然人,他就是法人。法人否认说的各派观点,不符合社会经济发展,要求确认自然人以外社会组织法律人格的现实需要,明显不足取。

(三)法人实在说

法人实在说认为法人并非法律拟制的虚构的人格,而是社会上有其实体存在的主体。该说又分为"有机体说"和"组织体说"。有机体说,也称团体人格说,该说集大成者是基尔克。该说认为人类社会生活存在的结合体,都是有机构成的内在统一体,像自然人一样有其固有的生命。自然人为自然有机体,有个人的意思,而法人为社会有机体,有团体意思,这种有团体意思的社会有机体,法律赋予其人格,就成为法人。该说产生于19世纪末期,正值个人主义本位向团体本位的转化时期,因强调团体的重要性,顺应了这一需要。组织体说则认为,法人的本质在于法人是适应于作为权利主体的法律上的组织。它有区别于其成员个人利益的团体的利益;有自己的组织机构和机关,是社会现实中存在的独立的组织体。法律规定组织体具有人格,是因为它像自然人一样坚固而独立地存在于社会现实。

法人实在说观点中,无论组织体说还是有机体说,都承认法人的客观实在性,承认法人的独立团体意思和它的独立机构,并以此作为法律赋予其人格的基础。符合现代法制,为多数学者接受和民商立法采纳。

法人的本质,是随着社会经济的发展,社会组织体在社会生活中,特别是经济生活中担当社会作用,成为具有自己独立经济利益的主体,而且有社会价值,法律有赋予其人格的必要,故赋予其法律人格。我国《民法典》采法人实在说,承认符合一定条件的社会组织有法人资格,像自然人一样具有民事权利能力和行为能力。因此,我国法人在本质上指具有独立的自己经济利益和社会作用的、依法具有民事权利能力和行为能力的社会组织实体。

三、法人制度的产生发展和社会地位作用

法人制度的历史沿革可追溯至罗马法时代。罗马法上虽无法人概念,但已经有了团体的概念,早期罗马法上团体并不具有人格。至罗马共和国末叶,开始承认国家、地方政府具有独立人格,与其成员相分立,这就是社团的起源。公元3世纪以后,法律上承认神庙也可享受财产权,可以自己的名义订立契约,取得债权,承担债

务，其构成的基础为财产而非人，是为财团的萌芽。帝政后期受基督教的影响，教堂、寺院和慈善团体也都可以享有人格。随着奴隶制经济的高度发展，尤其是航海经商的发展，出现了一些需要大量资金投入、利润大、风险大的营业，个人资本无力经营，因而就必须采取合伙的形式经营。但在当时市民法的严格的形式主义下，代理制度尚未发展的情况下，由众多的人合伙经营一项共同事业面临很大的困难。一是合伙经营为任何具体法律行为均须全体合伙人到场，并须一致同意，因而其决策极为不便。二是合伙财产为全体合伙人共有，随时可能因其中一个合伙人的破产而被债权人扣押拍卖，影响合伙事业的进行。三是合伙一旦发生诉讼，合伙成员如果作为被告，则须全体到场，有一人缺席诉讼便不能进行。这说明合伙这种经济形式不适应高度发展以后的罗马奴隶制经济要求。罗马共和国末叶，罗马法学家就开始比照对国家和地方政府团体人格的承认，抽象出私人经济生活中的团体人格。〔3〕“罗马法学家阿尔费努斯瓦鲁斯就对团体人格和其成员人格的不同作了分析，指出：船舶的船员经常更换，有时甚至全部船员都换了，但船舶则依然存在。军团也是如此，其成员走了一批，又来了一批，但军团照旧存在。罗马五大法学家之一乌尔被亚努斯也说：在一个团体中，其成员的变更并不影响团体的存在，因为团体的债务并不是其各个成员的债务，团体的权利也不是其各个成员的权利。”〔4〕罗马法学家对团体人格的抽象及与其成员人格的区分的理论是罗马法的一大创造，他们虽然没有明确提出法人的概念并确立完善的法人制度，但其关于团体人格的理论为近代法人制度的发展奠定了基础。其团体人格正是法人制度的萌芽。法人“这一名称是注释法学派在总结概括罗马法的基础上，作为自然人的对称而提出来的”。〔5〕

重点提示

罗马法学家对团体人格的抽象及与其成员人格的区分的理论为近代法人制度的发展奠定了基础。

近代法人制度在资本主义商品经济基础上产生，在罗马法团体人格的基础上发展完善的。随着社会生产力的发展，人类社会进入资本主义时代并完成了近代工业革命，商品经济高度发展，出现了需要大规模聚集资本的产业部门。例如，修铁路、开矿山、进行航海贸易等就是个人资本不可能承担的。但集合多数人的合伙制度仍然系个人之间的合同关系，合伙组织与合伙个人的人格、财产密不可分，难以

〔3〕 参见周枏：《罗马法原论》（上册），商务印书馆1994年版，第268～269页。
〔4〕 周枏：《罗马法原论》（上册），商务印书馆1994年版，第269页。
〔5〕 周枏：《罗马法原论》（上册），商务印书馆1994年版，第268页。

脱离个人经营大规模的事业。一是合伙能够聚集的个人人数有限、财产有限,难以适应大规模的聚集资本的要求;二是合伙事务由全体合伙人管理,不能形成高效迅速灵活的经营决策机制,难以适应瞬息万变的市场竞争的要求;三是合伙财产为全体合伙人共有,合伙人对合伙债务要以其全部财产承担无限连带责任,经营中稍有不慎就可能导致投资者倾家荡产,难以适应资本家最大限度地赚取利润和尽可能地避免风险的竞争要求。而在罗马法基础上发展起来的社团则不同,社团虽为多数人的结合体,但一经法律赋予其人格则可独立于其成员享有权利和负担义务,其财产和债务均与其成员个人之财产和债务分开,其成员的变更不影响团体本身的变更,团体的破产不影响成员在该社团投资以外的财产。因此,这种社团制度正好适应资本主义经济发展过程中资本家要扩大投资,最大限度赚取利润和最小限度承担风险的经济组织形式的要求。正是在社团制度的基础上,为适应资本主义经济的发展要求,股份有限公司这种经济组织的法律形式应运而生。股份有限公司是企业法人的典型形式,它是由一定人数以上的股东设立,全部资本分为均等的股份,其成员以其认购的股份金额为限对公司债务承担责任的公司。其股东人数可以不受限制,可以最大限度为资本经营事业聚集资本;股东的人格和财产与公司的人格和财产各自独立和区分,股东不直接参与公司经营,公司事务由公司机关负责,其经营机制科学,有效地提高了资本经营决策的效率;股东对公司债务仅以其对公司的出资为限负有限责任,资本家在一个企业的投资失败,不影响其在其他公司的投资,不至于导致其整个财产损失,极大地减轻了资本家投资的风险。正是股份有限公司以其独特的法律技术设计所具有的优点,极大地促进了资本主义经济的发展。其突出的优点在于以其独立主体人格极大地方便了交易;以其有限责任刺激了投资。股份有限公司的出现标志着法人制度发展到了完备的阶段。正如佟柔先生所说的:“从经济发展来看,法人制度是随着股份有限公司的出现而逐渐完善的。”[6]

重点提示

社会生产力发展对经济组织形式的要求与合伙组织不适应。为适应资本主义经济的发展要求,股份有限公司应运而生,它是企业法人的典型形式。

从法律的沿革来看,罗马法上还有了团体人格的理论,中世纪的意大利注释法学派在解释罗马法时将其团体人格的理论解释为“法人”。但在封建社会由于商品经济并不十分发达,还没有形成一个完全的法人制度。在1804年《法国民法典》制

〔6〕 佟柔:《中华人民共和国民法原理》(上册),1983年7月全国第三期法律专业师资进修班讲议,西南政法学院民法教研室编,第135页。

定时，由于当时的立法思想倡导个人的绝对自由，担心封建教会寺院制度利用法人制度死灰复燃，因而其立法中并未规定法人制度。但1807年制定的《法国商法典》就承认了特定商业团的私法上的主体人格，后来法国学理受德国民法学说的影响，将这类主体称为法人。之后在修正《法国民法典》时加入了法人这一概念。[7] 法人这一概念正式运用于法律是1794年普鲁士普通法典，后被1896年制定的《德国民法典》采用，以后各国民法典都广泛规定了法人制度。

思考题：

1. 什么是法人？它有哪些特征？
2. 如何理解法人的本质？
3. 如何从法人制度的产生认识法人制度的意义？

案例5－1

开凯药厂原系集体所有制企业法人，2001年12月5日，省医院与其开办者签订了收购开凯药厂的协议，收购了开办者对该药厂的全部出资者权益，并在工商部门办理了开凯药厂的法定代表人的变更登记，后开凯药厂经营至2005年时处于停产歇业状态。开凯药厂2003年8月29日至12月18日，向福兴实业有限公司购买铝塑盖327万只、胶塞303万只。2005年2月，福兴实业有限公司将开凯药厂和省医院起诉到某县人民法院，要求依法判令开凯药厂支付其所欠货款592215元，由省医院承担连带清偿责任。请以法人制度原理分析对该案的处理。

第二节　法人的民事权利能力和行为能力

内容提要

通过前一节法人概念的学习，已经知道法人是具有民事权利能力和民事行为能力，依法能够独立享有民事权利和承担民事义务的社会组织。那么，什么是法人的民事权利能力和行为能力，则是本节要学习的内容。

[7] 参见龙卫球：《民法总论》，中国法制出版社2001年版，第253页。

一、法人的民事权利能力

(一)法人民事权利能力的概念

法人的民事权利能力是指法律赋予法人独立享有民事权利和承担民事义务的资格。法人具有民事权利能力是法人制度本质的体现,法人在本质上就是立法者依据社会经济和社会民事生活发展的需要赋予社会组织实体权利能力,使其具有法律人格,取得主体地位。我国《民法典》第59条规定:法人的民事权利能力从其成立时产生,到法人终止时消灭。也就是说,法人从其成立至其终止具有民事权利能力。

(二)关于法人民事权利能力的限制

1. 受法人性质的限制。由于法人与自然人在性质上的差异,自然人以其生命、身体、健康、肖像等自然生理属性为基础所享有的权利能力法人不能享有,即法人不能享有生命权、健康权、身体自由权、肖像权、亲属权、配偶权、继承权等民事权利。

2. 法律法规的限制。法律法规规定法人不得进行的民事活动,也就是法人没有这些方面的权利能力。

3. 设立目的的限制。作为社会组织的法人的民事权利能力,因其性质和设立目的的不同而有所区别。[8]

(三)关于法人的民事权利能力与自然人的民事权利能力的区别

通说认为法人与自然人的民事权利能力是有差异的,主要区别如下:[9]

1. 享有时间不同。自然人的民事权利能力始于出生,终于死亡;法人的民事权利能力则始于法人的成立,终于法人的终止。前者是自然现象,后者则是人的行为。

2. 享有的范围不同。自然人作为自然的生命实体,可以享有生命、健康、肖像、身体、婚姻、继承等人身利益为内容或者身份为前提的民事权利;而法人则不能享有这些民事权利。

对此,笔者认为这一区别是法人和自然人因其主体属性的区别作为主体享有民事权利的范围的不同,并不是表明其主体地位和人格的权利能力的范围的不同。作为抽象的主体资格只存在有和无的问题,具有资格的主体可以享有哪些具体民

---

〔8〕 参见王卫国主编:《民法》,中国政法大学出版社2007年版,第89页。

〔9〕 参见魏振瀛:《民法》,北京大学出版社、高等教育出版社2000年版,第80~81页。

事权利,应是另一层次的问题。自然人能够享有生命权、继承权、肖像权、身体权是因为其具有这些人身利益要求,法律才赋予自然人权利能力;法人不享有生命权、健康权、身体权、肖像权、婚姻自由权是因为其作为实体本身无这些利益要求,并不是法律不赋予其民事权利能力。

3. 平等性与差异性的区别。通说认为自然人的民事权利能力一律平等,不因自然人的性别、年龄、智力等不同而有区别。法人民事权利能力具有差异性的特点,其民事权利能力的范围是不一样的,各类法人都在其目的范围内享有权利能力,目的范围外则无权利能力,登记的法人在核准登记的经营范围内具有相应的民事权利能力。

二、法人的民事行为能力

(一)法人的民事行为能力的概念

法人的民事行为能力是指法律赋予法人以自己的独立行为取得民事权利和承担民事义务的能力,是法人能够独立进行民事活动的能力和资格。法人的民事行为能力也是以法人的意思能力为基础的。关于法人有无意思能力,持法人本质拟制说与持法人本质实在说观点的人有不同的认识。法人本质拟制说认为法人无意思能力,因而法人亦无行为能力,其民事活动由法人机关代理,法人机关是法人的代理人。法人本质实在说认为法人是社会的实在体,有意思能力,也有行为能力,法人的机关是法人本身的组成部分是实现其意思的机构,对外代表法人。我国《民法典》第57条规定,法人是具有民事权利能力和民事行为能力,依法独立享有民事权利和承担民事义务的组织。第59条规定,法人的民事权利能力和民事行为能力,从法人成立时产生,到法人终止时消灭。也就是说,法人从其成立至其终止具有民事权利能力和民事行为能力。

(二)法人的民事行为能力的特点

与自然人的民事行为能力相比较,法人的民事行为能力具有以下特点:

1. 法人的民事行为能力与其权利能力同时产生同时终止。法人一经成立即具有权利能力,同时也就具有了行为能力,能够依法以自己的独立行为取得民事权利,承担民事义务;法人依法终止时,其权利能力终止,行为能力亦随之终止。而自然人的权利能力始于出生终于死亡,其行为能力则须达到一定年龄且无精神健康障碍才能享有,其行为能力分为无民事行为能力、限制民事行为能力和完全民事行为能力。自然人行为能力取得后亦会因精神健康障碍或者智力障碍而丧失,丧失行为能力的亦会因精神健康的恢复而恢复。【产生和终止原因上的区别】

2. 法人的民事行为能力由法人机关代表法人实现或由法人机关委托的代理人代理法人实现。而自然人的民事行为一般由自己行使或由自己委托的代理人代理其行使。【行为能力实现上的区别】

3. 法人的行为能力与其权利能力范围一致,行为能力受权利能力范围的限制,具有权利能力就有行为能力;而自然人的权利能力一律平等,行为能力则有不同。

探　讨　法人目的范围对法人限制的性质

依据我国原《民法通则》第42条"企业法人应当在核准登记的经营范围内从事经营"的规定,学理上通说将其解释为企业法人的权利能力受经营范围的限制。原《民法总则》删除了这一条,这也为《民法典》所采。对于法人目的范围对法人的限制的法律性质,学界有以下主要观点:一是权利能力限制说;二是法人行为能力限制说;三是代表权限制说,即认为法人目的范围不过是划定法人机关的对外代表权的范围;四是内部责任说,认为法人目的不过决定了法人机关在法人内部的责任。[10] 对此,笔者认为,法人目的范围而非法人的权利能力范围,法人的权利能力是法人作为民事主体的资格和地位问题,与其具体活动范围无关,其活动超越了目的范围涉及具体行为的效力及其责任承担问题,与其主体资格无关。这一限制也并非对法人行为能力的限制,因为法人行为能力是法人以自己行为为自己设定权利承担义务的资格,是以法人的意思能力为基础的,法人的行为超越了目的范围并不意味着其意思能力的丧失,因而也不存在丧失行为能力的问题。如果采取内部责任说,法人的行为超越目的范围仍然有效,仅仅在法人内部追究法人机关的责任,这样第三人在与法人的交易中就无须顾虑法人超越目的范围而承受不利后果,因而有利于交易安全。但这样做对法人极为不利,使法人承受了在任何情况下超越目的范围的行为均有效的法律后果。因此从维护交易安全和平衡交易双方当事人利益关系出发,将法人目的范围看作对法人代表权的限制较为公平。法人代表人超越法人目的范围的行为原则上仍然有效,但相对人知道或者应当知道超越权限的,法人则可主张其无效。这样就既维护了交易安全,又兼顾到对法人利益的维护。依据我国原《合同法》第50条和《民法典》第61、504条的规定,我国民法对法人目的范围对法人活动的限制采取的是代表权限制说。因此,本书不赞成各类法人都在其目的范围内享有权利能力,目的范围外则无权利能力,登记的法人在核准

---

〔10〕 参见[日]北川善太郎:《民法总则》,有斐阁1993年版,第71页。转引自梁慧星:《民法总论》,法律出版社1996年版,第128页。

登记的经营范围内具有相应的民事权利能力的观点。

重点提示

法人目的范围实质上是对法人代表权的限制。

思考题：

1. 法人的民事权利能力的基本含义是什么？

2. 如何认识法人民事行为能力的特点？

第三节　法人的机关和法定代表人

｜内容提要｜

法人具有民事权利能力和民事行为能力，能够依法独立享有民事权利和承担民事义务。法人通过法人的机关产生其民事生活目的并为实现目的进行民事活动。法人机关使法人成为有机的社会组织体，它是法人的指挥中枢，法人机关之于法人就如同人之大脑对于自然人一样。法人的法定代表人就是法人的代表机关。

一、法人机关的概念

法人机关是指根据法律、法规或法人章程的规定，作为法人构成部分的，形成法人意思，对内管理法人事务，对外代表法人从事民事活动的自然人个人或集体。

法人机关有以下特点：

1. 法人机关是法人组织体的有机构成的核心部分。法人机关无论是个人或集体都是法人组织体本身的有机构成的一部分，而且是其核心构成部分。如果缺少了法人机关，社会组织体就无法成为法人有机体和实在体。法人组织机构中的工作机构、分支机构等都不是法人机关。【与法人组织体的关系】

2. 法人机关是依据法律、法规或者法人章程的规定设立的。【设立的依据】

3. 法人机关是决定法人行为的枢纽，它是形成法人意志、表达法人意思、执行法人意志或监督法人意志实现的机构。在法人机关意志的作用下，法人的各个部分得以协调运转，法人的各项活动得以开展，以最终实现法人的宗旨和目的。【本质

属性】

4. 法人机关对内管理法人事务，对外代表法人进行民事活动。法人机关从法人意志的形成、决定的作出，到意志的执行、决策的实现都落实在对法人事务的管理上。法人作为社会组织体，在其民事活动交往中，也是由法人机关作为代表，对外表示法人意志，进行民事活动的。【职能作用】

5. 法人机关既可以是单一的个人，也可以是由人组成的集体。单个人作为法人机关，称为独任机关，如法定代表人；由人的集体组成的机关称为集体机关或合议制机关，如股东会、董事会、监事会等。个人单独能够作为法人机关，就在于他所拥有的权力足以形成法人意志，执行或表达法人意志，或者能监督法人意志的实现。例如，不设董事会、监事会的有限责任公司的执行董事或监事。【形式】

二、法人机关的构成

一般情况下，法人机关由权力机关、执行机关和监督机关构成。权力机关，也称意思机关或决策机关，是形成法人的意志，对法人的生产经营或业务管理即法人事务中的重大问题作出决定的机关，是产生并领导和监督法人其他机关的机关，如股份有限公司中的股东大会、有限责任公司中的股东会等。法人执行机关也称管理机关，是法人权力机关的执行机关，是法人意志的执行和实现机关，行使法律、法令或章程规定的权力，执行权力机关的决议，负责实现业已形成的法人意志，组织指挥法人内部各部分之间协调运转，由其主要负责人代表法人对外进行民事活动。其主要负责人就是法人的法定代表人，是法人的代表机关。如股份有限公司中的董事会和董事长。法人的监督机关，是指对法人的执行机关的行为进行监督的机关。如股份有限公司的监事会。一般情况下，法人的权力机关、监督机关是法人的任意机关，由法人根据需要设立，而法人的执行机关是法人的必设机关，而且是常设机关；但是依据法律规定或者法人性质，法人必须设权力机关、监督机关的，权力机关、监督机关亦为必设机关。

三、法人机关与法人的关系

关于法人机关与法人的关系，因对法人本质认识的不同而有不同学说。法人本质拟制说认为法人本质为拟制人，其本身无意思能力和行为能力。法人进行民事活动由作为法人机关的自然人代理。法人机关是法人的代理人。法人机关负责人是法人的法定代理人，其相互之间的关系依代理规则处理。法人本质实在说则认为法人是实在的社会组织体，有民事权利能力和行为能力，其民事活动由作为其本身构成部分的法人机关代表进行,法人机关是法人的代表者。我国民法采法人实在说。法人机关作为法人的核心的有机构成部分,与法人具有同一法律人格。法人机关在履行其职能职务的范围内所为的一切行为,均为法人本身的行为,其行为后果由法人承担。

重点提示

法人机关作为法人的核心的有机构成部分,与法人具有同一法律人格。

四、法人的法定代表人

(一)法人的法定代表人的概念

《民法典》第 61 条第 1 款规定:"依照法律或者法人章程的规定,代表法人从事民事活动的负责人,为法人的法定代表人。"法人作为实在的组织体,其民事活动必须由自然人代其为之。法定代表人因法人性质的不同,其产生依据有两种:依照法律规定或者依照章程规定。一般法人成立有章程的,确定法定代表人是章程的规定事项,就依照章程规定;法人成立不需要制定章程的,就依据法律的规定。例如,国家机关的负责人就是依照法律规定因担任领导职务代表法人从事民事活动的人,就是法人的法定代表人。依照公司章程的规定代表公司法人从事民事活动的公司董事长就是公司法人的法定代表人。依据事业单位章程或者社会团体章程的规定,事业单位负责人、社会团体的负责人成为其法定代表人。

(二)法人的法定代表人与法人的关系

法人的法定代表人是法人的机关。法定代表人是法人的执行机关或者执行机关的负责人,其对外称为法定代表人。每个法人都必须有法定代表人。法人机关对内管理法人事务,对外代表法人进行民事活动。法人执行机关的主要负责人,依据法律规定或法人章程代表法人行使职权,是法人的法定代表人。法定代表人与法人具有一体性,他不是法人的代理人,而是代表人,其以法人名义所进行的民事活动,就是法人本身的行为,法人机关在履行其职能职务的范围内所为的一切行为,均为法人本身的行为,其行为后果由法人承担。因此,《民法典》第 61 条第 2 款规定:"法定代表人以法人名义从事的民事活动,其法律后果由法人承受。"

(三)对法定代表人代表权限制的对外效力

《民法典》第 61 条第 3 款规定:"法人章程或者法人权力机构对法定代表人代

表权的限制,不得对抗善意相对人。”法定代表人的代表权限受法人目的范围限制,这种限制由法人的章程规定或者由法人的权力机构作出决定予以限制,这种限制的效力不得对抗善意相对人。所谓善意相对人,就是指与超越代表权限制的法定代表人为民事法律行为的对方当事人在当时不知道或者也不应当知道法定代表人超越了法人章程或者权力机构对代表权的限制。所谓不得对抗,就是指除非相对人明知或应当知道法定代表人的代表行为超越法人章程或者权力机构的限制范围的,仍然有效。保护善意相对人就保护了交易安全。

(四)法定代表人职务损害的民事责任承担

法定代表人执行职务的行为就是法定代表人依其担负的职务对内管理法人事务,对外代表法人进行民事活动的行为。法定代表人因执行职务对他人造成财产或者人身损害的,就构成侵权行为,其侵权行为就是法人的侵权行为,因此,应当由法人对侵权后果承担侵权责任。《民法典》第62条第1款规定:“法定代表人因执行职务造成他人损害的,由法人承担民事责任。”

法定代表人执行职务的目的就是要为法人谋利益,而不应损害法人利益。法定代表人因执行职务侵害他人的人身或者财产权益,导致法人对外承担了侵权责任的,就造成了对法人的损害。如果法定代表人执行职务有过错,则应当对因其过错造成法人对他人承担侵权责任损害受到的损害承担赔偿责任,法人对外承担了民事责任的,可以向其追偿。但是由于各个法人所从事的民事活动不同,具体如何追偿可以由法律或者法人章程作出规定。因此,《民法典》第62条第2款规定了对外承担责任的法人的追偿权:“法人承担民事责任后,依照法律或者法人章程的规定,可以向有过错的法定代表人追偿。”法人追偿权的构成要件是:法定代表人执行职务造成了他人损害;法人对受到损害的他人承担了责任;法定代表人执行职务有过错,即法定代表人执行职务有损害他人的故意或者应当预见到其行为对他人的损害但疏忽没有预见或者预见而轻信能够避免,从而导致损害后果的发生;法律或者法人的章程规定可以追偿。

辨　析　法定代表人与代理人的不同

法定代表人对法人事务的代表关系不同于代理关系,法人的法定代表人也不同于代理人。其区别主要表现在:

1. 法定代表人与法人具有同一人格;法定代表人是法人机关,是构成法人的部分,二者是部分与整体的关系,与法人具有同一人格;代理关系中代理人与被代理

人是两个独立人格。【与法人的关系不同】

2. 法定代表人在代表权限内的意思就是法人的意思；在代理关系中代理人与被代理人都有各自的独立意思，代理人在代理权限内所为的意思是代理人的独立意思，而不是被代理人的意思。

重点提示

法定代表人意思与法人意思同一，而代理人的意思具有独立性。

3. 法定代表人所为的行为就是法人的行为；而代理关系中代理人在代理权范围内所为的行为是代理人的行为，而不是被代理人的行为，只不过这种行为的法律后果由被代理人承受。【代表行为与代理行为不同】

4. 法定代表人的代表权来自法律规定或法人章程的规定；而代理关系中除法定代理外，代理权来自被代理人的授权行为。【代表权与代理权的依据不同】

5. 法定代表人的代表权限受法人章程或者权力机构限制，但除非相对人明知或应当知道其代表行为超越限制范围的，仍然有效；而代理关系中代理人的代理行为不得超越授权范围，超越授权范围的代理行为除非被代理人追认，对被代理人不生效力。

重点提示

超越代表权限与超越代理权限的后果处理不同。

思考题：

1. 什么是法人机关？它有哪些特点？

2. 法人机关由哪些机构构成？

3. 法人的法定代表人与代理人有何不同？

第四节　法人的成立、变更和登记

| 内容提要 |

法人是具有民事权利能力和行为能力的社会组织体，它是民事主体。法人怎样产生以及如何变化，是本节法人的成立、变更和登记所要阐述的问题。

一、法人的成立

(一)法人成立的概念

法人成立,是指符合法人条件的社会组织须由法定的设立程序取得法人资格。《民法典》第 58 条第 1 款规定:“法人应当依法成立。”所谓法人依法成立包括三个方面:一是欲成立为法人的社会组织必须是合法的社会组织,其目的和宗旨要符合国家和社会公共利益的要求,是法律允许设立的社会组织;二是依法具备法人成立条件;三是依法完成法人设立程序。【依法成立】

(二)法人成立的条件

法人成立应具备的条件,是指欲取得法人资格的社会组织应当具有的法律要求。《民法典》第 58 条第 2 款规定:“法人应当有自己的名称、组织机构、住所、财产或者经费。法人成立的具体条件和程序,依照法律、行政法规的规定。”本条先列举式规定了法人应当具有的必要条件,即每个法人至少应当具备的条件,但这里仅仅是列举式概括规定。紧接着规定具体条件和程序,依照法律、行政法规的规定,表明《民法典》授权其他法律或者行政法规规定法人设立的具体条件和程序,但也并不是《民法典》第一编总则就不作规定,在其他条文中对法人设立的条件和程序也有规定,但相对于其他法律和行政法规,《民法典》第一编总则的规定是一般性的。

1. 有自己的名称、组织机构和住所。欲成为法人的社会组织要有自己的名称。名称是将其特定化而取得法律人格的标志,是将该组织与其他法人以及同自己的成员相区分的标志。欲取得法人资格的社会组织须有一定的组织机构。组织机构是组织的有机构成,例如必须有自己的机关和业务机构等,才能开展其业务,实现其宗旨目的。

欲成为法人的社会组织要有自己的场所,即有开展业务的固定地方,这是其将以法人名义进行活动的空间依托。法人的住所是法人主要办事机构从事法人活动以及法人对外联系的确定所在的中心地点。法人的住所的法律意义与自然人住所的法律意义相当,法人住所是对法人进行管理、确定法人登记管辖和诉讼管辖的依据,是决定法人的债权受领或者债务履行的地点依据,是法人对外联系的文书送达的地点,以法人为一方当事人的涉外民事关系法律适用选择的依据。依据《民法典》第 63 条的规定:“法人以其主要办事机构所在地为住所。依法需要办理法人登记的,应当将主要办事机构所在地登记为住所。”该条明确了法人的住所是法人的主要办事机构所在地。所谓主要办事机构,就是法人机关和与对法人活动具有重要关系的机构。该条也明确了对于需要登记的法人，住所是应当登记的事项，应当将其主要办事机构所在地登记为住所。

法人具体应具有的名称、组织机构、住所则由法律、行政法规规定。例如，《公司法》对公司名称、组织机构、住所的规定；《人民政府组织法》对政府机关法人名称、机构、住所的规定；《慈善法》对慈善组织基金会法人、社会团体法人、社会服务机构法人的名称、机构、住所的规定。【组织要素的具备】

2. 有自己的财产或者经费。有自己的财产和经费的社会组织才可以成为法人。必要的财产和经费是社会组织取得法人资格的物质基础条件，是社会组织能以法人资格进行民事活动，独立享有民事权利，负担民事义务的物质基础，是其独立承担民事责任的信用保障。所谓必要的财产和经费是指与其所欲从事的营业或事业的性质和规模相适应的财产和经费。具体的财产或者经费条件从法律或者行政法规规定。例如，依我国《公司法》第 26 条规定："有限责任公司的注册资本为在公司登记机关登记的全体股东认缴的出资额。法律、行政法规以及国务院决定对有限责任公司注册资本实缴、注册资本最低限额另有规定的，从其规定。"【物质基础条件】

3. 法人成立的具体条件和程序，依照法律、行政法规的规定。

以上这些条件是法人设立的一般条件，具体到某个特定法人的设立，则要符合法律规定的特定设立条件。例如，我国《公司法》第 76 条规定，设立股份有限公司，应当具备下列条件：(1) 发起人符合法定人数；(2) 有符合公司章程规定的全体发行人认购的股本总额或者募集的实收股本总额；(3) 股份发行、筹办事项符合法律规定；(4) 发起人制定公司章程，采用募集方式设立的经创立大会通过；(5) 有公司名称，建立符合股份有限公司要求的组织机构；(6) 有公司住所。【符合法律规定的特定设立条件】

(三) 法人的设立程序原则

1. 民法传统上确定法人设立程序的原则

(1) 自由设立主义，又称放任设立主义，即国家对法人设立不予干涉，由当事人自由设立。这种设立原则已很少采用。

(2) 特许设立主义，是指法人的设立须有特别立法或国家元首的特别许可。这种设立原则因其过于严格，现代民法已很少采用。

(3) 行政许可设立主义，即法人的设立须经行政机关的许可，经行政许可后才可以登记取得法人资格。

(4) 准则设立主义，也称登记主义，指由法律预先规定法人设立的条件，符合条件的社会组织体无须行政批准,直接经登记机关登记,取得法人资格。

(5)强制设立主义,即国家对某些特殊产业、特殊团体以法令强制设立法人组织。

2. 我国民法关于法人设立程序的原则

《民法典》第 58 条第 3 款规定:"设立法人,法律、行政法规规定须经有关机关批准的,依照其规定。"

(1)营利性法人设立程序的原则。依据我国《公司法》的规定,在我国有限责任公司企业法人的设立以准则主义原则为一般,以许可设立主义为例外。例如,《公司法》第 6 条规定:"设立公司,应当依法向公司登记机关申请设立登记。符合本法规定的设立条件的,由公司登记机关分别登记为有限责任公司或者股份有限公司;不符合本法规定的设立条件的,不得登记为有限责任公司或者股份有限公司。法律、行政法规规定设立公司必须报经批准的,应当在公司登记前依法办理批准手续。"对于非公司企业法人的设立,依《企业法人登记管理条例》第 15 条的规定,登记前首先须经主管部门或审批机关的审批,可见我国采取的是行政许可设立主义。

(2)机关法人的设立原则。机关法人依据宪法或机关组织法的法律规定设立,无须登记即可成立而具有法人资格,采取的是特许主义的设立原则。

(3)事业单位法人的设立原则。事业单位法人的设立依国家有关法律或行政命令设立,无须登记即可取得法人资格的,在设立原则上属于特许主义;有的事业单位法人的设立,则需行政主管部门审查同意,并依《事业单位登记管理暂行条例》办理登记手续,方可成立并取得法人资格的,在设立原则上则属于行政许可主义。《事业单位登记管理暂行条例》第 3 条第 1 款规定:"事业单位经县级以上各级人民政府及其有关主管部门(以下统称审批机关)批准成立后,应当依照本条例的规定登记或备案。"第 6 条规定事业单位法人登记应当具备的首要条件就是经审批机关批准设立。

(4)社会团体法人的设立原则。社会团体法人的设立原则,凡是依照国家法律和行政命令规定设立的社会团体,属特许主义;凡是需要经过行政主管部门审查同意,然后经社团登记机关登记成立的社会团体,则属于许可主义。1998 年国务院发布的《社会团体登记管理条例》第 9 条规定:"申请成立社会团体,应当经其业务主管单位审查同意……"社会团体既有经依法登记成立的,也有不需要办理登记的。

(5)基金会法人的设立原则。依据国务院发布的《基金会管理条例》申请设立基金会应提交业务主管单位同意设立的文件,属于行政许可主义。

(6)社会服务机构。依据法律法规规定需要经审批设立的,应经过审批,没有规定经过审批的,经登记设立。例如,《慈善法》第8、10条规定,慈善组织可以采取基金会、社会团体、社会服务机构等组织形式;设立慈善组织,应当向县级以上人民政府民政部门申请登记,并没有规定需经过批准。《民办教育促进法》规定,举办实施学历教育、学前教育、自学考试助学及其他文化教育的民办学校,由县级以上人民政府教育行政部门按照国家规定的权限审批;举办实施以职业技能为主的职业资格培训、职业技能培训的民办学校,由县级以上人民政府人力资源社会保障行政部门按照国家规定的权限审批,并抄送同级教育行政部门备案。

(四)法人资格的取得

欲成为法人的社会组织,符合法人的设立条件,完成法人的设立程序,即可取得法人资格,即依法具有民事权利能力和民事行为能力。各类法人因设立程序采取的原则不同,其资格的取得也不同。依特许主义设立的从其设立行为完成即可取得法人资格,无须办理法人登记。机关法人,不需要办理登记的事业单位法人、社会团体法人,都依特许主义设立从设立时起即取得法人资格。采许可主义设立原则的,法人从完成登记时起取得法人资格。依法需要办理登记的事业单位法人和社会团体法人从经核准登记领取法人证书之日起取得法人资格。企业法人经准则主义程序或行政许可主义程序设立,均须办理法人登记,从其领取营业执照之日起取得法人资格。

二、法人的变更

(一)法人变更的概念

法人变更,是指法人在存续期间,其组织体的分立、合并,法律组织形式的变化以及在活动宗旨、业务范围、资本、名称、住所、法定代表人等方面事项的变化。

(二)法人变更的类型

1. 法人的合并。法人的合并是指两个或两个以上的法人合并成为一个法人。法人的合并分为吸收合并和新设合并两种情况。吸收合并,是指将一个法人的主体资格消灭,将其归并到另外一个继续存在的法人之中,即由一个法人吸收另外的法人,被吸收的法人主体资格消灭。被吸收的法人原承担的债权债务由吸收的法人承担。新设合并,是指将两个或两个以上的法人的主体资格消灭,合并成立新的法人。原法人的债权债务由合并后的新法人承担。《民法典》第67条第1款规定:“法人合并的,其权利和义务由合并后的法人享有和承担。”

2. 法人的分立。法人的分立是指一个法人分立成为两个以上的法人。法人的分立分为新设分立和派生分立两种情况。新设分立,即将法人解散后,分别成立两个以上的新法人。派生分立,是指法人继续存在的情况下,只是将其中的一部分分离出来成立新法人。法人分立后,原法人的债权债务由分立后的法人承担。在分立后的法人之间具体如何承担,可以由分立合同作出划分,但这只是内部的约定,债权人的利益不应当因债务人的分立而受影响。因此,《民法典》第 67 条第 2 款规定:“法人分立的,其权利和义务由分立后的法人享有连带债权,承担连带债务,但是债权人和债务人另有约定的除外。”所谓连带债权,是指多数债权人都有权就全部或者部分债务要求债务人清偿,债务人向其中任何一个债权人履行全部债务的,全部债权债务关系消灭。所谓连带债务,是指多数债务人中的任何一人都负有全部清偿债务的义务,任一债务人的全部履行都引起全部债的关系消灭。超过自己的应享份额受偿债权的连带债权人应当向其他连带债权人返还超受偿的份额。超过自己的债务份额清偿债务的连带债务人可以向其他连带债务人追偿,债权人和债务人另有约定的除外。分立的法人就自己的债权在分立后的法人之间的划分与对方债务人已经约定清楚,由分立后的法人按照各自分得的债权向债务人主张权利,分立后的各个法人不享有连带债权。分立的法人就自己对债权人承担的债务在分立后的法人之间作出的分配得到了债权人同意,由分立后的法人分别向债权人履行债务,分立后的法人之间不承担连带债务。

3. 法人法律组织形式的变更。法人法律组织形式的变更是指法人的法律组织属性的变更。例如,国有企业改制为公司制企业;有限责任公司改组成股份有限公司等。

4. 法人其他重大事项的变更。主要指法人的宗旨、业务范围、名称、住所、经营场所、法定代表人、注册资本、分支机构的增设或撤销等重大事项的变化。

(三)法人变更的程序

原则上,法人的变更程序依原设立的程序。例如,依特许程序设立的法人变更的,其变更程序也须依法律、法令的特许,无须登记;依行政许可程序设立的法人变更则须经过行政许可,并办理登记。原法人经准则程序设立,而变更的新法人经许可程序的,则应依许可程序设立并登记。例如,将有限责任公司变更为股份有限公司就须经许可程序并办理登记。因此,机关法人的变更,无须登记设立的事业单位法人和社会团体法人的变更须依特许程序变更,无须登记;因登记取得法人资格的企业法人和事业单位法人及社会团体法人,则须分别情况,依准则设立程序变更并登记,或依许可程序变更并进行变更登记。

企业法人其他事项的变更,如宗旨、业务范围、名称、住所、法定代表人、注册资本、分支机构的新设或撤销等均属于登记事项,应办理变更登记。社会团体法人和事业单位法人变更登记事项的须进行变更登记,对于非登记事项的变更,一般无须登记。

因合并、分立而存续的法人,其登记事项发生了变化,应当依法申请办理变更登记。因合并、分立而解散的法人,应当申请注销登记。因合并、分立而新设的法人应当申请办理法人设立登记。

三、法人的登记

(一)法人登记的概念

法人登记,是指依法需要登记的法人在其设立、变更、终止时,向国家登记机关申请,将有关法人事项记载于登记文件和系统,发生法律效力的制度。将法人的有关信息登记于国家登记机关的专门登记文件和系统,从而起到公示的作用,既是对法人进行管理的必要措施,也是维护交易安全的重要手段。除了国家机关、基层自治组织等少数法人是不需要登记的以外,多数法人是需要登记的法人。是否需要登记要依据法律和行政法规确定,例如,《公司登记管理条例》《企业法人登记管理条例》《事业单位登记管理暂行条例》《社会团体登记管理条例》《基金会管理条例》等分别对有关法人的登记作出了规定。依据规定需要登记的法人,完成设立登记是法人依法成立、取得法人资格的条件。法人依法成立后,登记事项发生变化的,要依法进行变更登记。法人终止的,也要进行注销登记,才能依法终止法人资格。由这些规定的内容可以看出法人登记是法人设立、变更、终止发生法律效力的法律事实构成,缺少了登记这一法律事实就不能引起法人成立、变更、终止的法律效果。登记必须按照法律、行政法规所规定的内容和程序,向有权管辖的登记机关提出申请,并由登记机关完成登记。登记法律事实的完成是当事人的申请行为并提交有关资料与登记机关的审查并作成登记的行为的结合。登记以发生在法人设立、变更、终止的不同阶段,分为法人设立登记、法人变更登记、法人注销登记。所谓法人设立登记,是指在法人的设立过程中,为了法人的依法成立并取得法人资格,由法人设立人申请,登记机关依法完成的登记。法人完成设立登记,法人才能依法成立并取得法人资格,具有权利能力和行为能力。所谓变更登记,是指法人依法成立之后,在其存续期间,因其登记事项的事实变化而需要更改登记以符合变化了的事实。法人的注销登记,是指在法人的终止程序中,为了消灭法人的主体资格而进行的登记。法人因破产、解散等原因终止的,在完成清算之后进行注销登记。

（二）法人的登记事项

法人的登记事项依据法律、行政法规确定。例如,《公司登记管理条例》第9条规定:“公司的登记事项包括:(一)名称;(二)住所;(三)法定代表人姓名;(四)注册资本;(五)公司类型;(六)经营范围;(七)营业期限;(八)有限责任公司股东或者股份有限公司法发起人的姓名或者名称。”《事业单位登记管理暂行条例》第8条第2款规定:“事业单位法人登记事项包括:名称、住所、宗旨和业务范围、法定代表人、经费来源(开办资金)等情况。”《社会团体登记管理条例》第12条第2款规定,社会团体登记事项包括:名称、住所、宗旨、业务范围、活动地域、法定代表人、活动资金和业务主管单位。《基金会管理条例》第15条第2款规定:“基金会的登记事项包括:(一)名称;(二)住所;(三)宗旨和业务范围;(四)法定代表人、负责人、理事、监事;(五)注册资金。”

（三）法人登记事项的变更登记

《民法典》第64条规定:“法人存续期间登记事项发生变化的,应当依法向登记机关申请变更登记。”法人存续期间是指法人依法成立后至终止前开展其业务活动的期间。法人在成立时,其在登记机关完成的登记所记载事项具有法律效力,对外产生了公示效果。在法人存续期间为维护登记事项的公示效力就应当保持登记事项的客观真实。但因客观情况的变化法人的登记事项的事实发生变化的,其登记事项就会与真实情况不符,这对于法人的管理和交易安全维护就会发生不利影响。因此,法律要求法人在其存续期间登记事项发生变化的应当依法向登记机关申请变更登记,以使登记事项符合变化了的真实情况。因此,变更登记的意义就在于确保登记事项的客观真实,从而保持公示公信效力,维护交易安全。《公司法》第7条第3款规定,公司营业执照记载事项发生变更的,公司应当依法变更登记,由公司登记机关发给营业执照。《公司登记管理条例》第26条规定:“公司变更登记事项,应当向原公司登记机关申请变更登记。未经变更登记,公司不得擅自改变登记事项。”《事业单位登记管理暂行条例》第10条、《社会团体登记管理条例》第18条、《基金会管理条例》第15条第1款分别对事业单位法人、社会团体法人、基金会法人的登记事项变更登记作出了明确规定。

（四）法人登记事项的公示、公信效力

法人的登记事项一经登记机关登记注册就具有法律公示效力,登记注册公开显示的事项就是确定法人有关事项的事实依据;未经依法变更不得擅自改变。法人登记事项的真实性经过了登记机关的审查具有值得信赖的效力。我国《民法典》第65条规定:“法人的实际情况与登记的事项不一致的,不得对抗善意相对人。”该条规定赋予了法人登记事项的公信力。所谓法人登记事项的公信力,是指经法人登记公示的法人事项具有使社会公众信赖的效力,即使登记事项与实际情况不一致,相对人不知道或者不应当知道实际情况,而依据登记事项作出的行为是受保护的,法人不得以实际情况与登记事项不一致对抗善意相对人。赋予法人登记事项公信力是为了保护善意的相对人、维护交易安全、提高交易效率。所谓法人的实际情况与登记的事项不一致,是指由于法人登记的不真实或者由于法人实际情况发生了变化与法人设立时登记的事项不一致,而又未变更登记的状态。所谓善意相对人,是指不知道并且不应当知道法人实际情况与登记事项不一致而与法人交易的相对人。善意相对人由于信赖登记公示之外观而具有信赖利益。例如,相对人相信登记的住所而于登记住所向法人履行债务的,即使该住所与实际不一致,其履行应为正当履行的利益。所谓不得对抗善意相对人,是指法人不得以实际情况与登记事项不一致为由对抗善意相对人的权利和利益主张。例如,善意相对人在登记的住所地履行债务的,法人不得以登记住所与实际住所不一致抗辩相对人的履行为正当履行。在这里保护善意的相对人就保护了交易安全,而且也符合公平正义,因为导致法人登记事项与实际情况不一致的责任在法人,是法人自身实际情况发生了变化,而又不及时履行变更登记义务所致。因此,由此发生的不利后果应当由法人自负,而善意相对人对实际情况与登记事项的不一致则没有过错。

(五)登记机关的法人登记信息公示义务

法人登记一方面是国家对法人进行管理的需要,从民法意义而言,登记是法人依法成立并取得法人资格的要件;另一方面也是对法人成立和基本信息的公示,公示是法人得到民事社会承认而与其交易的基础。因此,登记机关不仅要对法人登记信息予以审查作出是否准予登记的决定,而且应当将法人的登记信息采取一定的方式公示于社会。《民法典》第66条规定:“登记机关应当依法及时公示法人登记的有关信息。”该条就是对登记机关应当依法及时公示法人登记信息的义务的明确规定。所谓法人登记的有关信息,是指依法需要登记的法人登记事项的登记记载的具体内容信息。所谓法人登记有关信息的公示,是指登记机关采取一定的方式方法将法人登记的有关信息向社会公开显示,使相对人或者社会中不特定的第三人能够依法知悉法人登记的有关信息。所谓依法及时公示,是指依照法律规定的方式和时间要求公布信息。例如,《公司登记管理条例》第56条规定:“公司登记机关应当将公司登记、备案信息通过企业信用信息公示系统向社会公示。”《慈善法》第70条对民政部门和其他有关部门依法及时公布慈善组织登记、备案等信息的义务作了规定。

思考题:

1. 一个社会组织如何才能取得法人资格?

2. 法人设立的程序有哪些?

3. 什么是法人的分立、合并? 法人分立、合并的责任如何承担?

4. 什么是法人登记事项的变更登记?

5 法人登记事项的效力如何?

第五节　法人的终止

| 内容提要 |

本节讲述法人终止的原因和程序,明确法人的主体资格在什么情况下,经过怎样的程序才能消灭。

一、法人终止的概念和原因

法人终止,是指法人的民事主体资格的依法消灭。依《民法典》第68条的规定:“有下列原因之一并依法完成清算、注销登记的,法人终止:(一)法人解散;(二)法人被宣告破产;(三)法律规定的其他原因。法人终止,法律、行政法规规定须经有关机关批准的,依照其规定。”

(一)法人的解散

法人解散是指法人作为社会组织的解体。法人的解散相对于法人的成立。法人成立是法人作为社会组织的建立。法人作为依法成立的社会组织,在其存续期间出现了法律规定的解散事由,就应当解散。《民法典》第69条规定:“有下列情形之一的,法人解散:(一)法人章程规定的存续期间届满或者法人章程规定的其他解散事由出现;(二)法人的权力机构决议解散;(三)因法人合并或者分立需要解散;(四)法人依法被吊销营业执照、登记证书,被责令关闭或者被撤销;(五)法律规定的其他情形。"可见法人的解散事由包括两大类:一是法人的自行解散;二是法人被行政强制解散。

1. 法人的自行解散。法人自行解散是法人按照自己意志决定的解散,是法人意思自治的结果。《民法典》第 69 条所列的前 3 项解散事由都是法人自行解散的事由。

2. 法人的强制解散。法人实施违法行为,国家机关对其作出吊销营业执照、登记证书,责令关闭或者撤销处理决定的,或者由人民法院依法判决解散的为法人的强制解散。《民法典》第 69 条所列的第 4 项解散事由属于法人的行政强制解散事由,包括法人依法被吊销营业执照、登记证书,被责令关闭或者被撤销。这是国家对法人依法管理的法律手段,体现了国家对社会经济秩序和公共利益的维护。法人实施违法行为,国家对其作出吊销营业执照、登记证书,责令关闭或者撤销处理决定的,就剥夺了法人继续经营或者其他目的的活动的资格,法人就应当解散。行政机关对法人作出吊销营业执照、登记证书,责令关闭或者撤销处理决定,必须依据法律或者行政法规规定的条件和程序进行。例如,《公司法》第 211 条第 1 款规定:"公司成立后无正当理由超过六个月未开业的,或者开业后自行停业连续六个月以上的,可以由公司登记机关吊销营业执照。"此外还有《慈善法》第 98 条对慈善组织吊销登记证书的条件和程序的规定、《海洋环境保护法》第 81 条对新建严重污染海洋环境的工业生产建设项目的企业由县级以上人民政府责令关闭的规定、《证券公司风险处置条例》第 19 条由国务院证券监督管理机构直接撤销证券公司的事由的规定。《民法典》第 69 条第 5 项规定的"法律规定的其他情形",就是除第 1 ~ 4 项明确列举以外的法律规定的其他情形,例如,《公司法》第 182 条规定的公司僵局情况下,股东依法请求人民法院解散公司的情形等。

法律链接

《慈善法》第98条
《海洋环境保护法》第81条
《公司法》第182条

(二)法人被宣告破产

法人被宣告破产,是指具有破产能力的法人不能清偿到期债务,并且资产不足以清偿全部债务或者明显缺乏偿债能力,申请人民法院宣告该法人破产,并组织破产清算。法人被宣告破产,就不能继续从事经营活动,就应解散。《民法典》第 73

条规定:“法人被宣告破产的,依法进行破产清算并完成法人注销登记时,法人终止。”

(三)法律规定的其他原因

法律规定的其他原因就是除解散、破产以外,将来可能出现的由法律规定的能够引起法人终止的情形。

二、法人终止的程序

依《民法典》第68条的规定,有法律规定的法人终止原因之一,并依法完成清算、注销登记的法人才能终止。法人终止,法律、行政法规规定须经有关机关批准的,依照其规定。因此,法人终止应完成下列程序。

(一)清算

1. 清算义务人、清算人

清算就是由清算人对行将终止的法人的财产清理计算,了结其事务的活动。《民法典》第70条第1款规定:“法人解散的,除合并或者分立的情形外,清算义务人应当及时组成清算组进行清算。”所谓清算义务人就是出现法人解散事由时负有启动清算程序义务的人,其义务内容就是及时组成清算组进行清算。清算组就是清算人,清算人是指负责终止法人清算事务的组织或个人,就是对法人财产实际进行清理计算的人。《民法典》第70条第2款规定:“法人的董事、理事等执行机构或者决策机构的成员为清算义务人。法律、行政法规另有规定的,依照其规定。”依照本款规定,法人解散的,原则上法人的董事、理事等执行机构的成员为清算义务人,其例外情形就是法律、行政法规另有规定的。例如,法人被撤销的,则由其主管机关指定有关人员组成清算组织;企业法人因破产而终止的,由人民法院依破产程序组织有关机关和有关人员成立清算组织,进行清算。如果清算义务人自己实际清算的,就会发生清算义务人与清算人的竞合。例如,《公司法》第183条规定,股份有限公司的清算组由董事或者股东大会确定的人员组成。这里的董事就既是清算义务人,同时又是清算人。法人解散,都要先进入清算程序,同时停止清算范围外的活动。【清算义务人和清算人】

2. 清算义务人未及时履行清算义务的法律责任和清算强制启动

《民法典》第70条第3款规定:“清算义务人未及时履行清算义务,造成损害的,应当承担民事责任;主管机关或者利害关系人可以申请人民法院指定有关人员组成清算组进行清算。”本款规定了清算义务人未及时履行清算义务的法律责任以及救济途径,也就是强制清算。所谓清算义务人未及时履行清算义务,就是在解散情形出现后的合理时间内,清算义务人没有启动清算或者没有完成清算,如不组成清算组或者清算组不履行职责。清算义务人未及时清算给债权人造成损害的,应当承担民事责任。这里的承担民事责任就是承担损害赔偿的民事责任,是清算义务人对清算利害关系人应当承担的责任。其构成要件依照侵权责任的构成要件确定,包括清算义务人不及时清算的行为、损害后果、不及时清算行为与损害之间具有因果关系、清算义务人的主观过错。清算强制程序就是由法人的主管机关或者利害关系人申请人民法院指定有关人员组成清算组进行清算。例如,慈善组织法人解散时,清算义务人未及时清算的,民政部门作为主管机关可以申请人民法院指定清算组进行清算。作为启动主体的利害关系人就是与解散的法人有利益关系的人,例如解散法人的债权人、股东等。【清算义务人未及时履行清算义务的后果有两项:承担民事责任和强制启动清算】

3. 法人的清算程序和清算组职权

《民法典》第 71 条规定:“法人的清算程序和清算组职权,依照有关法律的规定;没有规定的,参照适用公司法律的有关规定。”可见,原则上清算程序和清算组的职权由法律规定,没有法律规定的,参照公司法执行。《公司法》第十章关于公司解散清算作出了详细的规定,为其他各类法人解散清算的参照适用提供了依据。例如,《公司法》第 184 条关于清算组职权的规定和第 185 条关于债权申报程序的规定。清算组的职权包括:(1)清理公司财产,分别编制资产负债表和财产清单;(2)通知、公告债权人;(3)处理与清算有关的公司未了结的业务;(4)清缴所欠税款以及清算过程中产生的税款;(5)清理债权、债务;(6)处理公司清偿债务后的剩余财产;(7)代表公司参与民事诉讼活动等。我国《慈善法》《事业单位登记管理暂行条例》《社会团体登记管理条例》《基金会管理条例》《宗教事务条例》《民办非企业单位登记管理暂行条例》等分别对有关法人的清算进行规定,但都没有详细的清算程序和清算组职权的明确规定,当发生法人终止清算问题时就应当参照公司法的规定。【参照公司法规定】

4. 清算中法人的地位及其财产处理

《民法典》第 72 条第 1 款规定:“清算期间法人存续,但是不得从事与清算无关的活动。”可见,清算中的法人仍然具有法人资格,但其民事活动的范围受到极大限制,其只能从事与清算有关的民事活动,不得从事其他与清算无关的民事活动。其与清算有关的民事活动由清算组代表其以法人名义进行。

《民法典》第72条第2款规定:“法人清算后的剩余财产,根据法人章程的规定或者法人权力机构的决议处理。法律另有规定的,依照其规定。”法人清算后的剩余财产是指清算完毕,清偿完法人所欠债务、税款和清算费用以后的剩余财产。对清算后的剩余财产,一般依据被解散法人的章程的约定或者法人权力机关的决议处理,其处理一般是向法人成员分配剩余财产。但是法律另有规定的,依照其规定。例如,《民法典》第95条规定:“为公益目的成立的非营利法人终止时,不得向出资人、设立人或者会员分配剩余财产。剩余财产应当按照法人章程的规定或者权力机构的决议用于公益目的;无法按照法人章程的规定或者权力机构的决议处理的,由主管机关主持转给宗旨相同或者相近的法人,并向社会公告。”

(二)注销登记

《民法典》第72条第3款规定:“清算结束并完成法人注销登记时,法人终止;依法不需要办理法人登记的,清算结束时,法人终止。”第73条规定:“法人被宣告破产的,依法进行破产清算并完成法人注销登记时,法人终止。”需要办理法人注销登记就是在其成立时需要依法办理设立登记才能成立的法人,在其终止时也需要办理了注销登记,其法人资格才能终止。在法人设立时不需要办理设立登记就能依法成立的法人,在其终止时也不需要办理注销登记,清算结束时,法人资格终止。

(三)批准

依《民法典》第68条第2款的规定:“法人终止,法律、行政法规规定须经有关机关批准的,依照其规定。”可见,经有关机关批准并非所有法人终止的必经程序,只有法律、行政法规规定须经有关机关批准的,才是这些法人终止所必需的程序。例如,《商业银行法》第69条第1款规定:“商业银行因分立、合并或者出现公司章程规定的解散事由需要解散的,应当向国务院银行业监督管理机构提出申请,并附解散的理由和支付存款的本金和利息等债务清偿计划。经国务院银行业监督管理机构批准后解散。”

思考题:

1. 引起法人终止的原因有哪些?

2. 法人终止要经过怎样的程序才能消灭法人的资格?

3. 什么是清算?清算如何启动?清算组有哪些职责?清算中的法人地位如何?

4. 什么是清算义务人?其未及时履行清算义务有何法律后果?

第六节　法人的分支机构和法人设立中的责任承担

内容提要

本节主要论述法人的分支机构与法人的关系，明确其设立、民事责任承担的规则；论述法人在设立过程中的地位，明确其设立人与法人的关系，以及设立过程中发生的民事责任的承担规则。

一、法人分支机构的概念

法人分支机构是法人设立的、作为其组成部分的业务分出机构，其在法人授权范围内以自己的名义代办法人业务。例如，银行的分行、支行、营业所；公司的分公司；机关、事业单位、社会团体设立的办事处。它是法人的组成部分，与法人不独立，其开展业务活动的财产是法人的财产，其业务是法人业务，最终责任由法人承担，它虽有自己的名义，但在其名义下所进行的业务是法人的业务，其仅仅是一种法人的代办名义。它可以以自己名义订立合同、到法院起诉应诉，但后果都由法人承受。企业法人的分支机构，是指在企业法人的总部以外设立的能以自己名义对外执行法人事务的职能机构。例如，企业法人的分公司、分部、分店、分理处等机构。依《铁路法》第72条的规定，各铁路局和铁路分局具有法人资格，火车站则是铁路局的分支机构。依《邮政法》第12条的规定，省会城市的邮电局、电信局以及市、县大型矿山、部队等所在地设置的邮电局、邮政局、电话局、长途电话局等都是邮政企业法人，邮电所则是这些法人的分支机构。依《商业银行法》第22条的规定，人民银行总行和各商业银行总行具有法人资格，各银行的分行、支行则为其分支机构。依《保险法》第79条规定，各保险公司的分公司是各保险公司的分支机构。依《公司法》第13条的规定，各个公司设立的分公司是它的分支机构。【法人机构是法人组成部分，与法人并不独立】

二、法人分支机构的设立

《民法典》第74条第1款规定："法人可以依法设立分支机构。法律、行政法规规定分支机构应当登记的，依照其规定。"法人可以依法设立分支机构，依法设立就是法律、行政法规允许设立就设立，不允许设立的就不能设立；要求经过批准才能设立的必须经过批准;要求登记的应当办理登记。一般经批准设立的营业性分支机构都是要办理登记的,有的虽然不要求批准,但要求办理登记;有的则不需要登记。例如,《民办非企业单位登记管理暂行条例》第 13 条规定:“民办非企业单位不得设立分支机构。”《社会团体登记管理条例》第 17 条第 2 款规定:“社会团体不得设立地域性的分支机构。”依据《公司法》第 14 条规定,公司可以设立分公司,设立分公司应当向公司登记机关申请登记,领取营业执照。《商业银行法》第 19 条第 1 款规定:“商业银行根据业务需要可以在中华人民共和国境内外设立分支机构。设立分支机构必须经国务院银行业监督管理机构审查批准。在中华人民共和国境内的分支机构,不按行政区划设立。”第 21 条规定:“经批准设立的商业银行分支机构,由国务院银行业监督管理机构颁发经营许可证,并凭该许可证向工商行政管理部门办理登记,领取营业执照。”【是否允许设立、是否需要批准、是否登记都要依据相关法律、行政法规的规定】

三、法人分支机构的特征

法人分支机构的特征包括:

法律链接

《民法典》第74条第2款
《社会团体登记管理条例》第17条

1. 法人分支机构是由法人自己设立的。某个法人依自己的意志,根据自己的对外事务的需要依法设立分支机构,而不是同其他法人或个人联合设立的机构。

2. 法人的分支机构是设立它的法人的组成部分,而不是一个独立的组织。

3. 法人的分支机构有自己的名称,但其名称前冠以所属法人的名称,表明其与所属法人的隶属关系。

4. 法人的分支机构在完成法人事务上具有从事民事活动的资格,可以支配法人的一定的财产;从事经营活动的分支机构经登记领取营业执照,依自己的名义订立合同,进行民事活动。

5. 法人分支机构民事活动的后果归属于它所属的法人,对外所产生的民事责任最终由它所属的企业法人承担。

四、企业法人分支机构的地位

关于法人分支机构的地位,我国民事立法并不承认其独立的民事主体地位,但承认其诉讼主体资格。从以上关于法人分支机构的特征可以看出,法人分支机构是法人的组成部分,法人分支机构的行为就是法人的行为,分支机构支配的财产就是法人的财产，最终责任由法人承担。因此，法人分支机构不是独立的民事主体。营利性法人的分支机构虽领有营业执照，但以其名义进行的民事活动，只是在商业领域代理法人进行的民事活动。正如有的学者指出的“法人分支机构的地位，其性质应视为法人机关的委任代理机构和受雇佣机构。分支机构负责人实为代理人。企业法人的分支机构、商业使用机构或分公司、分店，其负责人称商业使用人或经理人。分支机构的负责人是事务代理人，分支机构在法律地位上只是事务代理人的外壳而已，它与事务代理人是形式与实质的关系”。[11]

重点提示

分支机构在法律地位上只是法人事务代理机构。

五、法人设立中的责任承担

《民法典》第 75 条第 1 款规定：“设立人为设立法人从事的民事活动，其法律后果由法人承受；法人未成立的，其法律后果由设立人承受，设立人为二人以上的，享有连带债权，承担连带债务。”第 2 款规定：“设立人为设立法人以自己的名义从事民事活动产生的民事责任，第三人有权选择请求法人或者设立人承担。”法人的设立人就是以设立法人为目的，从事法人设立活动的民事主体，如公司发起人。设立人在设立法人的过程中，从事的设立民事活动有的是以自己名义进行的，有的是以欲要设立的法人的名义进行的，设立中的法人尚未具备法人资格，属于非法人组织，在处理上看作合伙。法人成立的，设立人为设立法人从事的民事活动的法律后果，由法人承受；法人未成立的其法律后果由设立人承受，设立人为二人以上的，享有连带债权，承担连带债务。法人成立以后对其设立期间的民事活动主张权利的，相对人也不得以当时法人尚未设立拒绝承担责任。第 2 款规定了设立人为设立法人以自己的名义从事民事活动产生的民事责任，第三人有权选择请求法人或者设立人承担。这是为了避免法人以设立人是以其个人名义从事民事活动为由拒绝承担责任，也避免设立人以自己从事的是法人设立活动为由拒绝承担责任。第三人有选择权，第三人按照有利于自己债权实现的原则选择后，被选择的法人或者设立人不得拒绝。同理，当法人或者设立人向第三人主张权利时，第三人也不得以当时法人还未成立为由拒绝承担责任。

---

〔11〕　龙卫球：《民法总论》，中国法制出版社 2001 年版，第 443 页。

思考题:

1. 什么是法人的分支机构? 有哪些特征? 其法律地位如何?

2. 法人分支机构与它所属的法人有什么关系?

3. 法人在设立中产生的责任如何承担?

案例 5-2

某金声音响器材公司(以下简称金声公司)于1999年5月与某商务公司爱乐电子产品经销分公司(以下简称爱乐分公司)签订了组合音响设备购销合同。合同约定由爱乐分公司向金声公司提供爱乐牌组合音响400套,每套单价2000元。合同签订后,金声公司将全部货款80万元汇至爱乐分公司。爱乐分公司收到货款后,将其中50万元货款发往某音响设备生产厂家购买音响产品组织货源,另外30万元归还了自己在银行的贷款。生产厂家一再拖延未能及时向爱乐分公司提供产品,致使爱乐分公司对金声公司违约。后生产厂家资不抵债,既不能供货,货款也无法追回。金声公司向爱乐分公司追讨货款,发现其账只有20万元资产。金声公司遂向爱乐分公司所属的某商务公司追讨其80万元货款及其损失。而某商务公司则以爱乐分公司虽属其开办但独立核算为由拒绝承担责任。请用所学理论分析该案应当如何处理。

案例 5-3

张某、王某、李某约定共同出资成立一个商贸公司,每人出资10万元,公司注册资本30万元。结果他们谁也没有实际出资,用借来的存折通过不正当关系骗取验资和注册登记。后在经营中该商贸公司欠某商品批发市场80万元货款,被批发公司起诉到法院。请运用法人制度原理分析该案应如何处理?

第七节 法人的分类

| 内容提要 |

学习法人的分类就是获得对法人类型化的认识,认识各类别法人的不同特征,以及各类型划分的依据和意义。

一、传统民法关于法人的分类

传统民法依据不同标准,对法人进行不同分类。

(一)公法人与私法人

依法人的目的和设立的法律依据的不同,可将法人分为公法人与私法人。公法人是指以服务于公权力行使或实现公共管理的职能为目的,依据公法设立的行使或担负国家权力或政府职能的法人。例如,依据宪法或政府组织法设立的政府及其职能机构、依据律师法设立的律师协会,还有公立大学法人。公法人指公权力机关和公团体的民事主体地位,是公权力机关和公团体为实现其职能而发生民事法律关系的资格。在公权力行使中的权力机关和公团体无须以法人名义活动,因为法人都是平等的,公权力机关与相对人是不平等的。私法人是指以私人利益为其目的事业,依据私法设立的法人。例如,依据公司法设立的股份有限公司或有限责任公司。因此,民法中规定的是私法人,公法人规定于公法中。

一般认为,区别公法人与私法人的意义在于:(1)诉讼方式不同。对于公法人的诉讼多以行政诉讼解决或以行政救济程序解决;而对于私法人的诉讼,应以民事诉讼程序解决。(2)损害赔偿的依据不同。公法人及其职员因其侵权行为所生损害赔偿责任,依国家赔偿法或特别规定处理;私法人及其职员因侵权行为所生损害赔偿责任则依据民法规定解决。[12] 实际上,公法人以法人名义活动于民事领域时,它与私法人是平等的,其在民事活动中发生的纠纷均应依据民事诉讼程序和民法规定解决。至于公法人及其职员以其公权力机构和公权力行为而生损害赔偿责任,则适用行政诉讼程序和国家赔偿法解决。

(二)社团法人与财团法人

以法人成立的基础不同为标准,可以将法人分为社团法人和财团法人。社团法人是指以人的集合为其组织体基础的法人;财团法人是指以财产的集合为其成立基础的法人。简言之,社团法人以人为基础设立,有其成员;财团法人以财产为基础设立,没有成员。区分的意义在于:二者设立的基础不同,因而其设立的程序和社会作用亦不同。社团法人以成员为基础设立,其成员的设立行为是成员的共同行为,其设立程序有的须经主管机关批准才能登记,有的则无须批准就能获得登记;

---

〔12〕 参见魏振瀛:《民法》,北京大学出版社、高等教育出版社2000年版,第78页。

而财团法人以财产为基础设立,其设立人并非其成员,其设立行为常有单方行为和死后生效行为,其设立程序必须先经批准,才能登记。社团法人设立后以其成员组成意思机关,可随时变更其目的事业,因而其目的事业一般较适合于营利性事业,也可以适用于公益性事业,因而社团法人有营利法人、公益法人和中间法人之分;而财团法人的设立目的不得任意变更,只能适用于公益事业和非营利事业,所以财团法人只能是公益法人及中间法人。

重点提示

社团法人与财团法人的根本区别在于有无成员。

(三)营利法人、公益法人与中间法人

根据法人的目的事业的不同将其分为营利法人、公益法人和中间法人。营利法人,是指以营利并向成员分配盈余为目的事业的法人,如有限责任公司和股份有限公司法人;公益法人是指以公益为目的事业不向成员分配盈余的法人,如各类学校、医院;中间法人则是指其设立人既非以营利为目的,又非以公益为目的,而是以实现其特定目的设立的法人,它是指在非营利法人中除公益法人以外的法人,如同乡会、学会等,是为特定会员的服务为目的,具有共益或者互益性目的。在这里公益是指为社会一般人,即不特定多数人的利益,营利则是指为了特定的法人成员利益,它是指积极营利,并将其利益分配于其成员。区别公益法人与营利法人的意义在于:(1)设立的法律依据不同。营利法人依特别法的规定为依据设立;而公益法人除有特别法的规定外,须依民法的规定设立。(2)设立的程序不同。营利法人,除法律特别规定外,一般无须经主管机关的许可;而公益法人的设立必须首先得到行政主管机关的许可。(3)活动范围不同。营利法人可以从事各种营利性事业;公益法人则不得从事向其成员分配营利为目的的事业。

(四)本国法人与外国法人

依据法人的国籍不同,可将法人分为本国法人和外国法人。具有本国国籍的法人为本国法人,不具有本国国籍的法人为外国法人。法人的国籍一般以其设立所在国为其国籍,即在哪个国家设立就是哪国的法人。例如,在中国境内设立的外商投资的企业法人,则为中国法人;中国的投资者在外国设立的法人,则为外国法人。区分本国法人与外国法人的意义在于:外国法人的分支机构在一国的设立须依据法律的规定经主管机关批准其设立,否则不能成立。另外,对外国法人的民事活动范围,法律往往有不同于本国法人的限制。

二、《民法通则》关于法人的分类

我国《民法通则》没有依据传统民法上对法人的分类规定法人的种类，而是依据我国的实际情况规定了企业法人、机关法人、事业单位法人和社会团体法人。

企业法人，是指以营利为目的，从事商品生产和经营活动的法人。

机关法人，是指依照法律和行政命令组建的，以其财政预算经费拨款为其独立财产的，行使国家公权力的国家机关所具有的民事主体资格。

事业单位法人，是指为了实现社会公益事业目的，国家依照法律规定或行政命令或者民间力量依照法律规定成立的从事文化、教育、卫生、体育、新闻等公益事业的单位。

社会团体法人，是指自然人、法人或其他组织自愿组成的，从事学术研究、行业管理、专业协作、权益维护、联谊互助等非营利性活动以实现会员共同愿望的社会组织。

三、《民法典》关于法人的分类

国外民法上关于法人的基本分类是社团法人和财团法人，这是就私法人而言的分类，国外民法上不规定公法人。我国民法规定公法人，如机关法人、事业单位法人，所以我们不能以社团法人和财团法人作为法人的基本分类。[13] 我国《民法通则》将法人分为企业法人、机关法人、事业单位法人、社会团体法人四类，但是随着社会经济发展，这个分类已经不适应现实。法人形态有了很大变化，基金会、慈善机构等以捐助财产为基础成立的法人，还有各类民办机构，如民办学校、医院，这类机构有以营利为目的的，也有以公益为目的的。基于这样的法律基础和社会现实，原《民法总则》以各类法人设立的目的和功能的不同，首先将一般法人分为营利法人和非营利法人，这成为我国对法人的基本分类，对在设立、变更、终止方面具有特殊性，难以归入营利与非营利的社会组织将其规定为特别法人，如居民委员会、村民委员会、合作社等。这是《民法总则》对法人分类的一个创新。《民法典》完全采用了《民法总则》的法人分类标准和种类。因此，我国《民法典》规定的法人分类是一般法人和特别法人，一般法人包括了营利法人与非营利法人。营利法人包括有限责任公司、股份有限公司和其他企业法人等；非营利法人包括事业单位、社会团体、基金会、社会服务机构等。特别法人包括国家机关、农村集体经济组织法人、城镇农

---

〔13〕 梁慧星教授2017年3月21日在暨南大学珠海校区“百年暨南文化素质讲堂”以《〈民法总则〉若干重要问题解答》为题的讲座。

村合作经济组织法人、基层群众性自治组织法人。【基本标准:是否营利】

思考题:

1. 法人有哪些分类? 各个分类的法律意义是什么?

2.《民法典》对法人的基本分类标准及其种类是什么?

第八节　营 利 法 人

| 内容提要 |

本节讲述营利法人的概念和特征;营利法人的设立;营利法人的机构;对营利法人出资人、实际控制人、董事、监事、高级管理人员的约束规则;对营利法人的权力机构和执行机构瑕疵决议的撤销;对营利法人经营活动的约束等内容。这些规定都根源于营利法人以营利为目的并向成员分配利润这一本质特征。理解相关法律规定必须始终从这一本质特征出发。

一、营利法人的概念和特征

营利法人是指以取得利润并分配给股东等出资人为目的成立的法人。《民法典》第76条规定:“以取得利润并分配给股东等出资人为目的成立的法人,为营利法人。营利法人包括有限责任公司、股份有限公司和其他企业法人等。”营利法人具有如下特征:

1. 以营利为目的是营利法人的根本属性。所谓以营利为目的,是指法人以其经营活动实现其资产增值,即取得利润并向其投资者股东分配利润的目的。具有取得利润的目的,同时要有将取得的利润向投资者股东分配的目的。如果仅仅取得利润,而不向投资者股东分配利润就不是营利法人。只要以营利为目的,无论结果是否营利并分配了利润,都不影响它的营利法人性质。由此决定了营利法人必须连续地进行营业活动。只有通过连续的营业活动,才能不断地使其资产增值,并将其营业所获的利润分配给出资者。营业与一些事业的收费不同。例如,行政机关办理某些证件收取工本费,但它不是营业,它是辅助于其公务活动的,其收费收入也不分配于它的成员。【营利与收费不同】

重点提示

营利是股东投资法人的目的，营业是营利法人的活动，营业的目标是利润，利润的盈余分配于股东便是营利目的的实现。

2. 营利法人的资本来自成员出资，但其财产与成员财产独立。营利法人营业活动的资本来自其成员以营利为目的的投资，成员投资构成法人独立财产的基础，但法人的财产与其成员的财产是分开的，各自是独立的。【独立的含义】

3. 营利法人的设立都要经过工商登记。有些企业法人的设立依据法律的特别规定要经过批准程序，经批准后再依法办理工商核准登记设立。除依法要求须办理批准手续的以外，其他企业法人的设立直接经登记设立。《民法典》第 77 条规定："营利法人经依法登记成立。"【登记设立】

营利法人就是企业法人，主要以其法律组织形式的不同分为公司企业法人和非公司企业法人。公司企业法人是指采取公司组织形式的企业法人，在我国是指按照《公司法》成立的有限责任公司和股份有限公司，以及国有独资公司。非公司企业法人在我国是指依照《公司法》以外的法律成立的，不采用公司企业组织形式的企业法人，例如，依据《中外合资经营企业法》设立的中外合资经营企业法人等。

二、营利法人的设立要求

《民法典》对营利法人的设立规定了三项要求：一是营利法人经依法登记成立。二是依法设立的营利法人，由登记机关发给营利法人营业执照。营业执照签发日期为营利法人的成立日期。三是设立营利法人应当依法制定法人章程。

1. 营利法人经依法登记成立。在各国法律上，营利法人的设立模式经历了特许主义、核准主义、准则主义三种模式。特许主义是早期实行的普遍禁止营利法人，只有经过国王或者国会的特别准许才能设立营利法人的模式。目前各国普遍实行准则主义为原则、核准主义为例外的模式，即在一般情况下依照法律规定的营利法人的设立条件，对符合条件的经登记机关登记即可设立，无须审批；只有特殊情况下对法律要求经批准设立的营利法人，才经过事先审批后，登记设立。我国民法对营利法人的设立也采取准则主义为原则、核准主义为例外的模式。营利法人的设立都必须经过登记。登记是营利法人依法取得法人资格的必要条件。法律之所以要求营利法人必须经过登记才能成立，是因为营利法人是经济活动的主要主体，国家对经济生活的宏观调控和经济秩序的管理，交易秩序和安全的维护，消费者权益的保护，都需要加强对营利法人的监督管理。营利法人登记就是国家获取企业经营信息数据,公示企业的资产、住所、机构、成员等基本信息的重要手段。通过登记公示,赋予登记事项正确性推定的公信力,以保护营利法人和交易相对人、第三人的合法权益。

2. 营利法人的营业执照。营利法人的营业执照是营利法人经过登记成立的凭证,是由登记机关发给营利法人证明其已经登记,取得法人资格,可以从事营业活动的书面文件。营业执照上记载的法人名称、住所、注册资本、资金性质、营业经营范围、法定代表人等事项是营利法人成立的必备条件,也是国家对营利法人监督管理的依据。例如,营利法人严重违法经营的,国家管理机关可以依法吊销其营业执照。《民法典》第78条规定:“依法设立的营利法人,由登记机关发给营利法人营业执照。营业执照签发日期为营利法人的成立日期。”

3. 营利法人的章程。营利法人的章程是由其成员或者权力机构制定的关于营利法人的活动范围和组织机制的基本准则,是法人成为社会组织体和实现自我治理的、具有法律效力的根本规范性文件。《民法典》第79条规定:“设立营利法人应当依法制定法人章程。”所谓应当表明章程是营利法人设立的必备条件,不依法制定章程,营利法人就无从设立。所谓依法制定法人章程就是依据有关法律规定的章程的必要记载事项和章程的制定程序制定章程。例如,《公司法》第25、81条分别对有限责任公司和股份有限公司的章程记载事项作了规定。章程记载事项分为绝对必要记载事项和任意必要记载事项。绝对必要记载事项是法律规定必须记载的不可缺少的事项,如果缺少这些事项的记载,章程就会无效,不能获得登记。任意记载事项,则是由章程的制定者自己决定是否记载的事项,不记载不影响章程的效力和登记。有限责任公司章程由全体股东同意制定。国有独资公司由国有资产管理机构制定或者由公司董事会制定报国有资产管理机构批准。股份有限公司章程由发起人会议制定。章程制定并登记就具有法律效力,成为法人组织和行为的准则,对法人具有法律约束力,法人机构、法定代表人、法人成员都必须遵守章程。

法律链接

《公司法》第25、81条

三、营利法人的机关

《民法典》第一编总则对营利法人的机关及其职权作了规定。营利法人应当设立权力机构、执行机构,营利法人也可以设监督机构。这里规定的营利法人的权力机构、执行机构、监督机构也就是营利法人的机关,而非一般机构。

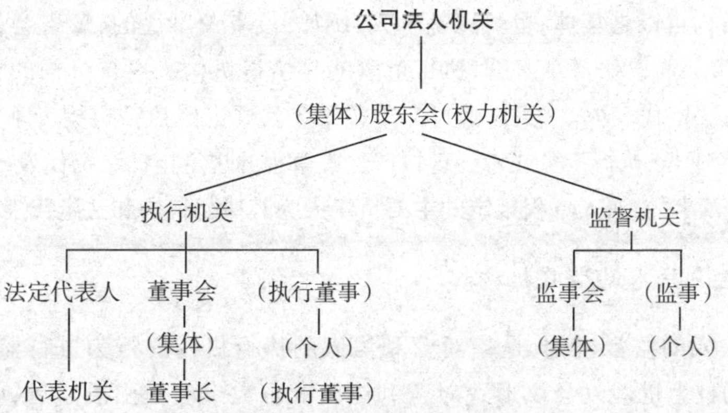

图5－1　公司法人机关的构成

（一）营利法人的权力机构

营利法人的权力机构是指营利法人的最高权力机构，是有权对法人重大事项作出决定的机构。《民法典》第80条第1款规定："营利法人应当设权力机构。"营利法人是由股东投资为了取得利润并向股东分配利润而设立的法人，股东是法人的成员。因此，营利法人的最高权力来自股东。营利法人的权力机构一般由股东会议的形式组成。例如，《公司法》第36条规定有限责任公司的股东会是公司的权力机构，股东会由全体股东组成。第98条规定，股份有限公司股东大会是公司权力机构，股东大会由全体股东组成。但《公司法》第61条规定，一人有限责任公司不设股东会，其最高权力由出资人行使。根据《公司法》第66条的规定，国有独资公司不设股东会，由国有资产监督管理机构行使股东会职权。营利法人的权力机构的职权就是决议法人的重大事项。《民法典》第80条第2款规定："权力机构行使修改法人章程，选举或者更换执行机构、监督机构成员，以及法人章程规定的其他职权。"

（二）营利法人的执行机构和法定代表人

营利法人执行机构是法人意志的执行和实现机关，它行使法律、法令或章程规定的职权，执行权力机构的决议，负责实现业已形成的法人意志，组织指挥法人内部各部分之间协调运转，由其主要负责人代表法人对外进行民事活动。其主要负责人就是法人的法定代表人，是法人的代表机关。《民法典》第81条第1、2款规定："营利法人应当设执行机构。执行机构行使召集权力机构会议，决定法人的经营计划和投资方案，决定法人内部管理机构的设置，以及法人章程规定的其他职权。”执行机构可以是集体,也可以是个人,例如,设有董事会的,董事会就是执行机构;不设董事会而设执行董事的,执行董事就是执行机构。执行机构的负责人就是盈利法人的法定代表人。《民法典》第 81 条第 3 款规定:“执行机构为董事会或者执行董事的,董事长、执行董事或者经理按照法人章程的规定担任法定代表人;未设董事会或者执行董事的,法人章程规定的主要负责人为其执行机构和法定代表人。”

(三)营利法人的监督机构

营利法人的监督机构,是指对营利法人的执行机构的行为进行监督的机构。营利法人的权力机构以会议形式对营利法人的重大事项作出决定后,就要由执行机构贯彻落实,执行机构能否切实有效地执行权力机构的决定,关系股东利益的实现,而股东会并没有常设机构,因此,就可以根据需要设立专门机构监督执行机构的行为,并对权力机构负责。监督机构可以是集体的监事会,也可以不设监事会而设监事作为监督机构。《民法典》第 82 条规定:“营利法人设监事会或者监事等监督机构的,监督机构依法行使检查法人财务,监督执行机构成员、高级管理人员执行法人职务的行为,以及法人章程规定的其他职权。”

四、对营利法人出资人、实际控制人、董事、监事、高级管理人员的约束

营利法人的出资人就是向营利法人出资并有权获取利润的人。实际控制人是指虽然在名义上不是营利法人的出资人、董事、监事、高级管理人员,但通过投资关系、协议或者其他安排在实际上能够对营利法人的行为起到决定性影响作用的人。董事是作为营利法人执行机构的成员,有权参与法人事务管理的人。监事是营利法人的监督机构监事会的成员或者独任监事,对法人事务有监督管理的权利。高级管理人员是指具体负责执行法人事务管理的总经理、副总经理、经理、副经理、财务负责人、上市公司董事会秘书以及其他由营利法人的章程所规定的管理人员。这些人员享有管理公司的权利或者实际有控制公司的能力,如果其滥用权利就会损害股东利益、公司利益、债权人利益,因此,从法律上应当对其行为进行约束。

1. 营利法人出资人不得滥用出资权利。出资人享有资产收益权、参与重大决策、选择经营管理者等权利,在行使这些权利过程中应当正确行使权利,不得损害法人和其他出资人的利益。正确行使权利就是遵守法律和章程规定行使权利,包括按照章程规定的程序和议决原则行使权利。滥用权利就是在行使权利过程中超越权利边界范围或者借权利行使之便损害相关人利益的情况。例如,泄露法人的商业秘密损害法人利益、不当选择经营管理者损害法人利益、利用控股地位低价处

置公司资产、利用控股地位不按章程规定分红、损害小股东利益。滥用权利损害法人或者其他出资者利益，给法人或者其他出资者造成损失的，应当承担侵权损害赔偿的民事责任。《民法典》第83条第1款规定："营利法人的出资人不得滥用出资人权利损害法人或者其他出资人的利益；滥用出资人权利造成法人或者其他出资人损失的，应当依法承担民事责任。"

2. 营利法人出资人不得滥用法人独立地位和出资人有限责任。出资人在法人成立后就是法人的股东，法人与其出资人、股东在人格上是独立的、财产上是独立的，法人以其独立财产承担民事责任，股东仅仅以其出资额为限承担有限责任。出资人利用法人的独立地位，不足额履行出资义务造成法人财产不实或者将法人财产抽逃转移，逃避债务，或者将法人财产与自己财产混同，致使法人财产减少，就构成对法人独立地位和出资人有限责任的滥用，给债权人造成损失的就应当向债权人对法人债务承担连带责任。在这种情况下就打破了公司的独立地位和出资人的有限责任，由出资人对法人债务承担连带责任。《民法典》第83条第2款规定："营利法人的出资人不得滥用法人独立地位和出资人有限责任损害法人债权人的利益；滥用法人独立地位和出资人有限责任，逃避债务，严重损害法人债权人的利益的，应当对法人债务承担连带责任。"【法人独立的含义】

3. 营利法人控股出资人、实际控制人、董事、监事、高级管理人员不得利用关联关系损害法人利益。关联关系交易，是指已经具有投资关系或者合同关系的相关不同主体间的交易。正常的关联交易不损害法人利益，而且增进法人利益，分散风险，应当受法律保护。这里所谓的利用关联关系，是指营利法人的控股出资人、实际控制人、董事、监事、高级管理人员与其直接或间接控制的其他营利法人或者民事主体之间的相互影响关系。这些对营利法人具有控制权力的人往往利用关联关系将营利法人的利益转移给相关联的其他营利法人或者民事主体，就会损害营利法人的利益。因此，法律对关联关系交易严格加以监管。《民法典》第84条规定，营利法人的控股出资人、实际控制人、董事、监事、高级管理人员不得利用其关联关系损害法人的利益；利用关联关系造成法人损失的，应当承担赔偿责任。【关联关系】

五、对营利法人的权力机构和执行机构瑕疵决议的撤销

（一）营利法人的权力机构和执行机构瑕疵决议

所谓营利法人的权力机构和执行机构瑕疵决议，是指营利法人的权力机构、执行机构作出决议的会议召集程序、表决方式违反法律、行政法规、法人章程作出的决议，或者内容违反法人章程的决议。可见，瑕疵决议的瑕疵包括两个方面：一个是

程序瑕疵,另一个是实体瑕疵。公司法对公司法人权力机构、执行机构的会议召集程序、表决方式都有规定,例如,《公司法》第 41 条第 1 款规定:"召开股东会会议,应当于会议召开十五日前通知全体股东;但是,公司章程另有规定或者全体股东另有约定的除外。"如果某个有限责任公司的股东会的召开没有在股东会召开前 15 日通知全体股东,公司章程没有另外规定,全体股东也无另外约定,该次股东会作出的决议在召集程序上就违反了公司法的规定,具有程序瑕疵。又如,某公司的章程规定,公司不得对其他个人债务提供担保,如果董事会作出决议为其他个人债务提供担保的,其决议内容就是违反章程规定的,具有实体瑕疵。

(二)营利法人出资人撤销权

依据《民法典》第 85 条的规定,营利法人的权力机构、执行机构作出决议的会议召集程序、表决方式违反法律、行政法规、法人章程,或者决议内容违反法人章程的,营利法人的出资人可以请求人民法院撤销该决议。只要营利法人的权力机构或者执行机构作出的决议存在瑕疵,无论程序瑕疵还是实体瑕疵,出资人都有请求人民法院撤销的权利。出资人的撤销权是以其单方意志改变由权力机构、执行机构作出的决议效力的形成权。经人民法院审理,出资人请求撤销的权力机构或者执行机构的决议确实存在程序或者内容违反法律、行政法规、法人章程的情形的,就会作出撤销该决议的判决。【通过请求人民法院裁决行使的形成权】

(三)瑕疵决议被撤销时对善意相对人的保护

法律链接

《民法典》第85条

善意相对人是指营利法人依据其权力机构、执行机构作出的瑕疵决议与相对人形成民事法律关系时,相对人不知道也不应当知道该决议存在瑕疵,也就是不知道也不应当知道营利法人的权力机构、执行机构作出决议的会议召集程序、表决方式违反法律、行政法规、法人章程,或者决议内容违反法人章程。为了维护交易安全,对善意相对人的利益应当予以保护。因此,依据《民法典》第 85 条的规定,即使营利法人的权力机构、执行机构作出的瑕疵决议被人民法院撤销,营利法人依据该决议与善意相对人形成的民事法律关系不受影响。例如,依据营利法人董事会作出的对外提供担保的决议,该营利法人与某银行订立的担保合同法律关系,如果该银行在订立担保合同时不知道也不应当知道董事会决议违反公司法或者公司章程的,即使该董事会决议被法院撤销,该担保合同关系不受影响,对银行的债权担保利益予以保护。

六、对营利法人的经营行为的约束

《民法典》第 86 条规定:"营利法人从事经营活动,应当遵守商业道德,维护交易安全,接受政府和社会的监督,承担社会责任。"这是对营利法人经营行为的约束,其目的在于矫正和防止营利法人过度追求利润目的,损害他人和社会利益,实现营利法人与他人利益、社会利益的平衡和共赢,体现了《民法典》弘扬社会主义核心价值观的立法目的。

1. 遵守商业道德。商业道德就是在商业活动中人们应当遵守的基本的道德,是一定社会的道德规范在商业活动中的贯彻。例如,依据基本的社会道德规范在商业活动中应当诚实信用、买卖公平、货真价实、童叟无欺等。在生产经营活动中要尊重劳动者的人格,对劳动者提供基本的劳动保护和福利。营利法人以营利为目的,在经营活动中追求利润最大化,但不能唯利是图,不能为了利润不讲道德。只有在遵守商业道德的前提下,追求利润最大化才是受法律保护的。

2. 维护交易安全。营利法人作为市场经营主体,其营利目的是在商业的经营活动中实现的,商业经营活动离不开资源、产品、资金的交易过程。交易安全就是交易主体之间连续进行的整体交易秩序能够保障交易目的按照预期稳定实现的状态,表现为交易预期的可信赖和交易目标的稳定性。交易安全是通过交易主体的共同维护形成的。《民法典》规定营利法人维护交易安全的义务,就是要求营利法人在经营过程中追求自身利益最大化的同时要兼顾其他交易主体的利益。营利法人在经营活动中不能因为追求自身的营利目的和利益,而采取有损交易安全的手段,损害交易相对人或者第三人的信赖利益,破坏交易的稳定。

3. 接受政府和社会监督。营利法人是构成社会经济活动主体的一分子,在社会经济活动中实现其营利目的,其经营行为关乎社会整体经济秩序和社会利益,理应接受政府和社会的监督。政府监督就是政府及其职能部门对市场经营主体的管理和监督。社会监督包括行业监督、社会组织监督、新闻媒体监督等。

4. 承担社会责任。所谓营利法人的社会责任,是指营利法人以营利为目的,在实现其营利目的的过程中应当按照法律和道德要求兼顾相关者和社会利益,例如,按照商业道德兼顾劳动者、债权人、消费者的利益,维护环境、救灾扶贫等社会公益。《民法典》规定营利法人的社会责任体现了法律责任和道德责任的结合,是法律对道德责任的肯定和倡导,营利法人尽到社会责任的在法律上应当得到鼓励,例如,营利法人积极救灾扶贫可以得到税收等方面的优惠。营利法人在经营过程中违反社会责任的行为会受到法律的否定性评价。这样对营利法人的行为起到规范引导的作用。

思考题：

1. 什么是营利法人?

2. 营利法人有哪些机构?

3.《民法典》对营利法人出资人、实际控制人、董事、监事、高级管理人员有哪些约束?

4. 什么是营利法人的权力机构和执行机构瑕疵决议? 对瑕疵决议如何撤销? 被撤销的后果如何?

5. 营利法人的经营活动应当受到哪些约束? 什么是营利法人的社会责任?

第九节　非营利法人

| 内容提要 |

本节讲述非营利法人非营利性的本质特征,以及由此决定的各个非营利法人的特点。

一、非营利法人的概念和特征

《民法典》第 87 条规定:“为公益目的或者其他非营利目的成立,不向出资人、设立人或者会员分配所取得利润的法人,为非营利法人。非营利法人包括事业单位、社会团体、基金会、社会服务机构等。”可见非营利法人具有如下特征:

1. 设立目的的非营利性。非营利法人的设立目的是非营利的。非营利包括公益目的或者其他非营利目的。公益目的就是指以不特定多数人的利益为目的。以公益为目的的法人就是公益法人,如宗教团体、学术机构、科研单位、慈善机构。公益法人是非营利法人,但非营利法人还包括其他非营利目的的法人,也就是公益以外的非营利目的,既非公益目的,也非成员营利目的,而是为成员的非经济目的服务的目的设立的法人,也称成员互益或者共益目的设立的法人,如社会团体法人,包括各种协会、商会、行会、学会、俱乐部。【公益目的与其他非营利目的】

2. 不得向出资人、设立人或者会员分配取得的利润。非营利法人在其目的事业范围内从事民事活动也可以取得利润,但不得将所取得的利润分配给出资人、设立人或者会员。设立人、出资人设立或者出资非营利法人或者会员参加非营利法人的目的都不是取得利润，而是为了公益目的或者其他非营利目的。【不分配利润】

3. 为公益目的成立的非营利法人终止时，不得向出资人、设立人或者会员分配剩余财产。

非营利法人的种类包括事业单位法人、社会团体法人、基金会法人、社会服务机构法人。

二、事业单位法人

(一) 事业单位法人的概念

事业单位法人，是指为了实现社会公益事业目的，国家机关或者其他组织利用国有资产依照法律规定或行政命令成立的从事文化、教育、卫生、体育等公益事业的、具有法人资格的单位。这类法人不以营利为目的，而以公益为目的。国有事业单位法人的独立经费和财产主要来源于国家的财政预算拨款，也有其活动收费，其收费以辅助经费用于其事业活动经费，不得作为利润分配。依据《事业单位登记管理暂行条例》第 2 条的规定，事业单位是指国家为了社会公益目的，由国家机关举办或者其他组织利用国有资产举办的，从事教育、科技、文化、卫生等活动的社会服务组织。包括两类：承担义务教育、基础性科研、公共文化、公共卫生及基层的基本医疗服务等基本公益服务，不能或者不宜由市场配置资源的，属于公益一类；承担高等教育、非营利医疗等公益服务，可部分由市场配置资源的，划入公益二类。教育、医疗、文化等活动不以分配利润为目的；如果分配利润就成了营利性。【提供公益服务，国家机关和其他组织，利用国有资产举办】

(二) 事业单位法人的成立

《民法典》第 88 条规定："具备法人条件，为适应经济社会发展需要，提供公益服务设立的事业单位，经依法登记成立，取得事业单位法人资格；依法不需要办理法人登记的，从成立之日起，具有事业单位法人资格。"可见，事业单位法人的成立首先要具备法人条件。所谓具备法人条件就是具备法人成立的基本条件，即要有"自己的名称、组织机构、住所、财产或者经费"等条件。具备这些条件，原则上经依法登记设立，也有依法不需要登记的。实际上在登记或者备案前先要经过批准。例如，《事业单位登记管理暂行条例》第 3 条第 1 款规定："事业单位经县级以上各级人民政府及其有关主管部门（以下统称审批机关）批准成立后，应当依照本条例的规定登记或者备案。"第 5 条规定："县级以上各级人民政府机构编制管理机关所属的事业单位登记管理机构(以下简称登记管理机关)负责实施事业单位的登记管理工作……”第11条第1款规定:“法律规定具备法人条件、自批准之日起即取得法人资格的事业单位,或者法律、其他行政法规规定具备法人条件、经有关主管部门依法审核或者登记,已经取得相应的执业许可证的事业单位,不再办理事业单位法人登记,由有关主管部门按照分级登记管理的规定向登记管理机关备案。”第12条第2款规定:“对备案的事业单位,登记管理机关应当自收到备案文件之日起30日内发给《事业单位法人证书》。”【法人条件具备,程序的完成:登记或者备案】

(三)事业单位法人的机构和法定代表人

事业单位是国家为了社会公益目的,由国家机关举办或者其他组织利用国有资产举办的,因此其法人治理结构不同于营利法人,因此没有类似于股东会那样的权力机构,而是加强国家机关对其管理和监督。为了做好公益事业,事业单位可以设理事会,除法律另有规定外,理事会作为决策机构;但事业单位也可以不设理事会。事业单位的执行机构是必设机构,由事业单位的行政负责人和主要管理人员构成。设有理事会,并且理事会作为决策机构的,由理事会对事业法人的发展规划、财务预算、重大业务事项、章程制定和修改等事项进行决策;执行机构负责理事会决策决议事项的执行,管理好日常业务、财务、人事,实现法人的公益目的。如果不设理事会的则由执行机构负责决策和执行。事业单位可以将理事会作为监督机构,也可以设立独立的监事机构。对此《民法典》第一编总则未作规定,可以由有关行政法规作出规定。《民法典》第89条规定:“事业单位法人设理事会的,除法律另有规定外,理事会为其决策机构。事业单位法人的法定代表人依照法律、行政法规或者法人章程的规定产生。”事业单位的法定代表人是行政机关的最高行政负责人,其产生一般由政府或者举办事业单位的行政机关任命。也可以依照法律规定、行政法规规定或者章程规定的方式产生,例如,设有理事会的由理事会选举产生。事业单位的法定代表人对内管理法人事务,对外代表法人从事民事活动,其履行职责产生的法律后果由法人承担。【理事会并非必设】

三、社会团体法人

(一)社会团体法人的概念和特征

依据《民法典》第90条的规定,社会团体法人是基于会员意愿设立的,为实现公益目的或者会员的共同利益,按照章程开展活动的具有法人资格的非营利性社会组织。具有如下特征:

1. 社会团体法人的设立目的是公益目的或者会员的共同利益目的。公益目的是指为了不特定多数的社会成员利益目的,如中华慈善总会、中国红十字会等。会员共同利益目的是指为特定群体的会员的共同利益服务的目的,例如,中国律师协会是为律师会员的合法权益维护服务的,陕西商会是为特定的陕西商人会员的共同利益服务等。社会团体法人的设立目的是非营利性的,其活动收费或所获利润,只能用于其目的事业,而不能分配给会员。这一点使它与事业单位法人极为相似,但事业单位法人不同于社会团体法人。事业单位法人主要是由国家机关或其他组织利用国有资产创办的,所从事的事业是独立的社会公益事业;而社会团体法人所从事的事业包括公益目的,还包括在公益目的之外的会员的共同利益目的等非营利目的,其实现会员共同意愿的活动,目的在于促进公益事业的发展。例如,医院是事业单位,是从事社会公益事业;而医学会则是为会员服务的,促进医疗事业发展的社会团体法人。[14]【公益与共益】

2. 社会团体法人以会员为基础,是基于会员的共同意愿设立的社会组织。这一点容易与社团法人以成员为基础设立相混淆,但二者是不同的。社会团体的会员不同于社团法人的成员,成员是出资的,会员虽然也缴纳会费,但缴费不同于出资,出资是以取得投资回报为目的的,缴费仅仅是会员的一种组织义务。因此不能望文生义地将社会团体法人等同于社团法人,社团法人更不是社会团体法人的简称,社会团体法人是为公益目的或者会员的共同利益的法人;社团法人以成员为基础成立的,是以营利为目的的法人,比如有限责任公司、股份公司。社会团体法人在基于会员的共同意愿设立这一点上明显不同于事业单位法人,事业单位法人是由国家机关或者其他组织设立的,不是基于会员的共同意愿设立的。【社会团体法人与社团法人不同】

3. 社会团体法人成立的财产基础是由会员缴纳的开办费、会费,事业单位法人的财产来自国有资产。【财产来源】

(二)社会团体法人的设立

《民法典》第90条规定:“具备法人条件,基于会员共同意愿,为公益目的或者会员共同利益等非营利目的设立的社会团体,经依法登记成立,取得社会团体法人资格;依法不需要办理法人登记的,从成立之日起,具有社会团体法人资格。”可见,社会团体法人的设立要符合以下要求:

---

〔14〕 我国《公益事业捐赠法》第10条关于公益性社会团体和公益性非营利的事业单位的概念解释中,将社会团体解释为以发展公益事业为宗旨的机构,而对事业单位则解释为从事公益事业的机构。

1. 具备法人条件。所谓具备法人条件就是具备法人成立的基本条件,即要有“自己的名称、组织机构、住所、财产或者经费”等。《社会团体登记管理条例》第10条规定,成立社会团体应当有规范的名称和相应组织机构、固定的住所、有与其业务活动相适应的专职工作人员、有合法的财产和经费来源,全国性社会团体有10万元以上活动资金,地方性的社会团体和跨行政区域的社会团体有3万元以上的活动资金。【法人基本条件的具备】

2. 基于会员的共同意愿成立。社会团体法人是基于会员意愿设立的人合法人,会员自愿结社而成立。《社会团体登记管理条例》第10条规定,成立社会团体应当有50个以上的个人会员或者30个以上的单位会员;个人会员、单位会员混合组成的总数不少于50个。【以会员为基础】

3. 有明确的公益目的或者会员的共同利益等非公益目的。

4. 应当制定法人章程。依《社会团体登记管理条例》第2条的规定,社会团体是为了实现会员的共同意愿,按照章程开展活动的非营利性社会组织。章程是社会团体法人成立的必备文件。因此,《民法典》第91条第1款规定:“设立社会团体法人应当依法制定法人章程。”【章程是会员制定、自我管理和具有法律约束力的文件,是组织的基础】

5. 社会团体法人应当设权力机构、执行机构和法定代表人。社会团体法人以会员为基础并为了会员利益而设立,会员大会或者代表大会必然就是其权力机构。社会团体法人应当设会员大会或者会员代表大会等权力机构,行使如下职权:制定和修改法人章程;选举和罢免理事;决定法人工作方针和任务;审议理事会的工作报告和财务报告;制定和修改会费标准;决定法人终止事宜等重大事项。社会团体法人应当设理事会等执行机构。会员大会或者会员代表大会作为社会团体法人的权力机构,是会议形式的机构,其作出的决议应当由日常管理机构负责落实,因此,会员大会或者代表大会就要选举出理事会或者常务理事会作为其执行机构,负责落实会员大会或者代表大会作出的决议。理事长或者会长等负责人按照法人章程的规定担任法定代表人。【法人机关】

6. 依照法律规定的程序设立

《社会团体登记管理条例》第9条规定:“申请成立社会团体,应当经其业务主管单位审查同意,由发起人向登记管理机关申请登记……”筹备成立的社会团体应当自登记管理机关批准筹备之日起6个月内召开会员大会或者会员代表大会,通过章程,产生执行机构、负责人和法定代表人,并向登记管理机关申请登记。第12条规定,登记机关应当自收到完成筹备工作的社会团体的登记申请书及有关文件之日起60日内完成审查工作，对符合条件和要求的准予登记，发给《社会团体法人登记证书》。社会团体法人依法设立，一般经过登记设立；也有依法不需要登记的，这是指依据《社会团体登记管理条例》规定不需要登记或者经国务院批准免于登记。依法不需要办理法人登记的，从成立之日起，具有社会团体法人资格。例如，参加全国政治协商会议的人民团体。【程序合法】

四、捐助法人

（一）捐助法人的概念

依据《民法典》第92条规定，捐助法人是指为公益目的以捐助财产设立的具备法人条件的基金会、社会服务机构等法人。包括基金会、社会服务机构、宗教活动场所法人等。捐助法人具有如下特征：

1. 捐助法人为公益目的设立，是非营利法人。区别于营利法人，其与事业单位法人、社会团体法人都是出于公益目的，但社会团体法人还可以是出于公益目的以外的其他非营利目的，也就是会员的共益目的。【唯公益目的】

2. 捐助法人以捐助财产为基础设立，是财团法人。财团法人是传统大陆法系民法与社团法人相对的分类概念，是指以一定目的的特定财产为基础设立的没有成员的法人。捐助法人就是在出于一定目的的捐助财产上赋予其法人人格，是以捐助财产为基础设立的，是财产的人格集合体。捐助财产来源于社会的捐助，包括自然人、法人和其他社会组织出于一定公益目的的捐助。这是捐助法人与事业单位法人的区别，事业单位法人的财产来自国有财产。同样是公益目的，以国有财产为基础设立的是事业单位法人，以社会捐助财产设立的是捐助法人。【捐助财产】

3. 捐助法人没有成员。捐助法人虽然有自然人参与，但没有成员，有的只是管理人。捐助是捐助人对捐助财产的处分，捐助以后由捐助法人享有所有权，成为法人的独立财产，捐助人不再享有财产权利，与捐助人完全分离，捐助人不是法人的成员。这是捐助与营利法人出资人的出资的不同。营利法人的出资人向法人出资财产，也构成与出资人分离的法人独立财产，但出资人换回的是出资权，即股权，包括法人成员权、分红权等。捐助也与社会团体会员的捐助和缴费不同，社会团体会员对社会团体的缴费或者捐助是以会员身份或者取得会员权为条件的。【捐助与出资、缴会费不同】

(二)捐助法人的种类

1. 基金会法人

法律链接

《民法典》第92条

基金会法人是指利用自然人、法人或者其他组织捐助的财产,以从事公益事业为目的,依据《基金会管理条例》设立的非营利法人。基金会不同于社会团体,社会团体是以会员为基础设立的,基金会是以捐助财产为基础设立的,不是以会员为基础设立的。基金会法人的设立依据《基金会管理条例》符合法人设立的条件,经法定的登记管理机关依据法定程序登记或者备案设立,取得法人资格。【基金会没有会员】

2. 社会服务机构法人

按照《民办非企业单位登记管理暂行条例》登记的民办非企业单位,如非营利性的民办学校、民办医院、民办养老院、民办博物馆等,在《慈善法》中将其名称修改为社会服务机构,是指民间力量通过捐助财产举办的为社会提供公益性服务的非营利性社会组织,这实际上是民办的事业单位。事业单位是国家为了社会公益目的,由国家机关举办或者其他组织利用国有资产举办的,社会服务机构则是民间捐助财产举办的。【与事业单位法人的不同】

民办学校、民办医院既可以是营利性的,也可以是非营利性的,区别就在于创办者是否分配利润。非营利的学校或者医院的创办者不得分配利润,终止后的剩余财产也不得分配,而是进行归交。只有捐助财产举办非营利性的,也就是为不特定多数社会公众利益服务的,才属于社会服务机构。社会服务机构不以营利为目的,其事业活动收费,主要用于事业发展,不得用于营利分配,但其出资者可取得合理的收入。创办者出资创办的营利性的学校、医院、养老院等属于营利法人或者非法人组织。【区分营利与非营利】

社会服务机构法人的设立,依据《社会服务机构登记管理条例》,符合法人条件,经法定的登记管理机关,依照法定程序登记或者备案设立。

3. 宗教活动场所法人

宗教活动场所法人是指宗教活动场所以宗教活动场所的财产为基础经申请登记设立的从事宗教活动的捐助法人。例如,寺庙、道观、教堂等宗教活动场所作为财产的集合体经登记取得捐助法人的资格。宗教活动场所法人与宗教团体法人不同,后者属于社会团体法人。《宗教事务条例》应当对宗教活动场所法人的设立和活动管理作出规定。【捐助性、财团性】

（三）捐助法人的章程

《民法典》第 93 条第 1 款规定："设立捐助法人应当依法制定法人章程。"一般而言，章程是法人作为社会组织的基础和标志，设立法人都应当制定章程，而就捐助法人而言，章程则更具有必要性，因为捐助法人没有股东、没有会员，没有权力机构，其组织和管理，由法律、行政法规规定，主要由章程规定。捐助人将财产捐助设立法人，其所捐助的财产就是法人的财产，捐助人不是法人的成员，捐助法人没有成员，捐助人的捐助目的实现就要靠章程约束。捐助法人只有管理者，管理者管理捐助法人财产能否实现捐助财产的公益目的，主要依靠章程规范和约束。章程要体现捐助人的意愿，捐助设立的捐助人要在章程之中按照他的意志明确规定法人的目的、名称、住所、捐助的财产、组织形式，理事会、民主管理组织等决策、执行机构、监督机构的组成、产生、任期、职责、议事规则，等等。因此，捐助法人应当制定章程对其设立的宗旨、活动范围、组织机构、财产管理规则等重大事项作出规定。捐助法人章程的制定应当遵守法律、行政法规的规定。例如，《慈善法》第 11 条就规定了慈善组织法人章程的必备内容，慈善基金会、慈善社会组织法人的章程，应当遵守慈善法的规定。《基金会管理条例》第 13 条对基金会章程应当载明的事项作了明确规定。第 15 条还规定：基金会修改章程，应当征得其业务主管单位的同意，并报登记管理机关核准。

（四）捐助法人的机构

《民法典》第 93 条第 2、3 款规定："捐助法人应当设理事会、民主管理组织等决策机构，并设执行机构。理事长等负责人按照法人章程的规定担任法定代表人。捐助法人应当设监事会等监督机构。"捐助法人没有成员、没有会员，所以没有权力机构，因此有必要设立设理事会、民主管理组织等决策机构；设执行机构，如理事会的秘书处作为执行机构，民办公益学校的校长等也是执行机构。按照法人章程的规定由理事长等负责人担任法定代表人。捐助法人还要设监事会等监督机构。在《慈善法》《基金会管理条例》等法律法规中对捐助法人的机构作出了详细的规定。

（五）捐助人的权利

捐助法人没有成员、没有会员也就没有权力机构，其决策和执行机构能否按照章程行事，实现法人的目的，也就缺少权力机构的监督，仅仅依靠监督机构的监督，也只是法人内部的监督，因此，为了强化对捐助法人的决策、执行机构的监

法律链接

《民法典》第94条

督,《民法典》第94条规定了捐助人的权利。因为捐助法人能否按照章程运作,直接关系到捐助人捐助财产设立法人的目的,所以规定捐助人的权利具有合理性。捐助人的权利包括了查询权、提出意见和建议权、撤销权,同时也规定了其他利害关系人和主管机关的撤销权。

1. 查询权。捐助人的查询权,是指捐助人向捐助法人查询捐助财产使用、管理情况的权利。例如,要求捐助法人的管理者公布有关信息,通过信息查询系统知悉捐助财产使用、管理情况;也可以查阅法人的账簿等财务资料、会议记录、合同、工作计划、工作总结报告等业务资料,捐助法人应当及时提供,给予方便,并对其询问问题及时如实答复。

2. 提出意见、建议权。捐助人提出意见建议权是指捐助人有针对捐助财产的使用、管理情况向捐助法人提出意见、建议的权利,捐助法人应当对其意见、建议及时作出说明和答复。例如,对捐助财产的使用情况认为不合捐助目的的要求纠正,对依据捐助目的要求应当开展的业务活动提出建议等。

3. 撤销权。撤销权是捐助人等利害关系人和有关主管机关的撤销权,是指捐助法人的决策机构、执行机构或者法定代表人作出决定的程序违反法律、行政法规、法人章程,或者决定内容违反法人章程的,捐助人等利害关系人或者主管机关可以请求人民法院撤销该决定的权利。可见撤销权的主体有捐助人,也包括其他利害关系人和主管机关。捐助人给捐助法人捐助的财产要用于由章程明确规定的特定公益目的。如果捐助法人的决策机构、执行机构或者法定代表人作出决定的程序违反法律、行政法规、法人章程,或者决定内容违反法人章程的,就违背了捐助人的意愿,捐助人就有权请求人民法院予以撤销。其他利害关系人主要是捐助财产的受益人,如果受益人已经是捐助财产的特定受益人的情况下,捐助法人的决策机构、执行机构或者法定代表人作出决定的程序违反法律、行政法规、法人章程,或者决定内容违反法人章程的,损害了受益人的受益信赖,受益人则有权请求人民法院予以撤销。有关主管机关依法对公益捐赠财产的使用享有监督的权利,以维护捐助财产真正用于公益目的,维护社会信用。捐助法人的决策机构、执行机构或者法定代表人作出决定的程序违反法律、行政法规、法人章程,或者决定内容违反法人章程的,政府主管部门就可以行使监督权,可以请求人民法院撤销这样的决定。

五、公益目的法人终止时的财产处理

（一）为公益目的成立法人终止时剩余财产的性质

为公益目的成立的非营利法人包括事业单位法人、以公益为目的的社会团体法人、捐助法人。不包括社会团体法人当中为其他非营利目的设立的法人，就是不包括公益目的以外，为成员的共益目的设立的社会团体法人。公益目的设立的非营利法人终止时也要进行清算。因解散或者破产原因终止时，依法进行清算，在清偿相关的债务、费用、税费以后的剩余财产就是为公益目的成立法人终止时的剩余财产。对于剩余财产的处理在营利目的法人与公益目的法人有不同的原则。营利法人原则上是向股东分配剩余财产。而以公益为目的成立的法人，由于财产来源主要是捐助财产或者国有财产，它是为公益目的及社会不特定多数人的利益服务的财产，已经是不属于捐助者、出资者、设立者的财产，而属于公益法人的财产，当公益法人终止时作为剩余财产仍然属于公益属性的财产。【公益性决定了处理规则】

（二）为公益目的成立法人终止时剩余财产的处理

为公益目的成立法人终止时剩余财产的性质属于公益性财产，对财产的分配应当遵循下列规则：

> **法律链接**
>
> 《民法典》第95条

1. 不得向出资人、设立人或者会员分配剩余财产。

2. 按照法人宗旨和捐助人的意愿确保剩余财产继续用于公益目的，造福社会。所以应当按照法人章程的规定或者权力机构的决议用于公益目的。

3. 按照宗旨相同或者相近原则由主管部门决定向公益法人转交。就是指无法按照法人章程的规定或者权力机构的决议处理的，由主管机关主持转给宗旨相同或者相近的法人，并向社会公告。

思考题：

1. 什么是非营利法人？它与营利法人有何不同？

2. 非营利法人有哪些种类？各种非营利法人的相同点和区别点是什么？

3. 捐助人对捐助法人享有什么权利？捐助人、利害关系人、主管机关对捐助法人机构决定的撤销权是什么？

4. 为公益目的成立的非营利法人终止时财产如何处理？

第十节　特别法人

内容提要

特别法人是指在目的宗旨和设立、变更、终止等方面与一般法人相比具有特殊性的法人。包括机关法人、农村集体经济组织法人、合作经济组织法人、基层群众自治组织法人。本节学习重点在于理解特别法人的特别之处。

一、特别法人的概念和特征

《民法典》第96条规定:"本节规定的机关法人、农村集体经济组织法人、城镇农村的合作经济组织法人、基层群众性自治组织法人,为特别法人。"特别法人是指按照营利和非营利的一般分类标准不能归入其中一类的,具有特殊性的法人。包括机关法人、农村集体经济组织法人、城镇农村的合作经济组织法人、基层群众性自治组织法人。可见,特别法人的特属性在于不能按照营利与非营利的分类标准进行明确归类。例如,机关法人明显不属于营利目的,属于非营利目的,但又不属于典型意义的非营利的公益事业目的或者为特定成员服务的共益目的,而是以实现国家对社会的管理为目的设立的,所以不能简单地归入非营利法人。农村集体经济组织法人是经济组织当然应当具有经济活动的营利目的,但它又不是典型的以向成员分配利润为目的,而是在农村一定社区范围的集体土地公有基础上为成员集体所有土地的占有、使用、收益、处分而进行管理,以实现集体利益和成员利益的经济组织,不能简单地归入营利法人或者社团法人。城镇农村的合作经济组织法人从事营利活动,并向社员分配利润,但其主要目的又不是营利而是社员的互助,其利润分配不是基于股份,而是按照惠顾额、交易量分配,因此,不宜简单归入营利或者非营利法人。基层群众性自治组织法人是由特定社区范围的居民选举的成员组成的,以自我管理、自我服务、自我教育为目的,从事社区公共事务和公益事业的非营利性组织,也担负一定的社会服务工作和联结基层人民政府与群众的管理工作。因此,也属于特殊法人。

二、机关法人

（一）机关法人的概念

机关法人，是指依照法律和行政命令组建的，以其财政预算经费拨款为其独立财产的，具有法人资格，能够以自己名义从事为履行职能所需要的民事活动的国家机关或者承担法定行政职能的法定机构。

1. 机关法人的组织实体是国家机关或者承担法定行政职能的法定机构。国家机关是指依照宪法或者法律设置的行使国家公权力和国家管理职能的机构。承担法定行政职能的法定机构是指在行政机关以外依照法律、行政法规的授权行使一定行政职能的组织和社会公权力机构。承担法定行政职能的法定机构具有与行政机关相同的地位，因此都归入机关法人。

2. 机关法人从事为履行职能所需要的民事活动。机关法人是国家为实现其国家职能而建立的，国家机关为实现其公职活动而以自己名义进行民事活动时，则以机关法人的地位与其他民事主体平等进行民事活动。在这里要区分国家机关的公职活动身份与民事活动主体身份，国家机关从事的公职活动并不是以法人主体身份从事的民事活动，只有当其为实现其公职而从事辅助于公职活动的民事活动时，国家机关才以机关法人身份进行，这里的民事活动才是机关法人的活动。机关法人，按照国家机关性质划分为国家权力机关法人、行政机关法人、司法机关法人和军事机关法人。

3. 机关法人的独立财产是指由预算拨款形成的独立经费。有独立经费是机关法人成立的物质基础和必要条件。具有独立的预算核算资格的国家机关或者承担行政职能的法定机构才能取得法人资格，不具有独立预算或不是独立机构不能取得机关法人资格，例如，机关的内设机构只能是机关法人的内部机构，不是机关法人。

（二）机关法人的成立

机关法人的设立是国家机关、承担行政职能的法定机构的设立，国家依照宪法、各类组织法规定的条件和程序设立国家机关，或者依照行政法规、行政命令设立承担行政职能的法定机构，这些机构一经设立就有独立的预算，因此，从成立之日起就具有了法人资格。《民法典》第 97 条规定：“有独立经费的机关和承担行政职能的法定机构从成立之日起，具有机关法人资格，可以从事为履行职能所需要的民事活动。”

(三)机关法人的终止

机关法人因被撤销而终止。所谓机关法人被撤销是指国家根据国家管理职能的任务需要对已经完成相关管理职能无继续存在必要的机构,或者国家管理职能需要的变化不需要保留的机构,或者需要调整合并或分设的机构,由有权决定的法定机关作出撤销的决定,终止其法人资格的公权力行为。国家机关法人被撤销导致机关法人终止的一般不需要清算程序,因为国家机关法人是为国家管理和公权力行使而成立的,其设立和撤销都是基于国家公权力行为,其财产来源也是国家的预算拨款,由于国家管理的整体性存在而不需要清算,其民事权利义务实行转移的原则处理。《民法典》第98条规定:"机关法人被撤销的,法人终止,其民事权利和义务由继任的机关法人享有和承担;没有继任的机关法人的,由作出撤销决定的机关法人享有和承担。"

三、农村集体经济组织法人

农村集体经济组织是农村或者乡镇一定社区范围的农民集体成立的经济组织。农民集体是指农村乡(镇)、村、村民小组范围的农民对本集体土地的成员集体所有所结成的集体。农村集体经济组织是以农民土地等资源型财产和其他经营性资产以及公共事业和公益设施的非经营性资产的集体所有制为基础,利用集体土地资源和其他经济资源,通过资金、劳动的联合或者生产经营环节的协作,以实现集体成员利益共同发展、共同受益为目的设立的经济组织。农村集体经济组织具有社区性,是以乡镇、村、村民小组一定社区范围的土地和其他资产的集体所有制为基础的成员集体经济组织;以对集体成员的协作和服务为内容,实现集体成员的共同发展和集体成员共同受益为目的。《民法典》第99条第1款规定:"农村集体经济组织依法取得法人资格。"但目前并没有明确规定农村集体经济组织法人资格取得的法律。该条第2款规定:"法律、行政法规对农村集体经济组织有规定的,依照其规定。"这一转引性条款对农村集体经济组织法人的法律适用转引指其他的法律、行政法规。关于农村集体经济组织的法律规定,包括了《宪法》《民法典》《土地管理法》《农村土地承包法》《乡村集体所有制企业条例》等。这些法律、行政法规中多是关于集体土地所有权行使的规定,多是针对农民集体、村民委员会,关于农村集体经济组织只有概念没有具体的内容规定,特别是缺少关于农民集体经济组织法人的组织法内容的规定。因此,关于农民集体经济组织法人的法律规定有待完善。

四、城镇农村的合作经济组织

城镇农村合作经济组织是指城镇农村的同类产品或者产业的生产经营者或者服务提供者、利用者，在自愿联合的基础上互助合作、民主管理、共同受益的经济组织。合作经济组织具有如下特征：(1)以社员的互助合作为目的设立，社员参加合作社的目的在于互助，为社员提供服务，满足生产经营和生活的需要。(2)合作经济组织以社员的资金联合、交易联合、服务协作为基础，以社员的交易惠顾为内容。(3)合作经济组织实行社员民主管理，社员平等参与合作经济组织的事务的民主决策，实行一人一票制。(4)合作社的分配主要按照社员与合作经济组织的交易量或者惠顾额分配，股金分红所占比例很小。城镇农村合作经济组织主要是供销合作社、农民专业合作社等。《民法典》第100条第1款规定："城镇农村的合作经济组织依法取得法人资格。"城镇农村集体经济组织依法取得法人资格首先要符合法人设立的条件，如具有符合法定条件的成员、一定的财产、制定自己的章程、有自己的名称和住所、有组织机构等。城乡合作经济组织法人设立的具体条件和程序规定在有关法律、行政法规中。《民法典》第100条第2款规定："法律、行政法规对城镇农村的合作经济组织有规定的，依照其规定。"例如，农民专业合作社法人，就应当依照《农民专业合作社法》《农民专业合作社登记管理条例》的规定。

五、基层群众性自治组织法人

基层群众性自治组织是指我国城乡的基层居民，依据宪法和自治法律，民主选举、自我管理、自我教育、自我服务的基层社会自治组织。包括作为城市居民自治组织的居民委员会和作为农村居民自治组织的村民委员会。村民委员会依据《村民委员会组织法》，由有选举权的村民直接选举产生。城市居民委员会依据《城市居民委员会组织法》，由居民代表选举产生。《村民委员会组织法》《城市居民委员会组织法》对村民委员会、居民委员会的组成、职责、选举及换届、与基层政府的关系等作出了全面规定。依据组织法产生的村民委员会、居民委员会，符合法人的基本条件，有自己的名称、组织机构、住所、财产或者经费，无须登记就成立，自成立之日起就具有法人资格，可以从事为履行职能所需要的民事活动。《民法典》第101条规定："居民委员会、村民委员会具有基层群众性自治组织法人资格，可以从事为履行职能所需要的民事活动。未设立村集体经济组织的，村民委员会可以依法代行村集体经济组织的职能。"

探讨 村民委员会与农村集体经济组织的关系

村民委员会与农村集体经济组织是两个不同的组织。村民委员会是村民自治组织,依据《村民委员会组织法》由主任、副主任、委员3人至7人组成,依照法定程序选举而产生,遵守村民自治章程、村规民约和村民会议或者村民代表会议的决定,管理本村范围的公益事业和公共事务,实现村民的自我管理、自我教育、自我服务。农村集体经济组织则是以集体公有为基础依法成立的从事农村经济活动的组织。在二者的关系上,《村民委员会组织法》规定,村民委员会应当尊重并支持农村集体经济组织依法独立进行经济活动的自主权,保障集体经济组织的财产权利和其他合法权益。但是农村集体经济本身就是集体成员民主管理的自治活动,集体成员与村民的身份基本是重合的。村民自治也包括村集体的经济自治,村民委员会的职责中也有发展集体经济的职能。农村集体经济组织以集体土地公有制为基础,集体利益是成员个人利益与集体的有机统一,集体经济实现集体成员的集体利益当然要兼顾农村的公益事业和公共事务。因此,不宜将二者完全对立,过分强调自治组织与经济组织的不同,否定村民自治组织对集体经济的管理或者集体经济组织对农村公益事业和公共事务的支持。我国《民法典》对此保持了慎重的态度,在《民法典》第101条第2款仍然明确规定:"未设立村集体经济组织的,村民委员会可以依法代行村集体经济组织的职能。"实际上这是村民委员会本身应有的职能,不是代行。例如,《村民委员会组织法》第8条明确规定:"村民委员会应当支持和组织村民依法发展各种形式的合作经济和其他经济,承担本村生产的服务和协调工作,促进农村生产建设和经济发展。村民委员会依照法律规定,管理本村属于村农民集体所有的土地和其他财产,引导村民合理利用自然资源,保护和改善生态环境。村民委员会应当尊重并支持集体经济组织依法独立进行经济活动的自主权,维护以家庭承包经营为基础、统分结合的双层经营体制,保障集体经济组织和村民、承包经营户、联户或者合伙的合法财产权和其他合法权益。"原《民法通则》、原《物权法》、《土地管理法》等法律都曾明确规定了村民委员会对村农民集体土地所有权、村民小组对村民小组农民集体土地所有权的管理或者代表行使的职责。从我国农村大部分地区的实际情况看,只有村民委员会、村民小组等村民自治组织,而没有设立专门的农村集体经济组织,村民自治组织直接负责发展集体经济也取得了相当大的成绩。有的地方虽然名义上有集体经济组织,但实际上与村民委员会"一套人马、两个牌子"。因此,在对待村民委员会法人与农村集体经济组织法人的关系上,应当从实际出发、实事求是。一个农民集体是否设立集体经济组织,是否由村民委员会以其经济自治功能组织村民实现集体经济自治,应当尊重农民的选择,农民的选择也是从本村集体经济发展要求出发的,因此,法律制度的供给侧,要留给农民集体选择的余地。法律不能脱离实际,否定村民委员会的经济自治作用,认为发展集体经济只能设立农村集体经济组织法人。从这一意义上讲,原《民法总则》第101条规定,“未设立村集体经济组织的,村民委员会可以依法代行村集体经济组织的职能”,还没有走得太远,还是慎重的。

思考题:

1. 什么是特别法人?特别法人有哪几种?各自有何特殊性?

2. 如何理解村民委员会法人与农村集体经济组织法人的关系?

应用指南

1. 法人制度是法律赋予社会组织实体具有民事权利能力和行为能力,依法独立享有民事权利和承担民事义务,并以其独立财产承担民事责任的法律制度。这一原理在法律实践中有广泛的应用。例如,最高人民法院《关于企业开办的其他企业被撤销或者歇业后民事责任承担问题的批复》就规定:(1)企业开办的其他企业领取了企业法人营业执照并在实际上具备法人条件的,根据原《民法通则》第48条的规定,应当以其经营管理或者所有的财产独立承担民事责任。(2)企业开办的其他企业已经领取了企业法人营业执照,其实际投入的自有资金虽与注册资金不符,但达到了《企业法人登记管理条例实施细则》第15条第7项或者其他有关法规规定的数额,并且具备了企业法人其他条件的,应当认定其具备法人资格,以其财产独立承担民事责任。但是如果该企业被撤销或者歇业后,其财产不足以清偿债务的,开办企业应当在该企业实际投入的自有资金与注册资金差额范围内承担民事责任。(3)企业开办的其他企业虽然领取了企业法人营业执照,但实际没有投入自有资金,或者投入的自有资金达不到《企业法人登记管理条例实施细则》第15条第7项或其他有关法规规定的数额,或者不具备法人的其他条件的,应当认定其不具备法人资格,其民事责任由开办该企业的企业法人承担。这些规定始终贯彻了法人应当具备的条件,符合法人条件的应当认定其法人资格,不符合条件者不能认定其法人资格,而其中法人有独立的财产是成立法人的物质条件。如果企业的开办者即出资者没有实际出资,或者有出资,但其出资未达到有关法律法规规定的最低资本要求,则其开办的企业无必要财产,不具有法人资格,其民事责任则由开办者承担。如果其出资者的出资虽未达到其注册资本额,但达到了有关法规规定的企业法人最低注册资本要求的,则认为其有必要财产,应认定其具有法人资格,该企业法人应以自己的财产承担民事责任;但其责任的财产基础应以其注册资本额为依据。因此,其对外不足清偿其民事责任的,其开办者应在其未出资的差额范围内对其开办企业的对外债务承担民事责任,这实际上是让出资者补足法人注册资本额,仍然是以法人的财产独立承担民事责任。又如,最高人民法院《关于人民法院执行工作若干问题的规定(试行)》(1998 年 7 月 18 日起施行,法释〔1998〕15 号)第 80 条规定:“被执行人无财产清偿债务,如果其开办单位对其开办时投入的资金不实或抽逃注册资金,可以裁定变更或追加其开办单位为被执行人,在注册资金不实或抽逃注册资金的范围内,对申请执行人承担责任。”第 81 条规定:“被执行人被撤销、注销或歇业后,上级主管部门或开办单位无偿接受被执行人的财产,致使被执行人无遗留财产清偿债务或遗留财产不足清偿的,可以裁定由上级主管部门或开办单位在所接受的财产范围内承担责任。”第 82 条规定:“被执行人的开办单位已经在注册资金范围内或开办单位所接受财产的范围内向其他债权人承担了全部责任的,人民法院不得裁定开办单位重复承担责任。”这里强调在无偿接收的被撤销的被执行人的财产范围内承担民事责任,实质是以原法人的财产对原法人债务承担民事责任。这符合《民法典》第 60 条规定:“法人以其全部财产独立承担民事责任。”最高人民法院 2019 年 11 月 8 日发布的《全国法院民商事审判工作会议纪要》第 6 条规定:“在注册资本认缴制下,股东依法享有期限利益。债权人以公司不能清偿到期债务为由,请求未届出资期限的股东在未出资范围内对公司不能清偿的债务承担补充赔偿责任的,人民法院不予支持。但是,下列情形除外:(1)公司作为被执行人的案件,人民法院穷尽执行措施无财产可供执行,已具备破产原因,但不申请破产的;(2)在公司债务产生后,公司股东(大)会决议或以其他方式延长股东出资期限的。”这一司法解释,原则坚持了公司法人的独立性,法人与股东的区分,债权人不能仅以公司不能清偿到期债务请求未届出资期限的股东承担补充清偿责任;后两条例外规定,则又强调的股东对公司法人独立财产构成的出资责任。在公司已经具备破产原因的情况下,未届出资期限的股东不能以其出资期限未到的期限利益对抗债权人,在这种情况下,股东未出资的即使未届期限也应出资补足公司财产,其无期限利益;在债务已经形成后,公司又延长股东出资期限,对债权人无正当性,未出资股东无期限利益,应履行出资义务。这还是坚持了公司法人以其独立财产对债务承担独立责任,股东以出资为限对公司法人债务承担有限责任。这些司法解释都是法人制度原理在司法实践中应用的典型事例,同学们可从中理解法人制度原理,并学会其实践应用。

2.《民法典》第一编总则对法人采取了是否以营利为目的这一基本标准,将法人分为营利法人和非营利法人,分类的基本法律意义就在于对营利法人与非营利法人的法律调整不同,从而有不同的法律制度。因此,在实践应用中,要善于运用法人分类理论指导法律的选择和适用。对于营利性法人除了适用《民法典》第一编总则的有关规定外,还要注意适用商事法的《公司法》、企业法的规定,以及最高人民法院关于《公司法》的司法解释。对于非营利性法人除了应用《民法典》第一编总则的规定外,要注意引用有关各类非营利法人的其他法律、行政法规的规定。例如,对事业单位法人,要根据其事业性质选择相关法律、行政法规定,例如教育事业法人,就要适用《事业单位登记管理暂行条例》《教育法》《高等教育法》《义务教育法》《民办教育促进法》等法律。对社会团体法人,除适用《社会团体登记管理条例》外,对慈善类社会团体要适用《慈善法》,宗教类团体要适用《宗教事务条例》,律师团体适用《律师法》,消费者权益保护团体适用《消费者权益保护法》等。对捐助法人除适用《基金会管理条例》等法规外,还要适用《公益事业捐赠法》《慈善法》等法律的有关规定。对于一般分类之外的特别法人要注意适用关于特别法人的专门法律规定。例如,关于国家机关的各类国家机关组织法规定;关于农村集体经济组织的法律规定,如《农业法》《土地管理法》《民法典》《农村土地承包法》中的有关规定;关于城镇农村合作经济组织的法律规定,如《农民专业合作社法》;关于基层群众自治组织法人适用《居民委员会组织法》《村民委员会组织法》等。

第六章　非法人组织

《民法典》第一编总则规定了非法人组织，使其成为在自然人、法人之外，也可以以自己名义从事民事活动的主体。本章论述其概念、设立程序、民事责任承担、代表人、解散、清算等内容。

第一节　非法人组织概述

｜内容提要｜

法人以外组织在各国民事立法或学理上有不同的称谓，其所指范围也各不相同。

一、非法人组织的不同概念及其范围

在各国民法和理论上对法人以外的组织的称谓不同，其所指的范围也各不相同。例如，《德国民法典》第 54 条规定，无权利能力的社团，应适用关于合伙的规定。《瑞士民法典》第 62 条亦规定："无法人人格或尚未取得法人人格的社团，视为合伙。"在我国台湾地区"民法"理论上则有无权利能力的社团和非法人团体的称谓，在其"民事诉讼法"第 40 条规定了非法人团体的概念，在学理解释上认为非法人团体的范围，除无权利能力的社团外，尚包括合伙、台湾地区神明会等。[1] 我国原《民法通则》中在公民（自然人）一章规定了个人合伙、农村承包经营户、个体工商户，在法人一章规定了联营，但并未使用无权利能力社团或者非法人团体的概念。我国原《合同法》和《民事诉讼法》则采用了其他组织的概念来概括法人以外的参与民事活动的组织。

---

〔1〕 参见王泽鉴：《民法总则》，中国政法大学出版社 2001 年版，第 194 页。

(一)无权利能力的社团

无权利能力的社团是指与社团法人有同一实质,即多数人为达一定之共同目的而组织的结合体,但未依法取得法人资格的团体。它具有以下特征:

1. 无权利能力社团具有社团性。无权利能力社团与社团法人有同一实质,是多数人为达一定的共同目的组成的结合体,事实上有其成员,有其可支配的财产或经费,有其名称、组织机构和章程,其实际结构往往都类似法人团体,是实际上区别于它的成员的组织体。【与个人或合伙不同】

2. 无权利能力社团未取得法人资格,无民事权利能力。无权利能力社团虽然其实际结构上类似于法人社团,但法人社团是具有法人资格、具有民事权利能力的社团,而无权利能力社团则未取得法人资格,无民事权利能力,属于非法人团体。在传统民法上无权利能力社团之所以未取得法人资格,是因为在实行法人资格经登记取得的制度下,社团不能或不愿接受登记而被排除在法人之外,成为无权利能力的社团。【与法人不同】

3. 无权利能力社团虽然无民事权利能力,但以自己的名义进行民事活动。社团在法律上无权利能力即不能依自己的名义独立进行民事活动。对无权利能力社团"法律上非以之为完全而且独立之主体,权利义务不归属于社团自身,应以之归属于总社员,然社员并无个人之应有部分,即其行为专以代表机关,以社团名义为之……"[2]事实上无权利能力社团以自己名义进行民事活动或者法律允许其以自己名义进行一定的民事活动,但它以自己名义进行的民事活动归属于它的成员,并不具有完全的独立性和完整性,因而仍不具有民事权利能力。

重点提示

有无权利能力与其能否参与民事活动不同。

4. 无权利能力社团的财产由社团成员总有。无权利能力社团的财产归属如果适用合伙的规定就属于合伙人共有,但对这一问题,学者有不同的观点。例如,日本之通说及判例认为是总有,我国台湾地区学者刘得宽也指出,"视其财产为属于总社员之总有较为妥当"。[3] 所谓总有,即由无权利能力的"社团之意思机关、代表机关以及管理机关,依社团之意思借着管理组织行使其管理处分,各社员则借着总会参与策划社团管理,允许各社员之对社团财产的使用,但社团财产须经总会之决

〔2〕 史尚宽:《民法总论》,中国政法大学出版社2000年版,第149页。
〔3〕 刘得宽:《民法诸问题与新展望》,台北,三民书局1980年版,第454~455页。

议来决定其管理处分,同时不承认社员对出资部分的取回或财产分割请求”。[4]

无权利能力社团无权利能力,不是完全而且独立的主体,不可以其自身独立领属权利义务,其权利义务归属于总社员,而社员并无个人之应有部分,社员利益借其总会管理实现,因此,无权利能力社团财产应当属于社员总有。

5. 对无权利能力社团以自己名义进行的民事活动,民法作出相应的处理。《德国民法典》第54条规定:“无权利能力社团适用关于合伙的规定,以此种社团的名义,对于第三人所为的法律行为,由行为人个人负责,行为人有数人时,负连带债务的责任。”《瑞士民法典》第62条规定:“无法人人格或尚未取得法人人格的社团,视为合伙。”日本民法和我国台湾地区“民法”没有明文规定,但学理和实务也认为应作合伙处理。[5] 但目前在德国和日本实务上,学说认为对非营利性社团可以不适用合伙法,允许以社团章程限制成员责任仅以社团财产承担责任。[6] 我国台湾地区民法学者也有观点认为无权利能力社团的债务应归属于总社员共同负担,而以该社团财产为清偿,社员责任以出资额为限。[7]

6. 无权利能力社团在诉讼法上具有当事人能力。依德国《民事诉讼法》第50条第2款规定,无权利能力的社团可以被起诉,具有消极的当事人能力。但1967年7月24日的《政党法》赋予政党及其最高一级的区域组织的当事人能力不限于应诉能力,还有起诉的能力。德国《劳动诉讼法》第10条也赋予工会、雇主联合会及其协会,在劳动法院领域也具有完全的当事人能力。[8]

探讨　我国民事法律生活中有没有无权利能力社团?

我国原《民法通则》没有关于无权利能力社团的规定。依我国法人设立制度,除国家机关法人及部分社会团体法人和事业单位法人的设立无须经过登记外,法人的设立一般都要经过登记。对于无须登记就可以取得法人资格的团体,就不会因未经登记而成为无权利能力团体。对于必须通过登记才能取得法人资格的团体,依据有关法规规定,未经登记的,不得以团体名义进行活动。表明我国法律禁止这类无权利能力社团的存在。企业法人资格的取得都必须经过登记。《公司登记

[4] 刘得宽:《民法诸问题与新展望》,台北,三民书局1980年版,第454~455页。

[5] 参见龙卫球:《民法总论》,中国法制出版社2001年版,第457、461、462页。

[6] 同上。

[7] 参见洪逊欣:《中国民法总则》,台北,三民书局1992年版,第138页。转引自王泽鉴:《民法总则》,中国政法大学出版社2001年版,第197页。

[8] 参见龙卫球:《民法总论》,中国法制出版社2001年版,第460、461页。

管理条例》第3条规定:"……未经公司登记机关登记的,不得以公司名义从事经营活动。"《社会团体登记管理条例》第32条规定:"筹备期间开展筹备以外的活动,或者未经登记,擅自以社会团体名义进行活动,以及被撤销登记的社会团体继续以社会团体名义进行活动的,由登记机关予以取缔,没收非法财产……"《民办非企业单位登记管理暂行条例》第27条规定:"未经登记,擅自以民办非企业单位名义进行活动的,或者被撤销登记的民办非企业单位继续以民办非企业单位名义进行活动的,由登记机关予以取缔,没收非法财产……"《事业单位登记管理暂行条例》第3条规定:"……事业单位应当具备法人条件。"可见在这些情况都不会产生无权利能力社团等非法人团体。

(二)非法人团体

非法人团体是指不具有法人资格但依自己的名义进行民事活动的团体,亦称非法人组织。我国台湾地区"民事诉讼法"第40条第3款规定了非法人团体的概念:"非法人之团体,设有代表人或管理人者,有当事人能力。"依据我国台湾地区学者的学理解释,非法人团体在范围上较为广泛,既包括无权利能力社团,又包括设立中的社团和合伙。[9]

设立中的社团是指处于设立过程中尚未完成设立行为而没有取得法人资格的社团。在德国将这种社团称为前社团,德国通说认为:"前社团作为开始时无权利能力而存在的社团与登记后成为有权利能力的社团是同一个社团。""不同之处仅仅在于其权利和义务的归属方式不同。社团在无权利能力时,其权利义务归属于相互结成一个整体的全体成员;取得权利能力后,则归于作为法律关系主体的社团本身。"[10]根据我国的民事法律生活实践,法人从开始设立到完成成立处于筹备之中,它往往以筹备中的法人的团体名义从事与设立活动相关的民事行为,对其民事法律关系准用合伙关系处理,由发起人负责。但其设立完成取得法人资格,则以法人名义自动承受设立中的法律关系后果。设立中的法人在设立范围内所进行的民事活动的法律后果由成立后的法人自动承受。但对于设立范围外的民事活动则只有成立后的法人权力机关承认后才由成立后的法人承受。我国《公司法》第94条规定,股份有限公司发起人在公司不能成立时承担对设立行为所产生的债务和费用进行清偿的连带责任,对认股人已缴纳的股款负返还股款并加算银行同期存款利息的连带责任。如果公司发起成立,则设立行为所产生的债务和费用应由成立

---

〔9〕 参见王泽鉴:《民法总则》,中国政法大学出版社2001年版,第196页。

〔10〕 [德]卡尔·拉伦茨:《德国民法通论》,王晓晔等译,法律出版社2003年版,第157页。

登记后的公司承担。《民法典》第 75 条规定:“设立人为设立法人从事的民事活动,其法律后果由法人承受;法人未成立的,其法律后果由设立人承受,设立人为二人以上的,享有连带债权,承担连带债务。设立人为设立法人以自己的名义从事民事活动产生的民事责任,第三人有权选择请求法人或者设立人承担。”可见,我国法律对待设立中的法人的处理的法理也是将其作为非法人团体或者无权利能力社团对待的,但在我国原《民法总则》规定了非法人组织的情况下,并没有将其纳入非法人组织的概念。【筹备中的法人应属非法人团体】

(三)其他组织

我国原《合同法》和《民事诉讼法》采用了其他组织的概念来概括法人以外的参与民事活动的组织。其他组织的概念最为广泛,它包括了德国民法和瑞士民法上所称的无权利能力的社团或者无法人格的社团,还包括了我国台湾地区“民事诉讼法”和“民法”理论所称的非法人团体,以及除此之外的其他组织。《民事诉讼法解释》第 52 条规定,《民事诉讼法》第 48 条规定的其他组织是指合法成立、有一定的组织机构和财产,但又不具备法人资格的组织,包括:(1)依法登记领取营业执照的个人独资企业;(2)依法登记领取营业执照的合伙企业;(3)依法登记领取我国营业执照的中外合作经营企业、外资企业;(4)依法成立的社会团体的分支机构、代表机构;(5)依法设立并领取营业执照的法人的分支机构;(6)依法设立并领取营业执照的商业银行、政策性银行和非银行金融机构的分支机构;(7)经依法登记领取营业执照的乡镇企业、街道企业;(8)其他符合本条规定条件的组织。

二、我国《民法典》规定的非法人组织

(一)非法人组织的概念

《民法典》第 102 条规定:“非法人组织是不具有法人资格,但是能够依法以自己的名义从事民事活动的组织。非法人组织包括个人独资企业、合伙企业、不具有法人资格的专业服务机构等。”

1. 非法人组织,首先是一个组织,具有稳定的组织体特征,有名称、有机构、有人员、有组织文件和议事规则,而且作为组织体是依法成立,依据法定程序完成登记事项,并领取营业执照。因此,区别于自然人。

2. 非法人组织不是法人,不具有法人资格。比较《民法典》第 57 条对法人的规定与第 102 条对非法人组织的规定,最明显的区别就是:法人是具有民事权利能力、行为能力,依法独立享有民事权利、承担民事义务的组织。具有民事权利能力和行

为能力,依法独立享有民事权利和承担民事义务是社会组织具有法人资格的证明;非法人组织不具有法人资格,也就是不具有民事权利能力和行为能力,并且不能独立享有权利、承担义务。

3. 非法人组织能够以自己的名义参加民事活动。法人参加民事活动是以其权利能力和行为能力的资格,依法独立享有民事权利和承担民事义务;非法人组织不具有权利能力和行为能力,其只是能够以自己的名义从事民事活动,因其不具有权利能力和行为能力,其名义是形式上的,以其名义所享有的权利和承担的义务最终属于其创办人、投资人。因此,其财产不独立、责任不独立。

4. 非法人组织不能独立的和最终的承担民事责任,其民事责任由其出资人、设立人承担无限责任或者依照法律规定承担无限连带责任。非法人组织是不同于自然人和法人的一类民事主体,其可以以自己名义从事民事活动,但不能独立地最终承担民事责任。

(二)非法人组织的种类

《民法典》第 102 条第 2 款规定:"非法人组织包括个人独资企业、合伙企业、不具有法人资格的专业服务机构等。"这只是对非法人组织的典型性组织的列举,其他非法人组织符合《民法典》关于非法人组织规定的也可以认为是非法人组织。例如,非法人乡镇集体所有制企业、非法人外资企业等。

个人独资企业是指依法设立的,由一个自然人投资,财产为投资个人所有,投资人以个人财产对企业债务承担无限责任的经营实体。

合伙企业,是指依照合伙企业法设立的,由两个以上的合伙人订立合伙协议,依协议约定共同出资、合伙经营、共享收益、共担风险,并对合伙企业债务承担无限连带责任的营利性组织。合伙企业有普通合伙企业和有限合伙企业。

专业服务机构,是指以专业知识和技能为基础,在专业知识领域内为服务对象提供特定专业服务的机构。例如,以法律专业知识和技能为他人提供法律专业服务的合伙制律师事务所、以财务会计专业知识为他人提供财务会计专业服务的合伙制会计师事务所等。依据《涉税专业服务监管办法(试行)》第 4 条规定:"涉税专业服务机构是指税务师事务所和从事涉税专业服务的会计师事务所、律师事务所、代理记账机构、税务代理公司、财税类咨询公司等机构。"这些机构中不具有法人资格的合伙制事务所就属于非法人组织专业服务机构。

(三)非法人组织的设立

《民法典》第 103 条规定:"非法人组织应当依照法律的规定登记。设立非法人组织,法律、行政法规规定须经有关机关批准的,依照其规定。"

1. 非法人组织依法经登记设立。非法人组织具有组织体特征,但又不如法人组织完整,其财产、人格与其设立人、出资人不完全独立,如果不经过登记难以体现出其组织体特征,经登记成立是完备其组织体特征的必要手段。个人独资企业、合伙企业本身就是商事主体,专业服务机构也多为商事主体,登记设立是国家对工商企业管理的需要。经商事登记后要求办理行政登记的还必须办理行政登记。例如,《涉税专业服务监管办法(试行)》第7条第3款规定:"税务师事务所办理商事登记后,应当向省税务机关办理行政登记。省税务机关准予行政登记的,颁发《税务师事务所行政登记证书》,并将相关资料报送国家税务总局,抄送省税务师行业协会。不予行政登记的,书面通知申请人,说明不予行政登记的理由。"该条第5款规定:"从事涉税专业服务的会计师事务所和律师事务所,依法取得会计师事务所执业证书或律师事务所执业许可证,视同行政登记。"

2. 非法人组织依法应经有关机关批准成立的须经批准成立。非法人组织经登记设立是一个原则,但法律行政法规规定须经有关机关批准才能成立的应当经过批准。例如,《律师法》第18条规定:"设立律师事务所,应当向设区的市级或者直辖市的区人民政府司法行政部门提出申请,受理申请的部门应当自受理之日起二十日内予以审查……"《注册会计师法》第25条也规定:"设立会计师事务所,由省、自治区、直辖市人民政府财政部门批准……"

(四)非法人组织的债务承担

《民法典》第104条规定:"非法人组织的财产不足以清偿债务的,其出资人或者设立人承担无限责任。法律另有规定的,依照其规定。"由此可见,非法人组织在民事活动中产生的债务应当先以非法人组织的财产承担,非法人组织的财产就是由其出资人出资,并在从事民事活动过程中经营收入、积累、举债形成的全部财产。在其财产不足清偿时,其出资人、设立人承担无限责任。出资人设立人承担的责任是补充性清偿责任。所谓无限责任,就是不限于出资人、设立人设立非法人组织时出资给非法人组织的财产,应当以其全部财产就非法人组织的全部债务负清偿责任。非法人组织的出资人、设立人之所以承担无限责任,就是因为非法人组织不具有完整独立的民事权利能力和行为能力,其虽然名义上可以从事民事活动,但其支配的财产并不完全为其独立所有,作为其财产责任的信用基础不独立,因此,应当由其出资人、设立人以其全部资产承担无限责任。所谓法律另有规定的,依照其规定,是指法律对出资人、设立人承担补充性的无限责任有另外规定,依照其规定。例如,《合伙企业法》第2条规定,有限合伙人承担有限责任。第57条对特殊普通合伙规定:“一个合伙人或者数个合伙人在执业活动中因故意或者重大过失造成合伙企业债务的,应当承担无限责任或者无限连带责任,其他合伙人以其在合伙企业中的财产份额为限承担责任。合伙人在执业活动中非因故意或者重大过失造成的合伙企业债务以及合伙企业的其他债务,由全体合伙人承担无限连带责任。”

(五)非法人组织代表人

《民法典》第105条规定:“非法人组织可以确定一人或者数人代表该组织从事民事活动。”非法人组织的代表人就是对外代表法人从事民事活动的自然人。既可以是一个人,也可以是数人。其代表非法人组织为民事活动的行为就是非法人组织的行为。

(六)非法人组织的解散

非法人组织是组织体主体,其依法设立,也会因法定原因解散。解散是非法人组织终止的原因。依据《民法典》第106条规定,有下列情形之一的,非法人组织解散:

1. 章程规定的存续期间届满或者章程规定的其他解散事由出现。章程是非法人组织的设立人以设立协议为基础制定的关于非法人组织的宗旨、活动范围、机构、管理、终止等事项的书面文件,是非法人组织成为组织的基本文件,具有法律拘束力。章程规定了非法人组织的存续期间或者解散事由的,当期间届满或者章程规定事由出现时,非法人组织就应当解散,这是按照出资人、设立人事先明确的解散意愿。

2. 出资人或者设立人决定解散。出资人、设立人在非法人组织的存续期间,因其设立非法人组织的民事目的已经实现或者因客观情况的变化非法人组织对其没有存在必要的,就可以决定解散。

3. 法律规定的其他情形。依据非法人组织的不同在其相关法律中规定了非法人组织的解散事由的,如果出现法定的解散事由,非法人组织解散。这也包括依法被强制解散。

(七)非法人组织的解散清算

《民法典》第107条规定:“非法人组织解散的,应当依法进行清算。”

非法人组织因解散事由的出现引起非法人组织的解散,解散是非法人组织终止的原因,并不当然地终止非法人组织。只有进行清算,并注销登记才能终止非法人组织的主体资格。清算的意义就在于了结其业务,清理债权债务,计算剩余财产,并作出分配。非法人组织的清算依据其章程和其设立所依据的法律的有关规定进行,没有相关法律规定的,可以参照关于法人终止清算的规定进行。清算完毕,依法办理注销登记的,非法人组织终止。

(八)非法人组织的法律适用

《民法典》第108条规定:"非法人组织除适用本章规定外,参照适用本编第三章第一节的有关规定。"本章规定就是《民法典》第一编总则第四章关于非法人组织的规定,本章共有7个条文规定了非法人组织的相关问题,其他未规定的问题,可以参照适用第一编总则第三章第一节关于法人的一般规定。参照适用的基础就在于非法人组织虽然不是法人,但也是组织体,所以在许多方面的规定具有可适用性。由于其不是法人,所以是参照适用,不是必须适用。参照适用中一定要依据基本法理,结合具体情况,作出正确的解释和适用。

三、个人独资企业

(一)个人独资企业的概念

个人独资企业是指依法设立的,由一个自然人投资,财产为投资个人所有,投资人以个人财产对企业债务承担无限责任的经营实体。个人独资企业具有如下特征:(1)出资人为一个自然人;(2)企业财产为投资人个人所有;(3)企业事务由投资人自行管理或者由其委托的或聘用的人按照其授权进行管理;(4)企业债务由投资人以其个人财产承担无限责任;如果投资人在企业设立登记时明确以其家庭共有财产作为个人出资的,应当依法以家庭共有财产对企业负无限责任。

(二)个人独资企业的法律地位

从上述个人独资企业的特征可以看出,它是自然人主体经登记从事商业行为的一种组织形式,或者说是自然人以企业组织形式从事商业行为的一种资格。这种企业组织本身并不具有独立的民事主体资格。虽然个人独资企业可以有自己的名称,有设立时申报的财产,经核准登记须有营业执照,但这只是自然人商行为资格取得的条件,而并不表明其民事主体资格的取得。我国原《民法通则》关于个体工商户的规定在实质上同个人独资企业是类似的。个体工商户是指在法律允许的范围内,依法经核准登记,从事工商经营活动的自然人或家庭。个人进行工商经营的,由个人承担财产责任。家庭进行工商业经营的,是以家庭成员的共有人关系进行的工商经营,以家庭财产承担责任。虽然以个人名义经营,但以家庭财产进行投资或者其收益主要归家庭成员享用的,以家庭财产承担财产责任。个人独资企业虽然规定由一个自然人投资,但同时规定,个人独资企业投资人在申请设立登记时明确以其家庭共有财产作为个人出资的,应当依法以家庭共有财产对企业债务承担无限责任。但在诉讼上个体工商户与个人独资企业不同。个体工商户不具有独立的诉讼主体资格,起字号的工商户,在民事诉讼中应以营业执照登记的业主为诉讼当事人。个人独资企业在诉讼中具有诉讼资格。《民事诉讼法》第 48 条规定的其他组织中并不包括个体工商户。

四、合伙企业

合伙企业,是指依照合伙企业法设立的,由两个以上的合伙人订立合伙协议,依协议约定共同出资、合伙经营、共享收益、共担风险,并对合伙企业债务承担无限连带责任的营利性组织。企业型合伙有普通合伙企业和有限合伙企业。

普通合伙企业是指由普通合伙人组成,合伙人对合伙企业债务承担无限连带责任的合伙企业。在普通合伙企业中还有特殊的普通合伙企业。特殊的普通合伙企业是指以专业知识和专门技能为客户提供有偿服务的机构设立的,依照《合伙企业法》第 57 条承担责任的普通合伙企业。

有限合伙企业是指由普通合伙人和有限合伙人组成,普通合伙人对合伙企业债务承担无限连带责任,有限合伙人以其认缴的出资额为限对合伙企业债务承担责任的合伙企业。

五、不具有法人资格的专业服务机构

不具有法人资格的专业服务机构是指从事专业性服务的不具有法人资格的机构,例如,不具有法人资格的会计师事务所是从事会计专业服务的机构,合伙制律师事务所是从事法律专业服务的机构。专业性服务机构不是企业,采用合伙制也是特殊合伙,不是合伙企业。

思考题:

1. 什么是非法人组织?它有哪些特征?

2. 非法人组织的债务如何承担?

第二节 合伙企业

内容提要

合伙企业的概念、特征、类型,其在设立、变更、终止、合伙事务执行、财产关系、债务承担方面的特点,理解其作为非法人组织的特点。

一、合伙企业的概念和特征

我国《合伙企业法》第2条规定:“本法所称合伙企业是指自然人、法人和其他组织依照本法在中国境内设立的普通合伙企业和有限合伙企业。普通合伙企业由普通合伙人组成,合伙人对合伙企业债务承担无限连带责任。本法对普通合伙人承担责任的形式有特别规定的,从其规定。有限合伙由普通合伙人和有限合伙人组成,普通合伙人对合伙企业的债务承担无限连带责任,有限合伙人以其认缴的出资额为限对合伙企业债务承担责任。”可见合伙企业具有如下法律特征:

1. 合伙企业是由两个以上的合伙人组成的组织。合伙必须有两个以上的人,为实现共同的民事生活目的,基于人身信任而结合起来,一个人是不能成立合伙组织的,合伙人只有一人时,合伙组织就要解散。

2. 合伙企业组织的依据是合伙人订立的协议。合伙人依合伙协议处理相互之间的关系,使各合伙人组织成为合伙企业组织。

3. 合伙人应当依据合伙协议共同出资、合伙经营、共享收益、共担风险。每个合伙人必须依据合伙协议的约定提供资金、技术、实物、劳务等方面的出资,这是合伙的基本内容。合伙人的出资构成经营共同事业的财产基础。在此基础上由全体合伙人共同管理或者执行合伙事务,收益共享,风险共担。各合伙人享有收益和承担风险的份额比例由合伙协议约定,无约定的依其出资比例确定。

4. 合伙企业是从事经营活动的营利性组织。合伙企业从事经营活动是指合伙为合伙人的共同事业从事营业活动。合伙经营的事业由合伙人以协议确定,未经全体合伙人同意不得改变。

5. 合伙财产为合伙人所共有,但又具有一定的独立性。合伙财产包括合伙人共同出资财产和合伙经营积累的财产,在合伙经营期间由全体合伙人共有,但它又不同于一般的共有财产，表现出一定的独立性。例如，在合伙经营期间各合伙人不得请求分割共有的合伙财产；未经其他合伙人同意不得向非合伙人擅自转让其共有份额；合伙对外债务应首先以合伙财产清偿。

6. 合伙企业普通合伙人对合伙企业的对外债务承担无限连带责任。合伙财产归合伙人共有，与合伙人的个人财产并未完全分开，因而普通合伙人对合伙企业的对外债务应承担无限连带责任；有限合伙人则以其出资为限对合伙企业债务承担责任。

二、合伙企业的种类

合伙企业，是指依照合伙企业法设立的，由两个以上的合伙人订立合伙协议，依协议约定共同出资、合伙经营、共享收益、共担风险，并对合伙企业债务承担无限连带责任的营利性组织。合伙企业有普通合伙企业和有限合伙企业。

（一）普通合伙企业

普通合伙企业是指由普通合伙人组成，合伙人对合伙企业债务承担无限连带责任的合伙企业。在普通合伙企业中还有特殊的普通合伙企业。特殊的普通合伙企业是指以专业知识和专门技能为客户提供有偿服务的机构设立的，依照《合伙企业法》第57条承担责任的普通合伙企业。其特殊性在于责任承担。依据《合伙企业法》第57条的规定："一个合伙人或者数个合伙人在执行活动中因故意或者重大过失造成合伙企业债务的，应当承担无限责任或者无限连带责任，其他合伙人以其在合伙企业中的财产份额为限承担责任。合伙人在执行活动中非因故意或者重大过失造成的合伙企业债务以及合伙企业的其他债务，由全体合伙人承担无限连带责任。"

（二）有限合伙企业

有限合伙是指由普通合伙人与有限合伙人组成的合伙。其中普通合伙人执行合伙事务，对外代表合伙组织，并对合伙债务承担无限连带责任；有限合伙人不执行合伙事务，不对外代表合伙组织，只按出资比例分享利润和分担亏损，并仅以出资额为限对合伙债务承担有限责任。有限合伙人不参与企业的经营管理，其名称不得列入企业的商号名称。

（三）合伙人的权利义务

1. 普通合伙人的权利与义务

普通合伙人是在有限合伙中负责合伙事业的经营管理并对合伙债务承担无限

连带责任的人。

普通合伙人在有限合伙中享有的权利有:(1)执行合伙事务并取得报酬的权利;(2)执行事务的合伙人可以要求在合伙协议中确定执行事务的报酬及报酬的提取方式;(3)获得利润分配的权利。

普通合伙人承担的义务有:(1)无限连带清偿责任。普通合伙人对有限合伙企业债务负有以自己的全部财产清偿的义务,而且相互负无限连带责任。(2)忠实义务。依据《合伙企业法》第32条规定,普通合伙人不得自营或者同其他人合作经营与本企业相互竞争的业务。除合伙协议另有约定或者经全体合伙人一致同意外,合伙人不得同本合伙企业进行交易。合伙人不得从事损害本合伙企业利益的活动。(3)善良管理义务。普通合伙人作为有限合伙企业的管理者,应当尽到善良管理人的注意义务。

2. 有限合伙人的权利与义务

有限合伙人是指向有限合伙企业出资,并分享利润,但不参与有限合伙企业经营且仅以其出资额为限对有限合伙企业债务承担清偿责任的人。

有限合伙人的权利有:依据《合伙企业法》第68条规定,有限合伙人不执行合伙事务,但有权为如下行为:(1)参与决定普通合伙人的入伙、退伙;(2)对企业的经营管理提出建议;(3)参与选择承办有限合伙企业审计业务的会计师事务所;(4)获取经审计的有限合伙企业财务会计报告;(5)对涉计自身利益的情况查阅有限合伙企业财务会计账簿等财务资料;(6)在有限合伙企业中的利益受到侵害时,向有责任的合伙人主张权利或者提起诉讼;(7)执行事务合伙人怠于行使权利时,督促其行使权利或者为了本企业的利益以自己名义提起诉讼;(8)依法为本企业提供担保。依据《合伙企业法》第70条的规定:"有限合伙人可以同本有限合伙企业进行交易;但是,合伙协议另有约定的除外。"第71条规定:"有限合伙人可以自营或者同他人合作经营与本有限合伙企业相竞争的业务;但是,合伙协议另有约定的除外。"第72条规定:"有限合伙人可以将其在有限合伙中的财产份额出质;但是,合伙协议另有约定的除外。"第73条规定:"有限合伙人可以按照合伙协议的约定向合伙人以外的人转让其在有限合伙企业中的财产份额,但应提前三十日通知其他合伙人。"第74条规定:"有限合伙人的自有财产不足清偿其与合伙企业无关的债务的,该合伙人可以以其从有限合伙企业分取的收益用于清偿;债权人也可以依法请求人民法院强制执行该合伙人在有限合伙企业的财产份额用于清偿。人民法院强制执行有限合伙人的财产份额时,应当通知全体合伙人。在同等条件下,其他合伙人有优先购买权。"

有限合伙人的义务包括:(1)按照有限合伙协议缴纳出资的义务。有限合伙人有义务按照其入伙时认缴的出资额提供资本,有限合伙人应当按照合伙协议的约定按期足额缴纳出资;未按期足额缴纳的,应当承担补缴义务,并对其他合伙人承担违约责任。有限合伙人不得以劳务出资。(2)对有限合伙债务以出资额为限承担有限责任。(3)不得参与对有限合伙的经营管理,不执行合伙事务,不得对外代表有限合伙企业。如果有限合伙人参与了对有限合伙的经营管理,应视其放弃了有限责任待遇,其对有限合伙债务承担无限责任。

三、合伙企业的设立

合伙企业的设立必须依照《合伙企业法》的规定,符合有关设立条件,履行有关手续,完成设立行为,合伙企业才能成立。合伙企业的设立就是设立合伙企业的自然人、法人或者其他组织,依照法律规定的条件和程序,完成合伙企业的创设行为,取得合伙企业资格的活动。

(一)合伙企业设立的条件

依据《合伙企业法》第 14 条的规定,成立合伙企业应当符合如下条件:

1. 有 2 个以上的合伙人。合伙人为自然人的,应当具有完全民事行为能力。合伙人至少有两个以上的民事主体,既可以是自然人,也可以是法人,可以是其他组织。自然人为合伙人必须具有完全民事行为能力,同时不是法律、行政法规禁止从事营利活动的人,例如,公务员、司法人员不得经商,就不能成为合伙人。法人或者其他组织也不得属于法律禁止成为合伙人的情况,例如,《合伙企业法》第3 条规定,国有独资公司、国有企业、上市公司以及公益性的事业单位、社会团体不得成为普通合伙人。

有限合伙企业由 2 个以上 50 个以下合伙人设立;但是,法律另有规定的除外。有限合伙企业至少应当有 1 个普通合伙人。

2. 有书面合伙协议。合伙协议是合伙成立的法律基础,它是调整合伙人相互之间权利义务关系的具有法律效力的文件,对合伙人具有约束力。合伙协议由全体合伙人一致同意,采用书面形式订立。

3. 有合伙认缴或者实际交付的出资。合伙人的出资是合伙财产的来源,是合伙经营的资本。《合伙企业法》第 16 条规定:"合伙人可以用货币、实物、知识产权、土地使用权或者其他财产权利出资,也可以用劳务出资。合伙人以实物、知识产权、土地使用权或者其他财产权利出资,需要评估作价的,可以由全体合伙人协商确定,也可以由全体合伙人委托法定评估机构评估。合伙人以劳务出资的,其评估办法由全体合伙人协商确定,并在合伙协议中载明。”第 64 条规定:“有限合伙人可以用货币、实物、知识产权、土地使用权或者其他财产权利出资。有限合伙人不得以劳务出资。”

《合伙企业法》第 17 条规定:“合伙人应当按照合伙协议约定的出资方式、数额和缴付期限,履行出资义务。以非货币财产出资的,依照法律、行政法规的规定,需要办理财产权转移手续的,应当依法办理。”

4. 有合伙企业的名称和生产经营场所。企业名称是一个企业区别于其他企业,并表明出资人责任形式的标志。合伙企业有自己的名称才能把自己与其他企业区别开来,对外表明出资人的民事责任。因此,普通合伙企业名称中应当标明“普通合伙”字样,不得使用有限责任字样。特殊普通合伙企业名称中,必须标明“特殊普通合伙”字样。有限合伙企业名称中应当标明“有限合伙”字样。

一个企业的经营场所是企业开展经营和业务活动的空间依托。一个合伙企业必须至少有一个经营场所。设立分支机构的企业,还可以拥有另外的经营场所。

5. 法律、法规规定的其他条件。

(二)合伙企业设立的程序

《合伙企业法》第 9 条规定:“申请设立合伙企业,应当向企业登记机关提交登记申请书、合伙协议书、合伙人身份证明等文件。合伙企业的经营范围中有属于法律、行政法规规定在登记前须经批准的项目的,该经营业务应当依法经过批准,并在登记时提交批准文件。”第 10 条规定:“申请人提交的登记申请材料齐全、符合法定形式,企业登记机关能够当场登记的,应予当场登记,发给营业执照。除前款规定情形外,企业登记机关应当自受理申请之日起二十日内,作出是否登记的决定。予以登记的,发给营业执照;不予登记的,应当书面答复,并说明理由。”第 11 条规定:“合伙企业的营业执照签发日期,为合伙企业的成立日期。合伙企业领取营业执照前,合伙人不得以合伙企业名义从事合伙业务。”

四、合伙协议

(一)合伙协议的概念和特征

合伙企业协议是两个以上的全体合伙人协商一致约定共同出资、合伙经营共同事业,共享收益、共担风险的协议。合伙协议具有以下特征:

1. 合伙协议是双方或多方法律行为。它是由两个或两个以上的合伙人协商一致的协议,是当事人共同意思表示一致的协议,区别于当事人对应意思表示一致的协议。

2. 合伙协议是合伙人为实现共同的民事生活目的,即经营共同事业,共享收益,共担风险的协议。区别于双方当事人各自实现对应的民事生活目的的意思表示一致的协议。

3. 合伙协议的内容是明确合伙人的共同经营事业的目的、共同出资、合伙事务的管理、盈亏分担、入伙、退伙、合伙的解散与清算等组织管理行为的协议。区别于为交易行为达成的协议。

4. 合伙协议应当以书面形式订立。《合伙企业法》第 4 条明确规定合伙协议应当以书面形式订立。

(二)合伙协议的法律意义

1. 合伙协议是合伙企业成立的依据。合伙企业依据合伙协议成立的。合伙协议是合伙企业成立的必要条件。

2. 合伙协议是合伙人享有权利和承担责任的依据。

3. 合伙协议是合伙企业活动的依据。合伙企业的运作,如合伙企业事务的执行,合伙人的入伙、退伙,合伙企业的解散、清算等都由合伙协议约定。

(三)合伙协议的内容

《合伙企业法》第 18 条规定,合伙协议应当载明下列事项:(1)合伙企业的名称和主要经营场所的地点;(2)合伙的目的和合伙经营范围;(3)合伙人的姓名或者名称、住所;(4)合伙人的出资方式、数额和缴纳期限;(5)利润分配和亏损分担方式;(6)合伙事务的执行;(7)入伙与退伙;(8)争议解决办法;(9)合伙企业的解散与清算;(10)违约责任。除以上应当载明的事项以外,合伙协议还可以载明合伙企业的经营期限等事项。第 63 条规定,有限合伙协议除符合第 18 条的规定外,还应当载明下列事项:(1)普通合伙人和有限合伙人的姓名或者名称、住所;(2)执行事务合伙人应当具备的条件和选择程序;(3)执行事务合伙人权限与违约处理办法;(4)执行事务合伙人的除名条件和更换程序;(5)有限合伙人入伙、退伙的条件、程序及相关责任;(6)有限合伙人和普通合伙人相互转变程序。

(四)合伙协议的生效、修改、补充

《合伙企业法》第 19 条规定:"合伙协议经全体合伙人签名、盖章后生效。合伙人依据合伙协议享有权利,履行义务。修改或者补充合伙协议,应当经全体合伙人

一致同意;但是,合伙协议另有约定的除外。合伙协议未约定或者约定不明的事项,由合伙人协商决定;协商不成的,依照本法和其他有关法律、行政法规的规定处理。”

五、合伙企业财产与合伙企业债务承担

(一)合伙企业财产

合伙企业财产,是指由全体合伙人共有的用于合伙共同事业目的的财产,包括合伙人投入合伙企业的财产和合伙经营积累的财产以及依法取得的其他财产。《合伙企业法》第 20 条规定:“合伙人的出资、以合伙企业名义取得的收益和依法取得的其他财产,均为合伙企业的财产。”由此可见,合伙企业财产的范围和性质有以下内容:

1. 合伙企业财产包括合伙人投入合伙企业的财产(出资财产)和合伙企业经营积累的财产以及依法取得的其他财产。合伙协议成立后,各个合伙人按照协议商定缴纳的资金构成合伙企业的原始财产;合伙人出资后,合伙企业经营所得和合伙孳息收益属于合伙经营积累财产;依法取得的其他财产是指以合伙企业名义依据法律、行政法规规定的法律事实取得的财产,如合伙企业的经营收入、对外举债取得的财产等。

2. 合伙企业财产为全体合伙人共同共有。合伙人出资以后就丧失了对其出资财产的单独所有,而将其出资转归全体合伙人共有,出资人不得在合伙的存续期间主张对其出资部分的占有、使用或处分,不能自由主张分割为单独所有。对合伙企业的经营增值财产部分,合伙人也只能依据其出资份额分享利润,亦不能随意处分。《合伙企业法》第 21 条第 1 款规定:“合伙人在合伙企业清算前,不得请求分割合伙企业的财产;但是,本法另有规定的除外。”该条第 2 款规定:“合伙人在合伙企业清算前私自转移或者处分合伙企业财产的,合伙企业不得以此对抗善意第三人。”第 22 条规定:“除合伙协议另有约定外,合伙人向合伙人以外的人转让其在合伙企业中的全部或者部分财产份额时,须经其他合伙人的一致同意。合伙人之间转让在合伙企业中的全部或者部分财产份额时,应当通知其他合伙人。”第 23 条规定:“合伙人向合伙人以外的人转让其在合伙企业中的财产份额的,在同等条件下,其他合伙人有优先购买权;但是,合伙协议另有约定的除外。”第 25 条规定:“合伙人以其在合伙企业中的财产份额出质的,须经其他合伙人一致同意;未经其他合伙人一致同意,其行为无效,由此给善意第三人造成损失的,由行为人依法承担赔偿责任。”

3. 合伙企业财产于合伙存续期间用于合伙事业,包括合伙事业的经营和对外债务的承担。

探 讨 合伙人对合伙财产的共有是按份共有还是共同共有?

在合伙合同关系中合伙人以个人名义直接共有合伙财产。在合伙企业,合伙人可以合伙企业名义共有合伙财产。至于合伙财产共有的性质是按份共有还是共同共有,理论上有不同观点,有观点认为合伙财产为合伙人按份共有,合伙经营积累财产则为合伙人共同共有。主要论据为:合伙财产首先是由合伙人按照合伙协议约定的出资份额形成的,其出资额也是合伙人分配合伙财产收益的依据,而且他对合伙财产的份额还可以转让。实际上合伙财产的共有关系有复杂性。因为合伙是人的集合,还不是简单的集合,它又表现出一定的组织性特点。在合伙人对合伙财产的共有关系中,就要受到这种组织性影响。《合伙企业法》第 21 条第 1 款规定:“合伙人在合伙企业清算前,不得请求分割合伙企业的财产;但是,本法另有规定的除外。”该条第 2 款规定:“合伙人在合伙企业清算前私自转移或者处分合伙企业财产的,合伙企业不得以此对抗善意第三人。”第 22 条规定:“除合伙协议另有约定外,合伙人向合伙人以外的人转让其在合伙企业中的全部或者部分财产份额时,须经其他合伙人的一致同意。合伙人之间转让在合伙企业中的全部或者部分财产份额时,应当通知其他合伙人。”第 23 条规定:“合伙人向合伙人以外的人转让其在合伙企业中的财产份额的,在同等条件下,其他合伙人有优先购买权;但是,合伙协议另有约定的除外。”第 25 条规定:“合伙人以其在合伙企业中的财产份额出质的,须经其他合伙人一致同意;未经其他合伙人一致同意,其行为无效,由此给善意第三人造成损失的,由行为人依法承担赔偿责任。”这些规定实际上就否定了各合伙人按份额对合伙财产行使所有权的可能。因而,合伙对合伙财产的共有就不能是按份共有,而只能是共同共有。关于合伙人对合伙财产按份共有的认识,与人们对按份共有和共同共有概念的简单化认识有关。按照原《民法通则》第 78 条第 2 款的规定和一般教科书的表述,按份共有是指各共有人按照各自份额对共有财产分享权利和分担义务的共有权;共同共有则是各共有人不分份额地平等地对共有财产享有权利、承担义务。这样的理解是望文生义的简单化理解。实际上原《民法通则》第 78 条第 3 款明确规定:按份共有人有权要求将自己的份额分出或者转让。谢怀栻先生对按份共有的定义准确地表述为:“数个所有人对一物按其共有比例享有一定份额,对其份额可以自由处分,对共有物可以随时请求分割。”对共同共有的概念则准确表述为:“各共有人就共有物虽有一定份额,但在共同关系存续中不能自由处分其份额,也不能请求分割。例如合伙人对合伙财产的共有。”[11]可见,无论按份共有还是共同共有的共有人对共有财产的共有都可以有份额,其区别不在于是否有份额,而在于共有人能否对其份额自由处分和请求分割。明确了这一点就不会对合伙财产的共有性质产生误解。

(二)合伙企业债务的承担

1. 合伙企业债务的承担原则

合伙企业债务是合伙企业经营期间对外发生的一切债务。合伙企业是非法人组织,没有自己的独立财产,不能独立承担民事责任。因此,合伙债务最终由合伙人负无限连带责任。所谓无限责任是指合伙人对合伙债务的承担应以其个人的全部财产承担,不以其出资为限。所谓连带责任则是指每个合伙人对合伙的全部债务对合伙债权人负清偿责任,不以其应承担的份额为限;合伙债权人有权要求任何一个合伙人就全部债务负责清偿,合伙人应替代其他合伙人清偿,不得拒绝。清偿合伙债务超过自己应清偿份额的,可就超过部分向其他合伙人追偿。依《合伙企业法》第38条规定:“合伙企业对其债务,应先以其全部财产进行清偿。”第39条规定:“合伙企业不能清偿到期债务的,合伙人承担无限连带责任。”可见,合伙企业的合伙人对合伙企业债务承担的是补充性无限连带责任,合伙人先以其共有的合伙企业财产清偿,不足清偿时才以其在合伙企业出资以外的财产承担清偿责任。《合伙企业法》第40条规定:“合伙人由于承担无限连带责任,清偿数额超过本法三十三条第一款规定的其亏损分担比例的,有权向其他合伙人追偿。”

重点提示

合伙企业的合伙人对合伙企业债务承担的是补充性无限连带责任,合伙人先以其共有的合伙企业财产清偿,不足清偿时才以其在合伙企业出资以外的财产承担清偿责任。

2. 合伙企业利润和亏损的处理

依据《合伙企业法》第33条规定,合伙企业的利润分配和亏损分担按以下原则处理:(1)由合伙人依照合伙协议的约定办理;(2)合伙协议未约定或者约定不明确的,由合伙人协商决定;协商不成的,由合伙人按照实缴出资比例分配、分担;无法确定出资比例的,由合伙人平均分配、分担;(3)合伙协议不得约定将全部利润分配给

[11] 谢怀栻:《外国民商法精要》,法律出版社2003年版,第154页。

部分合伙人或者由部分合伙人承担全部亏损。

3. 合伙财产对合伙债务与个人债务的清偿顺序

合伙人的个人债务应以合伙人的个人财产清偿;合伙企业的债务应先以合伙企业的财产清偿,不足时以合伙人的个人财产承担无限连带责任予以清偿。合伙企业的财产为合伙人所共有。如果合伙人的个人财产不足清偿其个人债务时,能否以其共有的合伙财产清偿其个人债务?《合伙企业法》第42条规定:"合伙人的自有财产不足清偿其与合伙企业无关的债务的,该合伙人可以以其从合伙企业中分取的收益用于清偿;债权人也可以依法请求人民法院强制执行该合伙人在合伙企业中的财产份额用于清偿。人民法院强制执行合伙人的财产份额时,应当通知全体合伙人,其他合伙人有优先购买权;其他合伙人未购买,又不同意将该财产份额转让给他人的,依照本法第五十一条的规定为该合伙人办理退伙结算,或者办理削减该合伙人相应财产份额的结算。"可见合伙企业的财产首先用于偿还合伙企业债务,不得以合伙财产偿还合伙人的个人债务,合伙人偿还个人债务只能用属于其个人的财产。可见我国《合伙企业法》也是承认双重优先原则的,即区分合伙人财产(包括其在合伙的收益和份额)与合伙财产,"将合伙人债务与合伙债务,分别立足于合伙人个人财产与合伙财产优先受偿"。〔12〕同时《合伙企业法》第41条还规定:"合伙人发生与合伙企业无关的债务,相关债权人不得以其债权抵销其对合伙企业的债务;也不得代位行使合伙人在合伙企业中的权利。"

六、合伙事务的执行

合伙事务的执行是指处理与合伙经营的共同事业有关的事务,包括对内管理合伙事务和对外代表合伙进行民事交易活动。

(一)合伙事务的执行人

《合伙企业法》第26条规定:"合伙人对执行合伙事务享有同等的权利。按照合伙协议的约定或者经全体合伙人决定,可以委托一个或数个合伙人对外代表合伙企业,执行合伙企业事务。作为合伙人的法人、其他组织执行合伙事务的,由其委派的代表执行。"由此可见,合伙事务的执行人的产生有三种情况:

1. 全体合伙人依据法律的规定当然成为合伙事务的共同执行人,而且享有同等的权利。除非合伙协议另有约定或全体合伙人同意另有选定,任何一个合伙人都

---

〔12〕 龙卫球:《民法总论》,中国法制出版社2001年版,第469页。

是合伙事务的执行人，无须另外特别授权就有权执行合伙事务。

法律链接

《合伙企业法》第28~32条

2. 经合伙协议约定或全体合伙人同意决定委托一个或者数个合伙人为合伙事务的执行人。在这种情况下，约定的或决定的一人或数名合伙人是合伙事务的执行人，其执行权来自合伙协议约定或全体合伙人的决定，这是对法律规定的全体合伙人共同执行合伙事务的特别例外，依据《合伙企业法》第 27 条，当一人或数名合伙人执行合伙事务时，其他合伙人则不享有合伙事务的执行权。

3. 作为合伙人的法人、其他组织执行合伙事务的，由其委派的代表执行。

（二）合伙事务执行人的权利与义务

合伙事务执行人的权利包括：（1）对合伙事务的管理权；（2）对外代表合伙企业；（3）对因执行合伙事务的费用支出的请求偿还的权利；（4）执行合伙事务有约定报酬的，请求合伙组织支付报酬的权利。

依据《合伙企业法》第 28 ~ 32 条规定，合伙执行人有下列义务：（1）执行事务的报告义务。由一名或数名合伙人执行合伙事务的，应依照约定向其他不参加执行事务的合伙人报告事务执行情况及合伙企业的经营状况和财务状况。（2）将执行合伙事务的收益归属全体合伙人的义务。（3）遵守合伙协议和法律规定，按照合伙协议和全体合伙人决定执行合伙事务的义务。例如，须经全体合伙人同意的事项，必须经全体合伙人同意；合伙人对其执行事务提出异议时，应当暂停执行。（4）忠实处理合伙事务的义务。执行人应将合伙事务视同自己事务一样予以处理，不得懈怠；不得滥用执行权损害合伙利益。（5）竞业禁止义务。合伙执行人不得自营或者同他人合作经营与本合伙企业相竞争的业务。除合伙协议另有约定或全体合伙人同意外，不得与本合伙企业进行交易。

（三）对合伙事务执行的监督

全体合伙人对合伙事务有同等的执行的权利，也同样享有监督的权利。特别是在依合伙协议或全体合伙人决定由一名或数名合伙人执行合伙事务，其他合伙人不再执行合伙事务的情况下，其他不参加合伙事务执行的合伙人则有权监督执行事务的合伙人。对合伙执行事务的监督体现在：

1. 对合伙企业的重大事务必须经全体合伙人同意。《合伙企业法》第 31 条规定，合伙企业的下列事项应当经全体合伙人一致同意：（1）改变合伙企业的名称；

(2)改变合伙企业的经营范围、主要经营场所的地点;(3)处分合伙企业的不动产;(4)转让或者处分合伙企业的知识产权和其他财产权利;(5)以合伙企业名义对外提供担保;(6)聘任合伙人以外的人担任合伙企业的经营管理人员。

2. 不参加执行合伙企业事务的合伙人,有权检查执行企业事务的情况,要求执行人向其报告合伙事务的执行情况,有权查阅账簿,了解企业经营状况和财务状况。(《合伙企业法》第28条)

3. 合伙企业协议约定或者经全体合伙人决定,合伙人分别执行合伙事务时,执行事务合伙人可以对其他合伙人执行的事务提出异议。提出异议时,应当暂停该项事务的执行。如果发生争议由全体合伙人共同决定。(《合伙企业法》第29条第1款)

4. 被委托执行合伙事务的合伙人不按照合伙协议或全体合伙人决定执行事务的,其他合伙人可以决定撤销该委托。(《合伙企业法》第29条第2款)

(四)有限合伙事务的执行

根据《合伙企业法》第67条的规定:"有限合伙企业由普通合伙人执行合伙事务。执行事务的合伙人可以要求在合伙协议中确定执行事务的报酬及报酬提取方式。"第68条第1款规定:"有限合伙人不执行合伙事务,不得对外代表有限合伙企业。"但有限合伙人依据该条第2款规定所实施的行为不视为执行合伙事务。

七、入伙、退伙、合伙的解散

(一)入伙

入伙是指在合伙存续期间新的合伙人加入合伙并取得合伙人资格的行为。合伙是以合伙人之间的人身信任为基础的共同关系或人合组织。因此,新合伙人的入伙是合伙的重大事项,必须符合法律规定的条件。依据《民法通则意见》第51条和《合伙企业法》第43条的规定,新合伙人入伙,除合伙协议另有约定外,应当经全体合伙人同意,并依法订立书面入伙协议。订立入伙协议时,原合伙人应当向新合伙人如实告知原合伙企业的经营状况和财务状况。书面入伙协议订立后,新合伙人即取得合伙人的资格。依《合伙企业法》第44条规定,除非入伙协议另有约定,入伙的新合伙人与原合伙人享有同等权利,承担同等责任。新合伙人对入伙前合伙企业的债务承担无限连带责任。依《合伙企业法》第77条规定,新入伙的有限合伙人对入伙前有限合伙企业的债务,以其认缴的出资额为限承担责任。

(二)退伙

退伙是合伙经营期间合伙人退出合伙组织、消灭其合伙人资格的行为。退伙以退伙的原因不同有以下几种情况:

1. 法定退伙

法定退伙,是指基于法律直接规定的退伙事由发生的退伙,也叫当然退伙。依据《合伙企业法》第48条的规定:“合伙人有下列情形之一的,当然退伙:(一)作为合伙人的自然人死亡或者被依法宣告死亡;(二)个人丧失偿债能力;(三)作为合伙人的法人或者其他组织依法被吊销营业执照、责令关闭、撤销,或者被宣告破产;(四)法律规定或者合伙协议约定合伙人必须具有相关资格而丧失该资格;(五)合伙人在合伙企业中的全部财产份额被人民法院强制执行。合伙人被依法认定为无民事行为能力或者限制民事行为能力人的,经其他合伙人一致同意,可以依法转为有限合伙人,普通合伙企业依法转为有限合伙企业。其他合伙人未能一致同意的,该无民事行为能力或者限制民事行为能力的合伙人退伙。退伙事由实际发生之日为退伙生效日。”但依据《合伙企业法》第79条规定,作为有限合伙人的自然人在有限合伙企业存续期间丧失民事行为能力的,其他合伙人不得因此要求其退伙。

2. 自愿退伙

自愿退伙是指合伙人在合伙经营期间依据合伙协议约定的或法律规定的允许退伙的事由,自愿申请退出合伙,也称声明退伙。合伙人自愿退伙有两种情况:一种情况是《合伙企业法》第45条规定的合伙协议约定了合伙期限的退伙事由,包括:(1)合伙协议约定的退伙事由出现;(2)经全体合伙人一致同意;(3)发生合伙人难以继续参加合伙的事由;(4)其他合伙人严重违反合伙协议约定的义务。在这些事由出现时,合伙人都可以申请退伙。另一种情况是《合伙企业法》第46条规定的,合伙协议未约定合伙期限的,合伙人在不给合伙企业事务造成不利影响的情况下,可以退伙,但应当提前30日通知其他合伙人。《合伙企业法》第47条还规定,合伙人违反第45、46条的规定退伙的,应当赔偿由此给合伙企业造成的损失。

3. 强制退伙

强制退伙,也称除名退伙,是指合伙人不履行约定的或法定的义务或有其他不当行为,经其他全体合伙人一致同意,决议将其从合伙组织除名的退伙形式。根据《合伙企业法》第49条的规定:“合伙人有下列情形之一的,经其他合伙人一致同意,可以决议将其除名:(一)未履行出资义务;(二)因故意或重大过失给合伙企业造成损失;(三)执行合伙事务时有不正当行为;(四)发生合伙协议约定的事由。对合伙人的除名决议应当书面通知被除名人。被除名人接到除名通知之日，除名生效，被除名人退伙。被除名人对除名决议有异议的，可以自接到除名通知之日起三十日内，向人民法院起诉。”

退伙可以引起以下法律后果：

第一，退伙人丧失合伙人资格。

第二，依据《合伙企业法》第51条规定，退伙人退伙，其他合伙人应当与该退伙人按照退伙时的合伙企业的财产状况进行结算，退还退伙人的财产份额。退伙人对给合伙企业造成财产损失负有赔偿责任的，相应扣减其应当赔偿的数额。退伙时有未了结的合伙企业事务的，待该事务了结后进行结算。第52条规定：“退伙人在合伙企业中财产份额的退还办法，由合伙协议约定或者由全体合伙人决定，可以退还货币，也可以退还实物。”

第三，依据《合伙企业法》第53条规定，退伙人应对其退出合伙前已发生的合伙企业债务，与其他合伙人承担无限连带责任。第81条规定：“有限合伙人退伙后，对基于其退伙前原因发生的有限合伙企业债务，以其退伙时从有限合伙企业中取回的财产承担责任。”

第四，依据《合伙企业法》第33、54条规定，合伙人退出合伙时合伙企业财产少于合伙企业债务的，退伙人应依照合伙协议约定的比例分担亏损；合伙协议未约定比例或者约定不明确的，由合伙人协商决定；协商不成的，由合伙人按照实缴出资比例分担；无法确定出资比例的，由合伙人平均分担亏损。

第五，依据《合伙企业法》第50条规定，合伙人死亡或者被依法宣告死亡的，对该合伙人在合伙企业中的财产份额享有合法继承权的继承人，依照合伙协议的约定或者经全体合伙人同意，从继承开始之日起，即取得该合伙企业的合伙人的资格。但有下列情形之一的，合伙企业应当向合伙人的继承人退还被继承合伙人的财产份额：(1)继承人不愿成为该合伙企业合伙人的；(2)法律规定或者合伙协议约定合伙人必须具有相关资格，但该继承人未取得该资格的；(3)合伙协议约定不能成为合伙人的其他情形。合伙人的继承人为无民事行为能力人或限制民事行为能力人的，经全体合伙人一致同意，可以依法成为有限合伙人，普通合伙企业依法转为有限合伙企业。全体合伙人未能一致同意的，合伙企业应当将被继承合伙人的财产份额退还该继承人。

第六，因合伙人退伙导致合伙企业的合伙人不足两人的，合伙企业可随之终止。

(三)合伙的解散

合伙的解散是指由于法律规定的事由或合伙人约定的事由的出现，合伙人之间的权利义务关系终止的法律现象,也称散伙。根据《合伙企业法》第 85 条的规定,合伙企业有下列情形之一的,应当解散:(1)合伙期限届满,合伙人决定不再经营;(2)合伙协议约定的解散事由出现;(3)全体合伙人决定解散;(4)合伙人已不具备法定人数满 30 天;(5)合伙协议约定的合伙目的已经实现或者无法实现;(6)合伙企业被依法吊销营业执照、责令关闭或者被撤销;(7)法律、行政法规规定的其他原因。

合伙企业的解散引起以下法律后果:

1. 清算。清算是对合伙企业业务的了结和财产财务的清结处理。依据《合伙企业法》第 86、88 条规定,合伙企业解散后,应当进行清算,并通知和公告债权人。

(1)清算人的确定。合伙企业解散,清算人由全体合伙人担任;未能由全体合伙人担任清算人的,经全体合伙人过半数同意可以自合伙企业解散事由出现后 15 日内指定一个或者数个合伙人,或者委托第三人担任清算人。如果自解散事由出现后在 15 日内未确定清算人的,合伙人或者其他利害关系人可以申请人民法院指定清算人。

(2)清算人的职责。依据《合伙企业法》第 87 条规定,作为合伙企业的清算人在清算期间执行下列事务:第一,清理合伙企业财产,分别编制资产负债表和财产清单;第二,处理与清算有关的合伙企业未了结的事务;第三,清缴合伙企业所欠税款;第四,清理合伙企业的债权、债务;第五,处理合伙企业清偿债务后的剩余财产;第六,代表合伙企业参加诉讼或者仲裁活动。

(3)通知和公告债权人及债权申报。依据《合伙企业法》第 88 条规定,清算人自被确定之日起 10 日内将合伙企业的解散事项通知债权人,并于 60 日内在报纸上公告。债权人应当自接到通知之日起 30 日内,未接到通知的自公告之日起 45 日内,向清算人申报债权。债权人申报债权,应当说明债权的有关事项,并提供证明材料。清算人应当对债权进行登记。

(4)清算期间合伙企业的资格。清算期间合伙企业存续,但不得进行与清算无关的经营活动。

(5)财产清算顺序。《合伙企业法》第 89 条规定,合伙企业财产在支付清算费用和职工工资、社会保险费用、法定补偿金以及缴纳所欠税款、清偿债务后的剩余财产,依照《合伙企业法》第 33 条第 1 款进行分配,即按照合伙协议约定分配;合伙协议未约定或者约定不明确的,由合伙人协商决定;协商不成的,由合伙人按照实缴出资比例分配;无法确定实缴出资比例的,在合伙人之间平均分配。

(6)合伙债务承担。合伙企业债务先以合伙企业财产清偿,如果合伙企业财产不足清偿其债务的，各合伙人承担无限连带责任，债务由各合伙人按照合伙协议约定分担；合伙协议未约定或者约定不明的，由合伙人协商决定，协商不成的，由合伙人按照实缴出资比例分担；实缴出资比例无法确定的则以平均比例分担，以各合伙人在合伙企业出资以外的财产承担清偿责任。

2. 注销合伙企业。依据《合伙企业法》第 90 条规定，清算结束，清算人应当编制清算报告，经全体合伙人签名、盖章后，在 15 日内向企业登记机关报送清算报告，申请办理合伙企业注销登记。

3. 原合伙企业债务由原合伙人承担。依据《合伙企业法》第 91 条规定，合伙企业注销后，原合伙企业存续期间的债务，仍由原普通合伙人承担无限连带责任。第 92 条规定："合伙企业不能清偿到期债务的，债权人可以依法向人民法院提出破产清算申请，也可以要求普通合伙人清偿。合伙企业被依法宣告破产的，普通合伙人对合伙企业的债务仍应承担无限连带责任。"

思考题：

1. 什么是合伙企业？它有哪些特征？

2. 什么是普通合伙企业？什么是特殊普通合伙企业？什么是有限合伙？

3. 什么是合伙协议？它有哪些主要内容？有什么法律意义？

4. 什么是合伙事务的执行？合伙事务执行人怎样产生？执行人有哪些权利和义务？

5. 对合伙事务的执行由谁监督？监督的内容有哪些？

6. 什么是合伙财产？它有哪些特点？

7. 合伙债务如何承担？

8. 什么是入伙？入伙要符合哪些条件？产生什么法律效力？

9. 什么是退伙？退伙有哪些种类？退伙的法律后果有哪些？

10. 什么是合伙的解散？哪些原因引起合伙解散？合伙解散有哪些法律后果？

11. 合伙企业清算人在合伙企业清算中执行哪些事务？对合伙企业财产和债务如何处理？

案例 6－1

赵某、杨某、张某三人于 1998 年 8 月签订合伙协议，约定赵某出资 3 万元、杨某出资 2 万元、张某出资 5 万元合伙经营砖厂，盈利按各人出资分配，亏损也按照各人出资分摊。经营一年后盈余 1 万元，三人按照出资比例进行了分配。在第二经营年度,三人出现意见分歧,常在经营管理中发生矛盾。1999 年 11 月杨某未与赵某、张某商量私自从销售的砖款中支取了 2 万元,表示退伙。1999 年年终结算时该合伙砖厂亏损达 8 万元,其中欠某银行贷款 5 万元,欠某村民小组场地使用费 2 万元,拖欠职工工资 1 万元。这种情况下赵某也要求退伙,赵某和张某按销售价分别从砖厂拉走 1.2 万元和 2.8 万元的成品砖,还有价值 1 万元的制砖机械未分配。对砖厂债务也未作处理。2000 年 3 月,债权人某银行、某村民小组和职工分别向所在地县人民法院起诉,要求张某、赵某、李某偿还其债务。在张某开办砖厂时给张某出借资金的李某也起诉张某要求偿还其借款 2 万元。请分析回答以下问题:

1. 该合伙企业是否具备解散事由? 应当如何进行解散?
2. 该合伙企业的财产有哪些? 对其财产和债务应当如何处理?
3. 对合伙债务张某、赵某、杨某应当如何承担责任?
4. 就张某而言如何确定他承担对合伙企业的债务和对李某的债务的先后顺序?

第三节 个人独资企业

| 内容提要 |

个人独资企业是典型的非法人组织,重点理解它之所以成为非法人组织的组织特征。本节依据《个人独资企业法》的规定,论述个人独资企业的概念、设立、投资人及事务管理、解散和清算等问题。

一、个人独资企业的概念及其法律地位

(一)个人独资企业的概念

个人独资企业,是指依照《个人独资企业法》在中国境内设立,由一个自然人投资,财产为投资人个人所有,投资人以其个人财产对企业债务承担无限责任的经营实体。

个人独资企业是指依法设立的,由一个自然人投资,财产为投资个人所有,投资人以个人财产对企业债务承担无限责任的经营实体。个人独资企业具有如下特征:(1)出资人为一个自然人;(2)企业财产为投资人个人所有;(3)个人独立企业有组织特征,表现在:个人独资企业有自己的企业名称、住所、办事机构,有申报的出

资或财产,有固定的生产经营场所和必要的生产经营条件,有必要的从业人员,有明确的业务经营范围,依法登记,领取营业执照;(4)企业事务由投资人自行管理或者由其委托的或聘用的人按照其授权进行管理;(5)企业债务由投资人以其个人财产承担无限责任;如果投资人在企业设立登记时明确以其家庭共有财产作为个人出资的,应当依法以家庭共有财产对企业负无限责任。

(二)个人独资企业的法律地位

从上述个人独资企业的特征可以看出,它是自然人主体经登记从事商业行为的一种组织形式,或者说是自然人以企业组织形式从事商业行为的一种资格。这种企业组织本身并不具有独立的民事主体资格。虽然个人独资企业可以有自己的名称,有设立时申报的财产,经核准登记有营业执照,但这只是自然人商行为资格取得的条件,而并不表明其独立民事主体资格的取得。正因为个人独资企业有自己的名称、有申报的财产、经登记取得营业执照,能够以自己的名义从事民事活动,所以《民法典》第一编总则明确将其规定为非法人组织,不具有法人资格,但是能够以自己名义从事民事活动,其债务由其设立人承担无限责任。个人独资企业是非法人组织,在诉讼中具有诉讼资格。

重点提示

个人独资企业是自然人主体经登记从事商业行为的一种组织形式,这种企业组织是非法人组织,不具有法人资格,但是能够以自己的名义从事民事活动,其债务由设立人、出资人承担无限连带责任。

二、个人独资企业的设立

设立个人独资企业应当具备下列条件:(1)投资人为一个自然人;(2)有合法的企业名称;(3)有投资人申报的出资;(4)有固定的生产经营场所和必要的生产经营条件;(5)有必要的从业人员。

申请设立个人独资企业,应当由投资人或者其委托的代理人向个人独资企业所在地的登记机关提交设立申请书、投资人身份证明、生产经营场所使用证明等文件。委托代理人申请设立登记时,应当出具投资人的委托书和代理人的合法证明。个人独资企业不得从事法律、行政法规禁止经营的业务;从事法律、行政法规规定须报经有关部门审批的业务,应当在申请设立登记时提交有关部门的批准文件。个人独资企业设立申请书应当载明下列事项:(1)企业的名称和住所,个人独资企业的名称应当与其责任形式及从事的营业相符合,个人独资企业以其主要办事机构所在地为住所;(2)投资人的姓名和居所;(3)投资人的出资额和出资方式;(4)经营范围。

登记机关应当在收到设立申请文件之日起15日内,对符合《个人独资企业法》规定条件的,予以登记,发给营业执照;对不符合本法规定条件的,不予登记,并应当给予书面答复,说明理由。个人独资企业的营业执照的签发日期,为个人独资企业成立日期。在领取个人独资企业营业执照前,投资人不得以个人独资企业名义从事经营活动。个人独资企业存续期间登记事项发生变更的,应当在作出变更决定之日起的15日内依法向登记机关申请办理变更登记。

三、个人独资企业的投资人及事务管理

个人独资企业的设立人是自然人,具有民事权利能力和行为能力的自然人都可以依法申请设立个人独资企业。但是法律、行政法规禁止从事营利性活动的人,不得作为投资人申请设立个人独资企业,如党政机关现职工作人员。个人独资企业投资人对本企业的财产依法享有所有权,其有关权利可以依法进行转让或继承。个人独资企业投资人在申请企业设立登记时明确以其家庭共有财产作为个人出资的,应当依法以家庭共有财产对企业债务承担无限责任。

个人独资企业投资人可以自行管理企业事务,也可以委托或者聘用其他具有民事行为能力的人负责企业的事务管理。投资人委托或者聘用他人管理个人独资企业事务,应当与受托人或者被聘用的人签订书面合同,明确委托的具体内容和授予的权利范围。受托人或者被聘用的人员应当履行诚信、勤勉义务,按照与投资人签订的合同负责个人独资企业的事务管理。投资人对受托人或者被聘用的人员职权的限制,不得对抗善意第三人。

四、个人独资企业的解散和清算

个人独资企业的解散是其作为组织体的解体,其解散是其民事主体资格终止的原因。依据《个人独资企业法》的规定,个人独资企业有下列情形之一时,应当解散:(1)投资人决定解散;(2)投资人死亡或者被宣告死亡,无继承人或者继承人决定放弃继承;(3)被依法吊销营业执照;(4)法律、行政法规规定的其他情形。

个人独资企业解散,由投资人自行清算或者由债权人申请人民法院指定清算人进行清算。投资人自行清算的,应当在清算前15日内书面通知债权人,无法通知的,应当予以公告。债权人应当在接到通知之日起30日内,未接到通知的应当在公告之日起60日内,向投资人申报其债权。个人独资企业解散后,原投资人对个人独

资企业存续期间的债务仍应承担偿还责任,但债权人在5年内未向债务人提出偿债请求的,该责任消灭。

个人独资企业解散的,财产应当按照下列顺序清偿:(1)所欠职工工资和社会保险费用;(2)所欠税款;(3)其他债务。

清算期间,个人独资企业不得开展与清算目的无关的经营活动。在按《个人独资企业法》规定清偿债务前,投资人不得转移、隐匿财产。个人独资企业财产不足以清偿债务的,投资人应当以其个人的其他财产予以清偿。个人独资企业清算结束后,投资人或者人民法院指定的清算人应当编制清算报告,并于15日内到登记机关办理注销登记。

思考题:

1. 什么是个人独资企业? 其法律地位如何? 其责任如何承担?

2. 如何理解个人独资企业的非法人组织特征?

应用指南

本章关于非法人组织的规定,明确了非法人组织不具有法人资格,但是能够以自己名义从事民事活动。如果说这是对非法人组织民事主体资格的规定,也必须认识到非法人组织不具有独立的民事权利能力,其以自己名义从事民事活动只具有形式的意义,其后果最终归属于其设立人、出资人,其债务由出资人、设立人承担无限责任,因此,其所谓的民事主体资格不能与自然人和法人主体资格相提并论。主体地位的独立首先是独立于其成员,非法人组织显然不是独立民事主体。在应用非法人组织的有关规定中,仍然要把握非法人组织不是独立民事主体的特点。一方面承认其能够以自己名义从事民事活动,承认其所为的民事法律行为不因其不具有法人资格而无效,但同时又要认识其主体资格的相对性,由其设立人、出资人对其债务承担无限责任或者依据法律规定承担无限连带责任。在法律适用中除适用《民法典》第一编总则第四章关于非法人组织的专章规定外,还要适用《合伙企业法》《个人独资企业法》等法律的规定,同时可以参照《民法典》第一编总则第三章第一节关于法人的一般规定。对于专业服务机构,还要适用与其相关的行业和专业管理法律、法规的规定,如《注册会计师法》《律师法》等。

第七章　民事法律关系的客体

民事法律关系的客体是相对于主体而言的构成要素。客体是利益的承载者，主体针对客体实现其利益，从而发生相互之间的利益关系，这种利益关系受民法调整就形成了民事法律关系。因此，从客体角度观察，民法对民事社会关系的调整就是要使利益公平有序地分配和实现于各个主体之间，对各个民事主体的合法利益给予平等的保护。承载各种利益的客体的不同往往会导致各种民事法律关系的不同特点。不同的客体在不同主体间的配置也是国家立法政策的体现（例如，国家所有权与私人所有权的客体范围就有所不同）。本章学习的重点在于了解能够作为民事法律关系客体的类别范围以及各种客体的特点及其法律意义。

第一节　民事法律关系客体概述

| 内容提要 |

民事法律关系的客体，是民事法律关系主体享有的民事权利和承担的民事义务所共同指向的对象，包括物、人的行为、智力成果、人格或身份、权利、有价证券等。

一、民事法律关系客体的概念

民事法律关系的客体，是民事法律关系主体享有的民事权利和承担的民事义务所共同指向的对象。在民事法律关系中，权利对应于义务构成民事法律关系的内容。权利是权利主体依法得主张的利益；义务是义务主体为实现权利主体的利益而必须付出的利益。在某个特定民事法律关系中作为这种对应利益的承载者就是客体。权利义务都针对客体发生。因此说，客体是权利义务共同指向的对象。作为权利义务共同指向的对象相对于权利义务的享有和承担者即主体而言就是客体。权利义务共同指向的对象即是主体在具体民事法律关系中要实现的利益的体现或承载。民事主体发生具体民事法律关系的目的或目标,无非是为了保有某种利益、获取某种利益,承载这种利益的客体就被称作“标的”。因此,客体与标的应是同义语,是对同一现象的不同称谓,客体是相对于主体而言的;标的是相对于主体民事法律关系的目标或目的而言的,或者是相对于民事权利义务关系的指向性而言的。

重点提示

客体是相对于主体而言的,是主体权利义务共同指向的对象,是主体要实现的利益的体现或承载。

二、民事法律关系客体的范围

民事社会生活的丰富多样性,体现在人们的利益需求的多样性上,能够承载和体现利益的客观存在也是多样性的。归纳起来主要是指物、人的行为、智力成果、人格或身份、权利、有价证券等一切体现物质利益或非物质利益的客观存在。

1. 物。物在民法上是指人身以外,能够满足人们的社会需要而又为人力所能控制或支配的物质存在。物权法律关系的客体就是物。《民法典》第 114 条规定:“民事主体依法享有物权。物权是权利人依法对特定的物享有直接支配和排他的权利,包括所有权、用益物权和担保物权。”

2. 行为。行为作为客体是指体现财产给付利益的作为或不作为。债的法律关系的客体就是一定的给付行为,例如,完成工作交付工作成果的行为、提供劳务的行为。《民法典》第 118 条规定:“民事主体依法享有债权。债权是因合同、侵权行为、无因管理、不当得利以及法律的其他规定,权利人请求特定义务人为或者不为一定行为的权利。”

3. 智力成果。智力成果是指人的创造性智力劳动所取得的文学艺术和科学作品、发明、实用新型、外观设计、商标等成果的统称。智力成果是知识产权法律关系的客体。在知识产权法教材中有详细阐述。

4. 人格要素或身份。人格要素是指民事主体作为人所必备的和固有的要素。例如生命、身体、健康、肖像、姓名、名誉、荣誉、隐私。人格权就是针对人格要素而享有利益的权利。身份,是指民事主体在特定的家庭或团体等稳定的社会关系中具有的一定地位。例如,夫妻之间的配偶身份、亲属之间的父母和子女身份。身份权是针对身份而享有利益的权利。人身权法律关系的客体就是人格要素或身份。在这里要注意人是法律关系的主体,人的法律人格即为主体资格,但作为主体资格承载者的客观的人格要素则是可以作为人身权的客体的。对人格要素产生的利益的法律保护则是人格权,人格权就是法律保护的权利人基于自身的人格要素产生的利益。人格与主体的人身不可分离,所以,人格权是主体对于自身享有的权利,人是主体,不可作为客体,但事实的人格要素是人身权的客体,基于人格要素产生的利益就是人格权的内容。

5. 自然人的个人信息。《民法典》第 111 条规定:“自然人的个人信息受法律保护。任何组织或者个人需要获取他人的个人信息的,应当依法取得并确保信息安全,不得非法收集、适用、加工传输他人的个人信息,不得非法买卖、提供或者公开他人个人信息。”《民法典》第 1034 条规定:“自然人的个人信息受法律保护。个人信息是以电子或者其他方式记录的能够单独或者与其他信息结合识别特定自然人的各种信息,包括自然人的姓名、出生日期、身份证件号码、生物识别信息、住址、电话号码、电子邮箱、健康信息、行踪信息等。个人信息中的私密信息,适用有关隐私权的规定;没有规定的,适用有关个人信息保护的规定。”

6. 权利。在一个特定民事法律关系中,权利是民事法律关系的内容,客体是权利指向的对象,二者是有区别的民事法律关系的不同要素。但在民事法律关系的普遍联系中考察,主体在一个特定民事法律关系中享有的权利,则可以依法成为另一特定民事法律关系的客体。例如,甲对于乙享有的债权,依法可以为丙设定质权从而成为丙之质权的客体。《民法典》第 115 条规定:“……法律规定权利作为物权客体的,依照其规定。”

7. 有价证券。有价证券是指设定并证明持券人有权取得一定财产的书面凭证。有价证券本身就是权利凭证,是权利的载体,是有价值的财产。它不同于书证。有价证券可以成为物权的客体,也可以成为债权的客体。

8. 数据、网络虚拟财产。数据是在互联网和大数据时代,经过系统或有序安排,可以通过电子或者其他手段单独加以访问的作品、数据或者其他材料的数据库信息。网络虚拟财产,是指存在于网络虚拟空间中的电子邮箱、虚拟货币、游戏账号、游戏货币等虚拟财产。《民法典》第 127 条规定:“法律对数据、网络虚拟财产的保护有规定的,依照其规定。”

思考题:什么是民事法律关系的客体?主要有哪些种类?

第二节 物

|内容提要|

物是民事法律关系的客体之一,是指人身以外,能够满足人们的社会需要,能为人力所支配或控制的物质的实体存在。物在确定有关民事法律关系的效力、性质、履行、纠纷管辖、法律适用等方面都具有重要意义。物有各种不同的分类,各类物都有不同的法律意义,体现了民法针对不同物而对主体权利义务关系进行的相应调整。

一、物的概念和特征

在民法上,物是民事法律关系的客体之一,是指人身以外,能够满足人们的社会需要,能为人力所支配或控制的物质的实体存在。它具有以下特征:

第一,物存在于人身以外。人也是自然界中的物质存在,但人在民事法律社会中,被赋予法律人格,居于主体地位,而且每个人的人格独立和平等,因而任何人都不能再成为权利的客体。自然界中只能是除人以外的其他存在才可以成为民事法律关系的客体。人身不是民法上的物,是就人的身体整体而言的,也是从人的主体性出发的,一旦人的身体的器官的一部分脱离人的身体,或人因死亡而消灭了其主体资格时,身体器官的一部分或尸体则可以作为具有特殊意义的物而成为特定民事法律关系的客体。例如,自然人对其血液或身体器官的捐献;自然人对其亲属尸体的悼念和保护。【物的客观性】

第二,物能够满足人的一定的需要。民法上的物,对人具有有用性,能够满足人的一定需要。如果某一物质存在不能满足人的需要,则不构成民法上的物。人们针对物而发生民事法律关系就在于物对人的有用性,可以实现其民事生活目的。具有经济价值和用途的物可以满足人的物质生活需要;具有精神价值的物可以满足人的文化生活或精神生活需要。物对人的有用性是从整体意义而言的,只要对人具有有用性就可以成为民法上的物。【物对人的有用性】

第三,物能够为人力所控制或支配。物作为民事法律关系的客体,是实现主体(人)的权利要求,满足人的利益的。那么在客观上只有能够为人力所能控制和支配的物才能成为民事法律关系的客体。人力不可控制和支配的物,则不能成为民事法律关系的客体。人对物的控制和支配是人对自然界的认识和改造能力的体现。人不断地认识和控制自然界的物,并在此基础上创造出对人有用的物,民法上物的范围是随着生产力的发展和科学技术的进步不断扩大的。【物的可支配性】

第四,民法上的物一般为有体物。有体物,是指具有一定空间、具有一定形体,能为人的五官所触及的物。随着科学技术的发展,人力可控制和支配的光、电、热、汽等能源,虽无形体,但也是民法上的物。【物的形式】

二、物的法律意义

物在民法中是民事法律关系客体的一种,或者说是构成客体的组成部分。在物权民事法律关系中直接以物为客体,客体与客体物或标的物是一致的。在债权法律关系中,以债务人的给付行为为客体,而物又往往是给付的内容,例如,物的交付给付、返还物给付、加工成果物的给付。在这里物是作为客体的给付行为的标的物。在民事财产法律关系中,物是最普遍的客体要素。在一个具体民事财产关系中物的确定直接关系当事人民事生活目的的实现。当事人发生民事财产法律关系就是以对物的支配利用、物的创造和流转为内容的。离开了物,当事人之间就不可能发生物质的民事财产关系。法律对民事财产关系的调整就是以满足人们对物的需要为目的,这是最为基础的人本目的。同时物作为社会的财富和社会的资源及生态要素,法律对物的关系的调整要从人的整体利益和长远利益出发,实现各种要素物的公平、合理的配置,从而在不同主体间作出不同的法律规定。例如,我国法律规定土地不能为私人所有,只能由国家和集体所有;禁止流通物不能成为自由交易的标的物,不能成为私人所有权的客体。因此,主体间民事法律关系的发生首先在客体物上要符合法律的规定。另外,物的不同特性也往往决定着具体民事法律关系的性质、发生的程序以及诉讼管辖和法律适用,从而具有重要的法律意义。例如,可消耗物可以发生借贷法律关系,不可消耗物才可以发生借用或租赁法律关系;动产所有权的转移,一般以交付占有转移,而不动产所有权的转移则须经登记程序;不动产纠纷由不动产所在地法院管辖;在涉外继承案件中,不动产适用不动产所在地法,动产则适用被继承人死亡时住所地法律。因此,物在确定有关民事法律关系的效力、性质、履行、纠纷管辖、法律适用等方面都具有重要意义。

重点提示

物是最普遍、最重要的客体,物决定法律关系的效力,物可以决定法律关系的性质、发生的程序以及诉讼管辖和法律适用。

三、物的分类

（一）动产与不动产

依据物的自然属性决定其在空间上能否移动以及移动后是否损害其经济价值，将物分为动产和不动产。《民法典》第115条规定，物包括不动产和动产。

1. 动产

动产是指依物的自然属性能够在空间上移动且不损害其价值或用途的物。

2. 不动产

不动产是指依物之自然属性在空间上不可移动其位置或移动后损害其经济价值的物。主要指土地及土地上的定着物。

（1）土地。土地是指人们能够利用的地球表面及其一定范围的上下空间。

（2）地上定着物。地上定着物是指永久性地依附固定于土地上，不易移动其位置，依交易惯例非属于土地的构成部分而具独立价值的物。主要指房屋、其他建筑物、林木等。可见，地上定着物成为不动产须具备两个条件：一是依附固定于土地的永久性和牢固性，即长期地、继续地和牢固地依附固定于土地，不易移动；而不是临时地非牢固地附着于土地，可以移动的建筑，如临时工棚、活动房。二是与土地的独立性，它依附于土地但在交易习惯上并非土地的组成部分，而有独立的经济价值和用途，不是附属于土地成为土地组成部分的物，如水井、沟渠。

（3）准不动产。准不动产，是指依其自然属性本属于动产，但因其价值远大于一般动产，因而民法上将其视为不动产，在交易上准用不动产规则的物，如船舶、航空器。

3. 动产与不动产的法律意义

法律上区分动产与不动产在于采取不同的立法政策和建立不同的调整规则。

（1）采取的立法政策取向不同。不动产不仅价值巨大，而且是不可再生的稀缺资源，它是人们安身立命的必要物质条件，也是人类生产活动的基本要素，不仅关系到个人利益，而且关系到社会的公共利益。例如，在我国对土地不动产只能实行国家所有权或集体所有权。个人不能取得对土地的所有权。

法律链接

《民法典》第208条

（2）物权变动的要件不同。在我国土地所有权的变动一般只发生集体土地所有权向国家土地所有权的变动，其变动采取特殊的土地征收方式，须经过严格的行政审批程序和登记程序。国有土地使用权的出让、转让、抵押等都要采用书面形式并经过登记程序。房屋所有权的买卖也要采用书面形式,并须经登记机关办理过户登记。而动产物权的变动,一般可以在不同主体之间自由转让,而且以动产物的实际交付为要件。《民法典》第208条规定:“不动产物权的设立、变更、转让和消灭,应当依照法律规定登记。动产物权的设立和转让,应当依照法律规定交付。”

(3)物权设定的类型不同。不动产上可以设地上权、地役权、典权、土地承包经营权、宅基地使用权等用益物权,也可以设定抵押权,但不可设定质权和留置权;动产上一般设质权、留置权,也可以设定抵押权。

(4)诉讼管辖及法律适用不同。对不动产的各类案件由不动产所在地法院管辖,适用不动产所在地法;对涉及动产的案件一般实行属人原则,由动产权利人所在地法院管辖。

(二)流通物与限制流通物、禁止流通物

根据法律对物的流通范围是否限制可将物分为流通物、限制流通物和禁止流通物。

1. 流通物

流通物是指法律允许民事主体之间自由流转的物。除了限制流转的物和禁止流通的物以外的物都是流通物。

2. 限制流通物

限制流通物是指法律对其流转范围给予限制的物。在我国,限制流通物主要有以下几种:

(1)土地、森林、山岭、草原、荒地、滩涂、水面等自然资源。非专属于国家所有,但其所有权的转让受到限制。一般民事主体可以依法取得使用权,但不能取得其所有权。

(2)军用武器、弹药、毒品、麻醉药品等。对这类物品的生产、流通、使用和管理,得依法律特许,不得自由流转。

(3)黄金及其制品。只能由国家规定的专营单位经营。

(4)文物。自然人可以持有法律允许其持有的文物,但其转让时,必须卖给国家指定的文物收购单位,不得私自交易或走私出口。

3. 禁止流通物

禁止流通物是法律禁止其自由流转的物,主要包括:

(1)专属于国家所有的财产。专属于国家所有的矿藏、水流等财产,禁止买卖出租、抵押或以其他方式非法转让。但民事主体可以依法取得对专属于国家所有

的财产的使用权。

(2)法律禁止流通的物品,如黄色淫秽物品、走私物品。

区分流通物、限制流通物和禁止流通物的法律意义在于:法律对不同的物,根据其对社会经济生活和国家及公共安全方面的不同作用,采取不同的法律政策。对限制流通物和禁止流通物,民事主体只能依据法律的规定对其流转和依法利用;对流通物则可以依法自由流转。如果民事主体违反国家法律、法规对物的限制和禁止流转的规定而发生物的流转关系的,则其民事行为无效,行为人还要受到法律的追究。

(三)特定物与种类物

根据物是否具有不可替代的特定性将物分为特定物与种类物。

特定物是指因物固有的特定性或因权利人的选定而具有特定性,不能以他物替代的物。例如,一幅独一无二的古字画、当事人从同一规格型号的一批电脑中选定的一台电脑、位于某大街某门牌号的一座房屋。

种类物是指具有同一品种、规格、质量、价格等共同特征而可以相互替代的物。如同一标号的水泥,同一品牌、规格的电脑。种类物与特定物的区分不是绝对的,当种类物中某一个具体物经权利人意志选定而具有特定性时,即成为特定物。

区分特定物与种类物的法律意义在于:在物权法律关系中,只能以特定物为客体,而债的法律关系中既可以种类物为标的物,也可以特定物为标的物。换句话说,物权只能针对特定物发生,而债权既可以针对种类物发生,也可以针对特定物发生。在债的关系中以特定物为标的物的,在交付前特定物意外灭失的,免除债务人的交付义务;而以种类物为标的物的,债务人准备履行债务的标的物在交付前意外灭失的,债务人的交付义务并不免除,债务人应以同种类物品继续履行交付义务。

(四)可分物与不可分物

法律链接

《民法典》第304条

依物的经济性质以及价值和用途考虑,对物是否可以分割,将物分为可分物和不可分物。凡依物的性质,可以分割或者实物分割并不损害其价值和应有用途的物为可分物;凡是依物的性质不可分割或者经实物分割损害其经济价值和用途的物为不可分物。例如,一头牛、一台电脑就是不可分割的物;一吨水泥即为可分割的物。

区分可分物与不可分物的法律意义在于:当财产共有关系变为单独所有时,若共有财产为可分物,则可在原共有人之间进行实物分割;若共有财产为不可分物,则不得在共有人之间进行实物分割,而只能根据情况分别采取作价补偿或变价分割的方法分配共有利益。《民法典》第304条第1款规定:"共有人可以协商确定分割方式。达不成协议,共有的不动产或者动产可以分割且不会因分割减损价值的,应当对实物予以分割;难以分割或者因分割会减损价值的,应当对折价或者拍卖、变卖取得的价款予以分割。"

(五)消耗物与非消耗物

根据物能否重复使用可将物分为消耗物和非消耗物。消耗物,是指物一经使用即归于消灭或改变其原有形态和性质的物。非消耗物是指可以重复使用多次而不灭失或改变其形态和性质的物。例如,生活消费品、燃料等物品都是消耗物,房屋、汽车、机器等是非消耗物。

区分消耗物与非消耗物的法律意义在于:消耗物只能成为转移标的物所有权合同的标的物,如借贷合同、买卖合同,不能成为转移标的物使用权合同的标的物。非消耗物则可以成为转移标的物使用权合同的标的物,也可以成为转移标的物所有权合同的标的物。在借用和借贷关系的区分中前者标的物为非消耗物,后者的标的物为消耗物。

(六)单一物、合成物与集合物

依据物的构成个数将物分为单一物、合成物和集合物。单一物是指形态上自成物体的一个物。合成物,也称结合物,是指数个单一物结合而成一体的物。例如房屋是由门窗、砖瓦、木料等物合成为一体的独立物。集合物是指由多数的单一物或合成物集合而成的,各个物仍保持其独立性的物的总体。例如,一个企业财产的整体、一个图书馆的全部藏书。

区分单一物、合成物和集合物的法律意义在于:单一物、合成物作为一个物而成立所有权,在构成物的组成部分上不成立独立的所有权;集合物一般不以其整体作为权利客体,而只就构成其的各个单一物和结合物作为权利客体。但在某些情况下法律也将集合物以其整体作为物看待。例如,破产企业财产处理中,以破产企业的全部财产即破产财团作为一个整体财产看待。在财团抵押中财团也是作为一个整体财产即集合物而为抵押标的的。在交易中也可以将集合物视为一个物整体转让。

（七）主物和从物

法律链接

《民法典》第320、631条

依据必须相互配合发挥效用的两个以上的物的主从关系，可将物区分为主物和从物。主物是指在必须相互配合才能发挥效用的两个以上的物当中起主要作用的物；从物是指在两个以上必须相互配合才能发挥效用的物中，处于从属地位，辅助和配合主物发挥效用的物。例如，自行车和车锁，自行车为主物，车锁为从物。在这里要注意从物与主物都是独立物，不能将主物的组成部分视为从物，例如，锁与钥匙，各自都不具有独立性，不能将钥匙视为锁的从物。同时主物和从物应当属于同一人所有，因为这时区分主从物才有法律意义。例如，自己的自行车和自己的车锁构成主从关系，如果借别人的车锁用在自己的自行车上，则锁与自行车便不构成主从关系。

区分主物与从物的法律意义在于：当事人没有特别约定的情况下，对主物的处分效力及于从物。例如，转让主物所有权及于从物所有权的转让；以主物设定抵押权，抵押权也及于从物。《民法典》第320条规定："主物转让的，从物随主物转让，但是当事人另有约定的除外。"

（八）原物与孳息

法律链接

《民法典》第412、425、430、460、630条

原物是指相对于孳息而言原已存在的物，孳息相对于原物而言是基于原物产生的收益。孳息分为天然孳息和法定孳息。天然孳息是指依自然规律从原物产出或取出的收益，例如，果树产出的果子、羊产出的羊毛、从矿山开采的矿石。法定孳息是指因法律关系而从原物上取得的收益，如租金、利息收益。孳息产生于原物，但独立于原物。天然孳息在与原物未分离时属于原物的构成部分，属于原物所有人。天然孳息与原物分离时就要确定孳息的归属。区分原物和孳息的法律意义在于正确确定孳息的权利归属。孳息应当由有收取权的人取得。在一般情况下，收取权人是原物所有人，孳息的所有权即归属于原物所有权人，但法律另有规定或当事人有特别约定的依据特别规定或约定，如对原物的使用权人、承租人、采矿权人等可依据法律规定或约定取得孳息的所有权。法定孳息由依法律关系确定的收取权人收取。《民法典》第321条规定："天然孳息，由所有权人取得；既有所有权人又有用益物权人的，由用益物权人取得。当事人另有约定的，按照其约定。法定孳息，当事人有约定的，按照约定取

得;没有约定或者约定不明确的,按照交易习惯取得。”

关于物的分类总结如图 7－1 所示。

- 物
  - 在空间上可否移动
    - 动产:不动产以外的财产,如自行车、电视机
    - 不动产:土地及土地上的定着物,如房屋、其他建筑物
  - 流通范围是否受法律限制
    - 流通物:除禁止流通、限制流通的物以外的物
    - 限制流通物:如土地、黄金、文物、武器
    - 禁止流通物:如走私物品、专属于国家所有的矿藏
  - 是否具有不可替代的特定性
    - 特定物:如一台启用的机器、一幅古字画
    - 种类物:如同一品牌、规格的自行车、电视机
  - 经济效用上是否可分割
    - 可分物:如一袋面粉、一匹布
    - 不可分物:如一辆自行车、一头牛
  - 是否可重复使用
    - 消耗物:如食物、燃料
    - 非消耗物:如电脑、桌椅、机床
  - 依据物的构成个数
    - 单一物:如一头牛、一口锅
    - 合成物:如房屋、汽车
    - 集合物:如一个企业的全部财产、图书馆的所有藏书
  - 依据主从关系
    - 主物:如自行车、电视机
    - 从物:如车锁、遥控器
  - 物的产生关系
    - 原物:如果树、母牛、房屋、存款、矿山
    - 孳息:如果实、牛奶、租金、利息、矿石

图 7－1　物的分类

思考题:物主要有哪些分类?其分类的标准以及各类物的概念及其法律意义是什么?

案例 7－1

1999 年 10 月,甲将自己果园的 100 棵果树以 5 万元卖给了乙,但对于当年果实的收获并未协商。在乙向甲交款后,甲即组织人力收获当年的果实,乙出面阻挡。乙认为果树所有权已为自己所有,果实也归自己所有,甲无权收获果实。甲则认为出卖的是果树,并不包括当年成熟的果实,该果实应归他所有,在果树所有权转移后产生的成果才能归乙所有。二人争执不下,诉至法院,请以有关物的理论知识分析,提出处理意见。

案例 7－2

甲包工包料给乙建筑房屋，房屋建成后，因乙不向甲给付建筑材料款发生纠纷，乙以合同无效为由要求法院判令甲依据返还原则将自己的建筑材料收回。请以物的分类理论对乙的主张予以分析评论。

案例 7－3

甲将自己的手机卖与乙，乙向甲付款后，甲将手机交给了乙，但未交付手机的专用充电器，乙要求甲交付，甲以当初协商时并未说明买卖手机包括充电器为由予以拒绝。请以物的理论对此予以分析评论。

第三节　智 力 成 果

｜内容提要｜

智力成果主要是知识产权法律关系的客体，应明确其定义和主要的种类。

智力成果是人们在文学、艺术、科学、技术等领域，进行创造性智力劳动所取得的成果。《民法典》第 123 条规定："民事主体依法享有知识产权。知识产权是权利人依法就下列客体享有的专有的权利：（一）作品；（二）发明、实用新型、外观设计；（三）商标；（四）地理标志；（五）商业秘密；（六）集成电路布图设计；（七）植物新品种；（八）法律规定的其他客体。"智力成果的主要形式有如下几种。

一、文学艺术作品和科学作品

文学艺术作品和科学作品，是指文学艺术和科学领域，对具有独创性思想、情感、经验的一定表达形式，并可以物质形式复制。作品的形式包括：（1）文字作品，如小说、诗词、散文、论文；（2）口头作品，如即兴演讲、授课、口头辩论等以口头形式发表的作品；（3）演出作品，如音乐戏剧表演、曲艺、舞蹈等以声音、表演形式表达思想或感情的作品；（4）美术、摄影作品，如绘画、书法、雕塑、建筑等；（5）电影作品和以类似摄制电影方法创作的作品，如电影、电视作品；（6）工程设计图、产品设计图纸及其说明；（7）地图、示意图等图形作品和模型作品；（8）计算机软件作品；（9）民间文学艺术作品等。

二、发明、实用新型、外观设计

发明是指在科学技术领域,对产品、方法及其改进创造性地作出新的技术方案,如新产品、新工艺、新材料。实用新型是指对产品的形状、构造或者其结合所提出的适于实用的新技术方案。外观设计是指关于产品的形状、图案、色彩或者其结合所提出的富有美感并适合工业上制造的新设计。

三、商标、商号及其他商业标记

商标是由文字、图形或其组合构成的与特定商品或服务相联系的具有识别性的标志。商号是表明工商业经营者特定人格的标志。其他工商业标志,如产地名称、质量认证标志也是表示产品、服务特定化的标志。

四、地理标志

地理标志是指标示某商品来源于特定地区,且该商品的特定质量、信誉或者其他特征主要由该地区的自然因素或者人文因素所决定的标志。

五、商业秘密

商业秘密是指工商业经营者以其创造性智力劳动创造的不为公众所知悉,能为其带来经济利益、具有实用性并处于保密状态的技术信息和经营信息。

六、集成电路布图设计

集成电路布图设计是指集成电路中至少有一个是有源元件的两个以上元件和部分或者全部互连线路的三维配置,或者为制造集成电路而准备的上述三维配置。

七、植物新品种

植物新品种是指经过人工培育的或者对发现的野生植物加以开发,具备新颖性、特异性、一致性和稳定性并有适当命名的植物品种。

八、其他形式

由于知识的无限性、阶段性和不确定性,知识的形式也具有多样性,智力成果除以上形式外，还有其他形式，一切有关人类创造性活动产生的成果都属于智力成果的范围。

思考题：智力成果主要有哪些种类？

第四节　货币和有价证券

内容提要

本节是对货币和有价证券的论述，应当理解其作为客体的意义，掌握其特征。

一、货币

货币是物的一种，是可以用票面金额来表现其价值的，可以充当一般等价物的商品，属于民法上的种类物。

货币作为民法中的物，其法律意义在于它是最为普遍的所有权的客体，其所有权的取得和保持以货币的占有为条件，谁占有货币就推定谁为货币的所有权人，货币占有的转移即为所有权的转移，货币占有的丧失即为货币所有权的丧失。对于货币所有权人因丧失货币占有遭受的损失只能以同数额货币赔偿，不存在原货币的返还。货币也是最为广泛的债的履行标的物，任何无法依照约定标的物履行的债务均可以货币替代或补偿履行。

二、有价证券

（一）有价证券的概念和特征

有价证券是设立并证明某种财产权利的书面凭证。有价证券由于其本身是有价值的，因而也是财产的一种，它是权利性的财产，但又不同于一般的权利，而是以证券即书面凭证彰显的权利，因而又类似于物。有价证券的持有人首先对有价证券可以拥有所有权，证券归其所有，可以直接支配有价证券，既可以行使证券上载明的权利，也可以处分有价证券，例如，依法转让有价证券。有价证券具有以下特征：

1. 有价证券上所记载的权利与证券不能分离，只有提示并交付证券的人，才能主张权利。证券一旦转让,其权利随之转让,证券丧失其权利也丧失。

2. 有价证券的权利人只能向特定的义务人即证券上记载的债务人要求实现权利。

法律链接

《民法典》第440~442条

3. 有价证券的义务人单方负有义务,无条件地承担支付的义务,不能要求证券权利人履行义务,也不问证券取得的原因。

依据《民法典》第 440 ~ 442 条的规定有价证券是可以出质的权利。

(二)有价证券的分类

依有价证券是否记载权利人及其记载方式的不同,可将有价证券分为记名有价证券、无记名有价证券和指示有价证券。这是对有价证券的最基本分类。

1. 记名有价证券

记名有价证券是指在有价证券中记载该证券权利人的姓名或名称的有价证券。这种有价证券依一般的债权让与方式转让。义务人向证券上记载的权利人或合法受让的权利人负支付义务。

2. 无记名有价证券

无记名有价证券,是指不在证券上记载该证券权利人的姓名或名称的有价证券。这种证券谁持有谁就拥有证券载明的权利,义务人应向持有人支付。该种证券可以自由转让。

3. 指示有价证券

指示有价证券是指在证券上指明第一个权利人的姓名或名称的有价证券。取得该证券的第一个权利人可以背书的特定方法转让该证券,义务人向最终持有证券的指定权利人承担义务。

(三)有价证券的主要种类

1. 票据

票据是由出票人依法签发的,约定由自己或委托他人无条件支付一定金额的有价证券。根据我国《票据法》第 2 条的规定,票据包括汇票、本票、支票三种。其中汇票是指由出票人签发的,委托付款人在见票时或者在指定日期无条件支付确定的金额给收款人或持票人的票据。汇票包括银行汇票和商业汇票。本票是指由出票人签发的,承诺自己在见票时无条件支付确定的金额给收款人或持票人的票据，主要是银行本票。支票是指由出票人签发的、委托办理支票存款业务的银行或者其他金融机构在见票时无条件支付确定的金额给收款人或者持票人的票据。

2. 股票

股票是股份有限公司依法发行的，证明股东所持股份权利的书面凭证。股东持有股份有限公司的股票，是其行使股东权的依据。股东权包括出席股东大会并以股份额为依据拥有的表决权、参与公司决策的权利、参与分配股息和红利的权利、公司解散时分配公司剩余财产的权利。

3. 债券

债券，是由国家、政府或公司发行的，约定于到期时还本付息的有价证券，包括公债券和公司债券。公债券是由国家和政府发行的债券，如国库券、政府债券。公司债券是指由公司发行的债券。债券是有价证券，可以转让、质押、继承。

4. 提单

提单是指用以证明海上货物运输合同和货物已经由承运人接收或装船，以及承运人保证据以交付货物的单证。提单是持有人对承运货物享有权利的物权凭证。

5. 仓单

仓单是指货物的保管人向存货人开具的证明保管物已经入库的有价证券，是存货人对货物享有权利的物权凭证。

思考题：

1. 货币作为民法上的物有何法律意义？

2. 什么是有价证券？它有什么特征？有哪些主要种类？

应用指南

客体在民事法律关系构成中具有重要的意义。民事法律关系客体的类别范围及其各类客体的特点和法律意义，是民法关于客体制度的基本理论，《民法典》分则体系的各类权利也是以客体的不同类别为依据之一划分的，物权以物为客体，债权以行为为客体，人格权以人格要素和利益为客体，婚姻家庭中的自然人身份权益以自然人在婚姻家庭中的身份为客体。民事主体在进行民事活动时和民事司法人员在民事审判实践中都要在民法关于民事法律关系客体理论的指导下，遵守和依法适用关于各类客体的法律规定，明确民事法律行为的目的，分清民事法律关系的性质，以正确进行民事活动和处理民事案件。比如，关于民事法律行为合法性及其效力的认定,就要看客体是否合法;在对当事人相互权利义务关系的处理上要根据不同的客体特点适用法律的具体规定。例如,《民法典》第 395 条规定了可以抵押的财产范围;第 399 条规定了不得抵押的财产范围;第 426 条规定法律、行政法规禁止转让的财产不得出质;第 449 条规定,法律规定或者当事人约定不得留置的动产不得留置。《担保法解释》第 5 条规定:"以法律、法规禁止流通的财产或者不可转让的财产设定担保的,担保合同无效。以法律、法规限制流通的财产设定担保的,在实现债权时,人民法院应当按照有关法律、法规的规定对该财产进行处理。"这些规定就是从客体范围针对流通物、限制流通物和禁止流通物所作的不同规定。又如,依民法关于主物、从物的一般原则,对主物处分的效力及于从物,如《民法典》第 631 条规定:"因标的物的主物不符合约定而解除合同的,解除合同的效力及于从物。因标的物的从物不符合约定被解除的,解除的效力不及于主物。"《民法通则意见》第 87 条规定:"有附属物的财产,附属物随财产所有权的转移而转移。但当事人另有约定又不违法的,按约定处理。"《担保法解释》第 91 条根据质权移转占有的特点规定:"动产质权的效力及于质物的从物。但是,从物未随同质物移交质权人占有的,质权的效力不及于从物。"再如,依孳息归属的一般原理,孳息不同于原物,孳息归原物所有人,但在质押关系中,质权人质权的效力也及于原物所生的孳息。《民法典》第 430 条第 1 款规定:"质权人有权收取质押财产的孳息,但是合同另有约定的除外。"依物的分类理论货币应为种类物,而且是一般等价物,但《担保法解释》第 85 条规定:"债务人或者第三人将其金钱以特户、封金、保证金等形式特定化后,移交债权人占有作为债权的担保,债务人不履行债务时,债权人可以以该金钱优先受偿。"可见,货币也可以特殊方式使其特定化为特定的物,而成为质权的标的,移转占有而不转移其所有权。《买卖合同解释》第 14 条规定:"当事人对风险负担没有约定,标的物为种类物,出卖人未以装运单据、加盖标记、通知买受人等可识别的方式清楚地将标的物特定于买卖合同,买受人主张不负担标的物毁损、灭失的风险的,人民法院应予支持。"以上几点仅仅是关于物的理论在实际应用中的几个例子,其他方面的有关规定还很多,要注意运用客体理论、物的理论加以理解和引用。

第八章 民事权利

民事权利是指民事法律规范保护的民事主体的利益及以其意志自由实现利益的法律手段。利益是民事主体在民事生活中的各种物质的或精神的需要。法律保护主体利益的本质就是保护主体追求和实现其利益的意志自由,保障主体得主张其利益的正当性和实现利益的能为性,即赋予主体民事权利。民事义务,是对应于民事权利的,它是指民事法律规范规定的或当事人依法约定的,义务主体必须为一定的行为或不为一定行为,以满足权利人权利要求,实现权利人利益的受法律约束的负担。依据《民法典》第二编总则第五章对各种民事权利的宣示性规定,对自然人的人身权和各种民事权利作出了简要叙述。

第一节 民事权利和民事义务

|内容提要|

民事权利和民事义务是民事法律关系的内容,是构成民事法律关系的核心要素。在民事权利与民事义务这一矛盾统一体中,民事权利是主要的方面,民事义务是为实现民事权利服务的,因此,民事权利是民事法律关系中最为核心的要素。本节分为两部分:民事权利和民事义务,重点是民事权利,主要论述民事权利的概念、民事权利的分类和体系。

一、民事权利

(一)民事权利的概念

民事权利是指民事法律规范保护的民事主体的利益及以其意志自由实现利益的法律手段。

利益是民事主体在民事生活中的各种物质的或精神的需要。例如,人们衣食住行的物质需要、名誉尊严的精神需要等。满足其需要就是其利益的实现。在民事社会关系中,民事主体处在各种利益关系中,每个主体都有各自的利益需求,难免不发生利害冲突。因此,法律就需要调整主体的利益冲突。法律调整主体的利益冲突,就是要界定主体的符合公平正义的利益享有,并保护其利益的实现不受他人的侵犯。法律保护主体利益的本质就是保护主体追求和实现其利益的意志自由,保障主体得主张其利益的正当性和实现利益的能为性。这种主体依法享有的得主张其利益的正当性和依法实现其利益的能为性就是主体的民事权利。在这里主体得主张其利益的正当性是指其利益的取得符合公平正义,具有法律依据,因而可以向义务人主张。主体实现其利益的能为性是指主体为实现其利益依法能够采取的各种手段。例如,主体直接支配客体,排除他人的干涉,实现客体利益;主体请求义务主体为一定行为或者不为一定行为,以实现其利益;主体在其利益受到侵犯或妨害时得依法请求法院或有关国家机关予以保护。因此,民事权利就是民法规范保护的民事主体的利益及其为实现利益得以其意志自由采取的法律手段。

重点提示

法律保护主体利益的本质就是保护主体追求和实现其利益的意志自由,保障主体得主张其利益的正当性和实现利益的能为性,即赋予主体民事权利。

评　注　关于民事权利的本质

民事权利的概念和本质的认识同人们对权利的本质的认识有关。关于权利的本质主要有三种学说:[1]

一是客观说或者利益说,由德国法学家耶林(Jhering)提出,他认为权利的本质就是受法律保护的利益。

二是主观说,由德国法学家温特夏德(Wdscheid)提出,他认为权利的本质是意思自由,即人的意思能够自由活动或能够任意支配的范围。

三是法力说,由德国学者梅克尔(Merkel)提出,他认为权利的本质为法律上之力,权利总是由“特定利益”和“法律上之力”两个因素构成。

根据以上论述,我国民国时期的民法学家李宜琛认为,“盖权利之特征,即在权

〔1〕 参见王利明主编:《民法》,中国人民大学出版社2000年版,第45页。

利人得以法律上之力,积极地实现其利益,消极地排除他人之侵害也”。[2] 王利明教授将权利的本质表述为:“权利的内容,为法律上的自由,权利的外形,为法律上之力。因而,权利为法律上之力保证实现的自由。”[3] 魏振瀛教授主编的《民法学》一书则根据我国法理学界关于权利本质多采手段说的观点,认为“民事权利,是指民事法律规范赋予民事主体满足其利益的手段”。[4]

综上所述,权利无非是利益、意思自由、法律之力各个要素的综合,首先权利是受法律保护的利益,没有受法律保护的利益或者利益不受法律保护则权利就无从谈起。受法律保护的利益为主体享有,主体要实现利益就必须以其意志自由支配利益,体现为法律赋予主体可以采取的法律手段,得以法律之力保证其实现。民事权利包括利益和实现利益的法律手段,前者为权利的目的要素,后者为权能要素。没有利益目的,权利无从产生,利益离开了权能无法实现。因此,民事权利是指民事法律规范保护的民事主体的利益以及权利人以其意志自由实现其利益的法律手段。

重点提示

权利是利益、意思自由、法律之力的综合。

辨 析 权利与法益、权限、权能

广义的法益是法律保护的利益,权利属于法律所保护的利益当中的最核心的部分,是法律明确作为权利保护,权利人依法得向他人主张的利益。而狭义的法益不同于权利,它是权利之外受法律保护的利益。我国台湾地区学者史尚宽认为法益乃法律间接保护之个人利益。洪逊欣认为,法益乃法律之反射作用所保护之利益。曾世雄认为,“法益,在本质上乃生活资源之一种。自该资源在法律体系中所受之处遇观察,法益之生活资源必须为法律消极承认。谓消极承认,一方面肯定其合法性,他方面则提供相对薄弱之保护”。而权利则是受法律积极承认和强力保护的生活资源。[5] 因此,权利是法律保护的利益,但法律保护的利益未必都是权利。

权限在学理上是主体为实现他人利益而在法律上享有的意思支配力范围。权限与权限享有者的利益无关,不是利益的享有者也可能有权限,如代表权、代理权等。

---

〔2〕 李宜琛:《民法总则》,中国方正出版社 2004 年版,第 37 页。

〔3〕 王利明主编:《民法》,中国人民大学出版社 2000 年版,第 45 页。

〔4〕 魏振瀛主编:《民法》,北京大学出版社、高等教育出版社 2000 年版,第 37 页。

〔5〕 参见曾世雄:《民法总则之现在与未来》,中国政法大学出版社 2001 年版,第 51、61、62 页。

权能在学理上是指权利的要素,是权利的具体内容,是指权利的作用或实现的方式,是权利人为实现其权利所体现的目的利益依法所能采取的手段,是体现权利人的意思支配力的方式。例如,所有权的占有、使用、收益和处分,债权的请求等。

重点提示

法益是权利之外受法律保护的利益。

思考题:谈谈对民事权利本质的认识。

(二)民事权利的分类

各种民事权利可依据不同标准进行分类,不同类型的民事权利的性质、内容和作用有不同的特点。掌握民事权利的分类,便于从不同角度认识各类民事权利的特点,以正确行使和保护民事权利(详见图8-1)。

- 民事权利分类
  - 民事权利
    - 利益
      - 人身权
        - 人格权:生命权、健康权、身体权、肖像权、名誉权等
        - 身份权:亲权、配偶权
      - 财产权
        - 物权:所有权、他物权
          - 用益物权:地上权、地役权、建设用地使用权、承包经营权、宅基地使用权、居住权等
          - 担保物权:抵押权、质押权、留置权等
        - 债权:合同之债、不当得利之债、无因管理之债、侵权行为之债、其他之债
        - 知识产权中的财产权:专利权、商标权、著作财产权
    - 权能
      - 支配权:人身权、物权、知识产权
      - 请求权:债权、物权请求权
      - 抗辩权:时效抗辩权、合同履行抗辩权等
      - 形成权:合同撤销权、单方解除权等
    - 效力
      - 绝对权:人身权、物权、知识产权
      - 相对权:债权
  - 权利外部联系
    - 与特定主体的归属关系
      - 专属权
      - 非专属权
    - 权利相互之间的依存关系
      - 主权利
      - 从权利
    - 权利相互之间的功能作用
      - 基础权利
      - 救济权利

图8-1 民事权利的分类

1. 人身权、财产权

依据民事权利的目的利益的不同性质，可将民事权利分为人身权与财产权。

(1) 人身权。人身权是指以实现主体的人身利益为目的的权利。人身利益与主体人身是不可分离的，包括人格利益和身份利益。

人格利益是指主体人格自身固有的要素利益，如自然人的人身自由、人格尊严以及生命、身体、健康、姓名、肖像、名誉、荣誉、隐私、婚姻自主等，以及法人、非法人组织的名称、名誉、荣誉等。

以主体自身的人格利益为客体享有的权利为人格权。包括自然人的一般人格权和具体人格权。自然人的一般人格权，即自然人基于人身自由和人格尊严享有的人格权。就是《民法典》第109条规定的：自然人的人身自由、人格尊严受法律保护。具体人格权是民事主体享有的生命权、身体权、健康权、姓名权、名称权、肖像权、名誉权、荣誉权、隐私权等权利。《民法典》第110条和第990条也有规定。《民法典》第110条规定："自然人享有生命权、身体权、健康权、姓名权、肖像权、名誉权、荣誉权、隐私权、婚姻自主权等权利。法人、非法人组织享有名称权、名誉权和荣誉权。"

法律链接

《民法典》第111、990条

此外，自然人的个人信息作为人格利益依据《民法典》第111条受法律保护。所谓个人信息是指以电子或其他方式记录的能够单独或者与其他信息结合识别自然人个人身份的各种信息，包括但不限于自然人的姓名、出生日期、身份证件号码、个人生物识别信息、住址、电话号码等。《民法典》第111条将个人信息纳入自然人人格利益的保护范畴，充分体现了对自然人格尊严和人格自由的尊重，具有重大的意义。在此基础上，《民法典》第四编人格权第六章专章规定了隐私权和个人信息保护，建立了比较善意的个人信息保护规则。

自然人的身份利益是指自然人因婚姻、家庭关系等身份而享有的利益。自然人基于身份利益享有的权利就是身份权。《民法典》第112条规定："自然人因婚姻家庭关系等产生的人身权利受法律保护。"例如，夫妻之间的权利义务、父母子女间的权利义务、其他近亲属间的权利义务等。

(2) 财产权。财产权是指以实现主体财产利益为目的的民事权利，如物权、债权等。所谓财产利益就是物质利益或经济利益，这种利益具有交换价值或使用价值，能够以货币计量其价值。因而，财产权利可以在民事主体之间自由转让，也可以继承。我国《民法典》第一编总则第五章规定的民事主体依法享有的财产权主要

包括:

第一,物权。《民法典》第 114 条规定:“民事主体依法享有物权。物权是权利人依法对特定的物享有直接支配和排他的权利,包括所有权、用益物权和担保物权。”第 115 条规定:“物权的客体是物,物包括不动产和动产。法律规定权利作为物权客体的,依照其规定。”第 116 条规定:“物权的种类和内容,由法律规定。”即物权遵循物权法定原则。第 117 条规定:“为了公共利益的需要,依照法律规定的权限和程序征收、征用不动产或者动产的,应当给予公平、合理的补偿。”物权征收制度就是为了公共利益的需要,国家依照法定的权限和程序将集体和他人享有物权的不动产和动产强制征收为国家所有,或者强制由国家使用;并给予权利人公平、合理补偿的制度。

第二,债权。《民法典》第 118 条规定:“民事主体依法享有债权。债权是因合同、侵权行为、无因管理、不当得利以及法律的其他规定,权利人请求特定义务人为或者不为一定行为的权利。”

合同之债是最为常见的债的发生依据,依法成立的合同,对当事人具有法律约束力,因此合同一方当事人可以依据合同的约定或者法律规定请求对方当事人为一定行为或者不为一定行为。

法律链接

《民法典》第119~122条

侵权行为之债是指民事权益受到侵害的被侵权人有权请求侵权人承担侵权责任,侵权行为人承担相应侵权责任的债。

无因管理之债是指没有法定的或者约定的义务,为避免他人利益受损失而进行管理的无因管理人有权请求受益人偿还由此支出的必要费用。

不当得利之债是指因他人没有法律根据,取得不当利益,受损失的人有权请求其返还不当利益。

第三,知识产权。知识产权是权利人依法就下列客体享有的专有的权利:作品;发明、实用新型、外观设计;商标;地理标志;商业秘密;集成电路布图设计;植物新品种;法律规定的其他客体。知识产权的具体类型包括专利权、商标权、著作权等;其中有一些知识产权也包括人身权,如著作权中的人身权。

法律链接

《民法典》第123条

第四,继承权。《民法典》第 124 条规定,自然人依法享有继承权。自然人合法的私有财产,可以依法继承。继承权就是法定继承人或者遗嘱指定的继承人在被继承人死亡时依法取得被继承人遗产的权利。

第五,民事主体依法享有股权和其他投资性权利。除《民法典》第125条对民事主体的股权和其他投资性权利予以规定之外,《民法典》第268条、《公司法》第4条中也有规定。

法律链接

《民法典》第125、268条
《公司法》第4条

第六,其他财产权。由于民事权利制度保护的是民事主体的利益,而利益的范围随着社会生活的发展会不断变化,因此在上述《民法典》所列的五种财产权类型之外,《民法典》第126条还规定,民事主体享有法律规定的其他民事权利和利益。这就为法定列举类型之外的其他民事权利和利益的保护提供了依据。

对数据、网络虚拟财产享有的权利。《民法典》第127条规定:"法律对数据、网络虚拟财产的保护有规定的,依照其规定。"该规定是民法对现代社会进入互联网时代的回应。对于数据、网络虚拟财产加以保护是我国《民法典》的亮点之一。数据、网络虚拟财产并没有一个封闭的内涵范围,《民法典》第一编总则也未对其内涵加以界定。一般认为,数据是网络传输系统里传输的电磁记录,是科学实验、检验、统计等所获得和利用的数值。而网络虚拟财产是指在网络环境下以数字化形式存在的对现实财产的模拟。目前,如用户在网络游戏账户中积累的"货币""装备""经验值"等都可以纳入网络虚拟财产,它们具有客观现实性、稀缺性、可支配性和可流动性等特征。[6] 在《民法典》的立法过程中,不少学者倾向于将网络虚拟财产按物对待,应适用物权规则。[7] 但后来考虑到虚拟财产法律保护的特殊性,将虚拟财产权纳入物权仍有一定障碍,故专设一个条文保护数据和虚拟财产权。

《民法典》第128条规定:"法律对未成年人、老年人、残疾人、妇女、消费者等的民事权利保护有特别规定的,依照其规定。"这是对民事生活中事实上的弱势人群民事主体的特殊保护的规定。所谓法律另有规定是指《未成年人保护法》《老年人权益保障法》《残疾人保障法》《妇女权益保障法》《消费者权益保护法》等法律的特别规定,应依照其规定。

重点提示

财产权是指以实现主体财产利益为目的的民事权利。人身权是指以实现主体的人身利益为目的的权利。

有一些民事权利既体现民事主体的人身利益,同时又体现主体的财产利益,因

〔6〕 参见许可:《网络虚拟财产:一个习惯权利的进路》,载《学术交流》2016年第11期。
〔7〕 参见林旭霞:《虚拟财产权性质论》,载《中国法学》2009年第1期。

而属于具有双重性质的民事权利,这类权利不可简单地归入人身权或财产权,但这不是对这一分类的否定。就这类权利的具体内容分析时,则应明确区分人身权和财产权。例如,知识产权中的著作权就包括著作人身权和著作财产权,著作人身权具体是指署名权、发表权、修改权和保护作品完整权;著作财产权则是指对作品的复制权、发行权、出租权、展览权、表演权、放映权、广播权、信息网络传输权、摄制权、改编权、汇编权、翻译权等权利。

案例 8-1

甲驾车违规,将乙撞伤,致其残疾,住院就医花费医疗费 50000 元。另外,甲还将乙随身携带的价值 10000 元的笔记本电脑损坏。请问甲侵犯了乙的哪些权利?

依《民法典》第 110 条规定,自然人享有健康权。甲驾车将乙撞伤致残,侵犯了乙的健康权,属对其人身权的侵犯。《民法典》第 113 条规定:“民事主体的财产权利受法律平等保护。”《民法典》第 266 条规定:“私人对其合法的收入、房屋、生活用品、生产工具、原材料等不动产和动产享有所有权。”甲将乙的价值 10000 元的笔记本电脑损坏,侵犯了甲的财产权。乙可以依据《民法典》第 1179、1183、1184 条请求甲赔偿损失。

探 讨 继承权的性质是财产权还是人身权?

有观点认为,继承权是自然人依其特定身份依法享有的可以无偿取得其死亡近亲属遗产的权利,因而属于具有财产利益和人身利益两重属性的民事权利。[8] 但也有观点认为,继承权属于非财产权但具有财产价值。[9] 还有观点认为,继承权虽以一定的身份为前提,但其不以身份利益为内容,并不属于身份权,继承权的标的是遗产,因此继承权是财产权。[10] 对此,笔者认为,继承权虽然是自然人以其特定身份为前提享有的权利,但就继承权本身而言,其所体现的利益仅仅是财产利益,而非身份利益,继承权人享有继承权的目的就是要取得死者的遗产,而非死者的身份,在当代继承制度中继承权不包括身份继承。作为继承权享有前提的身份利益是自然人的亲属权内容。例如,子女有继承父母遗产的权利这是子女的身份

〔8〕 参见龙卫球:《民法总论》,中国法制出版社 2001 年版,第 140 页。

〔9〕 参见李宜琛:《民法总则》,中国方正出版社 2004 年版,第 39 页。

〔10〕 参见魏振瀛主编:《民法》,北京大学出版社、高等教育出版社 2000 年版,第 588 页。

利益，是子女享有继承父母遗产的继承权的前提，但并非继承权的本身，侵害了这一前提会损害继承权的享有，但并非直接侵害了继承权。继承权则是自然人死亡后其近亲属范围的继承人才现实享有的依法取得死者遗产的权利。

那么与此类似的亲属之间请求抚养的权利是财产权还是人身权？亲属之间请求抚养的权利的请求内容具有财产价值，但应属于人身权或非财产权，因为请求抚养不仅是基于亲属身份产生的利益，而且是以抚养人对被抚养人的亲属身份上的义务为前提的。继承权则不同，它虽然是基于身份产生的，但其标的只是指向被继承人的遗产，被继承人无论生前还是死后都没有将遗产给予继承人的义务。

法律链接

《民法典》第114、118条

2. 支配权、请求权、抗辩权、形成权

依民事权利的权能作用，可将民事权利分为支配权、请求权、抗辩权、形成权。

（1）支配权。支配权是指主体仅凭自己的单方意思就可以直接作用于客体实现其利益的权利。支配权的特点是强调主体行使权利的直接性和排他性。权利主体直接作用于客体实现其利益，无须义务人的积极行为的介入协助，并排除其他任何人的干涉。其权能是对客体的支配。支配强调的是主体对于客体施加作用的意志力，作为权利则是受法律保护的支配力，权利人可以根据自己意志直接对客体采取行为，同时排除其他任何人对客体的支配。支配作为法律权能是权利人以自己的意志对客体为事实行为或者法律行为。例如，所有人对其所有的房屋的占有、使用就是事实行为的支配，对房屋为出租、买卖则是法律行为的支配。

支配权依据支配的客体不同可以分为物权、人身权、知识产权等。物权，是主体对特定物的支配权。对于人身权，主体支配的是自身的人身利益。对于知识产权，主体支配的则是创造性智力成果。

（2）请求权。请求权是指主体请求他人为一定行为或不为一定行为以实现其利益的权利。请求权的权能是向义务人发出请求，权利人不能仅凭自己的请求行为实现其利益，而必须借助于义务人对其请求的响应，以义务履行行为的协助才能实现，如债权。请求权不同于支配权的特点在于它的相对性和利益实现的间接性。

（3）抗辩权。抗辩权是指对抗他人请求权，拒绝应为给付的权利。例如，《民法典》第三编合同第525、526、527条分别规定的同时履行抗辩权、不安抗辩权、先履行抗辩权，《民法典》第三编合同第687条第2款规定的一般保证人的先诉抗辩权等。

法律链接

《民法典》第525~527、687条

抗辩权根据其对抗效力的不同可以分为永久抗辩权和延期性抗辩权。永久抗辩权,是永久性阻止他人请求权,使请求权人的请求权永久失去作用的抗辩权。例如,以诉讼时效届满对抗债权人请求履行债务的权利。延期性抗辩权,也称一时性抗辩权,是指权利人在一定条件下对抗他人的请求权,一时性阻止请求权的行使,而不是永久性阻止请求权的行使,待据以抗辩的阻却事由消失而请求权仍可行使。例如,同时履行抗辩权人以对方未履行义务对抗其先履行义务为由的请求,只有在没有先后履行顺序的双务合同中对方未履行义务的条件下,才有权提出抗辩,使对方的请求权暂时不得行使,当对方已经履行义务的情况下,对方的请求权可继续行使,就不能再以同时履行进行抗辩。

抗辩权的权能作用在于"对抗""阻却"他人权利的行使,但他人权利并不因此而消灭。抗辩权的行使以他人对自己请求权的存在和行使为前提。在他人未提出请求权的情况下,抗辩权无从行使;在他人没有权利或权利已经消灭的情况下而提出请求的,可以否认其权利的存在,拒绝其请求,但这种情况属于权利否认,不适用抗辩权。

辨 析 抗辩权与权利否认

关于抗辩权的作用仅仅是阻却请求权,还是不仅阻却而且还消灭或者否认请求权,学者在观点上并不一致。例如,德国民法学家迪特尔·梅迪库斯就将抗辩权分为无须主张的抗辩权和需要主张的抗辩权,无须主张的抗辩权又分为使请求权不发生的抗辩和使已经发生的请求权消灭的抗辩,前者称为权利阻却之抗辩,后者称为权利消灭之抗辩。[11] 王利明教授认为,抗辩权是对抗对方的请求或否认对方的权利主张的权利,抗辩权的功能就是对抗或延缓请求权的行使,或使请求权归于消灭。[12] 王泽鉴教授所著《民法总则》中将抗辩从广义上分为抗辩(狭义)和抗辩权,前者分为权利障碍的抗辩和权利毁灭的抗辩,此两种抗辩权足以使请求权消灭,而"于抗辩权,其效力不过对已存在的请求权,发生一种对抗的效力而已"。[13] 可见抗辩在狭义上与抗辩权是不同的,使请求权消灭的抗辩不属于抗辩权。魏振瀛教授在其主编的《民法》一书中认为,在对方的权利已经消灭的情况下,拒绝对方

[11] 参见[德]迪特尔·梅迪库斯:《德国民法总论》,邵建东译,法律出版社2000年版,第81~85页。
[12] 参见王利明:《民法总则研究》,中国人民大学出版社2003年版,第219页。
[13] 王泽鉴:《民法总则》,中国政法大学出版社2001年版,第95页。

的请求在性质上属权利否认,不属于抗辩权。[14] 可见,学者对抗辩权的本质和适用范围有不同认识。有的学者对抗辩权从广义层面理解,认为抗辩权包括否定性抗辩权,即否认请求权形成或存续合理性的抗辩。例如,以法律行为无效否认请求权发生的抗辩,以债务已经履行、抵消、免除否认请求权存续合理性的抗辩。这些抗辩都是针对请求权的,因而被认为属于抗辩权。对于以法律行为未成立抗辩的,则认为,“属于事实的抗辩而不是对抗请求权的抗辩,因为法律行为如没有成立,便根本上无请求权形成可言”。[15] 但是,从狭义层面看,如果以否认请求权就是请求权不存在为起点,则应认为权利否认不属于抗辩权,因为抗辩权是对抗请求权的,应以请求权存在为前提。梅仲协认为,“抗辩权之目的,固在抵抗请求权之行使,但请求权并不因此而废止,抗辩权云者,不过就已存在之请求权,发生一种对抗的效力而已”。[16] 而且“抗辩权原不以权利义务关系之变更为目的,自与形成权不同”。[17] 这样抗辩权就只是“阻止他人行使权利,但他人的权利并不因此而消灭。抗辩权的行使,以请求权的存在并且提出请求为前提”。[18] 因此,以权利否认进行的“抗辩”,不属于抗辩权。以法律行为无效、债务已履行、抵消和免除进行的抗辩则应属于形成权的抗辩,虽然属于广义的抗辩,但不属于抗辩权,属于权利否认。

重点提示

抗辩权是对抗请求权的,应以请求权存在为前提;抗辩权之目的,固在抵抗请求权之行使,但请求权并不因此而废止,抗辩权仅对已存在之请求权,发生一种对抗的效力。以法律行为无效、债务已履行、抵消和免除进行的抗辩,虽然属于广义的抗辩,但不属于抗辩权,而是权利否认。

(4)形成权。形成权是指权利人仅凭自己的单方意思表示,使自己的民事权利或参与的民事法律关系或他人的民事法律关系发生变动的权利。形成权的特点有:一是其权能作用在于使某项特定民事法律关系发生变动,即在于强调权利人能够针对自己的权利、自己参与的民事法律关系或他人的民事法律关系,依其单方意志采取行动,发生变更效果。具体表现在引起权利人的权利或权利人参与的或他人的民事法律关系的产生、变更和消灭。二是权能行使方式以单方法律行为行使,即仅凭权利人的单方意思表示发生效果,其他人不得干涉。例如,本人的单方委托

---

〔14〕 参见魏振瀛主编:《民法》,北京大学出版社、高等教育出版社 2000 年版,第 39 页。

〔15〕 龙卫球:《民法总论》,中国法制出版社 2001 年版,第 146 页。

〔16〕 梅仲协:《民法要义》,中国政法大学出版社 1999 年版,第 39 页。

〔17〕 李宜琛:《民法总则》,中国方正出版社 2004 年版,第 42 页。

〔18〕 王利明、杨立新:《侵权行为法》,法律出版社 1996 年版,第 163 页。

授权行为引起自己与代理人之间的代理法律关系的产生;法定代理人的追认权可以使限制民事行为能力人实施的超越其行为能力范围的民事行为生效;选择之债的当事人行使选择权,可以使选择之债变更为简单之债;本人行使撤销权可以使无权代理人以本人名义与第三人实施的民事法律行为消灭;继承权人抛弃继承权可以引起其继承权的消灭。总之,属于形成权的民事权利主要包括追认权、选择权、撤销权、解除权、抵消权、抛弃权等。

形成权产生的依据来自法律的直接规定或者当事人的约定。例如,我国《民法典》第三编合同第 562 条第 2 款规定:"当事人可以约定一方解除合同的事由。解除合同的事由发生时,解除权人可以解除合同。"这里的解除权就是依据当事人约定产生的形成权。第 563 条规定的当事人解除合同的权利就是法律规定的形成权。当事人形成权的行使由权利人的单方意志产生效力,因此应注意保护相对人的利益。为此权利人行使形成权一般直接向相对人作出行使的意思即发生效力,但法律规定须通过人民法院或仲裁机构行使的,只能通过人民法院或仲裁机构的裁判才能发生效力。同时,形成权的行使须在法律规定的或者当事人约定或依法催告的期限内行使,否则,其权利消灭。例如,依据我国《民法典》第 145 条规定:"限制民事行为能力人实施的纯获利益的民事法律行为或者与其年龄、智力、精神健康状况相适应的民事法律行为有效;实施的其他民事法律行为经法定代理人同意或者追认后有效。相对人可以催告法定代理人自收到通知之日起三十日内予以追认。法定代理人未作表示的,视为拒绝追认。民事法律行为被追认前,善意相对人有撤销的权利。撤销应当以通知的方式作出。"又如,依据《民法典》第 147 ~ 151 条分别规定了重大误解、一方欺诈、第三人欺诈、一方或者第三人胁迫、一方利用对方危难显失公平等民事法律行为,相对方当事人有权请求人民法院或者仲裁机构予以撤销。第 152 条规定:"有下列情形之一的,撤销权消灭:(一)当事人自知道或者应当知道撤销事由之日起一年内、重大误解的当事人自知道或者应当知道撤销事由之日起九十日内没有行使撤销权;(二)当事人受胁迫,自胁迫行为终止之日起一年内没有行使撤销权;(三)当事人知道撤销事由后明确表示或者以自己的行为表明放弃撤销权。当事人自民事法律行为发生之日起五年内没有行使撤销权的,撤销权消灭。"【形成权的行使】

3. 绝对权与相对权

民事权利以其效力范围,即权利人可以对抗的义务人的范围分为绝对权与相对权。

绝对权,是指权利人可以对抗不特定的任何人,且无须义务主体的积极协助即可实现的权利。其特点有二：一是权利人可以对抗任何人。权利主体是特定的，义务主体是不特定的，即义务主体是除权利人以外的其他任何人，因而绝对权也称对世权。例如，人身权、所有权、知识产权、继承权等均属绝对权。二是权利人实现权利无须义务人积极协助，即义务主体负有的义务是消极的不作为的义务，只要不妨害权利人权利的行使即可。

相对权，是指权利人仅可以对抗特定的相对人，而且须义务人履行行为的协助才能实现的民事权利。其特征有：一是权利人只能针对特定的义务人行使权利，不得向他人主张权利，即权利人和义务人都是特定的；二是权利人须借助义务人履行行为的协助才能实现权利，不得仅凭自己的单方意志实现权利，如债权。

4. 主权利与从权利

以相互联系的民事权利之间的依存关系，可以将民事权利分为主权利与从权利。

法律链接

《民法典》第682条

主权利，是指在相互联系的两个或多个民事权利中，能够独立存在的民事权利。从权利，是指在相互联系的两个或多个民事权利中不能独立存在而从属于主权利存在的民事权利。例如，为担保债权实现而设立的抵押权、质权、留置权等担保物权或保证债权都是从属于主债权而存在的从权利。这一权利分类仅仅针对有相互联系的权利之间的主从关系而言的；无主从关系的多个独立权利，无所谓主权利、从权利。主权利和从权利之间的效力主从性体现在：(1)主权利是从权利存在的前提，主权利存在，从权利才能存在；主权利消灭时，从权利同时消灭；(2)从权利可随同主权利转让，不能与主权利分离而转让。例如，《民法典》第407条规定："抵押权不得与债权分离而单独转让或者作为其他债权的担保。债权转让的，担保该债权的抵押权一并转让，但是法律另有规定或者当事人另有约定的除外。"

5. 专属权与非专属权

以民事权利与主体的归属关系性质不同，可以将民事权利区分为专属权与非专属权。

法律链接

《民法典》第992条

专属权是归属于特定民事主体专有的权利。例如，人格权、身份权、矿藏的国家所有权等。专属权的特点在于强调权利对特定主体的专有性，它不得让与和继承。

非专属权，是指不属于特定主体专有，民事主体可以普遍享有的权利。非专属权可以在民事主体之间让与和继承。一般财产权多属于非专属权。

6. 既得权与期待权

以权利人的目的利益是在权利本身内容中实现还是在权利期待的目的性权利中实现为标准，将权利分为既得权和期待权。既得权，是指权利人已经取得的以权利本身为实现目的的权利。期待权，是指权利人享有的取得所期望的目的性民事权利的权利。

法律链接

《民法典》第221、1158条

既得权权利人以对权利本身享有为目的，期待权，则是保障权利人取得所期待的目的性的将来权利的权利。例如，房屋买卖合同经预告登记后，买受人享有的将来取得房屋所有权的权利；遗赠扶养协议履行中，扶养人期待取得被扶养人遗产的权利都属于期待权。在这里期待权本身也是权利人已经取得的、享有的民事权利，但它本身并不是享有权利的目的，享有这种权利的目的在于保障将来取得目的性权利。期待权所期待的目的性权利是权利人尚未取得的权利，它要等取得事实的发生才能取得，但不能认为期待权也是未取得的权利或将来取得的权利。

重点提示

期待权本身也是权利人已经取得的、享有的民事权利，期待权所期待的目的性权利是权利人尚未取得而期待取得的权利。

7. 基础民事权利与救济权

依据民事权利实现权利人民事生活目的利益的不同功能，可将民事权利区分为基础民事权利和救济权。

法律链接

《民法典》第238、1167、1185条

基础民事权利，是指权利主体享有的以其自身实现满足民事生活目的利益的权利。基础民事权利的实现本身就是权利人民事生活目的利益的实现。救济权，是指权利人享有的基础性民事权利受到侵害或有受到侵害的危险时，用以救助基础权利的权利。救济权不以其本身的实现满足权利人目的利益，而是通过它救助基础权利的实现来满足权利人的民事生活目的利益。救济权是由基础权利派生的权利，其功能在于救助受损害的基础权利，是保护性的权利。例如，所有权是基础性权利，所有人提出的排除妨害的物上请求权则为救助性权利。合同债权为基础性权利，合同债权人请求追究违约责任的权利则为救济性权利。

重点提示

基础民事权利是指权利主体享有的以其自身实现满足民事生活目的利益的权利，救济权是救助受损害的基础权利的权利。

案例8-2

甲将其3间房屋于2015年5月10日与乙签订买卖合同，以8万元价款卖与乙。甲收取了乙的8万元房款后未向乙交付房屋，也未办理过户登记。5月18日，甲又以该3间房屋与丙订立买卖合同，以10万元的价款卖与丙。甲收到丙的房款后，于6月18日与丙办理房屋过户登记。问各方当事人权利如何确认？

依照我国《民法典》第240条规定，甲对其所有的房屋享有占有、使用、收益、处分的权利，即房屋所有权，在性质上属于财产权、支配权、绝对权，可以对抗任何人，其他任何人都负有不得侵犯的义务。甲对其房屋的支配权，无须其他任何人的积极协助仅凭自己的意志即可支配。甲分别与乙、丙就同一房屋订立买卖合同，欲以法律行为处分其房屋。依据《民法典》第502条规定，依法成立的合同，自成立时生效。因而，甲与乙之间、甲与丙之间的买卖合同均自成立时已生效。据此，甲对乙和丙分别享有债权，即请求交付房屋价款的权利；乙和丙分别对甲享有债权，即请求甲向其交付房屋并转移房屋所有权的权利。这些权利的性质属财产权、相对权、请求权。乙和丙向甲支付了房款，甲的权利得以实现，他取得了房款的所有权。乙和丙只能向特定的义务人甲主张权利，请求甲向其交付房屋并移转房屋所有权，而不得直接支配房屋，只有在甲的积极协助下，即甲交付房屋并移转所有权，其权利才能实现。依《民法典》第209条第1款规定："不动产物权的设立、变更、转让和消灭，经依法登记，发生效力；未经登记，不发生效力，但是法律另有规定的除外。"甲与乙之间的合同甲并未履行，由于甲不积极协助，乙的债权不能实现，乙并未取得对该房屋的所有权。甲与丙就该3间房屋的买卖自房屋管理机关办理了过户登记手续，甲行使了对房屋的所有权，完成了处分行为，其所有权随之消灭。因而，丙由于甲的积极协助其债权得以实现，丙取得了该房屋的所有权，享有对房屋占有、使用、收益和处分的权利。丙对该房屋的所有权属于财产权、绝对权、支配权，他有权直接支配房屋，排除其他任何人对其支配的妨害。乙欲取得该房屋所有权的合同权利不能实现，乙只能请求甲返还房屋价款并追究甲的违约责任。乙的请求取得房屋所有权的合同权利为基础性权利，乙请求甲返还房屋价款并追究违约责任的权利则为救济性权利。如果乙在其向甲付款之次日起3年后才起诉甲，甲则享有以乙的诉讼请求超过诉讼时效抗辩乙请求他返还房价款和承担违约责任的请求权的权利,甲的这一权利为抗辩权。假定丙在与甲订立房屋买卖合同时恶意串通,则乙享有以甲与第三人丙恶意串通损害其利益为由请求人民法院确认甲丙之间的买卖合同无效的权利,乙的这一权利属于形成权。

思考题:

1. 学习民事权利的分类有什么意义?

2. 结合民事权利分类体系的学习谈谈对民法是权利法的认识。

3. 谈谈对各类民事权利本质特征的认识。

(三)民事权利的行使

1. 依法自主行使

《民法典》第130条规定:"民事主体按照自己的意愿依法行使民事权利,不受干涉。"民事权利的行使,是指民事权利主体运用民事权能实现民事权利利益的行为。民事权利的行使是实现民事权利的利益的过程,是民事权能的运用过程,民事权利的实现是民事权利行使的结果,是权能运作的结果。例如,债权人为了实现其债权就要依据债权的请求权能向债务人请求给付;债务人为给付行为时,则要依据债权的受领权能,受领债务人的给付利益,债权方能实现。在这里,应注意权利人主张权利与权利的行使不同。权利主张是权利人声明对权利的保有或请求对权利的存在予以确认的行为,但不一定要求实现权利的内容。如果主张权利同时要求实现权利内容的,则为权利的行使。

权利行使是依据权利的权能内容采取一定的行为。权利人可以实施事实行为,也可以实施民事法律行为行使权利。例如,房屋所有权人对自己房屋的占有和使用,消费品所有人对消费品的消费,企业法人对原材料的消耗等是以事实行为方式行使权利的;房屋所有人出卖或出租房屋,企业所有人将其企业发包给他人经营等是以法律行为方式行使民事权利的。

民事权利具有可行使性,权利人是否行使其权利,以怎样的方式行使其权利完全取决于当事人的意志自由,任何个人和组织不得非法干涉,但民事主体行使民事权利应当遵守法律,不得损害他人利益和社会公共利益,不得滥用权利,否则,应当承担民事法律责任。

2. 权利义务一致

《民法典》第131条规定:"民事主体行使权利时,应当履行法律规定的和当事人约定的义务。”这是民事主体在民事活动中法律地位一律平等的基本原则的要求，民事主体享有民事权利与承担义务是一致的，不允许民事主体只享有和行使自己的权利，而不履行依法和依约定所承担的民事义务，权利义务一致是民事权利行使的一项基本原则。

3. 禁止权利滥用

禁止权利滥用是民事主体行使民事权利的一项基本原则，它是指民事主体行使民事权利时要在法律规定的限度内，不得超过法律规定的界限，损害他人利益或社会利益。《德国民法典》第 226 条规定：“权利之行使不得以损害他人为目的。”《瑞士民法典》第 2 条规定：“(1)任何人都必须以诚实、信用的方式行使其权利和履行其义务；(2)显系滥用权利时，不受法律保护。”可见，行使民事权利以侵害他人为目的或者违背诚实信用损害他人利益都会构成权利滥用。权利滥用是不受法律保护的。我国《宪法》第 51 条规定，“中华人民共和国公民在行使自由和权利的时候，不得损害国家的、社会的、集体的利益和其他公民的合法的自由和权利”。我国《民法典》第一编总则第 8 条规定，“民事主体从事民事活动，不得违反法律，不得违背公序良俗”。第 132 条规定，“民事主体不得滥用民事权利损害国家利益、社会公共利益或者他人合法权益”。这些规定都是民事权利不得滥用的内容。禁止权利滥用在我国《民法典》第一编总则和分则各编以及有关单行民事法律中有多方面的体现。例如，我国《民法典》第一编总则关于禁止代理权的滥用，在第 164 条第 2 款规定：“代理人和相对人恶意串通，损害被代理人合法权益的，代理人和相对人应当承担连带责任。”物权编第 288 条至第 296 条规定，不动产的相邻权利人，应当按照有利生产、方便生活、团结互助、公平合理的原则，正确处理截水、排水、通行、通风、采光等方面的相邻关系。不动产权利人因用水、排水、通行、铺设管线等，应当尽量避免对相邻的不动产权利人造成损害；造成损害的应当给予赔偿。可见，不动产权利人行使权利，不得以邻为壑，损害邻人利益。第 334 条规定，未经批准，土地承包经营权人不得将承包地用于非农建设。合同编第 534 条规定：“对当事人利用合同实施危害国家利益、社会公共利益行为的，市场监督管理和其他有关行政主管部门依照法律、行政法规的规定负责监督处理。”人格权编第 1007 条规定：“禁止以任何形式买卖人体细胞、人体组织、人体器官、遗体。违反前款规定的买卖行为无效。”侵权责任编第 1251 条规定：“饲养动物应当遵守法律法规，尊重社会公德，不得妨碍他人生活。”

在构成权利滥用的认定上，法院一般采主观标准，即以损害他人为目的便构成权利滥用；也有采利益比较标准的，权利人行使权利所获得的利益远远小于给相对人造成的损害的,则构成权利滥用。[19]

思考题:民事主体应当如何行使民事权利?

案例 8-3

某甲为利用地下水经营洗车业,在自己院内掘一深井,导致相邻人生活用水困难,但某甲认为自己在自家院内掘井,又没有在他人家掘井,并不损害他人权利。请问某甲是否构成权利滥用?

案例 8-4

某饭店建设 10 层高楼时越界占用了邻人某公司 2 平方米的土地,该公司以该饭店侵权为由请求法院判决饭店拆楼还地,请问该公司的请求法院能否支持? 为什么?

(四)民事权利的保护

民事权利是民事主体的民生基本权利,受国家法律的保护。我国《民法典》第 3 条规定:"民事主体的人身权利、财产权利以及其他合法权益受法律保护,任何组织或者个人不得侵犯。"第 128 条规定:"法律对未成年人、老年人、残疾人、妇女、消费者等的民事权利保护有特别规定的,依照其规定。"保护民事权利是各个法律部门的共同任务。民法上的民事权利的保护是指民事权利受到侵害时或有侵害的危险时,用民法方式防止、减少、补救权利人所受到的损害,恢复其利益。民法对民事权利的保护方式有两种:民事权利的自我保护和国家保护。

1. 民事权利的自我保护

民事权利的自我保护,是指权利主体自行采取法律允许的保护措施保护自己的民事权利不受侵犯。民事权利的自我保护也称为私力救济或自力救济。民事权利的自我保护方法有两种:自卫行为和自助行为。

(1)自卫行为。自卫行为是指当民事权利受到侵害或有受到侵害的现实危险时,权利人以法律许可的方式和措施,并在法律允许的限度内防止损害的发生或扩大。自卫行为有正当防卫和紧急避险两项。所谓正当防卫,是指为了使本人或者他

---

〔19〕 参见梁慧星:《裁判的方法》,法律出版社 2003 年版,第 184 页。

人的财产或人身免遭正在进行的不法侵害,在必要限度内对侵权行为人采取的防卫行为。所谓紧急避险,是指为了本人或他人的人身或财产免受正在发生的侵害,不得已采取的牺牲他人较小权益保全更大利益的行为。我国《民法典》第181条规定:“因正当防卫造成损害的,不承担民事责任。正当防卫超过必要的限度,造成不应有的损害的,正当防卫人应当承担适当的民事责任。”《民法典》第182条规定:“因紧急避险造成损害的,由引起险情发生的人承担民事责任。危险由自然原因引起的,紧急避险人不承担民事责任,可以给予适当补偿。紧急避险采取措施不当或者超过必要的限度,造成不应有的损害的,紧急避险人应当承担适当的民事责任。”

(2)自助行为。自助行为是指民事主体为了保护自己的权利,在情况紧急来不及请求公力救济的条件下,采取适当手段对侵权行为人的人身自由予以拘束或对与侵权有关的他人财产予以扣押或毁损,并事后及时请求国家有关机关处理的保护方法。对此我国《民法典》第1177条规定:“合法权益受到侵害,情况紧迫且不能及时获得国家机关保护,不立即采取措施将使其合法权益受到难以弥补的损害的,受害人可以在保护自己合法权益的必要范围内采取扣留侵权人的财物等合理措施;但是,应当立即请求有关国家机关处理。受害人采取的措施不当造成他人损害的,应当承担侵权责任。”

2. 民事权利的国家保护

民事权利的国家保护,又称公力救济,是指民事权利受到侵害时,权利人请求国家机关依照法定程序给予保护。《民法典》第120条规定:“民事权益受到侵害的,被侵权人有权请求侵权人承担侵权责任。”民事权利受到侵犯时,权利人请求国家保护的,根据权利受侵害的不同情况可以请求行政机关、审判机关或仲裁机关予以保护。各个民事单行法都有对民事权利的国家保护规定。例如,商标权人对侵犯其商标注册专用权的侵权行为可以请求商标管理机关查处,也可以请求人民法院依民事诉讼程序予以保护。民事权利受到侵犯时,权利人都享有诉权保护,都可以请求人民法院依照民事诉讼程序予以保护。当事人根据其权利受侵害的不同情况,向人民法院请求保护的诉讼请求有三类。

(1)确认之诉,即请求人民法院对有争议的民事权利是否存在和有效作出确认的诉讼请求。例如,确认房屋所有权的归属、确认合同无效、确认收养关系成立等。

(2)给付之诉,即请求人民法院依法判令对方履行给付行为,以实现自己权利的诉讼请求。如请求法院判决交付财产、支付违约金、履行某种行为等。

（3）形成之诉，即请求人民法院通过判决变更既有的民事权利义务关系或者形成某种新的民事权利义务关系的诉讼请求。例如，分割共有财产、撤销某个合同关系、离婚等诉讼请求。

关于民事权利的保护的总结，见图 8－2。

- 民事权利的保护
  - 自我保护
    - 自卫行为
      - 正当防卫
      - 紧急避险
    - 自助行为
      - 限制人身自由
      - 扣押或毁损财产
  - 国家保护
    - 确认之诉
    - 给付之诉
    - 形成之诉

图 8－2　民事权利的保护

侵害民事权利涉嫌构成刑事犯罪的，应当依法追究侵权者的刑事责任，这就超出了民法保护的范围，而要依据刑法和刑事诉讼法的规定，追究侵权者的责任。在刑事诉讼中，可以提起刑事附带民事诉讼，以有效保护民事权利。

思考题：如何有效保护民事权利？

二、民事义务

（一）民事义务的概念

《民法典》第 131 条规定："民事主体行使权利时，应当履行法律规定或者当事人约定的义务。"民事义务，是对应于民事权利的，它是指民事法律规范规定的或当事人依法约定的，义务主体必须为一定行为或不为一定行为，以满足权利人权利要求，实现权利人利益的受法律约束的负担。由此可见：（1）民事义务的产生依据是民事法律规范的规定或者当事人的约定，没有法律规定或约定的依据，义务人不负义务；（2）民事义务的内容是义务人为一定行为或不为一定行为；（3）义务的限度以满足权利人的权利要求为限，权利人不享有权利或超越权利范围，义务人不负义务；（4）义务受法律约束，义务人必须履行义务，否则就要承担民事责任。

（二）民事义务的分类

民事义务对应民事权利，因此，关于民事权利的分类也同样对应着与此相关的民事义务。例如,财产权和人身权对应着财产义务和人身义务,专属权和非专属权对应着专属义务和非专属义务等,除此之外,民事义务还有其自身的分类。

1. 法定义务与约定义务

以民事义务产生的依据不同,可分为法定义务和约定义务。

法定义务,是指由民事法律规范规定民事义务主体负担的义务。

约定义务,是指由民事主体依法协商确定的由义务人承担的义务。

2. 积极义务与消极义务

以民事义务行为人履行义务的行为方式为标准,可将民事义务分为积极义务与消极义务。

积极义务,是指义务人以积极的作为方式,即为一定行为的方式履行的义务。

消极义务,是指义务人以消极的不作为方式,即不为一定行为或容忍他人的行为履行的义务。

3. 基本义务与附随义务

依据民事义务是否直接实现权利人利益目的为标准,可将民事义务分为基本义务和附随义务。基本义务是指民事法律关系中所固有的、必备的、直接实现权利人利益目的的义务。例如,在合同关系中也就是主给付义务,如在买卖合同中标的物交付和所有权移转义务、价款支付义务,租赁合同中交付租赁物的交付义务,租金的给付义务等都属于基本义务。

附随义务是指在民事法律关系中,依据诚实信用原则附随于基本义务而发生的以促进基本义务充分实现权利人利益目的或保护权利人人身财产安全使其免受不利益的义务。例如,在合同关系中,依据诚实信用原则和合同的性质、目的及交易习惯,一方当事人应当承担的通知、协助、保护、保密等义务。《民法典》第509条规定:"当事人应当按照约定全面履行自己的义务。当事人应当遵循诚信原则,根据合同的性质、目的和交易习惯履行通知、协助、保密等义务。当事人在履行合同过程中,应当避免浪费资源、污染环境和破坏生态。"

重点提示

附随义务发生的依据是诚实信用原则。

思考题:如何认识民事义务与民事权利的关系?

案例 8-5

甲以每月 800 元租用乙的 3 间房屋居住使用,租期 3 年。居住 1 年后,房屋漏雨无法正常居住,乙请求甲维修房屋。甲以租赁时并未约定房屋维修问题,应当谁居住谁维修为由,拒绝了乙的维修请求。请分析这一民事法律关系中各方当事人民事义务的性质以及甲拒绝乙的请求是否合法。

第二节　自然人的人身权

| 内容提要 |

保护民事主体的人身权利是民法典的重要立法任务。自然人的人身权包括人格权和身份权。本节在介绍自然人人身权的概念和分类的基础上重点介绍人格权,包括自然人的一般人格权和各项具体人格权的内容。因为《民法典》第五章关于民事权利的规定主要是概念宣示,因此,本节主要介绍概念,对于其他内容请参见《民法典》分则有关编章的规定。

一、自然人人身权的概念和特征

自然人人身权是自然人依法享有的与其人身不可分离的以实现其人身利益为内容的无直接财产内容的民事权利。它具有如下特征:

1. 与自然人的人身不可分离。自然人人身权是以其人身要素为基础的权利。人身要素包括物质性要素和精神性要素两部分,前者是指人身物质部分的要素,包括生命、身体、健康等,后者是人身精神部分的要素,包括姓名、肖像、名誉、自由、隐私等。自然人人身权就是基于这些人身要素而享有的民事权利。这就决定了它与自然人人身不可分离,它专属于自然人自己享有。至于肖像由于具有可复制性,因而对复制肖像的利用可以授权给他人,但并不意味着肖像和肖像权可以与主体人身分离。

2. 没有直接的财产内容。人身权是与财产权相对应的两大基本民事权利。与直接具有财产内容的财产权不同,人身权本身不具有直接的财产利益,而是体现主体的精神利益。但是,人身权虽无直接财产内容,却与财产权有着密切的联系,具体表现为:第一,有些人身权是某种财产权取得的前提,如夫妻身份关系是夫妻财产关系的前提;第二,对人身权的损害会引起受害人的财产损失;第三,对某些人身权构成了侵害,尽管没有对受害人造成财产损失,只是构成了精神损害,但受害人仍然有权请求以金钱给付为内容的精神损害赔偿;第四,某些人格权的商品化利用可以为主体取得财产权利。例如,姓名、肖像等商品化利用。这些内容只是表明了与人身权相联系的财产权内容,其并不属于人格权本身的内容。

3. 具有法定性。法定性是指自然人的人身权的种类和内容由法律规定,作为主体的自然人不能在法律规定之外自由创设新的人身权类型,也不能通过约定改变人身权的内容。

4. 与自然人的权利能力密切相关。虽然权利能力是主体享有权利的资格和前提,但自然人的生命权则与权利能力密切相关,生命决定着自然人权利能力的开始和终止。

二、自然人人身权的分类

(一)物质性人身权利和精神性人身权利

以人身要素的组成部分是物质要素还是精神要素为标准对自然人的人身权可以分为物质性人身权利和精神性人身权利。人身要素分为人身物质要素和人身精神要素。人身物质要素是人身物质部分的组成要素,如生命、身体、健康等,这些要素是人能够正常生活的必要条件,因而是人进行一切社会活动、享有一切权利的人身物质基础。民事主体对这些人身物质要素所享有的不受他人非法侵害的权利称为物质性人身权。人身精神要素是人身精神部分的要素,包括姓名、肖像、名誉、隐私等。自然人对这些人身精神要素所享有的不受他人非法侵害的权利称为精神性人身权。也有一些人格权既包含物质性也保护精神性要素,如个人信息权。

(二)自然人人格权和身份权

以自然人人身权的客体为标准可将其分为人格权和身份权。前者以人格利益为客体,后者以身份利益为客体。这是人身权的最基本也是最有意义的分类。

1. 自然人人格权

自然人人格权是指自然人依法享有的为维护自己的生存和尊严而必须具备的人身权利。人格权有一般人格权与具体人格权之分。一般人格权是指关于一般人格利益,即人之存在价值和尊严的全部利益的权利。它是以人的全部人格利益为标的的总括性权利。《民法典》第 109 条规定:“自然人的人身自由、人格尊严受法律保护。”即将人身自由和人格尊严作为一般人格权。具体人格权是指自然人依法就特定人格利益所享有的权利,如关于生命、健康、姓名、名誉、肖像等具体人格利益享有的权利。《民法典》第 110 条第 1 款规定:“自然人享有生命权、身体权、健康权、姓名权、肖像权、名誉权、荣誉权、隐私权、婚姻自主权等权利。”第 990 条规定:“人格权是民事主体享有的生命权、身体权、健康权、姓名权、名称权、肖像权、名誉权、荣誉权、隐私权等权利。除前款规定的人格权外,自然人享有基于人身自由、人格尊严产生的其他人格权益。”《民法典》第 111 条规定:“自然人的个人信息受法律保护。任何组织或者个人需要获取他人个人信息的,应当依法取得并确保信息安全,不得非法收集、使用、加工、传输他人个人信息,不得非法买卖、提供或者公开他人个人信息。”自然人的个人信息保护也是一种具体人格利益的保护。

自然人的人格权具有如下特征:

(1)人格权是自然人的固有权利。自然人自出生时起,就自然享有人格权,无须履行特定的民事程序,只要是民法上的人,就享有人格权。人格权是法律赋予民事主体的一种权利。它不考虑自然人的具体情况,具有平等性,是同自然人的权利能力同时发生的。

(2)人格权是维护自然人独立人格的必备权利。自然人享有人格权的目的,就在于维护其作为法律上的人所必须具备的资格,以保障其人格上的独立。没有人格上的独立和人格权的保障,自然人就难以生存,就不能顺利地进行一切民事活动。

(3)人格权的客体是自然人的人格要素。人格要素是自然人就其人身自由或者人格尊严所具备的要素,例如,生命、身体、健康、肖像、姓名、自由、隐私、信用、信息等要素及其综合。

2. 自然人身份权

自然人的身份权是指自然人基于特定的身份而享有的人身权,包括配偶权、亲权、亲属权等。《民法典》第 112 条规定:“自然人因婚姻家庭关系等产生的人身权利受法律保护。”该条所规定的就是自然人的身份权,就是自然人因其在婚姻家庭关系中的特定身份利益享有的权利。自然人身份权具有如下法律特征:

(1)自然人以特定身份的具有为享有身份权的前提。与人格权是自然人固有的权利不同,身份权产生于自然人的特定的身份,因而,身份权并非任何自然人都可同样享有的权利。

(2)权利义务的一体性。事实上,“身份权”一词只是借用了“权利”的用语,实为权利义务的集合体,即权利的享有与对方当事人负有的义务互为一体。例如,配偶权,夫妻之间既享有同居、要求对方恪守贞操的权利,同时又承担同居、自己恪守贞操的义务；而父母对未成年子女的亲权本身就包含职责的性质。

三、自然人的一般人格权

（一）自然人一般人格权的概念和特征

自然人一般人格权是指自然人对其一般人格利益，即人之存在价值及尊严的全部利益享有的权利。它是以人的全部人格利益为标的的总括性权利，包括人身自由、人格尊严的全部内容，是解释、派生、补充具体人格权的基本权利。

自然人一般人格权与具体人格权相比较，具有以下特征：

1. 权利客体具有高度概括性的人格利益。一般人格权的客体是人格要素综合体现的一般人格利益，这种一般人格利益具有高度的概括性。一般人格利益包括人身自由和人格尊严，这些人格利益都不是具体的人格利益，而是高度抽象概括的人格利益。

2. 权利内容极具广泛性、扩张性。一般人格权的内容包含在《民法典》第109条概括的人身自由和人格尊严中，但这并非一般人格权的具体内容，一般人格权内容极为广泛，包括具体人格权的内容，但是，对于具体人格权所不能包含的人格利益，也都包含在一般人格权之中。它不仅是具体人格权的集合，而且为补充和完善具体人格权立法不足提供了切实可靠的权利依据。当人格利益遭受损害，又不能为具体人格权所涵盖时，人们可以根据一般人格权的法律规定，寻求法律上的救济。

3. 一般人格权是人的基本权利。一般人格权是人身自由和人格尊严受法律保护的权利，相对于具体人格权而言，是基本权利。一般人格权虽然对具体人格权有概括的作用，但它也是一个独立的民事权利，是人身权中的基本权利。一方面，它决定和派生各种具体的人格权；另一方面，它更为抽象和具有概括性，成为人身权中最具抽象意义和典型性的基本人格权。[20]

（二）自然人一般人格权的内容

自然人一般人格权的内容可以概括为人身自由和人格尊严，包括了具体人格权的内容，但是，对于具体人格权所不能包含的人格利益，也都包含在一般人格权之中，他是高度抽象的基于人格自由和人格尊严产生的人格利益的一般保护，其内容具有扩张性。

---

〔20〕　参见杨立新：《人身权法论》，人民法院出版社2002年版，第373～374页。

1. 人身自由

一般人格权中的人身自由,是私法上的抽象自由,既是指人身的自由地位,也是指人身的自由权利,是权利主体自主参加社会活动、参与各种社会关系,享有权利、行使权利的基本前提和基础,是主体享有一切具体自由权的基础和根源。

2. 人格尊严

人格尊严是一个极抽象的概念,是指民事主体作为一个"人"所应有的最基本的社会地位和应受到的社会和他人最起码的尊重。换言之,所谓人格尊严,即把人真正当成"人"。因此,无论公民职业、职务、政治立场、宗教信仰、文化程度、财产状况、民族、种族、性别有何差别,其人格尊严是相同的,绝无高低贵贱之分。[21]

(三)自然人一般人格权的功能

自然人一般人格权作为个人的一项基本权利,具有三项功能。[22]

1. 解释功能。由于一般人格权的高度概括性和抽象性,使它成为具体人格权的母权,成为对各项具体人格权具有指导意义的基本权利,决定各项具体人格权的基本性质、具体内容以及与其他具体人格权的区分界限。正因如此,一般人格权对于具体人格权而言,具有解释的功能。当对具体人格权进行解释的时候,应当依据一般人格权的基本原理和基本特征为标准,对有悖于一般人格权基本原理的具体人格权的解释,应属无效。除了在学理上一般人格权所具有的解释功能外,还具有在司法适用上的解释功能。在司法解释上,对于具体人格权立法应如何适用,也应依据一般人格权的基本原理进行解释,在具体人格权的法律适用上,也不得违背一般人格权基本原理的要求。

2. 创造功能。一般人格权是具体人格权的渊源,从中可以引出各种具体的人格权。当具体人格权保护范围之外的具体人格利益依据一般人格权得以保护之后,这些被保护的人格利益就有可能逐渐获得区别于其他人格利益的独立和清晰概念,被确定和命名为新的具体人格权。

3. 补充功能。一般人格权的补充功能是指对尚未被具体人格权确认保护的其他人格利益,发挥其补充的功能,将这些人格利益概括在一般人格利益之中,以一般人格权进行法律保护。[23] 当这些没有被具体人格权所概括的人格利益受到侵害

---

〔21〕 参见王利明、杨立新:《侵权行为法》,法律出版社1996年版,第161页。

〔22〕 参见王利明、杨立新:《侵权行为法》,法律出版社1996年版,第161页;尹田:《论一般人格权》,载《法律科学》(西北政法大学学报)2002年第4期。

〔23〕 参见王利明、杨立新:《侵权行为法》,法律出版社1996年版,第163页。

时,即可依侵害一般人格权追究行为人的侵权责任,救济受害人的人格利益损害。《民法典》第990条第2款规定:“除前款规定的人格权外,自然人享有基于人身自由、人格尊严产生的其他人格权益。”

(四)我国关于自然人一般人格权的立法概括

我国《宪法》第38条规定:“中华人民共和国公民的人格尊严不受侵犯。禁止用任何方法对公民进行侮辱、诽谤和诬告陷害。”这一条文的前一句,是确立一般人格权的宪法依据。《民法典》第109条规定,“自然人的人身自由、人格尊严受法律保护”。此外,在《残疾人保障法》第3条第2款,《未成年人保护法》第5条第1项、第21条、第55条,《妇女权益保障法》第42条,都规定了人格尊严。再如,《消费者权益保护法》第14条规定:“消费者在购买、使用商品和接受服务时,享有人格尊严、民族风俗习惯得到尊重的权利……”该法第50条专门对人格尊严和人身自由受到侵害规定了民事救济规则:“经营者侵害消费者的人格尊严、侵犯消费者人身自由或者侵害消费者个人信息依法得到保护的权利的,应当停止侵害、恢复名誉、消除影响、赔礼道歉,并赔偿损失。”这些法律规定都表明,我国立法为一般人格权的确立提供了依据。

四、自然人的具体人格权

自然人的具体人格权是与自然人的一般人格权相对而言的,也称特别人格权,是自然人依据法律的明确规定就其特定人格利益享有的人格权,它是法律规定的具体种类的人格权。关于人格利益,法律特别规定了具体人格权种类的,适用法律的特别规定加以保护;法律上没有关于该人格利益的特别规定的,依社会一般观念有保护之必要的,该项人格利益属于一般人格利益,适用关于一般人格权的规定加以保护。具体人格权主要有以下十类。

(一)生命权

法律链接

《民法典》第1002条

生命权是自然人以保持其生命存续和维护生命安全利益为内容的具体人格权,是最起码的人身权。事实上,生命是自然人主体享有权利能力的基础。生命权的法律特征表现在:

1. 生命权的客体是自然人的生命及其安全利益,即人的生命体征的存续利益和安全利益,表现为维护生命的正常活动,保障生命不受非法剥夺的人格利益。

2. 生命权的主要内容是保障人的生命活动的延续,排除他人对其生命存续所造成的危险状态,防止他人非法终止其生命,具体包括生命安全维护权和司法保护的请求权。

(二)身体权

身体权是自然人以保持其身体组织完整并支配其肢体、器官和其他身体组织的人格利益为内容的具体人格权。身体权与生命权、健康权密切相关,侵害自然人的身体权往往导致对自然人健康乃至生命的侵害。

身体权具有以下法律特征:

1. 身体权是自然人享有的区别于健康权的独立的人格权。尽管身体与健康密切相关,但侵害了身体未必就侵害了健康。因此,身体权有其独立存在的必要性。

2. 身体权的客体是自然人的身体及其利益。自然人的身体是自然人的生理组织的整体即躯体,是肉体的整个构造或附属于身体的所有部分。身体虽然由肢体、器官和其他组织等主体部分以及毛发、指甲等附属部分所构成的,但它是一个整体。自然人身体权以身体为客体,身体利益最重要的就是保持其身体整体的完整性、完全性。任何人只要破坏自然人身体的完整性,就构成对自然人身体权的侵害。

重点提示

保持其身体整体的完整性、完全性是身体权最重要的特征。

3. 自然人对自己身体的组成部分享有支配权,即身体权不仅表现为对自己身体完全性、完整性的维护权,还表现为对自己身体组成部分的肢体、器官和其他组织在特定情况下的支配权。

侵害身体,即损伤身体内部或外部之组织,这种损害身体组织,不以被害人感受肉体上之痛苦为必要。[24] 其具体表现方式为:非法搜查自然人身体;非法侵扰自然人身体;对身体组织之不疼痛的破坏,例如,针对头发、眉毛、体毛、指甲、趾甲等的破坏;不破坏身体组织的殴打等。

殴打既是侵害身体权的行为,也可能是侵害健康权的行为。对这两种行为应从后果加以区分,其标准就是是否破坏身体组织功能的完整。当殴打致受害人的身体组织功能不能完全发挥的时候,就是侵害健康权;当殴打已经进行,但尚未造成上述后果的时候,就是侵害身体权。应当注意的是,殴打身体本身侵害的就是身体权,并不要求具有伤害后果才构成。

---

〔24〕 参见何孝元:《损害赔偿之研究》,台北,商务印书馆 1982 年版,第 135 页。

（三）健康权

健康权是自然人以保持身体组织、器官及其系统机能正常和人的心理良好状态的人格利益为内容的具体人格权。健康权具有如下法律特征：

法律链接
《民法典》第1003、1004条

1. 健康权以人体组织、器官及其系统的生理功能的正常运作和心理良好为内容。健康和身体都是人的物质性人格利益，但是身体指的是人的肌体构造的完整性和完全性，健康指的是人体构造的各组织、器官及其系统的生理功能的正常运作和作用的完善发挥。当人体的肉体构造遭到损害，进而导致组织、器官及其系统功能失常时，如断人肢体而导致其生理功能的不完善，应认定为健康权的损害；当身体构成的完整性、完全性受到损害，并对人体机能运作的正常性及其整体功能的完善性造成损害时，亦认定为健康权的损害。【健康与身体的区分】

2. 健康权以维持人体的正常生命活动为根本利益。健康损害可以通过治疗而康复好转，但生命对于人只有一次，生命损害是不可逆转的，这是健康权和生命权的一个重要区别。当健康受到损害时，无论是发生器质性的改变，还是功能性的改变，都可以经过医治而使其康复或好转，以维持人体的正常生命活动。健康只有在生命存续期间才有，只要生命尚存，就存在健康利益。因此，如果侵权行为导致被害人最终因健康状况的严重损害而死亡的，应认定该侵权行为为侵害生命权的行为；没有造成死亡后果的，无论是否具有故意，也无论损伤多么严重，只要其生命尚存在，就应认定其为侵害健康权的行为。【侵害健康权与侵害生命权的区分】

法律链接
《民法典》第1179条

3. 健康权的内容主要表现为健康保持权，即自然人享有保持生理、心理机能正常及健康状态不受侵犯的权利。当公民健康权受到不法侵害时，依法享有请求法律保护的权利。《民法典》第1179条规定了侵害健康权的赔偿责任。

（四）姓名权

姓名权是指自然人决定其姓名、使用其姓名、变更其姓名的自主权和姓名利益受他人尊重的权利。《民法典》第1012条规定：“自然人享有姓名权，有权依法决定、使用、变更或者许可他人使用自己的姓名，但是不得违背公序良俗。”姓名权的内容包括：

1. 姓名决定权,指自然人决定自己姓名的权利,任何人无权干涉。自然人不仅有权决定自己的正式姓名,而且有权决定自己的艺名、笔名、化名、别名。

2. 姓名使用权,指自然人使用自己的姓名以表明自己身份的权利。自然人设立姓名的目的是彰显其个人特征,并与其他社会成员相区别。同时,在民事社会生活中以姓名的使用为标志确立其独立的名义,以自己的名义享有权利,承担义务,进行正常的民事生活。自然人只有以自己的姓名从事法律行为,才能为自己取得权利和设定义务,因此自然人使用自己的姓名是其姓名权的基本内容。自然人在民事活动中,除法律另有规定外,可以使用或不使用本名,也可以使用或不使用笔名、艺名或化名等。任何人不得强迫自然人使用或不使用某一姓名。姓名使用权的限制在于,在特定条件下,如户口登记簿、居民身份证、护照上必须使用正式姓名,不能使用非正式姓名。自然人有权制止他人对自己姓名的非法使用。

3. 姓名变更权,指自然人享有的依法改变自己姓名的权利。由于自然人已经参与各种法律关系,其姓名的改变涉及他人和社会的利益,因此自然人的正式姓名变更必须按照规定办理,且需要在户籍登记机关办理更名手续。但是,自然人变更其艺名、笔名等非正式姓名,不受此限制。

(五)肖像权

1. 肖像权的概念和特征

肖像权是指自然人以支配自己的肖像利益为内容的具体人格权,即对自己肖像的制作和使用所享有的专属的、排他的权利。肖像的本质在于它是能够客观再现的人的外部形象。具体可再现为摄影照片、画像、塑像、剪影等物质载体形式。肖像权作为一种民事权利,具有如下法律特征:

(1)肖像权是一种具体的识别性人格权,具有专属性。肖像专属于特定的自然人。所谓识别性人格权,是指肖像具有以形象标识特定自然人、证明和象征肖像权人人格独立的功能。这种功能不能为其他因素所代替,因为人的肖像与生俱来,除非特殊原因一般不会改变。

(2)肖像权所体现的基本利益是精神利益。法律保护自然人的肖像权,所体现的是肖像权人对形象美好所象征的人格尊严的精神利益。

(3)肖像权与物质利益密切相关。肖像在使用中所产生的物质利益由权利人依其肖像权支配。

2. 肖像权的内容

《民法典》第 1018 条第 1 款规定:“自然人享有肖像权,有权依法制作、使用、公开或者许可他人使用自己的肖像。”

(1)专有制作权。是指通过造型艺术手段将人的外部形象表现出来并固定在某种物质载体之上的全部过程。只有经过这个过程,人的形象才能转化为肖像。这个过程是借助一定的物质载体将自己的形象加以再现,再现的表现形式为照片、录像、画像、雕塑等一切肉眼可以感知的物质载体。对此,自然人享有肖像制作专有权,有权委托他人为自己制作肖像,同时有权禁止他人未经许可制作自己的肖像。

(2)专有使用权。指自然人有权使用自己肖像并获得精神上的满足和财产上的利益;自然人有权禁止他人非法使用自己的肖像。

(3)公开权。自然人有权决定是否将制作的照片、录像、画像、雕塑等肖像载体对社会和他人公开。

(4)许可他人使用权。自然人有权决定是否允许他人有偿或者无偿地使用自己的肖像。

(5)禁止他人未经本人同意制作、使用、公开其肖像。《民法典》第1019条规定:“任何组织或者个人不得以丑化、污损,或者利用信息技术手段伪造等方式侵害他人的肖像权。未经肖像权人同意,不得制作、使用、公开肖像权人的肖像,但是法律另有规定的除外。未经肖像权人同意,肖像作品权利人不得以发表、复制、发行、出租、展览等方式使用或者公开肖像权人的肖像。”

3. 肖像的合理使用

肖像权的行使往往涉及国家利益、社会公共利益等,为了社会公共利益和国家利益,为了肖像权人的本人利益,未经许可使用他人肖像,不构成对肖像权的侵犯。这种使用可以叫作肖像的合理使用,或者肖像权的限制。《民法典》第1020条规定:“合理实施下列行为的,可以不经肖像权人同意:(一)为个人学习、艺术欣赏、课堂教学或者科学研究,在必要范围内使用肖像权人已经公开的肖像;(二)为实施新闻报道,不可避免地制作、使用、公开肖像权人的肖像;(三)为依法履行职责,国家机关在必要范围内制作、使用、公开肖像权人的肖像;(四)为展示特定公共环境,不可避免地制作、使用、公开肖像权人的肖像;(五)为维护公共利益或者肖像权人合法权益,制作、使用、公开肖像权人的肖像的其他行为。”

案例8-6

被告上海科技报社、陈贯一医生在《上海科技报》发文介绍陈贯一对重症肌无力症的治疗经验时,未经朱虹同意使用了朱虹患病时和治愈后的两幅照片,朱虹以被告侵犯其肖像权将其诉至人民法院。一审判决被告构成侵犯朱虹的肖像权。最高人民法院给上海市高级人民法院的函中认为,被告使用其照片的目的是宣传医疗经验,对社会是有益的,且该行为并未造成严重不良后果,尚不构成侵害肖像权。因此,同意驳回原告诉讼请求。但强调应向被告指出今后未经原告同意,不得再使用其肖像。[25] 由此可见,为了社会利益未经本人同意使用他人肖像,未造成严重不良后果的为合理使用,不构成侵权,但本人已经明确反对其使用的,不得再使用。

(六)自然人的名誉权

1. 名誉权的概念和特征

法律链接

《民法典》第1024条

自然人的名誉是指其名望和声誉,是指他人对特定的自然人道德品质和生活作风等精神属性和人格尊严所给予的社会评价和尊重。自然人名誉权是自然人就自己的道德品质和生活作风等精神属性和人格尊严应受公正社会评价和尊重而不受损害的具体人格权。名誉权具有如下几个方面的法律特征:

(1)名誉权的客体是名誉。名誉是人格的精神要素。名誉利益是自然人就其自身精神属性和人格尊严应受公正社会评价和尊重的利益。自身精神属性包括自然人的品德、操守、生活作风和其他素质。名誉权就是针对名誉保护主体的名誉利益。

(2)名誉权的基本内容是名誉应受公正社会评价和维护自己的良好社会评价,即受到公正社会评价和应有尊重,并且保有自己的良好名声,维护自己的名声不受侵害。

(3)名誉权没有财产内容,但与财产利益具有一定的关联。名誉权本身不是财产,也非商品,它不能带来直接的经济利益,也不能像肖像权那样通过利用而产生经济利益。但是,名誉权却和财产有着密切的联系。自然人的名誉直接关涉其就业获酬等问题,自然人的名誉受到侵害时,不仅遭受精神上的痛苦,还可能会造成一定的财产损失,如因名誉损害而影响与他人的正常交易和合作造成收入的减少等。

2. 名誉权的内容

(1)名誉应受公正社会评价和尊重权。民事主体在社会生活中都有公正地获得社会评价,得到良好名声的权利。其社会评价应不受降低和歪曲。其他人只要不作出影响社会对自然人属性公正评价的行为,权利主体的名誉就得到了公正的评价和尊重。

---

〔25〕 参见姚辉主编:《民法教学参考书》(下册),中国人民大学出版社 2005 年版,第 1224 页。

重点提示

名誉权的权利人无权要求他人对自己作出评价，义务人也无义务积极评价，只要不作出影响公正评价的行为即可。

(2)名誉保有权。民事主体有权保持自己享有的良好名誉不降低、不丧失。

(3)名誉维护权。民事主体对于任何有可能导致社会对其人身精神属性和价值的评价降低的言行，都有权采取措施予以制止。对侵害名誉权的行为人，可以请求司法机关追究其法律责任，采取措施消除影响，恢复名誉。

(4)名誉利益支配权。名誉权人对于名誉权所体现的利益能够进行支配。名誉权人可以利用自己良好的名誉，与他人进行广泛的社会交往和良好的合作，使自己获得更好的精神利益和经济利益。

3. 侵害名誉权的行为

侵害名誉权的行为主要包括以下情形：

(1)侮辱行为。所谓侮辱是指通过语言、文字、暴力等手段公然贬损他人的人格，从而损害他人名誉的行为。

(2)诽谤行为。所谓诽谤是指故意散布某种虚假的事实贬损他人人格，从而损害他人名誉的行为，可分为口头诽谤和文字诽谤。

(3)新闻报道严重失实，或者根据国家机关依职权制作的公开文书和实施的公开职权行为所作的报道，其所依据的文书和职权行为已公开纠正而拒绝更正报道，致他人名誉受到损害的，应认定为侵害他人名誉权的行为。

重点提示

侮辱一般是当面或公然进行，诽谤则是背后或私下进行；侮辱主要用语言文字辱骂或暴力手段进行贬损，诽谤则主要是故意虚构事实贬损。

案例 8－7

原告张某，网名静某，被告俞某，网名华某。二人各自以虚拟的网名登录网站参加活动，在现实生活中通过聚会相互认识，并相互知道网名所对应的人的真实身份，且张某的网名及真实身份还被其他网友所知悉。被告多次在网站的公开讨论板块上发表署名华某的文章辱骂静某，原告在被侵权后也曾在网站上发表过损害被告名誉的文章。后原告起诉被告侵犯其名誉权。

网络空间尽管是虚拟的，但通过网络所折射出来的人的一举一动却是实实在在的。作为现代传播媒介的网络空间,即是人们传播信息和交流的场所,更是一个健康有序的交流空间,应当受到道德的规范和法律的约束。利用互联网辱骂他人,或者捏造事实诽谤他人,侵犯他人合法权益的,应当承担民事责任。该案中,被告主观上有侵犯原告名誉的故意,客观上有毁损他人名誉的事实,且静某这一网名的真实身份已被他人所知,所以此时的交流已不仅仅局限于虚拟的网络空间,交流的对象也不再是虚拟的人,而是具有现实性、针对性的,这就不可避免地影响了他人对张某的评价,原告应当承担侵权的民事责任。考虑到原告在被侵权后,也发表过侵害被告名誉的文章,应适当减轻被告的责任。后法院判决被告停止对原告的侵害,向原告赔礼道歉,并支付精神损害抚慰金1000元。

(七)自然人荣誉权

1. 荣誉权的概念和特征

法律链接

《民法典》第1031条

荣誉是特定的民事主体在社会生产和其他社会活动中有突出的贡献、表现或先进事迹,政府、单位、团体或其他组织以授予荣誉称号的方式所给予的积极、正式的评价,如授予某人劳动模范、优秀党员等称号。荣誉权是指民事主体对自己的荣誉享有利益并排除他人非法侵害的权利,具体表现为获得的荣誉称号不受非法撤销和剥夺。它具有如下法律特征:

(1)荣誉权的客体是荣誉称号所称的荣誉及其荣誉包含的利益。荣誉的本身是一种以荣誉称号的授予所作出的正式社会评价,它是荣誉权的客体。同样,荣誉权所包含的利益也是荣誉权的客体。例如,获得劳动模范称号,这种称号是荣誉的本身,因获得劳模而得到的奖金、奖品,晋升工资以及所获得的尊敬、荣耀等,就是荣誉的利益,包括物质利益和精神利益。

(2)荣誉权的非固有性。荣誉权和其他的人格权利不同,它并不是基于自然人的出生而产生的,而是基于国家或者社会团体授予民事主体某种荣誉称号而产生的,具有非固有性的特征。

(3)荣誉权是一种人格权。荣誉在本质上与名誉没有根本的区别,事实上,荣誉只不过是由国家、社会通过特定机关或者组织以荣誉称号的授予加以确认的良好名誉而已,它仍然是对一个人的道德、贡献等方面的肯定的、褒扬的评价。同时,尽管荣誉权是基于国家、单位等所授予的称号而产生的,但它与传统民法上的身份权并不相同。传统民法上的身份是基于亲属法上相对关系的身份。因而,荣誉权应为人格权。[26]

重点提示

荣誉与名誉不同,但又无本质区别。

2. 荣誉权的内容

(1)荣誉保持权。荣誉保持权是指民事主体对已经获得的荣誉保持归己享有的权利。荣誉归己享有,体现的是荣誉的独占权,表明荣誉已经获得,即为民事主体终身享有,未经法定程序不得撤销或非法剥夺。荣誉的撤销,须依一定的程序,由原授予荣誉的机关或组织,依法定的事由而撤销。荣誉的剥夺,则由人民法院依照刑法和刑事诉讼法的规定,以判决方式为之。任何非法撤销、剥夺他人荣誉称号的行为,都是对荣誉权的侵犯。

(2)精神利益支配权。精神利益支配权是荣誉权人对其获得荣誉中精神利益的自主支配权。对精神利益的支配,包括对该种利益的控制和利用,但不得将荣誉的精神利益予以处分,如转让他人享有或转让他人利用。

(3)物质利益获得权。物质利益获得权,就是荣誉权人依法享有的对于荣誉附随的物质利益取得财产权利的权利。荣誉权的物质利益,是指奖金、奖品、奖杯、奖章等含有价值和实用价值的财物,以及其他具有财产价值的荣誉待遇所体现的财产利益。

重点提示

荣誉权本身是人格权,但与财产权有联系。

(4)物质利益支配权。荣誉权人对于已经获得的物质利益,享有支配权。与此有联系的支配权包括两种形式:一是所有权支配;二是占用支配。这要根据荣誉称号授予时对荣誉附随的物质利益归属加以确定。荣誉称号授予时明确规定物质利益完全归权利人所有,获得这种物质利益,即对该物质利益取得所有权,权利人对其所有的这些物质利益,依其所有权自主支配。荣誉称号授予时明确规定权利人对物质利益不具有所有权,只是享有受时间限制的占有权的,权利人只能以其占有权有限支配。例如,体育比赛的流动奖杯,获得者享有有限支配权,包括占有权、适当利用权,同时负有妥善保管义务和按时交回的义务。这里所讲的支配是指后一种情况,因为前一种情况是依据物质利益获得权取得财产所有权后依所有权进行

---

〔26〕 也有观点认为,荣誉权是指民事主体对其获得的荣誉及其利益所享有的保持、支配的基本身份权。参见姚辉主编:《民法教学参考书》(下册),中国人民大学出版社 2005 年版,第 1200 页;王利明等:《人格权法》,法律出版社 1997 年版,第 118 页。

支配,这时已同荣誉权无关。

3. 侵害荣誉权的行为

侵害荣誉权的表现形式主要为非法剥夺他人的荣誉称号。荣誉称号乃是由特定的机关通过特定的程序授予有特定贡献的人的,它只能由原授权机关或者人民法院通过特定的程序予以取消。剥夺他人的荣誉称号正如授予他人荣誉称号一样,必须具备一定的条件。未具备剥夺条件者,任何人或者机关不得剥夺,否则构成对荣誉权的侵害。

非法阻挠、压制他人获取荣誉称号,不是对荣誉权的侵害,因为这时受害人还未获得该称号,当然也就不能享有荣誉权。以侮辱、诽谤等方式损害他人的荣誉称号,尽管发生在他人获取荣誉称号之后,但损害的是受害人的名誉权。诋毁他人荣誉称号、损毁他人的荣誉证书、毁坏奖章奖状等,侵害的是荣誉权人的名誉权、物权,而非荣誉权。

(八)隐私权

隐私权是自然人享有的对其个人的、与公共利益无关的个人信息、私人生活和私有空间的保护和维持其私密利益及其支配利用的权利。[27]《民法典》第1032条规定:“自然人享有隐私权。任何组织或者个人不得以刺探、侵扰、泄露、公开等方式侵害他人的隐私权。隐私是自然人的私人生活安宁和不愿为他人知晓的私密空间、私密活动、私密信息。”隐私权的基本内容包括:

1. 隐私隐瞒权。隐私隐瞒权也即隐私保持,是指自然人对于自己的隐私进行隐瞒、保守秘密,不为他人所知的权利。

2. 隐私维护权。隐私维护权是自然人对于自己的隐私所享有的维护其不受侵犯的权利,在隐私受到非法侵害时可以寻求司法保护的权利。维护隐私的不受侵犯,包括:阻断对隐私信息的不法传播,例如,禁止他人非法收集个人信息资料,传播个人资讯;防止隐私空间的不法进入,例如,对于私人活动,禁止他人干涉、追查、跟踪、拍照等,禁止擅自闯入自然人住宅,禁止在居所安装监视装置等。

3. 隐私支配权。隐私支配权是指自然人对于自己的隐私有按照自己的意愿进行支配的权利。例如,经权利主体决定公开部分隐私;准许他人对个人领域进行察知;准许他人利用自己的隐私;[28]自己积极利用个人资讯,满足精神和物质需要等。

---

〔27〕 参见王利明主编:《人格权法新论》,吉林人民出版社1994年版,第487页。

〔28〕 参见杨立新:《人身权法论》,人民法院出版社2002年版,第674~678页。

（九）婚姻自主权

我国《民法典》第 1041 条第 2 款规定我国实行婚姻自由、一夫一妻、男女平等的婚姻制度。第 1042 条规定了禁止包办、买卖婚姻和其他干涉婚姻自由的行为。婚姻自主权则是自然人自主决定婚姻，不受他人干涉的具体人格权。

（十）个人信息受法律保护

个人信息是指与特定个人相关联的，反映个体特征的、具有可识别性的符号系统，包括个人身份、工作、家庭、财产、健康等各方面的信息。我国《民法典》第 111 条将个人信息作为人格利益纳入受法律保护的范围，虽然没有明确规定个人信息权，但明确规定了受法律保护的内容："自然人的个人信息受法律保护。任何组织或者个人需要获取他人个人信息的，应当依法取得并确保信息安全，不得非法收集、使用、加工、传输他人个人信息，不得非法买卖、提供或者公开他人个人信息。"这实际上就是规定了个人信息权利，就是指自然人对自己的个人信息支配、利用的权利。《民法典》第七编侵权责任第 1037 条规定："自然人可以依法向信息处理者查阅或者复制其个人信息；发现信息有错误的，有权提出异议并请求及时采取更正等必要措施。自然人发现信息处理者违反法律、行政法规的规定或者双方的约定处理其个人信息的，有权请求信息处理者及时删除。"第 1034 条第 3 款规定："个人信息中的私密信息，适用有关隐私权的规定；没有规定的，适用有关个人信息保护的规定。"

评　注　关于人格权的性质

关于人格权的性质，学界有不同的观点。例如，梁慧星教授就认为，"人格权之权利人得直接支配其人格利益，并排除他人之干涉，因此，属于支配权"。[29] 王利明教授认为，人格本身具有支配性，权利人在其权利范围内可以按照自己的意志依法对其权利客体管领和处理，无须得到他人的同意或积极行为的协助；同时他也认为人格权具有防御性，人格权在通常情况下，其内容不表现为积极的利用和处分，而是一种消极的保有和维护，许多权利只有在受到外来侵害时才表现出来，人格权的核心是确认并保障人格利益免受他人侵扰，是一种对消极自由的确认和保障。[30]

〔29〕　梁慧星：《民法总论》，法律出版社 2004 年版，第 113 页。

〔30〕　参见王利明：《人格权法研究》，中国人民大学出版社 2005 年版，第 34～36 页。

温世扬教授认为人格权之产生,是因为内在于自身的利益(人格利益)或人的伦理价值可以成为受私法保护的权利客体,但并不意味着人格权可以或必然成为支配权的客体。欲使人格权为支配权的命题成立,须证明各种具体人格权均具有支配权属性,但生命权、健康权、身体权、名誉权等很难成为支配权,因此人格权支配权说缺乏一般化论证。即使对姓名、肖像等人格标识的商品化支配权的实质已非人格权范畴,而是一种特殊的财产权。[31] 对此,笔者认为,人格权就其一般属性而言是防御性的,不是支配性的,某些特定的人格利益具有可支配性,因此将某些具体人格权的权能可扩张至对特定人格利益的支配,但其支配仅仅针对特定人格利益,属于特定人格权的内容;而支配的结果为其带来财产利益的,应属于财产权的内容,这种财产权是与特定的人格相联系的财产权。

思考题:

1. 简述一般人格权与具体人格权的关系。
2. 简述各个具体人格权的概念和内容。

案例 8-8

2000 年 10 月 17 日至 11 月 13 日,网蛙公司和网易公司联手推出“国内歌坛十大丑星评选活动”。网蛙公司负责撰写此次活动在网上发布的文章。其中,包括将臧某某在内的 30 位列为“十大丑星”候选人的国内歌手的照片和文字介绍以及在评选活动结束时公布的评选结果和相关评论。网易公司对网蛙公司提供的这一文章未进行删改。评选期间,这篇文章分别在网蛙公司所属的三九网蛙音乐网站和网易公司所属网易网站音乐频道以网络链接的方式发布,有近 10 万网民参与了评选,选票为 415363 人次。在网站上还有以“方言”“品位低下”的名义发表的对此次活动的评论文章等。在 2001 年 11 月 13 日公布的评选结果中,知名歌手臧某某以 16911 的票数名列“国内歌坛十大丑星”第三名。网蛙公司和网易公司在举办上述活动时,没有告知臧某某把他列为“丑星”候选人,也未征得本人的同意。在发布候选人名单时对其三张不同照片的使用,也没有征得臧某某本人的同意。臧某某认为,由于网蛙公司和网易公司组织“评丑”活动,将其列为候选人,给广大网民提供了可以在网上随意发表针对臧某某的人身评论的平台,致使臧某某遭到登录该网站的网民的随意攻击。网蛙公司和网易公司的上述行为已构成对其人格权和肖像

[31] 参见温世扬:《人格权“支配”属性辨析》,载《法学》2013 年第 5 期。

权、名誉权的损害。臧某某遂将网蛙公司和网易公司起诉至法院追究其民事法律责任。请分析网蛙公司和网易公司的行为侵犯了臧某某的哪些权利?[32]

应用指南

1. 我国《民法典》和一编总则第五章规定的民事权利的意义主要在于宣示民事主体享有哪些民事权利,我国《民法典》要尽可能地扩大对民事主体合法权益的保护,不仅规定了广泛的民事主体的人身权和财产权的确定的权利的类型,同时也明确地将民事主体的一些合法利益纳入法律保护的范围,而且还用兜底性条款,保持了法典对民事主体合法权益保护的开放性和扩张性。我国《民法典》第126条规定:"民事主体享有法律规定的其他民事权利和利益。"这就表明民事权利类型的确定性其实是相对的,民事权利和利益会随着社会生活的发展而不断丰富。例如,对自然人的个人信息的保护,以及关于数据网络虚拟财产的保护等规定就是随着时代发展出现的新型民事权益。因此,对待民事合法权益的实践发展,要对其类型化持开放的态度。

2. 由于《民法典》第一编总则第五章对民事权利的规定是宣示性的,主要规定了民事权利的概念,对各类民事权利制度性的系统规定在分则各编。因此,第五章的概念性规定,还不是规则性的规范,起不到为民事主体提供行为规则和为法官提供裁判规则的作用,因此,在实践应用中要结合分则各编的规则性规定。

3.《民法典》第一编总则第132条规定:"民事主体不得滥用民事权利损害国家利益、社会公共利益或者他人合法权益。"对这一原则的应用要结合《民法典》各编及其他法律中关于权利不得滥用的具体规定,例如,《民法典》第一编总则第83条规定:"营利法人的出资人不得滥用出资人权利损害法人或者其他出资人的利益;滥用出资人权利造成法人或者其他出资人损失的,应当依法承担民事责任。营利法人的出资人不得滥用法人独立地位和出资人有限责任损害法人债权人的利益;滥用法人独立地位和出资人有限责任,逃避债务,严重损害法人债权人的利益的,应当对法人债务承担连带责任。"第84条规定:"营利法人的控股出资人、实际控制人、董事、监事、高级管理人员不得利用其关联关系损害法人的利益;利用关联关系造成法人损失的,应当承担赔偿责任。"此外,在我国《公司法》第20条、第21条也有类似规定。

---

〔32〕 案例根据张雯:《网上"评丑"侵犯人格权》一文整理,载北京市朝阳区人民法院编:《民法学说与判例》,中国政法大学出版社2003年版,第548~552页。

第三编 | 民事法律事实

第九章　民事法律事实概述

本书将民事法律事实独立列编，将民事法律事实概述的内容由一般教材中的一节内容扩充为一章内容，目的在于突出民事法律事实在整个民法体系的逻辑构成中的地位和重要性。学习本章内容重在理解民事法律事实的概念、特征、分类，民事法律事实与民事法律关系的逻辑联系，民事法律事实的意义以及民事法律事实理论对民事司法实践的指导作用。

第一节　民事法律事实的概念和特征

| 内容提要 |

学习民事法律事实的概念和特征，着重要理解法律事实与非法律事实的区别，认识它对民事法律关系产生、变更、消灭的意义。

一、民事法律事实的概念

民事法律事实，是指符合民事法律规范规定的法律要件，引起具体民事法律关系或者具体民事权利产生、变更和消灭的客观情况。例如，《民法典》第 129 条规定："民事权利可以依据民事法律行为、事实行为、法律规定的事件或者法律规定的其他方式取得。"《民法典》第 119 条规定："依法成立的合同，对当事人具有法律约束力。"当事人应当按照约定履行自己的义务，不得擅自变更或者解除合同。依法成立的合同，受法律保护。在这条规定中合同依法成立即是合同关系成为法律关系的法律要件；而合同具有法律约束力、受法律保护则是合同依法成立的法律效果；满足合同依法成立要件的则是要约和承诺。《民法典》第三编合同第 471 条规定："当事人订立合同，可以采取要约、承诺方式或者其他方式。"第 472 条规定："要约是希望与他人订立合同的意思表示,该意思表示应当符合下列条件:(一)内容具体确定;(二)表明经受要约人承诺,要约人即受该意思表示约束。”第479条规定:“承诺是受要约人同意要约的意思表示。”第483条规定:“承诺生效时合同成立,但是法律另有规定或者当事人另有约定的除外。”符合法律规定的要约、承诺的事实则是合同法律关系依法成立并产生法律约束力和受法律保护效果的法律事实。《民法典》第二编物权第209条第1款规定:“不动产物权的设立、变更、转让和消灭,经依法登记,发生效力;未经登记,不发生效力,但是法律另有规定的除外。”第224条规定:“动产物权的设立和转让,自交付时发生效力,但是法律另有规定的除外。”这里登记和交付的行为就是物权发生的法律事实。根据《民法典》第六编继承第1121条的规定,被继承人的死亡能够引起具体的继承法律关系的产生;《民法典》第120条规定:“民事权益受到侵害的,被侵权人有权请求侵权人承担侵权责任。”据此,侵权行为能够引起具体的侵权损害赔偿法律关系的产生;《民法典》第三编合同规定,合同债务人部分履行债务的行为可以引起债的关系的变更;依据《民法典》第一编总则规定,诉讼时效期间的届满可以引起义务人抗辩权的产生等。这里人的死亡、侵权行为实施、债务部分履行、诉讼时效期间的届满都是引起具体民事法律关系或者具体民事权利产生、变更、消灭的客观情况,都是民事法律事实。总之,凡是符合民法规范规定的法律要件,引起特定当事人之间具体民事法律关系或者具体民事权利产生、变更和消灭的一切客观情况都是民事法律事实。如果将民事法律关系的产生、变更和消灭概括为民事法律关系或民事权利变动,民事法律事实就可表述为符合民事法律规范规定的法律要件、引起民事法律关系或民事权利变动的客观情况。[1]

重点提示

法律规定的社会生活关系发生法律效果所需要具备的一定条件称为法律要件。满足法律要件的客观事实就是法律事实。

---

[1] 关于民事法律事实概念的表述,通常有两种表述,一种表述为:民事法律事实是能够引起民事法律关系发生、变更和消灭的客观事实(参见佟柔主编:《中国民法学·民法总则》,中国人民公安大学出版社1990年版,第59页)。另一种表述为:民事法律事实是指法律规范确认的能够引起民事权利(义务)产生、变更和消灭的事实(参见江平、张佩霖编著:《民法学教程》,中国政法大学出版社1986年版,第61页)。实际上民事法律关系的产生、变更、消灭与民事权利的产生、变更、消灭不尽相同(参见梁慧星:《民法总论》,法律出版社1996年版,第51~52页)。无论民事法律关系的产生、变更、消灭还是民事权利的产生、变更和消灭,都是由一定的法律事实引起的。

二、民事法律事实的特征

民事法律事实具有如下特征：

1. 民事法律事实是一种客观情况。民事法律事实首先是一种客观事实。所谓客观事实是指脱离于人的主观意识的存在。如果是人的主观意识范围内的东西则不是法律事实。例如，存在于人脑的某种想法、意思不能成为民事法律事实。因为法律是调整社会关系的，无论是物质的社会关系，还是精神的社会关系，都必须表现为人与人之间的客观社会关系，内心意思不表达于外部不具有社会关系意义，法律无法调整，因而它不是法律事实。

重点提示

法律事实区别于纯主观意识，具有客观外在性。

2. 民事法律事实是由民事法律规范规定的事实。客观情况各种各样，但并非一切客观情况都能引起民事法律关系或者民事权利的产生、变更和消灭，因此，并非一切客观情况都是民事法律事实。客观情况能够作为民事法律事实，首先是客观规律决定的，其次应当反映客观规律的国家意志的体现，取决于国家对民事社会关系调整的需要。国家把它所要调整的社会关系据以发生、变更、消灭的客观情况用民法规范加以规定，这种客观情况就成为民事法律事实。那些无须国家运用法律调整的社会关系及与其发生、变更、消灭相联系的客观情况，就不是民事法律事实，如与友谊关系相联系的朋友约会，纯自然变化的事实，如日出、日落、四季变化也不是法律事实。还有人实施的与他人无关的行为，如读书、散步、睡觉也不是民事法律事实。因为这些客观事实毫无法律意义。

民法规范对民事法律事实的规定有两种情况：一种情况是明确规定某种客观情况是某种民事法律关系变动的法律要件，这种客观情况的出现即引起某种民事法律关系或民事权利的产生、变更和消灭。例如，民法规定自然人的民事权利能力始于出生，即规定出生为自然人权利能力发生的要件，出生的事实就是引起自然人民事权利能力以及人格权产生的法律事实。再如，民法规定的死亡引起继承权的产生、诉讼时效期间届满引起诉讼时效抗辩权的产生、订立合同引起合同法律关系的产生、不当得利产生不当得利返还之债、侵权行为引起损害赔偿之债的产生，不可抗力引起民事责任的免除等都是将这些客观事实纳入有关具体民事法律关系变动的要件，这些客观事实都是有关民事法律关系变动的法律事实。另一种情况是规定当事人依法选择民事法律事实的自由。如果某一客观情况法律虽未明确规定它为法律事实，但当事人只要符合民事法律规范规定，将某一客观情况纳入民事法律关系时,这一客观情况就成为民事法律事实。例如,天下雨本不是民事法律事实,但当事人依据民法规定将天下雨作为其法律行为所附条件时,天下雨则成为民事法律事实。民事法律规范对民事法律事实的规定还体现在它能够规定民事法律事实的构成条件或标准。比如人的死亡,民法上就有自然死亡的标准和宣告死亡的条件和程序;订立合同、立遗嘱等法律行为都有其成立标准、有效条件(实质要件、形式要求);作为事实行为的不当得利、无因管理各有其构成要件;侵权行为有一般侵权行为构成要件、特殊侵权行为构成要件;接受或放弃继承、接受或放弃遗赠都有不同的时间要求和表示方式。

3. 民事法律事实是符合法律要件时能够引起一定的民事法律后果的客观事实。民事法律规范规定民事法律事实就是将一定的客观情况纳入一定的民事法律关系的法律要件或者认可当事人将一定客观情况选定为民事法律关系变动的要件事实,符合法律规定的要件的民事法律事实即引起相应的民事法律效果。正是由于民事法律规范规定了法律要件及其效果,符合法律要件的一定客观事实才引起民事法律效果的产生,从而决定了这一客观事实成为民事法律事实。民事法律事实所引起的民事法律效果,就是具体的民事法律关系或者具体的民事权利的产生、变更和消灭。

三、民事法律事实的效果

民事法律事实的法律效果,就是民事法律事实所引起的具体民事法律关系或者民事权利的产生、变更和消灭(见图9－1)。

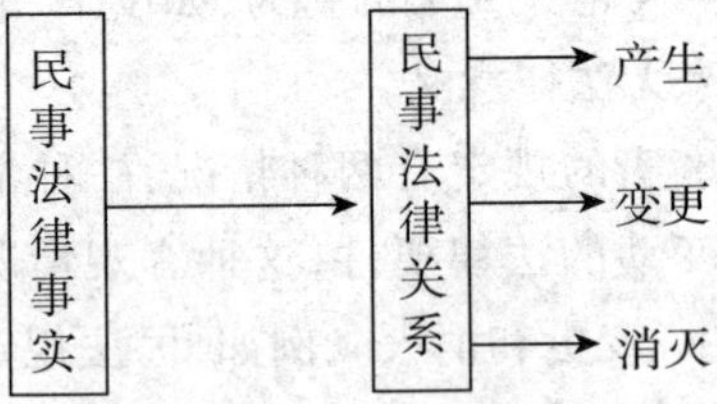

图9－1　法律事实的效果

(一)民事法律关系或民事权利的产生

民事法律关系或民事权利的产生就是在当事人之间从无到有形成了民事权利义务关系,或者对特定当事人发生了民事权利。民事法律关系与民事权利通常情况下是同时发生的,因为民事权利就是民事法律关系的内容。但民事法律关系的发生与民事权利的发生又不尽相同。在某些情况下,民事法律关系虽已发生,但民事权利尚需另有法律事实出现才能发生。例如,在附生效条件的民事法律行为所引起的民事法律关系中,民事权利要待所附条件成就时才能发生。

(二)民事法律关系或民事权利的变更

民事法律关系的变更是指当事人既存的法律关系的主体、内容、客体三要素之一发生的变化。也有观点认为,民事法律关系的变更是指民事法律关系的主体不变,民事法律关系的内容或客体变化。因为民事法律关系主体的变更实际上是民事法律关系的发生,而不属于民事法律关系的变更。这两种观点实际上并无实质差别,只是观察角度不同而已。民事法律关系主体的权利或义务全部或部分地转移给新的主体,从原民事法律关系观察则为主体的变更,以变更后的民事法律关系观察则是民事法律关系对于新主体的发生。

民事法律关系内容的变更,是指在民事法律关系主体不变的前提下,主体的权利义务因一定法律事实的出现而在范围或性质上发生了变化。例如,债权因部分履行债务而减少、无偿性权利义务关系因当事人协议一致变为有偿等。

民事法律关系的客体的变更,是指在民事法律关系主体不变的前提下,当事人权利义务指向的对象发生变化,即作为民事法律关系客体的物或行为在数量、范围、性质等方面的变化。例如,债的标的物因部分履行而减少数量,债务人必须亲自履行的行为变为可由他人代为履行的行为等。民事法律关系客体变更与内容的变更是密切联系的。

民事法律关系的变更与民事权利的变更在一般情况下是一致的,但在某些特殊情况下,民事法律关系的变更与民事权利的变更并不一致。例如,在附条件或附期限的民事法律关系成立后,变更所附的条件或期限,会导致民事法律关系的变更,但并不影响该法律关系所确定的民事权利。因为条件或期限仅仅是影响权利义务效力的因素,并不是民事权利义务本身。

(三)民事法律关系或民事权利的消灭

民事法律关系的消灭,是指因一定的法律事实的出现使当事人之间既存的民事法律关系的效力归于终结,也是民事法律关系与其特定主体脱离。民事法律关系的消灭包括绝对消灭和相对消灭。绝对消灭是指民事法律关系因其客体消灭而不复存在。民事法律关系的相对消灭则是指因法律事实的出现,民事法律关系脱离原主体而对新主体发生。对原主体来讲是民事法律关系的消灭,而对新主体则是民事法律关系的发生。

一般情况下,民事法律关系消灭,民事权利也随之消灭,但在某些情况下,民事法律关系消灭与民事权利消灭也并不一致。例如,代理关系消灭,但因代理关系而发生的报酬请求权并不消灭。[2]

四、民事法律事实构成

民事法律事实构成,也叫民事法律事实组合,是指由两个或两个以上的客观事实组合在一起引起民事法律关系发生变更和消灭。图9-2是以遗嘱继承法律关系为例详细解析民事法律事实构成。

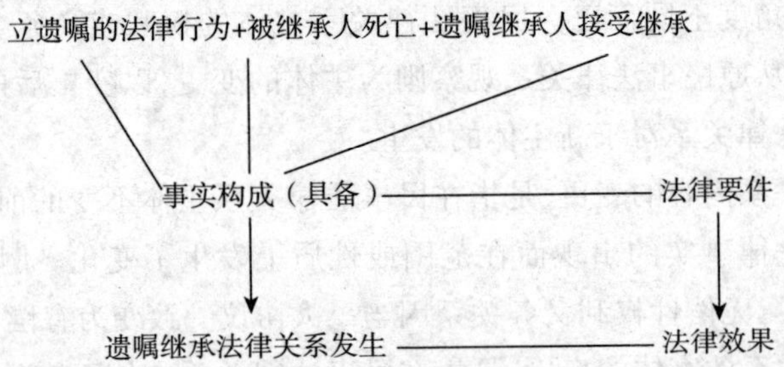

图9-2　民事法律事实构成(以遗嘱继承法律关系为例)

通常情况下,某一特定的客观事实因符合法律规定的某个民事法律关系的法律要件就能独立引起民事法律关系的产生、变更和消灭,这一客观事实就是一个法律事实。但在有些情况下,法律规定必须由两个或两个以上的客观事实结合在一起,才能满足法律规定的某个民事法律关系的法律要件,引起某个民事法律关系的产生、变更和消灭。这种依法律规定由两个或两个以上的客观事实组合而成的民事法律事实,就是民事法律事实构成。例如,被继承人生前立遗嘱的法律行为、被继承人死亡的事件与遗嘱继承人接受继承的法律行为,三个法律事实组合在一起,满足遗嘱继承法律关系的法律要件,才能引起遗嘱继承法律关系的产生。

思考题:

1. 什么是民事法律事实？它有哪些特征？

2. 简述民事法律事实的法律后果。

3. 什么是民事法律事实构成？举例说明。

---

〔2〕 参见梁慧星:《民法总论》,法律出版社1996年版,第52页。

第二节　民事法律事实的分类

| 内容提要 |

学习民事法律事实的分类主要在于认识各类民事法律事实的特点，认识各类民事法律事实在引起民事法律关系变动中的意义和作用。

民事生活丰富多彩，民事法律事实多种多样，为了认识不同民事法律事实的法律意义，可以对民事法律事实依据一定的标准加以分类。

民法学上依据民事法律事实的发生是否具有直接的人的意志性而将民事法律事实分为事件和行为两大类（详见图9－3）。

- 法律事实
  - 事件
    - 自然事件
      - 自然人的出生、成长、患病、死亡等
      - 自然灾害的发生
      - 一定时间的经过
      - 天然孳息与原物的分离
      - 无意志人所实施的行为
    - 人为事件
      - 战争、罢工、动乱
      - 人为事故
      - 人为原因导致的死亡
      - 人的失踪
  - 行为
    - 合法行为
      - 表示行为
        - 有效民事法律行为：立遗嘱、订立合同、接受继承等
        - 准民事法律行为：意思通知、观念通知、感情表示
      - 非表示行为（事实行为）：占有取得、无主物先占、添附、无因管理
    - 违法行为
      - 表示行为　无效民事法律行为
      - 侵权行为
      - 债务不履行行为

图9－3　法律事实的分类

一、事件

事件，是指其本身不直接包含人的意志性的民事法律事实。理解这一定义应注意两点：一是事件是和人的意志无关的，它区别于行为；二是事件本身并不直接含有人的意志性，就是要把事件本身与引发事件的原因区别开来，如果事件是由人

为原因引起的,人的意志性就与事件发生有间接的联系,但事件本身并不直接含有人的意志性,因而它仍然与行为相区分。例如,某甲杀死某乙,甲的杀人行为与某乙的死亡事件是可区分的。

事件法律事实的种类主要有自然事件和人为事件两种。

(一)自然事件

自然事件是指与人的意志完全无关,纯由自然原因发生的事件,包括五种。

1. 人的出生、成长、患病、丧失劳动能力或死亡。人的出生、成长、患病、丧失劳动能力或死亡虽然与人密切联系,但其发生过程完全受自然规律支配,并不直接含有人的意志因素,是与人的意志无关的事件。出生在民法上引起自然人民事权利能力的产生和自然人人格权、亲权等法律关系的产生。死亡在民法上可以引起自然人民事权利能力的终止,从而引起以该自然人为一方的民事法律关系的终止。死亡可以引起财产继承法律关系、保险赔偿或保险金给付关系的产生。民法中关于自然人民事权利能力始于出生终于死亡的规定、代理关系因被代理人或代理人死亡而终止的规定、继承从被继承人死亡时开始的规定、宣告死亡的规定等都是关于出生和死亡法律事实的规定。人的成长是与人的年龄相联系的人的生长状态。在民法上不同年龄阶段的自然人的民事行为能力不同,所以自然人的不同成长年龄是取得与之相应的民事行为能力的法律事实,也是引起监护关系产生或消灭的法律事实。患病也是不以人的意志为转移的自然事实,在民法上患有法律规定的疾病可以引起民事法律关系的产生、变更和消灭。例如,自然人患有不能完全辨认自己行为或完全不能辨认自己行为的精神类疾病便会引起民事行为能力的变化,使其成为限制民事行为能力人或无民事行为能力人,并引起对其监护法律关系的产生。在保险法律关系中患有保险合同约定的疾病,可以引起保险赔偿等。

2. 自然灾害的发生。地震、冰雹、水灾、旱灾等自然灾害,都可引起民事法律关系的产生、变更或消灭。例如,民事规定因不可抗力的发生可引起合同的变更和解除,也可引起民事责任的免除;作为保险事故的自然灾害的发生,可引起保险赔偿法律关系的发生。

3. 一定时间的经过。例如,一定时间的经过可引起附期限民事法律关系的生效或终止;一定时间的经过可引起诉讼时效的消灭;债务履行期限的届满可引起债权请求权的行使或担保物权的行使。

4. 天然孳息与原物的分离。天然孳息与原物的分离可引起对孳息所有权的产生。

5. 无意志能力人所实施的“行为”。无民事行为能力的人实施的“行为”与其意志无关，所以属于事件。

（二）人为事件

人为事件是指由人的行为引发的事件。作为事件的原因与人的行为有关，但事件本身却与人的意志无关，事件本身不直接含有意志属性。它与自然原因引起的自然事件相区别。主要包括以下几种情况：(1)战争、罢工、动乱等；(2)人为事故，如纵火、失火、生产事故；(3)人为原因引起的死亡；(4)人的失踪。

在人为事件中应当将作为事件原因的行为所引起的法律后果与事件本身所引起的法律后果加以区分。比如，杀人行为的法律后果是要负刑事责任的，而人死亡的后果则要引起继承法律关系的产生。

二、行为

行为，是受人的意志支配的活动。人的行为十分广泛。但人的行为并不全由民法加以规定，比如吃饭、穿衣、睡觉、读书看报、走亲访友行为，民法就没有规定，因而不是民事法律事实。人的行为受民事法律规范规定的，就成为民事法律事实。例如，订立合同的行为、立遗嘱的行为、拾得遗失物的行为、生产行为、著作行为、侵权行为。除了民法规定的行为外，其他法律规范规定的行为与民事法律后果相关联的，也可以引起民事法律关系的产生、变更或消灭，从而成为民事法律事实，如行政行为、司法行为。

行为是人的意识支配的活动，其构成极为复杂，既有主观意志状态，也有客观表现状态；两者既可以一致，也可能出现不一致。人的行为意志因素既受自身因素决定，也会受到外界因素影响，因而行为表现出十分复杂的各种样态。民法在规定法律事实时是从各种样态规定其法律后果的。比如，依行为人的主观心理状态有故意、过失、重大过失、单独过错、混合过错、无过错、知道、应当知道、不应当知道、恶意、善意、重大误解、欺诈、受欺诈、胁迫、自愿、真实、不真实等各种行为主观心理样态，行为主观心理样态不一样，其在法律上的后果就不一样。从行为的客观表现样态来看，有明示、默示，明示有口头、书面，默示有沉默、推定等。从对行为的法律评判看，有合法行为、违法行为等。总之，作为民事法律事实的行为样态是多种多样，十分复杂的。

作为民事法律事实的行为，可以用不同的标准作如下分类。

(一)民法上的行为、行政行为和司法行为

依据行为的法律性质的不同,可分为民法上的行为、行政行为和司法行为。

民法上的行为,是指由民法规定的作为民事法律事实的人的行为。这是行为法律事实中最主要、最常见的。

行政行为,是指国家行政机关依法行使职权的行为。当行政行为与民事活动相关联时,就可以成为民事法律事实。例如,技术引进合同经主管机关批准而生效,这里主管机关的批准行为即行政行为就成为技术引进合同生效的民事法律事实。

司法行为,是指人民法院对案件的判决行为,它可以引起民事法律关系的产生、变更和终止。

(二)表示行为和非表示行为

根据行为人是否进行内在心理状态意思的表示,可以将民法上的行为分为表示行为和非表示行为。

1. 表示行为

表示行为,是指行为人通过表示一定的内在心理意思进行的行为。表示行为包括民事法律行为、准民事法律行为、可撤销的民事法律行为和无效的民事法律行为。

民事法律行为,是指当事人通过意思表示,旨在产生、变更、终止民事法律关系的行为。例如,依法订立合同的行为、立遗嘱的行为。它是最常见、最大量、最重要的民事法律事实。

准民事法律行为,是指民事法律行为以外,当事人实施的意思通知、观念通知、感情表示等表示行为,从而发生法律规定的相应效果。意思通知,如要约拒绝、履行催告和选择权催告;观念通知,如承诺迟到通知、发生不可抗力通知、瑕疵通知、债权让与通知和转委托通知;感情表示,如被继承人的宽恕。

民事法律行为与准民事法律行为都属于表示行为,且都基于表示发生法律效果,但民事法律行为以当事人的意思表示为要素,意思表示是行为人所欲求的民事法律效果的内在意思的对外表示,由此发生的法律效果就是行为人意思表示所追求的。而准民事法律行为中行为人所表示的意思通知、观念通知和感情表示并不包含追求一定民事法律效果的意思,由此所发生的法律效果完全是由法律的规定当然引起的,与行为人内在意思的有无及其内容如何无关,也就是说,它虽然基于表示发生法律效果,但法律效果并不是表示的内容,而是法律的规定。

可撤销的民事法律行为,是指当事人因受欺诈、受胁迫、受危难,因重大误解而

实施的法律行为或者显失公平的法律行为。

无效民事法律行为，是指当事人实施民事法律行为的意思表示不合法，因而不能产生当事人所预期的民事法律后果的行为。

2. 非表示行为

非表示行为，是指当事人无须内在心理或意识的表示而实施的行为。主要包括事实行为、侵权行为、债务不履行行为等。

事实行为，是指行为人主观上并无产生民事法律关系的意思，也无须表达内在意思，只要事实上发生行为即可依照法律的规定引起民事法律关系后果的行为。例如，拾得遗失物、发现埋藏物、先占、加工、著作、无因管理以及建造、拆除房屋等。

侵权行为，是指因违反民法规定，侵犯他人合法权益，依法应承担民事责任的行为。

债务不履行行为，是指违反债的关系，不履行债的义务的行为。

在这里事实行为与侵权行为和债务不履行的违约行为不同，事实行为，因行为事实上的发生依法律规定而产生相应的法律效果，但它是合法的效果，赋予行为人一定的利益后果；违法行为所引起的法律后果是对行为否定性评价的后果，对行为人是不利益的后果。事实行为法律后果的发生不考虑行为人的主观意识或心理状态。侵权行为的法律后果适用过错责任，则要考虑行为人的主观过错。[3]

(三)合法行为和违法行为

根据行为是否符合法律规定，是否为法律所允许，可将民法上的行为分为合法行为和违法行为。

1. 合法行为

合法行为是指法律允许民事主体从事的而且符合法律的规定，能够引起相应民事法律后果的行为，主要包括：合法的民事法律行为、准民事法律行为和事实行为。

2. 违法行为

违法行为，是指法律不允许民事主体从事的或者行为内容违反法律规定的行

---

〔3〕 对于侵权行为与事实行为的关系，学者的概括不同。例如，德国民法学家梅迪库斯就指出，事实行为可以是合法行为，也可以是违法行为，前者如先占，后者如侵权行为。参见[德]迪特尔·梅迪库斯：《德国民法总论》，法律出版社2000年版，第160页。我国学者魏振瀛主编的教材《民法》一书也将侵权行为归入事实行为。参见魏振瀛主编：《民法》，北京大学出版社、高等教育出版社2000年版，第134页。但我国台湾学者李宜琛、王泽鉴、郑玉波等都将事实行为作为非表示行为归入适法行为，不包括侵权行为。参见李宜琛：《民法总论》，中国政法大学出版社2004年版，第148页；王泽鉴：《民法总则》，中国政法大学出版社2001年版，第240页；郑玉波：《民法总则》，中国政法大学出版社2003年版，第292页。

为。违反民法规定从事法律禁止的行为,依法应承担民事责任。主要包括:侵权行为、无效法律行为和违约行为等。

思考题:

1. 法律事实主要有哪些分类?

2. 表示行为主要有哪些?

3. 什么是事实行为?

案例 9-1

甲于 1988 年建造平房 8 间,购买彩电 1 台。2000 年,甲死亡,甲的儿子乙继承了甲的上述财产。自 2001 年 3 月起,甲将其中 3 间房屋出租给丙,每月收取租金 300 元。但自 2001 年 5 月开始,丙未向乙交付租金,连续拖欠租金已 3 个月。2001 年 8 月,乙写信给丙,声明:如果丙在 3 个月内即 2001 年 11 月底之前,不清欠租金将解除合同。至 11 月底,丙仍未清欠租金,乙遂书面通知丙解除合同,要求丙腾房清租。请分析该例中有哪些法律事实?这些法律事实都引起了哪些法律关系和民事权利的产生、变更或消灭?

第三节　民事法律事实的意义

内容提要

本节学习应当充分认识民事法律事实在民法规范逻辑构成中的地位,认识民事法律事实在民法规范调整民事社会关系中发挥的作用,认识民事法律事实理论对民事司法实践的指导意义。

"在法的现象中,事实是极端重要的。"[4]民法规范中关于民事法律事实的规范在整个民法规范体系中,民法学理论中关于民事法律事实的理论在整个民法学理论体系中,都具有十分重要的地位和作用。

〔4〕［日］北川善太郎:《日本民法体系》,李毅多、仇景春译,科学出版社 1995 年版,第 2 页。

一、民事法律事实在民法规范中的地位

法律规范的结构是由假定、处理、制裁三要素构成的,这一法理原理在民法规范中最为典型。假定,是法律规范中指明该法律规范适用条件的部分。处理,是法律规范中关于人们的具体行为规则,即人们可以做、怎样做、做什么或不得做什么。制裁,是法律规范中关于主体违反处理部分所招致的法律后果。这三要素体现于民事法律规范结构中就是:民事法律事实、民事法律关系、民事法律责任。[5] 民事法律事实是民法规范的假定部分,指明民事法律规范适用的条件。民事法律关系是民事法律规范的处理部分,规定民事主体的权利义务,权利是民事主体可以做的,义务是民事主体必须履行的,滥用权利或违反义务则是民法所禁止的。民事法律责任则是民事主体违反民事法律关系所招致的法律后果。例如,民法规定合同依法订立(民事法律事实即假定),当事人就必须全面严格地履行合同义务,任何一方不得擅自变更合同,不得违反合同(民事法律关系即处理);否则,就要承担违约责任(民事法律责任即制裁)。由此可见,民事法律事实是民事法律规范的假定部分,它是民事法律关系和民事法律责任规范适用的前提。

重点提示

民事法律事实是民法规范构成中的假定部分,指明民事法律规范适用的条件。

二、民事法律事实在实现民法调整功能中的作用

民事法律规范对民事社会关系的调整功能,就是通过民事法律关系将民事社会关系纳入民事权利义务的有序状态,得以顺利运转。而仅有民法规范尚不能产生民事法律关系,更不会有民事法律关系的变更和消灭。只有当一定的民事法律事实出现时,才能在当事人之间产生具体的民事权利义务关系。民事法律事实是产生、变更、消灭民事法律关系的直接原因,是适用民法规范的事实依据,是民事社会关系符合法律关系的法律要件的具备或满足。它实际上起着发动民法调整的作用。如果没有法律规范规定的民事法律事实的出现,民法规范对民事社会关系的调整功能则是无法实现的。民法规范对民事社会关系调整的动态过程可概括为:当一定的民事法律事实出现时,民事主体之间则依法产生、变更、消灭一定的民事权利义务关系。在民事责任的保障下,民事主体依法正确行使权利、切实履行义务,

---

〔5〕 参见寇志新主编:《民法学》(上册),陕西科学技术出版社 1989 年版,第 14 页。

民事社会关系就得到了调整;如果民事主体滥用权利、违反义务,则要通过民事责任的制裁或救济,使当事人之间的民事关系又恢复到民事法律关系的正常状态。由此可见,民事法律事实在实现民法对民事社会关系的调整功能中具有重要的作用。

重点提示

民事法律事实起着发动民法调整的枢纽作用。

三、民事法律事实理论对民事司法实践的意义

民事司法实践中遵循的基本原则就是"以事实为根据,以法律为准绳"。所谓以事实为根据就是以民事法律事实为根据。以民事法律事实为根据,才能查明民事案件事实,确定当事人之间民事法律关系产生、变更、消灭的原因及其权利义务变化的状态。在此基础上,以法律为准绳,判明当事人之间民事权益争执,对合法的民事权利给予保护,对违法行为给予制裁。在民事诉讼过程中,当事人向人民法院举证,人民法院审查判断证据,都是围绕证据能够证明民事法律事实进行的。因此,只有在民事法律事实理论的指导下,才能正确及时地收集、提供、审查判断能够证明民事法律事实的证据,弄清法律事实,排除非法律事实,正确地依据民事法律事实适用法律作出判决,使法律准绳适用于正确的事实基础之上,避免以非法律事实作出错误判决。由此可见,掌握民事法律事实理论对于正确从事民事司法实践有重要的指导意义,它是保证民事审判以客观事实为根据的理论基础。

重点提示

民事法律事实理论是"以事实为根据,以法律为准绳"原则实现的理论基础。

思考题:如何认识民事法律事实的意义?

应用指南

在民事司法实践中,民法的应用就是法官将抽象的概念意义、一般的民事法律规范适用于符合规定的现实案件事实,或者法官将现实的案件事实涵摄于具有普适性的法律规范中。法律事实正是法律规范应用于案件事实的依据。法律规范规定了法律事实及其引起法律关系和违反法律关系而产生的民事责任。法律事实的确定是法律适用的要件和前提。案件的审理过程就是对案件事实中法律事实的发现和确证过程。在法律事实理论的指导下,以确证的案件的法律事实为依据,将涵

摄该案件法律事实的法律规范适用于该案件,作为裁判的依据,对案件做出处理,这就是将民法应用于司法实践的基本方法。确证法律事实,是明确法律关系性质及其权利义务状况,正确适用法律,确定民事责任的逻辑起点,运用民事法律事实理论指导对于民法的正确适用至为重要。在具体民事案件中,通过查明证据确定法律事实,就要在法律事实理论指导下进行。民事法律事实是符合民法规范规定的能够引起民事法律关系产生、变更和消灭的客观情况。怎样的客观情况能够成为引起民事法律关系产生、变更和消灭的法律事实,都有其特定的构成要素。有的一个客观事实就是一个法律事实。例如,人的死亡就是一个法律事实、一个人立遗嘱的单方意思表示就是一个法律行为。但有些单一客观情况并不能成立一个法律事实,几个客观情况才能构成一个法律事实。例如,一个买卖合同就必须有卖方的要约意思表示与买方承诺意思表示的一致才能成立一个买卖合同法律行为的法律事实;一个民间借贷的合同法律事实的成立需要借贷双方的意思表示一致再加上出借人把贷款交付给借贷人才能成立。因此首先要确定法律事实本身的事实构成。有的法律事实的成立就能够引起法律关系的产生、变更或者消灭的效果,而有的法律事实成立,尚不能引起民事法律关系的产生、变更或消灭,要发生特定的民事法律关系的产生、变更或者消灭,还需要与其他法律事实的组合才能引起。例如,立遗嘱的法律行为是一个法律事实,加上被继承人死亡的事件法律事实,才能引起一个遗嘱继承法律关系的产生。因此,对一个特定案件的法律关系就要研究其法律事实组合,查明案件法律关系的每个要件法律事实。有的当事人特定民事生活目的实现,往往需要从法律事实引起的一个法律关系中权利义务履行的法律事实引起新的法律关系的变动才能实现。例如,买卖房屋所有权的民事生活目的的实现,就由买卖合同法律行为引起买卖合同之债的法律关系,买受人有权利请求出卖人为其移转登记房屋所有权,有义务支付价款;出卖人有义务向买受人办理房屋所有权的移转登记,有权利收取价款。出卖人履行义务在房屋登记机关为买受人办理了房屋移转登记,买受人取得了房屋所有权,实现了民事生活目的;买受人向出卖人交付了价款,出卖人就实现了获取房屋价款的民事生活目的。可见,经由买卖合同法律事实引起买卖合同法律关系,履行义务完成的登记和交付的法律事实,引起了房屋和价款所有权的变动。这就需要分清在民事生活目的实现过程中不同法律事实的不同作用,区分原因法律事实和条件法律事实。例如,房屋买卖关系中,房屋买卖合同法律事实就是房屋所有权变动的原因法律事实,房屋所有权的移转登记,是所有权变动的条件事实。虽然不登记买受人不能取得所有权,但没有买卖合同的原因,就没有所有权移转登记。确定房屋所有权原因和条件缺一不可。不能只看登记不管原因,认为房屋登记在谁名下就是谁的。确认房屋所有权一定要查明原因法律事实。登记仅仅是权利正确的推定,不可绝对化,有证据证明原因事实与登记不符的,就应当以原因事实作确权判决,再更正登记。可见,区分原因事实和条件事实的不同作用是十分重要的。

第十章　民事法律行为

在民法中，贯彻当事人意思自治当为其最基本的原理。因此，在民法所规定的民事法律事实中，最基本的就是以当事人意思表示为特征的民事法律行为。民事法律行为是民事主体进行民事活动的基本行为。民法将当事人以自主意思所进行的，意在以法律效果实现各自民事生活目的的行为规定为民事法律行为，从而将他们之间的关系纳入民事法律关系的轨道，是实现民法对民事社会关系的调整功能的重要方面。掌握民事法律事实理论，重点应掌握民事法律行为理论。本章介绍民事法律行为的基本理论：首先，论述民事法律行为的概念、特征、分类，以明确什么是民事法律行为，它与民法上其他行为的本质区别，民事法律行为有哪些类型以及各类民事法律行为的特点。其次，关于民事法律行为的事实判断问题，即民事法律行为的构成与成立。重点应掌握意思表示要素在民事法律行为构成中的意义。最后，关于民事法律行为的价值判断问题，即民事法律行为的有效与生效问题。重点应掌握民事法律行为的有效条件，以民事法律行为的有效条件为标准决定的民事法律行为的效力状态，即民事法律行为的有效，民事法律行为的无效，民事法律行为的部分有效、部分无效，民事法律行为的效力未定，民事法律行为的可撤销以及民事法律行为的附条件与附期限。

第一节　民事法律行为的概念和特征

| 内容提要 |

民事法律行为是行为法律事实的一种，它是指民事主体以发生民事法律效果的意思表示实施的行为。意思表示是民事法律行为概念中最为本质的部分，是民事法律行为最根本的特征，是民事法律行为与其他民法上的行为相区别的标志。明确民事法律行为的概念和特征，弄清民事法律行为与准民事法律行为的区别、民事法律行为与事实行为的区别，是本节学习的重点。

一、民事法律行为的概念

在传统民法学中,民事法律行为一般被称为"法律行为"。"法律行为"一词为德国民法学者所创立,1900年《德国民法典》作了系统规定,后为大陆法系各国民法学和民事立法所继受。依《德国民法典》立法理由书的解释,"所谓法律行为,是指私人的、旨在引起某种法律效果的意思表示。此种效果之所以得依法产生,皆因行为人希冀其发生。法律行为的本质,旨在引起法律效果之意思的实现,在于法律制度以承认该意思方式而于法律世界中实现行为人欲望的法律判断"。[1] 后大陆法系各国民法学承继《德国民法典》关于法律行为规定的内容,阐述法律行为的概念。我国台湾地区实行的"民法",对法律行为的规定也采《德国民法典》的规定。我国民国时期的民法学者和台湾地区的民法学者对法律行为概念的理解也同于上述解释。例如,李宜琛将法律行为表述为:"法律行为者,以意思表示为要素,因意思表示而发生私法效果之法律要件。"梅仲协将法律行为表述为:"法律行为者,私人之意思表示,依法之规定,可以达到所希望之法律效果也。"王伯琦将法律行为表述为:"法律行为者,以意思表示为要素之法律事实也。"史尚宽将法律行为表述为:"法律行为者,以意思表示为要素,法律因意思之表示,而使发生法律上效力之私法上法律要件也。"郑玉波将法律行为表述为:"法律行为者,乃欲发生私法上效果之意思表示为要素之一种法律事实也。"[2] 由这些表述可以看出,在传统民法上,所谓"法律行为"的本质特征在于以当事人的意思表示为要素而发生法律效果的行为法律事实,它强调法律效果的发生是当事人意思表示的内容所追求的。我国《民法典》第133条对民事法律行为的概念明确定义为:"民事法律行为是民事主体通过意思表示设立、变更、终止民事法律关系的行为。"可见,我国《民法典》规定的民事法律行为与传统民法中的法律行为的含义相同。

二、民事法律行为的特征

《民法典》第一编总则第133条定义:"民事法律行为是民事主体通过意思表示设立、变更、终止民事法律关系的行为。"可见,民事法律行为是指以当事人的意思表示为要素,旨在发生当事人意思表示内容的民事法律关系设立、变更、终止的法律效果的行为法律事实。它具有如下特征:

第一,民事法律行为是以当事人的意思表示为要素的行为法律事实,属于表意

---

[1] 转引自龙卫球:《民法总论》,中国法制出版社2001年版,第476页。

[2] 转引自张俊浩主编:《民法学原理》,中国政法大学出版社1997年版,第204页。

行为。

所谓表意行为是指以当事人的意思表示为构成要件的行为,意思是当事人欲发生、变更、终止民事权利义务及民事法律关系的内在愿望和要求或者说他的内在意志;表示是将这种内在的意思通过一定的方式表达于外部让相对人或社会知晓的活动。意思是表示的基础和内容,意思只有表达于外部让相对人或社会知晓才具有法律意义。民事法律行为以当事人的意思表示为必要构成要件,没有意思表示,便没有民事法律行为。以意思表示为构成要素是民事法律行为最本质的特征。这一特征使民事法律行为区别于非以意思表示为构成要件的事实行为法律事实。

第二,民事法律行为旨在发生民事法律效果。

民事法律行为以行为人的意思表示为特征,其意思表示的内容是欲发生民事权利义务关系或者说民事法律关系的法律效果,即意思表示的内容是法律效果意思。民法以意思自治为其最基本原理,允许民事主体以自己的自由意志处理自己的民事事务。实施民事法律行为正是民事主体实现其对民事事务自治的法律手段。民事主体正是以自由实施民事法律行为追求符合自己利益的民事法律关系的产生、变更、消灭的法律效果来实现自己的民事生活目的的。所以,民事法律行为的法律效果依行为所表示的具体内容而产生。这一特征便使民事法律行为的法律效果区别于其他行为法律事实,如准民事法律行为。准民事法律行为是指非基于表意人的表意行为,而是基于法律规定发生法律效力的行为,它类似于民事法律行为,也有表示行为,但它不同于民事法律行为的是,无论表示人内心是否意欲发生一定的法律效果,法律均使其直接发生某种法律效果。又如事实行为,就不以意思表示为构成要件,其法律后果的产生来自法律的直接规定,并非行为人意思所追求的。

三、民事法律行为与准民事法律行为和事实行为的区别

(一)民事法律行为与准民事法律行为

民事法律行为与准民事法律行为的相似之处在于都是包含当事人的内在心理状态或意识的表示行为,所不同的是民事法律行为所表示的是行为人欲发生法律效果的内在意思,法律效果的发生是因意思表示的内容符合法律规定直接发生的,即该法律效果是当事人所预期的;而准民事法律行为人所表示的是意思通知、事实的通知、感情表示等,并非意思内容的表示,由此所发生的民事法律后果是由法律的直接规定而当然发生的,并非当事人意思表示的内容所预期的,当事人实施该行

为,进行的表示行为并不以追求这一法律效果为直接目的,表示行为一旦作出,依据法律的规定就会引起相关的民事法律后果,即使当事人对这一后果有所意识而从事表示行为,但这一法律后果也并不是以其表示的内容而发生。比如,债务人将同意履行债务的意思通知给债权人,即可依法发生时效中断的法律效果。但这一效果并非债务人同意履行债务的意思内容,也并非债务人所追求的法律效果。又如,受要约人对要约的拒绝,即依法发生要约失效的法律效果。要约失效的效果是依法律规定发生的,并非受要约人意思所追求的效果。

因准民事法律行为与民事法律行为都有表示行为,有一定的精神作用,"自应于此类似范围内类推适用关于意思表示及民事法律行为之规定,自不待言"。[3] 对于民法关于意思表示及民事法律行为的规定在何范围得类推适用于准民事法律行为,应视行为的性质具体而定。[4] 不仅在各类具体的准民事法律行为之间,而且在有关民事法律行为的规定之间,都存在重大的区别。[5] 例如,违反善良风俗的民事法律行为无效几乎不可能适用于准民事法律行为;在行为给表示人产生不利时,有关撤销的规定有可能适用于准民事法律行为。准民事法律行为的后果虽然由法律直接规定,但行为人通常应具有行为能力,如果行为仅对行为人产生法律上的利益,则至少也得具有限制行为能力。代理权除了专属人身性行为以外,对准民事法律行为也均适用。

(二)民事法律行为与事实行为

事实行为,是指行为人主观上并无产生民事法律关系的意思,也无须表达内在意思,只要事实上发生行为即可依照法律的规定引起民事法律关系后果的行为。例如,拾得遗失物、发现埋藏物、先占、加工、著作、无因管理。事实行为与民事法律行为明显不同,它不以意思表示为必要,当事人实施行为的目的并不是要发生相应的民事法律关系后果;民事法律行为强调意思表示要素的具备才能构成,而事实行为强调在客观上、事实上行为具备法律规定的条件就成立事实行为,并以法律的规定直接发生法律后果,而不是以行为人意思表示内容发生法律效果。因此,民法关于意思表示以及民事法律行为的规定不适用于事实行为。例如,民事法律行为的实施要求行为人必须具备相应的行为能力才能有效,而事实行为则不要求行为人具有行为能力。民事法律行为可以由他人代理进行,而事实行为一般不可代理。

---

〔3〕 胡长清:《中国民法总论》,中国政法大学出版社 1997 年版,第 227 页。

〔4〕 参见王泽鉴:《民法总则》,中国政法大学出版社 2001 年版,第 257 页。

〔5〕 参见[德]迪特尔·梅迪库斯:《德国民法总论》,邵建东译,法律出版社 2000 年版,第 161 页。

思考题：

1. 什么是民事法律行为？它有哪些特征？

2. 简述民事法律行为、准民事法律行为和事实行为的区别。

案例 10－1

乔某，女，15 周岁，擅长刺绣，并会缝纫。她将自己刺绣作品加工成被套出售，很受市场欢迎。镇上的个体户赖某遂与乔某签订承揽合同。委托乔某为其加工被套，约定面料由赖某提供，每个被套20 元的加工报酬，共加工20 条。第一次交付10 条，交货时付款。但赖某收到第一次交货的10 条被套后已过半个月，还未给乔某付款。乔某即向赖某催告，如果在10 日内再不付清货款，即解除合同，不再为其加工其余的10 条被套，并要求赖某付清第一次交货的加工报酬。经催告后，赖某仍未在催告的时间内付清货款。请分析回答如下问题：

1. 乔某是未成年人能否从事被套加工行为，并取得报酬？

2. 乔某能否自己订立加工承揽合同？

3. 假定乔某签订的合同经其父同意，乔某能否自己为催告行为，并解除合同？

第二节 民事法律行为的分类

| 内容提要 |

民事法律行为的分类是从不同的角度，依据不同的标准，对民事法律行为进行的类型划分，其目的在于揭示各种形态民事法律行为的法律意义，认识不同类型的民事法律行为在成立、生效上的不同特点（详见图 10－1）。

- 民事法律行为的分类
  - 单方民事法律行为
    - 有相对人的单方行为:债务免除、承认、解除
    - 无相对人的单方行为:捐助行为、物权的抛弃、立遗嘱
  - 双方民事法律行为:契约
  - 多方民事法律行为:共同行为,如合伙协议
  - 决议民事法律行为:股东会决议
  - 诺成性民事法律行为:买卖、承揽、租赁等
  - 实践性民事法律行为(要物行为):使用借贷
  - 有偿民事法律行为:买卖、租赁、有息借贷
  - 无偿民事法律行为:赠与、借用、无息借贷、无偿保管
  - 要式民事法律行为:如代书遗嘱
  - 不要式民事法律行为
  - 主民事法律行为:如借款合同
  - 从民事法律行为:担保合同
  - 独立民事法律行为
  - 辅助民事法律行为(附属行为或补足行为):如追认行为
  - 有因民事法律行为:债权行为
  - 无因民事法律行为:物权行为、票据行为
  - 财产民事法律行为
    - 债权行为:买卖、租赁、借贷
    - 物权行为:质权设定、所有权抛弃等
  - 身份民事法律行为:结婚、收养
  - 财产处分民事法律行为(物权行为、准物权行为)
  - 财产负担民事法律行为(债权行为)
  - 生前民事法律行为
  - 死因民事法律行为:遗嘱继承、遗赠

图 10-1 民事法律行为的分类

一、单方民事法律行为、双方民事法律行为、多方民事法律行为和决议民事法律行为

法律链接

《民法典》第471、473、479、483、575条

依据民事法律行为成立所需主体意思表示不同,将民事法律行为分为单方民事法律行为、双方民事法律行为、多方民事法律行为和决议民事法律行为。《民法典》第134条规定:“民事法律行为可以基于双方或者多方的意思表示一致成立,也可以基于单方的意思表示成立。法人、非法人组织依照法律或者章程规定的议事方式和表决程序作出决议的,该决

议行为成立。”

（一）单方民事法律行为

单方民事法律行为，是指根据当事人一方的意思表示就可以成立的民事法律行为。只要一方当事人作出意思表示，无须再有他方当事人意思表示的同意，民事法律行为即可成立。委托授权的行为、立遗嘱的行为、放弃继承权的行为、追认无权代理的行为、免除债务的行为等都属于单方民事法律行为。例如，《民法典》第19、22条规定的法定代理人对限制行为能力人实施的民事行为的同意、追认行为；第575条规定的债务免除行为。

（二）双方民事法律行为

双方民事法律行为，是指基于双方当事人相互意思表示一致才能成立的民事法律行为。一方当事人的要约意思表示与对方当事人的承诺意思表示一致而成立的契约行为，就是典型的双方民事法律行为。例如，《民法典》第473、479、483条规定的要约和承诺意思表示一致成立的合同行为。

（三）多方民事法律行为

多方民事法律行为是指有两个以上当事人共同意思表示或者共同相互意思表示一致才能成立的民事法律行为。多方法律行为基于多个当事人的共同意思表示一致成立，例如，两个以上的合伙人订立合伙合同的行为，即为多方共同意思一致的民事法律行为。这种基于共同意思一致产生的民事法律行为亦称共同民事法律行为或协定行为。例如，《民法典》第967条规定：“合伙合同是两个以上合伙人为了共同的事业目的，订立的共享利益、共担风险的协议。”《合伙企业法》第19条规定：“合伙协议经全体合伙人签名、盖章后生效。合伙人按照合伙协议享有权利，履行义务。修改或者补充合伙协议，应当经全体合伙人一致同意；但是，合伙协议另有约定的除外。合伙协议未约定或者约定不明确的事项，由合伙人协商决定；协商不成的，依照本法和其他有关法律、行政法规的规定处理。”也有基于共同相互意思一致成立的多方法律行为，例如，买房两个人的共同买受意思与一个出卖人的出卖意思的相互一致或者买受人、出卖人都是两个以上的当事人，他们之间共同买受意思与共同出卖意思的相互一致。

（四）决议民事法律行为

法人、非法人组织依照法律规定或者章程规定的议事方式和表决程序作出决议而成立的民事法律行为。例如,《基金会管理条例》第 21 条规定,理事会会议须有 2/3 以上理事出席方能召开,理事会决议须经出席理事过半数通过方为有效,重要事项的决议须有出席理事的 2/3 以上通过方为有效。

这一分类的意义在于确定民事法律行为成立时要根据民事法律行为所需各方当事人意思表示的不同,加以确定。单方民事法律行为仅需一方当事人意思表示即可成立,双方民事法律行为需要双方当事人意思表示一致才可以成立,多方民事法律行为需要多方当事人意思表示一致才可以成立。

在这一组分类中,双方民事法律行为多为两方当事人对应的意思表示的一致,而多方民事法律行为,多为两个以上当事人共同意思表示的一致,但也有多方对应的意思或者两方共同的意思。比如,三个人作为共同的买方与卖方发生的买卖民事法律行为,两个合伙人共同意思表示一致的合伙合同民事法律行为。因此,在理解有关概念和分类时不可作绝对理解,应注意其意思表示是哪些当事人的共同意思表示,是哪些当事人的相互对应意思表示。只是就一般情况而言,双方民事法律行为多为两个当事人之间的对应意思表示一致,多方民事法律行为是多个当事人的共同意思表示。决议民事法律行为虽然也要多数当事人的意思表示但并不要求多数表意人的意思一致,而只是要求符合决议有效条件的意思表示一致,即可以成立。

二、诺成性民事法律行为与实践性民事法律行为

依据民事法律行为成立的构成要素不同,即在意思表示之外是否需要实际给付行为可以将民事法律行为分为诺成性民事法律行为与实践性民事法律行为。

(一)诺成性民事法律行为

诺成性民事法律行为,是指在双方民事法律行为中,仅以当事人意思表示一致即可成立的民事法律行为,例如,买卖、租赁、承揽民事法律行为。

(二)实践性民事法律行为

实践性民事法律行为,是指除双方当事人意思表示一致外,还须交付标的物,才可以成立或生效的双方民事法律行为。借用合同、自然人之间的借款合同、保管合同等都为实践性民事法律行为。实践性民事法律行为也称要物民事法律行为。例如,《民法典》第 679 条规定:“自然人之间的借款合同,自贷款人提供借款时成立。”第 890 条规定:“保管合同自保管物交付时成立,但是当事人另有约定的

除外。”

这一区分的意义在于确定双方或多方民事法律行为的成立是仅需当事人意思表示的一致即可成立，还是除意思表示一致外还需物的交付才能成立。双方或多方民事法律行为以诺成性民事法律行为为一般情形，实践性民事法律行为为例外，除依法律规定、交易习惯确定应为实践性民事法律行为外，均为诺成性民事法律行为。《民法典》第 483 条规定：“承诺生效时合同成立，但是法律另有规定或者当事人另有约定的除外。”

三、有偿民事法律行为与无偿民事法律行为

以民事法律行为一方当事人从对方当事人取得利益有无对价为标准，可以将民事法律行为分为有偿民事法律行为和无偿民事法律行为。

（一）有偿民事法律行为

有偿民事法律行为，是指一方当事人从对方当事人取得某种利益，须向对方当事人支付对价的民事法律行为，如买卖、租赁、承揽。

（二）无偿民事法律行为

无偿民事法律行为，是指一方当事人从对方当事人取得利益无须给付相应对价的民事法律行为，如赠与、使用借贷、无偿保管。《民法典》第 657 条规定：“赠与合同是赠与人将自己的财产无偿给予受赠人，受赠人表示接受赠与的合同。”

这一区分的意义在于依据民事法律行为的是否有偿或无偿确定财产法律关系的性质，平衡当事人权利义务及其当事人责任。依据法律规定，有些民事法律行为只能是有偿的，如买卖、租赁、互易；有些民事法律行为只能是无偿的，如赠与、借用；有些民事法律行为则依当事人的意思选择可以是无偿的，也可以是有偿的，如委托、保管；如果当事人没有约定或者约定不明，也不能依照法律规定的原则加以确定的，推定为无偿。例如，《民法典》第 889 条第 2 款规定：“当事人对保管费没有约定或者约定不明确，依据本法第五百一十条的规定仍不能确定的，视为无偿保管。”如果当事人在民事法律行为性质上是有偿还是无偿存在误解的则构成重大误解而可以成为可撤销的民事法律行为。买卖是典型的有偿民事法律行为，对其他有偿行为，应准用关于买卖合同之规定。在有偿法律关系中，双方当事人的权利义务要公平，不得显失公平，否则成为可撤销的民事法律行为。在有偿民事法律行为引起的法律关系中，义务人的责任要比无偿民事法律行为引起的法律关系义务人的责

任更重。例如,《民法典》第 897 条规定:“保管期内,因保管人保管不善造成保管物毁损、灭失的,保管人应当承担赔偿责任。但是,无偿保管人证明自己没有故意或者重大过失的,不承担赔偿责任。”

四、要式民事法律行为与不要式民事法律行为

根据民事法律行为的成立或生效是否必须具备法律或行政法规要求的特定形式可将民事法律行为分为要式民事法律行为和不要式民事法律行为。《民法典》第 135 条规定:“民事法律行为可以采用书面形式、口头形式或者其他形式;法律、行政法规规定或者当事人约定采用特定形式的,应当采用特定形式。”

(一)要式民事法律行为

要式民事法律行为,是指民事法律行为的成立或生效必须具备法律或行政法规所要求的或当事人特别要求的特定形式,即民事法律行为的意思表示须依特定方式表示,或者在意思表示之外须履行一定的程序。例如,转移不动产所有权的民事法律行为必须经过登记;代书遗嘱须有两个无利害关系人在场见证,由其中一人代书,并由在场见证人在代书遗嘱上签字;结婚必须男女双方亲自到婚姻登记机关进行结婚登记,领取结婚证书;当事人特别约定的合同必须经公证后成立。

(二)不要式民事法律行为

法律链接

我国台湾地区“民法”第73条

《德国民法典》第125条

不要式民事法律行为,是指法律或行政法规不要求采用特定形式,依当事人自由选择的形式就可成立或有效的民事法律行为。民法以贯彻当事人意思自治原则为主,在民事法律行为形式上要尊重当事人的选择,以不要式民事法律行为为原则,以要式民事法律行为为例外。

区别要式和不要式民事法律行为的意义在于当事人在民事法律行为方式选择上的自由度不同。对于法律或行政法规规定采用特定形式的民事法律行为,当事人应采用法律或行政法规规定的形式。当事人未采用法定方式所为的民事法律行为依法律规定可导致民事法律行为的不成立或者无效。例如,我国《民法典》第 1138 条规定:“遗嘱人在危急情况下,可以立口头遗嘱。口头遗嘱应当有两个以上见证人在场见证。危急情况消除后,遗嘱人能够以书面或者录音录像形式立遗嘱的,所立的口头遗嘱无效。”

五、主民事法律行为和从民事法律行为

依据相互关联的民事法律行为是否具有独立性，可将民事法律行为分为主民事法律行为和从民事法律行为。

（一）主民事法律行为

主民事法律行为，是相互关联的民事法律行为中能够独立成立的民事法律行为。

（二）从民事法律行为

从民事法律行为，是指相互关联的民事法律行为中不能独立成立而必须以主民事法律行为成立为前提才能成立的民事法律行为。例如，主合同民事法律行为与担保该主合同债权为目的的担保合同民事法律行为就具有主从性，后者就是从民事法律行为，它以主合同民事法律行为的成立为前提，离开了主合同，担保合同无从成立。

这一分类的意义在于明确从民事法律行为附从于主民事法律行为的命运，它以主民事法律行为的存在为其成立和存在的前提，主民事法律行为无效或者消灭的，从民事法律行为亦无效或消灭。例如，《民法典》第 682 条第 1 款规定："保证合同是主债权债务合同的从合同。主债权债务合同无效的，保证合同无效，但是法律另有规定的除外。"

六、独立民事法律行为与辅助民事法律行为

依据民事法律行为是否以独立的实质内容存在，将民事法律行为分为独立民事法律行为和辅助民事法律行为。独立民事法律行为是指具有独立实质内容的民事法律行为，而辅助民事法律行为是指辅助独立民事法律行为生效而本身并无独立的实质内容的民事法律行为。需要辅助民事法律行为的辅助才能完成其效力的独立民事法律行为称要辅助民事法律行为或待补民事法律行为。待补民事法律行为经辅助民事法律行为的辅助完成其效力的则为补全行为。例如，限制民事行为能力人以其意思表示所为的超出其行为能力范围的民事法律行为是具有独立实质内容的民事法律行为，但他须以其法定代理人的意思表示予以追认才能生效，法定代理人以其意思表示所为的追认行为就是没有独立实质内容而仅仅辅助限制民事行为能力人所为的超出其行为能力范围的民事法律行为生效的辅助民事法律行

为。我国《民法典》第19条、第22条是关于法定代理人对限制民事行为能力人实施的超越行为能力范围的民事法律行为的同意或追认,第171条关于本人对无权代理人实施的民事法律行为的追认等规定都是辅助民事法律行为对独立民事法律行为的辅助情形。

这一分类的意义在于明确辅助民事法律行为是辅助独立民事法律行为效力的条件,其本身并无实质内容,待补的独立民事法律行为本身虽有实质内容,但在辅助民事法律行为补足其效力之前不能生效。

重点提示

独立民事行为虽然具有民事生活目的实质内容,但没有辅助行为的辅助不能生效;辅助民事法律行为虽然不具有实质内容,但可以辅助独立法律行为的生效。

七、有因民事法律行为和无因民事法律行为

根据民事法律行为成立或生效是否以给付原因的存在或无瑕疵为要件和标准,民事法律行为可分为有因民事法律行为和无因民事法律行为。在这里,原因即民事法律行为的目的。“按依民事法律行为给与一定之财产者,其目的不外:(1)清偿目的:即以使既存财务消灭为目的;(2)与信目的:即以使相对人负担债务为目的;(3)赠与目的:即以使相对人无偿取得利益为目的;(4)其他目的:如定金目的,条件履行。凡民事法律行为之成立,以上述之目的(原因)为要素者(不得与其原因分离,亦即民事法律行为之效力,受其原因所左右),则谓之要因行为;否则谓之不要因行为。”[6]

(一)有因民事法律行为

有因民事法律行为,也称要因民事法律行为,是指以财产给付为标的的民事法律行为的成立和有效须以原因的存在或无瑕疵为要件的民事法律行为。例如,买卖民事法律行为的成立和有效须以买方取得标的物所有权和卖方取得价款为原因,因而其相互为对待给付,如果无买方支付价款之原因,则无买卖民事法律行为的成立。

(二)无因民事法律行为

无因民事法律行为是指以财产给付或处分为标的的民事法律行为的成立和有

〔6〕 郑玉波:《民法总则》,中国政法大学出版社2003年版,第302页。

效不以原因行为的存在和无瑕疵为要件的民事法律行为。原因欠缺、无效并不影响民事法律行为的成立和效力。票据行为就是典型的无因行为。另外，德国民法上的物权行为也是无因行为。无因民事法律行为的意义在于对交易安全的维护。

这一分类的意义在于明确民事法律行为的原因对不同民事法律行为的效力的影响。对于要因民事法律行为，如果原因不存在、无效，其行为也不成立或无效。对于不要因行为，原因不存在或无效，其行为并不因此而无效。

重点提示

关键是民事法律行为的效力受不受原因行为的影响，其效力不受原因行为影响的民事法律行为则为无因行为，受原因行为效力影响的则为有因行为。

八、财产民事法律行为和身份民事法律行为

以民事法律行为意思表示的效果内容是财产性内容还是身份性内容为标准，民事法律行为可分为财产民事法律行为和身份民事法律行为。

（一）财产民事法律行为

财产民事法律行为，是指当事人意思表示的效果内容为财产利益的民事法律行为，如债权民事法律行为、物权民事法律行为。

（二）身份民事法律行为

身份民事法律行为，是指当事人意思表示的效果内容为发生身份关系变动的民事法律行为，如结婚行为、收养行为、非婚生子女认领行为、离婚行为。

区分的意义在于明确不同民事法律行为的法律效果的不同性质，即对于当事人不同利益的满足，财产民事法律行为在于实现当事人的财产利益，因而适用民法之财产法规范；身份民事法律行为则在于实现当事人的人身利益，以使其取得或丧失一定的身份，因而适用民法之身份法规范。

九、财产处分民事法律行为和财产负担民事法律行为

依据财产民事法律行为的效果是直接发生财产权变动还是为当事人设定财产负担，将财产民事法律行为分为财产处分民事法律行为和财产负担民事法律行为。

(一)财产处分民事法律行为

法律链接

《民法典》第209、224条

财产处分民事法律行为,是指能够直接发生财产权变动效果的民事法律行为。例如,物权民事法律行为,即直接引起物权变动的民事法律行为,如所有权的抛弃、动产买卖中的交付行为、不动产转让中的过户登记行为。还有放弃债权、转让债权的行为也是财产处分行为。例如,《民法典》第209条关于不动产物权设立、变更、转让和消灭经登记生效的登记行为,第224条关于动产物权的设立和转让自交付时生效的交付行为,都是处分行为。

(二)财产负担民事法律行为

财产负担民事法律行为,是指发生债务负担效果的财产民事法律行为,即债权民事法律行为,它一经成立后为一方当事人设定债权,对方当事人负担债务,债权人借助于债务人的履行债务的行为,才能实现其财产利益。

财产处分行为和财产负担行为可以各自独立存在,也可以相继发生,在相继联系中,负担行为即债权行为是处分行为的原因行为,处分行为是负担行为的履行行为。

区分的意义在于负担民事法律行为与处分民事法律行为的法律效果不同,财产负担行为仅对一方当事人产生财产义务负担,而使对方当事人取得债权,权利人只能请求负担义务的人履行义务以实现其利益,不能直接实现其利益。而财产处分行为则直接使物权发生得丧变动,使权利人直接取得物权,实现其利益。因而在行为效力方面有不同的法律规定:处分民事法律行为只能对特定物处分,而且行为人须有处分权,而负担行为则不以标的物属特定物为限,也不以行为人有处分权为必要。同时财产处分行为须经过公示始生效力,而负担行为无须公示。[7]《民法典》第215条规定:"当事人之间订立有关设立、变更、转让和消灭不动产物权的合同,除法律另有规定或者当事人另有约定外,自合同成立时生效;未办理物权登记的,不影响合同效力。"这就是对发生物权变动的处分行为与合同设立债权债务的负担行为的区分。原《合同法》第51条规定无权处分合同是效力待定的合同需要处分权人的追认或者行为人取得处分权才能有效,这就混淆了负担行为与处分行

〔7〕　参见王泽鉴:《民法总则》,中国政法大学出版社2001年版,第264页。

为的不同效力。《民法典》修改了原《合同法》第 51 条，在《民法典》第 597 条第 1 款规定："因出卖人未取得处分权致使标的物所有权不能转移的，买受人可以解除合同并请求出卖人承担违约责任。"这就表明出卖人未取得处分权不能实施处分行为，其后果是致使标的物所有权不能转移，但其订立的买卖合同的行为是负担行为，由此依法成立的买卖合同是依法有效的，出卖人无处分权，不能转移标的物的所有权是违约行为，买受人可以解除合同并请求出卖人承担违约责任。

重点提示

负担行为是债的法律行为，产生债权债务；处分行为是物权变动法律行为。行为人有无处分权决定处分行为的效力，并不影响负担行为的效力。

十、生前民事法律行为与死因民事法律行为

根据民事法律行为是否以行为人死亡为其生效要件可将民事法律行为分为生前民事法律行为和死因民事法律行为。

（一）生前民事法律行为

法律链接

《民法典》第1121、1123条

生前民事法律行为，是指在行为人生前就发生法律效果的民事法律行为。民事法律行为绝大部分属于生前民事法律行为。

（二）死因民事法律行为

死因民事法律行为，是指以行为人死亡为生效要件的民事法律行为，即于行为人死后生效的民事法律行为，如遗嘱民事法律行为。《民法典》第 1121 条和第 1123 条规定的遗嘱、遗赠扶养协议中的遗赠都是以被继承死亡为生效要件的法律行为。

上述区分的意义在于：死因民事法律行为只有在行为人死亡后才能发生效力，因此，法律对其规定较为严格，以免行为人死亡后利害关系人发生争执。例如，《民法典》第六编继承对遗嘱的形式变更就有严格的规定。

思考题：民事法律行为有哪些主要分类？各组分类的标准、概念及法律意义是什么？

案例 10－2

李甲生前立遗嘱将其所有的坐落于A市B街的8间房屋由其子李乙继承。李甲死后李乙即依其父所立遗嘱继承取得了这8间房屋的所有权。李乙随后与刘丙签订房屋买卖合同,将这8间房屋中的6间以12万元的价格卖给刘丙,在刘向其付款6万元后李乙将房屋交与刘丙使用。后来,李乙又觉得给刘丙的卖价偏低,遂隐瞒房屋已卖给刘丙的事实,又以13.8万元的价格将这6间房屋卖给王丁,并在房屋管理机关给王丁办理了房屋过户登记手续。其后,李乙要求刘丙接受退回的房款并腾出房屋,而刘丙则拒绝退房并要求人民法院确认其对房屋的所有权。请分析该案有哪些民事法律行为?应当如何处理?

第三节　民事法律行为的构成与成立

| 内容提要 |

民事法律行为的构成是指民事法律行为由哪些要素组成。民事法律行为的成立,是指民事法律行为现实地具备了法律规定的构成要素而产生或客观地存在。民事法律行为以意思表示为构成要素,因而民事法律行为一般也以意思表示要素的具备而成立,但对于特殊情况下民事法律行为则除了意思表示以外尚需其他要素的具备才能成立。本节的重点在于对意思表示理论的理解和掌握。

一、民事法律行为的构成与成立的概念

民事法律行为的构成,是指民事法律行为由哪些要素组成。研究民事法律行为的构成要素是确定民事法律行为是否存在及其与其他民法上行为相区别的依据。从本质上讲,民事法律行为是由意思表示为构成要素的。任何一个民事法律行为都必须具备意思表示要素。这是民事法律行为与事实行为、侵权行为等民法上行为相区别的标志。单方民事法律行为是由当事人一方的意思表示构成的民事法律行为,双方民事法律行为则是由双方当事人相互对应的意思表示一致构成的民事法律行为。多方民事法律行为,是由两个以上的多方当事人共同意思表示一致构成的民事法律行为。

民事法律行为的成立,是指民事法律行为现实地具备了法律规定的构成要素

而产生或者说客观地存在。民事法律行为以意思表示为构成要素,因而在一般情况下民事法律行为也以意思表示要素的具备而成立。依通说观点在特殊情况下某些民事法律行为的成立除了意思表示要素外,还需要其他要素的具备。例如,要物民事法律行为除意思表示外,还要求标的物的交付;要式民事法律行为除意思表示外,还需要一定形式的具备。

重点提示

一个特定民事法律行为有其特定的构成要素,其构成要素的客观具备的事实存在就是民事法律行为的成立。

二、民事法律行为的成立条件

民事法律行为一般以意思表示要素的具备为成立的要件,一个民事法律行为是否具备了意思表示要素,应从以下几个方面判定:

第一,行为人已经通过一定方式作出了意思表示,意思表示的行为已客观地存在。

第二,行为人表示出来的意思是发生民事法律效果的意思,即法效意思。例如,买卖、赠与财产、遗嘱处分财产等。如果行为人表示的意思不具有引起民事法律后果的意义,则无从成立民事法律行为。

第三,意思表示的内容是以明确发生、变更、终止民事法律关系的内容。例如,发生买卖关系的意思表示的内容必须明确买卖标的物的名称、数量和价金,否则便不构成买卖民事法律行为的意思表示。

第四,双方或多方民事法律行为必须与当事人意思表示一致;决议民事法律行为意思表示符合法律规定的或章程规定的议事方式和表决程序,并作出了决议。例如,合同民事法律行为中一方当事人的要约意思表示的内容与对方当事人承诺意思表示的内容一致,合同民事法律行为才能成立。否则,一方当事人作出要约意思表示,而对方当事人又提出新的要约,合同民事法律行为就仍处于协商过程中,尚未成立。又如,有限责任公司股东会作出决议的会议召集程序、表决方式符合法律、行政法规、公司章程规定,对普通事项的表决获得了代表1/2以上表决权股东的赞成,对特别决议事项获得了2/3以上表决权股东的通过,该决议法律行为就成立;否则就不能成立。

法律对某些特别民事法律行为要求具备特别成立条件的,则应当具备其特别条件。

三、意思表示

(一)意思表示的概念

意思表示,是指行为人把欲产生一定民事法律效果的内心意思,通过一定的方式表达于外部,从而使对方当事人或社会其他人知晓的活动。可见意思表示包括以下含义:(1)意思表示是民事主体实施民事法律行为的活动;(2)意思表示的基础和内容是发表当事人欲求产生的民事法律效果的内心意思;(3)表示行为本身是通过一定的方式进行的;(4)表示的程度是要让对方当事人或社会其他人员知晓,至少要通过解释能明确法效意思。

(二)意思表示的构成

意思表示由意思和表示行为两部分构成,也即主观要件和客观要件(详见图10-2)。

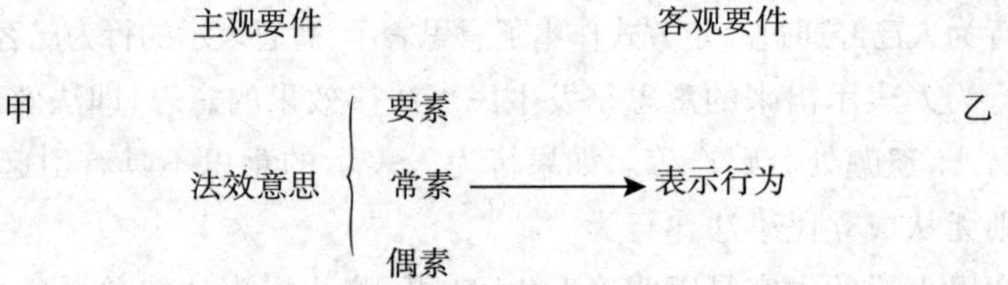

图10-2　意思表示的构成

1. 主观要件——行为人的内心意思

意思是民事主体追求发生一定的民事法律关系产生、变更、消灭效果的内心意志和思想,这种存在于当事人内心的意思是当事人追求其所欲实现的一定民事生活目的以具有法律效果的方式实现。例如,当事人欲实现搬运东西的民事生活目的,请朋友帮忙则不具有法律效果,而欲以雇用他人的方式实现,则有发生法律效果的意思。因此,这种内在意思则为法效意思。它是以当事人欲实现民事生活目的为基础的,其追求以发生法律上效果的方式实现,因此,法效意思实质上是民事主体使其民事生活目的具有法效的意思。可见,当事人先要有某种民事生活目的意思,如搬家的意思,然后再有以具有法律效果的方式实现其民事生活目的的意思,如雇请搬运工,才会在当事人内心产生法效意思。法效意思的内容一般认为它包括要素、常素和偶素。要素,是指当事人追求的法效方式依法律规定必须具有的因素,若其欠缺时民事法律行为不成立。例如,买卖的法效方式必有标的物所有权和价款所有权的对价。常素,则是指无论当事人意思是否纳入其表示都由法律规定,依通常情形直接附加于当事人所欲实现的法效意思内容，如买卖合同的标的物瑕疵担保责任，租赁物的维修义务等，但当事人意思可以有除外规定。偶素，是指并非民事法律行为性质所必需，由当事人意思自行决定的内容。

2. 客观要件——表示行为

表示行为，是指行为人将其欲发生一定民事法律效果的内心意思以一定方式表达于外部，以使相对人或社会其他人可以得知其意思内容的活动。如自书遗嘱、寄送要约信、在合同书上签名等。没有表示行为，当事人追求民事生活目的的法效意思仅存在于其内心，相对人及社会其他人无从知晓，因而就永远不会取得其所欲求的法律效果。因此，表示行为是意思表示不可缺少的要素，是其主观意思见之于客观的要素。表示行为所表示的内容就是法效意思，它当然也是在法效意思的指挥下的行为，但表示行为如果背离了法效意思，则产生错误的或者不真实的意思表示。

（三）意思表示的形式

意思表示的形式，即当事人的意思表示行为所采取的方式。表示行为是以一定的方式进行的，一般应以社会通用的语言、文字、动作为之，应符合社会上一般的表达方式或为某一行业、某一地方的惯例或习惯所认可的表示方式。一定的表示方式所表达的内容应是当事人的法效意思。如果当事人以表示行为所表达的意思与其内在意思一致的，则构成一个真实的意思表示；如果当事人的表示行为所使用的表达方式对其意思表示不清楚时，则应通过对意思表示的解释予以确定。

意思表示的形式包括明示形式和默示形式。《民法典》第 140 条规定："行为人可以明示或者默示作出意思表示。沉默只有在有法律规定、当事人约定或者符合当事人之间的交易习惯时，才可以视为意思表示。"

1. 明示形式

明示形式，是指行为人积极地直接以明确的语言文字进行意思表示。比如，以口头对话、书面文件等进行意思表示的方式。我国《民法典》第 135 条规定："民事法律行为可以采用书面形式、口头形式或者其他形式；法律、行政法规规定或者当事人约定采用特定形式的，应当采用特定形式。"

2. 默示形式

默示形式，是指以约定或法定的一定作为或不作为间接表示意思的方式。它是由表意人实施某种作为或不作为的行为而由相对人或社会其他人间接地依据法律规定、习惯或合同约定推知其意思内容的表示方式。其包括推定和沉默两种形式。

（1）推定形式。意思表示的推定形式，是指表意人实施一定的积极作为行为，相对人或社会其他人依据法律规定、习惯或合同约定间接推知其意思的表示形式。例如,租赁合同期满后,承租人向出租人交付租金的行为,出租人继续收取租金的行为,可以推知他们之间延续租赁合同的意思表示。

(2)沉默形式。意思表示的沉默形式,是指依据法律规定的、当事人约定的或者符合当事人交易习惯的情况,将表意人单纯的不作为行为视为其有某种意思表示的形式。其特点是当事人既不用语言文字明确表示,也不用积极行为推定表示,而是以不作为的消极行为即沉默形式表示。例如,《民法典》第734条规定了租赁期限届满,承租人继续使用租赁物,出租人没有提出异议的,原租赁合同继续有效。这里出租人没有异议则是以沉默方式进行的延续租赁合同的意思表示。以沉默方式进行意思表示必须有当事人的事先约定或者有法律规定的事由,才可视为当事人有某种意思表示。

区分的意义在于有些民事法律行为只能基于明示方式,有些民事法律行为则只能基于默示方式,默示对于不同性质民事法律行为有不同的效果。例如,依据《民法典》第1124条之规定,继承人放弃继承的,应当在遗产处理前,以书面形式作出放弃继承的表示;没有表示的,视为接受继承。受遗赠人应当在知道受遗赠后60日内,作出接受或者放弃受遗赠的表示;到期没有表示的,视为放弃受遗赠。可见,放弃继承得以明示方式行为,接受遗赠须以明示方式行为。沉默对于继承来讲,是接受继承的意思表示;沉默对于受遗赠来讲,则是放弃受遗赠的意思表示。

(四)意思表示的类型

意思表示的类型是依据意思表示的不同方面的特点对意思表示所作的分类(详见图10-3)。

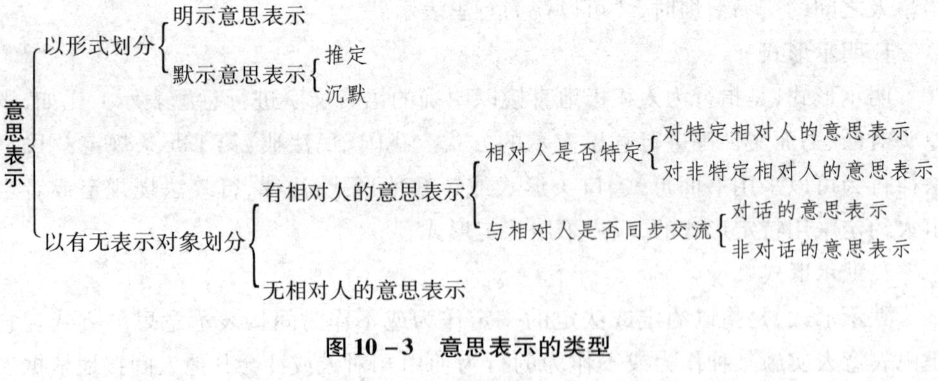

图10-3　意思表示的类型

1. 有相对人的意思表示和无相对人的意思表示

依据意思表示有无相对人,可将意思表示分为有相对人的意思表示和无相对人的意思表示。

有相对人的意思表示是指表意人向相对人进行意思表示行为以期相对人受领的意思表示,这是意思表示的通常类型。例如,与相对人订立合同的要约与承诺、债务免除、合同变更的提议。

无相对人的意思表示是指表意人不以相对人为表示对象,无须相对人受领的意思表示。例如,立遗嘱行为的意思表示、抛弃动产所有权的意思表示。

区分有相对人的意思表示与无相对人的意思表示的意义在于:

第一,有相对人的意思表示只有相对人知道意思表示内容时生效或者到达相对人时才能有拘束力,而且仅对相对人有效;无相对人的意思表示,一旦作出即发生成立上的拘束力。《民法典》第137条规定:"以对话方式作出的意思表示,相对人知道其内容时生效。以非对话方式作出的意思表示,到达相对人时生效。以非对话方式作出的采用数据电文形式的意思表示,相对人指定特定系统接收数据电文的,该数据电文进入该特定系统时生效;未指定特定系统的,相对人知道或者应当知道该数据电文进入其系统时生效。当事人对采用数据电文形式的意思表示的生效时间另有约定的,按照其约定。"《民法典》第138条规定:"无相对人的意思表示,表示完成时生效。法律另有规定的,依照其规定。"

第二,对意思表示的解释不同。《民法典》第142条区分有无相对人对意思表示的解释规定了不同的解释方法。

重点提示

> 有无相对人意思表示的生效时间、解释方法均不同。

2. 对特定相对人的意思表示和对非特定相对人的意思表示

根据相对人是否特定将有相对人的意思表示区分为对特定相对人的意思表示和对非特定相对人的意思表示。

对特定相对人的意思表示是指表意人以特定人为相对人向其为意思表示,以期受领的意思表示类型。例如,甲向乙发出要约,乙则为特定相对人。

对非特定相对人的意思表示,是指不以特定人为相对人而以不特定的多数人为相对人进行的意思表示。例如,拍卖之喊价、悬赏广告、商店商品的陈列出售。

区分这类意思表示的意义在于:对特定相对人的意思表示到达特定相对人时有拘束力,仅对特定相对人有效;无特定相对人的意思表示一旦作出即有拘束力,而且对不特定的任一个相对人都有效力。

3. 对话的意思表示和非对话的意思表示

根据意思表示的发出与意思表示的受领是否同步,将有相对人的意思表示区分为对话的意思表示和非对话的意思表示。

对话的意思表示,是指表意人与相对人直接以口头当面交谈或电话通话方式所进行的意思表示,意思表示的发出与到达相对人是同步进行的。

非对话的意思表示,是指表意人通过信函、电报、电传、电子邮件或传话人转达等方式进行的意思表示。在这种表示方式中意思表示的发出与意思表示的受领有一定的时间间隔,不是直接同步的。

区分对话的意思表示和非对话的意思表示的意义在于,在有相对人的意思表示中以对话方式为意思表示的,意思表示一旦作出即到达对方,并立即生效,而且除非有答复期限,相对人应当立即答复;而非以对话方式所为的意思表示,作出并不立即到达对方,到达对方有时间上的间隔,只有意思表示到达相对人时才能生效,而且在没有规定答复期限的情况下,并不要求相对人立即答复,只要相对人在合理的期限内答复即为有效答复。《民法典》第 137 条对对话意思表示和非对话意思表示作了明确规定。

(五)意思表示的撤回

意思表示撤回,是指在发出意思表示之后,意思表示生效之前,意思表示人收回发出的意思表示,阻止其效力发生的行为。我国《民法典》第 141 条规定:"行为人可以撤回意思表示。撤回意思表示的通知应当在意思表示到达相对人前或者与意思表示同时到达相对人。"由于意思表示的撤回发生在意思表示生效之前,相对人还未曾被赋予承诺的资格,一般不会给相对人造成损害,故法律允许表意人根据客观情势变化收回发出的意思表示,以保护意思表示人的利益。需要注意的是,以对话方式作出的意思表示,由于当事人是在面对面进行订约的磋商,意思表示一经发出,相对人即在同一时间收到,因此此种意思表示的方式决定了以对话方式作出的意思表示是无法撤回的,因此意思表示撤回只能针对非对话方式的意思表示。另外,以电子数据形式发出的意思表示也难以撤回,因为采用数据电文形式发出意思表示,意思表示人一旦发出意思表示,该意思表示立即就会进入收件人的计算机系统,发出和收到的时间间隔几乎可以忽略不计。

重点提示

撤回不同于撤销,撤回是对未生效的意思表示的撤回,以阻止其生效,得在意思表示到达相对人前或者与意思表示同时到达相对人;已经生效的意思表示就不能撤回。

(六)意思表示的解释

意思表示的解释,是指在意思表示不清楚或者不明确而发生争议的情况下,由人民法院或者仲裁机构对意思表示进行的解释,解释的目的就是明确意思表示的真实含义。意思表示是构成民事法律行为的核心要素,民事法律行为是旨在发生当事人意思表示欲求的民事法律效果的制度,因此对意思表示的解释就是对民事法律行为解释,以使发生真实意思表示法律效果的关键。意思表示的解释具有以下特征:一是解释的对象是当事人已经作出了表示的意思,具有外在的表现形式;二是解释的主体是人民法院或者仲裁机构,其所作的是有权解释;三是意思表示的解释是遵从法律规定的方法的解释,不是任意的主观解释。理论上关于意思表示的解释有客观主义解释和主观主义解释两种观点,前者亦称表示主义,是指民事法律行为的本质不是行为人的内在意思,而是行为人表示出来的意思,故意思表示的解释重在行为人所表示出来的意思;后者亦称意思主义,是指民事法律行为本身不过是实现行为人意思自治的手段,意思表示解释的目的在于探求行为人的真意,故意思表示的解释重在解释行为人的内在意思。除此以外,还有折中主义的观点,即当意思与表示不一致时,应依具体情况或以意思有效为原则,以表示有效为例外;或者以表示有效为原则,以意思有效为例外。

我国《民法典》第142条对意思表示的解释根据是否存在相对人而采用了不同的方法,对于有相对人的意思表示采用表示主义,对于无相对人的意思表示采用意思主义。因为意思表示有相对人的,一旦向相对人作出就存在相对人的受领效力、理解和信赖问题,相对人受领了表意人的表示,就是有效的受领,其按照自己对受领的意思表示的理解,就产生对表示的信赖,因此,出现了理解的分歧在解释上就应当考虑双方的利益,平衡表意人的真实意思与相对人受领的意思表示产生的信赖利益,因此,对意思表示分歧的解释就不应仅仅从表意人的真实意思考虑而应当从其表示的意思解释,因此,在解释方法上就采用表示主义。而无相对人的意思表示不存在相对人的受领效力、理解和信赖利益的问题,对表意人表示出来的意思的解释主要追求其内在真实,因此,在解释方法上采意思主义。具体如下:

1. 有相对人的意思表示的解释

《民法典》第142条第1款规定:"有相对人的意思表示的解释,应当按照所使用的词句,结合相关条款、行为的性质和目的、习惯以及诚信原则,确定意思表示的含义。"其中的"所使用的词句"是指文义解释,"结合相关条款"是指体系解释,"行为的性质和目的"是指目的解释,"习惯"是指习惯解释,"诚信原则"是指诚信解释。

表明对有相对人的意思表示的解释，首先应当采用文义解释的方法，按照意思表示使用的词句的含义，站在客观的中立的社会一般人立场上所理解的意思，分析意思表示的真实意思；对特定的专业问题则以特定行业专业人的理解解释词句含义表达的真实意思，平衡表意人与相对人的理解分歧。而单纯从词句的文义解释也会存在分歧或者得出不合理的解释，因此还应结合相关条款进行体系性解释，以相关条款得确定含义推导出争议意思表示的真实含义；结合行为性质和目的，对争议意思表示作出合乎目的得解释；依据当事人所熟悉的民事生活交易习惯对争议的意思表示作出合乎习惯的合理解释；遵循诚信这一"帝王原则"，以善良诚信的人的理解作出合理的解释。采用这些方法解释的目的是确定意思表示的含义。在采用这些方法时，首先采用词语解释的方法，词语解释仍然不能确定意思表示分歧的，就需要结合采用其他方法，可以并用，但不一定要全部采用，只要能够合理确定真实意思表示即可。特别是诚信原则作为"帝王"原则，处于最高位阶，只有在以其他解释方法仍不能合理确定争议意思表示的时侯，才适用诚信解释。有相对人的意思表示主要是合同民事法律行为，对合同的解释就采用有相对人的解释方法。

2. 无相对人的意思表示的解释

《民法典》第142条第2款规定："无相对人的意思表示的解释，不能完全拘泥于所使用的词句，而应当结合相关条款、行为的性质和目的、习惯以及诚信原则，确定行为人的真实意思。"可见，对无相对人的意思表示的解释就强调不能完全拘泥于词句，淡化了文义解释，但并不是不考虑词句，而是对词句含义要结合体系解释、目的解释、习惯解释及诚信解释确定行为人的真实意思。无相对人的意思表示主要是单方法律行为，如对遗嘱的解释。

重点提示

有相对人的解释采表示主义，无相对人的解释采意思主义。

(七)意思表示的效力

意思表示的效力是意思表示一旦由表意人作出，在法律上对表意人产生拘束力和相对人的可受领力，即表意人非符合法律规定不得擅自撤回或变更其意思表示。比如，要约人一旦发出要约，其撤回要约的意思非先于要约意思到达或与要约意思同时到达受约人不生撤回效力。意思表示有相对人的，一旦到达相对人就生效；意思表示无相对人的，则意思表示一经作出就生效。意思表示的效力是由法律规定的或者由当事人依据法律规定以其意思决定的。例如，法律规定要约到达受要约人时生效，要约人应受要约约束，但法律同时允许要约人可以以其意思规定要约的答复期限，有答复期限的要约仅在答复期限内有效。

重点提示

意思表示的效力是意思表示在法律上对表意人产生拘束力和相对人的可受领力。

意思表示的效力与民事法律行为的效力是密切联系而又有区别的。有效的意思表示是民事法律行为有效的条件之一。意思表示的效力只是就意思表示作出后对表意人的拘束力和相对人的受领力而言的，民事法律行为的效力是指依法产生当事人意思表示所追求的法律效果，构成民事法律行为的意思表示有效，并符合民事法律行为的其他有效和生效条件的，民事法律行为才能产生法律效力——发生当事人预期的法律效果。

(八)不健全的意思表示及其效力

意思表示的正常有效状态应是意思与其表示的一致。这样的意思表示即为健全的意思表示。如果意思与其表示不一致，例如，在虚假表示、伪装表示、掩藏表示、错误表示、意思表示不自由等情况下发生的意思与表示不一致，则是不健全的意思表示或者有瑕疵的意思表示，其效力如何确定，则是需要研究的问题。关于这一问题在学理上有三种学说，即意思主义、表示主义和折中主义。依意思主义，在意思与表示行为不一致时应以意思为准，表示行为则不生效力。依表示主义，在表示与意思不一致的情况下，应以表示行为为有效。依折中主义，当意思与表示不一致时，应依具体情况或以意思有效为原则，以表示有效为例外；或者以表示有效为原则，以意思有效为例外。由于意思主义虽然追求表意人的内在意思符合表意人的利益，但不利于维护相对人利益和交易安全；表示主义理论虽有利于保护相对人利益和交易安全，但不利于保护表意人利益。而折中主义则全面考虑了各方利益的平衡关系，兼顾了表意人与相对人及交易安全利益，因而多为采用。具体分析如下所述。

重点提示

意思表示的正常有效状态应是意思与其表示的一致。

1. 意思表示的故意不一致

(1)通谋虚假意思表示及其效力。依据《民法典》第146条第1款规定，通谋虚假民事法律行为是指行为人与相对人以虚假的意思表示实施的民事法律行为。也

就是以意思表示不一致的通谋的虚假意思表示而构成的虚假民事法律行为,属于民事法律行为效力瑕疵的一种类型。其特征是:

第一,它发生于有相对人的意思表示场合。无相对人的意思表示不发生通谋虚假的问题。

第二,它是以虚假意思表示实施的。所谓虚假意思表示是指意思与表示的不一致,表示的意思不是真实意思,就是虚假的。其表示的意思可以是纯粹虚假的,也可以是用以掩盖真实意思的虚假意思表示。

第三,虚假意思表示是行为人与相对人通谋作出的。所谓通谋作出是指行为人与相对人都知道自己所表示的意思并非真实,通谋作出与真意不一致的意思表示。双方当事人都欠缺内心的效果意思(非真意),表意人所表达的非真意的意思表示为对方所"明知",心领神会,相互故意为非真意的表示,例如,行为人提出虚假要约,相对方虚假承诺。

这表明我国《民法典》第 146 条第 1 款所规定的虚假行为是行为人与相对人通谋的行为,不同于单方行为人的真意保留;同时也是故意虚假,主观是故意的,不同于过失的表达错误。虚假意思表示是指行为人与相对人都知道自己和对方所表达的意思并非真意,通谋作出与真意不一致的表示。表达的意思不真实,欠缺效果意思,都不希望真正发生法律上的效果。这种民事法律行为可以是财产行为,也可以是身份法律行为。例如,订立买卖合同,并不打算买卖,甲方不交付标的物,乙方也不付款。没有买卖的效果意思,买卖意思是假的。再如,假离婚。

对于通谋的虚假法律行为《民法典》第 146 条明确规定其无效。因为其没有效果意思,不能发生行为人所预期的法律效果。

(2)隐藏的意思表示的效力。隐藏的意思表示,是指被表意人所为的虚伪意思表示所掩盖的意思表示。隐藏的意思表示与虚假的意思表示不一致,一真一假。掩盖真实意思表示的虚伪意思表示无效,被掩盖的真实意思表示即隐藏的意思表示,应具有意思表示的效力,但若其本身违法时,则因违法而无效。例如,甲将其电视机赠与了乙,但为避免他人对其有意见,声称是卖给乙的。在这里买卖是掩盖真实意思的虚伪的意思表示,应属无效,但赠与意思表示是隐藏的意思表示,依法律规定应是有效的。《民法典》第 146 条第 2 款规定:"以虚假的意思表示隐藏的民事法律行为的效力,依照有关法律规定处理。"

重点提示

虚假法律行为可以隐藏真实的意思，也可以是无隐藏意思的纯粹虚假的意思表示；隐藏意思表示必须是虚假意思表示所隐藏的意思表示。虚假意思表示无效；隐藏的意思表示，如果其内容符合法律的有关规定，则有效；如果违反法律的强制性规定，不符合有效条件的，则无效。

2. 意思表示的无意的不一致

（1）错误的意思表示及其效力。错误的意思表示，是指表意人基于对所欲发生的法律关系要素、性质的错误认识或由于表示行为错误而进行的与其真实意思相悖的意思表示。错误意思表示是表意人在表示意思时处于错误认识而为意思表示，从而发生意思与表示的不一致，并非表意人故意的不一致，要使表意人知道错误的话就不会为这样的意思表示。错误包括：第一，对法律关系的要素的错误，如对对方当事人的错误，对标的物的错误，对权利义务的错误，对权利义务性质的错误。例如，将租赁误为借贷，将连带责任误为一般责任，对权利义务的履行期限、地点和方式的错误等。第二，表示错误，即表意人对所要表示的意思并没有错误，但表示行为发生错误，如书写错误或者语言表达错误。

对于错误的意思表示，表意人可以依法律规定予以撤销，但在表意人撤销以前，其意思表示仍然有效。

法律链接

《民法典》第147条

我国《民法典》第 147 条规定的重大误解的民事法律行为中的意思表示就是错误的意思表示。

（2）误传导致的意思表示不一致。误传，是指由于传达人或者传达机构错误传达表意人的意思表示，导致表意人的意思与表示不一致。传达人的错误与表意人自己错误所造成的后果是一样的，因此，其法律效力同于错误，表意人可以依法撤销误传的意思表示，并对相对人负责。我国《民法典》未规定误传，但在学理解释上，误传被看作重大误解的一种。

法律链接

《民法典》第148、149条

3. 意思表示的不自由

意思表示的不自由，是指由于欺诈、胁迫、乘人之危等使表意人不自由而为的意思表示。

（1）受欺诈的意思表示，是指表意人在相对方当事人故意编造虚假情况或隐瞒真实情况使其陷入错误认识而为的违背其真实意思的意思表示。《民法典》第 148 条规定的欺诈民事法律行为其意思表示就是一方以欺诈手段，使对方在违背真实意思的情况下作出的意思表示。

(2)受第三人欺诈的意思表示,是指第三人实施欺诈行为,使一方在违背真实意思的情况下实施的民事法律行为的意思表示,对方知道或者应当知道该欺诈行为的。《民法典》第149条规定了受第三人欺诈的民事法律行为。

(3)受胁迫的意思表示,是指表意人在受到他人威胁和强迫的情况下而作出的违背其真实意思的意思表示。《民法典》第150条规定:"一方或者第三人以胁迫手段,使对方在违背真实意思的情况下实施的民事法律行为,受胁迫方有权请求人民法院或者仲裁机构予以撤销。"

法律链接

《民法典》第151条

(4)受危难或者判断能力缺乏的意思表示,是指表意人处于生活急迫需要或危难境地,相对人趁机迫使其或者利用其缺乏判断能力作出违背真实意思而接受对其非常不利的苛刻条件的显失公平的意思表示。《民法典》第151条规定的显失公平的民事法律行为,其受害一方当事人的意思表示就是在危难之中或者缺乏判断能力作出的显失公平的意思表示。

在上述四种情况下,表意人的意思表示都是在不自由或不真正自由的情况下作出的,是与其真实意思不一致、相违背的,因此,表意人可以依法撤销其意思表示的效力,但在其未撤销以前,其意思表示仍然有效。

关于意思表示不健全的种类如图10－4所示。

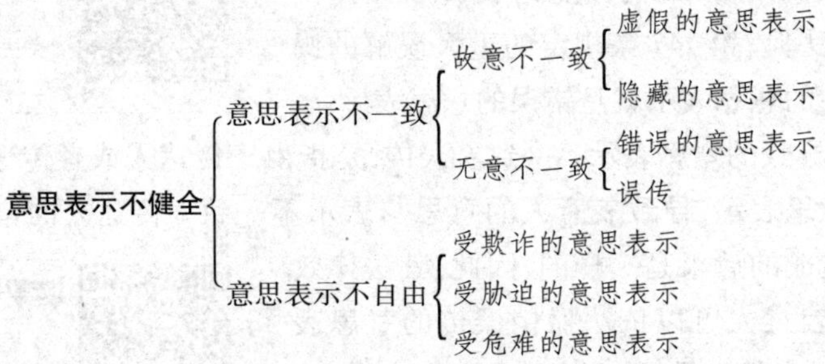

图10－4　意思表示不健全的种类

思考题:

1. 如何认识民事法律行为的成立?

2. 如何理解意思表示的概念及其构成?

3. 什么是明示的意思表示?什么是默示的意思表示?二者的区分有何意义?

4. 意思表示有哪些类型?其概念及区分的意义是什么?

5. 什么是意思表示的效力?

6. 不健全的意思表示有哪些情况？其效力如何？

案例 10-3

神禾宾馆有限公司(以下简称神禾宾馆)与陕东开源房地产开发公司(以下简称开源公司)于2009年7月30日签订《关于商住楼委托开发销售协议书》,明确约定:因神禾宾馆不具备房地产开发资质,将其拥有建设用地使用权的位于迎宾路临街5.355亩土地的商住楼开发项目委托开源公司以其名义代理开发销售。双方订立土地使用权转让协议,神禾宾馆将土地使用权转让给开源公司,但土地使用权和新建商住楼、地下车库产权归神禾宾馆所有。开发过程中的所有支出费用和税费均由神禾宾馆承担,商住楼开发销售中所产生的债权、债务都由神禾宾馆享有和承担。开发过程从工程开工建设到竣工验收及售房都以开源公司名义完成。项目开发及商住楼销售完毕后,神禾宾馆一次性付给开源公司人民币28万元委托代理费,作为报酬。依据该协议约定,双方于2009年8月11日签订《土地转让协议》,神禾宾馆将其商住楼开发土地的使用权转让给了开源公司,开源公司于2009年9月17日登记取得国有土地使用证。开源公司依据委托开发协议的约定,利用神禾宾馆提供的资金按期完成了神禾宾馆委托的商住楼开发项目全部任务,并将开发项目的土地使用权及开发商住楼产权登记在开源公司名下进行销售。后双方发生纠纷:开源公司以土地使用权转让协议为据将登记其名下的房地产据为已有;神禾宾馆则以委托开发协议为据认为开发的房地产土地所有权证虽然登记在开源公司名下但属于委托开发并非土地使用权转让,开源公司完成的房地产归属神禾宾馆所有。请对本案当事人民事法律行为意思表示及其效力作出分析。

第四节　民事法律行为的有效和生效

内容提要

民事法律行为以意思表示为要素,具备法律所要求的意思表示,民事法律行为就成立。成立的民事法律行为能否发生当事人意思表示所要求的法律效果就取决于它在法律上是否有效并且其效力是否已经实际发生。本节主要论述民事法律行为的有效和生效条件。

一、民事法律行为有效和生效的概念及其与民事法律行为构成与成立的区别

(一)民事法律行为有效和生效的概念

民事法律行为有效,是指已经成立的民事法律行为具备发生当事人欲求的民事法律效力的条件而取得法律认可的效力,即内含了法律效果。民事法律行为的生效则是指有效的民事法律行为中当事人所欲求的法律效果的实际发生。一般情况下,作出了一个有效的民事法律行为也就实际发生了当事人意思表示所欲求实现的民事法律效果,当事人的具体民事权利义务现实的变动和运作,其有效与生效是同时发生的。但在特殊情况下,一个有效的民事法律行为,并不立即现实地发生当事人所欲求实现的民事法律效果。例如,立遗嘱的民事法律行为,只要行为人具有民事行为能力,行为人的意思表示真实,内容和形式不违反法律规定,就是一个有效的民事法律行为。但该有效的遗嘱民事法律行为并没有实际发生立遗嘱人所欲实现的民事法律效果,要发生立遗嘱人所欲实现的民事法律效果还须立遗嘱人死亡法律事实的出现。因此,遗嘱民事法律行为是立遗嘱人死后生效的民事法律行为,而在该遗嘱民事法律行为生效以前,我们也不能认为该遗嘱民事法律行为是无效民事法律行为。因为一个无效的遗嘱民事法律行为在当事人死亡后,也是不能发生当事人欲求实现的民事法律后果的。既不是无效的民事法律行为又符合有效条件,就应当认为是有效的民事法律行为,因为已经成立的民事法律行为有一个价值层面的效力判断问题,在这里,有效与生效的区别是明显的。即使在有效与生效同时发生的情况下,二者也具有抽象的逻辑差异。应当认为民事法律行为的有效是其生效的逻辑前提,只有有效的民事法律行为才能生效。民事法律行为的生效则是民事法律行为所具有的为法律所认可的效力的实际作用的发生,是有效民事法律行为具备生效条件时效果的发生。生效就是要让民事法律行为所具有的效力实际发生。一个无效的民事法律行为是不能生效的,生效的民事法律行为如果有瑕疵是可以被变更或撤销的。

关于不同法律行为有效与生效的关系详见图10－5。

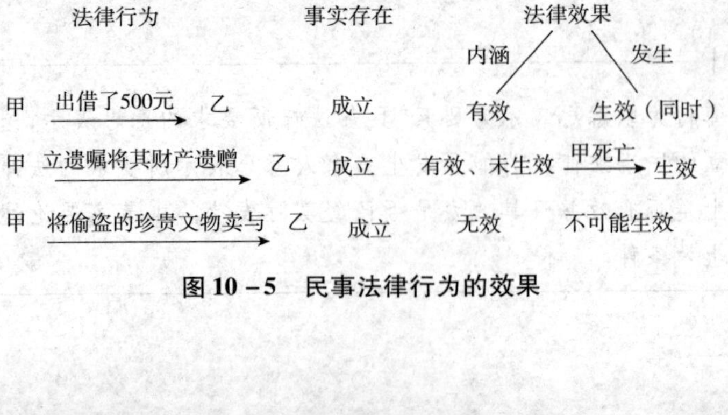

图10－5 民事法律行为的效果

(二)民事法律行为的有效和生效与民事法律行为构成和成立的联系与区别

民事法律行为的构成和成立与民事法律行为的有效和生效是两组既有密切联系又有区别的法律概念。

其联系在于:民事法律行为的构成与成立是民事法律行为有效与生效的事实基础和逻辑前提,一项因具备民事法律行为的构成要素而成立的民事法律行为作为客观存在的法律事实,才有是否有效和生效的问题。也就是说,有效和生效的民事法律行为必定是已经符合民事法律行为的构成要素而成立的民事法律行为。但已经成立的民事法律行为未必就是有效和生效的民事法律行为。一般情况下,民事法律行为的成立与民事法律行为的有效和生效是同时的,即在民事法律行为成立时即具有法律效力并且生效。例如,《民法典》第 136 条第 1 款规定:"民事法律行为自成立时生效,但是法律另有规定或者当事人另有约定的除外。"《民法典》合同编第 502 条规定:"依法成立的合同,自成立时起生效,但是法律另有规定或者当事人另有约定的除外。"可见在一般情况下,民事法律行为的成立与有效和生效在时间上是一致的,但在某些特殊情况下,民事法律行为的成立与有效和生效不具有时间上的一致性,即一项已经成立的民事法律行为却不有效或未生效。例如,合同成立,但其内容违反法律规定就不具备有效条件因而不能有效。又如,一项附延缓条件的民事法律行为成立,符合民事法律行为的有效条件(有效),但因其所附条件未成就因而尚未生效。例如,《民法典》第 502 条第 2 款规定:"依照法律、行政法规的规定,合同应当办理批准等手续的,依照其规定。未办理批准等手续影响合同生效的,不影响合同中履行报批等义务条款以及相关条款的效力。应当办理申请批准等手续的当事人未履行义务的,对方可以请求其承担违反该义务的责任。"可见,依照法律、行政法规的规定应当办理批准手续的合同,在成立后应办理申请批准的手续,未办理批准等手续的,该合同不生效;但是合同中的报批义务条款及其相关的违约责任等条款已经在成立时生效。

重点提示

> 民事法律行为的构成与成立是民事法律行为有效与生效的事实基础和前提。

民事法律行为的有效和生效与其构成和成立的区别主要在于:

1. 判断的取向不同。民事法律行为的构成与成立是对民事法律行为的事实判断,即民事法律行为符合哪些法律规定的构成要素,才能在法律上被看作一种客观存在的法律事实;民事法律行为的有效与生效则是对民事法律行为的价值判断,[8]即已经成立的民事法律行为符合哪些法律规定的条件才能取得法律认可的效力,即产生当事人欲求的法律效果,符合哪些条件才能使这种法律效果实际发生。

2. 判断的标准不同。民事法律行为的构成和成立以行为人的意思表示的成立或意思表示的一致的事实构成为标准;民事法律行为的有效和生效则以行为人的行为能力、意思表示的自愿真实、行为内容的合法性等要素为标准。

3. 发生的时间不同。从逻辑抽象上先有民事法律行为的成立,再有民事法律行为的有效,有效的民事法律行为才可能生效。一般来讲,民事法律行为依法成立便有效并生效。但在特殊情况下,民事法律行为成立有效,但不一定生效。成立而无效的民事法律行为,自始无效,也不会生效。

4. 效力不同。民事法律行为生效即实际引起当事人欲求实现的民事法律效果,当事人应受意思的法律效果的约束,如有违反则在当事人之间产生违约责任。民事法律行为不成立的或虽然成立但无效的或被撤销的,在当事人之间可能产生缔约过失责任,但不会产生违约责任。

二、民事法律行为的有效条件

民事法律行为的有效条件,是指法律规定的民事法律行为发生行为人意思表示内容所欲求的民事法律后果所应具备的条件。依据我国《民法典》第143条和《民法典》第三编合同的有关规定,民事法律行为有效的实质要件主要包括:行为人具有相应的民事行为能力;意思表示真实;不违反法律、行政法规的强制性规定,不违背公序良俗。除此三项外,依民法原理,民事法律行为的有效还须标的确定和可能。

1. 行为人具有相应的民事行为能力。民事法律行为以当事人的意思表示为特征,必然要求行为人具有相应的民事行为能力。民事行为能力是民事主体以自己的独立行为为其设定民事权利、承担民事义务的资格。民事行为能力实质上就是当事人在能够理解其行为性质、预见其行为后果利害的情况下,独立审慎地或理性地为意思表示的能力。民事法律行为的法律效力就是要依当事人的意思表示为依据发生当事人所欲求的民事法律关系产生、变更、消灭的后果,因此,当事人必须具有为该行为的相应民事行为能力,所谓行为人具有与其所为行为相应的民事行为能力主要包括以下四种情况:

---

[8] 参见董安生:《民事法律行为》,中国人民大学出版社1994年版,第183~184页。

(1)具有完全民事行为能力的自然人可以实施所有的法律许可实施的民事法律行为。

(2)限制民事行为能力的自然人可以实施与其年龄、智力发育程度和精神健康状况相适应的民事法律行为和纯获利益的民事法律行为,其他民事法律行为则应由其法定代理人代理或经其法定代理人同意。

(3)无民事行为能力人可以实施接受奖励、赠与、报酬等纯获利益的民事法律行为,其他民事法律行为则应由其法定代理人代为实施。

(4)法人可以实施法律允许其实施的民事法律行为。

2. 意思表示真实。民事法律行为以意思表示为基本构成要素。因此,民事法律行为的有效必然要求意思表示真实有效。意思表示真实,指行为人的意思表示是其自由决定的内心意思的真实反映,即行为人内心意思的形成是自由形成的真实意思,行为人表示于外部的发生民事法律后果的意思与其内心真意是一致的。"意思表示真实应包括意思自由与表示一致两个方面。"[9]意思自由是指当事人内心意思的形成与表示是其自由意志决定的,不存在欺诈、胁迫等干涉和妨害其自由形成意思和自由表示意思的因素。表示一致是指行为人表示出来的意思与行为人的内心真意是符合的,不存在误解、表示错误等意思表示不一致等情形。意思形成自由、表示自由是意思表示真实的基础;意思表达准确、符合真意是意思表示真实的直接实现。无论意思形成或表示的不自由,还是表达上的不一致都可导致意思表示不真实。

民法之所以将意思表示真实作为民事法律行为的有效条件,是因为民事法律行为以当事人的意思表示为特征,是当事人以其意思自治实现其民事生活目的的重要手段,只有自由、真实的意思表示才能实现其民事生活目的。民法以意思表示真实作为民事法律行为的有效条件就在于通过法律的干预,保护民事生活中意思自由不受非法干涉,确保当事人意思自由、真实,真正自由地实现其民事生活的特定目的。

3. 不违反法律和行政法规的强制性规定、不违背公序良俗。民事法律行为不违反法律和行政法规的强制性规定、不违背公序良俗,是指民事法律行为的内容不得违反法律和行政法规的强制性规定,不得违背公序良俗。所谓民事法律行为的内容,也称民事法律行为的标的,是指行为人通过意思表示所追求的民事法律效果。民事法律行为的内容是以意思表示明确确定的,只有内容合法才能够发生相应的

---

〔9〕 李开国:《民法基本问题研究》,法律出版社1997年版,第145页。

民事法律效果。这是民事社会法治秩序的必然要求。关于民事法律行为内容不违反法律和行政法规的强制性规定,具体是指不违反法律和行政法规的效力性强制性规定,违反管理性强制性规定要根据具体情况确定,而不是一律无效。《民法典》第 8 条规定了公序良俗原则,第 143 条也将不违背公序良俗作为民事法律行为有效的条件,因此民事法律行为内容违反公序良俗的应为无效。

4. 标的确定和可能。除我国《民法典》第 143 条规定的民事法律行为的有效条件外,依民法原理,民事法律行为标的必须确定和可能也是民事法律行为的有效条件。[10] 例如,《民法典》第 737 条规定:"当事人以虚构租赁物方式订立的融资租赁合同无效。"

民事法律行为的标的,是指行为人意思表示效果意思指向的目的,或者说,当事人实施民事法律行为所欲发生的事项。标的确定指标的必须明确肯定,在民事法律行为成立时得自始确定或可得而确定,如果标的不确定,民事法律行为应无效。标的可能,是指标的在客观上有实现的可能性,应当排除客观不能、自始不能、全部不能、永远不能等各种不能的情形。

客观不能,指不能的原因与行为人无关,无论何人处于行为人地位都不可能。主观不能,是指因特定行为人的自身原因出现的不能。

自始不能,指行为成立时即已存在的不能。嗣后不能,指在行为成立后才出现的不能。

全部不能,指涉及标的全部的不能。部分不能仅涉及标的一部分的不能。

永远不能,指标的不能永远存续。一时不能,指标的不能仅属一时。

标的客观不能、自始不能、全部不能、永远不能的,民事法律行为应属无效。如果属主观不能、嗣后不能,一时不能的一般不导致民事法律行为的无效,仅产生履行不能。部分不能不影响其余部分效力的,其余部分仍然有效。

三、民事法律行为的生效条件

民事法律行为的生效是指民事法律行为所具有的效力的实际发生。一般情况下,民事法律行为成立并且具备了有效条件就有效,也同时生效。因此其有效条件也就是生效条件。只是某些特殊的民事法律行为,其有效与生效是有区别的,这些民事法律行为成立并具备法律规定的有效条件,但由于其所具有的特殊因素的影

---

〔10〕 参见梁慧星:《民法总论》,法律出版社 1996 年版,第 161 页。但韩世远认为在对《合同法》作解释论时,应当放弃学说继受的"自始不能合同无效的教条",而以"自始不能合同有效"为基础,构造中国的履行障碍法体系。参见韩世远:《合同法总论》,法律出版社 2004 年版,第 481 页。

响使其效力并不实际发生，只有符合了其特性决定的生效条件，其效力才实际发生。因此，对这类民事法律行为除了研究其成立条件、有效条件外，还应研究其生效条件，即民事法律行为效力实际发生所应具备的条件，主要有以下几种情况。

1. 死因民事法律行为。死因民事法律行为，以行为人死亡为生效条件。死因民事法律行为，是指以行为人的死亡为原因的民事法律行为。例如，行为人立遗嘱的民事法律行为，在行为人死亡前虽是有效民事法律行为，但并不生效，只有当行为人死亡后才发生法律效力。遗赠扶养协议中的遗赠部分，在遗赠人死亡前虽然有效，但只有在遗赠人死亡后才生效。

2. 附延缓条件的民事法律行为。附延缓条件的民事法律行为以所附条件的成就为生效条件。延缓条件，是指为民事法律行为所附加的以其将来是否发生延缓民事法律行为效力发生的某种客观情况，作为条件内容的事实的发生或不发生就是条件的成就。与此相反，条件内容要求事实发生但未发生、要求事实不发生但发生的，就是条件的不成就。所附条件成就，该民事法律行为就发生效力；所附条件不成就，该民事法律行为就不生效。

3. 附始期的民事法律行为。附始期的民事法律行为以所附期限的到来为生效条件。一个有效的附期限的民事法律行为，在所附期限到来时生效。

4. 要式民事法律行为。要式民事法律行为，以具备法律规定的特定形式或完成法定的程序为生效要件。例如，法律规定民事法律行为只有经过批准或登记才能生效的，必须经过批准或登记才能生效。一个有效的民事法律行为才有可能经批准登记而生效，一个无效民事法律行为是不会经批准登记而生效的。

总之，在上述情况下，民事法律行为虽已成立并有效，但未具备生效条件的，并不引起当事人所预期的民事法律效果，当事人不得以此民事法律行为为依据主张民事权利。只有具备了相应生效条件的民事法律行为才能引起当事人所欲求的民事法律效果，当事人才可以据此主张民事权利。

重点提示

民事法律行为的成立是具备了构成要素的民事法律行为客观的事实存在，是民事法律行为有效和生效的基础；民事法律行为的有效是成立的民事法律行为符合了法律的有效条件，可能依当事人的意思表示的内容发生相应的法律效果；民事法律行为的生效是有效法律行为效力的实际发生。

思考题：

1. 民事法律行为的构成和成立与民事法律行为的有效与生效有什么联系和区别？

2. 民事法律行为的有效条件有哪些?

案例 10 - 4

某无线电设备公司给某大学发函称:愿售丽声牌耳机100副,每副单价30元。并随函附送了该产品介绍。该大学在接函后考虑到外语听音室即将建成需要配置耳机,遂回函称:决定购买贵公司丽声牌耳机100副,但价格为每副25元。无线电设备公司接到回函后认为对方已决定购买耳机,即向对方发货100副耳机,并同时以每副单价30元价格向对方结算货款。该大学遂拒收货物。无线电设备公司则以该大学违约为由将其起诉要求追究其违约责任。请分析该大学是否构成违约。

案例 10 - 5

某家电销售公司与王某签订了一份雇佣合同,家电公司雇佣王某为家电售后服务安装工。合同约定:王某月工资1000元,合同期限2年。其免责条款规定,王某在工作期间受到的任何伤害,公司只负责急救费用,其余概不负责。半年后王某在为一客户安装空调时坠地摔断一条腿。住院花费21300元。王某要求该公司支付其医疗费,公司则以双方签订合同的免责条款为由拒绝支付其全部住院费用,仅仅愿意承担3000元费用。请分析王某与该公司所订立的合同的效力,并提出对本案的处理意见。

案例 10 - 6

张光夫妇收养张林松为子,在养子成家立业后,张光因病卧床不起,由于害怕在他死亡后妻子生活无着,遂于1987年8月立遗嘱将他与妻子居住的5间房屋和房前屋后的树木等财产全部由其妻子继承。随后,他又怕因此影响他们夫妇与养子张林松的关系,于是张光又于1987年12月立了一份遗嘱,写明在其死后5间房屋及全部财产都由养子张林松继承,但张林松必须对其养母养老送终。1988年3月10日张光病逝。张林松则继承了全部财产,并对其养母尽赡养之责。但一年后,张林松则因琐事常与养母争吵,逐渐地不再照顾养母生活,也不给生活费。其养母于1999年8月提出要与张林松解除关系,并按照其丈夫1987年所立遗嘱继承财产。张林松不同意。其养母遂将张林松诉至人民法院。请分析此案中遗嘱民事法律行为的成立、有效和生效情况,并对当事人之间的纠纷提出处理意见。

第五节　民事法律行为的附条件与附期限

｜内容提要｜

民事法律行为的附条件与附期限，是当事人意思表示内容的一部分，并非独立的意思表示，它是附加在主要意思上的附款，是当事人用于影响法效意思效力的附加意思，由此构成的民事法律行为称为附条件的民事法律行为和附期限的民事法律行为。学习本节主要应当理解条件和期限的不同特点，理解延缓条件、解除条件、延缓期限、终止期限对民事法律行为效力的不同影响。关于法律行为附条件和附期限的具体情况详见图 10－6。

- 法律行为附款
  - 条件
    - 延缓条件
      - 积极条件
        - 未来事实的发生　成就　生效
        - 未来事实的不发生　不成就　不生效
      - 消极条件
        - 未来事实的不发生　成就　生效
        - 未来事实的发生　不成就　不生效
    - 解除条件
      - 积极条件
        - 未来事实的发生　成就　效力终止
        - 未来事实的不发生　不成就　效力继续
      - 消极条件
        - 未来事实的不发生　成就　效力终止
        - 未来事实的发生　不成就　效力终止
  - 期限
    - 始期（时间）届至　效力开始
    - 终期（时间）届满　效力终止

图 10－6　民事法律行为附款的种类

一、民事法律行为附条件和附期限的意义和性质

（一）民事法律行为附条件和附期限的意义

民事法律行为的实质是当事人以意思自治为民事活动，满足其民事生活中的物质文化需要。而人们的物质文化生活需要及其满足受一定的时间、地点及其他条件变化的影响，为了创造条件，抓住机遇，避免机遇变化对其需求满足的不利影响，民法允许当事人在民事法律行为中附加一定的条件或期限，满足人们的各种特殊需要。比如，当事人约定如果厂家生产的农药对病虫害的有效率达 90% 就购买若干箱，这就是通过附条件以满足当事人对农药质量的特殊需求。再如，当事人约

定如果星期日天不下雨就租赁运输公司的大轿车去旅游,这就把当事人的用车需求与特定的自然条件联系起来,避免天下雨这一可能情形对其租车旅游的不利影响。这样既可以保证天不下雨时能及时租到车,又可以避免因天下雨无须用车而违约的风险。

(二)民事法律行为附条件、附期限的性质

民事法律行为附条件,就是指以将来不确定的客观事实的发生与否作为民事法律行为效力开始或终止的条件附加于民事法律行为。民事法律行为的附期限,是指以将来一定期限的到来作为民事法律行为效力开始或终止原因附加于民事法律行为。条件和期限作为民事法律行为的附款,是民事法律行为的组成部分,是以当事人意思选定的影响民事法律行为效力的决定性因素。条件或期限所限制的是民事法律行为的效力而非民事法律行为的成立。延缓条件或延缓期限是延缓民事法律行为效力发生的条件或期限,条件的成就或期限的到来就是民事法律行为的生效条件。解除条件或解除期限则是消灭民事法律行为效力的条件或期限,条件的成就或期限的到来就是民事法律行为效力消灭的条件。当事人在为民事法律行为的意思表示时,一方面表示欲发生一定民事法律效果的意思,另一方面又表示将一定的条件或期限附加于民事法律行为以控制民事法律行为效力的发生与消灭。所以,从性质上讲,附条件和附期限是当事人意思表示选定的影响民事法律行为效力的决定性因素,是民事法律行为效力发生或消灭的要件,是民事法律行为的附款,与民事法律行为本体内容的条件不同。例如,不同于买卖合同本体内容的交货条件或者付款条件。

重点提示

条件和期限作为民事法律行为的附款,是民事法律行为的组成部分,是以当事人意思选定的影响民事法律行为效力的决定性因素。

二、附条件的民事法律行为

(一)概念

附条件的民事法律行为,是指以当事人意思表示选定的将来可能发生的客观事实的发生与否为条件决定其效力开始或终止的民事法律行为。条件是民事法律行为的表意人以其意思选定的发生与否并不确定的将来事实,其作用是控制民事法律行为效力的发生或者消灭。将来事实内容的发生即条件的成就,将来事实内

容的不发生即条件的不成就。条件成就与否决定民事法律行为效力的发生与否或者解除与否。我国《民法典》第158条规定："民事法律行为可以附条件，但是根据其性质不得附条件的除外。附生效条件的民事法律行为，自条件成就时生效。附解除条件的民事法律行为，自条件成就时失效。"可见，附条件民事法律行为具有广泛的适用，除了按照其性质不得适用的外都可以适用。所谓按照其性质不得适用，是指法律行为性质决定了法律行为内容是必须即时实现或者必须全部实现不得以附条件延缓或者终止的情况。例如，即时贴现的票据行为。我国《民法典》第494条规定："国家根据抢险救灾、疫情防控或者其他需要下达国家订货任务、指令性任务的，有关民事主体之间应当依照有关法律、行政法规规定的权利和义务订立合同。依照法律、行政法规的规定负有发出要约义务的当事人，应当及时发出合理的要约。依照法律、行政法规的规定负有作出承诺义务的当事人，不得拒绝对方合理的订立合同要求。"对该类合同就不得附件条件延缓或者终止其效力。

（二）条件的特点

作为民事法律行为所附条件，必须具备以下要件：

1. 须是行为当时尚未实现的事实，已经实现的事实不能作为条件。

2. 须是有发生可能的事实。根本无发生可能的事实，不能作为条件。

3. 事实的发生须不确定。有发生可能的事实，即事实是否发生是当事人难以肯定的，可能发生，也可能不发生，必定发生的事实不能作为条件。

4. 条件须合法。

5. 须以当事人意思表示选定的事实的发生与否作为条件，法律规定的事项不能成为条件。

（三）条件的分类

1. 依条件成就对民事法律行为效力的影响功能不同，可分为延缓条件和解除条件。

延缓条件，也称停止条件、生效条件，是指具有延缓民事法律行为效力发生功能的条件。民事法律行为因附延缓条件，在其成立后，所附条件成就前其效力处于停止状态，只有当所附条件成就时，民事法律行为的效力才发生。该种条件是民事法律行为的生效条件。例如，甲乙约定如果甲的儿子今年考上大学，甲就将其收藏的字画卖给乙，以供儿子读书。这里甲的儿子考取大学就是一延缓条件，它起到延缓甲乙之间买卖合同效力发生的作用，或者说它使甲乙之间的字画买卖合同成立后,其效力处于停止状态,待甲的儿子考取大学的事实实现即条件成就时,才生效。

解除条件,也称终止条件、失效条件,是指具有消灭民事法律行为效力功能的条件。民事法律行为,虽然在其成立时,因符合有效条件而生效,但因其所附条件为解除条件,当所附条件成就时,民事法律行为的效力就消灭(或者说解除、终止、失效)。这种条件对民事法律行为的既存效力发挥着使其消灭或者说失效的作用,是民事法律行为的失效条件。例如,甲乙约定,如果甲的儿子退伍复员就解除甲乙之间的房屋租赁合同。这里所附的"甲的儿子退伍复员"就是一解除条件。

2. 依条件内容是以客观事实的发生还是不发生为成就的标准,可将条件分为积极条件和消极条件。

积极条件,是指以将来事实的发生为成就的条件。例如,甲的儿子考取大学就是积极条件。

消极条件,是指以将来事实的不发生为成就的条件。例如,甲乙约定,甲向乙交付电脑一台,乙试用一周不发生故障,买卖合同生效,试用一周不发生故障就是消极条件。

上述两类条件经组合可以形成积极延缓条件和消极延缓条件、积极解除条件和消极解除条件。

(四)条件的成就与不成就

条件的成就,是指当事人意思表示选定的事实状态的实现,即作为条件的事实的现实发生或不发生。在积极条件以条件事实的发生为成就;在消极条件,则以条件事实的不发生为成就。那么与此相对应,条件事实的不实现,则为条件的不成就。在积极条件,以条件事实的不发生为不成就;在消极条件,则以条件事实的发生为不成就。

条件的成就与不成就,应以客观规律决定,当事人不得恶意促成或阻碍。依民法原理,因条件成就而受不利益的当事人,以不正当行为恶意阻止条件成就的,视为条件已成就。因条件成就而受利益的当事人,以不正当手段恶意促成条件成就的,视为条件不成就。《民法典》第159条规定:"附条件的民事法律行为,当事人为自己的利益不正当地阻止条件成就的,视为条件已经成就;不正当地促成条件成就的,视为条件不成就。"

(五)附条件民事法律行为的效力

附延缓条件的民事法律行为在所附条件成就前,已经成立,其符合民事法律行为有效条件的即具有法律效力，处于有效状态，在当事人之间引起了相应的民事法律关系，当事人对意思表示内容所确定的民事权利义务有期待权，任何一方当事人不得擅自解除其成立，不得恶意促成或阻碍条件的成就。但当事人意思表示内容所确定的民事权利义务的现实效力因受所附延缓条件的限制尚未实际发生，当事人还不能现实地主张权利的实现，义务人也无须现实地履行义务。因此，该法律行为处于成立、有效但未生效的状态。当所附条件成就时，即发生当事人意思表示内容所确定的民事权利义务的实现效力，即生效，当事人对其权利的期待权就转化为具体民事权利的取得；所附条件不成就的，其期待权归于消灭。

附解除条件的民事法律行为，在所附条件成就前，意思表示内容所确定的民事权利义务的实现效力就已经发生，在有关当事人之间就已经发生了现实的民事权利义务。因此，该民事法律行为自成立时已经有效、生效。当所附条件成就时，民事法律行为的效力终止。当所附条件不成就时，行为内容所确立的民事权利义务继续有效。

辨　析　附条件的民事法律行为与附负担的民事法律行为的区别

附条件的民事法律行为是以所附条件作为民事法律行为的附款，以条件的成就决定民事法律行为的生效或效力终止，附负担的民事法律行为是指对权利人取得权利附加一定的义务的民事法律行为。民事法律行为的附款通常有三种情况，即条件、期限、负担。条件、期限规定在总则中，负担规定在合同编或继承编中。附条件和附负担都是民事法律行为的附款，但这二者是不同的，在实践中应加以区分。在这里应注意两点：一是条件属于民事法律行为的附款，影响民事法律行为的效力，即民事法律行为的生效或失效，负担属于民事法律行为的义务内容，不影响民事法律行为的生效；二是条件没有强制力，其成就与否顺其自然，而负担属于义务，义务是具有强制效力的，法院可以强制履行。例如，《民法典》第 1144 条规定：“遗嘱继承或者遗赠附有义务的，继承人或者受遗赠人应当履行义务。没有正当理由不履行义务的，经利害关系人或者有关组织请求，人民法院可以取消其接受附义务部分遗产的权利。”

三、附期限的民事法律行为

（一）概念

附期限的民事法律行为，是指以当事人意思表示选定的将来确定发生的事实——一定期限的届至作为决定效力发生或终止依据的民事法律行为。《民法典》第160条规定:“民事法律行为可以附期限,但是根据其性质不得附期限的除外。附生效期限的民事法律行为,自期限届至时生效。附终止期限的民事法律行为,自期限届满时失效。”

期限与条件是不同的,期限是确定的将要发生的事实,期限的到来是必然的;而条件的成就与否则是不确定的,作为条件的事实是否发生是当事人难以确定的。未来事实的发生是必然的还是或然的,是区分附期限还是附条件的界限。

(二)期限的种类

期限以其对民事法律行为效力的影响功能不同可分为始期和终期。

1. 始期

始期,是指以其届至决定民事法律行为效力开始即生效的期限。民事法律行为成立并符合有效条件,但因所附期限的限制,民事法律行为内容确定的民事权利义务的变动效果并未实际发生,当事人对其具体民事权利仅有期待权,待期限届至,民事法律行为才生效果效力,即引起当事人意思表示预期的民事权利义务的变动。所以始期也称延缓期限,即它延缓民事法律行为效果效力的发生。

2. 终期

终期,是指以其到来决定民事法律行为效力终止的期限。民事法律行为成立,符合有效条件,即发生效果效力,引起当事人意思表示所预期的具体民事权利义务变动效果的发生,而待所附期限届至时,其效力终止。

(三)期限届至

期限届至,也称期限到来,是期限事实的发生。对期限届至的认定应分为以下三种情况:

1. 以日历设定期限者,以该日到来为期限届至。

2. 以一定期间为期限者,以该期间的最后一日的终止时为期限届至。《民法典》第203条规定:“期间的最后一日是法定休假日的,以法定休假日结束的次日为期间的最后一日。期间的最后一日的截止时间为二十四时;有业务时间的,停止业务活动的时间为截止时间。”

3. 以事件的发生为期限者,以该事件发生的时点为期限届至。

(四)效力

附始期的民事法律行为在期限届至前,不发生当事人意思表示所追求的具体民事权利义务的变动效力,受期限届至利益的一方当事人对其所预求的具体民事权利仅有期待权,但该民事法律行为已经成立,且符合有效条件的,对双方当事人都有拘束力,任何一方当事人不得擅自解除其成立,损害对方当事人的期待利益。附终期的民事法律行为在期限届至前,其已经发生民事权利义务变动效果的效力,当期限届至时其效力终止。附期限属于民事法律行为的附款,影响民事法律行为的效力,但不同于民事法律行为本体内容的履行期限。民事法律行为内容的履行期限并不决定民事法律行为的生效或者失效,只是决定民事法律行为中具体民事义务的履行和履行请求权的效力。在履行期限届至以前,权利人不得请求义务人履行义务,义务人也没有义务履行。而所附期限届至前民事法律行为不生效或者不失效。

思考题:

1. 什么是附条件的民事法律行为? 什么是附期限的民事法律行为?

2. 条件和期限作为民事法律行为附款的性质和意义是什么?

3. 条件和期限各有哪些分类? 各类条件和期限对民事法律行为的效力有何影响?

案例 10－7

周某有土木结构瓦房3间,他所在单位正在出售经济适用房屋,按分房条件他可以购买一套三室一厅,于是他欲将其现居的3间瓦房出卖。经人介绍,周某与方某达成房屋买卖合同,约定周某以8万元将其3间瓦房卖与方某,但合同暂不生效,待周某从单位买到三室一厅单元房时生效。虽然合同未生效,方某据此合同预付了3万元支持周某从单位买房。合同订立8个月后周某从单位分配买到三室一厅房屋一套。方某遂要求周某履行他们之间的房屋买卖合同,但周某又以其儿子将要居住为由拒绝履行合同。方某遂将周某起诉至法院,要求周某履行合同。请运用有关民事法律行为理论分析本案,并提出处理意见。

第六节　民事法律行为的效力状态

内容提要

就一般而言,民事法律行为因其构成的意思表示的具备而成立,成立的民事法律行为能否依法发生当事人意思表示所欲求的民事法律效果即是它的效力问题。民事法律行为的效力是当事人意思表示的内容依据法律规定产生的效力。民事法律行为以其是否具备或违反民事法律行为的有效、生效条件的不同情况可以将其效力区分为以下几种情况:(有效)生效、(有效)未生效、无效、可撤销、效力未定、部分有效部分无效等。

一、概述

民事法律行为的效力状态是指民事法律行为成立后能否引起当事人意思表示内容所追求的民事权利义务变动的法律效果的不同状况,它是对已成立的民事法律行为进行法律价值评判所确定的不同状况。民事法律行为以其是否具备或违反民事法律行为的有效、生效条件的不同情况可以将其效力区分为以下几种情况:(有效)生效、(有效)未生效、无效、可撤销、效力未定、部分有效部分无效等。能够依法发生当事人意思表示所欲求的法律效果的民事法律行为即有效的民事法律行为,实际发生这种法律效果的民事法律行为即是生效的民事法律行为;符合民事法律行为的有效条件,但尚未实际引起当事人意思表示所欲求的法律效果的民事法律行为是未生效的民事法律行为;不具备民事法律行为的有效条件,因而根本不能引起行为人意思表示内容所欲求的法律效果的民事法律行为是无效民事法律行为;因欠缺民事法律行为的非根本性有效条件,法律允许当事人予以撤销的民事法律行为是可撤销的民事法律行为;因欠缺有效条件而不能生效,但法律允许享有形成权的第三人以其意思表示补正而使其生效或以其拒绝的意思表示而使其确定无效的是效力待定的民事法律行为;民事法律行为内容的一部分不具备民事法律行为的有效条件而无效,但并不影响其余部分效力的民事法律行为是部分有效部分无效的民事法律行为。

(一)民事法律行为的(有效)生效

民事法律行为的(有效)生效状态,是指民事法律行为成立后符合法律规定的民事法律行为的有效条件,对其效力的发生没有法律规定的或当事人意思选定的因素的限制,或者限制因素已不存在,从而引起了当事人意思表示所预期的民事法律效果的发生。我国《民法典》第136条规定:"民事法律行为自成立时生效,但是法律另有规定或者当事人另有约定的除外。行为人非依法律规定或者未经对方同意,不得擅自变更或者解除民事法律行为。"《民法典》第502条规定:"依法成立的合同,自成立时生效,但是法律另有规定或者当事人另有约定的除外。依照法律、行政法规的规定,合同应当办理批准等手续的,依照其规定。未办理批准等手续影响合同生效的,不影响合同中履行报批等义务条款以及相关条款的效力。应当办理申请批准等手续的当事人未履行义务的,对方可以请求其承担违反该义务的责任。依照法律、行政法规的规定,合同的变更、转让、解除等情形应当办理批准等手续的,适用前款规定。"因此,所谓没有法律规定的限制其生效的因素或限制因素已不存在,是指没有法律、行政法规规定的必须办理批准登记等手续才能生效的情况,或者虽然法律、行政法规规定办理批准、登记等手续才生效的,但已经依照规定办理了批准、登记等手续。所谓没有当事人选定的限制其生效的因素,是指当事人没有以其意思表示为民事法律行为附加生效条件或生效期限;所谓这种限制因素已不存在,是指当事人虽然为民事法律行为的生效附加条件或期限,但所附生效条件已经成就,或所附生效期限已届至。

案例10-8

1998年5月20日,某家电商场给某电视机制造公司发函称,愿购其生产的丽虹牌彩色21英寸电视机200台,每台单价2100元,6月20日前交货。电视机制造公司接函后,即回函表示同意供货,将按时发货,并要求对方在接货后10日内付清货款。家电商场接函后即回函表示同意。电视机制造公司在6月15日按时将200台丽虹牌21英寸彩色电视机发往该家电商场。家电商场于6月20日接货后直至30日未向电视机制造公司付清货款,遂形成纠纷。

在该案中家电商场与电视机制造公司之间发生的电视机购销合同民事法律行为因双方当事人意思表示一致而成立,而且其意思表示的内容合法,因而是有效的民事法律行为,同时也不存在法律规定的或者当事人约定的限制其效力发生的因素,因而从其成立之时即生效。由此买卖民事法律行为就在双方当事人之间发生了电视机买卖合同法律关系,其中电视机制造公司是卖方,有义务按照约定的规格、数量、时间、地点向商场交付电视机,有权利请求家电商场付清货款;家电商场是买方,有权利请求电视机制造公司按照约定的规格、数量、时间、地点交付电视机,有义务在规定的时间内向电视机制造公司付清货款。这就是这一合同民事法律行为的法律效力。电视机制造公司按照合同约定履行了自己的合同义务,但其货款权利并未实现。家电商场在收到电视机制造公司的供货后,不履行给付货款的义务,其行为已构成违约。电视机制造公司有权请求家电商场付清电视机货款,并追究家电商场的违约责任。

(二)民事法律行为的(有效)未生效

民事法律行为(有效)未生效,是指已经成立的民事法律行为,符合民事法律行为的有效条件,但因尚未具备法律规定或当事人选定的生效条件,尚未实际引起当事人意思表示所欲求的民事法律效果的状态。例如,已经成立的民事法律行为,符合法律规定的民事法律行为的有效条件,但依法规定尚需办理批准、登记手续后才能生效,在未办理批准、登记手续之前即处于未生效状态。又如,依当事人意思表示选定附生效条件或生效期限的民事法律行为,在条件成就前或期限届至前处于未生效状态。但这同民事法律行为的无效是不同的,无效民事法律行为因不符合民事法律行为的有效条件而永远不会生效;而未生效民事法律行为符合民事法律行为的有效条件,当其具备生效要件时就会生效。一个无效的民事法律行为是不会因被批准、登记而生效的,即使经过批准、登记也是无效的。例如,《合同法解释(一)》第9条规定:“依照合同法第四十四条第二款的规定,法律、行政法规规定合同应当办理批准手续,或者办理批准、登记等手续才生效,在一审法庭辩论终结前当事人仍未办理批准手续的,或者仍未办理批准、登记等手续的,人民法院应当认定该合同未生效……”可见,民事法律行为的未生效与无效是不同的。未生效的民事法律行为是可以通过补充生效条件而生效的。

案例10-9

A煤矿系个人独资企业,投资人为孙某。2014年1月A煤矿与B公司签订了A煤矿资产转让协议,A煤矿将包括采矿权在内的全部资产转让给了B公司。转让价款2600万元;如果A煤矿不能及时办理过户变更手续,B公司有权单方面解除合同,并追究A煤矿的违约责任。合同签订后A煤矿向B公司交付了合同约定的采矿权证书及部分资产清单资料,B公司向A煤矿支付了1560万元首付款。此后

A煤矿未能办理过户手续。B公司向法院起诉请求解除合同，请求A煤矿返还已支付的1560万元转让款，并支付违约金。依据《矿产资源法》第6条，《探矿权采矿权转让管理办法》第13条规定，采矿权转让必须经矿产资源主管部门批准才能生效。因A煤矿未能办理审批手续该合同属未生效的民事法律行为，因而不具有履行效力。但采矿权转让的未生效不影响合同约定的A煤矿不能履行报批义务的违约责任条款的效力，因此法院判决支持了B公司的诉讼请求。

（三）民事法律行为的无效

民事法律行为的无效，是指已经成立的民事法律行为因不具备民事法律行为的有效条件，而根本不能引起行为人意思表示内容所欲求的法律效果。这一类民事法律行为，是确定无效的民事法律行为。

民事法律行为确定无效的含义包括：(1)无效民事法律行为不具备民事法律行为的有效条件，例如，行为人不具备相应的民事行为能力、意思表示不真实、违反法律的强制性规定或者公序良俗。(2)根本不能产生行为人意思表示所欲求的民事法律效果，即不能按照当事人意思表示的内容发生民事权利义务关系产生、变更、终止的效果，但可以引起其他法律责任后果。(3)无效民事法律行为的效力是确定的、绝对的、自始无效的。所谓确定无效，是指无效状态是不可改变的；自始无效，是指从行为一经成立开始就无效；绝对无效，是指无须任何人主张，也无须法律或仲裁机关宣告就无效。虽然只有人民法院或仲裁机关有权确认民事法律行为的无效，但无效民事法律行为并不是因为人民法院或仲裁机关的确认才无效，它本来就是无效的。确认机关只是对这种本来就无效的状态的宣告。(4)无效民事法律行为对当事人不仅不具备履行之约束力，而且当事人不得履行。

（四）民事法律行为的可撤销

民事法律行为的可撤销，是指已经成立的民事法律行为因欠缺民事法律行为的非根本性有效条件，法律允许当事人予以撤销。这类民事法律行为一般一经成立就引起了当事人意思表示内容所欲求的民事法律效果，但未充分具备民事法律行为的有效条件，法律允许当事人撤销，因而其生效处于相对状态，在当事人依法撤销以前，其效力处于有效生效状态，但并非绝对有效，经当事人依法撤销后，从行为成立时不发生法律效力，自始不产生当事人意思表示所欲求的法律效果；但撤销权人知其可撤销事由不行使撤销权而承认其效力或者于法定的撤销权行使期间不行使撤销权，该民事法律行为的效力即以有效生效的民事法律行为完成。

(五)民事法律行为的效力未定

民事法律行为的效力未定,是指民事法律行为成立后因欠缺有效条件而不能生效,但法律允许享有形成权的第三人以其意思表示补正而使其生效或以其拒绝的意思表示而使其确定无效的不确定状态。这类民事法律行为的效力取决于第三人补充有效条件使之有效还是拒绝其生效的待定状态,也称民事法律行为的效力待定。

(六)民事法律行为的部分有效部分无效或者部分生效部分未生效

民事法律行为的部分有效部分无效,是指民事法律行为内容的一部分因不具备民事法律行为的有效条件而无效,但并不影响其余部分效力,其余部分仍然有效的民事法律行为效力状态。《民法典》第 156 条规定:"民事法律行为部分无效,不影响其他部分效力的,其他部分仍然有效。"例如,2015 年 9 月 1 日施行的《民间借贷案件规定》第 28 条规定:"借贷双方对前期借款本息结算后将利息计入后期借款本金并重新出具债权凭证,如果前期利率没有超过年利率 24%,重新出具的债权凭证载明的金额可认定为后期借款本金;超过部分的利息不能计入后期借款本金。约定的利率超过年利率 24%,当事人主张超过部分的利息不能计入后期借款本金的,人民法院应予支持。按前款计算,借款人在借款期间届满后应当支付的本息之和,不能超过最初借款本金与以最初借款本金为基数,以年利率 24% 计算的整个借款期间的利息之和。出借人请求借款人支付超过部分的,人民法院不予支持。"可见对利率约定的民事法律行为,超过年利率 24% 的部分无效,未超过限度的部分仍然有效。

民事法律行为的部分生效部分未生效,是指民事法律行为内容的一部分因不具备民事法律行为的生效条件而未生效,但并不影响其余部分条款的效力,其余部分条款仍然有效的民事法律行为效力状态。例如,《民法典》第 502 条第 2 款规定:"依照法律、行政法规的规定,合同应当办理批准等手续的,依照其规定。未办理批准等手续影响合同生效的,不影响合同中履行报批等义务条款以及相关条款的效力。应当办理申请批准等手续的当事人未履行义务的,对方可以请求其承担违反该义务的责任。"

二、民事法律行为的确定无效

民事法律行为的确定无效,是指民事法律行为因不具备法律所规定的民事法律行为的有效条件，根本不能产生当事人意思表示欲求的民事法律效果，这类民事法律行为称为无效民事法律行为，或确定无效的民事法律行为。依民事法律行为的有效条件，民事法律行为确定无效主要有以下四种情况：

（一）行为人不具有相应的民事行为能力所实施的民事法律行为无效

依我国《民法典》第144条的规定，无民事行为能力人实施的民事法律行为无效。《民法典》第1143条第1款规定："无民事行为能力人或者限制民事行为能力人所立的遗嘱无效。"

（二）意思表示不真实法律明确规定其无效的民事法律行为无效

意思表示真实是民事法律行为的有效条件，但意思表示不真实，并非民事法律行为无效的必然原因。行为人一方故意进行不真实意思表示，如真意保留，为维护相对人利益，法律在一定条件下会强令其生效。对于当事人因受欺诈、胁迫、乘人之危等原因而为的意思表示不真实的民事法律行为，一般也在恢复当事人意志自由后，赋予当事人可撤销的权利，听任受害一方当事人决定，并不必然令其无效。只有在意思表示不真实并且法律明确规定其无效的情况下该民事法律行为才可以被确定无效。关于意思表示不真实并且法律明确规定其无效的情形，主要有以下两种：

1. 虚假民事法律行为。《民法典》第146条规定："行为人与相对人以虚假的意思表示实施的民事法律行为无效。以虚假的意思表示隐藏的民事法律行为的效力，依照有关法律规定处理。"可见，我国《民法典》规定的虚假民事法律行为是行为人与相对人通谋以虚假意思表示所为的民事法律行为，包括了伪装的民事法律行为。伪装的民事法律行为，是指行为人与相对人通谋以虚假意思表示掩盖另一真实民事法律行为的民事法律行为，即用以掩盖真实民事法律行为的虚假民事法律行为就是伪装的民事法律行为。虚假民事法律行为不一定隐藏真实行为，当其隐藏真实行为时就是伪装行为。我国《民法典》没有规定伪装行为的概念，统一称为虚假行为。第146条第2款所指的虚假行为就是伪装民事法律行为。虚假民事法律行为无真实的效果意思，应认定其无效。例如，甲为了逃避人民法院对其财产的强制执行，与乙串通，虚伪地将其财产赠与乙，以损害债权人利益。其赠与民事法律行为为通谋虚伪的民事法律行为，应认定为无效。被虚假行为掩盖的真实民事法律行为，如果其本身符合民事法律行为有效条件的应当认定其有效；如果其本身不符合民事法律行为的根本有效条件的，可以认定其无效。例如，甲房地产开发公司与乙公司以合作开发的民事法律行为掩盖其转让国有建设用地使用权的民事法律行为。合作开发民事法律行为则是虚假的民事法律行为,其无真实效果意思应认定无效,隐藏的转让国有建设用地使用权的行为并未违反法律规定,可以认定其有效。

2. 我国《民法典》第1143条第2、3、4款规定:"遗嘱必须表示遗嘱人的真实意思,受欺诈、胁迫所立的遗嘱无效。伪造的遗嘱无效。遗嘱被篡改的,篡改的内容无效。"这是因为遗嘱系行为人死后生效的民事法律行为,受胁迫、欺骗所立遗嘱或者伪造的遗嘱、被篡改的遗嘱都违背立遗嘱人的真实意思,在其死后如果听任其生效,行为人已不可能以其意思表示撤销,从而严重损害行为人利益,因此法律规定直接令其无效。

(三)违反法律、行政法规的强制性规定,违背公序良俗的民事法律行为无效

《民法典》第153条规定:"违反法律、行政法规的强制性规定的民事法律行为无效。但是,该强制性规定不导致该民事法律行为无效的除外。违背公序良俗的民事法律行为无效。"这类民事法律行为主要包括以下两种情况:

1. 违反法律、行政法规强行性规定的民事法律行为无效。违反法律、行政法规强行性规定是指违反了由全国人民代表大会及其常务委员会颁布的法律或由国务院制定的行政法规中禁止当事人行为的规定或强制当事人必须行为的规定,该强制性规定内容是导致民事法律行为无效的规定,则民事法律行为无效。所谓导致民事法律行为无效的强制性规定,是指该强制性规定明确规定行为人违反规定导致民事法律行为无效或者强制性规定属于绝对禁止性规定或者违反该规定直接损害国家利益和社会公共利益的。对此规定在学理解释上称为效力性强制性规定,区别于管理性强制性规定,后者是指违反该强制性规定并不导致民事法律行为无效的强制性规定。只有违反了效力性强制性规定的民事法律行为才是无效的。只要民事法律行为内容在客观上构成对效力性强行性规定的违反,就会导致民事法律行为的无效。至于当事人主观上对违法是否明知、故意或过失,均在所不问。例如,全国人民代表大会常务委员会《关于全面禁止非法野生动物交易、革除滥食野生动物陋习、切实保障人民群众生命健康安全的决定》明确规定,全面禁止食用国家保护的"有重要生态、科学、社会价值的陆生野生动物"以及其他陆生野生动物,包括人工繁育、人工饲养的陆生野生动物。全面禁止以食用为目的猎捕、交易、运输在野外环境自然生长繁殖的陆生野生动物。如果违反这一决定,订立交易或者运输在野外环境自然生长繁殖的陆生野生动物的合同,就会损害社会公共利益,就是违反了法律的效力性强制性规定,其实施的民事法律行为就是无效的。再如,《民

法典》第738条规定："依照法律、行政法规的规定，对于租赁物的经营使用应当取得行政许可的，出租人未取得行政许可不影响融资租赁合同的效力。"这里的对于租赁物的经营使用应当取得行政许可的规定，就是管理性规定，对其违反不影响融资租赁合同效力。

2. 违背公序良俗的民事法律行为无效。《民法典》第153条第2款规定违背公序良俗的民事法律行为无效。公序良俗就是指社会公共秩序和善良风俗习惯，因此，违背公序良俗就包括了损害社会公共利益和违背善良风俗。违背公序良俗的民事法律行为是指民事法律行为的标的，即当事人欲实现的民事生活目的客观上损害社会公共利益和秩序或违背善良风俗。有的表现为民事法律行为本身内容损害社会公共利益和秩序或善良风俗。有的则表现为民事法律行为所附条件损害社会公共利益和秩序或善良风俗。前者如进口洋垃圾危害公共环境、禽流感疫情暴发期买卖疫区家禽，立遗嘱将遗产遗赠"姘妇"的民事法律行为；后者如约定以限制某人的结婚自由为所附条件的民事法律行为。对于违背公序良俗行为的认定，一般包括但不限于这些类型："(1)危害国家政治、经济、财政、税收、金融、治安等秩序类型；(2)危害家庭关系行为类型；(3)违反道德行为类型；(4)违反人权和人格尊严行为类型；(5)限制经济自由行为类型；(6)违反公正竞争行为类型；(7)违反消费者保护行为类型；(8)违反劳动者保护行为类型；等等。"[11]

(四)行为人与相对人恶意串通，损害他人合法权益的民事法律行为无效

行为人与相对人恶意串通，损害他人合法权益的民事法律行为，是指行为人双方恶意串通实施的损害他人合法权益的民事法律行为。《民法典》第154条规定这类民事法律行为无效。认定这类行为的构成应符合下列条件：第一，民事法律行为的后果损害了他人合法权益；第二，行为人有牟取不正当利益，损害他人合法权益的恶意，以损害他人获得私利；第三，行为人双方实施了恶意串通、相互勾结的行为，在串通的基础上实施了民事法律行为。比如，一方给对方当事人代理人回扣，对方代理人收取回扣，然后订立合同损害被代理人的利益。

案例10-10

闫某某的父亲于2000年3月突发脑出血死亡，其母亲也已经在1998年死亡。其父母遗留的房产12间。闫某某有一个姐姐和一个弟弟。继承开始后，因当时闫

〔11〕 李适时主编：《中华人民共和国民法总则释义》，法律出版社2017年版，第482页。

某某与其妻吴爱爱感情不和，二人分居，准备离婚。闫某某经过考虑，与其姐姐和弟弟商议，自己如果继承了房产，在日后离婚时就要分给妻子吴爱爱一半，于是他决定先放弃继承，将由他继承的4间房，先由其弟弟继承，待他与吴爱爱办完离婚手续后再由其弟弟将这4间房子赠与他。对此意见，其姐姐和弟弟均表示赞同。于是，他们一起去公证处办理了遗产分割协议。按照协议内容这12间房屋闫某某的姐姐继承4间，其弟弟继承8间，闫某某放弃继承。2000年8月，在闫某某与其妻吴爱爱离婚诉讼过程中，吴爱爱提出要将闫某某继承其父亲遗产房屋中的2间分给自己，闫某某则拿出遗产分割公证书证明自己放弃继承，抗辩对方的主张。于是，法院在判决准予闫某某与吴爱爱离婚时，并未对吴爱爱的这一主张给予支持。2001年5月，闫某某的弟弟按照当初的约定将其继承的8间房屋中的4间赠与闫某某，并在房屋管理机关办理了房屋所有权变更登记手续。吴爱爱知道这一情况后，于2001年7月向法院提出起诉，要求将闫某某继承的这4间房屋中的2间分给自己。

在本案中，闫某某在继承开始后放弃继承的意思表示并非其真实的意思表示，其真实意思就是继承遗产房屋，因此他放弃继承的意思表示是虚假意思表示，其真实意思相对人其姐姐和弟弟是知道的，因而放弃继承的虚假意思表示是无效的。闫某某与其姐姐、弟弟之间的遗产分割协议、其弟弟与闫某某之间发生的赠与房屋的民事法律行为是闫某某与其弟弟通谋的虚假民事法律行为，这一行为掩盖闫某某接受继承的真实意思表示，其目的是损害第三人吴爱爱共有权利益，因而是无效的。因此，人民法院应当依据法律事实确认闫某某在其父亲死亡时即已经取得房屋所有权。这是闫某某与吴爱爱在婚姻关系存续期间取得的房屋所有权，因此系夫妻双方所共有的财产。在2001年7月，闫某某在离婚时理应分割部分财产给吴爱爱，但因闫某某与其姐弟通谋实施的虚假民事法律行为未能分割，损害了吴爱爱的财产共有权益。因此，人民法院应当依法判决将闫某某继承的4间房屋中的一部分分割给吴爱爱所有。

案例 10－11

甲公司与乙村民小组于1993年3月签订了《合作组建实业公司的协议》。协议约定：村民小组提供自己所有的16亩耕地，作为建厂用地；由实业公司出资建厂房、购买机械设备、提供生产所需流动资金；村民小组不参与企业的经营管理，无论是否盈亏，实业公司每年都要向村民小组支付5万元作为其收益，村民小组不再参与实业公司的分配。协议签订后，甲公司投资了50万元建起了厂房，并投资了30

万元作为流动资金,生产运营。1995 年 10 月,村民小组认为自己每年 5 万元的收益太低,根据实业公司的运营情况,提出将自己的收益由每年 5 万元增加到 10 万元。甲公司不同意,于是发生纠纷。经人民法院审理查明,他们之间的协议签订后并未办理土地使用权审批手续,因而,认定其所签协议无效。

本案例中,甲公司与乙村民小组联营组建实业公司需要使用集体土地的,应当按照《土地管理法》第 60 条的规定办理审批手续,特别是对耕地的使用要依照《土地管理法》第 44 条办理农用地转用审批手续。未办理审批手续的,其协议不产生法律效力,属于未生效民事法律行为。但是,从案例的内容看,甲公司与乙村民小组签订的协议名为联营组建实业公司,实质是集体耕地的土地使用权的出租,因为乙村民小组不参与实业公司的管理和分红,不管盈亏,每年都要获得 5 万元的收益,这 5 万元收益实质上是租金。依据《土地管理法》第 44 条的规定,农民集体所有的耕地出租用于非农建设必须办理审批手续。因此,其未经审批出租耕地使用权的民事法律行为违反了法律的强制性规定,是无效的民事法律行为。

三、民事法律行为的未生效

民事法律行为的未生效,是指民事法律行为成立后,具备民事法律行为的一般有效条件,但因其未具备法律规定的或当事人约定的生效条件,其效力尚未实际发生,而待其生效条件具备时即生效力。

(一)未生效民事法律行为的类型

未生效的民事法律行为有以下四种类型:(1)死因民事法律行为在当事人死亡前;(2)附延缓条件的民事法律行为在所附条件成就前;(3)附始期的民事法律行为在期限到来前;(4)需经批准或登记而生效的民事法律行为在未经批准或登记前。

(二)未生效民事法律行为的效力

从一般语义理解,未生效的民事法律行为就是没有法律效力。但是,从民事法律行为效力的具有和实际发生的逻辑层次考虑,未生效的民事法律行为已具备了民事法律行为的一般有效条件,因而它具有发生法律效力的可能或者说内蕴着法律效力,只是尚未具备生效要件,其内蕴的法律效力尚未实际发生效果,只要具备生效条件即实际发生法律效果。《合同法解释(一)》第 9 条规定:“依照合同法第四十四条第二款的规定,法律、行政法规规定合同应当办理批准手续,或者办理批准、登记等手续才生效,在一审法庭辩论终结前当事人仍未办理批准手续的,或者仍未办理批准、登记等手续的,人民法院应当认定该合同未生效……"我国《民法典》第158条规定:"民事法律行为可以附条件,但是根据其性质不得附条件的除外。附生效条件的民事法律行为,自条件成就时生效。附解除条件的民事法律行为,自条件成就时失效。"显然,这里是以未生效来认定这类合同的效力状态的,而没有将其作为无效合同。当然,民事法律行为未生效同无效民事法律行为一样,均不产生当事人欲求的民事法律效果,对当事人也不具有履行的约束力,当事人已经履行的,享有权利的一方可以请求对方返还据此民事法律行为所取得的财产。它和无效民事法律行为所不同的是它可以因具备生效条件而生效,无效民事法律行为则不存在生效问题。

有效的民事法律行为在未生效前,虽不产生意思表示所欲求的法律效果,但对当事人有拘束力。例如,遗嘱民事法律行为在未生效前,立遗嘱人可以依《民法典》规定的方式予以变更,不依《民法典》规定的方式变更的,则不产生变更效力,这体现了有效遗嘱行为虽未生效但对行为人的拘束力。附生效条件的民事法律行为,在所附条件成就前,当事人则不得恶意促成或阻碍条件成就,不得擅自变更或撤销民事法律行为。这也是对行为人拘束力的体现。《民法典》第159条规定:"附条件的民事法律行为,当事人为自己的利益不正当地阻止条件成就的,视为条件已经成就;不正当地促成条件成就的,视为条件不成就。"《民法典》第502条:"依法成立的合同,自成立时生效,但是法律另有规定或者当事人另有约定的除外。依照法律、行政法规的规定,合同应当办理批准等手续的,依照其规定。未办理批准等手续影响合同生效的,不影响合同中履行报批等义务条款以及相关条款的效力。应当办理申请批准等手续的当事人未履行义务的,对方可以请求其承担违反该义务的责任。依照法律、行政法规的规定,合同的变更、转让、解除等情形应当办理批准等手续的,适用前款规定。"

四、民事法律行为的可撤销

可撤销的民事法律行为,是指因行为人的意思表示不真实,法律允许行为人对其效力予以撤销的民事法律行为。

(一)可撤销民事法律行为的特点

第一,可撤销民事法律行为是违反当事人意思表示真实的民事法律行为有效条件的民事法律行为。违反当事人意思表示真实条件,又不足以致使民事法律行为确定无效,因而是对民事法律行为非根本性有效条件的违反,法律允许当事人予以撤销。在这类民事法律行为中,因重大误解、显失公平、受欺诈、胁迫等而为的民事法律行为都是意思表示不真实的民事法律行为。

第二,行为人享有撤销权。意思表示是当事人实施民事法律行为的要素,它是当事人欲求的民事生活目的法效意思。民法以当事人意思自治为最基本原则,意思表示是否真实,对不真实的意思表示是否变更或撤销,都属当事人意思自治的范畴。因此,对一般的违反意思表示真实要件的民事法律行为,法律并不直接令其无效,而赋予行为人可以变更或撤销的权利,听凭当事人意思自治。

第三,可撤销民事法律行为在未被撤销以前仍然有效。可撤销的民事法律行为从其成立时起已经生效,但这种效力具有相对性,即允许当事人变更或撤销,当事人经协商变更的,以变更后的民事法律行为有效,原可变更、可撤销民事法律行为归于无效。当事人协商不成而未能变更,也未行使撤销权的,该民事法律行为仍然有效,只有当事人行使撤销权予以撤销的,该民事法律行为才归于无效,而且自始无效。

(二)可撤销民事法律行为的类型

1.因受欺诈而为的民事法律行为

法律链接

《民法典》第148、149条

因受欺诈而为的民事法律行为是指因受对方当事人的欺诈而陷于错误,从而作出不真实意思表示的民事法律行为。认定受欺诈而为的民事法律行为应从欺诈方当事人和受欺诈方当事人两方面认定。从欺诈方当事人认定有两方面条件:一是欺诈人实施了欺诈行为。欺诈行为就是故意告知对方虚假情况,或故意隐瞒真实情况,诱使对方当事人作出错误意思表示的行为。二是欺诈人主观上是故意的,即明知自己的欺诈行为会使对方当事人陷于错误认识而作出非真实意思表示,他却希望这种结果的发生。其欺诈故意既有使对方当事人陷入错误的故意,又有使对方当事人基于错误认识为非真实意思表示的故意。从受欺诈一方当事人认定,也有两方面条件:一是受欺诈人因受欺诈陷于错误认识,并基于错误认识作出了非真实的意思表示,即受欺诈一方当事人陷于错误并基于错误而作出了非真实意思表示,与欺诈一方的欺诈行为具有因果关系。如果行为人的错误及其意思表示与欺诈行为无关,则不构成欺诈。如果因受欺诈陷于错误,但未作出意思表示,也不构成欺诈。二是受欺诈一方在主观上不知道对方在欺骗自己,如果明知对方告知的是虚假情况,或隐瞒了真实情况,而仍然为意思表示,不构成欺诈。依据《民法典》第 148 条和第 152 条规定,对因受欺诈实施的民事法律行为,受欺诈方有权在知道或者应当知道撤销事由之日起 1 年内请求人民法院或者仲裁机构予以撤销。

实施欺诈行为的主体既可能是民事法律行为的当事人一方,也可能是第三人,对于来自第三人的欺诈行为造成一方当事人违背真实意思表示作出的民事法律行为的效力,《民法典》第 149 条规定,第三人实施欺诈行为,使一方在违背真实意思的情况下实施的民事法律行为,对方知道或者应当知道该欺诈行为的,受欺诈方有权请求人民法院或者仲裁机构予以撤销。其撤销权应在其知道或者应当知道撤销事由之日起 1 年内行使。

案例 10－12

1999 年 12 月,甲某从某家电商场以 3500 元的价格购买了一台进口的国外某名牌彩色电视机,使用 3 个月后出现了故障,经专业人员鉴定,该电视机并非进口的国外名牌彩色电视机,而是用国内原件组装的彩色电视机。虽经修理,该彩色电视机能够正常使用,但甲某还是要求退货,并要求商场赔偿其修理费损失。

本案就是因欺诈而为的民事法律行为引起的民事纠纷。家电商场以国产彩色电视机原件组装电视机冒充进口的国外名牌彩色电视机向甲某销售,是故意编造虚假情况隐瞒真实情况的欺诈行为,由于其欺诈行为使甲某在不知情的情况下产生了错误的认识,作出了购买该彩色电视机的意思表示,这一意思表示是违背其真实意思的。因此,在甲某与家电商场之间产生的彩色电视机买卖合同民事法律行为是受欺诈而为的民事法律行为。依据《民法典》第 148 条的规定,甲某有权请求人民法院或者仲裁机构撤销。依据《民法典》第 152 条的规定,甲某应当在知道撤销事由之日起 1 年内行使撤销的权利。

法律链接
《民法典》第150、152条

2. 因受胁迫而为的民事法律行为

因受胁迫而为的民事法律行为,是指行为人因受他人以直接施加的现实危害行为的逼迫或预先以将来要实施的威胁而陷于恐惧,从而作出不真实的意思表示的民事法律行为。对受胁迫而为的民事法律行为的认定应从胁迫者和受胁迫者两方面来考察。从胁迫方考察有两方面条件:一是客观上实施了胁迫行为。胁迫行为不同于因受胁迫而为的民事法律行为,它是指以直接施加的现实危害的强迫或预告将要施加的未来损害的威胁使对方当事人陷入恐惧的行为。

它包括强迫和威胁两种方式。强迫是以直接施加的现实危害逼迫;威胁是以将要施加的危害来威胁。危害的内容包括受害者的生命、健康、自由、名誉、肖像、信用、财产等人身和财产权益。危害的对象即受害者,既可以是为民事法律行为的对方当事人,也可以是对方当事人的亲属。胁迫的手段可以是使用暴力或扬言将要使用暴力,也可以是非法使用行政手段或诉讼强制措施,还可以是以揭发隐私、举报犯罪相要挟等。胁迫行为具有违法性和不正当性,包括胁迫目的的违法或胁迫手段违法或者目的、手段均违法。例如,胁迫人揭发对方的犯罪事实迫使对方订立合同。虽然揭发犯罪事实是合法的,但迫使对方订立合同的目的是违法的。又如,以暴力伤害对方当事人身体迫使对方订立合同的手段本身就是违法的。二是胁迫人有胁迫故意,即其实施胁迫行为的目的就是要使对方陷入恐惧而为意思表示不真实的民事法律行为。如果行为人实施的胁迫与民事法律行为订立无关,则不构成因胁迫而为的民事法律行为。从受害人方面考察也应具备两个条件:一是须因胁迫而陷于恐惧,即产生恐惧心理。这就是要求胁迫与对方当事人恐惧心理的产生有因果关系,胁迫行为足以引起对方当事人的恐惧。如果虽有胁迫,但对方当事人并不惧怕,或者胁迫行为客观上不足以引起对方当事人惧怕的,均不构成胁迫。二是受胁迫人因受胁迫惧怕而作出了迎合胁迫人意思的不真实意思表示。依据《民法典》第150条和第152条的规定,因受胁迫实施的民事法律行为,当事人自胁迫行为终止之日起1年内有权请求人民法院或者仲裁机构予以撤销。

案例10-13

王某拥有生产灭火器的专利技术,但因缺乏资金,遂向高某借资。高某提出由他提供给王某10万元作为生产资金,但将这10万元作为投资,以他和朱某、李某、付某的名义与王某合资成立消防器材生产公司。王某答应了高某的要求,于1994年3月,王某与高某、朱某、李某、付某签订了发起设立消防设备生产公司的协议,协议约定:高某、朱某、付某、李某各出资2.5万元;各占公司资本的12%;王某以其专利技术出资,占公司资本的48%。协议签订后,高某等四人仅以高某借给王某的10万元作为出资,并未再投入资金。到工商部门办理注册时,依当时的公司法规定,生产型公司的最低注册资本需要50万元,于是他们又将出资协议和章程约定的出资比例修改为王某专利技术出资26万元,占60%;高某等四人每人出资6万元,各占公司资本的10%。但除高某借给王某的10万元外,高某等四人并未再出资,也未经过验资,而是由高某找关系办理了注册登记。公司成立后由王某负责经营,经营期间,由于缺乏资金,公司严重亏损。1996年1月5日,高某等四人以公司亏损责任在王某为由，要求将其持有的40%的股份以80万元转让给王某，王某不同意，他们就将王某围困在办公室，不让王某回家，并对其殴打，直至第二天凌晨王某被迫在股权转让协议上签字。

本案中，当事人违反当时的公司法的规定，虚假出资设立消防设备生产公司，其公司设立无效。由于高某、朱某、付某、李某仅仅向公司出资10万元，其应出资24万元，由于出资不实，也未经验资机构验资，因而其设立无效。因此，高某等四人就不能合法拥有消防设备生产公司的股份。在其看到公司经营亏损的情况下，高某等四人采取围困、殴打等手段强迫王某以80万元受让其股份，他们所达成的股份转让协议是可撤销的民事法律行为。

3. 因重大误解而为的民事法律行为

因重大误解而为的民事法律行为，是指行为人因自身过错对民事法律行为的性质，对方当事人，标的物品质、质量、规格和数量等方面的错误认识，而实施的与自己的真实意思不一致的民事法律行为。对其认定应符合以下条件：

(1)须行为人在主观上对民事法律行为构成内容的主要方面有重大误解。所谓重大误解是行为人因自身过错对民事法律行为构成内容的主要方面发生了根本性认识错误。它不仅包括对对方当事人意思表示的错误理解，而且也包括自身对民事法律行为构成内容的主要方面的认识错误。这里强调的民事法律行为构成内容的主要方面就是指民事法律行为的性质、主体(对方当事人)、标的物等方面，它区别于不属于民事法律行为构成要素以外的情况，比如实施民事法律行为的动机、对市场预测的错误、对对方当事人品行的判断错误；同时，也区别于民事法律行为构成内容的次要方面，如履行期限、地点和方式错误。只有对民事法律行为内容的主要方面——性质、当事人、标的物等产生根本性认识错误，才能构成重大误解，而对非民事法律行为构成要素的事项或对民事法律行为构成内容的次要方面的认识错误，均不构成重大误解。对民事法律行为性质认识错误本身就属于根本性错误，属于重大误解。比如，将借贷误解为赠与就是对民事法律行为性质认识的根本性错误。对对方当事人的根本性错误认识是对人的同一性错误，即将张三误认为李四，以及对人的民事主体行为能力发生错误认识，如将限制民事行为人误认为完全民事行为能力人。对标的物的根本性错误，主要是对标的物同一性的错误认识，如误认临摹画为真迹，误认复制品为原件；以及对种类物的品种、规格、型号、计量单位的错误认识，因为这些要素是种类物得以确定的要件，对其中之一认识错误，将使种类物的确定发生错误，所以对这些要素的错误认识属于重大误解。

(2)行为人基于重大误解作出了意思表示。也即行为人的意思表示与重大误解有因果关系，如果不发生重大误解，行为人不会作出这样的意思表示。

（3）意思表示的内容与行为人的真实意思相悖。因为行为人是在误解基础上作出的意思表示，表示的内容背离其内心真实意思。误解直接影响到当事人权利义务的承担，对误解方是不利的。

《民法典》第147条规定："基于重大误解实施的民事法律行为，行为人有权请求人民法院或者仲裁机构予以撤销。"第152条规定，重大误解的当事人自知道或者应当知道撤销事由之日起90日内没有行使撤销权的，其撤销权消灭。

案例10－14

甲单位为了加强对其职工家属楼用户电表的管理，决定为每个电表加装铅封。乙公司给其发来订单，甲公司的业务人员根据本单位需要在订单表格的数量一栏签上6000，对价格、供货、时间、地点都做了签写。在合同履行中，甲单位发现乙公司发来的货物数量已经超过了自己的需要，但对方认为货还未发够，还要继续发货。经查，原来乙公司发给甲公司的订单表格数量一栏的计量单位是千件，而不是件，甲单位的业务人员由于疏忽误认为是件，所以其签订的合同数量就成了6000千件，而不是6000件，合同数量与其实际需要量超过了6000倍。

本案例中，甲单位与乙公司之间所签订的买卖合同就是因重大误解而为的民事法律行为。甲单位的意思表示就是在对计量单位发生错误认识的基础上作出的与其真实意思不符的意思表示。因此，甲单位有权请求变更或撤销这一民事法律行为。但因此给乙公司造成的损失，甲单位应负赔偿责任。

4. 显失公平的民事法律行为

显失公平的民事法律行为，是指一方当事人利用对方处于危困状态、缺乏判断力等情形，致使双方的权利义务明显违反公平、有偿原则，对方当事人严重受损害的民事法律行为。需要说明的是，除显失公平外，我国原《合同法》还同时规定了乘人之危的民事法律行为，根据原《合同法》第54条第2款的规定，一方乘人之危，使对方在违背真实意思的情况下订立的合同，受损害方有权请求人民法院或者仲裁机构变更或者撤销。与显失公平相比，乘人之危的概念更加强调行为人利用对方"处于危难之机"以及"牟取不正当利益"的主观要件，这一点与传统民法理论中显失公平的主观要件非常接近。因此，《民法典》第151条将二者合并，赋予显失公平以新的内涵，这既与传统民法

法律链接

《民法典》第151条

保持一致,同时也便于司法实践准确适用。

认定显失公平的民事法律行为应符合以下条件:

(1)显失公平的民事法律行为应当是有偿性民事法律行为。无偿性民事法律行为不发生显失公平。

(2)行为内容所表现的双方当事人之间的利益关系严重违反公平原则,一方当事人明显获得暴利,而另一方严重受损。

(3)造成显失公平的原因是为民事法律行为时,一方当事人利用自己的优势或利用对方没有经验。

(4)利益受损的一方并非真正自愿,而是对方凭借优势地位或者由于自己没有经验被对方所利用。

依据《民法典》第151条和第152条的规定因处于危困或者缺乏判断能力被对方利用实施的成立时显失公平民事法律行为的受害一方,有权自知道或者应当知道撤销事由之日起1年内请求人民法院或者仲裁机构撤销该民事法律行为。

案例10-15

1999年11月,某乡村中学欲购买10台台式电脑,乡村中学当时也没有人懂得电脑,便向某电脑公司询问。该电脑公司即给其上门推销,自称其专销的某品牌电脑是价格最为便宜的,其报价为每台9600元,该中学则与电脑公司签订了购买10台电脑的合同,总价96000元。后来该中学请来电脑专业人员为其职工培训,从专业人员处得知该品牌电脑的市场价格仅为每台4100元,一次购买10台还可以更为优惠。因此,该中学将该电脑公司诉至法院,请求减少其合同价款。

本案就是电脑销售公司利用乡村中学对电脑知识缺乏、对电脑市场的没有经验和自己的优势实施的对该中学重大不利、权利义务显失公平的民事法律行为。其民事法律行为内容对电脑公司显然是暴利,其每台电脑高出市场价5500元,从而使中学遭受了重大损失,在为民事法律行为时,中学同意以9600元购买电脑的意思表示并非其真实的意思表示,而是由于自己的轻率、没有经验被对方所利用而发生的。因此,该乡村中学有权在其知道撤销事由之日起1年内向人民法院提出变更或撤销。人民法院应当对其请求予以支持。

(三)可撤销民事法律行为当事人撤销权的行使

1.撤销权的性质及行使

当事人对于其实施的可撤销民事法律行为依法享有可以撤销其效力的权利即

撤销权。撤销权从性质上讲是形成权，是权利人以其单方意思表示撤销已经成立、生效的民事法律行为的效力的权利，权利人是否行使撤销权依权利人的意志而定，权利人作出撤销民事法律行为的意思表示无须对方当事人的同意就可以产生效力；该民事法律行为一旦被撤销自始没有法律约束力。但是，权利人撤销民事法律行为的意思表示须依法向人民法院或仲裁机构作出，即依法向人民法院或者仲裁机构提出撤销的请求，人民法院或者仲裁机构对请求人是否享有撤销权作出确认后，予以准许的，其单方的意思表示即可产生撤销效力。同时，撤销权的行使须在法律规定的期间内行使。《民法典》第 152 条对撤销权的除斥期间作了详细的规定，将其区分三种类别：第一，一般的除斥期间，即当事人自知道或者应当知道撤销事由之日起 1 年内没有行使撤销权的撤销权消灭。该种类型的除斥期间为 1 年，起算时间为知道或者应当知道撤销事由之日起计算。第二，特别的除斥期间，包括两种：(1)重大误解的当事人自知道或者应当知道撤销事由之日起 90 日内没有行使撤销权的撤销权消灭，其期间只有 90 日。(2)当事人受胁迫而实施的民事法律行为的撤销权，除斥期间为 1 年，但起算时间比较特殊，是自胁迫行为终止之日起。第三，最长除斥期间，即当事人自民事法律行为发生之日起 5 年内没有行使撤销权的，撤销权消灭。

2. 撤销权的消灭

依据《民法典》第 152 条规定，除了在上述的撤销权行使期间内当事人没有行使撤销权导致撤销权消灭外，还因当事人知道撤销事由后明确表示或者以自己行为表明放弃撤销权而消灭。

3. 撤销权行使的法律后果

撤销权人请求人民法院或仲裁机构撤销民事法律行为，该民事法律行为被撤销的，其撤销的效力溯及该民事法律行为成立时，即该被撤销的民事法律行为自始无效，产生与无效民事法律行为同样的法律后果。《民法典》第 155 条规定："无效的或者被撤销的民事法律行为自始没有法律约束力。"

五、民事法律行为的效力未定

(一)民事法律行为效力未定的概念

民事法律行为的效力未定，是指民事法律行为成立后，能否依行为人的意思表示发生法律效果尚未确定，待享有形成权的第三人的意思表示补助后(追认或拒绝)才能确定的效力状态。这样的民事法律行为称为效力未定或效力待定的民事法律行为。它有以下特点：

1. 民事法律行为的效力未定是指已经成立的民事法律行为的效力的不确定,处于既非有效亦非无效的不确定状态,也就是能否发生意思表示内容要求的民事法律效果尚未确定。

2. 民事法律行为效力的不确定是因为它欠缺民事法律行为的有效条件,但所欠缺的条件又是法律允许通过补助而完备的,所以在补助前尚处于有待确定的未定状态。

3. 未定民事法律行为效力的确定取决于享有形成权的第三人的承认或拒绝。享有形成权的第三人以承认或拒绝的意思表示为辅助的民事法律行为,以辅助效力未定的民事法律行为达到效力确定。

4. 经享有形成权的第三人追认,效力未定的民事法律行为就成为确定有效的民事法律行为,溯及行为成立时即发生的法律效力;如果享有形成权的第三人拒绝该效力未定民事法律行为生效的,效力未定的民事法律行为就成为确定无效的民事法律行为,而且溯及行为成立时自始没有法律约束力。

(二)效力未定的民事法律行为的类型

1. 限制民事行为能力人未经法定代理人同意实施的超越其行为能力范围的民事法律行为

限制民事行为能力人只能实施与其行为能力相适应的民事法律行为或者纯获利益的民事法律行为,其他民事法律行为则要由法定代理人代理或经法定代理人同意其实施。如果未经法定代理人同意,限制民事行为能力人实施了超越其行为能力范围的民事法律行为,则属效力未定的民事法律行为,其法定代理人对此享有追认或拒绝的形成权,在其作出追认或者拒绝前处于效力待定的状态。如经法定代理人同意,该民事法律行为成为确定有效的民事法律行为;如法定代理人拒绝的,则成为无效民事法律行为。《民法典》第 145 条第 1 款规定:“限制民事行为能力人实施的纯获利益的民事法律行为或者与其年龄、智力、精神健康状况相适应的民事法律行为有效;实施的其他民事法律行为经法定代理人同意或者追认后有效。”

2. 无权代理的民事法律行为

无权代理的民事法律行为,是指行为人没有代理权、超越代理权或者代理权终止后,以被代理人(本人)名义为民事法律行为。无权代理行为成立后,其法律后果能否由被代理人(本人)承受,即能否依照行为内容对本人发生法律效力,应取决于本人的意志。在本人追认前,其效力处于未定状态。只有本人对无权代理人以自己名义实施的民事法律行为予以追认，才能发生法律效力；本人拒绝的，则无效。《民法典》第171条第1款规定：“行为人没有代理权、超越代理权或者代理权终止后，仍然实施代理行为，未经被代理人追认的，对被代理人不发生效力。”第2款规定：“相对人可以催告被代理人自收到通知之日起三十日内予以追认。被代理人未作表示的，视为拒绝追认。行为人实施的行为被追认前，善意相对人有撤销的权利。撤销应当以通知的方式作出。”因此，对于无权代理行为，在被代理人追认前、在善意相对人撤销前、在相对人催告的追认期间处于效力待定；经被代理人追认成为确定有效的民事法律行为；或者在被代理追认前善意相对人撤销或自相对人催告通知之日起的30日被代理人没有追认，成为确定的无效民事法律行为。

3. 代理人自己代理、双方同时代理的民事法律行为

代理制度的本质是代理人以被代理人的名义，为实现被代理人的利益，在代理权范围内，与相对人为民事法律行为，由此产生的民事法律关系后果归属被代理人的制度。如果代理人以被代理人的名义与自己实施民事法律行为，或者与自己同时代理的其他人实施民事法律行为，就可能构成代理权的滥用，损害被代理人的利益，因此，法律规定代理人不得为自己、不得同时双方代理，如果代理人实施自己代理或者同时双方代理的，其实施的民事法律行为经被代理人或者被同时代理的双方被代理人同意或者追认，才能对被代理人有效。因此，对未经被代理人同意的自己代理或者同时双方代理法律行为，在被代理人或者双方被代理人追认前处于无效状态，但经追认后即处于有效状态。《民法典》第168条规定：“代理人不得以被代理人的名义与自己实施民事法律行为，但是被代理人同意或者追认的除外。代理人不得以被代理人的名义与自己同时代理的其他人实施民事法律行为，但是被代理的双方同意或者追认的除外。”

4. 代理人擅自转委托的民事法律行为

被代理人对代理人的选任具有人身信任性，所以代理人必须亲自为代理行为，除非因情况紧急并为了被代理人利益，不得擅自转委托。如果代理人擅自转委托第三人代理，对其转委托行为经被代理人追认，才能对被代理人有效。在被代理人追认前是无效的，经被代理人追认成为有效的民事法律行为。《民法典》第169条规定：“代理人需要转委托第三人代理的，应当取得被代理人的同意或者追认。转委托代理经被代理人同意或者追认的，被代理人可以就代理事务直接指示转委托的第三人，代理人仅就第三人的选任以及对第三人的指示承担责任。转委托代理未经被代理人同意或者追认的，代理人应当对转委托的第三人的行为承担责任；但是，在紧急情况下代理人为了维护被代理人的利益需要转委托第三人代理的除外。”

5. 欠缺债权人同意的债务转让行为

债务转让是指债务人与第三人约定,将债务人对债权人的债务转让给第三人,由第三人受让承担债务人对债权人所承担的债务。因为第三人承担债务人对债权人所承担的债务,第三人的信用及履行能力对债权人债权的实现有重大利害关系,因此,应征得债权人的同意,其转让债务承担方为有效。如果未经债权人同意的债务人转让债务承担的行为则属效力未定的民事法律行为,债权人对此行为享有同意或拒绝的形成权,如果债权人同意的,其转让的债务承担有效,如果债权人拒绝的,则其转让债务承担无效。《民法典》第 551 条规定:“债务人将债务的全部或者部分转移给第三人的,应当经债权人同意。债务人或者第三人可以催告债权人在合理期限内予以同意,债权人未作表示的,视为不同意。”

(三)效力未定民事法律行为的追认与拒绝

对效力未定民事法律行为享有追认或拒绝权利的第三人,以其单方意思表示行使其具有形成权性质的追认权或拒绝权。其权利行使应以明示方式向效力未定民事法律行为的相对人为之,向无权处分人、无权代理人、债务人、限制民事行为能力人所为的追认不生法律效力。如果相对人催告享有形成权的第三人追认的,第三人应在相对人催告的追认期限内以明确意思表示向相对人作出追认或拒绝,过期未作追认的视为拒绝追认。例如,《民法典》第 145 条规定:“限制民事行为能力人实施的纯获利益的民事法律行为或者与其年龄、智力、精神健康状况相适应的民事法律行为有效;实施的其他民事法律行为经法定代理人同意或者追认后有效。相对人可以催告法定代理人自收到通知之日起三十日内予以追认。法定代理人未作表示的,视为拒绝追认。民事法律行为被追认前,善意相对人有撤销的权利。撤销应当以通知的方式作出。”

(四)效力未定民事法律行为的相对人的催告权与撤销权

效力未定民事法律行为的相对人的催告权,是指效力未定民事法律行为的相对人在得知他与对方当事人所实施的民事法律行为存在效力未定事由后,将效力未定事由告知对此享有形成权的第三人,并督促其于法定期限或通知的合理期限内作出追认与否的权利。效力未定的民事法律行为一经相对人催告,享有形成权的第三人在法定期限或催告通知的合理期限内未以明示方式追认的,视为拒绝。

效力未定民事法律行为的善意相对人的撤销权,是指善意相对人在得知他与对方当事人所实施的民事法律行为存在效力未定事由后,在享有形成权的第三人未及追认以前,以其明确意思表示向对方行为人或享有形成权的第三人撤销该民事法律行为的权利。相对人撤销该民事法律行为的,该民事法律行为自始无效。相对人须为善意方能享有撤销权。所谓善意是指相对人为民事法律行为时不知道对方行为人是无权处分人、无权代理人、限制民事行为行为能力人、债务转让未经债权人同意等情况,即不知效力未定事由的存在。否则,相对人不具有善意,不能享有撤销权。例如,《民法典》第 145 条对限制民事行为能力人未经法定代理人同意实施的超越其行为能力范围的民事法律行为的撤销的规定、第 171 条对无权代理民事法律行为的撤销的规定都规定只有善意相对人才享有撤销权,而且必须在该行为被追认权人追认前行使撤销权。

案例 10 - 16

甲有一幅名人字画,委托乙保管,乙遂将字画挂于自己书房欣赏。丙去乙家中做客,看见字画赞赏不已,问乙字画来历,乙答是朋友的。丙遂提出想买这幅画。乙表示它可以代朋友卖。丙提出愿以 3000 元购买,乙说都是好朋友好说好办,就 3000 元。乙随即将画交付丙带走。后来甲向乙索画,乙告诉甲画已代卖与丙,并将 3000 元给付甲。甲予以拒绝,要求乙返还其画。

本案乙与丙之间的民事法律行为即是乙无权代理处分甲的字画的行为。若甲对乙的无权代理处分行为予以追认,该行为即为有效;现甲明确拒绝,则该代理民事法律行为无效。丙应知乙无权代理权,其应返还甲的字画,乙将 3000 元价款返还丙。

六、民事法律行为的无效、可撤销、效力未定之间的区别

民事法律行为无效与民事法律行为可撤销、效力未定都是民事法律行为因欠缺有效条件,而不能确定地发生行为人意思表示内容所欲求的法律效果的状态。但这三者之间又有区别。

1. 欠缺民事法律行为有效要件的根据不同。民事法律行为无效的情形主要包括:违反效力性法律法规强制性规定的民事法律行为;无民事行为能力人实施的民事法律行为;行为人与相对人以虚假意思表示实施的民事法律行为;行为人与相对人恶意串通损害他人合法权益的民事法律行为;违背公序良俗的民事法律行为等。可撤销的民事法律行为主要包括:基于重大误解实施的民事法律行为;显失公平的民事法律行为;一方以欺诈手段使对方或者第三方实施欺诈使对方在违背真实意思的情况下订立的合同行为;一方或者第三人以胁迫手段,使对方违背真实意思实

施的民事法律行为;一方利用对方处于危难或者缺乏判断能力致使对方实施的成立时显失公平的民事法律行为等。民事法律行为效力未定的情形主要包括:限制民事行为能力人未经法定代理人同意实施的与其行为能力不相适应的民事法律行为;无权代理的民事法律行为,未经债权人同意的债务转让承担行为等。

2. 欠缺民事法律行为有效要件的性质不同。民事法律行为无效,欠缺的是民事法律行为的根本性有效要件;民事法律行为的可撤销欠缺的是民事法律行为的非根本性有效条件;民事法律行为的效力未定,欠缺的是可以补正的有效要件。

3. 民事法律行为的效力状态不同。民事法律行为的无效违反的是民事法律行为的根本性有效要件,因而其效力处于确定的绝对的无效状态,它是当然的、自始的无效,无须任何人主张,也无须任何机关确认就本来无效。可撤销的民事法律行为,效力未定的民事法律行为违反民事法律行为的有效条件是非根本性条件,[12] 因而,它并不当然地处于无效状态。可撤销民事法律行为成立后,处于赋予当事人撤销权的有效状态,当行为人行使撤销权,并经人民法院或仲裁机构依法裁决确认其撤销后,才发生行为的自始无法律约束力的结果,处于确定无效状态,否则,仍然有效。民事法律行为的效力未定则是附有第三人同意或拒绝权的效力待定状态,既非无效也非有效,其效力可因第三人的同意和追认而确定生效,也可以因第三人的拒绝而确定无效。

4. 主张并影响效力变化的当事人不同。民事法律行为无效无须当事人主张就本来无效,但有当事人向人民法院或仲裁机构主张确认本来无效的状态时,当事人、利害关系人等均可主张,人民法院和仲裁机构也可依法主动确认。可撤销的民事法律行为只能由享有撤销权的行为人向人民法院或仲裁机构请求撤销,其他人无权主张撤销。而享有撤销权的形成权的一方当事人一般是指因重大误解而为民事行为的误解一方当事人、显失公平民事法律行为中的利益受损一方当事人,以及因欺诈、胁迫而为的民事法律行为的受害一方当事人。民事法律行为的效力未定只能由享有形成权的第三人同意或拒绝使民事法律行为的效力得以确定。

5. 受时间限制不同。对民事法律行为无效的主张不受时间限制。可撤销的民事法律行为,当事人应当在法律规定的撤销行使的有效期间即除斥期间内行使撤销权,否则撤销权消灭。例如,一般情况下,当事人应自其知道或应当知道撤销事由之日起 1 年内行使,在 1 年内没有行使撤销权的,撤销权消灭。效力未定的民事法律行为,享有形成权的第三人应当在法律规定的追认期间或当事人催告的期间作

---

〔12〕 参见李开国:《民法基本问题研究》,法律出版社 1997 年版,第 184 页。

出同意或拒绝的意思表示。

七、民事法律行为无效的法律后果

民事法律行为确定无效的，从其一开始就没有法律效力，民事法律行为未生效的，也自始不生法律效力，可撤销的民事法律行为经当事人行使撤销权而撤销其效力后也自始没有法律约束力，效力未定的民事法律行为经享有形成权的第三人拒绝的，也自始没有法律约束力。在这些情况下，民事法律行为的最终效力都是无效的。所谓无效就是不能产生行为人意思表示的内容所欲求发生的民事法律效果，但并不是不产生任何民事法律后果，民事法律行为在无效情况下，还会依法产生一定的法律后果，这种法律后果不是当事人意思表示所欲求的，而是由法律规定的。依据《民法典》第157条的规定："民事法律行为无效、被撤销或者确定不发生效力后，行为人因该行为取得的财产，应当予以返还；不能返还或者没有必要返还的，应当折价补偿。有过错的一方应当赔偿对方由此所受到的损失；各方都有过错的，应当各自承担相应的责任。法律另有规定的，依照其规定。"具体有如下法律后果：

1. 双方相互返还财产。双方当事人相互返还财产，是指当事人双方因最终无效的民事法律行为从对方所取得的财产各自返还给对方当事人。

2. 单方返还财产。单方返还财产，是指民事法律行为最终无效的，只有一方当事人因该民事法律行为交付财产的，受领财产一方应当向交付财产一方返还财产。

3. 折价补偿。折价补偿，是指因民事法律行为最终无效而负有向对方当事人返还财产责任的，如果不能返还财产或者返还财产没有必要，应当给对方当事人折价补偿。

4. 赔偿损失。赔偿损失，是指在民事法律行为最终无效的情况下，当事人因此所蒙受的损失应由过错一方当事人负赔偿责任，如果双方都有过错的，依各自过错大小承担相应损失。当事人因民事法律行为未成立，或者民事法律行为的未生效、被撤销、被拒绝而给对方当事人造成损失的，有过错的当事人应承担赔偿对方当事人损失的民事责任。这在法学理论上称为缔约过失责任。所谓缔约过失责任，是指合同订立过程中，一方因违背诚实信用原则所负的义务，而致另一方当事人信赖利益损失的，应承担的民事赔偿责任。

思考题：

1. 民事法律行为的效力状态有哪些情况？

2. 无效的民事法律行为有哪几种情况？

3. 什么是民事法律行为的未生效？哪些情况下的民事法律行为是未生效的？

4. 什么是可撤销的民事法律行为？它有哪些种类？

5. 什么是效力待定的民事法律行为？它有哪些种类？

6. 民事法律行为的无效、可撤销、效力未定之间有什么区别？

7. 民事法律行为无效后有什么法律后果？

应用指南

本章关于民事法律行为的基本理论广泛地应用于民事法律实务。在民事司法实践中，以法律行为引起物权变动的案件、合同案件、遗嘱继承案件、婚姻案件、收养案件这几大类民事案件所涉及的民事法律关系都是由民事法律行为作为基本法律事实引起的，查明案件事实都要查明民事法律行为法律事实，证据收集和运用都围绕能够证明民事法律行为的成立、内容及其效力进行。重点是以民事法律行为的成立确定案件所涉法律事实的存在和变化及其相应法律关系的产生和变化，以民事法律行为当事人意思表示内容及其效力状态确定案件所涉民事权利义务关系的内容及其效力状态，为正确适用法律提供事实依据。以当事人意思表示的内容确定当事人之间的民事权利义务关系内容并据此作为裁判依据，切忌歪曲当事人意思或者将他人意思、法官意思强加于当事人，这是民事法律行为法律事实引起的民事法律关系案件与非民事法律行为法律事实引起的民事法律关系案件在裁判逻辑上的基本差别。对此，我们应在司法实践中严格加以区分，对于合同纠纷案件、遗嘱继承案件、婚姻纠纷案件、收养纠纷案件应着重以民事法律行为理论为指导，将重点放在查明案件所涉民事法律行为的成立、内容、效力状态上。同时要注意本章作为提取的法律行为的公因子，对分则各编的民事法律行为具有统领作用，实践中适用民事法律行为的法律规定，应当把《民法典》第一编总则第六章与分则各编的规定结合适用，建立体系化思维方式。例如，《民法典》第三编合同第505条规定：“当事人超越经营范围订立的合同的效力，应当依照本法第一编第六章第三节和本编的有关规定确定，不得仅以超越经营范围确认合同无效。”《民法典》第五编婚姻家庭第1051条关于婚姻无效的规定、第1052条关于因受胁迫结婚的撤销婚姻的规定、第1053条因一方隐瞒重大疾病而要求撤销婚姻的规定；第1113条关于“有本法第一编关于民事法律行为无效规定情形或者违反本编规定的收养行为无效”的规定；继承编关于遗嘱、遗赠民事法律行为的规定；等等。都与总则编第六章具有体系性关联，需要结合适用。本章在司法实践中有以下问题需要注意：

1. 关于批准、登记对民事法律行为效力的影响。有的法律法规规定，民事法律行为应当办理批准、登记或备案手续。对此问题,在司法实践中应当正确区分批准、登记或备案手续对法律行为效力的具体影响,不可不加区分地以某民事法律行为未经批准登记或备案而认定其无效。例如,依据《合同法解释(一)》第9条规定:依照合同法第42条第2款的规定,法律、行政法规规定合同应当办理批准手续,或者办理批准、登记等手续才生效,在一审法庭辩论终结前当事人仍未办理批准手续的,或者仍未办理批准、登记等手续的,人民法院应认定该合同未生效;法律、行政法规规定合同应当办理登记手续,但未规定登记后生效的,当事人未办理登记手续不影响合同的效力,合同标的物的所有权及其他物权不能转移。我国《民法典》第215条规定:"当事人之间订立有关设立、变更、转让和消灭不动产物权的合同,除法律另有规定或者当事人另有约定外,自合同成立时生效;未办理物权登记的,不影响合同效力。"《民法典》第502条第2款规定:"依照法律、行政法规的规定,合同应当办理批准等手续的,依照其规定。未办理批准等手续影响合同生效的,不影响合同中履行报批等义务条款以及相关条款的效力。应当办理申请批准等手续的当事人未履行义务的,对方可以请求其承担违反该义务的责任。"《民法典》第738条规定:"依照法律、行政法规的规定,对于租赁物的经营使用应当取得行政许可的,出租人未取得行政许可不影响融资租赁合同的效力。"

2. 如何正确认定无民事行为能力人实施的民事法律行为的无效?依据《民法典》第144条规定:"无民事行为能力人实施的民事法律行为无效。"该条并没有规定无民事行为能力人实施的纯获利益的法律行为有效,那么如果出现了无民事行为能力人实施了纯获利益的民事法律行为是否就应该认定无效?对此,应当从无行为能力制度旨在保护无民事行为能力人的本意出发作具体解决,不宜机械地认定为无效。本条之所以规定无民事行为能力人实施的民事法律行为无效,没有像第145条对待限制民事行为能力人实施的民事法律行为效力规定其实施的纯获利益民事行为有效,是因为按照民事行为能力的划分逻辑,无民事行为能区别于限制民事行为能力,无民事行为能力人不能独立实施任何民事行为,因此其实施的民事行为都是无效的,其民事行为都应由法定代理人代为实施。但如果无民事行为能力人实施了对其纯获利益的民事法律行为,可以经其法定代理人的同意转化为法定代理人代为实施的行为,从而既可以认定其有效,达到保护无民事行为能力人的目的,同时又维护了法律行为能力制度的逻辑。

3. 如何正确认定限制民事行为能力人实施的民事行为的效力?《民法典》第145条明确规定了限制民事行为能力人实施的纯获利益的民事法律行为或者与其年龄、智力、精神健康状况相适应的民事法律行为有效;实施其他民事法律行为经法定代理人同意或者追认后有效。(1)在实践中认定纯获利益的民事行为,就是指限制民事行为能力人接受奖励、赠与、报酬,而不负担义务的民事行为,对这些行为他人不得以行为人限制民事行为能力为由,主张无效。(2)对与未成年人的年龄、智力相适应的行为要以共同社会生活经验和习惯判断。(3)间歇性精神病人所为的民事法律行为,确能证明是在发病期间实施的,应当认定无效。(4)在医学上认为精神病人的精神状态不能辨认的行为就是于其精神健康状况不适应的行为,应当认定为无效。(5)限制民事行为能力人实施的其依法不能独立实施的民事法律行为,应属于效力待定的民事法律行为,经法定代理人追认的,有效;经法定代理人拒绝的,无效。

4. 关于《民法典》第153条"强制性规定"。《民法典》第153条规定违反法律和行政法规的"强制性规定"的民事法律行为无效。如何理解这里的"强制性规定"?在司法实践中和理论上有所谓效力性强制性规定和管理性强制性规定的概念,但是我国《民法典》在制度层面并没有明确规定这样的概念。了解实践中关于效力性强制性规定与管理行强制性规定的概念和做法对于实践中认定违反强制性规定民事法律行为的效力具有参照意义。效力性强制性规定和管理性强制性规定在司法解释中出现在2009年2月9日最高人民法院通过的《合同法解释(二)》第14条,该条规定:"合同法第五十二条第(五)项规定的'强制性规定',是指效力性强制性规定。"何谓效力性强制性规定?最高人民法院在2007年召开的全国民事审判工作会议上指出:"效力性规定是指法律及行政法规明确规定违反该类规定将导致合同无效的规范,或者虽未明确规定违反之后将导致合同无效,但若使合同继续有效将损害国家利益和社会公共利益的规范。"最高人民法院2009年7月7日印发的《关于当前形势下审理民商事合同纠纷案件若干问题的指导意见》中指出:"人民法院应当综合法律法规的意旨,权衡相互冲突的权益,诸如权益的种类、交易安全以及其所规制的对象等,综合认定强制性规定的类型。如果强制性规范规制的是合同行为本身即只要该合同行为发生即绝对地损害国家利益或者社会公共利益的,人民法院应当认定合同无效。"管理性强制性规定就是并没有规定违反该强制性规定将导致合同无效的后果,也不存在使合同继续有效就损害国家利益和社会公共利益的情况的强制性规定,违反该强制性规定承担管理上的行政法律后果,但不导致合同无效。所以认定违反法律和行政法规强制性规定的合同无效所依据的强制性规定是效力性的强制性规定,而非管理性的强制性规定。虽然《民法典》没有规定明确的效力性强制性规定的概念,但对于司法实践中存在的概念和做法也不可不知,而且应给予重视。

5. 对通谋虚假法律行为中的通谋的认定。在司法实践中，如何判断行为人与相对人具备通谋要件，标准就是关于非真意的意思表示，行为人与相对人具有作假的合意。具体情形包括：一是双方共同谋划，达成虚假意思表示的合意；二是一方谋划，另一方明知，达成虚假意思表示的合意；三是双方内心心照不宣，相互明了对方的表示上的虚假效果意思，而共同进行意思表示。在上述三种情况下，都构成行为人与相对人的通谋。[13] 如果一方当事人为虚假意思表示，另一方并不知其为虚假意思的，则不构成虚假法律行为，不能认定其无效。

认定虚假法律行为无效，还应当注意对善意第三人的保护。双方当事人通谋所为的虚伪意思表示，在当事人之间发生绝对无效的法律后果。但在虚伪表示的当事人与第三人之间，则应视该第三人是否知道或应当知道该虚伪意思表示而发生不同的法律后果：当第三人知道该当事人之间的虚伪意思表示时，虚伪表示的无效可以对抗该第三人；当第三人不知道当事人之间的虚伪意思表示时，该虚伪意思表示的无效不得对抗善意第三人。

6. 对于单方的真意保留行为，我国《民法典》并没有作出规定，如果实践中出现这样的问题可以适用《民法典》第 142 条关于意思表示的解释规则加以解释，以确定行为人的真实意思。对行为人保留真意的虚假表示行为原则上应为有效，但依据意思表示的解释规定，对其真意保留相对人应知明知的，相对人不得对其表示行为主张有效。

---

〔13〕 参见杨立新：《〈民法总则〉规定的虚假法律行为的法律适用》，载《法律科学》2018 年第 1 期。

第十一章　代 理 概 述

本章是关于代理法律制度基本知识的论述，学习的目的在于了解什么是代理法律制度。其内容包括代理的概念和特征、代理的产生和发展及其意义、代理的使用范围、代理的分类和种类。学习中要注意从代理概念的内涵和外延区分代理与其相关制度的区别，弄清代理的适用范围、各类代理的法律意义，从代理的产生发展中认识代理制度的社会作用，认识代理制度与相关民事法律制度的联系。

第一节　代理的概念和特征

| 内容提要 |

代理概念有广义与狭义之分，还有直接代理与间接代理之别。狭义代理和直接代理具有以下特征：代理人须以被代理人名义，以代理权为基础并为被代理人的利益同第三人独立为意思表示进行民事法律行为，代理行为后果由被代理人直接承担，因此它区别于行纪、居间、传达、事实行为代办、法定代表人代表行为等。

一、代理的概念

（一）对代理概念的理解

民法中“代理”一词通常有三种意义：一是指代理法律制度，是关于代理法律关系、代理行为、代理责任的民事法律制度。二是指代理法律关系，即代理人依代理权与第三人为民事法律行为，由此产生的法律后果由被代理人承受的相互权利义务关系。三是指代理行为，即代理人所为的行为。这三个方面是密切联系、有机统一的。从不同角度进行认识，才能全面理解代理的概念。

（二）代理概念的基本表述

代理，是指代理人以代理权为基础，代被代理人（本人）与第三人为民事法律行为，其所产生的法律效果归属被代理人的民事法律制度及其确认的民事法律关系和民事法律行为。其中代理人是指享有代理权代他人为民事法律行为的人；被代理人，也即本人，是指为他人所代并承受所代民事法律行为效果的人；第三人是指与代理人进行民事法律行为的相对人（关于三者的关系见图 11－1）。

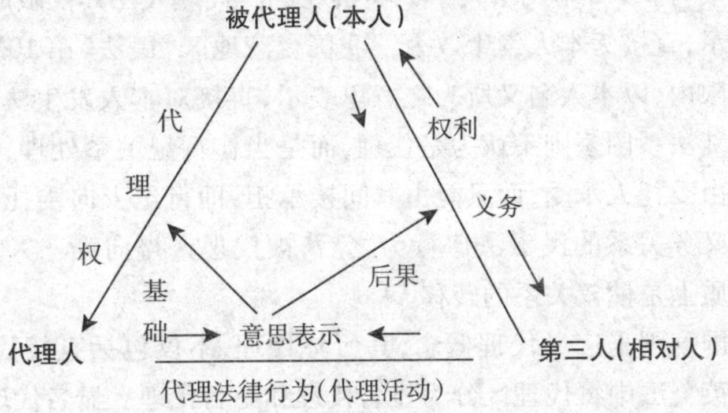

图 11－1　代理关系

（三）代理概念的广义与狭义

代理概念有广义与狭义之分。广义代理，是指代理人以被代理人（本人）名义或以自己名义代被代理人为民事法律行为，并使由此民事法律行为所产生的法律效果直接或间接地归属于被代理人承受。狭义代理，是指代理人以被代理人名义为民事法律行为，并使由此民事法律行为所产生的法律后果直接归属于被代理人。

（四）直接代理与间接代理

代理概念除了广义与狭义之分外，还有直接代理与间接代理之别。直接代理，就是指代理人以被代理人名义为民事法律行为，由此民事法律行为所产生的法律后果直接归属被代理人。直接代理就是狭义代理。间接代理，是指代理人以自己名义为民事法律行为，由此民事法律行为所产生的法律效果经由代理人移转归属于被代理人或者在符合法律规定条件时其后果直接归属于被代理人。广义代理包括了直接代理和间接代理。

(五)各国民法对代理概念的规定

各国民法关于代理的规定并不一致。在大陆法系和英美法系之间有很大差别。

大陆法系国家采狭义代理、直接代理概念,特别强调代理人在对外进行民事活动时表明代理人身份,并以被代理人名义进行。例如,《德国民法典》第164条规定:“代理人于代理权限内,以被代理人名义所为的意思表示,直接为被代理人和对被代理人发生效力。”《日本民法典》第99条规定:“代理人在其权限内,表示为本人而为的意思表示,直接为本人发生效力。”我国台湾地区“民法”第103条也规定,代理人于代理权限内,以本人名义所为之意思表示,直接对本人发生法律效力。而对于间接代理大陆法系国家则不认为是代理,而是当作行纪关系处理,行纪人行为的后果不能直接由委托人承受,而只能由其间接承担,即行纪人向委托人进行了一项转移有关权利义务关系的民事法律行为之后,被代理人得向第三人主张权利或履行义务。这实质上是债权关系的转移。[1]

英美法系国家则采广义代理概念,其所称代理,不仅包括直接代理,而且包括间接代理。在英美法中将代理区分为显名代理和隐名代理。显名代理,是代理人明示委托人姓名而为的代理,所订合同的效果直接归委托人承受,代理人一般不享有合同权利,也不承担合同义务或责任。隐名代理,是代理人代订合同时向对方公开了代理关系但不透露委托人姓名或者不公开代理关系而为的代理。在代理人公开代理关系但不透露委托人姓名的情况下,所订合同对隐名委托人发生拘束力,而代理人对合同不承担责任。代理人代订合同时既未指明委托人的身份或姓名,又未说明委托代理关系,而是以自己名义订立合同的,委托人有直接介入权,既可向第三人行使请求权,又可向第三人行使诉权;不过一旦介入就要对第三人承担责任。与直接介入权相对应,第三人有选择权,既可以向委托人行使请求权和诉权,又可以向其代理人行使请求权和诉权,一旦选定其中一人后不得再反悔。[2]可见,英美法系中的隐名代理同大陆法系中的行纪的法律后果是不同的。

(六)我国民法关于代理概念的规定

《民法典》第161条规定:“民事主体可以通过代理人实施民事法律行为。依照法律规定、当事人约定或者民事法律行为的性质,应当由本人亲自实施的民事法律

---

〔1〕 参见佟柔主编:《中国民法学·民法总则》,中国人民公安大学出版社1990年版,第264页。
〔2〕 参见《英国商法》,董安生等编译,法律出版社1991年版,第195页。

行为,不得代理。"由该规定可知,《民法典》并未要求代理必须以"被代理人名义"进行,因此我国《民法典》第161条规定的代理应该是广义上的代理,既包括直接代理,也包括间接代理。由于实践中以直接代理居多,间接代理只有在符合特定条件时才适用,因此《民法典》总则编中仅规定了直接代理的内容,间接代理的具体内容在《民法典》分则合同编中规定。《民法典》第925条规定:"受托人以自己的名义,在委托人的授权范围内与第三人订立的合同,第三人在订立合同时知道受托人与委托人之间的代理关系的,该合同直接约束委托人和第三人;但是,有确切证据证明该合同只约束受托人和第三人的除外。"第926条第1款规定:"受托人以自己的名义与第三人订立合同时,第三人不知道受托人与委托人之间的代理关系的,受托人因第三人的原因对委托人不履行义务,受托人应当向委托人披露第三人,委托人因此可以行使受托人对第三人的权利。但是,第三人与受托人订立合同时如果知道该委托人就不会订立合同的除外。"同条第2款规定:"受托人因委托人的原因对第三人不履行义务,受托人应当向第三人披露委托人,第三人因此可以选择受托人或者委托人作为相对人主张其权利,但是第三人不得变更选定的相对人。"《民法典》合同编的这些条款规定中都出现"代理"一词,就是关于间接代理、隐名代理的规定。

二、代理的特征

依据我国《民法典》的规定,代理具有如下特征:

第一,代理是代理人代被代理人实施民事法律行为。代理制度产生的原因就是某些民事主体无民事行为能力或行为能力受限制,而不能独立实施民事法律行为;或者某些民事主体虽有行为能力,但在时间上、体力上、地域上、技能上有时不能自己去完成民事法律行为,因而需要代理人的帮助,代理人就以自己的技能代被代理人实施民事法律行为。因此,就必须利用自己的技能独立进行意思表示,以自己的行为、自己的意思,去完成所代理的民事法律行为。比如,代订合同为要约、受要约、承诺、受承诺的意思表示等。

重点提示

代理行为的性质:代理实施民事法律行为。

行为人代办的事务是否为民事法律行为是区别行为人代办事务是否是代理的标志。比如,代人保管物品、代人抄写书稿等行为都不是以意思表示为特征的民事法律行为,因而不是代理。除民事法律行为外,依学理上的解释,具有民事法律意义的合法行为也可代理。

第二,代理是代理人以代理权为基础进行的民事法律行为。代理权是代理人代被代理人进行民事法律行为的资格和权限的基础。代理人必须依据代理权,并在代理权限范围内为意思表示,这样才能体现被代理人的意志,为被代理人实现利益。这也是区别代理和无权处分、无权代理的界限。【代理行为的基础:代理权】

第三,代理是代理人在代理权范围内独立为意思表示同第三人进行民事法律行为。代理人代被代理人实施的民事法律行为,是本由被代理人与第三人发生的行为由代理人代理实施。代理人虽然应在代理权限范围内实施民事法律行为,但他必须独立为意思表示,通过他的能动作用最大限度地实现被代理人的利益。这一点是代理人与传达人的区别。

重点提示

代理行为的实施:代理人独立为意思表示。

第四,代理由被代理人对代理行为直接承担责任。代理制度的实质是被代理人利用代理人的帮助以增进其利益。代理人以代理权为基础,与第三人进行民事法律行为,由此民事法律行为所发生的法律效果应直接归属于被代理人,由被代理人承担责任。这里的所谓承担责任,既是指承受权利义务,又指承担违反义务的法律后果。在狭义的代理中代理人以被代理人名义进行的代理,代理后果当然直接归属于被代理人,就是在以受托人名义进行的间接代理中,在一定情形下,委托人作为被代理人也直接承担责任。例如,第三人订立合同时知道受托人与委托人之间的代理关系的,该合同直接约束委托人和第三人;但是确有证据证明该合同只约束受托人和第三人的除外。或者在受托人因第三人原因对委托人不履行义务的,受托人向委托人披露第三人的,委托人可以直接行使受托人对第三人的权利,但是订立合同时第三人如果知道委托人就不会订立合同的除外。受托人因委托人的原因对第三人不履行义务,受托人应当向第三人披露委托人,第三人因此可以选择受托人或者委托人作为相对人主张其权利,但是第三人不得变更选定的相对人。

重点提示

代理后果归属:被代理人直接承担。

第五,代理人是否以被代理人名义进行活动必须区别对待。前已述及,代理有狭义代理和广义代理之分。狭义代理仅指直接代理,即代理人以被代理人名义所进行的代理行为;广义的代理不仅包括直接代理,还包括间接代理,即受托人以自己名义代他人为民事法律行为，我国《民法典》在吸收原《合同法》立法经验基础上，采用了广义代理的概念。因此，以被代理人名义实施民事法律行为不再是代理概念的构成部分，是否以被代理人名义要以代理行为系直接代理还是间接代理而定，间接代理不要求以被代理人名义。但直接代理仍然是代理的主体部分，间接代理的适用并不广泛，而且具体内容规定在《民法典》合同编的委托合同中，因此这里主要论及直接代理。

三、代理与相关概念的区别

（一）代理与传达人的区别

传达人是将当事人的意思表示传达给对方当事人的传话人。其任务仅在于忠实地传达委托人的意思表示，在传达中间自己不进行意思表示，不得以自己的意思改变委托人的意思，无权决定意思表示的内容和民事法律行为是否成立。而在代理，则由代理人直接、独立地进行意思表示，以自己的意志决定意思表示的内容和民事法律行为的成立与否。

（二）代理与居间人的区别

居间人是为委托人与第三人进行民事法律行为报告信息、机会或提供媒介联系的中间人。居间人与代理人的区别在于：代理人以代理权为基础代委托人进行民事法律行为，要独立为意思表示；而居间人并不代委托人进行民事法律行为，仅为其提供机会，起媒介作用。

（三）代理与行纪的区别

行纪，是行为人以自己的名义，为他人利益计算，实施民事法律行为，并收取报酬的民事活动。它同狭义的代理即直接代理的区别在于行纪人以自己的名义实施民事法律行为并直接取得法律效果，再依据他与委托人之间的行纪合同的约定将其从该民事法律关系中实现的利益移转给委托人。而代理则是代理人以被代理人名义进行民事法律行为，并将法律效果直接归属于被代理人。

法律链接

《民法典》第925、926条

评 注 行纪与间接代理

在传统民法理论上一般将行纪视为间接代理,因为行纪是行为人以自己名义对外完成委托人的贸易事务而从事民事法律行为的活动。在传统民法理论上间接代理是行为人"为本人计算,以自己名义为民事法律行为,负有将其法律效力移转于本人之债务","其效力一般经由代理人间接及于本人"。行纪就是间接代理的典型例子。[3] 在我国《合同法》颁布后,依据《合同法》第402、403条的规定,受托人以自己名义与第三人订立合同,在符合法律规定的条件的情况下,合同的法律效力直接约束委托人与第三人。这一规定在受托人以自己名义而不是以委托人名义这一点上符合传统民法理论关于间接代理的规定,但在受托人与第三人订立的合同后果的归属上则是在符合法律规定的条件下直接归属委托人负责,而不是经由受托人移转给委托人,此点与传统民法理论关于间接代理"其效力一般经由代理人间接及于本人"的认识不同。可见合同法的这些规定既不同于直接代理(直接代理以被代理人名义),也不同于间接代理,但它与英美法中的隐名代理基本相同。有的学者认为,英美法中的显名代理完全同于大陆法系的直接代理,而英美法系中的隐名代理或者不公开本人身份的代理大致相当于大陆法系中的间接代理。因此,将合同法中的这些规定看作间接代理的规定,并且指出我国合同法最终将间接代理规定在委托合同中,而不是规定在行纪合同中,这主要是为了强调间接代理与行纪的区别,其还提出间接代理与行纪有本质区别的三条主要表现。[4] 第一个表现是,在间接代理制度下,虽然代理人是以自己的名义订立合同,但在符合《合同法》第402、403条规定的间接代理的条件下,被代理人有权介入该合同中,享有权利和承担义务,第三人也有权选择被代理人作为合同相对人。而行纪关系是由两个独立的法律关系构成的,因此合同应当分别履行,委托人只能向行纪人提出合同请求,第三人也只能向行纪人提出请求。有学者指出,"实质上,行纪合同只是委托合同的一种"。"明确委托人和行纪人之间的关系为委托合同关系后,即意味着《合同法》中有关委托合同的规定可以适用于行纪合同。正是基于此,《合同法》第423条规定:'本章没有规定的,适用委托合同的有关规定。'这也就是说,《合同法》中行纪合同的规定侧重于对行纪受托行为不同特征的规定,至于一般受托人所应尽的义务和承担的责任、委托合同中关于第三人选择权、委托人介入权等方面的规定可以

---

〔3〕 参见史尚宽:《民法总论》,中国政法大学出版社2000年版,第517页。

〔4〕 参见姚辉主编:《民法教学参考书》(上册),中国人民大学出版社2005年版,第310页。

适用于行纪法律关系。”[5]笔者认为,传统民法理论认为的间接代理是以受托人的名义与第三人为法律行为并将后果转归委托人即被代理人,委托、行纪都属于间接代理。但我国原《合同法》第402条和第403条规定了委托合同中委托人与受托人之间的代理关系,在第三人知道、受托人向第三人披露代理关系时委托人对受托人与第三人订立合同的直接介入权,从而与行纪合同有所区别,虽然依原《合同法》第423条规定,行纪合同章没有规定的可以准用委托合同的规定,但对于委托人的介入权的规定能否准用于行纪合同中委托人对行纪人与第三人合同,还应当看行纪合同章是否已有规定。原《合同法》第421条规定:“行纪人与第三人订立合同的,行纪人对该合同直接享有权利、承担义务。第三人不履行义务致使委托人受到损害的,行纪人应当承担损害赔偿责任,但行纪人与委托人另有约定的除外。”可以看出对此已有规定,就是由行纪人直接负责。因此,委托人介入权的规定就不宜在行纪合同中适用。因此,委托合同和行纪合同原来都作为间接代理就有了区别,委托合同的受托人以自己名义与第三人订立的合同可以因第三人知道或者披露委托人与受托人的代理关系,委托人直接介入与第三人的合同,而行纪合同则不存在委托人介入行纪人与第三人的合同。因此,委托合同中受托人不以委托人名义与第三方订立合同,但委托人可以介入与第三人的合同,因而应属于间接代理,而行纪合同中委托人与行纪人之间的委托关系与行纪人与第三人之间的合同关系是两个合同,委托人并不介入与第三人的合同,因而不应构成间接代理。我国原《合同法》中的这些条文规定都完全纳入《民法典》中的委托合同和行纪合同的规定中,《民法典》第925、926条都规定了委托人与受托人之间的代理关系为第三人知道或向其披露时委托人对第三人合同的介入权,而在第958条对行纪人与第三人合同的规定中只规定了行纪人直接享有权利、承担责任,并未提及委托人与行纪人之间的代理关系以及委托人对与第三人合同的介入权,因此,也可以认为《民法典》没有把行纪作为间接代理。

（四）与法定代表人的区别

法定代表人,是依照法律规定或法人章程的规定代表法人行使职权的负责人。代表人同代理人不同。代表人是法人机关的本身,代表人与法人之间的关系属其内部关系,代表人的行为直接视为法人的行为,法律后果直接归属所代表的法人承受。而代理人是同法人平等的独立民事主体,不是法人机关的本身,而是由法定代

〔5〕　高富平、王连国:《委托合同、行纪合同、居间合同》,中国法制出版社1999年版,第146页。

表人委托的以其代理权代法人为民事法律行为的人。在法人对外活动中代表人与法人是一体关系,而代理人与法人是别体关系。

思考题:

1. 简述代理的概念和特征。

2. 简述代理人与传达人、居间人、行纪人、法定代表人的区别。

案例 11-1

甲欲买一幅古字画送人,思之再三,遂委托对字画有一定研究的乙为其代购,并嘱其价格控制在10000元内。乙到丙字画店挑选了一幅古字画,并与丙商定价格为8000元。乙遂以甲之名义与丙订立字画买卖合同,约定甲在合同订立后的3日内向丙付款,丙在收款后即将字画交付甲。乙遂将他与丙签字的合同交给了甲。请分析本例中各当事人的地位及其相互关系。

第二节　代理的产生、发展和意义

| 内容提要 |

代理制度是随着商品经济、市场经济的发展而产生和发展的重要民事法律制度。

一、代理制度的产生和发展

在罗马法中,尚无独立的代理制度。这是因为当时罗马社会是一个简单的商品经济社会,当时商品交换的规模和范围都很有限,表现在商品交换的法律制度上,实行民事法律行为的严格形式主义,如曼兮帕蓄形式要求当事人必须亲自到场,不能由他人代理。同时,当时的罗马社会又是一个崇尚等级、身份关系的简单商品社会,在罗马家长制家庭,家子和奴隶无民事主体资格,其所取得的财产当然归属于家父或家主,因而,也就没有规定代理制度的必要。到了罗马后期,才出现了包含代理因素的若干诉的类型,但始终未形成独立的代理制度。中世纪的欧洲也未建立独立的代理制度。只是在中世纪后期,法兰西和德意志出现的商习惯,及后来由其形成的成文商法中有了一些关于商事代理的规定。在近代资本主义社会,商品交换频繁发生,其规模和范围越来越大,加之企业组织的兴起,代理制度的产生就成为必要。但在1804年《法国民法典》中,代理还尚未成为独立的法律制度,而是作为委任契约列入取得财产的各种方法。在1896年《德国民法典》中,代理与委任分别加以规定,将代理列入总则编的“民事法律行为”一章,对具有普遍意义的代理制度加以规定,形成了比较完备的代理民事法律制度。同时,对代理商的制度在商法典中作了规定。由此,后来许多国家的民法典都将代理作为独立法律制度加以规定。比如《日本民法典》《苏俄民法典》等。

在英美法系中,代理制度则产生较早。英美法学者普遍认为,代理发端于中世纪早期。[6] 中世纪商业的发展,特别是海上贸易的发展,为代理制度的产生和形成提供了基本的社会条件。在近代、现代英美代理法有了更大的发展。18世纪下半叶,隐名代理得以确立。1889年《英国经纪人法》规定了经纪人代理及其他种类代理人广泛的权限。1979年英国颁布了《代理权条例》《不动产代理人法》,《美国标准公司法》也对公司代理人的权限作了详尽的规定。[7]

二、代理制度的意义

从代理制度的产生和发展来看,代理制度是随着商品经济、市场经济的发展而产生和发展的重要民事法律制度。其意义主要在于:

1. 充实了民事自由,使当事人意思自治得以真正实现。民法以意思自治为原则,允许当事人依其自由意思表示,为其设定权利,承担义务。这不仅是指当事人依其意思亲自为民事法律行为,而且包括当事人依其自由意思授权他人代其为意思表示,从而充实了当事人进行民事活动的自由,使其意思自治得以充分实现。

2. 弥补和扩充了民事主体的民事行为能力。根据民事主体制度,无民事行为能力人,不能独立实施民事法律行为;限制民事行为能力人,不能独立实施超出其行为能力范围的民事法律行为。这些人都需要代理人帮助其实施民事法律行为。有了代理制度,就使无民事行为能力人或限制民事行为能力人的民事行为能力通过代理得以弥补。完全民事行为能力人,虽有民事行为能力,但在时间上、体力上、业务能力上、地域上往往受到限制,不可能事必躬亲地实施民事法律行为,代理制度则给他以分身之术,使其民事行为能力得以扩张。法人民事主体民事行为能力要通过法定代表人实施,而由于法人业务的广泛和复杂,法定代表人也不可能事必躬亲,也必须通过其代理人实现,如果没有代理制度法人民事行为能力的实现就不可

---

〔6〕 参见佟柔主编:《中国民法学·民法总则》,中国人民公安大学出版社1990年版,第258页。

〔7〕 参见佟柔主编:《中国民法学·民法总则》,中国人民公安大学出版社1990年版,第259、261页。

想象。因此,代理制度是同民事主体制度紧密联系的法律制度,它是对民事主体行为能力的补充和扩张。

3. 扩展了民事法律行为和民事法律关系的范围。代理就是代他人为民事法律行为,代为民事法律行为就会引起相应的民事法律关系。代理制度使民事主体得以扩张民事行为能力,能够打破时间、地域、知识、体力等各种限制,在同一时间、同一地点或不同地点进行多种多样的业务,实施民事法律行为,发生民事法律关系。这就大大拓展了民事主体的活动领域。

4. 代理制度有力地促进了社会经济的发展。代理制度具有上述功能,从而适应了商品经济和市场经济发展的需要,满足了海外贸易、资本的公司经营、科学技术发展所产生的业务需要,使贸易、诉讼、专利、海事、银行、证券、期货、结算等多种业务得以通过代理进行,从而有力地促进了社会经济的发展。

思考题:代理制度有哪些意义?

第三节　代理的适用范围

| 内容提要 |

代理的适用范围是指代理行为标的的范围,即哪些行为法律允许代理,哪些行为不能代理。我国《民法典》第 161 条规定:"民事主体可以通过代理人实施民事法律行为。依照法律规定、当事人约定或者民事法律行为的性质,应当由本人亲自实施的民事法律行为,不得代理。"

一、关于民事法律行为的代理范围

(一)可以代理的民事法律行为

民事法律行为,除依照法律规定、当事人约定或者民事法律行为的性质,应当由本人亲自实施的民事法律行为不得代理外,一般都可通过代理人代为实施。具体包括:

1. 合同民事法律行为。这是最主要的适用代理的民事法律行为。买卖、租赁、借贷、承揽、运输、仓储、保管、保险等合同行为都可通过代理进行。

2. 单方民事法律行为。例如,代理被代理人行使追认权、撤销权等。

3. 准民事法律行为。例如,代为进行要约邀请、要约撤回、承诺撤回、债权的主张和承认等。

(二)不可代理的民事法律行为

1. 根据法律规定不得适用代理的民事法律行为,此类行为一般具有人身属性,法律要求本人亲自实施。例如,《民法典》第1049条规定:“要求结婚的男女双方应当亲自到婚姻登记机关申请结婚登记……”

2. 根据当事人约定必须由本人实施的民事法律行为。比如,某个农户与农业科技专家订立科技服务合同要求必须与专家本人订立,专家就不得委托他人代理。

3. 根据民事法律行为的性质,该种民事法律行为不适用代理的,也不能代理。主要是具有人身属性的法律行为。例如,离婚、收养、立遗嘱、遗赠扶养等民事法律行为。

二、不适用代理的行为

(一)违法行为不适用代理

《民法典》第161条第1款规定:民事主体可以通过代理人实施民事法律行为。第167条规定:代理人知道或者应当知道代理事项违法仍然实施代理行为的,或者被代理人知道或者应当知道代理人的代理行为违法未作反对表示的,由被代理人和代理人负连带责任。可见,违法行为是不适用代理的。

(二)事实行为一般不适用代理

代理行为是以代理人在代理权限范围内独立为意思表示为特征的,事实行为不以意思表示为构成要素,所以不适用代理。比如,代为劳务、绘画等履行债务的行为。

探　讨　其他具有法律意义的行为的代理是否属于民事代理?

关于代理的适用范围学者有不同的观点。一种观点认为,民事代理的范围仅指民事法律行为。但通说认为,民事代理的范围不限于民事法律行为,除民事法律行为外,还包括其他具有法律意义的行为,比如诉讼行为、登记行为等。按照《民法典》总则编关于代理概念和范围的规定，代理就是民事主体通过代理人实施民事法律行为。民事法律行为以外其他具有法律意义的行为就不包括在这一概念和范围之内，不属于民事代理的范围。按照通说，其他具有法律意义的行为是指诉讼行为和财政、行政义务的履行行为。对于诉讼行为的代理，是由民事诉讼法、行政诉讼法、刑事诉讼法等法律规定的，发生的是诉讼法律效果，应属于各自独立的代理类型，不应包括在民事代理之中。对某些财政、行政义务履行行为的代理，也是由财政、行政法规定的独立的代理类型，直接发生的是财政、行政法律效果，不属于民事代理。

思考题：简述代理的适用范围。

案例 11－2

请分析下列行为能否适用代理制度：

1. 甲、乙系夫妻，婚后感情一直不和并分居多年，后二人欲离婚，因甲不愿与乙见面，遂委托其朋友丙代其与乙协商并签订离婚协议。

2. 北京某演出公司与香港某歌星签订协议，于 2005 年圣诞节在工人体育馆举办演唱会，后该歌星因嗓子发炎不能出演，便欲请另一著名歌星代其出演。

3. 西安甲公司欲购买广州乙公司的水果，为节省人力和财力，委托广州丙律师事务所的丁律师代其与乙公司签订水果购销合同。

第四节　代理的分类和种类

| 内容提要 |

学习代理的分类和种类，主要应在比较之中明确各类型代理产生的不同依据及其法律意义。

一、代理的分类

代理的分类，是民法学理论从不同角度对代理所作的类型划分（详见图 11－2）。

- 代理
  - 代理权产生依据不同
    - 意定代理:委托代理
    - 法定代理
  - 代理人人数不同
    - 单独代理
    - 共同代理
  - 代理权是否受限定
    - 概括代理(一般代理)
    - 限定代理(特定代理、部分代理)
  - 代理人选任和产生的不同
    - 本代理(原代理)
    - 复代理(再代理、转代理)
  - 代理人为法律行为的名义不同
    - 直接代理
    - 间接代理
  - 代理人代为还是代受领意思表示
    - 积极代理
    - 消极代理
  - 是否向相对人公开被代理人姓名
    - 显名代理
    - 隐名代理

图 11－2　代理的分类

(一)意定代理和法定代理

根据代理权产生的依据不同,代理可分为意定代理和法定代理。

《民法典》第 163 条规定:“代理包括委托代理和法定代理。委托代理人按照被代理人的委托行使代理权。法定代理人依照法律的规定行使代理权。”

意定代理,是指依据本人意思表示而产生代理权的代理。我国《民法典》总则编规定的委托代理就属意定代理。意定代理的代理权因单方授权行为而产生。

法定代理,是指非因本人意思而是基于法律规定产生代理权的代理。例如,《民法典》第 23 条规定:“无民事行为能力人、限制民事行为能力人的监护人是其法定代理人。”监护人依该条的规定取得代理权的代理就是法定代理。

(二)单独代理与共同代理

依据代理人人数是一人还是数人将代理划分为单独代理和共同代理。

单独代理,是代理人只有一人的代理,即代理权属于一人。

共同代理,是代理人有两个或两个以上的人的代理,即代理权属于两个或两个以上的代理人。

这一分类的意义在于明确共同代理权的行使及其责任。共同代理权的行使应由数个共同代理人共同行使。我国《民法典》第 166 条规定:“数人为同一代理事项的代理人的,应当共同行使代理权,但是当事人另有约定的除外。”所谓共同行使就是应经全体协商或按多数人意思形成共同代理意思。如果其中一人或者数人未与其他代理人协商或不按协商的意思代理,其行为侵害被代理人权益的,由实施行为的代理人承担民事责任。

(三)概括代理与限定代理

根据代理权是否受到限定将代理分为概括代理和限定代理,也称一般代理与特别代理。

概括代理,也即一般代理,是指代理权范围及于代理事务全部,没有特别限定的代理。

限定代理,也即特别代理,是指代理权范围有特定限制的代理。

这一分类的意义在于明确代理权范围。一般认为为本人利益保存、改良、利用等管理行为,依一般代理权即可,但对如买卖、赠与、抛弃、免除、抵消等处分行为则须有本人的特别授权。

(四)本代理与复代理

根据代理人选任和产生的不同,代理可分为本代理和复代理。

本代理,是指由本人选任代理人或直接依法律规定产生代理人的代理。

复代理,也叫再代理,是指由本代理之代理人为本人选任代理人而产生的代理。它是本代理的代理人为了行使代理权,为本人选任代理人而发生的,所以又称转委托。复代理人仍是本人的代理人,不是本代理之代理人的代理人。

这一分类的意义在于:明确本代理的代理人与复代理的代理人对本人的代理责任。一般认为本代理的代理人必须亲自为代理行为而不得擅自转委托,代理人转委托他人时必须事先征得本人同意或事后及时告知被代理人得到其追认,如果本人不同意转委托的,应由本代理人对其转委托行为负责。但在紧急情况下,本代理人可以为本人利益转委托,复代理人只能在本代理人的代理权范围内为代理行为。复代理人因过错给本人造成损害的,本代理人应对其选任复代理人向本人承担连带责任。《民法典》第169条规定:“代理人需要转委托第三人代理的,应当取得被代理人的同意或者追认。转委托代理经被代理人同意或者追认的,被代理人可以就代理事务直接指示转委托的第三人,代理人仅就第三人的选任以及对第三人的指示承担责任。转委托代理未经被代理人同意或者追认的,代理人应当对转委托的第三人的行为承担责任;但是,在紧急情况下代理人为了维护被代理人的利益需要转委托第三人代理的除外。”

代理除上述主要分类外,在学理上还有其他分类:如积极代理与消极代理、显名代理与隐名代理、直接代理与间接代理等。

二、代理的种类

代理的种类,是指由立法确定的代理的基本类型。

(一)委托代理

委托代理,是指基于被代理人的委托授权而发生代理权的代理。被代理人的委托授权是被代理人以其单方意思表示授予代理权的民事法律行为。这里强调代理权的产生是由被代理人的单方意思决定的,因此,委托代理也就是意定代理。但"委托"一词往往使人将它与委托合同相混淆,误以为委托代理权产生于委托合同,是委托人与受托人双方意思决定的。这里应将委托合同与委托授权严格区分。委托代理产生于委托授权而不是产生于委托合同。委托代理是最主要的代理种类。我国《民法典》关于代理的条文也主要是围绕委托代理规定的。

委托代理中包括一种特殊的职务代理,就是执行法人或者非法人组织工作任务的人员,在其职务职权范围内对其履职的法人或者非法人组织的事项的代理。

(二)法定代理

法定代理,是依照法律的规定发生代理权的代理。

我国《民法典》总则编关于法定代理的规定主要规定在民事主体制度中的自然人民事行为能力和监护制度中。例如,《民法典》第 20 条规定:不满八周岁的未成年人为无民事行为能力人,由其法定代理人代理实施民事法律行为。第 21 条规定:不能辨认自己行为的成年人为无民事行为能力人,由其法定代理人代理实施民事法律行为。第 22 条规定:不能完全辨认自己行为的成年人为限制民事行为能力人,实施的民事法律行为由其法定代理人代理或经其法定代理人的同意、追认。可见,法定代理与民事主体制度是密切相关的。

(三)指定代理

原《民法通则》中规定的指定代理,是指按照人民法院或者指定单位的指定发生代理权的代理。《民法典》第 31 条第 1 款规定:"对监护人的确定有争议的,由被监护人住所地的居民委员会、村民委员会或者民政部门指定监护人,有关当事人对指定不服的,可以向人民法院申请指定监护人;有关当事人也可以直接向人民法院申请指定监护人。”从这些规定可以看出，法定代理和指定代理在确定具体的代理人时存在区别，法定代理由法律直接规定，指定代理由特定机关根据法律规定来指定，但无论是法定代理还是指定代理，其代理权都来源于法律的规定，所谓指定代理需要指定的无非是监护人，被指定的监护人还是依据《民法典》第23条担任无民事行为能力人、限制民事行为能力人的法定代理人的，仍然属于法定代理。因此法定代理和指定代理的分类在学理上有一定意义，在法律上和实务中区别意义不大，《民法典》总则编将指定代理纳入法定代理的范围加以规定，《民法典》第136条规定的代理种类只有委托代理和法定代理。

思考题：

1. 代理有哪些主要分类？其各个分类的依据及其法律意义是什么？

2. 我国《民法典》总则编规定的代理的种类有哪些？

案例11－3

甲系某小学四年级学生，2005年3月1日下午放学途中，甲过马路时被一闯红灯的小车撞伤，经交警部门认定小车应负全责。甲的父亲乙出面与小车司机丙协商赔偿事宜。在协商未果下，乙委托律师丁将丙起诉至法院。2005年8月2日开庭时，丁在外地出差因暴雨封路无法按时出庭，经乙同意，丁委托另一律师戊代其出庭，请问，本案例中，乙、丁和戊各属于哪种代理？

第十二章　代理法律关系

我国《民法典》规定的代理概念是广义上的，既包括直接代理，也包括间接代理，由于直接代理是代理的主体部分，间接代理的适用并不广泛，而且具体内容规定在《民法典》合同编中，因此本章论述的代理仅指直接代理。

代理是代理人以被代理人名义为民事法律行为并将由此产生的法律后果归属于被代理人承担，代理的过程本身在代理人、被代理人、第三人之间产生相应的权利义务关系，即代理法律关系。本章设置四节内容：第一节静态阐述代理法律关系的概念、特征；第二节明确代理法律关系的内容；第三节则进一步明确代理法律关系的核心内容，即代理人的代理权；第四节则是代理权的动态行使，即代理活动的进行。

第一节　代理法律关系概述

| 内容提要 |

学习本节要明确代理法律关系的概念和特征，区分清楚代理法律关系与代理的相关法律关系，即代理基础关系和代理后果关系的联系与区别。

一、代理法律关系的概念和特征

（一）代理法律关系的概念

代理法律关系，是指代理人以被代理人名义同第三人为民事法律行为而发生在他们相互之间的以代理权享有和代理后果归属为内容的权利义务关系。

对代理法律关系的理解有广义和狭义之分。狭义的理解将代理法律关系仅理解为代理人与被代理人之间的权利义务关系。比如，《牛津法律大辞典》对代理的解释为:“代理指被授权并同意以委托人的身份行使的代理人与另一个人,即本人之间的法律关系,特别指在与第三人的契约关系中代表本人行事。”[1]而广义的理解则认为,代理法律关系是由被代理人与代理人之间的内部关系(或者是基于当事人意思表示而产生的委托授权关系,或者是依法律直接规定而产生的法定代理关系)及被代理人与第三人、代理人与第三人之间的外部关系构成。在研究代理法律制度时,不能将代理的内部关系与外部关系截然割裂。如果离开了代理的外部关系,只承认代理的内部关系,实际上就成了两个主体之间的监护或委托合同关系。[2]

重点提示

代理的内部关系与外部关系是密切联系的。

笔者赞同对代理法律关系作广义解释的观点。

(二)代理法律关系的特征

代理法律关系的特征包括:

1. 代理法律关系是三方法律关系。代理法律关系有三方主体:包括代理人、被代理人(本人)和第三人(相对人)。

2. 代理法律关系是以代理权及代理后果归属为内容的权利义务关系。一般民事法律关系的权利义务内容,是主体为实现自身利益而享有的权利和为实现对方利益而承担义务,其权利义务是同法律所保护的主体的自身利益密切联系的。而在代理关系中代理人享有的代理权并不是为实现自身利益,而是为了实现被代理人利益,而体现被代理人利益的权利也是在代理后果关系中,并不直接表现在代理关系中。因此,代理关系的内容主要是指代理权及代理后果归属。代理人享有代理权实质上是代理人的一种资格和义务,被代理人和相对人须承受代理后果也是一种义务。代理关系的内容并不直接体现代理人的利益,而是为了在代理后果关系中实现被代理人及第三人利益,因而代理关系是中介性法律关系。【代理关系是中介性法律关系】

3. 代理法律关系的客体是代理行为。在代理关系中三方当事人的权利义务都指向了代理行为,即代理人代被代理人实施的民事法律行为。代理人能否以被代理人的名义同第三人为代理民事法律行为取决于他是否有代理权,代理权是针对

[1] 《牛津法律大辞典》,光明日报出版社1988年版,第29页。

[2] 参见佟柔主编:《中国民法学·民法总则》,中国人民公安大学出版社1990年版,第263页。

代理行为享有的;被代理人是否承受代理民事法律行为的后果也看它是否以代理权为基础的代理行为引起,第三人要求被代理人承受代理后果,也是因为它是代理行为引起的。代理后果归属权利义务是针对代理行为后果发生的。

二、与代理法律关系相关的法律关系

与代理法律关系相关的法律关系,是指与代理法律关系密切联系,但又区别于代理法律关系的其他法律关系。主要包括代理基础关系和代理后果关系。

(一)代理的基础关系

代理基础关系,是指代理权产生的基础关系。

1. 代理产生的基础关系的种类

委托代理主要以委托、雇佣、合伙等合同关系为基础产生。法定代理主要以监护关系为基础产生。

重点提示

代理权关系属于代理关系的内容,产生代理权的基础关系则不是代理关系的内容,只是与代理有关的基础关系。

2. 委托授权与代理基础关系

委托授权与基础关系并不相同,授权行为是被代理人的单方民事法律行为,而基础关系主要是双方或多方民事法律行为。基础关系往往是委托授权的基础关系,委托授权基于基础关系而进行,但授权行为并不一定非有基础关系的存在,有基础关系存在也不一定有授权行为。授权行为与基础关系之间往往有以下三种情况:

(1)依基础关系实施授权行为。例如,甲公司雇佣李某为其业务员,授权其销售本公司产品。

(2)虽有基础关系,但不授予代理权。例如,甲公司雇用马某为公司清洁工,并不授予其代理公司业务的权利。

(3)没有基础关系而直接授予代理权。例如,甲公司与王某并无雇佣关系,但直接授权其代理甲公司购买设备。

代理权直接产生于授权行为,而并不直接产生于基础关系。

重点提示

委托授权不同于委托合同,授权是单方法律行为,直接产生代理权。

评 注 授权行为是否受基础关系效力的影响?

在授权行为伴随基础关系发生的情况下,授权行为是否受基础关系效力的影响,学者尚有不同观点:有因说、无因说和折中说。

所谓有因说,是指授权行为的效力决定于基础关系,当基础关系不成立、无效、撤销或终止时,授权行为无效。[3]

无因说则认为,授权行为不受基础关系的影响,基础关系不成立、无效、撤销或终止时,授权行为仍然有效。[4]

折中说则认为,除非授权行为人授权时以意思表示表明授权行为不受基础关系影响而为无因外,一般应为有因。[5]

笔者赞同无因说,因为授权行为虽伴随基础关系发生,但它同基础关系毕竟是有区别的,而且基础关系只是委托人和受托人双方之间的内部关系,而授权行为涉及第三人,如果采有因说,以委托人和受托人双方之内部关系左右授权行为授予代理权的效力,有害交易安全,对第三人极为不利。

3. 法定代理权与基础关系

在法定代理,代理权是直接依据监护关系由法律规定产生的,因此,法定代理权应与法定代理基础关系同其命运,监护关系撤销、终止的,法定代理权亦消灭。

(二)代理后果法律关系

代理后果法律关系,是指代理民事法律行为所引起的法律关系。它是指在被代理人与第三人之间产生的民事权利义务关系。例如,代理买卖行为产生的买卖合同关系,代理租赁产生的租赁合同关系。这里的买卖合同关系、租赁合同关系都不是代理法律关系,只是同代理相联系的法律关系,其联系就在于这些法律关系是代理民事法律行为引起的效果法律关系。一旦引起就进入有关合同法律的调整范围。代理法律关系只解决代理后果关系的归属,并不调整后果关系的具体权利义务,对其具体调整应适用合同法律的有关规定。

---

〔3〕 参见郑玉波:《民法总则》,中国政法大学出版社 2003 年版,第 415 页。
〔4〕 参见梅仲协:《民法要义》,中国政法大学出版社 1998 年版,第 140 页。
〔5〕 参见王泽鉴:《民法总则》,中国政法大学出版社 2001 年版,第 465 页。

重点提示

代理后果归属关系属于代理关系的内容，代理后果关系则不属于代理关系本身的内容。

思考题：

1. 什么是代理法律关系？它有哪些特征？

2. 代理基础关系有哪些主要种类？代理权的产生与代理基础关系有何关系？

3. 代理法律关系与代理后果法律关系有何关系？

案例 12－1

西安甲服装公司委派其员工乙到北京丙服装厂进购服装，其授权内容为购买各类流行款式时装，价格按对方出厂价优惠面议，但每件最高价不超过800元。期限为6个月。甲服装公司在向乙授权的同时亦将该项授权事宜传真通知了丙服装厂。乙持甲给其书写的授权委托书前往丙服装厂先后进购服装3次，均已顺利履行。3个月后，甲服装公司与乙解除了劳动合同，乙另到他处工作。但甲公司并未将此事通知丙服装厂，也未将其给乙的授权书收回。乙在与甲公司解除劳动合同的情况下又以原甲公司给他的授权委托书为依据，以甲公司名义与丙服装厂订立了价款总额达10万元的服装购销合同。丙服装厂供货后，甲公司则以此合同是乙在已经与其解除劳动合同的情况下订立的为由拒收服装。请分析该案中的代理法律关系、代理基础关系、代理的后果关系，并回答：乙在与甲公司解除劳动关系的情况下是否还具有代理权？甲公司应否对这一服装购销合同负责？

第二节　代理法律关系的内容

| 内容提要 |

代理法律关系是由代理权和代理后果归属的权利义务构成的法律关系。代理权是代理法律关系的核心，代理权是代理民事法律行为的基础，代理后果归属是代理权行使的必然结果。由此便在代理人、被代理人、第三人之间形成具体的权利义务关系。

一、代理人的代理权和代理义务

(一)代理人的代理权

代理人享有代理权表明代理人有权依被代理人的名义同第三人为民事法律行为。

(二)代理人的代理义务

1. 代理人须忠实于被代理人利益。代理制度的实质是实现被代理人的利益,代理人享有代理权的目的在于为被代理人谋利益。因此,代理人必须忠实于被代理人利益。这是民法诚实信用原则在代理法律关系中的体现。具体包括:

(1)为被代理人利益计算。它是指代理人在处理代理事务时应追求最大限度地实现被代理人的利益,尽量为其减少损失。

(2)必须竭尽全力,勤勉工作。它是指代理人处理代理事务时应竭尽其能力和经验,努力完成代理事务。

(3)应切实尽到相当的注意义务。它是指代理人在处理代理事务时,应如同自己事务或以善良管理人的注意审慎从事。

(4)不得为自己代理、不得同时双方代理。依被代理人名义同自己实施民事法律行为,或者与自己同时代理的其他人实施民事法律行为就会构成代理权的滥用,损害被代理人利益。

(5)对其不履行或者不完全履行代理职责给被代理人造成的损失承担赔偿责任。对与第三人通谋损害被代理人利益承担连带赔偿责任。《民法典》第164条规定:"代理人不履行或者不完全履行职责,造成被代理人损害的,应当承担民事责任。代理人和相对人恶意串通,损害被代理人合法权益的,代理人和相对人应当承担连带责任。"

2. 代理人须在代理权限范围内进行代理。代理人在代理权限范围内进行代理,是实现被代理人利益的前提,代理人不得超越代理权限进行无权代理。《民法典》第162条规定,代理人在代理权限内,以被代理人的名义实施民事法律行为,对被代理人发生效力。第171条规定代理人无权代理、超越代理权限或者代理权终止后,仍然实施代理,对被代理人不发生效力。

3. 代理人须亲自处理代理事务。代理人是以其特定身份或人身信任为基础而享有对被代理人事务的代理权的,因此,代理人必须以其能力和经验亲自处理代理事务,除非经被代理人同意或有紧急不得已之事由,不得擅自转委托他人。我国

《民法典》第169条规定:“代理人需要转委托第三人代理的,应当取得被代理人的同意或者追认。转委托代理经被代理人同意或者追认的,被代理人可以就代理事务直接指示转委托的第三人,代理人仅就第三人的选任以及对第三人的指示承担责任。转委托代理未经被代理人同意或者追认的,代理人应当对转委托的第三人的行为承担责任;但是,在紧急情况下代理人为了维护被代理人的利益需要转委托第三人代理的除外。”

4. 及时报告和移交代理结果的义务。代理人在处理委托代理事务的过程中应及时向被代理人报告有关代理事务的重要情况,代理事务完成后应及时移交代理结果的有关材料。

5. 为被代理人保密的义务。代理人对在处理代理事务过程接触到的被代理人的商业秘密、个人隐私应负保密责任,不得泄露。

(三)代理人对第三人的义务

1. 显示其代理人身份和代理权。代理人在同第三人为民事法律行为时,除非是隐名代理,应将其代理人身份和代理权显示给第三人。

2. 因委托授权不明承担连带责任。

3. 因无权代理而承担责任。依《民法典》第171条第1款的规定:行为人没有代理权、超越代理权或者代理权终止后,仍然实施代理行为,未经被代理人追认的,对被代理人不发生效力。第3款进一步规定:“行为人实施的行为未被追认的,善意相对人有权请求行为人履行债务或者就其受到的损害请求行为人赔偿。但是,赔偿的范围不得超过被代理人追认时相对人所能获得的利益。”

4. 因违法代理对第三人承担责任。《民法典》第167条规定,代理人知道或者应当知道代理事项违法仍然实施代理行为,或者被代理人知道或者应当知道代理人的代理行为违法未作反对表示的,被代理人和代理人应当承担连带责任。

二、被代理人的权利义务

(一)对代理人的权利与义务

1. 要求代理人忠实履行代理职责。上述代理人对被代理人负有的代理义务,就是被代理人对代理人的权利。被代理人有权要求代理人在代理过程中以相当的注意为被代理人利益勤勉工作,要求代理人在代理权限内亲自履行代理职责并及时报告和移交代理事务的完成情况。对代理人不履行代理职责、擅自转委托的行为、越权代理行为,被代理人有权要求其承担责任。对代理人滥用代理权自己代理、双方代理,损害被带人利益的,要求其承担责任。

2. 对代理权的撤销权。在委托代理关系中被代理人认为代理人不适宜完成代理事务的,有权撤销其代理权。其撤销权是以其单方民事法律行为即生效力的形成权。代理权经被代理人撤销而消灭。

3. 对代理人行为的同意和追认权。委托代理人为了被代理人的利益需要转托他人代理的,应当事先取得被代理人的同意。事先未取得被代理人同意的,应当在事后及时告知被代理人取得其同意。对没有代理权、超越代理权或者代理权终止后的行为,被代理人有权追认或不追认。

4. 承受代理后果的义务。被代理人对代理人在代理权范围内实施的代理行为的法律后果应予承受。

(二)被代理人对第三人的权利义务

1. 依法承受代理法律后果的权利义务。代理人在代理权范围内,以被代理人名义同第三人实施民事法律行为,由此在被代理人与第三人之间产生代理后果民事法律关系,对代理后果民事法律关系中的权利义务,被代理人有权直接承受,同时也有义务承受,不得拒绝第三人直接向其主张权利。

2. 要求第三人承担连带责任。《民法典》第 164 条第 2 款规定:“代理人和相对人恶意串通,损害被代理人合法权益的,代理人和相对人应当承当连带责任。”第 171 条第 4 款规定:“相对人知道或者应当知道行为人无权代理的,相对人和行为人按照各自的过错承担责任。”

三、第三人的权利义务

1. 要求被代理人承受代理法律后果的权利。

2. 催告权、撤销权。对行为人没有代理权、超越代理权或代理权终止后以被代理人名义实施的行为,依民法原理,第三人有催告被代理人是否追认的权利,或者有依法撤销的权利。《民法典》第 171 条规定:行为人没有代理权、超越代理权或者代理权终止后,仍然实施代理行为的,相对人可以催告被代理人自收到通知之日起 30 日内予以追认;行为人实施的行为被追认前,善意相对人有撤销的权利,撤销应当以通知的方式作出。

3. 要求被代理人、代理人或行为人承担责任的权利。委托书授权不明的,被代理人应当向第三人承担民事责任,代理人负连带责任。没有代理权、超越代理权或者代理权终止后的行为,未经被代理人追认的,由行为人承担民事责任。

思考题：代理过程中，代理人、被代理人和第三人相互之间各有哪些权利义务？

案例 12－2

甲消防设备公司委托其业务员乙从丙公司购买其生产消防器具所用的平头阀，其出具给乙的委托书上只写明购买平头阀500个，其他内容全无。经丙公司询问乙，乙说公司用的就是中号平头阀，遂订立了合同。丙公司发货后，甲公司则以所供阀门与其生产所用阀门规格不符拒收货物，丙公司不允，遂发生纠纷。请问本案中三方当事人的权利义务关系如何？乙以甲公司名义与丙公司订立的中号平头阀门购销合同应由谁负责？

第三节　代　理　权

| 内容提要 |

通过上节学习明确了代理权是代理法律关系的核心，本节则重点学习代理权产生和消灭的法律事实，以明确代理权从何而来，如何终止。

一、代理权的概念和性质

代理权，是代理人能够以被代理人的名义实施民事法律行为而将其效果直接归于被代理人的法律权能。

关于代理权的性质，学者们有种种解释，目前尚无定论。其学说主要有四种。

1. 权利说。权利说认为代理权是代理人依法享有的权利。对这种权利的性质有的认为是形成权，〔6〕有的认为是财产管理权，〔7〕有的认为是“类似于监护权的一种人身权利”。〔8〕 对权利说学者们普遍认为因代理权中并不存在代理人的任何利益，因而它不符合权利是受法律保护的主体的利益这一本质特征，有明显的缺陷。

---

〔6〕 日本学者观点，参见胡长清：《中国民法总论》，中国政法大学出版社 1997 年版，第 303 页。

〔7〕 参见梁慧星：《民法总论》，法律出版社 1996 年版，第 213 页。

〔8〕 李开国：《民法基本问题研究》，法律出版社 1997 年版，第 213 页。

2. 权限说。权限说认为代理权名为权利,但质言之,代理权是与代理人自己利益并无必然联系的权限。[9] 学者对权限说的批评主要是认为权限说将代理权等同于执行职务的权限,就意味着将代理权的发生视为雇佣关系、委任关系的法律后果,混淆了代理关系与代理基础关系。[10]

3. 权力说。权力说认为,代理权是对本人不可抗拒的法律拘束力,是代理人可以凭借其改变本人与其他人的法律关系的权力。而法律权力的界限为权限。因此,代理权应为法律权力或权限。[11] 对权力说学者们批评认为它有否定公法与私法区别的缺陷,权力只能存在于公法,民事主体之间不应存在权力。[12]

4. 资格说。资格说认为代理权是代理人以被代理人名义为民事法律行为的资格或地位,是代理人实施代理行为的行为能力。[13] 对此说学者批评认为法律上所谓权利能力或行为能力与主体人身不可分离,权利能力和行为能力均不得转让,本人授予代理人代理权并非授予能力,而且行为能力本身就包含有代理能力,将代理权解释为行为能力就不好解释它与代理人固有行为能力中代理能力的关系;将代理权解释为行为能力忽视了代理权所具有的法律效力。[14]

笔者认为,代理权在性质上应是一种法律权能。民法中权利是由权能和利益构成的。权能是主体为实现利益在法律规定范围内能够采取的各种措施与手段。有权利能力中取得权利的权能,也有既得权利中作为权利内容的权能。在一般情况下权能和利益是一致的。当本人不能或不便于自己行使权能实现自己的利益的情况下,就要通过代理。代理制度的本质在于实现被代理人利益,即法律通过代理制度赋予代理人代理权或通过被代理人授予代理人代理权,将被代理人的利益与实现利益之权能分离,由代理人享有权能,通过代理去实现被代理人的利益。这种权能来自被代理人权利能力中能够为实施自己利益的法律能为性,即能够实施法律行为的权能,被代理人将这种权能授权给了代理人或者依法律规定给予了法定代理人。所以代理权在实质上是代理人实现被代理人利益的一种法律权能,即能够代被代理人实施法律行为的权能。

---

〔9〕 参见张俊浩主编:《民法学原理》,中国政法大学出版社 2000 年版,第 266 页。
〔10〕 参见李开国:《民法基本问题研究》,法律出版社 1997 年版,第 214 页。
〔11〕 参见梁慧星:《民法总论》,法律出版社 1996 年版,第 215 页。
〔12〕 参见彭万林主编:《民法学》,中国政法大学出版社 1997 年版,第 115 页。
〔13〕 参见李开国:《民法基本问题研究》,法律出版社 1997 年版,第 216 页。
〔14〕 参见梁慧星:《民法总论》,法律出版社 1996 年版,第 214 页。

二、代理权的产生

代理权发生的法律事实主要有以下几种：

1. 依法律的直接规定而发生。依照《民法典》第 23 条的规定，无民事行为能力人、限制民事行为能力人的监护人是其法定代理人。因此，只要依照《民法典》第 27 条和第 28 条的规定取得了无民事行为能力人和限制民事行为能力人的监护人的身份，就可以依照法律规定直接成为法定代理人。【法定代理】

2. 依有权机关或组织的指定或人民法院裁决而发生。依《民法典》第 31 条的规定：对监护人的确定有争议的，由被监护人住所地的居民委员会、村民委员会或者民政部门指定监护人，有关当事人对指定不服的，可以向人民法院申请指定监护人，有关当事人也可以直接向人民法院申请指定监护人。由此被指定或裁决而担任监护人的人就取得对无民事行为能力人或限制民事行为能力人的法定代理权。【指定代理】

3. 因被代理人的委托授权行为而发生。委托代理权系因被代理人的委托授权行为发生的代理权。【委托代理】

(1)委托授权行为的概念和性质。委托授权行为，是指被代理人以单方意思表示对代理人发生代理权授予效果的单方民事法律行为，是引起委托代理权产生的法律事实。

(2)委托授权行为的形式。授权行为是一种单方民事法律行为。民事法律行为的形式有口头形式和书面形式。委托授权的书面形式即代理证书，也叫委托证明、授权委托书等。《民法典》第 165 条规定："委托代理授权采用书面形式的，授权委托书应当载明代理人的姓名或者名称、代理事项、权限和期限，并由被代理人签名或者盖章。"

(3)委托授权行为与委托合同的区别。委托授权行为是直接对代理人产生代理权的单方民事法律行为。只要委托人即被代理人或者称本人作出授权的意思表示，即对代理人产生代理权。委托合同则是委托人委托受托人，以委托人的名义完成事务的协议，是委托人与受托人的双方民事法律行为，必须双方当事人协商一致才能成立和生效。【性质不同】

委托授权行为直接产生代理权，而委托合同只是委托代理权产生的基础关系，是代理人与被代理人的内部关系，它本身不一定就产生代理权。委托授权既可以基于委托合同发生，也可以基于合伙合同、雇佣合同发生，甚至不基于这些基础关系而直接发生，或者虽有这些基础关系但并不发生委托授权。【与代理权的关系不同】

委托授权行为的书面形式即授权委托书,是证明代理权产生的书面凭据,而委托合同书则并不一定能证明代理权的产生。

4. 法人或非法人组织的职务授权。基于与法人或者非法人组织的雇佣、劳动关系或者劳务派遣关系对代理人的职务授权产生职务代理。代理人是执行法人或者非法人组织工作任务的人员,如采购、推销等人员。《民法典》第 170 条规定“执行法人或者非法人组织工作任务的人员,就其职权范围内的事项,以法人或者非法人组织的名义实施的民事法律行为,对法人或者非法人组织发生效力。法人或者非法人组织对执行其工作任务的人员职权范围的限制,不得对抗善意相对人。”

5. 追认或默认授权。追认或默认授权,是代理权产生的特殊形式,它是指行为人没有代理权、超越代理权、代理权终止后以被代理人名义进行的行为,经被代理人追认的,就产生授权代理的效果,或者本人知道他人以本人名义实施民事法律行为而不作否认表示的,视为同意,从而产生授权代理的效果。

三、代理权的终止

(一)委托代理权的终止

依《民法典》第 173 条规定有下列情形之一的,委托代理权终止:(1)代理期间届满或者代理事务完成。(2)被代理人取消委托或者代理人辞去委托。(3)代理人或者被代理人死亡。(4)代理人丧失民事行为能力。(5)作为被代理人或者代理人的法人、非法人组织终止。

被代理人死亡后,一般会引起委托代理权的终止,但依据《民法典》第 174 条规定,有下列情形之一的,委托代理人实施的代理行为有效:(1)代理人不知道并且不应当知道被代理人死亡的;(2)被代理人的继承人予以承认的;(3)授权中明确代理权在代理事务完成时终止的;(4)被代理人死亡前已经实施,为了被代理人的继承人的利益继续代理。

(二)法定代理权的终止

依据《民法典》第 175 条的规定,有下列情形之一的,法定代理权终止:(1)被代理人取得或者恢复完全民事行为能力。(2)代理人丧失民事行为能力。(3)被代理人或者代理人死亡。(4)法律规定的其他情形。

(三)代理权终止的效果

代理权终止产生以下效果:(1)代理权终止后,代理人不得再以被代理名义进行活动。否则,就是无权代理。(2)代理人对原代理事务有了结、报告和办理移交的义务。(3)被代理人有权利和义务收回授权委托书及其有关证明代理权的业务文本、证件,委托代理人应当交回不得留置。被代理人在委托代理权终止后如果怠于收回有关代理权证书和凭证,代理人凭借这些证件以被代理人名义与第三人为民事法律行为的,被代理人应对善意第三人负责。

思考题:

1. 什么是代理权?如何认识它的性质?
2. 代理权产生的法律事实有哪些?
3. 委托授权与委托合同有何区别?
4. 代理关系可因哪些法律事实而终止?代理权终止的后果是什么?

案例 12－3

平安房地产开发公司(以下简称平安公司)与杨某签订商品房委托代理销售合同。合同约定:平安公司委托杨某以平安房地产开发公司名义销售由该公司开发的平安小区20栋共65000平方米的商品房,最低售价为每平方米1200元,期限6个月,平安公司按照实际销售总金额的8‰付给杨某销售报酬,杨某应当协助公司催收房款。合同订立的当日,平安公司向杨某出具授权委托书写明:本公司开发的平安小区65000平方米的商品房全权委托杨某销售,销售合同上以加盖本公司合同专用章和杨某私章为有效,期限为6个月。平安公司同时将合同专用章交给了杨某。随后杨某经过谈判以平安公司名义与另一房地产开发公司鸿业公司订立了名为联合开发实为商品房销售的合同,约定:平安公司以每平方米1300元的价格将65000平方米的商品房交由鸿业公司包销,价款总计8450万元。合同订立后平安公司即取消了杨某的代理销售权,收回了授权合同书和合同专用章。后杨某向平安公司主张其销售报酬,平安公司则以杨某已不是本公司代理人为由拒绝。杨某遂起诉法院要求平安公司支付其代理销售报酬。请分析本案中杨某代理权的产生与消灭的法律事实,说明委托代理合同与委托授权的关系,并对平安公司与杨某纠纷的处理提出意见。

案例 12－4

甲系未成年人,其父死亡后为其留下一处房产,其母乙一直代甲出租并收取租金,甲18岁后便自己收取租金,后因承租人拖欠租金,甲委托律师丙将承租人诉至法院。请问:如果甲未委托其母,其母乙可否作为甲的代理人出庭?律师丙是通过何种方式取得代理权的?其代理权可因哪些原因终止?

第四节 代理权的行使和代理行为

内容提要

代理权的行使,是代理人以代理权为基础代理被代理人与第三人为民事法律行为,这是代理制度的中心。代理人行使代理权为代理民事法律行为须遵守法律规定的原则。

一、代理权行使的概念和性质

代理权的行使,是指代理人依据代理权代被代理人实施民事法律行为。代理权的实质是代理人为实现被代理人利益而行使的权能,因此,代理制度关于代理权行使的基本准则就是代理人必须为被代理人利益而行使代理权。

代理人行使代理权是行使他所享有的代理权能,履行他在代理法律关系中的各种义务。比如,为被代理人利益计算,以相当的注意勤勉履行代理职责、亲自处理代理事务、及时报告处理代理事务的情况和结果等义务。

重点提示

代理人必须为被代理人的利益行使代理权。

代理权的行使,是代理人以被代理人名义进行民事法律行为,是一行为法律事实的发生过程。因此,代理权的行使不仅应遵守代理制度的规定,而且要遵守民事法律行为制度的规定。

代理权行使的行为符合民事法律行为的有效条件,就产生有效的民事法律行为,由此便引起代理效果民事法律关系的产生。如果代理权行使不符合民事法律行为的有效条件,就不会产生代理效果民事法律关系,只能产生相应的民事法律行为无效、可撤销、部分有效部分无效等法律后果。

二、代理权行使的原则

依据代理制度规定,代理人行使代理权须遵循以下原则。

（一）禁止代理权滥用原则

代理权的实质是实现被代理人的利益。所谓代理权的滥用是指代理人在行使代理权过程中，凭借其代理权损害被代理人利益的行为，因其违背代理制度的实质而为法律所禁止。【忠实被代理人利益的原则】

禁止代理权滥用是代理法律制度关于代理权行使的一项准则。具体内容包括：

1. 禁止自己代理。自己代理，是指代理人代理被代理人以自己为相对人实施民事法律行为。代理制度要求代理人以被代理人的名义同第三人为民事法律行为，实现被代理人利益。如果代理人不与第三人实施民事法律行为而直接同自己为民事法律行为，就可能为自己的利益而损害被代理人的利益。所以，自己代理为法律所禁止。我国《民法典》第 168 条第 1 款规定："代理人不得以被代理人的名义与自己实施民事法律行为，但是被代理人同意或者追认的除外。"

2. 禁止双方代理。所谓双方代理，是指一个代理人同时代理双方当事人为同一民事法律行为。即在一个代理关系中代理人既是被代理人的代理人，又是第三人的代理人。这样在民事法律行为实施过程中代理人集双方当事人意志于一身，就使代理失去了正常商业交易中双方讨价还价的意思表示过程，就很难求得双方当事人利益平衡，会使代理人为一方被代理人的利益而损害另一方被代理人的利益。所以，双方代理为法律所禁止。我国《民法典》第 168 条第 2 款规定："代理人不得以被代理人的名义与自己同时代理的其他人实施民事法律行为，但是被代理的双方同意或者追认的除外。"

3. 禁止恶意串通损害被代理人利益的代理。所谓恶意串通代理，是指代理人与第三人相互串通损害被代理人利益的行为。这种行为明显违背代理制度的实质，为法律所禁止。我国《民法典》第 164 条第 2 款规定："代理人和相对人恶意串通，损害被代理人合法权益的，代理人和相对人应当承担连带责任。"

（二）禁止违法代理的原则

所谓违法代理，是指代理违法事项或者利用代理进行违法活动。代理违法事项，是指代理法律禁止事项。利用代理进行违法活动，是指代理人利用合法代理关系进行违法活动。我国《民法典》第 167 条规定："代理人知道或者应当知道代理事项违法仍然实施代理行为，或者被代理人知道或者应当知道代理人的代理行为违法未作反对表示的，被代理人和代理人应当承担连带责任。"【合法代理的原则】

(三)禁止越权代理的原则

代理人必须在代理权限范围内行使代理权,不得超越代理权范围,超越代理权范围进行的代理是无权代理,除非被代理人追认或默认,否则不对被代理人产生法律效力,代理人应对其越权行为承担民事责任。【有权代理的原则】

(四)不得擅自转委托的原则

代理人行使代理权必须亲自处理代理事务,除非被代理人同意或遇紧急情况,不得擅自将自己所代理的事务转委托他人代理,否则代理人应对其擅自转委托行为承担民事责任。【亲自代理的原则】

三、代理行为

(一)代理行为的概念和性质

代理行为,是代理人行使代理权所实施的民事法律行为,即以被代理人名义在代理权限范围内同第三人实施的法律效果直接归属于被代理人的民事法律行为。

关于代理行为的性质有三种学说。[15]

1. 本人行为说。本人行为说认为,代理行为是代理人基于本人的授权而代理本人实施的行为,因而代理行为并非代理人行为,而是本人的行为。此说混淆了代理行为与传达行为的界限。

2. 共同行为说。共同行为说认为,代理行为是本人与代理人的共同行为。此说将授权行为与代理行为视作同一行为的不同构成部分,混淆了两种行为的不同性质和不同法律效果。

3. 代理人独立行为说。代理人独立行为说认为,代理行为是代理人的独立行为,是代理人行使代理权而实施的行为,因其以本人名义实施,所以其效果归属于本人。

我国《民法典》采代理人独立行为说。

(二)代理行为的成立要件

代理行为是一种民事法律行为,因而应具备民事法律行为的一般成立要件。其一般成立要件应根据代理行为是单方民事法律行为、双方民事法律行为、要物民

〔15〕 参见李开国:《民法基本问题研究》,法律出版社 1997 年版,第 229 页。

事法律行为的不同性质，具备相应的民事法律行为成立要件。除此之外，代理行为又是特殊的民事法律行为，它是由代理人代理实施的民事法律行为，其成立还应具备某些特殊要件。

1. 须以被代理人名义实施。《民法典》第 162 条规定："代理人在代理权限内，以被代理人名义实施的民事法律行为，对被代理人发生效力。"代理行为必须以被代理人名义实施，这是代理行为区别于一般民事法律行为、区别于行纪行为的标准。代理人非以被代理人名义实施不能成立。所谓以被代理人名义实施是指代理人明确表示为他人实施民事法律行为并使行为效果直接归于被代理人，或者虽未明确显示但依客观情况可明显推知行为人有为他人实施民事法律行为的意思。[16]

2. 须代理人以其独立意志为意思表示。代理人在代理权限范围内依其独立意志决定所实施的民事法律行为意思表示的内容，向对方当事人为要约意思表示或决定接受对方的要约。如果民事法律行为意思表示的内容由本人决定，而代理人仅为传达表示的，则不成立代理行为。

（三）代理行为的有效生效

代理行为具备了成立要件而客观存在后，尚需具备有效生效要件，才能产生法律效力，引起代理效果法律关系的变动。

1. 代理行为的一般有效条件

代理行为的一般有效条件就是代理行为应当具备的民事法律行为的一般有效要件：

（1）代理人应具有相应的民事行为能力。

（2）代理人的意思表示真实。

（3）代理行为的内容合法。包括代理事项合法和代理权的行使合法。如果代理人知道被委托代理的事项违法仍然进行代理活动或者被代理人知道代理人的代理行为违法不表示反对的，由被代理人和代理人负连带责任。代理人与第三人串通，损害被代理人利益的，由代理人和第三人负连带责任。

2. 代理行为的特殊有效要件

代理行为的特殊有效要件，是指代理作为一种特殊的民事法律行为所应具备的有效条件。代理行为的特殊性就在于代理人以被代理人名义同第三人实施民事法律行为并直接将其效果归属于被代理人。因而，其特殊有效条件就是决定代理

---

〔16〕 参见李开国：《民法基本问题研究》，法律出版社 1997 年版，第 232 页。

行为能否对被代理人直接产生法律效果的条件,主要有:

(1)被代理人存在。代理行为直接对被代理人产生法律效果,被代理人的存在是代理行为有效的条件。依据《民法典》第173条的规定,作为被代理人的法人、非法人组织终止,其委托代理终止。第175条规定:被代理人死亡的,其法定代理终止。被代理人自然人死亡的,其委托代理原则上应当终止,除非有依法不予终止的特殊情况。《民法典》第174条第1款规定:"被代理人死亡后,有下列情形之一的,委托代理人实施的代理行为有效:(一)代理人不知道且不应当知道被代理人死亡;(二)被代理人的继承人予以承认;(三)授权中明确代理权在代理事务完成时终止;(四)被代理人死亡前已经实施,为了被代理人的继承人的利益继续代理。"

(2)代理人须有代理权。代理人须有代理权是代理行为对被代理人生效的基本依据。这就要求代理人必须取得代理权,并在代理权范围内以被代理人名义实施民事法律行为才能对被代理人直接产生法律效力。没有代理权、超越代理权或代理权终止后所为代理行为必须得到被代理人追认才能有效。表见代理和在紧急情况下为了被代理人利益的转委托代理都视为代理人有代理权,因而是有效的。

(四)代理行为不当的法律后果

依据《民法典》第164条的规定,代理人不履行或者不完全履行职责,造成被代理人损害的,应当承担民事责任。代理人和相对人恶意串通,损害被代理人利益的,代理人和相对人应当承担连带责任。本条规定了代理人对被代理人的两种法律责任:一是不当履行或者不完全履行职责,造成被代理人损害的民事责任。所谓不当履行代理职责,是指代理人履行职责不符合为了被代理人利益的要求,例如,自己代理、双方代理、擅自转委托代理、超越代理权限或者代理权终止后代理、违法代理等,法定代理人没有从最有利于被监护人利益代理、非维护被代理人利益处分被代理人财产、未成年人的法定代理人没有尊重与其年龄和智力相应的未成年人的真实意愿,等等。不完全履行,是指代理人没有全部地完成代理职责或者履行代理职责不到位。由此给被代理人造成损害的,应当承担民事责任。其责任包括停止侵害、采取补救措施、继续履行、赔偿损失等。二是代理人与相对人恶意串通损害被代理人利益的,代理人与相对人对被代理人承担连带责任。这是指代理人与相对人双方在主观上都有损害被代理人利益的共同意思联络,客观上共同实施了损害被代理人利益的行为,这完全违背代理制度忠实被代理人利益的本质,代理人和相对人应负连带责任,其中任何一人都应负责赔偿被代理人的全部损失。

思考题：

1. 代理权的行使应当遵守哪些原则？

2. 什么是代理权的滥用？它有哪几种情况？

3. 简述代理行为的有效条件。

案例 12－5

丙公司欠甲公司货款 80 万元，甲公司欲起诉丙公司，便委托某律师事务所乙律师作为其代理人，乙律师为了多承揽案件，便找到丙公司称可代为处理其与甲公司的货款纠纷，于是丙公司委托乙律师作为代理人处理其与甲公司的货款纠纷，后乙律师代理甲公司和丙公司签订了一份和解协议。请问，该协议是否具有法律效力，如何认定乙律师的行为？

案例 12－6

马某系某大学学生食堂的管理员，利用职务之便从其做屠宰生意的表弟焦某家给食堂购买猪肉，其表弟经常送钱送物对其关照表示感谢。一次其表弟焦某送来的猪肉感染病毒未经检疫检验，他也仍然予以收购，并付给肉款 700 元。结果导致学生食用后发生食物中毒事件，造成经济损失 300 元。请分析马某行为的性质及其代理后果的责任。

应用指南

在处理代理法律实务中有如下问题值得注意：

1. 依据代理权行使的原则，代理人必须亲自行使代理权，除非被代理人同意或在紧急情况下为保护被代理人利益不得擅自转委托，那么，哪些情况属于《民法典》规定的紧急情况呢？实务中一般认为，“由于急病、通讯联络中断等特殊原因，委托代理人自己不能办理代理事项，又不能与被代理人及时取得联系，如不及时转委托他人代理，会给被代理人的利益造成损失或者扩大损失的，属于‘紧急情况’”。

2.《民法典》第 166 条规定：“数人为同一代理事项的代理人的，应当共同行使代理权，但是当事人另有约定的除外。”在共同代理或者被代理人为数人的关系中如何处理其中一人或数人的行为与其他人的责任关系？依据《民法通则意见》的规定，“数个委托代理人共同行使代理权的，如果其中一人或者数人未与其他委托代理人协商,所实施的行为侵害被代理人权益的,由实施行为的委托代理人承担民事责任。被代理人为数人时,其中一人或者数人未经其他被代理人同意而提出解除代理关系,因此造成损害的,由提出解除代理关系的被代理人承担”。

3. 如何认定被代理人死亡后委托代理人实施的代理行为的效力?《民法典》第174条规定,被代理人死亡后,有下列情形之一的,委托代理人实施的代理行为有效:(1)代理人不知道且不应当知道被代理人死亡;(2)被代理人的继承人予以承认;(3)授权中明确代理权在代理事务完成时终止;(4)被代理人死亡前已经实施,为了被代理人的继承人的利益继续代理。该条第2款规定:“作为被代理人的法人、非法人组织终止的,参照适用前款规定。”所谓参照适用前款规定就是适用前款规定的意思,例如,代理人不知道并且不应当知道被代理人终止的;继受法人、非法人组织权利义务的组织或个人予以承认的;授权中明确载明代理权在代理事务完成时终止的;在被代理人终止前已经实施,在被代理人终止后为了被代理人权利义务继受人的利益继续代理的。只要有其中之一的情形存在,被代理人的法人、非法人组织终止,代理权继续有效。

第十三章　无权代理和表见代理

《民法典》规定的代理概念是广义上的，既包括直接代理，也包括间接代理，由于直接代理是代理的主体部分，间接代理的适用并不广泛，而且具体内容规定在《民法典》合同编的委托合同章中，因此本章论述的代理仅指直接代理。

代理，是指代理人以代理权为基础在代理权范围内，以被代理人的名义与第三人为民事法律行为，其民事法律行为后果直接为被代理人承受。这是代理的正常状态，即有权代理。但民事社会生活中，也有行为人无代理权而以被代理人的名义与第三人为民事法律行为的，其行为后果不仅关系被代理人、第三人的利益，而且关系民事社会的交易安全，因此，代理制度也对这种“代理”予以规定，对其行为后果的效力和责任作出处理，从而有无权代理和表见代理之分。

第一节　无权代理

|内容提要|

无权代理，是指行为人不具有代理权而以他人名义实施的代理行为，是一种效力未定的民事法律行为，可因被代理人的追认而有效，也可因被代理人的拒绝或者因第三人的撤销而无效。

一、无权代理的概念

（一）无权代理的概念

无权代理，是指行为人不具有代理权而以他人名义实施的代理行为。根据我国《民法典》第 171 条的规定，无权代理是指行为人没有代理权、超越代理权或者代理权终止后，仍然实施代理行为，未经被代理人追认的，对被代理人不发生效力的代理。无权代理非真正代理,是形式上相似于代理、与代理有联系而由代理法律规范调整的情况。

(二)无权代理的特征

1. 须行为人以他人名义同第三人实施民事法律行为,即以意思表示为要素的行为。如果行为人不是以他人名义实施以意思表示为要素的民事法律行为,而是实施管理他人事务的事实行为的,则有可能构成无因管理,而不构成无权代理。

2. 行为人不具有代理权。依《民法典》第 171 条的规定,行为人不具有代理权有以下三种情况:(1)没有代理权,即根本未经授权或授权无效。(2)超越代理权,即行为人本有代理权,是本人的代理人,但在行使代理权过程中超越了原授权范围,其超越代理权所为的行为,即属无权代理。(3)代理权终止后的代理,即行为人本是被代理人的代理人,有代理权,但原代理权已经因一定法律事实的出现而消灭,行为人仍以原被代理人名义实施代理行为,即属无权代理。

3. 客观表面上没有足以使人相信行为人有代理权的事由。[1] 如果表面上有足以使人相信行为人有代理权的事由,则构成表见代理,而不是狭义无权代理。

4. 无权代理属效力未定的民事法律行为。即经被代理人追认可转化为有权代理而有效;也可因被代理人拒绝承认对被代理人无效,而由行为人负责。

二、无权代理的法律后果

无权代理实施的民事法律行为是一种效力未定的民事法律行为,由此产生如下四种法律后果。

1. 因被代理人的追认而有效。无权代理行为产生后,被代理人对无权代理行为有追认权。被代理人可以向行为人,也可以向第三人作出追认意思表示。《民法典》第 171 条第 1 款规定,无权代理“未经被代理人追认的,对被代理人不发生效力”。由此可知,无权代理经被代理人追认而有效,无权代理行为因被代理人追认而变成了有权代理,对被代理人即发生代理民事法律行为的效力。

2. 因被代理人的拒绝而对被代理人无效。被代理人对无权代理行为有拒绝承认的形成权。被代理人对无权代理人或第三人作出拒绝承认的意思表示,即产生无权代理行为对被代理人无效的法律后果,而由行为人对第三人负责。《民法典》第 171 条第 2 款规定,对于无权代理,相对人可以催告被代理人自收到通知之日起

---

[1] 参见张俊浩主编:《民法学原理》,中国政法大学出版社 2000 年版,第 276 页。

1 个月内予以追认,被代理人未作表示的,视为拒绝追认。在此情形下,无权代理因被代理人拒绝追认而无效。

3. 因第三人的撤销而无效。无权代理行为发生后第三人在本人追认前有权撤销。经第三人撤销,无权代理行为变为无效。但第三人享有撤销权的前提须为善意第三人,即第三人不知道行为人无代理权。依《民法典》第 171 条第 2 款的规定,行为人实施的行为被追认前,善意相对人有撤销的权利,撤销应当以通知的方式作出。第 171 条第 4 款规定:"相对人知道或者应当知道行为人无权代理的,相对人和行为人按照各自的过错承担责任。"

另外,第三人对无权代理向被代理人享有催告权,即督促被代理人在一定时间内及时作出追认或拒绝的明确意思表示,否则超过催告期间会产生追认或拒绝无效的后果。《民法典》第 171 条第 2 款规定,对于无权代理,相对人可以催告被代理人自收到通知之日起 1 个月内予以追认。

4. 赔偿责任的发生。无权代理行为,被代理人不予追认的,由行为人对第三人承担民事责任,应赔偿第三人因此所受的经济损失。第三人知道行为人没有代理权、超越代理权或者代理权已终止还与行为人实施民事法律行为给被代理人造成损害的,由第三人和行为人按照各自的过错承担责任,赔偿被代理人因此所受的经济损失。

思考题:

1. 什么是无权代理? 它有哪些法律特征?

2. 发生无权代理的有哪几种情况?

3. 无权代理的法律后果如何?

案例 13－1

甲律师于 2004 年元旦与乙公司签订为期 1 年的法律顾问聘请协议。根据该协议,甲受聘担任乙公司的法律顾问。2004 年年底,乙公司与甲终止法律顾问聘请协议。2005 年 8 月,乙公司与丙公司发生货款纠纷,甲得知后自行与丙公司联系,声称自己仍是乙公司的法律顾问,有权代表乙公司处理该纠纷。丙公司在未要求甲出具任何授权委托书的情况下就其与乙公司的纠纷与甲达成和解协议。请问该协议是否具有法律效力?

第二节 表见代理

| 内容提要 |

表见代理,是指行为人虽不具有代理权,但因某种表面现象,足以使善意第三人相信行为人对本人有代理权而与行为人为以本人名义的民事法律行为,为维护交易安全,法律强使代理民事法律行为对本人发生效果,第三人得对本人主张权利。

一、表见代理的概念、特征和构成

(一)表见代理的概念

表见代理,是指代理行为人虽不具有代理权,但因某种表面现象,足以使善意第三人相信代理行为人对本人有代理权而与代理行为人为民事法律行为,由此产生的法律效果依法直接归本人承担,第三人得对本人主张代理民事法律行为效果的制度。表见代理属广义无权代理中的一种,但它与狭义的无权代理不同,表见代理人与本人之间有某种使人相信表见代理人有代理权的事由,从而法律强使其发生有权代理的效果;而狭义无权代理,则不存在无权代理人与本人之间的这种联系,也不发生有权代理的法律后果。《民法典》第172条规定:“行为人没有代理权、超越代理权或者代理权终止后,仍然实施代理行为,相对人有理由相信行为人有代理权的,代理行为有效。”

表见代理制度的作用在于保护善意第三人利益、维护交易安全。

(二)表见代理的特征

1. 表见代理人以他人名义同第三人为民事法律行为。

2. 表见代理的代理人实际上不具有代理权。【与无权代理同】

3. 表见代理人与被代理人之间有某种足以使第三人相信表见代理人有代理权的事由,第三人须为善意。【与无权代理异】

4. 表见代理行为的法律后果直接归属被代理人,第三人得对被代理人主张代理民事法律行为的效果。

（三）表见代理的构成条件

1. 须行为人不具有代理权。表见代理行为人实施表见代理行为时，对该代理行为不具有代理权，是成立表见代理的首要条件。

2. 客观上存在使第三人相信表见代理行为人有代理权的外表现象。比如，表见代理行为人持有被代理人的授权委托书、被代理人的介绍信、合同专用章、盖有印章的空白合同书等，第三人有理由相信行为人有代理权。

3. 第三人须为善意且无过失。第三人为善意且无过失，是指表见代理行为人依被代理人名义在与第三人为民事法律行为时，第三人不知道，也不应当知道表见代理行为人实际上不具有代理权。反之，第三人在行为当时已经知道或依情况应当知道表见代理行为人不具有代理权，而仍然与其发生代理行为的就是有恶意或者有过错，不成立表见代理。表见代理只维护善意第三人的利益。

4. 表见代理行为人与第三人实施的代理行为除不具备代理权要件外，须具备代理民事法律行为的其他有效要件。

评　注　关于表见代理的构成要件是否要求被代理人有过失?

关于表见代理的构成要件有单一要件说，即只要相对人无过错即可构成；双重要件说即本人有过错和相对人无过错。关于表见代理的构成要件是否要求被代理人有过失，学者有不同观点。如有学者认为，“即使被代理人主观上无过失，只要客观上有使第三人相信代理权存在的情形，即可成立表见代理”。[2] 也有学者认为成立表见代理本人具有可归责性。[3] 还有学者主张折中说，即不以本人过错作为表见代理的构成要件，但应当适度考虑本人的行为是否与无权代理有关。无权代理行为与本人无关，该行为后果则不应当由本人承担，即不构成表见代理；如果无权代理行为的发生与本人有关，应当由本人承担其后果，构成表见代理。[4] 本书认为表见代理的意义就是在发生无权代理的情况下，因第三人有理由相信代理人有代理权，法律强使本人对第三人承担代理民事法律行为的后果以维护交易安全，因此不应当将本人过错作为表见代理成立的要件，否则就会影响对交易安全的保护。

---

〔2〕 杨振山主编：《民商法实务研究》，山西经济出版社1993年版，第377页。

〔3〕 参见黄立：《民法总则》，中国政法大学出版社2002年版，第424页；龙卫球：《民法总论》，中国法制出版社2001年版，第668页。

〔4〕 参见王利明：《民法总则研究》，中国人民大学出版社2003年版，第673～676页。

但是第三人相信代理人有代理权的理由的合理性在于代理权表象上一般与本人有关,如果与本人无关则失去其相信的合理性,要求本人承担其后果也就失去了公平性。我国《民法典》第172条规定的“相对人有理由相信行为人有代理权”就是建立在与被代理人有某种事实联系的基础上的,如果行为人与被代理人没有任何联系,相对人就不可能有理由相信行为人有代理权。因此,本书赞同折中说的观点。

二、第三人相信行为人有代理权的合理事由和表见代理的效力

(一)第三人相信行为人有代理权的合理事由[5]

第三人有合理的理由相信行为人有代理权是成立表见代理的要件。在这里合理的事由,是指足以使第三人相信行为人享有代理权的客观表象,主要有以下三种。

1. 相信被代理人授予代理权的事由

(1)被代理人向第三人以意思表示声明授予他人代理权,在该他人以被代理人名义与第三人为民事法律行为时,第三人即相信该他人有代理权,然而事实上被代理人并未向该他人授予代理权。

(2)本人知道他人以本人名义实施代理行为而不作否认表示。

(3)本人将本人印鉴、单位介绍信、合同专用章或盖有印章的空白合同书交给他人,第三人即相信他人有代理权。

2. 误信代理人未越权的事由

(1)因委托授权不明,代理人超越代理权限实施无权代理,但第三人误认为代理人未越权仍在代理权限内实施民事法律行为。

(2)代理权范围变更缩小,而第三人不知其缩小,仍误信其有原范围的代理权,而与代理人实施缩小后代理权范围以外而在原代理权范围内的行为。

3. 误信代理权延续的事由

(1)代理权消灭后,未收回授权委托书,授权委托书上也未明确注明有效期限或消灭事由,也没有向第三人告知代理权消灭,第三人仍误信代理人有代理权。

(2)已向第三人为授权的通知,但代理权消灭后未通知该第三人,第三人误认代理人仍有代理权。

(二)表见代理的效力

在第三人向被代理人主张表见代理的民事法律行为效果的情况下,表见代理

---

〔5〕 参见佟柔主编:《中国民法学·民法总则》,中国人民公安大学出版社1990年版,第297~299页。

则对第三人与被代理人发生有权代理的法律效果，产生代理行为所引起的民事法律关系，其后果直接归属被代理人和第三人。第三人有权以表见代理要求被代理人承受其权利义务，被代理人不得以表见代理人无代理权抗辩善意第三人。被代理人因向第三人履行债务或承担责任而遭受损失的，只能向表见代理人追偿；如果损失是由被代理人与表见代理人双方过错造成的，依过错程度由被代理人与表见代理人分担损失。因为表见代理是为了维护交易安全赋予第三人以有合理理由相信行为人有代理权从而主张有权代理的权利，本质上仍然是无权代理，因此，第三人也可以放弃向被代理人主张表见代理的权利，而主张狭义无权代理，要求无权代理人向其履行所实施民事法律行为引起的债务，或者主张撤销该民事法律行为要求无权代理人赔偿其因此遭受的经济损失。对第三人承担了责任的表见代理人也可以向有过错的被代理人追偿。但表见代理人故意实施表见代理行为的，不得向被代理人追偿。比如，表见代理人在被代理人撤销其代理权以后，不交回授权委托书，故意以被代理人名义实施表见代理行为的，则无权向被代理人追偿。【与无权代理不同】

可见，表见代理发生后，第三人有主张表见代理或狭义无权代理的选择权，他既可以主张表见代理要求被代理人承担责任，也可以主张狭义无权代理要求无权代理人（表见代理人）承担责任。被代理人和表见代理人负有连带责任，其中一人承担责任后，有依据过错性质和程度向对方追偿的权利。

思考题：

1. 什么是表见代理？它有哪些法律特征？
2. 第三人相信表见代理的行为人有代理权的理由主要有哪些？
3. 表见代理行为的效力如何？
4. 比较表见代理与无权代理的异同有哪些？

案例 13－2

甲公司经常派业务员乙与丙公司订立合同。乙调离后，又持盖有甲公司公章的合同书与尚不知其已调离的丙公司订立一份合同，并按照通常做法提走货款，后逃匿。对此，甲公司并不知情。丙公司要求甲公司履行合同，甲公司认为该合同与己无关，予以拒绝。（2004 年国家司法考试试题试卷三第 3 题）

请问：你认为甲公司应当履行该合同吗？为什么？

应用指南

1. 在法律实务中,行为人持有本人印鉴、单位业务介绍信、合同专用章或盖有印章的空白合同书以本人名义与第三人为民事法律行为,第三人误信其有代理权的,一般可以认定为表见代理。但是,如果这些印鉴和合同书被证明纯系行为人私刻或伪造的,还能否认定构成表见代理呢?学者有不同的观点。一种观点认为应当构成表见代理;另一种观点认为不构成表见代理。笔者同意不构成表见代理的观点。因为作为有代理权表象的这些公章和文书与本人无关,就不应让本人承担该行为的后果。[6] 但是,如果本人已经知道公章被私刻、被盗,介绍信、空白合同书被伪造,而不采取措施加以制止,从而使第三人相信行为人有代理权的,可以构成表见代理。

2. 表见代理是第三人有合理的理由相信行为人有代理权从而产生有权代理效果的情况。第三人有理由相信应当以社会一般观念和交易习惯结合具体个案判断其相信的合理性。既要在第三人相信有代理权理由的合理性的基础上维护交易安全,也要注意在其理由不具有合理性的情况下维护本人利益。在商业领域对于第三人是商人的情形更应该执行严格的认定标准。例如,银行就不能仅凭行为人持有本人的身份证认为有代理本人签发票据的权利;汽车的销售商就不能仅凭行为人持有本人身份证就相信他有代理本人签订汽车分期付款销售合同的权利;房地产商不能仅凭行为人持有本人身份证就相信他有代理本人签订商品房分期付款销售合同的权利;等等。在这些领域都应当有完善的销售规则,以确保交易安全和本人的财产利益,如本人授权公证等,因为这些都是关于本人重大利害的交易行为。

3. 因委托书授权不明,被代理人应当向第三人承担民事责任,代理人负连带责任。在司法实践中,如果第三人因委托书授权不明相信代理人有代理权,以表见代理向被代理人主张权利的,应当按照表见代理,列被代理人为被告。如果第三人以无权代理主张被代理人承担责任,由代理人负连带责任的,则应当将被代理人和代理人列为共同被告。

4. 依据《合同法解释(二)》第 13 条的规定,被代理人依照《合同法》第 49 条的规定承担有效代理行为所产生的责任后,可以向无权代理人追偿因代理行为而遭受的损失。

---

〔6〕 参见王利明:《民法总则研究》,中国人民大学出版社 2003 年版,第 689 页。

第十四章 时效和期间、期日

法律事实分为事件和行为两大类。一定时间的经过是与人的意志无关的客观事件,一定时间引起一定的民事法律效果的即为时间法律事实。民法所规定的失踪宣告期间、死亡宣告期间、除斥期间、时效期间、合同约定的义务履行期间等都是时间法律事实。第十章论述的民事法律行为是最为重要的行为法律事实。本章则主要论述作为事件的时间法律事实中的时效和期间、期日。期间、期日是对时间的具体确定,时效则是一定事实状态持续经过法定的期间引起民事权利变动后果的法律事实制度。本章内容主要涉及时效的概念、作用,时效的种类(取得时效和诉讼时效),诉讼时效的概念、特征、适用范围,诉讼时效期间的起算,诉讼时效的中止、中断和延长等,同时还包括期间、期日的法律意义及其确定和计算,诉讼时效与除斥期间的区别等内容。

第一节 时效制度概述

| 内容提要 |

本节主要论述时效制度的概念、民法关于时效规范的性质、时效的种类、时效制度的作用等。学习本节要着重理解时效法律制度与其他事件和时间法律事实的不同特点。

一、时效的概念及构成

时效,是指一定的事实状态的存在持续地经过法定期间而依法发生一定的民事权利变动的法律效果的法律事实。时效的构成,须具备下列要素:

1. 一定的事实状态的存在。所谓一定的事实状态的存在是指主体占有某物的事实状态或者主体不行使权利的事实状态的存在。

2. 须事实状态持续地经过法定的期间。所谓事实状态持续经过法定期间,即对物的占有状态或权利不行使状态连续不间断地经过法律规定的时间期间。

以上两种要素的结合就构成时效,从而依法发生一定的民事法律效果,即一定的事实状态持续经过一定的期间后,当事人因对某物的占有而取得权利或者因不行使权利而丧失权利或丧失对权利的法律保护。时效引起的法律效果必须是引起权利变动而不是其他。[1]

二、时效的性质和特征

时效,是由民事法律规定的一定事实状态持续经过法定期间,发生相应的民事权利变动法律效果的法律制度,这一法律制度称为时效制度。时效制度属于法律事实制度,因为时效届满可引起民事法律关系的产生或消灭,引起民事权利的变动。而时效期间的经过是不受当事人意志作用的自然过程,因而时效属于事件法律事实。时效制度具有以下特征:

1. 时效属于事件法律事实,其所引起的法律效果是客观发生的,与当事人的意志无关。【法律事实性质】

2. 时效以一定事实状态与时间的结合为要素构成。时效虽然以时间为要素,但不同于一般的时间法律事实,它必须以一定的事实状态的持续存在为前提,事实状态持续经过的时间才具有构成时效的时间意义。例如,债务履行的期限就是单纯的时间经过,而无事实状态的结合。【要素】

3. 时效引起的法律效果是权利变动而不是其他。取得时效引起占有人对占有物所有权或者他物权的取得;诉讼时效或称消灭时效引起权利人权利受法院保护权的消灭。这是时效与其他以时间为要素的法律事实的区别,例如,失踪宣告的期间、死亡宣告的期间也以自然人离开住所处于下落不明的状态为前提,但它所引起的法律效果是可以对自然人进行失踪宣告或者死亡宣告的条件的满足,而不直接引起权利义务的变动。【法律效果】

4. 时效是强制性的法律规定。时效以一定事实状态和时间的结合为构成要素。构成时效的事实状态和时间期间及其法律效果都是法律规定的。时效制度的实质在于通过限制具体民事权利,尊重和稳定由于一定事实状态的持续经过形成的事实秩序,以维护社会公共利益和社会经济秩序及民事生活秩序的安定。时效期间

---

[1] 参见龙卫球:《民法总论》,中国法制出版社 2001 年版,第 692 页。

的届满会发生与原权利人利益相反的民事法律效果，因此时效不仅对原权利人有重大利害，而且关系社会经济秩序和民事生活秩序的稳定以及交易安全的维护，民法对时效作出强制性规定，不许当事人依自由意志排除时效的适用、改变时效期间或预先抛弃时效利益。故时效制度属强制性规定。【规范属性】

评　注　时效的性质

关于时效的法律性质有两方面问题：一是时效是法律事实还是法律制度；二是时效是事件还是自然状态。学者有不同的观点。

对于前一问题，有学者归纳得出关于时效的定义有两大类：一是法律事实说，二是法律制度说，并在此基础上指出应采制度说更为允当。因为时效是"时"与"效"结合组成的，一定事实状态的期间经过属于纯粹的法律事实范畴，由此产生的相应法律效果则并非法律事实本身，而属于制度范畴。[2] 对此，笔者认为称时效为法律事实或者称时效为法律制度并无本质的不同，因为法律事实并非一般的客观事实，而是由法律规定的引起法律关系或者民事权利变动的客观事实，规定法律事实的法律制度就是法律事实制度，法律事实与法律制度并不是对立的，时效就是由民法规定的法律事实制度。

时效属于事件还是自然状态，学者有不同的观点，具有代表性的学说如我国台湾地区学者史尚宽先生认为时效属于事件；[3] 梁慧星教授认为，时效为自然事实中的状态；王利明教授也认为时效不属于事件，而属于状态。[4] 对此，龙卫球教授指出，"这种理解忽略了时效构成是以期间经过为要素这一实际，即不是以持续本身为成立，而是以某一临界点到来为成立"。因此，他认为时效属于事件的观点显然较为准确。[5] 实际上事件就是人的意志以外的自然事实，一定时间的经过就是事件。占有状态或权利不行使状态是人的意志可控的状态不完全属于自然状态，时效的效果并不直接产生于这种状态，而是状态经过了客观的与人的意志无关的时间期间。

三、时效制度的作用

时效制度作为一种民事法律制度具有如下作用：

〔2〕 参见于志远：《诉讼时效若干问题研究》，载北京市朝阳区人民法院编：《民法学说与审判实践》（第1卷），中国政法大学出版社2003年版，第237～238页。

〔3〕 参见史尚宽：《民法总论》，中国政法大学出版社2000年版，第623页。

〔4〕 参见王利明：《民法总则研究》，中国人民大学出版社2003年版，第700页。

〔5〕 参见龙卫球：《民法总论》，中国法制出版社2001年版，第692页。

第一,稳定社会经济秩序和民事生活秩序。取得时效使长期存在的对物的占有状态得到法律的认可,使事实秩序转化为法律秩序,使占有人取得对物的所有权或者他物权,使物的归属得以明确。消灭时效使权利人长期不积极行使的权利归于消灭或者失去法院强制保护的效力,结束法律关系的不稳定状态,这样就有利于稳定社会经济秩序和民事生活秩序。时效制度之所以否定原有的民事法律秩序而以现实的事实秩序为基础承认其为受法律保护的新秩序,就是因为原有法律秩序由于长期与事实状态的不符合已无保护的必要,而以事实状态存在的新秩序确有保护的必要,即"新秩序理宜尊重""旧秩序不足维持"。[6] 新秩序理宜尊重的理由在于,因事实状态的长期存在取得了社会对其存在正当性的信赖,人们因信其正当便以此为基础建立多种法律关系,构筑新的经济生活秩序,为安定社会生活法律应尊重新秩序。旧秩序不足维持,是指原权利秩序由于原权利人长期不行使权利法律已不值得保护。而且,由于年代久远,举证困难,难以查明其权利的真实状态,若要保护颇生滋扰,不如保护以事实状态为基础的新秩序,使之成为法律秩序,从而使民事生活得以安定。

第二,促使权利人及时行使权利。权利人长期不行使权利,依时效制度就会发生权利丧失的后果,这样就起到了督促权利人及时行使权利的作用。从而有利于加快民事流转,发挥财产效用,促进经济发展。

第三,有利于人民法院查明案件事实,正确处理纠纷。对物占有的事实状态长期持续,历时过久,一旦证据湮灭,证人死亡,就很难查明谁是真正权利人;对权利不行使的事实状态长期持续,也会使有关证据难以收集,增加法院查明权利状态是否合法的难度。因此实行时效制度以时效届满代替证据,可避免举证困难,有利于法院及时查明案件事实,正确处理纠纷。

四、时效的种类

依时效的事实状态要素和由此引起的法律效果的不同,时效分为两种类型:取得时效和诉讼时效(消灭时效)。

(一)取得时效

取得时效,是指以所有的意思或为自己利益行使权利的意思,和平、公然、持续地占有他人财产的事实状态持续到法定期间届满,即发生依法取得该项财产所有

---

[6] 参见郑玉波:《民法总则》,中国政法大学出版社2003年版,第489～491页。

权或其他财产权的法律效果的时效。取得时效也叫占有时效。我国《民法典》未规定取得时效。

（二）诉讼时效（消灭时效）

诉讼时效，是指权利人不行使权利的事实状态持续地经过时效期间至届满而消灭其请求权或诉权或者使其效力减损丧失受法律保护的胜诉权的时效。诉讼时效又称消灭时效。在不同国家的民法中诉讼时效的称谓不同，效力也不同。例如，日本采取消灭时效的概念，其效力为实体权利消灭；法国称时效，其效力为诉权消灭；德国称时效，其效力为义务人取得抗辩权。我国《民法典》称诉讼时效，其效力为义务人取得抗辩权。

五、时效制度的沿革及立法例

时效制度是起源于罗马法的古老的民事法律制度。罗马《十二铜表法》正式规定取得时效。《十二铜表法》为时效取得土地规定了 2 年的时间，为时效取得可动物规定了 1 年。其适用范围是很有限的，它不是人们取得所有权的通常的有效方式，只是服务于人们以转让方式取得所有权时在转让方式或者转让人在权利方面的缺陷的弥补。例如，人们对要式转移物，当事人没有按照规定方式转让的，规定受让人持续占有不动产 2 年、动产 1 年而取得所有权。这一时效制度称为最古时效。取得时效作为市民法的取得方式只能适用于能够成为罗马所有权对象的物品，不能适用于行省的土地，并且只能由罗马市民加以运用，为此，便产生了适用于土地的长期取得时效。查士丁尼帝时期规定的长期取得时效为：如果当事人在同一管区的时间是 10 年；如果不在同一管区的时间是 20 年。查士丁尼帝时期由于市民籍已普遍被授予，因而时效取得不只适用罗马人，从而建立了统一适用的时效，将时效取得这一称谓适用于可动物的取得，时间延长为 3 年；将长期取得时效适用于土地，时间仍为 10 年或 20 年。取得时效强调取得人要有正当原因和善意，物不得是被窃取或以武力夺取的。但查士丁尼帝还创造了一种取得时效，即任何以善意取得某物的人即使不具备正当原因，在持有该物满 30 年后将变成所有主，甚至在物被窃取的情况下也适用这一时效。这一时效被称为特长时效。[7] 【取得时效源于罗马法】

消灭时效也产生于罗马法。公元前 367 年，罗马创设了大法官职位，也称裁判官。大法官负责处理罗马市民之间的纠纷，后来随着贸易的发展，罗马于公元前

---

〔7〕 参见［英］巴里·尼古拉斯：《罗马法概论》，黄风译，法律出版社 2000 年版，第 128、134、135 页。

242 年设立外事裁判官职位,负责处理罗马市民与外国人之间以及外国人相互之间的纠纷。裁判官在执行职务的过程中所颁布的谕令就形成了裁判官法或称大法官法。在大法官法里规定大法官所准许的诉权,当事人原则上须在 1 年内提出诉讼请求,否则就丧失诉权。这就是所谓的有期诉权,区别于罗马市民法上的永久诉权。永久诉权最初为永久性的,特奥乌斯二世于公元 424 年将诉期改为 30 年,抵押权的诉期为 40 年,但仍沿用旧名称为永久诉讼。市民法上的诉讼多为永久诉讼,但也有例外,如瑕疵担保诉讼为 1 年或 2 年,保证诉讼为 2 年,遗嘱逆伦诉讼为 2 年后改为 5 年。[8] 【消灭时效也产生于罗马大法官法】

至中世纪,注释法学学派将取得时效和有期诉权概括为统一的时效制度,使其成为时效的两种类型:取得时效、消灭时效(诉讼时效)。后世各国民法都规定这两种时效。但 1922 年《苏俄民法典》在总则中规定了诉讼时效,取消了取得时效。

时效制度在各国民法中有三种立法体例:一是统一时效制度,以法国、日本民法为代表,设统一时效制度规定取得时效和消灭时效。二是分别规定,以《德国民法典》为代表,将取得时效规定于物权编所有权章,将消灭时效规定于总则编。三是单一时效,以《苏俄民法典》和我国《民法典》为代表,取消取得时效,而于总则中规定诉讼时效。

思考题:

1. 什么是时效?它由哪些要素构成?

2. 时效有什么特征?

3. 时效制度有什么作用?

第二节　取 得 时 效

| 内容提要 |

取得时效是时效的一种,它区别于诉讼时效,学习取得时效要以时效制度的基本理论为基础,同时要着重理解取得时效在功能作用、适用范围、构成要件、效力等方面区别于诉讼时效的特征,理解其作为时间法律事实在引起民事权利变动中的意义。

---

〔8〕 参见周枏:《罗马法原论》,商务印书馆 1994 年版,第 887 页。

一、取得时效的概念和特征

取得时效，是指自主、和平、公然地占有或准占有他人财产，持续经过法律规定的期间即依法取得该项财产所有权或其他财产权的时效制度(详见图14－1)。

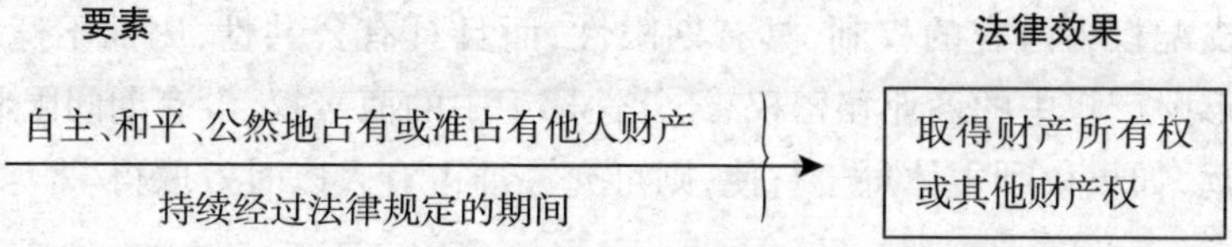

图14－1　取得时效

取得时效有如下特征：

1. 取得时效发生的事实状态是自主、和平、公然地占有或准占有他人的物。这是取得时效与诉讼时效不同的地方，诉讼时效发生的事实状态是权利不行使状态。

2. 取得时效适用于物权的取得，而诉讼时效适用于请求权。

3. 取得时效的法律效果是占有人取得对占有物的所有权或其他财产权。诉讼时效的法律效果则是权利人因义务人的时效抗辩权而丧失胜诉权。

4. 取得时效的法定期间较长。例如，《日本民法典》不分动产与不动产，普通取得时效期间为20年。我国台湾地区“民法”规定动产取得须经过5年，不动产取得须经过20年。诉讼时效的法定期间一般较短。

二、取得时效的适用范围

取得时效的适用范围，是指取得时效适用于取得何种权利及在何种物上取得该权利。各国民法一方面指明取得时效适用于取得何种权利及于何种物上适用，另一方面明确限定不得于何种物上取得何种权利。

(一)取得权利的范围

依取得时效取得何种权利，在罗马法仅限于取得所有权。后各国民法均有发展，将其取得财产权的范围扩张至所有权以外的财产权，但都有一定的范围限制。例如，《德国民法典》对依取得时效取得所有权和所有权以外的限制物权仅作如下规定：第900条规定了对土地所有权的登记取得时效为30年；第1033条规定了对动产上的用益权可以因取得时效而取得。于此准用关于因取得时效而取得所有权的规定。《日本民法典》和我国台湾地区“民法”原则上对一般财产权均有适用，但依法律规定不得适用的或依权利性质不得适用的，则不能适用。例如，依我国台湾地区“民法”规定，不表现或不继续之地役权不适用取得时效。依权利之性质，如留置权是法定物权,不以当事人意思表示而成立,不适用取得时效;一次行使即归于消灭的权利,如撤销权、解除权、买回权等形成权不适用取得时效。以身份为前提的权利不适用取得时效。以主权利为前提的从权利等不适用取得时效。对于债权,认为除以继续行使之事实状态为前提的债权外不适用取得时效。对于知识产权,由于它是以支配权为内容的权利,具有期限性,而且具有公共性,因而不适用取得时效。但无形财产权中的商业秘密权、经营性标记中的商号权,没有期间限制,且与公益关系较远,如果权利主体怠于行使,则可允许准占有人以时效取得。[9]

(二)取得权利的物的范围

1. 动产和不动产。取得时效适用于动产为通例,而对不动产则有不同限制。我国台湾地区"民法"规定取得时效对不动产所有权的取得只限于未登记之不动产,对登记的不动产不能适用。

2. 占有人依法可以取得权利的物。占有人依法可以取得权利的物,是指依法可以成为占有人权利的客体的物。占有人依法可以取得权利的物,可以适用取得时效;占有人依法不能取得权利的物,则不能适用取得时效。例如,私人占有专属国家或集体所有的物,不能依时效取得所有权。

3. 流通物。占有人占有流通物适用取得时效,占有人在民事流转中占有禁止流通物则不适用取得时效,因为其流转非法。

4. 须为他主财产。占有人占有他人财产适用取得时效,自主财产、无主财产不适用取得时效。

5. 遗失物、盗窃物。遗失物、盗窃物不妨碍适用取得时效。

6. 遗产。遗产在继承人继承权回复请求权消灭以前,不得以遗产占有人利益适用取得时效。继承人请求权之实体诉权消灭后,则可适用取得时效。

三、取得时效的要件

各国民法针对不同的取得时效规定了不同的要件。如《德国民法典》中对不动产的取得时效分为两种:一种是登记取得时效,对这种时效取得,民法典并未要求权利人必须对不动产进行公开地占有、利用和处分,而只要求有不动产登记簿上的权利即可,其期间为30年。另一种是占有取得时效,其成立条件要求须为自主占有,须公开、和平、持续占有,而且时效期限届满时,占有人首先必须申请以公示催告程序去除他人的

[9] 参见温世扬、廖焕国:《民事时效立法简论》,载王利明等主编:《中国民法典基本理论研究》,人民法院出版社2004年版,第236页。

所有权，然后可以申请登记自己为所有权人。对动产所有权的时效取得，《德国民法典》规定须自主占有、善意占有，并且时效期限届满为10年。[10]《日本民法典》和我国台湾地区“民法”，则分别规定普通取得时效和特别取得时效，有不同的构成要件。

（一）普通取得时效的要件

1. 占有人的占有须为自主占有、和平占有、公然占有。自主占有，是指以所有的意思对财产进行占有，对所有权以外的财产权的取得也是以自主行使该项财产权的意思占有财产。和平占有，是指非以暴力或胁迫手段取得或维持的占有，即不得强暴占有。公然占有，是指不带隐秘瑕疵的占有，即对于与占有物有利害关系的人不得特别隐秘其占有之事实。其认定应以客观上公然占有为标准，只要占有状态是客观的，即使权利人及利害关系人不知道占有的事实，仍为客观占有。占有人对其占有的自主性、和平性、公然性、持续性不负举证责任，而由占有之利害关系人举证证明占有人在占有上存在某种瑕疵，否则，法律推定占有无上述瑕疵。【对占有的要求及其瑕疵证明】

2. 法定期间的经过。例如，我国台湾地区“民法”规定，动产所有权的时效取得为5年，不动产为20年。【长于特别取得时效】

（二）特别取得时效的要件

特别取得时效只适用于占有他人未登记的不动产，其构成要件不同于普通取得时效的要件。

1. 须为善意并无过失的占有。特别取得时效除占有人须为自主、和平、公然占有外，还须其占有为善意且无过失。所谓善意，是指占有人在占有开始不知其无权利占有，误信其有权利占有，如果明知其无权占有而占有的即恶意。所谓无过失，是指占有人以善良管理人之注意不得知其无权利而信其有权利占有。这里善意无过失都以占有之始具备为已足，至于在占有持续过程中，占有人是否保持了其最初的善意占有与无过失占有，则在所不问。对善意占有，占有人不负举证责任，但对其无过失，占有人要负举证责任。

重点提示

特别取得时效比普通取得时效的占有条件更严格，强调善意且无过失。

---

〔10〕　参见孙宪忠：《德国当代物权法》，法律出版社1997年版，第202、203、218页。

2. 经过法定期间。特别取得时效的占有要件要求较为严格,而在取得时效的法定期间上比普通时效较短。我国台湾地区“民法”规定为10年。

四、取得时效的效力

取得时效的效力在于使占有人的占有获得权利,使其事实占有成为有权占有,取得与其占有意思相应的权利,同时使原权利人的相应权利归于消灭。

五、取得时效的中断

取得时效的构成要件要求占有他人财产的事实状态持续经过法定期间。但占有事实状态也会因一定的事由出现而中断。取得时效的中断,是指因一定的事由出现,使已经经过的取得时效期间归于无效,待中断事由消除后,取得时效重新起算。

(一)中断事由

中断事由,是指取得时效中断的原因。按传统民法理论将其分为自然中断事由与法定中断事由。

1. 自然中断事由

自然中断事由,是指占有丧失之中断。主要包括:

(1)占有意思改变。占有人原以所有意思占有他人财产,嗣后变为不以所有意思而占有。比如,公然变为为他人占有的意思,或者变更原来的所有意思为其他意思。公然变为他人占有的意思即变为非自主占有,不再符合所有权取得时效要件,取得时效中断,不再开始新的时效。如果转变原来所有意思为其他权利意思的,原来的占有时效中断,自其时开始新的占有时效。

(2)占有人自行中止占有。占有人自行中止占有,是指占有人抛弃其占有,返还其物于原主,或移转占有于他人,占有的继续即被中止,取得时效因此而中断。

(3)占有为他人所侵害而未在法定期间恢复其占有。占有为他人所侵害,指占有物被抢、被盗、被侵占等情形。占有人若在法定期间内以妥当方法恢复其占有则不生中断效力;若不在法定期间恢复其占有的,取得时效中断。

(4)占有物偶然丧失而未在法定期间恢复其占有。占有物偶然丧失,是指因遗失等偶然原因丧失对占有物的占有,占有人于法定期间恢复占有的不生中断效力;若不能恢复占有时,取得时效中断。

(5)占有性质改变。占有性质改变,是指占有的和平性、公然性的改变,即变为带有暴行威胁或隐秘的占有时,取得时效中断。

2. 法定中断事由

法定中断事由,是指由法律规定的因权利人起诉或向占有人请求,以及占有人承认权利人的权利等引起取得时效中断的事由。

(二)中断的效力

取得时效的中断具有使已经经过的时效期间统归无效的效力。当中断为自然事由引起时,中断效力是绝对的,对于一切人皆有效力。当中断为法定事由引起时,中断效力是相对的,仅对当事人、继承人、受让人发生中断效力。

探　讨　我国民法应否建立取得时效制度?

我国《民法典》只规定了诉讼时效,未规定取得时效。关于我国民法应否建立取得时效制度,无论在20世纪50年代,还是在《物权法》和《民法典》的制定过程中,学者均有不同的观点。

1. 否定说。否定者的观点认为:(1)古罗马时代产生取得时效的社会条件已不复存在,不动产登记制度和动产即时取得制度的相继问世,使取得时效在现代社会已失去了存在价值。[11] (2)两种时效并行必然会出现一方丧失权利,对方却不能同时取得权利的弊端。因为消灭时效与取得时效的期间不可能完全一致。[12] (3)建立统一时效制度,使之既具有消灭时效的效力,同时又具有取得时效的效力是合理的和可行的,非此反而会造成经济关系和法律关系的不稳定状态。[13]

2. 肯定说。肯定者的观点认为:(1)取得时效制度随着商品经济的产生而产生,随着商品经济的发展而发展,对调整商品经济关系具有积极意义。(2)取得时效与诉讼时效是各有不同作用的时效制度,仅有诉讼时效而无取得时效就会出现一方因诉讼时效丧失权利而实际占有人又不能取得所有权的财产不稳定状态。(3)动产善意取得制度的确立,是以取得时效为其不可或缺的内容,而非代替取得

〔11〕 参见张玉敏:《论我国民法时效制度》,载《西北政法学院学报》1986年第2期。
〔12〕 参见佟柔主编:《中国民法学·民法总则》,中国人民公安大学出版社1990年版,第312页。
〔13〕 参见佟柔主编:《中国民法学·民法总则》,中国人民公安大学出版社1990年版,第312页。

时效制度。(4)取得时效有利于稳定既成的经济关系,维护社会经济秩序。[14]

我国《民法典》采否定说,没有规定取得时效制度。

思考题:

1. 什么是取得时效?它有哪些特征?

2. 简述取得时效的要件。

3. 民法规定取得时效有什么意义?

第三节 诉讼时效

|内容提要|

诉讼时效是因权利人不行使其请求权的事实状态继续经过法定的期间届满,从而使义务人取得时效抗辩权。它作为时间法律事实区别于除斥期间,它适用于一定范围的请求权。其期间包括适用于一般民事法律关系请求权的一般诉讼时效期间和适用于特定民事法律关系请求权的特殊诉讼时效期间。诉讼时效对于权利人利害重大,对其起算、中止、中断法律均有严格规定。

一、诉讼时效的概念和特征

(一)诉讼时效的概念

诉讼时效,是指权利人不行使权利的事实状态,持续经过法定期间届满,义务人即享有拒绝履行义务的抗辩权,义务人行使抗辩权时,权利人即丧失请求法院依诉讼程序强制义务人履行义务的权利的时效制度。[15] 诉讼时效包括如下要素:

1. 作为诉讼时效产生基础的事实状态是权利人不行使权利。例如,债权人不向债务人请求履行债务。

2. 权利人不行使权利的状态持续地经过法定期间。例如,债权人在3年内持续地不向债务人主张权利。

---

〔14〕 参见彭万林主编:《民法学》,中国政法大学出版社1997年版,第464页;张俊浩主编:《民法学原理》,中国政法大学出版社2000年版,第343页。

〔15〕 这里以“义务人抗辩权发生,因抗辩权行使使权利人的请求权丧失胜诉权”定义。

诉讼时效具备了以上两个要素，就会依法引起义务人履行抗辩权的产生。因义务人抗辩权的行使，权利人丧失请求法院强制义务人履行义务的权利，即权利人在诉讼中胜诉权的消灭。

（二）诉讼时效的特征

诉讼时效，是一种时间法律事实，它既区别于取得时效，也区别于除斥期间。它与取得时效的区别前面已经论述。诉讼时效与除斥期间都是因一定期间的经过而发生权利消灭的法律效果的法律事实，但诉讼时效不同于除斥期间，两者的主要区别在于：

法律链接

《民法典》第199条

1. 概念区别。诉讼时效，是指权利人不行使权利的事实状态持续经过法定期间即引起义务人履行抗辩权的产生从而使权利人因此丧失胜诉权的时效。除斥期间，是指法定的权利的存续期间，因该期间的经过发生权利消灭的法律效果。

2. 适用对象不同。诉讼时效适用于请求权；除斥期间适用于形成权。

3. 法律效果不同。诉讼时效引起义务人履行抗辩权的产生，并因抗辩权的行使消灭权利人对其不行使的请求权的胜诉权，而不消灭不行使的实体权利本身；除斥期间则消灭作为形成权的实体权利本身。

4. 期间性质不同。诉讼时效的法定期间的进行是可变的，依据法律规定的事由可以中止、中断、延长，但是当事人不得约定延长或者缩短诉讼时效期间；除斥期间为不变期间，不能中止、中断或延长。

5. 期间起算不同。诉讼时效自权利人能行使请求权之时起算，除斥期间自权利成立时起算。

6. 对规定的援引不同。大陆法系国家普遍采用对诉讼时效规定的援引由当事人主动提出的做法，当事人未提出诉讼时效抗辩，人民法院不应对诉讼时效问题进行释明及主动适用诉讼时效的规定进行裁判；而对除斥期间规定的援引则采用由法官主动适用的做法。我国《民法典》第193条规定："人民法院不得主动适用诉讼时效的规定。"

7. 当事人对利益处置不同。对于诉讼时效完成后的利益，受利益的当事人可以抛弃时效利益，即他可以行使时效抗辩权，也可以放弃时效抗辩权，主动履行义务，但当事人不得预先放弃时效利益；而除斥期间届满后，受期间利益的一方当事人不得抛弃利益。

8. 目的不同。诉讼时效的完成是维护与原有法律关系对立的新的社会关系；而除斥期间的届满则维护原有的法律关系。

辨　析　消灭时效和诉讼时效

消灭时效与诉讼时效都是指区别于取得时效的时效制度,是同一概念的不同称谓,都是指因权利人不行使权利的事实状态经过法定的期间致其权利消灭或者丧失请求法院保护其权利的时效制度。在各国立法例上称谓不同。瑞士民法称诉讼时效,日本民法、意大利民法以及我国台湾地区"民法"称消灭时效,法国民法称时效。我国《民法典》规定的是诉讼时效。关于我国民法应当采取消灭时效还是诉讼时效的概念称谓,学者有不同观点。观点分歧的焦点在于对这一时效制度效力的不同认识。主张采用消灭时效概念的观点认为,我国采用诉讼时效的概念是我国民法理论与立法者在消灭时效效力上主张胜诉权消灭说的必然选择,胜诉权消灭说应当予以抛弃,采抗辩发生说,采消灭时效的概念。[16] 但同样支持在时效效力上采抗辩权发生说的王利明教授则主张采诉讼时效的概念。[17] 还有学者认为"消灭时效的本质在于消灭诉讼和其他的非诉讼争议解决过程",而不仅仅是实体权消灭称消灭时效,[18] 因此主张采用消灭时效。对此,我们将在关于诉讼时效完成的效力问题中论述。

二、诉讼时效的适用范围

诉讼时效的适用范围是指诉讼时效适用哪些民事权利,适用诉讼时效的民事权利即诉讼时效的客体。我国《民法典》对于哪些民事权利适用诉讼时效未直接作出规定,但第196条对于不适用诉讼时效的情形作出了规定。依学理解释,诉讼时效主要适用于债权及债权以外财产权之请求权。因为诉讼时效的立法目的在于消除因权利人不行使权利而导致的法律关系的不稳定状态。诉讼时效届满因义务人抗辩丧失的是权利人请求法院强制义务人履行义务的权利。因此,只有请求权性质的民事权利才适用诉讼时效,但不是全部。其他权利如所有权、他物权、人身权、形成权、抗辩权等权利一般不适用诉讼时效。

---

〔16〕 参见温世扬、廖焕国:《民事时效立法简论》,载王利明等主编:《中国民法典基本理论研究》,人民法院出版社2004年版,第220~223页。

〔17〕 参见王利明:《民法总则研究》,中国人民大学出版社2003年版,第711页。

〔18〕 参见屈茂辉:《论消灭时效的若干问题》,载王利明等主编:《中国民法典基本理论研究》,人民法院出版社2004年版,第239页。

重点提示

只有一定范围的请求权才适用诉讼时效。

（一）适用诉讼时效的请求权

1. 债权请求权。包括请求恢复原状、请求赔偿损失、请求履行合同义务、请求支付违约金、请求返还不当得利、请求无因管理必要费用支付等。

2. 未经登记的动产返还请求权。

3. 继承权恢复请求权。

（二）不适用诉讼时效的请求权

法律链接

《民法典》第196条

依据《民法典》第196条规定，下列请求权不适用诉讼时效的规定：

1. 请求停止侵害、排除妨碍、消除危险。这几种请求权所针对的侵害行为或者状态都正在进行或者正在存在。停止侵害是对所有权、其他物权、知识产权等财产权和人格权的侵权行正在进行的状态提出的请求。请求排除妨碍是指请求排除对所有权和其他物权的圆满支配状态的现实妨碍或人格权的现实妨碍。请求消除危险是指请求消除对所有权、他物权的圆满支配状态的现实危险或人格权的现实危险。这几种请求权所针对的侵害行为或者状态都正在进行或者正在存在，其目的在于恢复对所有权、他物权和人格权的利益的完整保护，如果适用诉讼时效就会因诉讼时效的届满使违法侵害行为继续存在下去，这等于使违法合法化，使所有权人、他物权人和人格权承受他人对其绝对民事权利的侵害，这与保护民事权利和维护社会秩序的立法目的背道而驰。因此，不能适用诉讼时效。

2. 不动产物权和登记的动产物权的权利人请求返还财产。不动产由于价值重大其物权变动以登记为公示方式。登记于不动产登记簿的物权公示产生的公信力足以使他人对不动产的权利状态产生信赖，不会因为占有与登记不符而动摇对登记的信赖。动产物权以占有和交付为公示方式和变动要件。如果动产物权的权利人长期脱离对其动产的占有，使他人长期占有其动产，就会使第三人基于占有的公示产生对他人占有的信赖，不利于对物权人的保护，因此就应当通过适用诉讼时效督促权利人及时行使权利。而对于经过登记的动产物权则取得了登记的公式公信效力，可以不适用诉讼时效。

3. 请求支付抚养费、赡养费或者扶养费。请求支付抚养费、赡养费或者扶养费都是基于人身关系由受抚养的未成年、受赡养的老年人、受扶养的生活困难者提起的请求权,如果适用诉讼时效就会使其因超过诉讼时效而不能得到基本的生活费用,陷入生活困境。因此此类费用请求权不适用诉讼时效。

4. 依法不适用诉讼时效的其他请求权。这是一项兜底性规定,就是指除了上边列明的不适用诉讼时效的请求权外,其他依法不适用诉讼时效的请求权。包括但不限于下列情况:

(1)基于身份关系发生的请求权,如亲子认领、夫妻同居、离婚、解除收养关系等请求权。因为这类请求权以人的身份利益为内容或者以身份关系为前提而产生,因此不应适用诉讼时效。

(2)基于财产共有关系的共有物分割请求权。这一请求权实质上是改变共有关系的形成权,因而不适用诉讼时效。

(3)基于相邻关系发生的请求权。这类请求权是基于不动产相互毗邻而由不动产所有人或用益物权人为维护其相互涉邻的利益而享有的请求权。只要有对相邻不动产的使用存在,这种涉邻利益就存在。如果相邻请求权因时效而消灭,相邻人之间对不动产的使用利益就得不到保护,其所有权或用益物权就不能圆满实现。因而,相邻关系请求权不适用诉讼时效。

(4)基于储蓄存款、债券关系发生的请求权。储蓄存款人将款存入银行或者购买债券是为了获取利息,同时以备后用,其不将款取回就是由这一目的决定的。如果因为存款人不行使取款的权利,而使其请求权适用时效而消灭,就会违背储蓄存款的本来意义,极大地损害储户的利益。因此,这类请求权不适用诉讼时效。而且,只要储户不行使取款权利,储蓄合同就继续,银行就要付给存款人利息。

(5)基于投资关系发生的参与企业管理的请求权或投资者利益请求权。例如,合伙人管理合伙企业事务的请求权,公司股东的股权请求权。投资者投资企业并经营营利是一个长期的过程,只要企业经营活动存在,投资者的利益就在企业的经营活动过程中不断得到发展,其利益就应当始终存在,投资者对其利益的请求权就不得适用时效。否则,就会损害投资者利益,也不利于企业的稳定和经营活动的长期进行。

(6)未授权给公民、法人经营、管理的国家财产受到侵害的,对其保护不受诉讼时效限制。

三、诉讼时效完成的效力

(一)关于诉讼时效完成效力的不同观点和立法例

诉讼时效完成的效力是指权利人不行使权利的事实状态经过了法定的期间所

产生的法律效果。各个国家民法关于时效的规定不同,因而在学说和立法例上对于诉讼时效的效力有所不同。

1. 实体权消灭说及其立法。该说认为时效期间届满后,当事人所不行使的实体权利直接消灭,这种时效称消灭时效。其立法例以日本民法为典型,如《日本民法典》第167条规定:债权,因10年间不行使而消灭,债权或所有权以外的财产权,因20年间不行使而消灭。实体权利消灭后,权利人无权再接受义务人的履行,否则,构成不当得利。

2. 诉权消灭说及其立法。诉权消灭说主张时效期间届满后,实体权利本身仍然存在,只是诉权消灭。罗马法消灭时效制度就具有这样的效力。《苏俄民法典》第44条规定:起诉权逾法律规定之期间而消灭。按照此说,"义务人援引时效的规定,司法机关即不受理诉讼。但权利人接受义务人的履行,并不构成不当得利"。[19]

3. 抗辩权发生说及其立法。抗辩权发生说主张时效期间届满,实体权利、诉权均不消灭,只是义务人取得拒绝履行义务的抗辩权。《德国民法典》采取这种主张,其修改后的第214条规定:(1)时效完成后,义务人有权拒绝给付。(2)为清偿已罹于消灭时效的请求权而履行的给付,虽然不知已经罹于消灭时效的事实而为给付的,也不得请求归还。债务人以合同方式对债务予以承认或者提供担保的亦同。第215条规定:请求权在第一次可为抵消或可为拒绝履行之时尚未罹于消灭时效的,则消灭时效不能排除抵消权或留置权的行使。第216条规定:有担保物权的请求权的消灭时效完成的效力不妨害债权人从设定担保的客体中求偿;为担保请求权而让与权利的,不得以该请求权的消灭时效已完成为由要求回复让与该权利。第217条规定:附属于主要请求权的次要给付请求权,即使其特定的消灭时效尚未完成,仍应随主要请求权消灭时效的完成而同时完成。[20]

4. 胜诉权消灭说及其立法。胜诉权消灭说,认为诉讼时效期间届满,当事人的实体民事权利和起诉的权利均不消灭,只消灭胜诉的权利。所谓胜诉权即实体意义上的诉权,它是当事人通过法院向对方当事人发出并由法院保护实现其实体权利的请求。它对应于程序意义上的诉权,程序意义上的诉权是当事人向法院起诉要求法院受理其诉讼请求的权利,经诉讼程序由法院强制保护实现其实体民事权利的请求权则是实体意义上的诉权。实体意义上的诉权以实体民事权利为依据,无实体民事权利即无实体意义上的诉权;有实体民事权利一般情况下即具有实体

---

〔19〕 佟柔主编:《中国民法学·民法总则》,中国人民公安大学出版社1990年版,第347页。

〔20〕 参见《德国债法现代化》,邵建东等译,中国政法大学出版社2002年版,第24~25页。

意义上的诉权,但在特定情况下也不一定就有实体意义上的诉权,如果实体民事权利不能通过法院强制保护其实现的,即无实体意义上的诉权。有实体意义上的诉权即可以胜诉,无实体意义上的诉权则导致败诉。实体民事权利受侵害,当事人须在诉讼时效期间内向法院起诉请求保护,即具有胜诉权。若实体民事权利不行使的状态持续经过诉讼时效期间届满,当事人向法院起诉请求保护其民事权利的,其起诉权存在、实体权利也存在,法院应当受理,而且应以职权调查诉讼时效问题。"无论当事人是否了解时效的规定或是否提出时效抗辩,司法机关均应依职权调查诉讼时效问题,如果原告的请求或权利适用诉讼时效,且时效期间已经届满,又没有应予保护或延长时效的特殊情况,就应判决对其权利不予保护。"[21]

(二)我国民法上诉讼时效完成的效力

《民法典》第 192 条第 1 款规定:"诉讼时效期间届满的,义务人可以提出不履行义务的抗辩。"第 193 条规定:"人民法院不得主动适用诉讼时效的规定。"可见,这些规定明显地改变了以往司法解释中法院受理后,依职权主动查明时效的规定,表明我国《民法典》采取了诉讼时效完成抗辩权产生的学说,由此我国民法上诉讼时效完成后,义务人抗辩权产生,义务人以超过诉讼时效抗辩权利人的请求权,权利人不能胜诉。其具体效力如下:

1. 诉讼时效届满后,对义务人产生时效抗辩权,义务人可以以其抗辩权拒绝履行义务。

法律链接

《民法典》第192条

2. 诉讼时效届满后,权利人的实体权利并不丧失,义务人主动向权利人履行义务的,权利人有权受领,权利人受领履行不是不当得利。义务人履行义务后,不得以其不知时效届满自己行使抗辩权可使对方丧失胜诉权为由,要求返还。

3. 诉讼时效完成后,不仅对于主权利产生因义务人抗辩丧失胜诉权的效果,而且对附属于主债权的从债权也产生同样的效果。

4. 诉讼时效届满因义务人抗辩只丧失了权利人的胜诉权,并未丧失其实体民事权利,也没有丧失程序意义上的诉权,当事人仍有权向法院起诉,只是在没有诉讼时效中止、中断或延长事由的情况下,义务人以超过诉讼时效抗辩时难以胜诉。

5. 法院受理后当事人未提出诉讼时效抗辩,人民法院不应对诉讼时效问题进行释明及主动适用诉讼时效的规定进行裁判。

---

〔21〕 佟柔主编:《中国民法学·民法总则》,中国人民公安大学出版社 1990 年版,第 347 页。

探　讨　如何理解我国《民法典》对诉讼时效的效力所采取的立场

通过以上关于诉讼时效(消灭时效)效力的各种学说和立法例的分析,我们可以看到,各种学说和法例都有各自的优点,但也有缺陷。实体权利消灭说,其优点是简化明了,只要权利人不行使权利的事实状态经过时效期间,其实体权利就消灭,但其缺点也很明显,它对权利人极为不公平。因为时效制度的本义有督促权利人及时行使民事权利的作用,它之所以督促权利人及时行使权利就是怕由于时过境迁、证据湮灭对其权利难以保护,从而造成民事社会关系的不稳定。时效对权利人的督促作用就是如果权利人不在时效期间内请求法院保护就可能承担对其不利的法律后果,法院将不能强制地保护其权利的实现。如果权利人未在时效期间内起诉,对其所产生的不利后果也要体现公平和正义,而不能对其惩罚。因而,时效期间完成后,如果义务人主动履行了义务或者履行义务的,仍然应当允许权利人受领。如果按照实体权利消灭说,权利人因时效完成丧失了实体权利,其受领义务人的履行则无依据,就会构成不当得利,这显然对权利人极为不利,也不符合时效制度的本意,不符合社会公平正义观念,这样就把时效制度变成了对不及时行使权利的权利人的惩罚制度和对不主动履行义务的人的鼓励制度。诉权消灭说虽然承认诉讼时效完成后权利人实体权利的存在,也承认权利人对义务人主动履行义务的受领权,但它认为权利人的诉权消灭,义务人以时效届满抗辩时,法院不受理权利人的起诉。这样有关时效的起算、中止、中断、延长等问题就不能通过审理查明,这对于权利人也是不公平的。胜诉权消灭说认为时效届满权利人的实体权利、程序意义上的诉权即起诉权仍然存在,权利人仍可以向法院起诉,法院应当受理,而且应以职权调查诉讼时效问题。它虽然克服了起诉权消灭说的上述缺陷,但它认为“无论当事人是否了解时效的规定或是否提出时效抗辩,司法机关均应依职权调查诉讼时效问题”,这样就违背了时效规定由当事人援引,司法机关不主动援引的原则。无论实体权利消灭说、诉权(起诉权)消灭说、抗辩权发生说都承认时效规定由当事人援引,这符合私法自治的原则。大陆法系国家民法普遍采纳时效规定由当事人援引,法院不主动援引的原则。胜诉权消灭说主张法院主动审查时效问题违背私法自治原则,排除了在义务人有可能放弃时效利益情况下权利人实现其权利的可能,对权利人极为不利。比较而言,抗辩权发生说最为符合时效制度的本意,符合民法意思自治的精神。依抗辩权发生说,时效完成的直接效力是义务人获得时效抗辩权,权利人的实体权利和诉权都存在,但义务人以权利人的请求已届满诉讼时效抗辩时,权利人不能胜诉;如果义务人不援引时效规定,放弃时效抗辩的,权利人仍可以胜诉。但是,抗辩权发生说只是从义务人的角度揭示了诉讼时效的效力,而没有从权利人的角度解释诉讼时效的效力。笔者认为,如果从权利人的角度认识诉讼时效完成的效力,那就是权利人因义务人的时效抗辩丧失胜诉权。因此,笔者主张以抗辩权发生说为基础,结合权利人的胜诉权认识诉讼时效完成对于权利人的效力,采取胜诉权因时效抗辩丧失,即诉讼时效完成义务人取得时效抗辩权,义务人以时效抗辩权抗辩权利人的诉讼请求的权利人不能胜诉。因此,法院不得主动援引时效规定,只有当事人才能援引诉讼时效抗辩;且诉讼时效完成后,义务人同意履行的,不得以诉讼时效期间届满抗辩;义务人已经履行的,不得请求返还。这样,原告追求胜诉与被告的抗辩阻却其胜诉都是诉讼的中心问题。因此,在这一时效概念称谓上我国民法应坚持诉讼时效的概念,而不采取消灭时效的概念。以法院诉讼以外方式解决纠纷的,如仲裁,其实质也是诉请与抗辩的过程,适用诉讼时效的规定,而不应成为采用诉讼时效概念的障碍。而且诉讼时效概念已为法学理论、司法实践和社会民众普遍接受,因此民事立法也不宜改变这一概念。《诉讼时效规定》第3条规定:"当事人未提出诉讼时效抗辩,人民法院不应对诉讼时效问题进行释明及主动适用诉讼时效的规定进行裁判。"《民法典》第192条第1款规定:"诉讼时效期间届满的,义务人可以提出不履行义务的抗辩。"第193条规定:"人民法院不得主动适用诉讼时效的规定。"这些规定表明我国司法实践和立法采用了抗辩权发生说或者胜诉权因时效抗辩权行使而丧失。

四、诉讼时效的种类

(一)普通诉讼时效

普通诉讼时效,是指由民事基本法规定的,除法律有特别规定外可以普遍适用于属于诉讼时效客体范围的各种民事法律关系请求权的诉讼时效。我国《民法典》第188条规定的普通诉讼时效期间为3年。

(二)特别诉讼时效

特别诉讼时效,是指民事法律规定的只适用于某些特定的民事法律关系请求权的诉讼时效。法律对某些特定的民事法律关系请求权特别规定了诉讼时效的,就排除普通诉讼时效对特定民事法律关系的适用。《民法典》第188条第1款规定:向人民法院请求保护民事权利的诉讼时效期间为3年。法律另有规定的,依照其规定。这里的法律另有规定就是区别于3年普通诉讼时效的特别诉讼时效。以特别法优先于普通法的原则特别诉讼时效优先于普通诉讼时效适用。这里的另有规定的法律是指《民法典》中其他条款和特别法。例如,《民法典》第188条第2款规定的20年的最长保护期间。《民法典》第594条规定："因国际货物买卖合同和技术进出口合同争议提起诉讼或者申请仲裁的时效期间为四年。"《产品质量法》第45条规定："因产品存在缺陷造成损害要求赔偿的诉讼时效期间为二年，自当事人知道或者应当知道其权益受到损害时起计算。因产品存在缺陷造成损害要求赔偿的请求权，在造成损害的缺陷产品交付最初消费者满十年丧失；但是，尚未超过明示的安全使用期的除外。"《拍卖法》第61条规定，因拍卖标的存在瑕疵未声明而请求损害赔偿的诉讼时效期间为1年。《保险法》第26条规定，人寿保险金赔付请求权的诉讼时效期间为5年。可见特别诉讼时效包括特别短期诉讼时效和特别长期诉讼时效，前者短于3年普通诉讼时效，后者长于3年普通诉讼时效。

（三）最长诉讼时效

最长诉讼时效，是指从权利受损害之日起受法律保护的最长诉讼时效期间。我国《民法典》第188条的规定，从权利受到损害之日起超过20年的，人民法院不予保护。对这里的20年期限的性质，学说上曾经观点不一，有三种不同认识，即最长诉讼时效说、[22]除斥期间说[23]和权利最长保护期限说。[24] 从原《民法总则》颁布后学者的论述多为最长诉讼时效期间。[25]

《民法典》规定的20年期间类似于除斥期间，即期间是不变的，但它与除斥期间有明显不同：除斥期间届满形成权之实体权利消灭，而20年期限适用于请求权且期限届满仅使权利人因对方抗辩丧失请求法院强制保护的权利，即胜诉权，但并不丧失权利人的实体权利，义务人主动履行义务的，权利人仍可接受。这一点使它与诉讼时效极为相似，但它又不同于普通诉讼时效和特别诉讼时效。因为普通诉讼时效和特别诉讼时效产生的基础是权利人能行使权利而不行使的事实状态，其时效是从权利人知道或应当知道权利受侵害之日起算的，因为从这时起权利人能行使权利直至进行诉讼，所以才有诉讼时效。20年期间是针对权利人不知道权利受侵害，因而无从行使权利，但又不能无限期保护这种被侵害权利的情形而规定的，它是关于保护权利的最长期间，其起算是从权利受到侵害之日起算的。而且20年的最长保护期间不适用于诉讼时效的中止、中断的规定。但是依据《民法典》第188

---

〔22〕 参见寇志新主编：《民法学》，陕西科学技术出版社1989年版，第214页。

〔23〕 参见佟柔主编：《中国民法学·民法总则》，中国人民公安大学出版社1990年版，第321页。

〔24〕 参见彭万林主编：《民法学》，中国政法大学出版社1997年版，第130页。

〔25〕 参见陈甦主编；《民法总则评注》，法律出版社2017年版，第1355页；张新宝：《〈中华人民共和国民法总则〉释义》，中国人民大学出版社2017年版，第409页。

条的规定,有特殊情况的,人民法院可以根据权利人的申请决定延长。而对于诉讼时效除了中止、中断的规定外,并没有规定延长。再者诉讼时效由对方当事人援引作为抗辩原告的诉讼请求,而“适用最长权利保护期间时,需要根据当事人的申请,人民法院才能决定”。[26] 正因为它与诉讼时效有这么多差别,所以仍然有的著作称其为权利最长保护期间。笔者认为,称为最长权利保护期间是为了强调它与普通诉讼时效和特别诉讼时效的差别,称为最长诉讼时效期间的也是承认它不同于普通诉讼时效和特别诉讼时效的差别的。因此,两种称谓并无实质不同。从《民法典》第188条的内容逻辑看都是规定诉讼时效的,先规定了普通诉讼时效期间3年;又规定法律另有规定的,依照规定,即是长于或者短于3年的特别诉讼时效;紧接着规定“但是,自权利受到损害之日起超过二十年的,人民法院不予保护”,因此,也可以认为20年期间是最长诉讼时效期间,只不过它具有不同于普通诉讼时效和特别诉讼时效的特点。

重点提示

诉讼时效一般为3年;特别规定依照规定:短于3年或者长于3年;最长权利保护期间或者最长诉讼时效期间为20年。

五、诉讼时效期间的起算

(一)诉讼时效起算的一般规定

诉讼时效期间的起算,就是指诉讼时效期间的开始计算。按照诉讼时效制度的本意只有权利人能够行使权利而又怠于行使权利时才使其承担不利的后果,因此,诉讼时效应当自权利人能够行使权利时开始计算。各国民法对诉讼时效从何时开始计算的规定不同。例如,《日本民法典》第166条规定消灭时效自权利可以行使时起进行。我国台湾地区“民法”第128条规定:“消灭时效,自请求权可以行使时起算。以不行为为目的之请求权,自为行为时起算。”我国《民法典》第188条第2款的规定:“诉讼时效期间自权利人知道或者应当知道权利受到损害以及义务人之日起计算。法律另有规定的,依照其规定……”诉讼时效是针对权利人能行使权利而不行使权利的事实状态规定的,期间届满所引起的是权利人因义务人的抗辩而丧失胜诉权。因此,权利人知道或者应当知道其权利受到损害,不仅是知道或应当知道损害事实的发生,而且包括知道或应当知道损害人是谁。这里所谓知道

[26] 李适时主编:《中华人民共和国民法总则释义》,法律出版社2017年版,第595页。

是指权利人已经现实地知道。应当知道,是指根据权利人在权利受到损害时所处的环境有充分根据推断他已经知道。比如,侵权事实被公告、债务已过履行期间等事由就可推定权利人已经知道。权利人知道权利被损害而不行使权利,或者应当知道权利受损害而未尽应有注意未能知道以致不行使权利的,都应从开始时效期间时起,承受对其不利的后果。

重点提示

诉讼时效从权利人得以行使权利时起算:知道或者应当知道权利受到损害以及义务人之日起计算。

(二)诉讼时效起算的特别规定

关于诉讼时效的起算,我国《民法典》第 188 条还规定:法律另有规定的,依照其规定。对于这里的“法律有特别规定的依照法律的特别规定”,主要有:

1.《民法典》第 189 条的规定:“当事人约定同一债务分期履行的,诉讼时效期间自最后一期履行期限届满之日起计算。”

2. 对法定代理人请求权的诉讼时效期间,自法定代理终止之日起计算。根据《民法典》第 34 条的规定,监护人不履行监护职责或者侵害被监护人合法权益的,应当承担法律责任。此规定为无民事行为能力人和限制行为能力人对其法定代理人请求权的法律依据,但由于无民事行为能力人和限制行为能力人在行为能力上的欠缺,即使其知道作为法定代理人的监护人的侵权事实,也难以对其法定代理人行使请求权,因此《民法典》第 190 条规定:“无民事行为能力人或者限制民事行为能力人对其法定代理人的请求权的诉讼时效期间,自该法定代理终止之日起计算。”

3. 未成年人因遭受性侵害产生的损害赔偿请求权的诉讼时效起算时间,自受害人年满 18 周岁之日起计算。实践中,由于受社会传统的影响,一些遭受性侵害的未成年人及其监护人有所顾忌,从未成年人名誉、声誉,健康成长,成年结婚等现实角度考虑,往往不愿或者不敢公开寻求法律保护,等受害人成年之后自己欲寻求法律救济时却往往已经超过诉讼时效期间。为了突出对未成年人的保护,给受性侵害的未成年人在成年后提供寻求法律保护的机会,《民法典》第 191 条规定:“未成年人遭受性侵害的损害赔偿请求权的诉讼时效期间,自受害人年满十八周岁之日起计算。”

4. 保证债务的诉讼时效的起算。《民法典》第 694 条规定:“一般保证的债权人在保证期间届满前对债务人提起诉讼或者申请仲裁的,从保证人拒绝承担保证责任的权利消灭之日起,开始计算保证债务的诉讼时效。连带责任保证的债权人在保证期间届满前请求保证人承担保证责任的,从债权人请求保证人承担保证责任之日起,开始计算保证债务的诉讼时效。”

5. 特别法上的规定。

法律链接

《海商法》第257~265条

第一,《海商法》第十三章关于海上货物运输赔偿请求权、海上旅客运输赔偿请求权、船舶碰撞赔偿请求权、海难救助赔偿请求权、海损分摊赔偿请求权、海上保险赔偿请求权、海上油污损害赔偿请求权等请求权的诉讼时效的起算的规定。

第二,《国家赔偿法》第39条第1款规定,赔偿请求人请求国家赔偿的时效为两年,自其知道或者应当知道国家机关及其工作人员行使职权时的行为侵犯其人身权、财产权之日起计算,但被羁押等限制人身自由期间不计算在内。

第三,《民用航空法》第135条规定,航空运输诉讼时效期间为二年,自民用航空器到达目的地点、应当到达目的地点或者运输终止之日起计算;第171条规定的损害赔偿的诉讼时效自损害发生之日起计算。

第四,《专利法》第68条第2款规定,授予权利前的专利使用费诉讼时效期间,即使在专利权被授予之前已得知或应当得知侵害的事实,也自专利权被授予之日起计算。

重点提示

以权利人的请求权得以行使为原则,根据各种情况下请求权得以行使的具体条件及其所适用的时效期间,对于各种请求权的时效起算点作出具体规定。

六、诉讼时效的中止、中断和延长

诉讼时效开始后,权利人不在法定期间行使权利,就要承受对其不利的法律后果。如果在时效进行期间,非由于权利人原因阻碍其行使权利的情况下,继续计算时效对权利人就是不公平的。诉讼时效的中止、中断和延长,就是针对时效进行阻碍,而使时效进行对权利人公平发生法律后果的制度。诉讼时效的中止和中断适用于普通诉讼时效和特别诉讼时效,不适用于最长诉讼时效;诉讼时效的延长适用于最长诉讼时效,不适用于普通诉讼时效和特别诉讼时效。

(一)诉讼时效的中止

诉讼时效的中止,是指诉讼时效进行至期间的最后6个月内,因法定的客观事由阻碍权利人行使请求权的,暂时停止诉讼时效期间的计算,自阻碍事由消除之日起满6个月,诉讼时效期间届满的制度。其实质是诉讼时效期间的暂停,以暂停形式将阻碍权利人行使权利的法定障碍经过的期间,扣除于时效期间之外,从而使客观原因导致的权利不行使的事实状态对权利人不产生时效法律后果,提高时效的公正性。【中止的概念】

诉讼时效中止须符合如下条件:

1. 有诉讼时效中止的法定事由的发生。中止时效的事由,是由法律规定的阻碍权利人行使权利的客观原因。我国《民法典》第194条规定的中止时效的事由主要包括:(1)不可抗力。不可抗力,是指不能预见、不能避免并不能克服的客观情况,包括自然灾害以及战争等。(2)无民事行为能力人或者限制民事行为能力人没有法定代理人,或者法定代理人死亡、丧失民事行为能力、丧失代理权。(3)继承开始后未确定继承人或遗产管理人。(4)权利人被义务人或其他人控制。(5)其他导致权利人不能行使请求权的障碍。【中止的条件】

2. 中止事由发生在诉讼时效期间的最后6个月内。中止事由必须发生在诉讼时效期间的最后6个月内,或者虽发生在最后6个月以前,但其后果持续至最后6个月内的,才能发生诉讼时效中止的法律效果。客观事由发生在最后6个月以前,其后果并不延续于最后6个月的不发生时效中止,其后果延续至最后6个月的,只有在最后6个月内延续的那段时间发生诉讼时效中止,在6个月之前的那段时间不发生诉讼时效中止。

具备了上述两个条件就发生诉讼时效中止的法律效果。根据《民法典》第194条的规定,诉讼时效中止的法律效果是:自中止时效的原因消除之日起满6个月,诉讼时效期间届满。【中止的效力】

(二)诉讼时效的中断

诉讼时效的中断,是指在诉讼时效进行期间发生了法定的与权利人不行使权利相反的事实,使已经经过的时效期间统归无效,诉讼时效期间重新起算的制度。中断事由是证明权利人行使权利或无须行使权利的事由,与其主观不行使权利完全相反,因而使诉讼时效失去事实基础,以前经过的期间因无事实基础而统归无效。【中断的概念】

诉讼时效中断的法定事由,依《民法典》第195条的规定,主要有以下四种:

1. 权利人向义务人提出履行请求。权利人向义务人提出履行请求,是指权利人以诉讼以外的方式向义务人提出要求、主张权利,是权利人行使权利的表现,因而发生诉讼时效中断。权利人主张权利的方式包括通知、催告义务人履行义务,要求连带责任人承担责任等。

2. 义务人同意履行义务。义务人同意履行义务,是指义务人向权利人作出承认权利的存在、承诺缓期履行、提供担保、部分清偿等行为。义务人同意履行是对权利人权利的重新确认,权利人在义务人同意履行的情况下无须请求,因此诉讼时效应当中断。《诉讼时效规定》第 16 条规定:"义务人作出分期履行、部分履行、提供担保、请求延期履行、制定清偿债务计划等承诺或者行为的,应当认定为民法通则第一百四十条规定的当事人一方'同意履行义务'。"义务人作出同意履行义务的意思表示,到达权利人之日起诉讼时效中断,自次日诉讼时效重新起算。

3. 权利人提起诉讼或者申请仲裁。权利人提起诉讼的实质是请求国家保护其权利,是当事人行使权利的积极举动,因而应发生诉讼时效的中断。权利人向人民法院提起诉讼,向有关行政机关提出权利保护请求,向仲裁委员会依据仲裁协议提出仲裁申请等都可发生诉讼时效中断。起诉应当从权利人将诉求提交给法院时即发生中断效力,直至诉讼结束,法院判决或调解书确认义务人履行义务时重新起算。

探 讨 起诉后又撤诉或者因起诉不符合要求被驳回或者未予受理时是否引起时效中断?

关于起诉后又撤诉或者因起诉不符合要求被驳回或者未予受理时是否引起时效中断,《民法典》未有明确的法条规定,《海商法》第 267 条规定,时效因请求人提起诉讼提交仲裁或者被请求人同意履行义务而中断。但是请求人撤回起诉、撤回仲裁或者起诉被裁定驳回的,时效不中断。学者有不同观点。[27] 笔者认为,只要起诉后通过法院将其权利主张送达于义务人,义务人已经意识到权利人向其主张了权利的均应从起诉时发生中断效力,直至撤诉时或被驳回起诉时或被通知不受理时,时效重新起算。[28] 因为这些情况都打破了权利不行使的继续状态,即使权利人起诉后又以撤诉方式改变了意愿,即又表达了不行使权利的意愿,[29] 那也只能看作一个新的权利不行使状态的开始,时效应重新起算,但其撤诉前的权利状态已经改变为积极行使状态,诉讼时效自当中断。司法实践中也有撤诉,在影响其起诉中断

〔27〕 学者的不同观点请参见陈甦主编:《民法总则评注》(下册),法律出版社 2017 年版,第 1410 页。

〔28〕 我国台湾地区"民法"第 131 条规定:"时效因起诉而中断者,若撤回其诉,或因不合法而受驳回之裁判,其裁判确定,视为不中断。"《法国民法典》第 2247 条、《日本民法典》第 149 条也有类似规定。

〔29〕 王利明教授认为,撤诉表达了不愿意行使权利的意愿,因此起诉后又撤诉的,应视为诉讼时效不中断。参见王利明:《民法总则研究》,中国人民大学出版社 2003 年版,第 734 页。

时效的案例。例如,长沙铁路天群实业公司贸易部(以下简称天群贸易部)因与成都军区铁合金厂清偿货款纠纷,于1994年11月25日向法院起诉,四川鑫达实业有限公司(以下简称鑫达公司)作为第三人参加诉讼。天群贸易部于1997年6月经法院准予撤诉后,又于1998年3月向法院起诉,要求鑫达公司返还代收货款。对此案的诉讼时效问题四川省高级人民法院请示最高人民法院,最高人民法院答复认为,根据《民法通则》第140条的规定,天群贸易部向法院起诉,应视为诉讼时效的中断,诉讼时效期间应从撤诉之日起重新计算。[30] 可见,在司法实践中起诉中断时效的效力不因撤诉而受影响。但是,为了防止权利人以起诉又撤诉中断时效规避时效的适用,可对这种情况发生的时效中断只限于一次。

法律链接

《诉讼时效规定》第10、11条

4. 与提起诉讼或者申请仲裁具有同等效力的其他情形。与提起诉讼或者申请仲裁具有同等效力的其他情形,是指权利人所实施的行为,与提起诉讼或者申请仲裁性质相当,具有同等效力的行为。主要有以下类型:(1)调解行为。《诉讼时效规定》第14条规定,"权利人向人民调解委员会以及其他依法有权解决相关民事纠纷的国家机关、事业单位、社会团体等社会组织提出保护相应民事权利的请求,诉讼时效从提出请求之日起中断"。(2)控告行为。《诉讼时效规定》第15条第1款规定,"权利人向公安机关、人民检察院、人民法院报案或者控告,请求保护其民事权利的,诉讼时效从其报案或者控告之日起中断"。(3)还包括《诉讼时效规定》第13条规定的申请支付令,申请破产、申报破产债权,为主张权利而申请宣告义务人失踪或死亡,申请诉前财产保全、诉前临时禁令等诉前措施,申请强制执行、申请追加当事人或者被通知参加诉讼,在诉讼中主张抵销等都属于与提起诉讼申请仲裁具有同等效力的其他情形。【中断事由】

在诉讼时效进行期间发生上述事由中的任何一种,都会引起诉讼时效的中断。诉讼时效中断的效力在于使已经经过的时效期间统归无效,另从中断后权利人能行使权利时重新计算诉讼时效期间。比如,因权利人起诉中断时效的,应以生效判决确定的义务人履行义务之时重新计算诉讼时效期间。权利人主张权利的,应从主张权利之时重新起算。义务人请求延期履行义务的,应从延期期限到来之时重新起算。权利人向人民调解委员会或者有关单位提出保护民事权利的请求,从提出请求时起,诉讼时效中断。经调解达不成协议的,应以调解结束时重新起算;调解达成协议的,以协议确定的义务人履行义务的期限届满时重新起算。对于连带债

〔30〕 参见姚辉主编:《民法教学参考书》,中国人民大学出版社2005年版,第335页。

权人中一人发生诉讼时效中断效力的事由,应当认定对其他连带债权人也发生诉讼时效中断的效力。对于连带债务人中的一人发生诉讼时效中断效力的事由,应当认定对其他连带债务人也发生诉讼时效中断的效力。债权人提起代位诉讼的,应当认定对债权人的债权和债务人的债权均发生诉讼时效中断的效力。债权转让的,应当认定诉讼时效从债权转让通知到达债务人之日起中断。在债务承担的情形下,构成原债务人对债务承认的,应当认定诉讼时效从债务承担意思表示到达债权人之日起中断。具体参见《诉讼时效规定》第17、18、19条。【中断的效力】

(三)诉讼时效中止和中断的区别

1. 发生的事由不同。发生诉讼时效中止的法定事由是与当事人的意志无关的客观情况,这些客观情况阻碍着权利人行使权利,是时效期间进行的客观障碍。而发生诉讼时效中断的法定事由是与当事人的主观意志有关的行为,都是与当事人不行使权利的事实状态相反的事实。

2. 事由发生的时间要求不同。诉讼时效中止的事由必须发生在诉讼时效进行的最后6个月内或发生在最后6个月前但后果延续到最后6个月内,才能发生诉讼时效的中止。而诉讼时效中断的事由无论发生在诉讼时效进行中的任何时间都可引起诉讼时效的中断。

3. 效力不同。诉讼时效中止的效力在于使诉讼时效的进行暂停,待阻碍事由消除后6个月诉讼时效期间届满。而诉讼时效中断的效力在于使中断前已经进行的时效期间统归无效,时效期间重新起算。

4. 期间计算不同。在诉讼时效中止,待中止事由消除后6个月诉讼时效期间届满。在诉讼时效中断,中断原因消灭后从权利人能行使权利时起重新计算,即开始一个新的诉讼时效期间,此前已进行过的期间不再计算。

(四)诉讼时效的延长

诉讼时效的延长,是指权利人因特殊情况未在法定的诉讼时效期间行使权利,诉讼时效完成后,由法院决定对诉讼时效期间予以延展的制度。我国《民法典》第188条第2款规定:"诉讼时效期间自权利人知道或者应当知道权利受到损害以及义务人之日起计算。法律另有规定的,依照其规定。但是,自权利受到损害之日起超过二十年的,人民法院不予保护,有特殊情况的,人民法院可以根据权利人的申请决定延长。"这里的特殊情况则指阻碍当事人在法定诉讼时效期间行使权利的客观障碍。

诉讼时效的延长不同于诉讼时效中止和诉讼时效中断,它是诉讼时效完成后才会发生的。它所要求的延长时效的特殊情况不同于法定的中止或中断事由，而且必须由法院作出延长时效的决定，才能发生诉讼时效延长的效力。诉讼时效的延长只适用最长诉讼时效期间的延长，不适用于普通诉讼时效和特别诉讼时效。

诉讼时效延长效力在于使义务人不得以原诉讼时效期间届满抗辩权利人的请求权，使权利人的请求权仍然可以受到司法的强制保护。

思考题：

1. 诉讼时效与取得时效有何不同？
2. 诉讼时效与除斥期间有何区别？
3. 哪些请求权适用诉讼时效？哪些请求权不适用诉讼时效？
4. 简述诉讼时效完成后的效力。
5. 诉讼时效有哪些种类？其各自的适用范围如何？
6. 简述诉讼时效的起算。
7. 诉讼时效的中止和中断有何不同？

案例 14-1

甲、乙都是凤凰村村民，并为多年邻居。1998 年甲为在自家房屋开办浴池，在与乙房屋相邻的界墙处修建一排水沟。2005 年乙发现与排水沟相邻的房屋倾斜，经有关部门鉴定系由甲 1998 年排水所致，在交涉无果的情况下，乙以甲侵犯其房屋所有权为由向法院起诉，要求甲排除妨碍、赔偿损失。甲辩称乙的起诉已经超过诉讼时效，要求法院驳回乙的起诉。如果你是法官，你认为甲的理由是否成立？

案例 14-2

甲借给乙 5000 元，乙出具借条，承诺于 2017 年 1 月 1 日归还。后甲一直未向乙催要，乙直到 2020 年 7 月才将 5000 元还给甲，后乙听说法律有诉讼时效的规定，便以欠款已超过诉讼时效为由要求甲返还 5000 元，你认为乙的理由能否成立？

案例 14-3

甲、乙于 2001 年 1 月因琐事发生厮打，乙被甲打一耳光，当时没有任何病症，乙只是感到很丢面子，后经人调解，以甲向乙赔礼道歉而结束。2003 年乙感觉听力严重下降,经医学鉴定系因当年甲一耳光导致近乎耳聋,请问如乙要向法院起诉甲,诉讼时效应从何时起计算?

案例 14-4

甲公司与乙公司签订价值20万元的棉花购销合同,合同约定:甲公司将棉花送到乙公司,经验收合格后5日内,乙公司将货款20万元汇至甲公司。2012年3月2日,甲公司将货物送到乙公司并经乙公司质检人员验收合格。此后,乙公司一直未支付货款,乙公司于2013年12月将公司办公地从西安迁到上海也未告知甲公司,导致甲公司一直无法找到乙公司催要货款。后经多方打听才于2014年10月8日找到上海向乙公司主张货款。乙公司承诺尽快给,但仍未履行承诺。甲公司于2016年2月6日准备去上海起诉乙公司,但因雾太大飞机延误,导致乙公司工作人员直到2017年10月9日才将诉讼状提交法院。请问,甲公司的起诉是否超过诉讼时效?

案例 14-5

甲于2002年5月1日,以1万元价格从乙处购得某名家名画一幅。随后甲将所购的名画挂在自家客厅。2003年元旦其好友丙来家观画后告知其该画为赝品。2003年3月10日甲找到乙要求退还其买画价款,乙虽然承认该画系自己临摹的名家名画做技术处理后卖给甲的,但不同意退还全部价款,故协商未果。后来甲将该画仍挂在家中客厅。直到2004年3月10日甲才将乙起诉至法院,要求法院撤销他与乙之间的买卖合同,判令乙退还1万元价款。甲的请求能否得到法院的支持?

第四节　期日和期间

| 内容提要 |

理解期日、期间的法律意义及其计算方法。

一、期日、期间的概念

期日,是指不可分割的特定时间点,如特定的某年某月某日等。

期间,是指由某一时间点到另一时间点的特定时间段,如某年某月某日至某年某月某日。

二、期日、期间的种类

(一)法定期日、期间

法定期日、期间,是指由法律直接规定的期日、期间。例如,法定的诉讼时效期间,除斥期间,继承从被继承人死亡时开始的被继承人死亡之时。

(二)指定的期日、期间

指定的期日、期间,是指由人民法院或仲裁机关确定的期日、期间,如人民法院判决书或仲裁机关裁决书确定的债务人履行义务的期日、期间。

(三)约定的期日、期间

约定的期日、期间,是指由当事人自由选择约定的期日、期间,如合同约定的债务人履行债务的期限、债务人具体的交货日、合同生效日等。

三、期日、期间的民事法律意义

期日的到来、期间的届满是重要的民事法律事实。它是决定民事法律关系产生、变更、消灭的时间界限,离开了期日、期间,民事权利义务的产生、变更、存续都无法从时间上加以确定,民事法律关系就会出现混乱,因而其意义十分重要。具体体现在:

1. 确定民事法律关系主体资格。民法确定民事法律关系秩序,首先要确定民事法律关系主体的资格,即主体的民事权利能力和民事行为能力。民事主体的权利能力和行为能力的开始、终止都由期日、期间确定。自然人的民事权利能力始于出生,终于死亡。这就表明了它开始、终止的期日及其存续的期间。

2. 确定民事法律关系及其当事人权利义务产生、变更和消灭。民事法律关系及其当事人权利义务的产生、变更和消灭,都是以一定的期日、期间为时间界限的。任何民事法律事实都是与特定的时间结合而发生法律后果的。例如,民事法律行为生效的时间,未成年子女成年、除斥期间经过等都与特定期日、期间有关。期日、期间就是确定法律关系及其权利义务得丧变更的依据。

3. 正确处理民事案件的依据。人民法院在处理民事案件时总离不开查清一定的时间法律事实。例如,首先要查明诉讼时效法律事实,原告起诉超过诉讼时效期间的即可引起被告诉讼时效抗辩权的产生。处理违约纠纷则要查明履约期限,确定是否逾期履行。宣告公民失踪或宣告公民死亡案件,则要以失踪人下落不明的期间作为推定失踪或死亡的依据。因此,期日、期间对法院正确处理案件有重要意义。

四、期日、期间的确定和计算

(一)期日、期间的确定方式

1. 规定日历上的确定时间点。如2015年8月8日。

2. 规定一定的时间段。如3个月、2014年7月3日至10月3日。

3. 规定必然发生的一定事件的发生时刻。如某人死亡之日。

4. 规定以当事人提出请求时间为准。如没有履行期限的合同,一般权利人可以随时请求义务人履行义务,权利人请求义务人履行义务之时,则为义务履行的期日。

5. 合理推定期间。比如,要约人未规定要约答复期限的,以要约的在途期间和受要约人考虑期间及受约人答复的在途期间的总和推定要约答复的合理期间。

(二)期间的计算

期日只要确定,就以其到来为准,它作为不可分的时间点,不发生计算问题。期间是一定的时间段,其是否届满就需要计算。

1. 计算方法

期间的计算方法有自然计算法和历法计算法两种。自然计算法,是以实际发生和经过的精确时间,以时、分、秒为单位计算期间时间的方法。历法计算法,则以日历确定的年、月、日为单位计算期间时间的方法。依我国《民法典》第200条的规定,民法所称的期间按照公历年、月、日、小时计算。

2. 期间起算

按照年、月、日计算期间的,开始当日不记入,自下一日(次日)开始计算。按小时为单位计算期间的,自法律规定或者当事人约定的时间开始计算。

3. 期间结束

按照年、月计算期间的,到期月的对应日为期间的最后一日;没有对应日的,月末日为期间的最后一日。

4. 期间结束日顺延和末日结束

期间的最后一日是法定休假日的,以法定休假日结束的次日为期间的最后一日。期间的最后一日的截止时间为二十四时;有业务时间的,停止业务活动的时间为截止时间。

5. 期间的法定或约定

期间的计算方法依照《民法典》第十章的规定，但是法律另有规定或者当事人另有约定的除外，即当事人约定了期间的计算的，其起算时间可从其约定。

6. 关于“以上”“以下”“以内”用语的解释

期限的规定中有“以上”“以下”“以内”用语的，均包括本数；有“不满”“以外”用语的，均不包括本数。

思考题：

1. 期日、期间有何民事法律意义？

2. 期日、期间如何计算？

应用指南

关于时效制度在实务应用中应当注意以下问题：

1. 一些特殊情况下诉讼时效期间的起算问题，有关司法解释确定的起算方法，仍可参照适用。(1)关于债务人在约定的期限届满后未履行债务而出具没有还款日期的欠款条，诉讼时效期间应从何时开始计算的问题，最高人民法院的批复指出，债务人书写的欠款条应认定为诉讼时效的中断。如果债权人在诉讼时效中断后一直没有主张权利的，诉讼时效期间应从债权人收到债务人所写欠款条的第二天开始重新计算。(2)合同解除后发生的财产返还和损失赔偿请求权的诉讼时效应从合同解除生效之日开始计算。(3)合同无效后的财产返还请求权和损失赔偿请求权的诉讼时效应从确认合同无效的判决生效之日开始计算。(4)依《担保法解释》第35条规定：“保证人对已经超过诉讼时效期间的债务承担保证责任或者提供保证的，又以超过诉讼时效为由抗辩的，人民法院不予支持。”第42条第2款规定：“保证人对债务人行使追偿权的诉讼时效，自保证人向债权人承担责任之日起开始计算。”(5)《诉讼时效规定》第21条规定：“主债务诉讼时效期间届满，保证人享有主债务人的诉讼时效抗辩权。保证人未主张前述诉讼时效抗辩权，承担保证责任后向主债务人行使追偿权的，人民法院不予支持，但主债务人同意给付的情形除外。”(6)最高人民法院《关于受理证券市场因虚假陈述引发的民事侵权纠纷案件有关问题的通知》规定：“虚假陈述民事赔偿案件的诉讼时效为两年，从中国证券监督管理委员会及其派出机构对虚假陈述行为作出处罚决定之日起计算。”依《民法典》诉讼时效应为3年，对起算方法仍可参照。(7)最高人民法院《关于审理著作权民事纠纷案件适用法律若干问题的解释》第28条规定:“侵犯著作权的诉讼时效为两年,自著作权人知道或者应当知道侵权行为之日起计算。权利人超过两年起诉的,如果侵权行为在起诉时仍在持续,在该著作权保护期内,人民法院应当判决被告停止侵权行为;侵权损害赔偿数额应当自权利人向人民法院起诉之日起向前推算两年计算。”依《民法典》侵犯著作权的诉讼时效为3年,但该条司法解释关于诉讼时效的计算方法仍可参照适用。

2. 关于超过诉讼时效期限后当事人达成的还款协议或者对原债务的确认应受法律保护的问题。根据最高人民法院的批复,对于超过诉讼时效期间,当事人双方就原债务达成的还款协议,属于新的债权债务关系,根据《民法典》第119条规定的精神,该还款协议应受法律保护。对于超过诉讼时效期间债权人向债务人(借款人)发出催收通知单,债务人在该通知单上签字或者盖章的,应当视为对原债务的重新确认,该债权债务关系应受法律保护。

3. 诉讼时效届满,当事人一方向对方当事人作出同意履行义务的意思表示或者自愿履行义务后,又以诉讼时效期间届满为由进行抗辩的,人民法院不予支持。

4. 关于当事人提出时效抗辩的程序,《诉讼时效规定》第4条规定:“当事人在一审期间未提出诉讼时效抗辩,在二审期间提出的,人民法院不予支持,但其基于新的证据能够证明对方当事人的请求权已过诉讼时效期间的情形除外。当事人未按照前款规定提出诉讼时效抗辩,以诉讼时效期间届满为由申请再审或者提出再审抗辩的,人民法院不予支持。”

5.《诉讼时效规定》第11条规定:“权利人对同一债权中的部分债权主张权利,诉讼时效中断的效力及于剩余债权,但权利人明确表示放弃剩余债权的情形除外。”

6. 附条件、附期限的请求权,从条件成就或期限到来时起算。

7. 租赁物返还请求权从租赁关系终止时起算。

8. 合同被撤销,返还财产、赔偿损失请求权的诉讼时效期间从合同被撤销之日起计算。

9. 以不作为义务为标的的债权,从义务人违反义务行为时起算。

10. 人身损害的诉讼时效期间,伤害明显的,从受伤害之日起算;伤害当时未曾发现的伤情,后经检查确诊并能证明是由侵害引起的,从伤势确诊之日起算。

11. 权利人知道权利受损害的事实和知道侵害人不同时的,诉讼时效应从知道侵害人时起算。

第四编　民 事 责 任

第十五章 民事责任

民事责任，是指民事主体违反法律规定的或者合同约定的民事义务而被法律强制承担的以补偿受害者权益为目的的法律后果。民事责任是民法调整民事社会关系的救济手段和补充手段。民事责任本身也是民事法律关系，即民事责任关系。本书从民事法律关系、民事法律事实、民事责任的逻辑结构将民事责任作为一编，主要是从其违反民事法律关系后果的逻辑考虑的。民事责任的分类较多，如根据民事责任发生根据的不同，民事责任可以分为合同责任、侵权责任和其他责任；根据民事责任是否具有财产内容可以将民事责任分为财产责任和非财产责任等。民事责任的承担方式包括停止侵害、排除妨碍、消除危险等，也包括惩罚性赔偿。正当防卫、紧急避险等情形下不承担民事责任。

第一节 民事责任概述

| 内容提要 |

本节主要论述了民事责任的一般原理，包括民事法律关系与民事责任的联系、民事责任的概念特征和分类，重点应理解民事法律关系和民事责任在民法调整民事社会关系中的不同功能作用及其协调配合。

一、民事责任与民事法律关系的联系

民事法律关系是民法规范调整民事社会关系从而在民事主体之间形成的具体的民事权利义务关系。民事法律关系将人们之间的民事社会关系纳入法律秩序，只要民事法律关系的当事人忠实履行各自义务，正确地行使各自的权利，民事社会关系就被调整好了，民法就实现了它对民事社会关系的调整目的。在这里，民法对

民事社会关系的调整主要是通过民事法律关系的规范和指引功能实现的。但是,一旦当事人滥用权利,或者当事人违反义务,侵犯他人权利,其行为就越出了民事法律关系的调整轨道,破坏了民事法律关系秩序,因此,就要运用民事责任,对被违反的民事法律关系进行二度调整,将越轨的民事关系重新纳入民事法律关系的轨道,恢复民事法律关系的秩序。调整的基本方法就是运用民事责任的制裁功能、救济功能,制裁民事违法行为,救济受损害的民事权利。可见,民事法律关系是民法调整民事社会关系的基本模式,民事责任是民法调整民事社会关系的救济手段和补充手段。在民法运用民事法律关系对民事社会关系进行的一度调整中,民事责任对民事法律关系的保障作用是潜在的,并不现实地适用,它是通过民事责任的强制,令义务人自觉履行义务,权利人正确行使权利来实现民事法律关系的调整目的的。只有当民事法律关系的一度调整不能顺利实现当事人的民事生活目的时,才通过民事责任的实际适用进行民法对民事法律关系的二度调整,以实现民事法律关系目的。而在该过程中,又往往伴随着民事法律关系的相应存在。所以在有些情况下,民法对民事社会关系的调整既体现为民事法律关系,又体现为民事责任。例如,侵权行为既可以引起侵权之债的民事法律关系,也可以直接引起侵权民事责任。在这种情况下,行为人自觉履行侵权后果义务,就以侵权之债的民事法律关系达到了对他们之间的民事法律关系的调整,而无须适用民事责任。如果行为人不履行侵权行为引起的民事义务,受害人就会请求法院追究其侵权民事责任。总而言之,民事法律关系是民法调整民事社会关系的基本模式,民事责任是民法调整民事法律关系的补充和救济手段。民事法律关系是适用民事责任的前提和依据,民事责任是民事法律关系的保障,是民事法律关系的延伸,它以救济、恢复被损害的民事法律关系为目的。

重点提示

民事法律关系是民法调整民事社会关系的基本模式,民事责任是民法调整民事社会关系的救济手段和补充手段。民事责任本身也是民事法律关系,即民事责任关系。

二、民事责任的概念与特征

(一)民事责任的概念和特征

民事责任,是指民事主体违反法律规定的或者合同约定的民事义务而被法律强制承担的以补偿受害者权益为目的的法律后果。民事责任具有如下特征:

1. 民事责任以民事主体违反民事义务侵害他人民事权益为发生的依据。民事主体承担民事责任的前提是他依据法律规定或合同约定对对方当事人承担民事义务，只有其行为违反了他所承担的民事义务，才会引起民事责任的承担，违反民事义务的行为法律事实是发生民事责任的事实依据。我国《民法典》总则编第八章专章规定民事责任，第176条规定："民事主体依照法律规定或者按照当事人约定，履行民事义务，承担民事责任。"我国《民法典》合同编第八章规定违约责任，第577条规定："当事人一方不履行合同义务或者履行合同义务不符合约定的，应当承担继续履行、采取补救措施或者赔偿损失等违约责任。"《民法典》侵权责任编第1165条也规定行为人因过错侵害他人民事权益造成损害的，应当承担侵权责任。【依据，当事人约定：违约责任；法律规定：侵权责任】

2. 民事责任主要以赔偿、补偿权益受损害一方当事人的利益为目的。民法调整的是私人之间的关系，民事法律关系是私法关系，这就决定了民事责任是私法责任。其私法性质体现在：民事责任是责任人对另一方当事人承担的责任，责任的内容是赔偿、补偿受害的一方当事人所受的损害，恢复其权益，一般不具有惩罚性。赔偿、补偿的给付利益也直接由受害方当事人受领，而不是上缴给国家。【责任对象：民事权益受损害的当事人，性质：以赔偿、补偿填补损害】

3. 民事责任的确定和承担允许当事人意思自治和协商。民事责任的私法性质还体现在民事责任的确定和承担可以由当事人依法协商。例如，在合同法律关系中，当事人可以事先约定违约金的数额以及损失赔偿的计算方法，也可以约定免责事项。民事责任发生后，当事人可以自主决定是否追究民事责任，可以通过协商解决民事责任的承担纠纷等。只要当事人关于承担民事责任的意思自治不超越法律许可的范围，法律就认可其自治效力。【自治性、协商性】

（二）民事责任与民事强制措施的区别

民事责任，是指民事主体违反法律规定或约定的民事义务而应承担的不利法律后果。它既可以因违法行为引起，也可以因缔约过失或违约行为引起。民事强制措施是由特定的国家机关对严重的违法行为人给予的强制性惩罚措施。例如，依据《民事诉讼法》第110条第2款规定：人民法院对违反法庭规则的人，可以予以训诫，责令退出法庭或者予以罚款、拘留。

重点提示

> 民事强制措施是由特定的国家机关对严重的违法行为人给予的强制性惩罚措施。

(三)民事责任与其他法律责任的区别

法律责任,一般分为民事责任、行政责任和刑事责任。民事责任与行政责任和刑事责任的区别主要在于:

1. 责任的法律属性不同。民事责任是私法责任;行政责任和刑事责任为公法责任。这是最根本的区别,其他区别都是在此基础上产生的。【私法责任与公法责任】

2. 责任内容的性质不同。民事责任一般是以弥补受害人所受利益损失为内容的,具有补偿性质;行政责任和刑事责任以制裁行政违法行为、刑事违法行为,惩罚犯罪行为为内容,具有惩罚性质。【补偿责任与惩罚责任】

3. 责任产生的法律依据不同。民事责任依据民法规范产生,它既可以直接依据民法的规定产生,也可以依受民法保护的当事人的意思约定产生。行政责任和刑事责任只能依据行政法或刑法的严格规定产生,不会以当事人的约定产生。【依据法定或约定产生还是严格依据法律规定产生】

4. 责任的强制性程度不同。行政责任和刑事责任都具有较强的强制性,都是国家有关专门司法机关或行政机关依其权力职权强制追究和执行的,直接体现国家强制力,当事人不得自行和解,而且非依法定程序任何机关或个人不得赦免、改变刑事责任或行政责任的执行。民事责任的强制性则比较弱,表现在民事责任可以由当事人自行决定是否追究,责任人也可以无须强制机关的介入而主动承担责任;责任的内容、承担方式当事人可以协商、调解和和解。【责任追究上是当事人意志还是严格的国家强制】

5. 责任的构成要件不同。承担责任的主体要件上,刑事责任主体有严格的刑事责任年龄和刑事责任能力的要求,而民事责任对主体承担责任没有特殊要求;刑事责任和行政责任都是主体对自己行为承担责任,而民事责任在一定情况下可以要求主体对他人的行为承担责任,如雇主转承责任、监护人的责任等。在责任归责原则上,民事责任实行过错责任原则、无过错责任原则、公平责任原则等,而刑事责任必须以行为人有犯罪的故意或过失才能构成,没有无过错责任。【构成要件的严格程度不同】

6. 责任的承担方式不同。民事责任的承担方式主要有停止侵害,排除妨碍,消除危险,返还财产,恢复原状,修理、重作、更换,赔偿损失,支付违约金,消除影响、恢复名誉,赔礼道歉等。刑事责任的承担方式主要是刑罚,如死刑、无期徒刑、有期徒刑、拘役、罚金、剥夺政治权利等。行政责任的承担方式主要表现为行政拘留、罚款

等。【责任方式体现惩罚性与补偿性的不同】

7. 责任承担的对象不同。行政责任、刑事责任主要是由行为人对国家承担的法律责任，而民事责任是由行为人向对方当事人承担的法律责任。【对象是国家还是当事人】

以上分析表明，民事责任与行政责任、刑事责任是性质完全不同的法律责任，各自有不同的构成要件和适用范围，是不可互相替代的，不可误用或者混用法律责任，但可以在符合各个责任构成的原则下并用。民事权利保护一般适用民事责任，但侵权行为触犯刑法构成犯罪的则应追究刑事责任，对违反行政法律法规的行政违法行为则应当追究行政责任；追究了行为人的刑事责任或者行政责任的，对行为给受害人造成的民事权益损害还应当追究行为人的民事责任。《民法典》第187条规定："民事主体因同一行为应当承担民事责任、行政责任和刑事责任的，承担行政责任或者刑事责任不影响承担民事责任；民事主体的财产不足以支付的，优先用于承担民事责任。"

探　讨　如何认识惩罚性民事责任?

按照传统的民法理念，民事责任都是补偿、赔偿性民事责任，民事责任的功能主要在于填补当事人所遭受的损失，而不主要在于惩罚侵权人。但随着社会的发展，民事立法和实践打破了这种理念，出现了惩罚性民事责任。惩罚性民事责任，是指责任人对受害人承担的超过其违约行为或侵权行为给受害人造成的实际损失的责任。在我国最早在1993年颁布的《消费者权益保护法》中针对欺诈消费者的经营行为规定了双倍赔偿的惩罚性责任。后来在多个法律中出现了惩罚性民事责任。例如，《侵权责任法》第47条规定："明知产品存在缺陷仍然生产、销售，造成他人死亡或者健康严重损害的，被侵权人有权请求相应的惩罚性赔偿。"再如，《食品安全法》第148条的规定以及《商品房买卖合同解释》第8条的规定等。《民法典》第179条第2款也规定："法律规定惩罚性赔偿的，依照其规定。"

虽然在立法和司法实践中出现了惩罚性民事责任，但这并不改变民事责任主要是补偿赔偿性责任的基本属性。因为惩罚性民事责任的使用范围是极其有限的，而且适用的条件有严格的限制，它适用于侵权领域主要是针对故意严重侵害受害人权利，而且给受害人造成重大损失或者双方地位不平衡受害人处于弱势的场合，其适用有法律的严格限定。如《民法典》侵权责任法编第1207条规定："明知产品存在缺陷仍然生产、销售，或者没有依据前条规定采取有效补救措施，造成他人死亡或者健康严重损害的，被侵权人有权请求相应的惩罚性赔偿。"适用合同责任主要是只对违约方有利的过错违约的场合,其构成要件同样由法律严格规定。因而,惩罚性民事责任绝不是普遍适用的原则,它不改变民事责任的补偿性质,民法以其强大的包容性吸纳惩罚性责任作为其责任体系中的一个补充形式有重要的制度价值。首先,有利于维护当事人的民事权利。惩罚性赔偿可使受害人获得比赔偿性责任更多的赔偿,从而激励其利用诉讼维护其权利,不至于因维权成本过高而放弃维权。其次,在合同法领域适用惩罚性赔偿有利于维护交易秩序和交易安全。最后,适用惩罚性民事责任也有利于建立整个社会信用。

思考题:

1. 如何认识民事责任与民事法律关系的联系及其在民法调整民事社会关系中的作用?

2. 民事责任的特征及其与其他法律责任的区别?

案例 15-1

原告赵某,女,33岁,系某铁路局学校教师。

被告官某,女,37岁,系某铁路局电务段工人。

原告的弟弟与被告的妹妹曾有过婚姻纠纷,为此引起了双方家庭之间的矛盾。1994年10月6日下午2时左右,原告带女儿去被告所在单位洗澡,脱去衣服正欲洗澡时,被告突然闯入浴室,对原告破口大骂,言辞污秽不堪入耳,引起浴室其他人围观。原告和孩子在他人帮助下穿上衣服走出浴室后,被告仍不罢休,跟随其后继续谩骂,前后持续一个小时左右。当时正值被告单位下午上班时间,围观者多达几十人。在被告辱骂过程中原告始终未还口,也未作其他反抗表示。随后原告和被告所在铁路公安局对被告作出治安行政处罚,罚款150元。同时因对双方调解不成,于1995年6月12日作出调解终结书。被告不服治安处罚,向铁路公安局申请复议,铁路公安局于1995年6月22日作出复议决定书,维持原处罚。原告因精神损害问题未得到解决,向所在地人民法院起诉,请求被告赔偿精神损失费3000元。被告则辩称其与原告名誉权纠纷已经由公安机关解决,她已履行治安处罚决定,因此法院不应再受理此案,应裁定驳回原告起诉。(案例来源于《人民法院案例选精编本》)

请依据本节所学的理论知识分析被告的行为及其法律责任,以及应当如何维护原告的合法权益。

第二节　民事责任的分类和承担

| 内容提要 |

本节主要论述了民事责任的分类和民事责任的承担。民事责任可以按不同的标准进行分类，每一种分类都有其意义。民事责任的承担方式较为丰富，应当根据具体情形确定民事责任的具体方式。不承担民事责任的情形包括不可抗力、正当防卫、紧急避险等。见义勇为者的合法权益受法律保护。英烈的名誉权受法律保护。

一、民事责任的分类

关于民事责任的分类参见图 15－1。

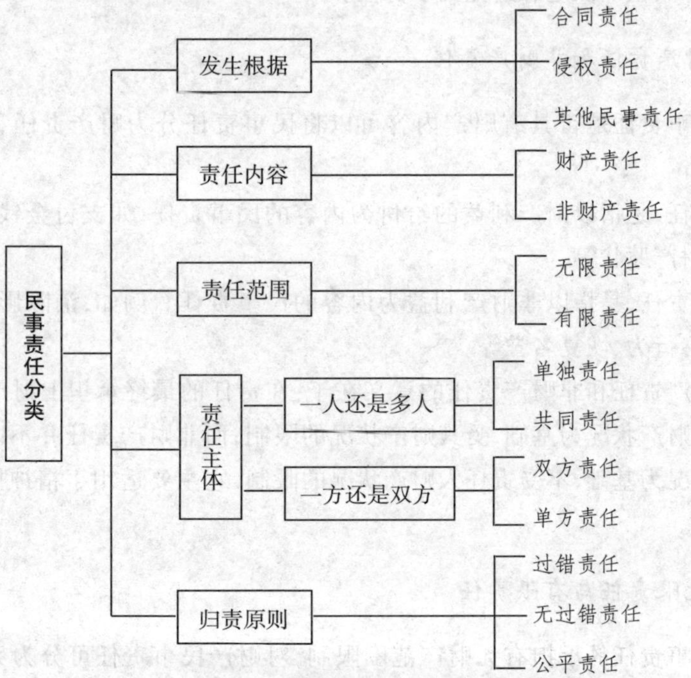

图 15－1　民事责任的分类

(一)合同责任、侵权责任和其他民事责任

根据民事责任发生根据的不同,民事责任可以分为合同责任、侵权责任和其他责任。

合同责任,是指因违反合同约定的义务或合同法上规定的义务而产生的民事责任。它包括了违约责任、缔约过失责任、后合同责任等。

侵权责任,是指因违法侵犯他人的人身权益或财产权益而产生的民事责任。

其他民事责任,是指合同责任和侵权责任以外因违反其他民事义务而产生的民事责任。例如,不履行不当得利返还义务的民事责任,不履行无因管理之债务的民事责任。

区分合同责任、侵权责任和其他民事责任的意义在于:合同责任的产生是以民法中合同法为依据的,侵权民事责任的产生是以民法中侵权行为法为依据的,其他民事责任则以民法中的相关规定为依据。分类便于依据不同的民事法律规定分清各个民事法律部分所保护权利的性质、责任的发生前提、构成要件、责任的承担方式的不同特点,正确认定和追究民事责任。

(二)财产责任和非财产责任

根据民事责任是否具有财产内容可以将民事责任分为财产责任和非财产责任。

财产责任,是指以财产利益的给付为内容的民事责任,如支付金钱、移转财产权利、恢复财产原状等。

非财产责任,是指以非财产利益为内容的民事责任。例如,消除影响、赔礼道歉、停止侵害行为、恢复名誉等。

区分财产责任和非财产责任的意义在于:在责任的最终承担上财产责任以责任人的实际财产状况为基础,受其财产状况的限制;而非财产责任并不以责任人的实际财产状况为基础,不受责任人财产状况的限制,它主要适用于精神损害而引起的民事责任。

(三)无限责任与有限责任

根据民事责任的承担有无财产范围限制,对财产民事责任可分为无限责任和有限责任。

无限责任,是指责任人以其全部财产承担的民事责任。如合伙的普通合伙人

对合伙组织的对外债务以其全部财产作为承担责任的基础。

有限责任,是指责任人以其某部分财产为限度承担的民事责任。如抵押人仅以抵押财产为限对其所担保的主债权承担责任;有限公司的股东以其出资的财产为限对公司的对外债务承担责任。

区分无限责任与有限责任的意义在于:为了充分保护受害人或权利人的利益,民事责任一般为无限责任,即承担责任的财产范围不受限制。但在法律另有规定的情况下,民事责任为有限责任,以免义务人责任过于巨大。

(四)单独责任和共同责任

根据民事责任的承担者是一人还是多人,民事责任可分为单独责任和共同责任。

单独责任,是指仅由一个责任人独立承担的民事责任。

共同责任,是指由两个或两个以上的责任人共同承担的民事责任。例如,共同侵权行为人承担的民事责任。

根据共同责任人对外所承担的责任是否划分份额可将共同责任分为按份责任和连带责任。共同责任人依法定或约定的份额对权利人承担各自的责任的民事责任是按份责任;共同责任人不分份额地向权利人承担全部责任的为连带责任。《民法典》第177条规定:"二人以上依法承担按份责任,能够确定责任大小的,各自承担相应的责任;难以确定责任大小的,平均承担责任。"第178条规定:"二人以上依法承担连带责任的,权利人有权请求部分或者全部连带责任人承担责任。连带责任人的责任份额根据各自责任大小确定;难以确定责任大小的,平均承担责任。实际承担责任超过自己责任份额的连带责任人,有权向其他连带责任人追偿。连带责任,由法律规定或者当事人约定。"

区分单独责任与共同责任的意义在于:对于民事责任的确定在单独责任对责任人直接确定无须考虑与其他人的关系,而对于共同责任除确定对外责任对共同责任人成立外,还要考虑共同责任人内部之间的相互关系。

(五)双方责任与单方责任

根据承担民事责任者仅为民事法律关系中的一方当事人还是双方当事人,可将民事责任分为双方责任与单方责任。

双方责任,是指民事法律关系中的双方当事人都对损害后果的发生有过错,依其过错程度,各自承担相应民事责任。

单方责任,是指仅由民事法律关系中的一方当事人向对方承担的民事责任。

区分双方责任和单方责任的意义在于:单方责任仅由一方当事人承担;而双方民事责任是双方的混合过错责任,在责任的分配上须以各自过错大小程度合理分配责任,往往以过错相抵适当减轻一方当事人的责任。如《民法典》第 1173 条规定:"被侵权人对同一损害的发生或者扩大有过错的,可以减轻侵权人的责任。"

(六)过错责任、无过错责任、公平责任

根据民事责任的归责原则可将民事责任分为过错责任、无过错责任、公平责任。

过错责任,是指以行为人的主观过错作为构成要件而承担的民事责任,即行为人有过错才承担民事责任,无过错便不承担民事责任。

无过错责任,是指行为人只要对他人造成了损害,无论其主观上有无过错,依法律规定都应当承担民事责任。

公平责任,是指在当事人双方对损害的造成都无过错,又不能适用无过错责任追究加害人的赔偿责任,但损害由受害人一方承担又显失公平的情况下,而由双方当事人依据公平原则分担损失的民事责任。

区分这类民事责任的意义在于:在认定责任构成中,各自构成要件不同。

二、民事责任的承担

(一)承担民事责任的方式

承担民事责任的方式指民事主体依法承担民事责任的具体形式。《民法典》第 179 条规定了 11 种承担民事责任的方式。这些承担民事责任的方式,可以单独适用,也可以合并适用。当事人究竟应当承担何种民事责任应当取决于具体的情形。

1. 停止侵害。如果加害人的行为仍处于持续状态则受害人有权要求其停止侵害。

2. 排除妨碍。如果加害人的侵权行为使受害人无法行使或不能正常行使自己的民事权利,则受害人有权要求加害人除去此种妨碍。

3. 消除危险。如果加害人的行为对受害人的财产或人身造成了某种危险,受害人有权要求其消除此种危险。

4. 返还财产。返还财产是指权利人请求对方将自己的财产予以返还。例如,所有权人对不法占有自己所有物的人提出返还财产的请求。

5. 恢复原状。恢复原状是请求恢复到法律关系产生之前的、原有的状态。

6. 修理、重作、更换。修理、重作、更换也是常见的民事责任承担方式。如《消费者权益保护法》第24条规定:"经营者提供的商品或者服务不符合质量要求的,消费者可以依照国家规定、当事人约定退货,或者要求经营者履行更换、修理等义务。没有国家规定和当事人约定的,消费者可以自收到商品之日起七日内退货;七日后符合法定解除合同条件的,消费者可以及时退货,不符合法定解除合同条件的,可以要求经营者履行更换、修理等义务。依照前款规定进行退货、更换、修理的,经营者应当承担运输等必要费用。"

7. 继续履行。继续履行就是由责任人继续履行其义务。如《民法典》第577条规定:"当事人一方不履行合同义务或者履行合同义务不符合约定的,应当承担继续履行、采取补救措施或者赔偿损失等违约责任。"

8. 赔偿损失。赔偿损失是最常见的民事责任承担方式,是指责任人对其给他人造成的损失予以赔偿。除《民法典》第577条的规定外,《民法典》的其他条文对赔偿损失也作了规定。例如,《民法典》第583条规定:"当事人一方不履行合同义务或者履行合同义务不符合约定的,在履行义务或者采取补救措施后,对方还有其他损失的,应当赔偿损失。"《民法典》第1179条规定:"侵害他人造成人身损害的,应当赔偿医疗费、护理费、交通费、营养费、住院伙食补助费等为治疗和康复支出的合理费用,以及因误工减少的收入。造成残疾的,还应当赔偿辅助器具费和残疾赔偿金;造成死亡的,还应当赔偿丧葬费和死亡赔偿金。"《民法典》第1183条规定:"侵害自然人人身权益造成严重精神损害的,被侵权人有权请求精神损害赔偿。因故意或者重大过失侵害自然人具有人身意义的特定物造成严重精神损害的,被侵权人有权请求精神损害赔偿。"《民法典》第1184条规定:"侵害他人财产的,财产损失按照损失发生时的市场价格或者其他合理方式计算。"

9. 支付违约金。违约金是因合同当事人违约而应当向守约方支付的金钱。《民法典》第585条规定:"当事人可以约定一方违约时应当根据违约情况向对方支付一定数额的违约金,也可以约定因违约产生的损失赔偿额的计算方法。约定的违约金低于造成的损失的,人民法院或者仲裁机构可以根据当事人的请求予以增加;约定的违约金过分高于造成的损失的,人民法院或者仲裁机构可以根据当事人的请求予以适当减少。当事人就迟延履行约定违约金的,违约方支付违约金后,还应当履行债务。"

10. 消除影响、恢复名誉。适用于侵害民事主体人身权的情形。按照在什么范围内加害就在什么范围内消除影响、恢复名誉的原则处理,在加害人造成影响的范围内消除该不良后果,将受害人的名誉恢复至未受侵害的状态。

11. 赔礼道歉。赔礼道歉是指加害人向受害人认错、表达歉意等,是精神性的民事责任措施,大多适用于侵害人身权的情形。

12. 惩罚性赔偿。惩罚性赔偿不再遵循实际损失赔偿原则,而是按法律规定的赔偿原则加以赔偿。法律规定惩罚性赔偿的,依照其规定。我国不少法律规定了惩罚性赔偿,例如《食品安全法》第 148 条规定:"消费者因不符合食品安全标准的食品受到损害的,可以向经营者要求赔偿损失,也可以向生产者要求赔偿损失。接到消费者赔偿要求的生产经营者,应当实行首负责任制,先行赔付,不得推诿;属于生产者责任的,经营者赔偿后有权向生产者追偿;属于经营者责任的,生产者赔偿后有权向经营者追偿。生产不符合食品安全标准的食品或者经营明知是不符合食品安全标准的食品,消费者除要求赔偿损失外,还可以向生产者或者经营者要求支付价款十倍或者损失三倍的赔偿金;增加赔偿的金额不足一千元的,为一千元。但是,食品的标签、说明书存在不影响食品安全且不会对消费者造成误导的瑕疵的除外。"《消费者权益保护法》第 55 条规定:"经营者提供商品或者服务有欺诈行为的,应当按照消费者的要求增加赔偿其受到的损失,增加赔偿的金额为消费者购买商品的价款或者接受服务的费用的三倍;增加赔偿的金额不足五百元的,为五百元。法律另有规定的,依照其规定。经营者明知商品或者服务存在缺陷,仍然向消费者提供,造成消费者或者其他受害人死亡或者健康严重损害的,受害人有权要求经营者依照本法第四十九条、第五十一条等法律规定赔偿损失,并有权要求所受损失二倍以下的惩罚性赔偿。经营者提供商品有欺诈行为的,应当按照消费者的要求增加赔偿其受到的损失,增加赔偿的金额为消费者购买商品的价款或者接受服务的费用的一倍。"此外,《商品房买卖合同解释》第 8 条规定了关于商品房买卖过程中因出卖人恶意违约和欺诈致使买受人无法取得房屋的可以适用惩罚性赔偿责任。

重点提示

惩罚性赔偿只有在法律明确有规定的情形下才能适用。

(二)不承担民事责任的情形

1. 不可抗力。《民法典》第 180 条规定:"因不可抗力不能履行民事义务的,不承担民事责任。法律另有规定的,依照其规定。不可抗力是不能预见、不能避免且不能克服的客观情况。"可见构成不可抗力的要点:一是不可抗力时客观情况,即人的意志以外的情况,不是人为的事件;二是对不客观情况人不可预见,所谓不可预见就是指以一般理性人的认知能力在现有科技水平下对事件的发生不可预知;三是对客观情况的发生不能避免并不能克服,也就是指在现有的能力条件下人无法避免事件的发生,不可克服事件给人造成的损害,事件的发生是必然的、损害也是必然的。如果人可以预知,或者不可预知但能够采取措施加以避免或能够克服其造成的损害,就不构成不可抗力。不可抗力包括自然原因的不可抗力如地震等自然灾害、疫情等意外事件,也包括社会原因、政府原因的不可抗力,如罢工、战争、国家法律的颁布、政府的行政命令等。不可抗力的法律意义在于构成不可抗力的义务人可以据此抗辩权利人的请求,达到对其违背义务的责任的免责。

2. 正当防卫。正当防卫是指为使国家、公共利益、本人或者他人的人身、财产或其他权利免受正在进行的不法侵害,而采取的制止不法侵害的行为。正当防卫的正当性排除了行为的违法性,便成立民事责任。但正当防卫的力度应在必要的限度内,即采取的防卫行动的强度与侵害行为程度相当,以能够有效制止不法侵害为必要。如果行为人超过必要的限度给对方造成不应有损害的,应当适当承担民事责任。但是在判断是否超出必要限度时,应当作出合乎情理的公平公正的判断,鼓励人们正当防卫,不应苛求防卫人的正当防卫行为。《民法典》第181条规定:"因正当防卫造成损害的,不承担民事责任。正当防卫超过必要的限度,造成不应有的损害的,正当防卫人应当承担适当的民事责任。"

3. 紧急避险。紧急避险是指为使国家、公共利益、本人或者他人的人身、财产或其他权利免受正在发生的危险,不得已采取的行为。构成紧急避险的要点:一是必须针对正在发生的危险,危险尚未到来或者已经结束的,不存在避险。二是采取的避险措施是来不及请求公力救济的情况下不得不采取的措施。三是避险不得超过必要的限度,以较小的牺牲保全更大的利益。紧急避险是民事主体在紧急情况下采取的私力救济的手段,其目的的正义性决定了对紧急避险损害责任的合理分配。《民法典》第182条规定,因紧急避险造成损害的,由引起险情发生的人承担民事责任。危险由自然原因引起的,紧急避险人不承担民事责任,可以给予适当补偿。紧急避险采取措施不当或者超过必要的限度,造成不应有的损害的,紧急避险人应当承担适当的民事责任。

重点提示

不承担民事责任的情形往往构成不承担民事责任的抗辩理由。

三、民事责任承担的特别规定

《民法典》针对我国社会中出现的一些问题,遵循社会主义核心价值观,在民事责任的承担部分还有以下四项特别规定:

1. 见义勇为者合法权益受法律保护。《民法典》第183条规定:"因保护他人民事权益使自己受到损害的,由侵权人承担民事责任,受益人可以给予适当补偿。没有侵权人、侵权人逃逸或者无力承担民事责任,受害人请求补偿的,受益人应当给予适当补偿。”第184条规定:“因自愿实施紧急救助行为造成受助人损害的,救助人不承担民事责任。”这两个条文都是对见义勇为者合法权益的保护,立法显然是为弘扬社会主义核心价值观,鼓励人们对处于危难和困境中的他人予以救助,端正社会风气。这两个条文规定的是见义勇为的不同情形,第183条规定的是见义勇为者、侵权人和受益人之间的法律关系,即见义勇为者所受损害首先应由侵权人承担民事责任,受益人可以给予适当补偿。如果没有侵权人或者侵权人逃逸或无力承担民事责任的,见义勇为者可以向受益人请求补偿。可见,本条规定由两个层次:首先是对于见义勇为的救助者的损害由侵权人承担民事责任,受益人可以给予适当补偿。这是因为见义勇为属于自愿奉献的高尚行为,如果所受损害轻微一般不会提出由受益人补偿,但往往存在见义勇为者遭受重大身体损害,不仅受到财产损失,也受到精神痛苦,而受益人毕竟从中受益要求其给予适当补偿具有合理性,符合公平原则,适当补偿并不是全部赔偿,因为受益人并非侵权人,对损失的发生没有过错,也不是其主动请求的救助。所以,从鼓励见义勇为规定的是受益人可以给予适当的补偿。其次,是在没有侵权人、侵权人逃逸或者无力承担民事责任的情况下,受害人要求受益人补偿,收益人应当给与适当补偿。在这种情况下,受害人因不能从侵权人得到赔偿,才请求受益人补偿损失,受益人就应当给予适当补偿。

重点提示

侵权人承担责任,受益人可以适当补偿;无侵权人、侵权人逃逸或无力承担民事责任,受害人请求补偿,受益人应当适当补偿。

《民法典》第184条规定的是紧急救助人与受助人之间的法律关系,即紧急救助人的民事责任豁免。该条明确地免除了紧急救助人的民事责任,避免因见义勇为可能招致民事责任。体现了弘扬道德与法律规范的统一,鼓励人们见义勇为。该条规定:“因自愿实施紧急救助行为造成受助人损害的,救助人不承担民事责任。”自愿实施紧急救助,表明行为人并不负有法定的或者约定的救助义务而是自愿地义务实施紧急救助。在紧急关头救助人来不及权衡行为利弊和程度作出理性选择,即使造成受害人损失也不承担责任。这样才能鼓励人们在紧急情况下,挺身而出,该出手时就出手,救助他人,弘扬见义勇为的高尚道德精神。

2. 侵害英雄烈士人格利益的民事责任。《民法典》第185条规定:“侵害英雄烈士等的姓名、肖像、名誉、荣誉,损害社会公共利益的,应当承担民事责任。”自然人死亡之后的一些人格利益仍然受到法律的保护,但英雄和烈士的姓名、肖像、名誉、荣誉是一个国家和民族精神的体现,是引领社会风尚的标杆,涉及公共利益。保护和宣传英雄形象,是弘扬民族精神、增强国家凝聚力和发展推动力的需要,因此加强对英烈姓名、名誉、荣誉等的法律保护,对于促进社会尊崇英烈,扬善抑恶,弘扬社会主义核心价值观意义重大。

重点提示

侵害英雄烈士姓名、肖像、名誉、荣誉的行为损害了社会公共利益,应当承担民事责任。

案例 15－2

被告洪某发表的两篇文章,对狼牙山五壮士在抗日战争中所表现的英勇抗敌的事迹和精神这一主要事实没有作出评价,而是以考证在何处跳崖,跳崖是怎么跳的,敌我双方战斗伤亡,以及五壮士是否拔了群众的萝卜等细节为主要线索,通过援引不同时期的材料,相关当事者不同时期的言论,甚至"文化大革命"时期红卫兵迫害宋某的言论,全然不顾基本历史事实,在无充分证据的情况下,多处作出似是而非的推测、质疑乃至评价。文章虽然未使用侮辱性的语言,但被告采取的行为方式却是通过强调与主要事实无关或者关联不大的细节,引导读者对狼牙山五壮士这一英雄人物群体及其事迹产生质疑,从而否定主要事实的真实性,进而降低他们的英勇形象和精神价值。案涉两篇文章经由互联网传播产生了较大的影响,伤害了原告的个人感情,属于侵害他人名誉、荣誉的加害行为;同时也伤害了社会公众的民族和历史情感,损害了社会公共利益,因而法院判决构成侵权。

3. 民事责任竞合的承担。民事责任的竞合是指其基于同一法律事实,符合了两种或两种以上法律规定的责任构成要件,权利人选择其中一种责任请求责任人承担责任。责任竞合通常是因责任人违反自己应当承担的民事义务行为符合了两种或两种以上法律规定的责任构成要件。与民事责任的聚合不同,聚合是多个民事责任并存,多个民事责任之间并无冲突。而在民事责任的竞合中,因受制于民事责任的实际损失赔偿原则,责任人一般不需要同时或依次承担两种或两种以上的民事责任。在民事责任竞合的情形下,相应的权利人享有两个或两个以上的请求权,也称为请求权的竞合。此种情形下,允许权利人选择行使其中一种请求权。《民法典》第 186 条规定:"因当事人一方的违约行为,损害对方人身权益、财产权益的,受损害方有权选择请求其承担违约责任或者侵权责任。"本条的要件事实:一方当事人的违约行为,损害对方人身、财产权益,符合了违约责任的构成要件,只要违反合同约定就应当承担违约责任;也符合了侵权责任的构成要件,行为损害了他人人身、财产权益,应当承担侵权责任。这就发生了违约责任和侵权责任的竞合,对受害人则产生了违约责任请求权和侵权责任请求权的竞合,其有权选择一种责任,要么违约责任,要么侵权责任,请求责任人承担。

重点提示

在违约责任和侵权责任竞合情况下,权利人有权选择请求责任人承担一种责任

4. 民事责任与其他法律责任并行与优先承担。民事主体在社会关系中其行为可能因违反民事法律关系而产生民事责任,也会因其同一行为违反行政法律规定承担行政法律责任,甚至违反刑法构成犯罪,被依法追究刑事责任。这三种法律责任是违反不同法律规定产生的不同法律后果,性质各不相同,功能作用不同,不得互相代替,因此,各种责任并行存在,民事主体的同一行为应当承担民事责任、行政责任、刑事责任的都应当承担,互不影响。要改变"罚了不打""打了不罚"的传统观念,树立严格的法律责任意识。同时,由于三种责任并行,可能各自实现互不冲突,也可能发生实现上的冲突,例如民事主体给受害人的赔偿金、给国家的行政罚款和刑罚的罚金,因其财产不足就会出现实现上的冲突。《民法典》第 187 条规定:"民事主体因同一行为应当承担民事责任、行政责任和刑事责任的,承担行政责任或者刑事责任不影响承担民事责任;民事主体的财产不足以支付的,优先用于承担民事责任。"因为民事责任更为直接地实现民事主体的合法权益,行政责任、刑事责任主要是惩罚违法行为,维护社会秩序。因此,从法律的终极目的出发,民事责任应当优先实现。但在理解上应当注意,这里的责任是指财产责任,不是行为和人身责任,例如不能要求优先履行劳务行为民事责任,再承担有期徒刑的刑事责任。

思考题:

1. 民事责任的承担方式有哪些?

2. 法律规定不承担民事责任的情形有哪些?为什么?

案例 15-3

原告:王某。

被告:刘某、某杂志社等。

原告与不正之风斗争的事实被某报社报道后,被告刘某毫无事实根据,撰文声称该报道失实,在作品中以严重侮辱性语言侮辱原告人格,并将作品投送几家杂志

社。某杂志社等4家杂志或者发表或者全文或删节后转载。原告向法院起诉被告侵犯其名誉权。

自然人的名誉权受法律保护,禁止以侮辱、诽谤等方式损害公民的名誉。被告刘某利用自己的作品凭空侮辱原告人格,而且一稿多投,进一步扩散影响。四家杂志发表、转载该侵害名誉权的作品,使影响进一步扩大。以上行为严重侵害原告名誉权,给原告及其家属在精神、工作和生活上造成严重后果。后法院依法判决被告停止侵害,并承担赔礼道歉、恢复名誉、消除影响的责任,并向原告支付精神损害赔偿金。被告刘某、某杂志社等根据其所造成影响的程度各自分担相应的责任。

请分析上案中所运用的承担民事责任的方式。

应用指南

《民法典》总则编第八章专章规定民事责任在民法典总则体例上是一个重大的创新,本章较为系统地规定了民事责任的类型、承担民事责任的方式以及不承担民事责任的情形。这些都是关于民事责任的共通性的问题,对本章规则的适用,需要依据具体民事案件,结合《民法典》分则各编特别是合同编的违约责任、侵权责任编的侵权责任的具体规定,树立对《民法典》适用的体系化思维。

《民法典》总则编第八章民事责任的规定,其中最具特色的就是第183条、第184条和第185条,分别规定了对见义勇为者合法权益的保护和对英雄烈士人格利益的保护,体现了《民法典》弘扬社会主义核心价值观的立法目的,具有重大的意义。对这些条文在司法实践中的应用,应当注意以下方面:

一、关于《民法典》第183条规定的受益人给见义勇为者的适当补偿

《民法典》第183条规定:“因保护他人民事权益使自己受到损害的,由侵权人承担民事责任,受益人可以给予适当补偿。没有侵权人、侵权人逃逸或者无力承担民事责任,受害人请求补偿的,受益人应当给予适当补偿。”第1句规定的是在侵权人承担责任的情况下可以适当补偿,与第2句不同的是,规定的是可以适当补偿而不是应当适当补偿,也没有规定受害人请求补偿的,这一条件,那么是否意味着受害人不请求也可以给予适当补偿?对此理解当然也是建立在受害人请求基础上的可以补偿,因为,民事诉讼都是以原告的诉讼请求为基础的,第1句规定的责任主体是侵权人,在侵权人承担责任的基础上,受益人可以适当补偿,所以没有规定受害人请求补偿这一条件,由于受益人并不是受害人损失的侵权责任主体,在没有侵权人的情况下,要让受益人给受害人补偿,就要规定受害人请求补偿这一条件。在侵

权人承担侵权责任的情况下,受害人的损失主要依赖侵权人,对受益人的适当补偿,就由法官根据受害人的损失情况,综合考虑财产损失、人身损害、精神损失,考虑侵权人的赔付程度,受益人的获益情况,适当给予补偿;如果认为不需要补偿,也可以不再补偿。

在没有侵权人、侵权人逃逸、侵权人无能力补偿的情况下,受害人明确请求受益人补偿的就应当给予适当补偿,适当补偿不是赔偿,也不是全部补偿,适当是由法官综合裁量的。要考虑受害人的损害情况,受益人的获益、受益人的经济能力等因素确定。但是,受害人应当负责举证证明其所受损害是为了保护受益人的利益遭受的损害,无论受益人是否实际因救助行为获得利益,只要证明损害因救助受益人所受就可以请求补偿。同时,受害人还应当证明无侵权人、侵权人逃逸、侵权人无赔偿能力,否则,就应当按照由侵权人承担责任的程序处理。

对于这类民事纠纷的解决同时要结合国家和当地人大、政府有关鼓励公民见义勇为的条例、办法等地方法规,或者社会公益事业对见义勇为的救助措施,见义勇为者的损失能够通过多渠道获得救助的情况,适当确定受益人的补偿。

二、关于《民法典》第184条紧急救助与无因管理的区别

《民法典》第184条规定,因自愿实施紧急救助行为造成受助人损害的,救助人不承担民事责任。在司法实践中,应当将本条与《民法典》第979条规定的无因管理加以区分。从本质上看,自愿实施紧急救助也是无因管理,是紧急的无因管理。无因管理人管理他人事务时负有适当的注意义务,应当采取有利于管理人的方法,由于管理方法、措施不当给受益人造成损失的应负赔偿责任。在实践中,会出现因见义勇为者实施的紧急救助行为受到损害的人在事后请求救助者承担民事责任的情况,从而使"好人"吃亏,"不得好报",影响社会风气。正是因为这个原因,本条法律规定把自愿实施紧急救助的见义勇为行为从无因管理中区分了出来,以避免自愿实施紧急救助的见义勇为者因实施紧急救助而承担责任。对适用本条的争议集中在救助者的救助是否为紧急救助,对此可以参考有关法律中关于紧急救助的规定。例如,《人民警察法》中规定的"人民警察遇到公民人身、财产安全受到侵犯或者处于其他危难情形,应当立即救助"。这里的"公民人身、财产安全受到侵犯或者处于其他危险情形"的救助就是紧急救助。《民法典》第822条规定:"承运人在运输过程中,应当尽力救助患有急病、分娩、遇险的旅客。"据此,救助患有急病、分娩、遇险的人就是紧急救助。当然有关法律是从职责和义务规定的,而本条规定的见义勇为者实施的紧急救助是出于自愿的、没有职责和义务的救助,但紧急情形是客

观的存在，是可以参照的。紧急救助一般是发生在灾情、险情、危情、紧急病情等紧急情况的救助。

三、关于《民法典》第185条规定的侵害英烈人格利益问题

（一）《民法典》第185条对侵害英烈人格利益作出特别规定，并不意味着普通自然人死后的人格利益不受保护

《精神损害赔偿解释》规定对侵害死者姓名、肖像、名誉、荣誉、隐私以及遗体和遗骨等人格利益的，构成侵权责任，应当承担精神损害赔偿的责任，死者的近亲属有权向人民法院起诉请求侵权人承担侵权责任，确立了全面保护死者人格利益的原则。《民法典》第1181条规定，被侵权人死亡的，其近亲属有权请求侵权人承担侵权责任。《民法典》第185条对英烈人格利益从维护公共利益作出特殊保护的规定是因为英雄烈士们舍生取义是民族大义，他们用生命为我们创造的精神财富是中华民族的凝聚力、向心力；保护英烈的身后之名，是维护中华民族感情的需要，更是社会文明、和谐和可持续发展的需要。侵害英烈的人格利益，其近亲属有权请求侵权人承担侵权责任，可以提起民事诉讼，也可以由检察机关提起公益诉讼维护英烈人格利益和公共利益。

（二）适用本条要结合适用有关英烈保护的法律法规的规定

1. 对英烈的认定可以参照适用《烈士褒扬条例》第8条的规定。该条规定："公民牺牲符合下列情形之一的，评定为烈士：（一）在依法查处违法犯罪行为、执行国家安全工作任务、执行反恐怖任务和处置突发事件中牺牲的；（二）抢险救灾或者其他为了抢救、保护国家财产、集体财产、公民生命财产牺牲的；（三）在执行外交任务或者国家派遣的对外援助、维持国际和平任务中牺牲的；（四）在执行武器装备科研试验任务中牺牲的；（五）其他牺牲情节特别突出，堪为楷模的。现役军人牺牲，预备役人员、民兵、民工以及其他人员因参战、参加军事演习和军事训练、执行军事勤务牺牲应当评定烈士的，依照《军人抚恤优待条例》的有关规定评定。"

2. 对侵权行为的认定和责任追究可以适用《英雄烈士保护法》的规定。例如，该法第22条第1、2款规定："禁止歪曲、丑化、亵渎、否定英雄烈士事迹和精神。英雄烈士的姓名、肖像、名誉、荣誉受法律保护。任何组织和个人不得在公共场所、互联网或者利用广播电视、电影、出版物等，以侮辱、诽谤或者其他方式侵害英雄烈士的姓名、肖像、名誉、荣誉。任何组织和个人不得将英雄烈士的姓名、肖像用于或者变相用于商标、商业广告，损害英雄烈士的名誉、荣誉。"第25条规定："对侵害英雄

烈士的姓名、肖像、名誉、荣誉的行为,英雄烈士的近亲属可以依法向人民法院提起诉讼。英雄烈士没有近亲属或者近亲属不提起诉讼的,检察机关依法对侵害英雄烈士的姓名、肖像、名誉、荣誉,损害社会公共利益的行为向人民法院提起诉讼。负责英雄烈士保护工作的部门和其他有关部门在履行职责过程中发现第一款规定的行为,需要检察机关提起诉讼的,应当向检察机关报告。英雄烈士近亲属依照第一款规定提起诉讼的,法律援助机构应当依法提供法律援助服务。"第 26 条规定:"以侮辱、诽谤或者其他方式侵害英雄烈士的姓名、肖像、名誉、荣誉,损害社会公共利益的,依法承担民事责任;构成违反治安管理行为的,由公安机关依法给予治安管理处罚;构成犯罪的,依法追究刑事责任。"

主要参考文献

1. 魏振瀛主编:《民法》,北京大学出版社、高等教育出版社 2000 年版。
2. 龙卫球:《民法总论》,中国法制出版社 2001 年版。
3. 王利明主编:《民法》,中国人民大学出版社 2000 年版。
4. 王利明:《民法总则研究》,中国人民大学出版社 2003 年版。
5. 梁慧星:《民法总论》,法律出版社 1996 年版。
6. 江平主编:《民法学》,中国政法大学出版社 2000 年版。
7. 张俊浩主编:《民法学原理》,中国政法大学出版社 1997 年版。
8. 谢怀栻:《外国民商法精要》,法律出版社 2002 年版。
9. 胡长清:《中国民法总论》,中国政法大学出版社 1997 年版。
10. 史尚宽:《民法总论》,中国政法大学出版社 2000 年版。
11. 郑玉波:《民法总则》,中国政法大学出版社 2003 年版。
12. 王泽鉴:《民法总则》,中国政法大学出版社 2001 年版。
13. 李宜琛:《民法总则》,中国方正出版社 2004 年版。
14. 佟柔主编:《中国民法学·民法总则》,中国人民公安大学出版社 1990 年版。
15. 周枏:《罗马法原论》,商务印书馆 1994 年版。
16. [英]巴里·尼古拉斯:《罗马法概论》,黄风译,法律出版社 2000 年版。
17. [意]彼德罗·彭梵得:《罗马法教科书》,黄风译,中国政法大学出版社 2005 年版。
18. [德]迪特尔·梅迪库斯:《德国民法总论》,邵建东译,法律出版社 2000 年版。
19. 李开国:《民法基本问题研究》,法律出版社 1997 年版。
20. 杨立新:《人身权法论》,人民法院出版社 2002 年版。
21. 王利明等:《人格权法》,法律出版社 1997 年版。
22. 姚辉主编:《民法教学参考书》(上册、下册),中国人民大学出版社 2005 年版。
23. 李适时主编:《中华人民共和国民法总则释义》,法律出版社 2017 年版。
24. 张新宝:《中华人民共和国民法总则释义》,中国人民大学出版社 2017 年版。
25. 陈甦主编:《民法总则评注》(上册、下册),法律出版社 2017 年版。

图书在版编目(CIP)数据

民法总论 / 韩松编著. -- 4版. -- 北京 : 法律出版社, 2020(2021.12重印)
ISBN 978-7-5197-4935-4

Ⅰ. ①民… Ⅱ. ①韩… Ⅲ. ①民法-中国 Ⅳ. ①D923

中国版本图书馆CIP数据核字(2020)第176817号

民法总论(第四版)
MINFA ZONGLUN(DI-SI BAN)

韩 松 编著

责任编辑 陈 慧
装帧设计 凌点工作室

出版发行 法律出版社
编辑统筹 法律教育出版分社
责任校对 晁明慧
责任印制 胡晓雅
经　　销 新华书店

开本 720毫米×960毫米 1/16
印张 32.25　　字数 575千
版本 2020年9月第4版
印次 2021年12月第2次印刷
印刷 永清县金鑫印刷有限公司

地址:北京市丰台区莲花池西里7号(100073)
网址:www.lawpress.com.cn
投稿邮箱:info@lawpress.com.cn
举报盗版邮箱:jbwq@lawpress.com.cn

销售电话:010-83938349
客服电话:010-83938350
咨询电话:010-63939796

书号:ISBN 978-7-5197-4935-4　　定价:64.00元